Pater Wolfgang Buchmüller /
Pater Johannes Paul Chavanne (Hg.)

Cor ad cor loquitur

Das Herz spricht zum Herzen

Festschrift für Abt Maximilian Heim

Be&Be

PHIL.-THEOL. HOCHSCHULE BENEDIKT XVI. HEILIGENKREUZ

Pater Wolfgang Buchmüller /
Pater Johannes Paul Chavanne (Hg.)

Cor ad cor loquitur –
Das Herz spricht zum Herzen

Festschrift für Abt Maximilian Heim

Be+Be-Verlag: Heiligenkreuz 2021
ISBN 978-3-903602-22-9

Layout: AugstenGrafik, www.augsten.at
Lektorat: Mag. Mathilde Pfeifer
Coverbild: Amplexus des heiligen Bernhard, Stift Heiligenkreuz (Foto: Elisabeth Fürst)

Direkter Vertrieb:

Be+Be-Verlag Heiligenkreuz
A-2532 Heiligenkreuz im Wienerwald
Tel. +43-2258-8703-400
www.klosterladen-heiligenkreuz.at
E-Mail: bestellung@klosterladen-heiligenkreuz.at

Pater Wolfgang Buchmüller /
Pater Johannes Paul Chavanne (Hg.)

Cor ad cor loquitur

Das Herz spricht zum Herzen

Festschrift für Abt Maximilian Heim

Papst Franziskus und Abt Maximilian

Inhalt

Geleitwort der Herausgeber

Zwei Anlässe im Jahr 2021 geben uns Grund zum Feiern: am 11. Februar 2021 waren es 10 Jahre, dass Abt Maximilian Heim dem Stift Heiligenkreuz vorsteht. Und am 14. April 2021 feierte unser Abt seinen 60. Geburtstag.

Drei Themen, die für Abt Maximilian eine große Bedeutung haben, sind es, die zu Studien und Reflexionen für diesen Festband angeregt haben: die Theologie Joseph Ratzingers/Benedikts XVI. über die Abt Maximilian selbst geschrieben hat und der er sich in vielfacher Weise verbunden und verpflichtet weiß. Nicht zuletzt durch die Mitgliedschaft im Joseph-Ratzinger-Schülerkreis und die Verleihung des Joseph-Ratzinger-Preises im Jahr 2011 kommt das deutlich zum Ausdruck.

Des Weiteren sind in dieser Festschrift Beiträge zu Theologie und Leben monastischer Gemeinschaft gesammelt. Auch dies ein Lebensthema für Abt Maximilian.

Und schließlich sind Studien zu Fragen nach der Zukunft von Theologie, Kirche und Seelsorge enthalten. Denn die praktische Seelsorge ist ebenfalls zu den Herzensangelegenheiten unseres Abtes zu rechnen.

Freunde, Weggefährten, Kollegen, Personen der kirchlichen und politischen Öffentlichkeit und Mitbrüder haben sich durch wertvolle Beiträge am Zustandekommen dieses Bandes beteiligt.

Dass unter den Grußworten niemand geringerer als Papst em. Benedikt XVI. persönlich den Anfang macht, dürfen wir als ein besonderes Zeichen der Wertschätzung und der Anerkennung für unseren Abt Maximilian werten.

Wir wünschen unserem Abt Maximilian Heim von Herzen Gottes Segen zu seinen Jubiläen und danken ihm für seinen väterlichen Dienst an unserer Gemeinschaft mit ihren vielen unterschiedlichen Aufgaben. Den Lesern dieses Bandes mögen die Beiträge Freude, Vertiefung und Inspiration aus der Kraft des Glaubens geben.

Pater Wolfgang Buchmüller – Rektor
Pater Johannes Paul Chavanne – Generalsekretär

OLI·DEO·GLO

Papst em. Benedikt XVI. an Abt Maximilian

Lieber Vater Abt!

Zu Ihrem 60. Geburtstag gelten Ihnen meine herzlichen Segenswünsche: Der Herr möge Sie Tag um Tag geleiten und Ihnen Kraft geben, der Kirche Gottes in mühsamen Zeiten zu dienen.

Meine Gedanken gehen dabei zurück auf unsere erste Begegnung, in der Sie mir Ihre Promotionsarbeit vorgestellt haben. Dabei hatten Sie schon einen anspruchsvollen Weg als Theologe und Mönch hinter sich. Sie waren zusammen mit drei weiteren Mitbrüdern Gründermönche in Bochum-Stiepel und haben dort Verantwortung getragen für den Aufbau des Klosters als geistliches Zentrum. Abt Hradil hat Sie dann mit dem Amt des Novizenmeisters und Kantors in Heiligenkreuz betraut. Schließlich haben Sie als Novizenmeister und Prior des Stiftes weitergewirkt und in Graz Ihr in Bochum begonnenes Doktoratsstudium zu Ende geführt. Seither wirken Sie als Professor für Fundamentaltheologie und Dogmatik an der Hochschule Heiligenkreuz, die inzwischen zur größten Hochschule der Theologie im deutschen Sprachraum angewachsen ist.

Als ich im September 2007 Österreich besuchte, war mir klar, daß die Abtei Heiligenkreuz ein Ort in der Landkarte meines Besuches sein mußte. Ich habe dort am Chorgebet der Mönche teilgenommen und damit die große monastische Tradition von Österreich unterstreichen wollen: Einem Mönchskloster begegnet man am wirklichsten im Chorgebet. Denn dort ist auch die Aufgabe der Lehre verankert: Wo Theologie entspringt und in welchem Kontext sie ihre Nahrung findet, wird so unmittelbar deutlich. Die Vollmacht der Kirche zu lehren, ist mit ihrer Pflicht zu beten engstens verbunden. Diese Pflicht ist für sie aber nichts Äußerliches, sondern Ausdruck ihres Wesens. Die Krise der Theologie, die wir heute durchschreiten müssen, rührt doch wohl daher, daß Theologie an den Universitäten sich rein akademisch versteht und sich vom Kontext des Redens mit Gott beinahe vollständig gelöst hat. Aber das Reden über Gott, das dann allein bleibt, hat keine lebendigen Wurzeln mehr. So wollte ich mit dem Besuch in der Hochschule Heiligenkreuz Theologie und Theologen aufrufen, sich neu auf ihre

Mitte und ihren Ursprung zu besinnen. Heiligenkreuz ist im deutschen Sprachraum der Ort geworden, von dem sich junge Menschen, die den Ruf des Herrn zur Nachfolge gehört haben, das beste Geleit versprechen.

Inzwischen sind Sie Abt dieses ehrwürdigen Stiftes geworden und haben sich außerdem meinem neuen Schülerkreis angeschlossen, dem Sie unter der maßgeblichen Führung von Kardinal Koch mitvorstehen. Im Jahr 2011, dem Jahr Ihrer Wahl zum Abt von Heiligenkreuz, ist Ihnen außerdem der „Ratzinger-Preis" für herausragende Wissenschaftler verliehen worden. Sie nehmen diese Aufgaben in dem Bewußtsein wahr, daß ich in meiner Lehre nicht mein persönliches Denken kanonisieren wollte, sondern den gemeinsamen Glauben der Kirche ins Licht setzen möchte. Dies ist das Ethos, das uns verbindet: Nicht die eigene Person und ihre Gedanken und Wünsche herauszustellen, sondern aus allem bloß Persönlichen heraus den Weg ins Gemeinsame, in das Licht des Herrn gehen zu wollen.

In diesem Sinn gelten Ihnen meine herzlichen Segenswünsche an diesem Tag. Möge der Herr Ihnen Kraft geben, das Viele zu tragen, das er Ihnen auferlegt hat, und Ihnen genug Freiheit schenken, um immer an den Brunnen zu gehen und dort Wasser des Heils zu schöpfen.

Ihr

Grußworte

Erzbischof Christoph Kardinal Schönborn

Lieber Abt Maximilian!

Du feierst Deinen 60. Geburtstag (der übrigens auch der Geburtstag meiner Mutter ist, freilich Jahrgang 1920!). Unter den Vielen, die Dir Glück- und Segenswünsche bringen, darf auch ich mich einreihen, als Dominikaner, der den Zisterzienser grüßt, als Ratzinger-Schüler, der dem Ratzinger-Spezialisten und „Premio-Ratzinger"-Laureaten gratuliert, als Erzbischof von Wien der dem Abt des Stiftes Heiligenkreuz besonders verbunden ist, als Großkanzler der Katholisch-Theologischen Fakultät der Universität Wien dem Großkanzler der Philosophisch-Theologischen Hochschule Benedikt XVI. in Heiligenkreuz. Alle diese Verbindungen haben darüber hinaus ein noch stärkeres Band, das alle genannten Beziehungen trägt: dem Bruder im Herrn als Bruder zu danken, ihm den Trost und die Liebe Jesu zu wünschen, jene Liebe, „die alles Begreifen übersteigt."

Gemeinsam mit Dir, lieber Bruder im Herrn, darf ich dem Geber aller Gaben danken für all den Segen, der vom Stift Heiligenkreuz ausgeht, und Ihn bitten, dass Er das gute Werk, das Er in Dir begonnen hat, in Seiner Gnade auch zur Vollendung führe.

+ P. Christoph Kard. Schönborn OP

Landeshauptfrau Johanna Mikl-Leitner

Signal der Orientierung, der Identifikation und der Verwurzelung

Als Landeshauptfrau von Niederösterreich ist es mir ein besonderes Anliegen, dass in unserem Land der Respekt vor der Schöpfung, das Verständnis für den anderen, das Denken in Generationen und der Sinn für Familie und Gemeinschaft im Mittelpunkt stehen. Die Zusammenarbeit und das Miteinander von Land und Kirche sollen dabei Vorbild und Wegweiser für die Zukunft sein.

Und gerade in einer Zeit des Wandels, der Unsicherheit und Schnelllebigkeit brauchen wir dafür Konstanten – für die Kirche, das Land und die Menschen. Eine solche Konstante ist Maximilian Heim, der heuer nicht nur seinen 60. Geburtstag feiert, sondern auch bereits zehn Jahre Abt von Heiligenkreuz ist.

Weil die Zisterzienserabtei Heiligenkreuz ein Ort ist, der die Geschichte des Landes geprägt hat und der das Gesicht des Landes prägt, bringt seine Funktion zunächst einmal die Verantwortung mit sich, das Erbe unserer Vorfahren gut zu erhalten, gut zu verwalten und gut zu gestalten. Dank der Arbeit seiner Vorgänger und dank seiner umsichtigen Führung ist Stift Heiligenkreuz ein geistiges und geistliches, ein kulturelles und spirituelles Zentrum für die Region und das ganze Land.

Ein Zentrum wie das Stift Heiligenkreuz zu haben, tut dieser Region gut, tut unserem Land gut und tut unserer Gesellschaft gut. Denn von hier aus geht ein ganz wichtiges Signal ins Land hinaus – ein Signal der Orientierung, der Identifikation und der Verwurzelung. Und nicht zuletzt ist Stift Heiligenkreuz nicht nur ein unentbehrlicher Glaubensfaktor, sondern auch ein Wirtschafts- und Tourismusfaktor.

Mindestens ebenso wichtig ist natürlich die Funktion als Seelsorger und Hirte: Unsere moderne Welt ist heute unglaublich dynamisch. Viele Menschen kommen damit nicht zurecht, sind überfordert und verunsichert oder werden vom Tempo der Gesellschaft überrollt.

In einer solchen Zeit braucht es Orte der Besinnung und Menschen mit Gesinnung – Menschen wie Maximilian Heim, die zeigen, dass es um menschliche Güte, nicht um materielle Güter, um Nächstenliebe, nicht um Egoismus, um das Gemeinsame, nicht um das Trennende, um das Wir, nicht um das Ich geht.

In diesem Sinne möchte ich Abt Heim sowohl persönlich als auch namens des Bundeslandes Niederösterreich ganz herzlich zum 60. Geburtstag und zum Jubiläum 10 Jahre Abtwahl gratulieren. Er hat in unserem Land tiefe Spuren hinterlassen und ist ein Garant dafür, dass, so wie unser Land auf christlichem Gedankengut aufgebaut wurde, Niederösterreich auch auf christlichen Grundwerten weitergebaut wird. Was über Jahrhunderte Halt gegeben hat, wird uns auch in Zukunft Halt geben.

Generalabt
Mauro-Giuseppe Lepori OCist

Abt Maximilian kann heuer in seiner Eigenschaft als Hirte einer grossen Gemeinschaft von Mönchen und zahlreicher anderer Personen seinen 60. Geburtstag feiern.

Als ich selber 60 Jahre alt wurde, sagte mir ein alter Kardinal, dass dies das Alter echter Reife und der vollen Hingabe des eigenen Lebens sei. Vielleicht weil es ein symbolisches Alter ist, in welchem der Mensch allmählich nicht mehr nur auf die eigenen Kräfte zählen kann und begreifen muss, dass er immer mehr auch körperlich auf die Hilfe Gottes und anderer Mitmenschen angewiesen ist.

Es ist Gnade, wenn man das nicht als Abhängigkeit, sondern als Zugehörigkeit erleben kann. Wir empfinden Abhängigkeit als etwas Beeinträchtigendes, als Hinfälligkeit unserer Person. Wenn wir jedoch unsere Situation als Zugehörigkeit verstehen, wird sie zu einer wertvollen Gelegenheit, die grosse Wahrheit des Lebens zu entdecken oder wieder zu entdecken: Wir gehören nicht uns selbst, sondern Gott; wir gehören Gott durch unsere Zugehörigkeit zur Gemeinschaft von Personen, welche um uns und in uns den Leib Christi bilden.

Jesus hat es uns verkündet: „Wenn ihr nicht werdet wie die Kinder, werdet ihr nicht in das Himmelreich hineinkommen" (Mt 18,3). Nikodemus, der vermutlich 60 Jahre alt war, hatte Mühe, diese Logik zu verstehen: „Wie kann ein Mensch, der schon alt ist, geboren werden? Kann er etwa in den Schoss seiner Mutter zurückkehren und noch einmal geboren werden?" (Joh 3,4) Jesus erklärt ihm, es genüge zu verstehen, dass neu geboren werden wie ein kleines Kind nicht unser Werk ist, sondern Geschenk des Geistes. Die Schönheit des zunehmenden Alters besteht in der Fähigkeit, bescheidener und konkreter zu begreifen, dass Gott uns die Wiedergeburt aus dem Heiligen Geist schenkt.

Wir machen uns selbst während des ganzen Lebens vor, wir könnten Leben schenken. Dagegen ist es Gott, der aus unserem Leben ein Geschenk macht, wenn wir es in seine Hände, vor allem aber in sein Herz legen. Wer ihm gehört, der stellt fest, dass Gott unser Leben nicht für sich behält, sondern es in seiner immerwährenden Selbsthingabe schenkt. Wer Gott gehört, gehört allen. Und wie z.B. die Berufung zur Mutterschaft, so ist auch die pastorale Berufung in sich selbst Paradigma und Modell dieser Erfahrung, zu der wir alle berufen sind.

Aus diesem Grund ist das Fest eines Hirten das Fest aller, weil die Jahre seines Lebens nicht eine Zahl sind, sondern geschenkte Zeit, welche allen die Freude der gemeinsamen Bestimmung in Erinnerung ruft: in Ewigkeit zu lieben, wie Gott liebt. Wie der Wahlspruch und der Dienst von Abt Maximilian es ausdrücken, ist das Leben ein Herz, das zum Herzen des andern spricht, ein Herzschlag, der Blut, d.h. Leben in das Leben des andern treibt. Wie das Herz Christi!

Mau. Giuseppe Lepori O.Cist.
Generalabt

Abt em. Gerhard Hradil OCist und Abt em. Gregor Henckel-Donnersmarck OCist

Nach den Texten von Seiner Heiligkeit, dem emeritierten Papst Benedikt XVI. und Seiner Eminenz Erzbischof Christoph Cardinal Schönborn erscheint es fast vermessen, noch etwas hinzufügen zu wollen, aber Altabt Gerhard und mir ist es ein großes Anliegen, unsere besten Wünsche dem Herrn Abt Maximilian Heim auszusprechen.

Abt Gerhard Hradil hatte aus gutem Grund Pater Maximilian als einen der vier „Gründermönche" für Bochum-Stiepel ausgewählt. Seine Fähigkeiten inner- und außerklösterlich hat er dort unter Beweis gestellt. Trotzdem hat Abt Gerhard ihn nach einer gewissen Zeit wieder nach Heiligenkreuz gerufen, damit er dort als Novizenmeister die jungen Mitbrüder in das klösterliche Leben einführe. So stellte er ihn bereits damals in die Reihe der Heiligenkreuzer Äbte, die vorher Novizenmeister gewesen waren: sowohl Abt Karl Braunstorfer als auch Abt Gerhard selbst haben als magistri der Novizen gewirkt. Man kann wohl sagen, dass der Dienst als Novizenmeister eine sehr gute Schulung für den Leitungsdienst als Abt darstellt.

Als unser jetziger Abt und Jubilar seine Dissertation über die Ekklesiologie von Joseph Ratzinger beendet hatte, wurden er und ich in die Glaubenskongregation nach Rom beordert. In früheren Zeiten, als diese Kongregation noch als „Heilige Inquisition" bekannt war, hätte man solch eine Vorladung mit größter Skepsis empfangen! Unser Besuch bei Cardinal Ratzinger verlief allerdings überaus harmonisch, weil dieser sich sehr beeindruckt zeigte von der hohen Qualität der Arbeit. Unter anderem erinnere ich mich an ein Wort des Cardinalpräfekten: „Sehen Sie, Pater Maximilian: Durch das, was Sie hier schreiben, habe ich jetzt erst richtig verstanden, was ich eigentlich sagen wollte!" Später wurde diese

Dissertation nicht nur in Deutsch und Englisch gedruckt, sondern sogar mit dem „Praemio Ratzinger", auch als „Nobelpreis der Theologie" bekannt, ausgezeichnet. Diese Begegnung im „Palazzo della Inquisizione" war sicherlich eine wichtige Station auf dem Weg der Hochschule Heiligenkreuz zur Hochschule mit päpstlichem Rechtsstatus, schließlich sogar zum Besuch des Papstes Benedikt XVI. am 9. September 2007.

Nun wirkt also Abt Dr. Maximilian Heim bereits zehn Jahre segensreich für unser Kloster und vollendet das 60. Lebensjahr. Gerade in der letzten Zeit 2020/21 ist aber der Dienst der Leitung für Abt Maximilian durch die Pandemie Covid 19 in extremer Weise belastet worden, und man muss festhalten, dass auch in dieser Prüfung Abt Maximilian sich sehr bewährt hat.

Abt Gerhard als 66. und ich als 67. Abt von Heiligenkreuz freuen uns über unseren Nachfolger, den 68. Abt Maximilian Heinrich Josef Heim und sehen uns mit ihm in einer Kontinuität mit dem ersten Abt Gottschalk über die Jahrhunderte verbunden. Aus ganzem Herzen wünschen wir ihm für sein weiteres Wirken als Abt des Stiftes Heiligenkreuz Gottes reichen Segen!

Abt em. Gerhard Hradil *Abt em. Gregor Henckel Donnersmarck*

Bürgermeister Franz Winter

Sehr geehrter und hochgeschätzter Abt Maximilian!

Anlässlich Deines 60. Geburtstages sowie Deines 10-jährigen Abtjubiläums darf ich Dir im Namen aller Gemeindebürger von Heiligenkreuz recht herzlich gratulieren und Dir für Deinen weiteren Lebensweg viel Glück, vor allem Gesundheit und Gottes Segen wünschen.

Als Bürgermeister bin ich Dir für Deinen unermüdlichen Einsatz für das Stift und in der Hochschule, aber auch vor allem für Deine großartige Zusammenarbeit mit der Gemeinde etwas zu bewegen und zu gestalten, außerordentlich dankbar. Du hast durch die unentgeltliche Zurverfügungstellung des alten Bauhofgeländes inmitten unseres Dorfes vieles möglich gemacht. Das neue Musikhaus konnte durch Deine Unterstützung mit dem weltgrößten Glasviolinschlüssel, gestaltet von Pater Raphael, ausgestattet werden. Auch ein neues Feuerwehrhaus und Gemeindewohnungen sind errichtet worden. Ein neues Gemeindehaus sowie ein Dorfplatz sind ebenfalls geplant.

Dank auch für die großartige Idee und Gestaltung der Lourdesgrotte, die sich wunderbar in unser Ortsbild einfügt und jeden zu einem ehrfürchtigen Gebet einlädt.

Mit der Hoffnung auch in Zukunft auf Deine Unterstützung bei Gemeindeprojekten rechnen zu können, darf ich mit Deinem Leitspruch „Geht es dem Stift gut, geht es auch der Gemeinde gut!“ schließen.

Alles Gute wünscht Dir

Gemeinde Heiligenkreuz
Bez. Baden, NÖ.

Prior im Stift Heiligenkreuz, Pater Meinrad Tomann OCist

Zisterzienserleben ist Leben in Gemeinschaft, und wie die Benediktsregel schon im ersten Kapitel feststellt, Dienst unter Regel und Abt.

Der Abt ist Vater, Lehrer und Hirte, er ist Stellvertreter (vices) Christi. Basilius, maßgebliches Vorbild für Benedikt, nennt den Abt auch „minister Christi et dispensator mysteriorum". Benedikt mahnt die Wähler auch, sie sollen für das Haus Gottes einen würdigen Verwalter (dispensator) bestellen. Ich möchte damit auch Bernhard's dritten Reifegrad der Seele in Verbindung bringen. Der zunächst Friedliche, wird auf der zweiten Stufe zum Geduldigen, um dann schließlich ein Friedensstifter zu werden: einladen, ermutigen, inspirieren!

Der Abt soll „immer eingedenk sein", dass er nur das lebensspendende Wort des Willens Gottes vermitteln soll, mahnt Benedikt. Er soll nichts lehren außerhalb (extra) der Gebote des Herrn, nicht seine persönlichen Lieblingsideen und noch viel weniger den Worten Christi Entgegengesetztes. Er soll trachten, geliebt zu werden, denn Joh 15,12 und 1 Tim 1,5 sind der Schlüssel zum Wirken eines Abtes. Das Gebot des Herrn ist seine Liebe, nichts geschehe also außerhalb der Liebe des Herrn.

Zwei ganze Regelkapitel widmen sich der Gestalt des Abtes und das Vokabel „abbas" begegnet uns an 128 Stellen, bevorzugtes Thema also in der Regula Benedicti. Unser Abt Maximilian steht bereits in der zweiten Amtsperiode und blickt auf zehn Jahre in diesem Amt zurück. Zehn Jahre hohe Verantwortung, aber auch zehn Jahre „patienter portare". Und er muss dabei auch viele „fratres delinquentes et fluctuantes" geduldig ertragen.

Wir danken ihm für dieses Hirtenamt! Das viele Menschliche und bisweilen allzu Menschliche, geduldig zu ertragen, besonders in einer großen Gemeinschaft, ist belastend und könnte entmutigen, wäre da nicht im Regelkapitel 72 der Auftrag an alle Mitglieder der Gemeinschaft, den wir beherzigen wollen: „In Liebe sollen sie Gott fürchten, ihrem Abt seien sie in aufrichtiger und demütiger Liebe zugetan, Christus sollen sie überhaupt nichts vorziehen. ER führe uns gemeinsam zum ewigen Leben".

Pater Meinrad Tomann

Prior im Neukloster, Pater Michael Weiss OCist

Lieber Abt Maximilian!

Du schaust heuer auf 60 Jahre Deines Lebens zurück, davon 10 Jahre als Abt unserer Klostergemeinschaft in Heiligenkreuz.

Du hast mich vor mehr als einem Jahr als Prior und Pfarrer hier im Neukloster eingesetzt, wo ich schon von 1999 – 2008, 9 Jahre als Kaplan wirken durfte, so wie auch Du, einige Jahre vor mir. Damals, wie auch ich, unter der Leitung von P. Johannes als Prior und Pfarrer und Mitbrüdern wie auch P. Otto Lindenthal, der Dir damals, wie Du mir immer wieder sagtest, eine große Stütze und ein großes Vorbild im Neukloster war.

Du kennst unser Haus also, kennst die Leute auch hier in der Stadt, die Gemeinschaft, die sich natürlich in den letzten Jahren verändert hat. Aus zu meiner Zeit als Kaplan 3 Mitbrüdern, die hier hauptsächlich als Seelsorger wirkten, ist eine Klostergemeinschaft von 8 Mitbrüdern geworden.

Dein Anliegen, war und ist es dabei, was P. Albert schon in seiner Noviziatsarbeit schrieb, dass das Chorgebet hier im Neukloster wieder gepflegt wird und erklingen soll, und wir so als monastische Gemeinschaft, mitten in der Stadt, auch ausstrahlen nach außen, und die Leute hier spüren, dass es ein Haus des Gebetes ist, wo täglich Mönche gemeinsam stellvertretend vor Gott stehen um ihre Anliegen und Sorgen zu IHM hinzubringen.

Das Neukloster, eine kleine Oase, mitten in der turbulenten Stadt: jedes Mal, wenn ich von der Straße draußen in den Kreuzgang komme, spüre ich das, und auch die vielen Menschen, die untertags zu uns kommen.

Ich fand es immer schon schön, dass es einige Fixtermine gibt, die der Abt von Heiligenkreuz im Neukloster wahrnimmt: da war schon immer der Pfingstmontag mit der Firmung hier in unserer Pfarre, dann die Feier der Jahresabschlussmesse und dem anschließenden Beisammensein mit den Mitbrüdern in den letzten Stunden eines alten Jahres und seit Neuerem auch, dass der Abt mit uns und der Pfarrgemeinde den Aschermittwoch, den Beginn der Fastenzeit feiert.

Eine schöne Geste finde ich auch, ist, dass Du die Weihnachtsgeschenke für den Konvent, Köstlichkeiten aus Wasserberg, persönlich vorbeibringst und mit uns, so wie im vergangenen Jahr, Dir noch Zeit nimmst, um mit uns zu beten und zum gemeinsamen Mittagstisch zu bleiben.

Ein ganz herzliches Dankeschön für diese äußeren Zeichen der Verbundenheit, geschweige denn von Deiner inneren Verbundenheit mit diesem Haus und unserer Gemeinschaft hier.

Ich wünsche Dir auf diesem Weg, auch im Namen meiner Mitbrüder, alles erdenklich Gute zu Deinem 60. Geburtstag! Gottes Segen, Kraft und Freude für Dein Wirken als Abt der „vereinigten Stifte Heiligenkreuz und Neukloster" und der Priorate und Klöster die in der Zwischenzeit noch dazu gekommen sind.

Im Gebet stets mit Dir und der Gemeinschaft in Heiligenkreuz verbunden

Pater Michael Weiss

Prior in Stiepel, Pater Maurus Zerb OCist

Hochwürdigster, lieber Herr Abt Maximilian!

Zwei Jubiläen sind es die wir in diesem Jahr mit Dir feiern. Die Vollendung des sechsten Lebensjahrzehntes und zehn Jahre als Abt von Heiligenkreuz.

Wenn wir unser Leben als Weg betrachten, dann durften wir ein großes Stück dieses Weges als Mönche von Heiligenkreuz gemeinsam gehen, nämlich 35 Jahre. Die Zahl erstaunt, denn vieles kommt uns doch so vor, als wäre es erst gestern gewesen.

So erinnere ich mich noch an die Entscheidung des Kapitels von Heiligenkreuz ein Kloster in Stiepel zu gründen. Bald schon sollte sich Dein Wirkungsfeld dorthin verlagern und dann wieder ins Stift, bald als Novizenmeister, bald als Prior und dann eine zweite Zeit lang als Prior wieder nach Stiepel, von dort wiederum als Abt nach Heiligenkreuz.

Deine Zeit als Abt, ist gekennzeichnet als eine Zeit vieler Umbrüche. Umbrüche in der Kirche, Umbrüche in der Seelsorge in den Pfarren des Stiftes und im Hause selbst.

Zu den Zeiten vor 35 Jahren hatte das Stift Nachwuchs, aber durch die Bekanntheit, die unsere Gemeinschaft durch die CDs, den Papstbesuch und nicht zuletzt durch unsere Hochschule erfahren hat, kommen viele junge Menschen zu uns, um bei uns ein Leben nach der Regel des Heiligen Benedikt zu beginnen.

So hat Gott, der Herr, Dir eine große Verantwortung übertragen, in der Leitung des Hauses, der Hochschule, der 23 dem Stift inkorporierten oder betreuten Pfarren und der drei Priorate. Und noch mehr, denn Du bist auch Abtpräses der österreichischen Zisterzienserkongregation. Wie kann man das alles schaffen? Nur im immer neuen Vertrauen auf Gottes Hilfe und seine Gnade.

Du schaffst es, weil Du ein Mann des Gebetes und des Vertrauens auf Gott bist. Wir danken Dir für Deinen verantwortungsvollen Dienst an unserer großen Gemeinschaft – vergelt's Gott.

So wünscht Dir die Klostergemeinschaft von Stiepel zu beiden Jubiläen Gottes Kraft und Segen.

In steter Verbundenheit mit Dir und dem Stift

Pater Maurus Zerb

Prior in Neuzelle, Pater Simeon Wester OCist

In die nativitatis Maximiliani abbatis

Responsorium prolixum.

dt. Übersetzung:

℟. Freuet euch und jubelt am Geburtstag des Abtes Maximilian, * denn gelehrt im göttlichen Gesetz holt er daraus Neues und Altes hervor.

℣. Unter dem Schutzmantel der Mutter wird er seine Söhne zum himmlischen Vaterland führen. *

Direktor Martin Leitner und Vizedirektor Pater Paulus Nüss OCist

Lieber Abt Maximilian!

In den Statuten des Priesterseminars Leopoldinum findet sich unter Punkt 2. „Der Träger“ folgende Festlegung:

> *„Der jeweilige Abt von Heiligenkreuz als rechtmäßiger Vertreter des Zisterzienserstiftes Heiligenkreuz übt alle jene Rechte aus, welche dem Träger des Leopoldinum zukommen.“*

Dann werden diese Rechte explizit genannt, nämlich die Bestellung des Direktors und des Spirituals, die Bestellung des Vizedirektors, die endgültige Entscheidung über Aufnahme und Entlassung von Seminaristen, die Erlassung der Lebens- und Studienordnung des Leopoldinum und die Entgegennahme der regelmäßigen Berichte des Direktors über das Leben im Seminar.

Von Rechten wird in den Statuten gesprochen. Dabei läßt die in juridische Formeln gegossene Aufzählung erahnen, dass mit jedem einzelnen Aspekt eine hohe Verantwortung verbunden ist. Du hast diese Verantwortung von Deinem Vorgänger übernommen, unter dessen Leitung das Leopoldinum in Nachfolge des Rudolphinum gegründet wurde.

Als Abt der altehrwürdigen Zisterzienserabtei, als Magnus Cancellarius der Phil.-Theol. Hochschule Benedikt XVI. Heiligenkreuz und als Ordinarius des Priesterseminars Leopoldinum bist Du gleichsam der Brückenbauer zwischen jenen drei Säulen, auf denen die Priesterausbildung in Heiligenkreuz ruht.

Als Direktor und Vizedirektor des Leopoldinum wollen wir Dir ein herzliches Dankeschön und Vergelts Gott sagen für Deine geistliche und weltliche Führung unseres Hauses. Kurze Dienstwege, unkomplizierte Rücksprachen und ein gelebtes gegenseitiges Vertrauen zeichnen unsere Zusammenarbeit aus. Deine Besuche im Leopoldinum anlässlich verschiedener Feiern im Jahreskreis zeugen davon, wie sehr Dir die Ausbildung von Priestern, die im Leopoldinum realisiert wird, ein wahres Herzensanliegen ist.

So stellen wir uns als Gratulanten ein, erbitten für Dich Gottes reichsten Segen zum Geburtstag und zum Jubiläum als Abt von Heiligenkreuz – damit zugleich auch 10 Jahre in der Trägerschaft des Leopoldinum – und hoffen auf viele weitere Jahre des guten und fruchtbaren Miteinanders im Dienst der Berufungsklärung und priesterlichen Formation!

Martin Leitner *Pater Paulus Nüss*

Rektor Pater Wolfgang Buchmüller OCist

Es ist ungewöhnlich, dass einem Abt eine theologische Festschrift gewidmet wird, noch seltener, dass Kardinäle der Kirche hierzu einen eigenen Beitrag beisteuern, aber geradezu einzigartig, dass ein Papst, das Kirchenoberhaupt der katholischen Universalkirche, noch dazu ein ausgesprochener ‚Theologenpapst', hierzu ein eigenhändiges Grußwort verfasst.

Damit ist bereits umrissen, dass die Persönlichkeit von Abt Dr. Maximilian Heim einen außergewöhnlichen Stellenwert in der Kirche einnimmt, der nicht nur aus seiner tiefen Einwurzelung in das Substrat der Monastischen Theologie, der Entfaltung einer blühenden Spiritualität, sondern vor allem aus seinem wegweisenden Sinn für die transzendentalen Höhen der Theologie resultiert, einer profunden Darlegung der Relevanz der Mysterien des Christusglaubens für den einen Gott suchenden Menschen, der sich in seiner Existenz von der Wahrheit des Glaubens bewegen und begeistern lässt.

Ausdruck einer kirchlichen Anerkennung, wie sie nur wenigen zuteilwerden kann, war insbesondere die Verleihung des ‚Premio Ratzinger' am 30. Juni 2011 durch den Stifter dieses Preises für richtungsweisende Theologen, Papst Benedikt XVI., selbst. Papst Benedikt sprach damals von dem Preisträger ‚Pater Maximilian Heim', der vor Kurzem zum Abt von Heiligenkreuz gewählt worden sei und damit die Aufgabe übernommen habe, eine große Geschichte fortzuführen und sie erneut Gegenwart werden zu lassen und so die Abtei in die Zukunft zu führen. Hinzu komme seine Beschäftigung mit dem theologischen Werk des Papstes: „Ich hoffe, dass ihm die Arbeit über meine Theologie, die er uns geschenkt hat, dabei eine Hilfe sein kann und dass die Abtei Heiligenkreuz in dieser unserer Zeit die Monastische Theologie weiter entfalten kann, die immer die Universitäts-Theologie begleitete und mit ihr zusammen das Ganze der abendländischen Theologie gestaltet hat."

In einer Zeit des institutionalisierten Skeptizismus, der Dekonstruktion der biblischen Offenbarung und der akademischen Religionskritik erscheint eine solche Monastische Theologie, die das Wort vom Kreuz als „Gottes Kraft und Gottes Weisheit" (1 Kor 1,24) verkündet und das Kerygma von Tod und Auferstehung Christi als Sieg über Tod und Sünde in die Welt von heute hineinträgt, zugleich als anstößig, aber auch als erfrischend und geisterfüllt. Gerade die klassische

Verbindung von Vernunft und Glaube und die Einheit von Erkenntnis und Liebe – Themen, die die Monastische Theologie von jeher beschäftigen – haben einen existenziellen Bezug zum Glaubensleben aller Menschen und sind daher immer wieder aktuell und ‚neu'.

Dass diese theologische Suche bei den Menschen der jüngeren Generation gut ankommt und diese ansprechen kann, zeigt die positive Entwicklung der Phil.-Theol. Hochschule Benedikt XVI. Heiligenkreuz, die nicht zuletzt unter der Leitung des Ratzinger-Preisträgers Abt Maximilian Heim zu der größten Priesterausbildungsstätte im deutschsprachigen Raum angewachsen ist. Sicherlich bleiben die Zahlen auch mit 323 Studenten und 171 Ordensleuten und Seminaristen bescheiden, aber in Zeiten der Krise haben solche ‚Oasen des Glaubens' eine spezielle Bedeutung, weil ihre geistliche Strahlkraft andere über die eigene Region hinaus inspirieren und aufbauen kann.

Als Teil der Hochschule haben Einrichtungen, die der Evangelisierung dienen – wie bspw. das STUDIO1133, das Beiträge für viele christliche Medien zur Verfügung stellt –, eine zukunftsweisende Funktion. Abt Maximilian ist in unserem Studio ein viel geschätzter Prediger und daher vielen Menschen bis hin nach Australien und in die USA ein Begriff.

Dem Leiter dieses Studios, Pater Dr. Johannes Paul Chavanne OCist – erfahrener Medienarbeiter und Generalsekretär der Hochschule –, ist auch die Initiative zu dieser Festschrift zu Ehren von Abt Maximilian mitsamt der enormen organisatorischen Arbeit, die mit einem solchen Projekt verbunden ist, zu verdanken. Die Konzeption des begabten Nachwuchswissenschaftlers und Liturgikers Pater Johannes Paul Chavanne folgt auch den drei Themenkomplexen, die dieses Spektrum umfassen: erstens Ratzingerstudien, die einen besonders prominenten Ort einnehmen; zweitens Beiträge zu einer Monastischen Theologie der Gegenwart und drittens Artikel, die Antworten auf aktuelle Fragen von Theologie und Kirche zu geben versuchen. Allen Beteiligten sei an dieser Stelle ganz herzlich für ihre großherzige Mitarbeit an unserer Dankesgabe an unseren geschätzten Abt Maximilian Heim gedankt.

Pater Wolfgang Buchmüller

Zur Theologie von Joseph Ratzinger / Benedikt XVI.

Kurt Cardinal Koch

Herkunft und Zukunft Europas

Der Europagedanke im philosophisch-theologischen Denken von Joseph Ratzinger / Benedikt XVI.

Die Kirche Jesu Christi ist eine weltweite Glaubensgemeinschaft, sie ist vom ersten Augenblick an, wie er am ersten Pfingsten ans Licht getreten ist, universal, und ihre Universalität ist „die erste Visitenkarte der Kirche in der Geschichte"[1]. Dennoch spielt Europa als einer der Kontinente im Denken und in der lehramtlichen Verkündigung der Päpste, die die Universalkirche leiten, eine zentrale Rolle, und zwar nicht nur bei den Päpsten, die aus Europa stammten, sondern auch bei Papst Franziskus als dem ersten aus Lateinamerika kommenden Papst. In besonderer Weise gilt dies von Papst Benedikt XVI., der sich bereits als Theologe und Bischof intensiv mit Europa beschäftigt[2] und sich als Papst den Namen Benedikt gegeben hat, gewiss zunächst unter Bezug auf seinen Vorgänger, Papst Benedikt XV., der sich leidenschaftlich um die Beendigung des Ersten Weltkriegs und um eine friedliche Beilegung des schrecklichen Konflikts, in dem Christen in den verschiedenen Nationen Europas die Waffen gegeneinander gerichtet hatten, bemüht hat[3], sodann auch und vor allem unter Bezug auf den heiligen Benedikt von Nursia, den Patron Europas. Es legt sich deshalb nahe, die philosophischen und theologischen Gedanken von Joseph Ratzinger – Benedikt XVI. über Europa in den wichtigsten Grundzügen darzustellen und der Frage nachzugehen, worin in seiner Wahrnehmung die Identität Europas besteht.

1. Die Frage nach der Identität Europas

Die historische Tatsache, dass das Christentum seine Ursprünge in geographischer Hinsicht zwar nicht in Europa, sondern in der semitischen Welt des Vorderen Orients, in der sich Asien, Afrika und Europa immer schon berührt haben, hat, aber in Europa geschichtswirksam geworden ist, hat Joseph Ratzinger – Benedikt XVI. immer auch heilsgeschichtlich interpretiert. Er hat sich dabei auf die in der Apostelgeschichte (16, 6–10) erzählte bedeutsame Episode berufen, in der berichtet

---

1 Joseph Ratzinger, *Der Heilige Geist – Kraft der Vereinigung*, in: Ders., *Predigten. Homilien – Ansprachen – Meditationen. Erster Teilband* (Gesammelte Schriften. Band 14/1), Freiburg i. Br. 2019, 598–602, hier: 599.

2 Vgl. Clemens Sedmak, Stephan O. Horn (Hg.), Die *Seele Europas. Papst Benedikt XVI. und die europäische Identität*, Regensburg 2011.

3 Vgl. Jörg Ernesti, *Benedikt XV. Papst zwischen den Fronten*, Freiburg i. Br. 2016.

wird, dass Paulus in seiner Heimat Kleinasien das Evangelium verkündet hat und dort mit seiner Missionsarbeit bleiben wollte. Ihm wurde aber vom Heiligen Geist verwehrt, das Evangelium in der Provinz Asien zu verkünden. Ihm wurde vielmehr in einer nächtlichen Vision eine andere Richtung angegeben. Denn ihm erschien ein Mazedonier und sagte zu ihm: „Komm herüber nach Mazedonien und hilf uns." Paulus war überzeugt, dass Gott selbst ihn berufen hat, in Mazedonien das Evangelium zu verkünden, weshalb er sofort in diese Gegend abfahren wollte. Da Mazedonien für Griechenland und damit für Europa steht, und da Paulus in diese Region das Evangelium Jesu Christi gebracht hat, hat Joseph Ratzinger aus dieser Episode den Schluss gezogen: „Europa ist Europa geworden durch den christlichen Glauben, der das Erbe Israels in sich trägt, aber zugleich das Beste des griechischen und des römischen Geistes in sich aufgenommen hat."[4]

Wie der letzte Hinweis zeigt, hat sich in Europa nicht nur der griechische, sondern auch der römische Geist für das Evangelium Jesu Christi geöffnet. Von daher ist es üblich geworden, diese historische Tatsache mit der vom früheren Deutschen Bundespräsidenten Theodor Heuss verwendeten Bildrede zum Ausdruck zu bringen, dass Europa auf Anhöhen gegründet und gebaut worden ist, genauer auf drei Hügeln, mit denen man die Entstehung und Identität Europas umschreiben kann, nämlich die Akropolis in Athen, das Capitol in Rom und Golgotha in Jerusalem. Es wären gewiss noch weitere Hügel zu erwähnen wie der Berg Sinai als Ort der Offenbarung Gottes und seiner Gebote oder der Berg Montecassino, auf dem der heilige Benedikt, der Patron Europas, im Jahre 529 und damit in einer sehr schwierigen Zeit sein erstes Kloster begründet hat, oder auch der Hügel, auf dem der Vatikan erbaut ist. Es legt sich aber nahe, sich auf die zuerst genannten drei Hügel zu konzentrieren, in denen die anderen durchaus eingeschlossen sind:

Die Akropolis in Athen steht auf der einen Seite für die grosse Bedeutung der griechischen Philosophie, die im Vertrauen auf die Wahrheitsfähigkeit der menschlichen Vernunft nach den letzten Gründen der Weltwirklichkeit gefragt hat, und auf der anderen Seite für die Entstehung der Demokratie als der geeignetsten Form des gesellschaftlichen Zusammenlebens der Menschen in der Polis. Das Capitol in Rom stellt den Ort dar, an dem die Tradition des Römischen Rechts seinen Ausgang genommen hat, in der die in Europa entwickelten Rechtssysteme, auch das Kirchenrecht der Katholischen Kirche gründen. Und der dritte Hügel, nämlich Golgotha vor den Toren Jerusalems, verkündet das Kreuz Jesu Christi als Zeichen der grenzenlosen Liebe Gottes zu uns Menschen und der darin begründeten unbedingten Würde des Lebens jedes einzelnen Menschen. Diese drei Hügel repräsentieren die tiefen Wurzeln in der Geschichte Europas,

4 Joseph Ratzinger, *Wahrer Friede und wahre Kultur: Christlicher Glaube und Europa*, in: Ders., *Christlicher Glaube und Europa. 12 Predigten*, München 1982, 7–18, hier: 9.

auf die Papst Benedikt XVI. in seiner großen Rede vor dem Deutschen Bundestag im September 2011 hingewiesen hat: „Die Kultur Europas ist aus der Begegnung von Jerusalem, Athen und Rom – aus der Begegnung zwischen dem Gottesglauben Israels, der philosophischen Vernunft der Griechen und dem Rechtsdenken Roms entstanden. Diese dreifache Begegnung bildet die innere Identität Europas.“[5]

Auf diese Wurzeln Europas ist im Folgenden zurückzukommen. An dieser Stelle ist es aber angebracht, zwei wichtige Konsequenzen für die Frage nach der Identität Europas zu ziehen. Bereits die Feststellung, dass sich der Hügel Golgotha in Jerusalem nicht in jener Gegend befindet, die geographisch zu Europa gehört, das Heilige Land vielmehr Asien zugerechnet wird, weist darauf hin, dass es sich bei Europa in erster Linie nicht um eine geographische Größe handelt, jedenfalls nicht in einem strengen Sinn. Man kann gemäß dem Urteil von Joseph Ratzinger nicht, wie beispielsweise Afrika, Asien, Australien und Nord- und Südamerika, Europa in geographischer Hinsicht präzis umschreiben. Denn die Frage, wo Europa beginnt und wo es endet, ist kaum zu beantworten. Europa ist kein geographisch eindeutig umschreibbarer, sondern ein kultureller, historischer und geistiger Begriff. Europa ist zweitens genauer dadurch geworden, dass die drei genannten Wurzeln im Christentum zusammengewachsen sind. Europa ist durch das Christentum Europa geworden. Die Geschichte Europas ist mit der Geschichte des Christentums unlösbar verbunden, und das Christentum gehört zur europäischen Identität.

Zusammenfassend lässt sich die Frage nach der Identität Europas mit Papst Benedikt XVI. dahingehend beantworten, dass es sich bei der dem europäischen Kontinent eigenen Identität um eine „geschichtliche, kulturelle und moralische Identität und erst an zweiter Stelle um eine geographische, wirtschaftliche oder politische“ handelt und somit um eine „Identität, die aus einem Gesamt von universalen Werten besteht, zu deren Formung das Christentum beigetragen hat“, indem es „nicht nur eine historische, sondern eine gründende Rolle gegenüber Europa“ übernommen hat.[6] Da diese Werte die „Seele des Kontinents“ bilden, ist es auch zu verstehen, dass die weitere Bildrede üblich geworden ist, die unter anderen von Jacques Delors, dem früheren Präsidenten der Europäischen Kommission geprägt worden ist, dass Europa eine Seele hat und dass seine Seele der christliche Glaube

5 Benedikt XVI., *Ansprache beim Besuch des Deutschen Bundestages im Berliner Reichstagsgebäude am 22. September 2011.*

6 Benedikt XVI., *Ansprache an die Teilnehmer eines Kongresses der Kommission der Bischofskonferenzen der Europäischen Gemeinschaft (COMECE) am 24. März 2007.*

ist.[7] Mit dieser Seele ist Europa gross geworden, und nur mit dieser Seele kann Europa eine gute Zukunft haben, zumal angesichts der brisanten Herausforderungen, vor denen Europa heute steht und die nur auf der Grundlage der eigenen Identität wahrgenommen werden können.[8] Da Europa auch und gerade heute einer Rückbesinnung auf die tragfähigen Fundamente seiner Identität bedarf, führt die Frage nach der Identität selbst zurück nach den geistigen Wurzeln des europäischen Kontinents.[9]

2. Die geistigen Wurzeln Europas

„Europa wird nur dann wirklich es selbst sein, wenn es seine Ursprünglichkeit zu bewahren versteht, die seine Grösse ausmacht und imstande ist, Europa auch in der Zukunft zu einem der Hauptakteure bei der Förderung der ganzheitlichen Entwicklung der Menschen zu machen, die die Kirche als den einzigen Weg ansieht, der die in unserer Welt vorhandenen Störungen zu heilen vermag."[10] Mit diesen an den Vertreter der Kommission der Europäischen Gemeinschaften beim Heiligen Stuhl adressierten Worten hat Papst Benedikt XVI. die Gründe namhaft gemacht, weshalb er es für wichtig hält, an die geistigen und vor allem christlichen Wurzeln Europas zu erinnern. Dies geschieht nicht, weil die christliche Kirche für sich selbst eine privilegierte Stellung anstreben möchte, sondern zunächst aus historischen Gründen, da eine geistige Wirklichkeit wie Europa nur dann Zukunft haben kann, wenn sie auch um ihre Herkunft weiß. Zweitens erfolgt diese Erinnerung, weil die grundlegenden Werte, von denen Europa lebt, vor allem aus dem Erbe des christlichen Glaubens stammen, von dem sie auch heute genährt werden. Damit verbunden ist drittens die Überzeugung, dass Europa um einer guten Zukunft willen berufen und verpflichtet ist, jene humanistische Tradition, in deren Mitte die transzendente Sicht der menschlichen Person steht, an die kommenden Generationen weiterzugeben, um sie auf diesem Weg zu befähigen, sich den Herausforderungen von morgen zu stellen.

---

7 Vgl. Rudolf Voderholzer, *Die Seele Europas ist der christliche Glaube. Prägung des Abendlandes – auch in Zukunft?* in: Ders., *Zur Erneuerung der Kirche. Geistliche Impulse zu aktuellen Herausforderungen*, Regensburg 2020, 115–127.

8 Vgl. Ralph Weimann, *Europäische Identität. Zwischen Willkommens-, Wohlstands- und Leitkultur*, in: Die Neue Ordnung 70 (1/2016) 25–33.

9 Vgl. zum Folgenden Rudolf Voderholzer, *Die Wurzeln Europas nach Joseph Ratzinger / Papst Benedikt XVI.* (Schriften der Sudetendeutschen Akademie der Wissenschaften und Künste. Band 35. Forschungsbeiträge der Geisteswissenschaftlichen Klasse), München 2015; Josef Zöhrer, *Aus der Begegnung von Jerusalem, Athen und Rom entstanden: Europa im Denken von Joseph Ratzinger-Benedikt XVI.*, Rhein Meeting 2014.

10 Benedikt XVI., *Ansprache an Herrn Yves Gazzo, Vertreter der Kommission der Europäischen Gemeinschaften beim Hl. Stuhl am 19. Oktober 2009.*

2.1 Die griechische Wurzel: Demokratie und Philosophie

„Europa“ ist zwar die semitische Bezeichnung für Abend (ereb), aber sowohl als geographische als auch als geistige Vorstellung stellt „Europa“ eine Bildung der Griechen dar. An erster Stelle muss deshalb die griechische Wurzel Europas genannt werden, die in zweifacher Hinsicht namhaft gemacht werden kann. Auf der einen Seite besteht die grundlegende griechische Entdeckung in der politischen Institution der Demokratie, freilich in dem Sinn, dass sie ihrem eigenen Wesen gemäß an die „Eunomie“ und damit an die Gültigkeit des guten Rechts gebunden ist und nur in dieser elementaren Beziehung Demokratie ist und bleiben kann. Dies bedeutet konkret, dass unter Demokratie nicht einfach die Herrschaft von Mehrheiten und auch nicht bloß der Mechanismus des Herstellens von Mehrheiten verstanden werden kann, sondern dieser Mechanismus sich vielmehr am „Nomos“ orientieren muss, nämlich an jenen Werten, „die auch für die Mehrheit bindende Vorgabe sind.“[11]

Wie in politischer Hinsicht die Demokratie mit der Frage nach dem Guten verbunden ist und sich an der so genannten „sokratischen Differenz“ zwischen dem Guten und den Gütern orientiert, so lässt sich auf der anderen Seite das griechische Denken auch leiten von der Frage nach dem, was wahr ist. Da darin die Grundfrage der Philosophie besteht, gehören zu den ersten Vätern Europas die bedeutenden Philosophen vor und nach Sokrates, vor allem Plato und Aristoteles, und steht die griechische Wurzel für das grosse Erbe des philosophischen Denkens, das charakterisiert ist durch die Frage nach den letzten Gründen des Seins, die mit den Mitteln der menschlichen Vernunft erforscht werden können. Das philosophische Denken Griechenlands zeichnet sich insofern dadurch aus, dass es mit seiner Frage nach dem Wahren den Menschen selbst für wahrheitsfähig hält: „Das Auszeichnende der griechischen Philosophie war es, dass sie sich nicht mit den überlieferten Religionen und nicht mit den Bildern des Mythos begnügte, sondern in allem Ernst die Frage nach der Wahrheit stellte.“[12]

In diesem Grundzug des philosophischen Denkens Griechenlands liegt es begründet, dass Joseph Ratzinger – Benedikt XVI. die Begegnung zwischen dem biblischen Glauben und der griechischen Philosophie als wahrhaft providenziell beurteilt. Dabei legt Joseph Ratzinger Wert auf die Einsicht, dass diese schicksalhafte Synthese bereits mitten im Alten Testament begonnen hat, wie sich vor allem in der Weisheitsliteratur anzeigt, die zwar gewiss zunächst von den ägyptischen Weisheitstraditionen beeinflusst, jedoch immer stärker mit dem griechischen Geist

11 Joseph Ratzinger – Benedikt XVI., *Europa – verpflichtendes Erbe für die Christen*, in: Ders., *Grundsatz-Reden aus fünf Jahrzehnten*, Regensburg 2005, 123–137, hier: 130.

12 Joseph Kardinal Ratzinger, *Variationen zum Thema Glaube, Religion und Kultur*, in: Ders., *Glaube – Wahrheit – Toleranz. Das Christentum und die Weltreligionen*, Freiburg i. Br. 2003, 66–90, hier: 78.

in Berührung gekommen ist. Diese Berührung zeigt sich vor allem in der Vertiefung des Ein-Gott-Glaubens und der mit ihr einhergehenden Radikalisierung der Kritik der Götter: „Der Monotheismus wird weiter geklärt und gewinnt an rationaler Kraft durch die Verbindung mit dem Versuch eines vernünftigen Verstehens der Welt. Die Klammer zwischen Gottesgedanke und Weltdeutung wird eben im Begriff der Weisheit gefunden."[13] Den bedeutendsten Schritt im Übergang des biblischen Glaubens in die griechische Welt erblickt Joseph Ratzinger freilich in der Übersetzung des Alten Testaments in die griechische Sprache, die den Namen „Septuaginta" erhalten hat und den biblischen Glauben aus der Welt Israels zu den Völkern getragen hat. Die Aneignung der griechischen Philosophie stand deshalb wesentlich im Dienst der missionarischen Verkündigung des christlichen Glaubens an die Welt der Völker. Denn das Philosophische bezeichnet „die missionarische Dimension des Gottesbegriffs, jenes Moment, womit er sich verständlich macht nach außen hin."[14]

2.2 Die christliche Wurzel: Synthese von Glaube und Vernunft

Mit dem inneren Aufeinanderzugehen von biblischem Glauben und griechischem philosophischen Fragen nach der Wahrheit wird auch die christliche Wurzel Europas sichtbar. Von daher lässt sich ganz allgemein sagen, dass in historischer Sicht Europa als geistige Wirklichkeit das Ergebnis einer elementaren „Hellenisierung" darstellt und dass auf dieser Synthese zwischen biblischem Glauben und griechischem Geist Europa zutiefst beruht. Es widerspricht der europäischen Identität deshalb fundamental, wenn diese Synthese rückgängig gemacht zu werden versucht wird, sei es durch das Bestreben in der Renaissance, das Christliche in der Geschichte Europas wegzustreichen und das allein Griechische in reiner Weise wiederherzustellen, oder sei es durch die theologischen Strömungen, den christlichen Glauben selbst zu enthellenisieren, die Papst Benedikt XVI. in seiner berühmten Vorlesung an der Universität Regensburg bereits in der Reformation des 16. Jahrhunderts und dann vor allem in der liberalen Theologie des 19. und 20. Jahrhunderts mit ihren Ausläufern bis heute namhaft gemacht und sich gegen sie zur Wehr gesetzt hat.[15]

---

13 Joseph Kardinal Ratzinger, *Glaube zwischen Vernunft und Gefühl*, in: Ders., *Glaube – Wahrheit – Toleranz. Das Christentum und die Weltreligionen*, Freiburg i. Br. 2003, 12–130, hier: 121.

14 Joseph Ratzinger, *Der Gott des Glaubens und der Gott der Philosophen. Ein Beitrag zum Problem der Theologia Naturalis*, in: Ders., *Vom Wiederauffinden der Mitte. Grundorientierungen. Texte aus vier Jahrzehnten*, Freiburg i. Br. 1997, 40–59, hier: 56.

15 Benedikt XVI., *Glaube, Vernunft und Universität. Erinnerungen und Reflexionen. Vorlesung beim Treffen mit Vertretern der Wissenschaften im Auditorium Maximum der Universität Regensburg am 12. September 2006.*

Unter „Hellenisierung" versteht Joseph Ratzinger vielmehr die Synthese zwischen christlichem Glauben und menschlicher Vernunft, die er für einen „nicht nur religionsgeschichtlich, sondern weltgeschichtlich entscheidenden Vorgang, der uns auch heute in die Pflicht nimmt", hält.[16] Dieser Vorgang lässt sich in historischer Sicht vor allem an dem Sachverhalt festmachen, dass bereits die frühesten Theologen des Christentums, nämlich die Apologeten des zweiten Jahrhunderts, ihre Vorläufer nicht in den anderen Religionen, sondern in der philosophischen Aufklärung gesehen und dass sie das Christentum als Religion des Logos und damit als die vernunftgemäße Religion verstanden haben. Damit haben sie die Überzeugung zum Ausdruck gebracht, dass der christliche Glaube nicht auf den beiden großen Quellen der Religionen, nämlich Dichtung und Politik beruht, sondern auf rationaler Einsicht und Erkenntnis. Daraus hat Joseph Ratzinger den Schluss gezogen: „Im Christentum ist Aufklärung Religion geworden und nicht mehr ihr Gegenspieler."[17]

Wie die Aufklärung auch und gerade im Raum des christlichen Glaubens entstanden ist und insofern einen christlichen Ursprung hat, so sind auch die in Europa entstandenen Universitäten eine bedeutsame Frucht der Synthese von christlichem Glauben und griechischem Geist: „Denn die Universität war entstanden, weil der Glaube die Suche nach der Wahrheit für möglich erklärte und zu dieser Suche zwang, die dann ihrerseits eine Ausweitung ihres Bereichs in alle Ebenen des menschlichen Erkennens verlangte und so die verschiedenen Fakultäten hervorbrachte."[18] Insofern der eigentliche und innere Ursprung der Universität im Drang des Menschen nach Erkenntnis liegt, der wissen will, „was das alles ist, was ihn umgibt", und der deshalb Wahrheit will[19], ist es kein Zufall, dass die ersten Universitätsgründungen im christlichen Europa auf die maßgebliche Initiative der Kirche hin entstanden sind. Es ist ebenso kein Zufall, dass innerhalb der Universität in der Ordnung der Fakultäten an erster Stelle die Theologie steht, die im Bereich des Christlichen einen sehr hohen Rang wie kaum in einer anderen Religion hat, wie Joseph Ratzinger feststellt: „Das Phänomen Theologie im strengen Sinn des Wortes ist ein ausschließlich christliches Phänomen,

16 Ebd.

17 Joseph Kardinal Ratzinger, *Das Christentum – die wahre Religion?* in: Ders., *Glaube – Wahrheit – Toleranz. Das Christentum und die Weltreligionen*, Freiburg i. Br. 2003, 131–147, hier: 137.

18 Joseph Kardinal Ratzinger, *Theologie und Kirchenpolitik*, in: Ders., *Kirche, Ökumene und Politik. Neue Versuche zur Ekklesiologie*, Einsiedeln 1987, 142–152, hier: 144.

19 Benedikt XVI., *Vorgesehene, aber nicht gehaltene Vorlesung für die römische Universität „La Sapienza" am 17. Januar 2008.*

das es anderwärts so nicht gibt.“[20] Denn im Mittelpunkt der christlichen Theologie steht die Frage nach dem Verhältnis zwischen dem christlichen Glauben und dem vernünftigen Denken, und diese Frage ist für das Christentum charakteristisch.

In der christlichen Wurzel Europas ist es begründet, dass sich das Christentum als Religion des Logos versteht. Der christliche Glaube bekennt Gott als Logos, freilich nicht einfach im Sinne einer mathematischen Vernunft, sondern auch und vor allem als schöpferische Liebe: Gott ist Logos und Liebe, und zwar in untrennbarer Offenbarungseinheit. Von dieser Liebe bekennt der christliche Glaube, dass sie sich in endgültiger Weise in Leben, Kreuz und Auferstehung Jesu Christi offenbart und zugleich das wahre Wesen des Menschen ans Licht gebracht hat. Denn die Einsicht in die unveräußerliche Würde der menschlichen Person ist im christlichen Glauben an die Inkarnation, an die Mensch-Werdung Gottes in Jesus Christus ebenso begründet wie die undelegierbare Würde des menschlichen Gewissens und die Hochschätzung der leidenschaftlichen Suche nach der Wahrheit von Gott, Welt und Mensch. Die in Jesus Christus vermittelte Synthese zwischen dem biblischen Glauben und dem griechischen Geist bildet deshalb die innerste Mitte des Christentums, und auf dieser Synthese beruht Europa.

2.3 Die lateinische Wurzel: Verhältnis von Politik und Religion

Die dritte Wurzel ist die lateinische, von der Europa viele positive Impulse aus dem römischen Rechtsdenken erhalten hat, das Einfluss auf die in den europäischen Völkern entwickelten Rechtssysteme ausgeübt hat. Als besonders bedeutsam ist aber auch die Konfrontation des Christentums mit der politischen Macht Roms einzuschätzen, die den geschichtlichen Weg Europas vor allem im Blick auf seine politische Kultur wesentlich geprägt hat. Diese zeichnete sich im römischen Staat dadurch aus, dass eine Trennung von Religion und Politik als undenkbar galt und folglich Staat und Politik mit einer religiösen Legitimation versehen waren. Im römischen Staat war zwar Toleranz gegeben, was die private Religionsausübung der Bürger betraf; im Unterschied zu diesem privatreligiösen Bereich hingegen galt die Teilnahme am Staatskult im Sinne der öffentlichen Verehrung der Staatsgötter und später auch am Kaiserkult als Ausdruck verbindlicher Loyalität gegenüber dem Staat.

Was das Verhältnis zwischen Politik und Religion im römischen Reich betrifft, macht Joseph Ratzinger vor allem darauf aufmerksam, dass nach der endgültigen Trennung in Westrom und Ostrom mit Byzanz als der neuen Hauptstadt eine

20 Joseph Kardinal Ratzinger, *Vom geistlichen Grund und vom kirchlichen Ort der Theologie*, in: Ders., *Wesen und Auftrag der Theologie. Versuche zu ihrer Ortsbestimmung im Disput der Gegenwart*, Einsiedeln 1993, 39–62, hier: 48.

entscheidende Differenz festzustellen ist, die sich für die weitere Geschichte Europas als bedeutsam herausgestellt hat: In Byzanz wurden politisches Reich und christliche Kirche weiterhin als Einheit gesehen mit der Konsequenz, dass der Kaiser auch das Haupt der Kirche war. Er verstand sich als Stellvertreter Christi, und im Anschluss an die im Alten Testament überlieferte Gestalt des Melchisedek, der König und Priester zugleich gewesen ist (Gen 14,18), führte auch der Kaiser den offiziellen Titel „König und Priester". Im Unterschied zu dieser byzantinischen Melchisedek-Typologie setzte sich im westlichen Bereich des römischen Reichs immer mehr die Trennung von Politik und Religion durch, die zur Stärkung des Bischofs von Rom geführt hat, die nicht mehr politisch, sondern martyrologisch mit dem Blutzeugnis des heiligen Petrus in Rom begründet wurde: „Dadurch dass das Kaisertum seit Konstantin aus Rom abgewandert war, konnte sich in der alten Reichshauptstadt die selbständige Stellung des römischen Bischofs als Nachfolger Petri und Oberhaupt der Kirche entwickeln, hier wird schon seit Beginn der konstantinischen Ära eine Dualität der Gewalten gelehrt: Kaiser und Papst haben je getrennte Vollmachten, keiner verfügt über das Ganze."[21] Diese Dualität der Gewalten hat sodann deutlichen Ausdruck gefunden bei Papst Gelasius I. (492–496) mit seiner Theorie der Einheit der Gewalten, die aber ausschließlich in Christus liege, der die Ämter getrennt habe, „damit sich niemand überhebe".

Damit ist eine Gewaltenunterscheidung und Gewaltentrennung eingeführt, die für die weitere Entwicklung der politischen Kultur Europas von entscheidender Bedeutung geworden ist. Sie ist freilich bereits grundgelegt im Wort Jesu: „Gebt dem Kaiser, was des Kaisers ist, und Gott, was Gottes ist" (Mt 22,21). Dieses in die Richtung einer Trennung von Religion und Politik weisende Wort hat freilich erst in der Neuzeit seine konkrete Ausgestaltung gefunden. Wesentlich dazu beigetragen haben dabei gewiss die Reformation und die anschließende Kirchenspaltung im 16. Jahrhundert, insofern die ehemals gemeinsame geistige und geistliche Grundlage des Christlichen nun zur Ursache von Trennung und blutigen Konflikten geworden ist und die Erfahrung der schrecklichen Konfessionskriege im 16. und 17. Jahrhundert die Suche nach neuen Grundlagen des gesellschaftlichen Zusammenlebens unausweichlich gemacht haben. Trotz der vielfältigen Ambivalenz der Entwicklungen in der Neuzeit versteht es sich für Joseph Ratzinger von selbst, dass auch die neuzeitliche Wurzel zur Identität Europas gehört.

21 Joseph Kardinal Ratzinger, *Europas Identität. Seine geistigen Grundlagen gestern, heute, morgen*, in: Ders., *Werte in Zeiten des Umbruchs. Die Herausforderungen der Zukunft bestehen*, Freiburg i. Br. 2005, 68–88, hier: 71.

2.4 Die neuzeitliche Wurzel: Trennung von Politik und Glaube

Zu den positiven Entwicklungen in der Neuzeit zählt Joseph Ratzinger vor allem die konsequente Durchführung der Trennung von Politik und Glaube, die in der mittelalterlichen res publica christiana noch eher verdeckt gewesen ist. In der Neuzeit hingegen hat die Freiheit des Glaubens in der Unterschiedenheit von der bürgerlichen Rechtsordnung eine immer deutlichere Gestalt gefunden, die sich sowohl für den Glauben als auch für Gesellschaft und Staat als vorteilhaft erwiesen hat: „Die für die christliche Weltsicht grundlegenden humanen Werte ermöglichen in einem fruchtbaren Dualismus von Staat und Kirche die freie humane Gesellschaft, in der das Recht des Gewissens und mit ihm die menschlichen Grundrechte gesichert sind."[22] Joseph Ratzinger ist dabei überzeugt, dass die grundsätzliche Unterscheidung von Politik und Glaube, von Staat und Kirche und die ihr zugrundeliegende neuzeitliche Idee der Freiheit nicht nur eine positive Entwicklung in der Neuzeit darstellen, sondern auch als ein „legitimes Produkt des christlichen Lebensraumes" zu betrachten sind. Denn „sie konnte sich gar nirgend anders als in ihm entwickeln. Ja man muss hinzufügen: Sie ist auch gar nicht von ihm abtrennbar und in beliebige Systeme zu verpflanzen, wie sich heute sehr deutlich in der Renaissance des Islam zeigt." Während die Gesellschaftskonstruktion des Islam theokratisch und deshalb monistisch ist, setzt der Dualismus, der die Bedingung für Freiheit bildet, die Logik des Christlichen voraus: „Nur wo in irgendeiner Form die Dualität von Staat und Kirche, von sakraler und politischer Instanz erhalten bleibt, ist die Grundvoraussetzung für Freiheit gegeben."[23]

Die neuzeitliche Konstellation bedeutet konkret, dass in ihr sowohl unterschiedliche Ausgestaltungen des christlichen Glaubens als auch unterschiedliche politische Richtungen koexistieren können, die jedoch durch grundlegende gemeinsame Werte miteinander verbunden sind. Demgegenüber besteht im Urteil von Joseph Ratzinger die stets deutlicher zu Tage tretende Ambivalenz der Neuzeit darin, dass sie sich von den gemeinsamen Werten verabschiedet, den Lebensgrund der neuzeitlichen Idee der Freiheit ausgeblendet und jene „vollkommen autonomisierte Vernunft" ausgebildet hat, die nur sich selbst kennt und sich von ihren Lebensbedingungen emanzipiert hat. Diese Gestalt von Vernunftautonomie ist zwar als Produkt des europäischen Geistes zu betrachten, sie muss jedoch zugleich als ihrem Wesen nach „post-europäisch, ja anti-europäisch" beurteilt werden, genauer als „innere Zerstörung dessen, was nicht nur für Europa

---

22 Joseph Ratzinger – Benedikt XVI., *Europa – Verpflichtendes Erbe für die Christen*, in: Ders., *Grundsatz-Reden aus fünf Jahrzehnten*, Regensburg 2005, 123–137, hier: 133.

23 Joseph Kardinal Ratzinger, *Theologie und Kirchenpolitik*, in: Ders., *Kirche, Ökumene und Politik. Neue Versuche zur Ekklesiologie*, Einsiedeln 1987, 142–152, hier: 150–151.

konstitutiv, sondern überhaupt Voraussetzung einer humanen Gesellschaft ist"[24]. In dieser radikalen Emanzipation der Vernunft vom christlichen Erbe muss man folglich den basalen „Sündenfall" Europas erblicken, der in der Geschichte der Neuzeit weitere Sündenfälle nach sich gezogen hat.

In dieser prekären Situation sind nach Joseph Ratzinger – Benedikt XVI. sowohl eine „Selbstkritik der Neuzeit im Dialog mit dem Christentum" als auch eine „Selbstkritik des neuzeitlichen Christentums" notwendig[25]. Sie implizieren, dass auf der einen Seite die positiven Errungenschaften der Neuzeit wie die relative Trennung von Politik und Glaube, von Staat und Kirche, die Gewissensfreiheit des Menschen und die in ihr begründeten Menschenrechte und die Eigenverantwortung der Vernunft gewahrt und weiterentwickelt werden müssen, dass auf der anderen Seite aber die in der Neuzeit forciert entwickelte transzendenzlose Vernunftautonomie, die ihre eigene Freiheit von innen her aufhebt, und die aus ihr folgenden neuzeitlichen Sündenfälle überwunden werden müssen, die sich in den beiden Weltkriegen und den anschließenden Diktaturen in Europa in grausamer und verbrecherischer Weise ausgewirkt haben.

3. Wiederaufbau Europas und die anschließenden Umbrüche

Im Rückblick lässt sich zusammenfassend feststellen, dass Europa in geschichtlicher und geistiger Sicht auf vier Säulen steht, nämlich auf dem jüdisch-christlichen Erbe, das sich mit dem Prinzip des philosophischen Denkens in der griechischen Geistigkeit verbunden und das lateinische Erbe in sich aufgenommen hat, und auf der neuzeitlichen Einsicht in die relative Autonomie der irdischen Wirklichkeiten und die in ihr begründete grundsätzliche Unterscheidung von Politik und Glaube und von Staat und Kirche. Das Christentum hat freilich nicht nur nach dem Untergang der griechisch-römischen Welt und der Völkerwanderung Europa gleichsam geboren; auch die Wiederherstellung Europas nach dem Zweiten Weltkrieg verdankt sich weitgehend dem Christentum.

Dies ist vor allem das grosse Verdienst der Gründungsväter eines neuen Europa wie Konrad Adenauer, Robert Schuman, Alcide de Gasperi und Jean Monet gewesen,[26] die überzeugt gewesen sind, dass nach der Verwüstung der europäischen Landschaft durch die schrecklichen Terrorherrschaften des Faschismus in Italien, des Nationalsozialismus in Deutschland und des Leninismus-Stalinismus im

---

24 Joseph Ratzinger – Benedikt XVI., *Europa – Verpflichtendes Erbe für die Christen*, in: Ders., *Grundsatz-Reden aus fünf Jahrzehnten*, Regensburg 2005, 123–137, hier: 133.

25 Benedikt XVI., *Spe salvi*, Nr. 22.

26 Vgl. Pontificio comitato di scienze storiche (Ed.), *Padri dell´Europa. Alle radici dell´Unione Europea*, Città del Vaticano 2010.

Osten Europas, die sich alle als antichristliche und neuheidnische Ideologien entlarvt haben, die Schrecknisse des Weltkrieges, die furchtbaren Zerstörungen und das Drama der grossen Ideologien, die die Menschen und die Nationen in Europa in das Inferno des Krieges gestürzt hatten, in einem konstruktiven Geist aufgearbeitet werden müssten und dass folglich ein Wiederaufbau Europas nur gelingen könne, wenn sich Europa in frischer Weise auf seine eigenen Ursprünge und damit auch auf seine christlichen Wurzeln zurückbesinnen würde. Da es für die Gründungsväter evident gewesen ist, dass die genannten Diktaturen auf der forcierten Abschaffung Europas beruht haben, waren sie überzeugt, dass man wieder zu den Konstanten des christlichen Erbes zurückkehren müsse, die Europa seine Grösse und Würde gegeben hatten. In dieser Grundhaltung wollten sie keineswegs einen neuen Glaubensstaat errichten, sondern einen „von der sittlichen Vernunft geformten Staat", bei dem das politische Handeln an die moralischen Werte gebunden ist und der christliche Glaube wesentliche Orientierung gibt. Die Gründungsväter des neuen Europa „haben eine Politik der Vernunft gemacht – der moralischen Vernunft; ihr Christentum hatte sie nicht von der Vernunft entfernt, sondern ihre Vernunft erleuchtet."[27]

Nach über siebzig Jahren stellt sich die Frage, was von der damaligen Atmosphäre des Aufbruchs und des Neubeginns geblieben ist und wie es heute um die christlichen Wurzeln in Europa steht. Dass der anfängliche Enthusiasmus der neuen Zuwendung zu den christlichen Wurzeln bald abgeflacht ist und die Grundüberzeugungen der Gründungsväter eines neuen Europa weitgehend wieder ins Wanken geraten sind, ist vor allem deutlich geworden bei den gravierenden Einbrüchen in der europäischen Geschichte, die mit den Jahren 1968 und 1989 verbunden sind.

Das Jahr 1968 bezeichnet in der Wahrnehmung von Joseph Ratzinger den „Aufstand einer neuen Generation, die nicht nur das Aufbauwerk nach dem Krieg als unzulänglich, voller Ungerechtigkeit, voller Egoismus und Besitzgier befand, sondern den ganzen Verlauf der Geschichte seit dem Sieg des Christentums für verfehlt und gescheitert ansah. Sie wollte es nun endlich besser machen, die Welt der Freiheit, der Gleichheit und der Gerechtigkeit herstellen und war überzeugt, den Weg dahin im großen Strom des marxistischen Denkens gefunden zu haben."[28] Da nach Ende der unmittelbaren Nachkriegszeit das Versagen der Menschheit und der Menschlichkeit im Zweiten Weltkrieg, die Schwächen beim Wiederaufbau Europas und das Elend in der Welt verschärft ins öffentliche Bewusstsein getreten

---

27 Joseph Kardinal Ratzinger, *Auf der Suche nach dem Frieden. Spannungen und Gefahren*, in: Ders., *Werte in Zeiten des Umbruchs. Die Herausforderungen der Zukunft bestehen*, Freiburg i. Br. 2005, 123–137, hier: 125.

28 Joseph Ratzinger, *Vorwort zur Neuausgabe 2000 „Einführung in das Christentum" – gestern, heute morgen*, in: Ders., *Einführung in das Christentum. Vorlesungen über das Apostolische Glaubensbekenntnis*, München 2000, 9–29, hier: 9.

sind, setzte man die großen Hoffnungen weithin nicht mehr, wie es die Gründungsväter eines neuen Europa getan hatten, auf das Christentum. Weil man dieses in seiner zweitausendjährigen Geschichte vor allem in seinem Versagen wahrnahm, entstand der starke Eindruck, man müsse ganz von neuem beginnen. Im Sinne einer, wie man wähnte, wissenschaftlichen Lösung der vorhandenen Probleme nahm man Zuflucht zum Marxismus mit seiner trügerischen Verheißung, mit ihm könnte endlich eine neue Welt geschaffen und vor allem ein neuer Mensch hergestellt werden. Damit wurde der christliche Hoffnungsglaube weitgehend säkularisiert und in eine innerweltliche Ideologie umgewandelt, wie diesen Prozess Papst Benedikt XVI. in seiner Enzyklika über die christliche Hoffnung „Spe salvi" in einem gerafften Überblick präzis analysiert hat.[29]

Der zweite grosse Einbruch in der neueren Geschichte Europas ist durch das Jahr 1989 und damit durch den Zusammenbruch des kommunistischen Regimes und die mit ihm unlösbar verbundene politische Wende in Europa markiert. Die bestechende Eigenart dieser Wende bestand zunächst vor allem darin, dass sie ohne Krieg und beinahe ohne Blutvergießen erfolgen konnte, weshalb Joseph Ratzinger von einem Sieg der Wahrheit, des Geistes und der Religion gesprochen hat: „Der Geist hat seine Kraft bewiesen; der Posaunenstoß der Freiheit war stärker als die Mauer, die sie in Grenzen halten wollte."[30] Die Wende von 1989, die mit dem äußeren und inneren Zerfallen der marxistischen Ideologie eingeleitet worden ist, hat allerdings die mit ihr verbundene Hoffnung nicht bewahrheitet, es würde zu einer neuen Zuwendung zum Christentum und zu einer neuen Anziehungskraft des christlichen Glaubens vor allem in den ideologisch ausgedörrten Ländern des ehemaligen Ostblocks kommen. Der Sturz der großen Ideologien hat vielmehr in eine neue Indifferenz geführt, die Joseph Ratzinger als „Diktatur des Relativismus" beim Namen nennt.[31]

Hinzu kommt, dass wir seit der Wende im Jahre 1989 nochmals eine rasante Welle der Säkularisierung und eine weitgehende Erosion des Christlichen in Europa erleben. Sie ist vor allem zu Tage getreten in den Diskussionen um die Präambel der Europäischen Verfassung, in denen die Fragen nach dem Gottesbezug und die Nennung der christlichen Wurzeln Europas kontrovers verhandelt wurden. Das Ergebnis dieser Diskussionen muss man darin erblicken, dass die christlichen Wurzeln in den neuen Grundlagen Europas offensichtlich keinen

29 Benedikt XVI., *Spe salvi*, Nr. 16–23: Die Umwandlung des christlichen Hoffnungsglaubens in der Neuzeit.
30 Joseph Cardinal Ratzinger, *Wendezeit für Europa?* in: Ders., *Wendezeit für Europa? Diagnosen und Prognosen zur Lage von Kirche und Welt*, Einsiedeln 1991, 105–127, hier: 106.
31 Vgl. Gediminas T. Jankunas, *The dictatorship of relativism. Pope Benedict XVI's response*, New York 2011.

Platz mehr finden können, dass vielmehr die Vorstellung dominant geworden ist, „dass nur die in unserer Gegenwart zu ihrer vollen Ausformung gelangte radikale Aufklärungskultur konstitutiv für die europäische Identität sein könne."[32]

4. Die Sündenfälle Europas in der Neuzeit

Angesichts dieser neueren Entwicklungen drängt sich Joseph Ratzinger in seinen europatheologischen Reflexionen eine doppelte Gewissenserforschung auf, nämlich erstens eine genaue Unterscheidung zwischen der Größe Europas und seines bleibend gültigen Beitrags in der Geschichte der Menschheit auf der einen Seite und den Verfehlungen, die in Europa vor allem in der Neuzeit geschehen sind, auf der anderen Seite, und zweitens die Suche nach tragfähigen Wegen in eine gute Zukunft Europas. Damit diese zweite Frage beantwortet werden kann, müssen an erster Stelle die Sünden diagnostiziert werden, die in Europa gemacht worden sind und nicht wiederholt werden dürfen.

4.1 Der Nationalismus als europäische Häresie

An erster Stelle ist der Nationalismus zu nennen, den Joseph Ratzinger in der europäischen Geschichte bereits in der Französischen Revolution am Werk sieht, insofern die bisher wirksame monarchische Einheit durch die nationale ersetzt worden ist. Zum eigentlichen Träger der Geschichte ist die Nation sodann vor allem im 19. Jahrhundert geworden. Vollends nach dem Ende des grausamen Ersten Weltkriegs dominierte der Versuch, Europa in rigoroser Weise unter der Leitidee des Nationalen neu zu strukturieren. Dieser Versuch aber hat im nationalsozialistischen Wahnsinn sein verbrecherisches Finale gefunden und Europa an den Rand der Zerstörung gebracht. Für Joseph Ratzinger ist es evident, dass der europäische Nationalismus letztlich keine neue Erscheinung darstellte, sondern nur als die „moderne Radikalisierung des Tribalismus, also eines Urlasters der Menschheit" zu beurteilen ist[33], dessen blutige Spur die Geschichte bis ins letzte Jahrhundert in Europa durchzogen hat.

Das Problematische und Gefährliche am neuen Nationalismus in der europäischen Geschichte besteht dabei in einer „mythischen Überhöhung der eigenen Nation", von der sich die europäischen Länder haben leiten und verleiten lassen. Denn jede Nation hielt sich selbst für den exemplarischen Maßstab bei der Verwirklichung

32 Joseph Ratzinger, *Europa in der Krise der Kulturen*, in: Marcello Pera, Joseph Ratzinger, *Ohne Wurzeln. Der Relativismus und die Krise der europäischen Kultur*, Augsburg 2005, 61–84, hier: 69.

33 Joseph Cardinal Ratzinger, *Europa – Hoffnungen und Gefahren*, in: Ders., *Wendezeit für Europa? Diagnosen und Prognosen zur Lage von Kirche und Welt*, Einsiedeln 1991, 82–104, hier: 87.

des eigentlich Humanen und erhob deshalb den Anspruch, dass ihre eigene Lebensgestaltung und damit auch ihre Macht in der ganzen Welt zur Geltung gebracht werden sollten. Insofern die Einheit der Welt mit dem Vorzeichen der eigenen Nation neu errichtet werden sollte, muss man eine „eigentümliche Verbindung zwischen Nationalismus und Universalismus" feststellen[34]. In dieser Richtung wurde auch das Heilige vereinnahmt, insofern die Energien des Christlichen für das Nationale mobilisiert und instrumentalisiert wurden, wie es seinen missbräuchlichen Ausdruck im „Gott mit uns" gefunden hat.

Für Joseph Ratzinger steht fest, dass der Nationalismus von Grund auf dem widerspricht, was Europa seinem eigentlichen Wesen gemäß ist, und deshalb als europäische Häresie zu beurteilen ist. Ihr gegenüber erblickt Joseph Ratzinger im Aufbau eines neuen Europa nach dem Zweiten Weltkrieg eine Gegenkraft gegen den nationalistischen Irrweg in der europäischen Geschichte. Denn an die Stelle der konkurrierenden Interessen und der hegemonistischen Ideologien, die die Ausbildung der Nationalstaaten im 19. Jahrhundert provoziert haben, sollte das Bewusstsein der europäischen Nationen vom gemeinsamen kulturellen, religiösen und ethischen Erbe Europas geleitet werden. Die gemeinsame europäische Identität, die allen Völkern Europas den Weg des Friedens und damit einen gemeinsamen Weg in die Zukunft eröffnen sollte, wird gewiss die einzelnen nationalen Identitäten nicht auslöschen, aber sie in einer höheren Gemeinsamkeit zu einer einzigen Völkergemeinschaft verbinden, also „statt trennender Nationalismen eine gemeinsame Identität."[35] Von daher legt es sich nahe, übernationale rechtliche, politische und ökonomische Institutionen zu errichten, freilich nicht im Sinne des Aufbaus einer Super-Nation, sondern in dem Sinne, dass zwischen Zentralismus und Partikularismus ein gesundes Gleichgewicht gefunden werden kann.

4.2 Verabsolutierung und Universalisierung der technischen Vernunft

Der Nationalismus und vor allem die Mythisierung des Nationalen haben ihre besondere Wirkkraft dadurch erhalten, dass sie eine Verbindung mit dem Fortschrittsglauben und mit dem Mythos der technischen Welt eingegangen sind. In dieser Verbindung nimmt Joseph Ratzinger die zweite Ursünde in der europäischen Geschichte wahr, die in ihrem Kern in der Vereinseitigung des neuzeitlichen Vernunftbegriffs besteht, und zwar in dem Sinn, dass nur die quantitative Vernunft und damit die Vernunft der Berechnung und des Experiments als

---

34 Ebd. 88.

35 Joseph Kardinal Ratzinger, *Gemeinsame Identität und gemeinsames Wollen. Chancen und Gefahren für Europa*, in. Ders., Werte *in Zeiten des Umbruchs. Die Herausforderungen der Zukunft bestehen*, Freiburg i. Br. 2005, 89–97, hier: 89.

Vernunft betrachtet wird, dem gegenüber alles Andere als das Arationale beurteilt wird, das überwunden und ebenfalls in den Bereich der so genannten wissenschaftlichen Erkenntnisse übergeführt werden muss. Diese Reduktion des Logos auf eine bestimmte und eingeengte Rationalität impliziert nicht nur, dass ihr Ziel in der Entwicklung einer so genannten „Physik der menschlichen Dinge" gesehen wird,[36] sondern auch und vor allem, dass der Gottesgedanke und die Religion überhaupt aus dem vernünftigen Denken der Menschen ausgeschlossen werden.

Die wissenschaftliche Rationalität wird von Joseph Ratzinger durchaus als eine grossartige Leistung gewürdigt, die in der europäischen Geschichte hervorgebracht worden ist. Demgegenüber beurteilt er aber die Vereinseitigung der Vernunft zur rein wissenschaftlich-technischen Vernunft und damit ihre Verabsolutierung als für den Menschen und die Entwicklung einer humanen Gesellschaft zerstörerisch. Demgemäß liegt der europäische Sündenfall darin, dass die den Menschen gemeinsame Vernunft auf jenen Bereich reduziert wird, der dem wissenschaftlichen Diskurs entspricht und in dem vor allem die Frage nach Gott obsolet geworden ist. Dieser Sündenfall entlässt aus sich verhängnisvolle Konsequenzen, die Papst Benedikt XVI. in seiner berühmten Regensburger Vorlesung klar beim Namen genannt hat: „Eine Vernunft, die dem Göttlichen gegenüber taub ist und Religion in den Bereich der Subkulturen abdrängt, ist unfähig zum Dialog der Kulturen."[37]

Die konsequenteste Ausgestaltung der Verbindung von Fortschrittsglaube und Verabsolutierung der wissenschaftlich-technischen Zivilisation, die zudem gepaart ist mit der Verheißung einer neuen Menschheit in der Gestalt eines politischen Messianismus, erblickt Joseph Ratzinger in der Ideologie des Marxismus. Sie ist die radikalste Form dieser dreifachen Verbindung, und zwar mit der Konsequenz, dass sie den Gottesgedanken ersetzt und gleichsam an seine Stelle tritt: „Dieser systematische Ausschluss des Göttlichen aus der Gestaltung von Geschichte und Menschenleben unter Berufung auf die Endgültigkeit wissenschaftlicher Einsicht ist vielleicht das eigentlich Neue und zugleich das wahrhaft bedrohliche Element an jenem seltsamen Produkt Europas, das wir Marxismus nennen."[38] Aus diesem Grund stellt der Marxismus die radikalste Antithese sowohl zum Christlichen als auch zu der vom christlichen Glauben geprägten Geschichte Europas dar

36 Joseph Kardinal Ratzinger, *Christliche Orientierung in der pluralistischen Demokratie?* in: Ders., *Kirche, Ökumene und Politik. Neue Versuche zur Ekklesiologie*, Einsiedeln 1987, 183–197, hier: 187.

37 Benedikt XVI., *Glaube, Vernunft und Universität. Erinnerungen und Reflexionen. Vorlesung beim Treffen mit Vertretern der Wissenschaften im Auditorium Maximum der Universität Regensburg am 12. September 2006.*

38 Joseph Cardinal Ratzinger, *Europa – Hoffnungen und Gefahren*, in: Ders., *Wendezeit für Europa? Diagnosen und Prognosen zur Lage von Kirche und Welt*, Einsiedeln 1991, 82–103, hier: 90.

und wirkt insofern als Fremdkörper in dieser Geschichte.[39] Er ist zwar „Produkt Europas, aber zugleich die entschiedenste Absage an Europa im Sinne jener inneren Identität, die es in seiner Geschichte ausgebildet hatte."[40]

Die politischen Ereignisse im Jahre 1989 und die damit einhergehende Wende in Europa haben zwar zum Zusammenbruch der vom Marxismus inspirierten Regierungssysteme und damit auch zur Infragestellung der marxistischen Ideologie geführt. Joseph Ratzinger ist aber überzeugt, dass die Grundannahmen, von der die marxistische Ideologie ausgeht, nach wie vor eine grosse Faszination auf die Menschen auch nach dem Scheitern des Marxismus-Kommunismus ausüben, nämlich die Überzeugung von der wissenschaftlich-technischen Vernunft, von der weitere Fortschritte in der menschheitlichen Entwicklung erwartet werden, und mit ihr verbunden die Distanzierung vom religiösen Erbe der europäischen Geschichte. Erschwerend kommt hinzu, dass diese Grundannahmen heute in der ganzen Welt verbreitet sind, so dass man im Unterschied zur bisherigen Universalität des christlichen Glaubens in der europäischen Geschichte von einer „anderen Universalität" sprechen muss, „die wirklich in die letzten Winkel der Erde vorgedrungen ist: die Einheit der technischen Kultur", mit der jedoch das christliche Erbe Europas vollends verabschiedet wird.[41] Damit kommt an den Tag, dass die „Universalisierung der europäischen Kultur" zugleich ihre eigene Krise, genauer eine „lebensbedrohende Kreislaufkrise" provoziert hat.[42]

4.3 Pathologien der Vernunft und Pathologien in der Religion

Um die Sündenfälle Europas zu überwinden, zielt die Argumentation Joseph Ratzingers auf die Revitalisierung der Einheit von Vernunft und Glaube, die für die Geschichte Europas wegleitend geworden ist. Dort hingegen, wo diese Einheit, wie in der Neuzeit weithin geschehen, nicht mehr bewahrt und angesichts von neuen Herausforderungen bewährt worden ist, haben beide, die Vernunft und die Religion, Schaden erlitten und kam es zu Pathologien der Vernunft und zu Pathologien in der Religion.

39 Auf diesem Hintergrund versteht man auch die starken Bedenken Joseph Ratzingers jenen Strömungen der Befreiungstheologie gegenüber, die sich mit dem Marxismus verbunden haben. Vgl. Joseph Kardinal Ratzinger, *Zur Theologie der Befreiung*, in: Ders., *Zur Lage des Glaubens. Ein Gespräch mit Vittorio Messori*, München 1985, 179–203; Ders., *Freiheit und Befreiung. Die anthropologische Vision der Instruktion „Libertatis conscientia"*, in: Ders., *Kirche, Ökumene und Politik. Neue Versuche zur Ekklesiologie*, Einsiedeln 1987, 227–243.

40 Joseph Ratzinger – Benedikt XVI., *Europa – verpflichtendes Erbe für die Christen*, in: DERS., *Grundsatz-Reden aus fünf Jahrzehnten*, Regensburg 2005, 123–137, hier: 129.

41 Joseph Kardinal Ratzinger, *Glaube, Religion und Kultur*, in: Ders., *Glaube – Wahrheit – Toleranz. Das Christentum und die Weltreligionen*, Freiburg i. Br. 2003, 46–65, hier: 48.

42 Joseph Kardinal Ratzinger, *Europas Identität. Seine geistigen Grundlagen gestern, heute, morgen*, in: Ders., *Werte in Zeiten des Umbruchs. Die Herausforderungen der Zukunft bestehen*, Freiburg i. Br. 2005, 68–88, hier: 77–78.

Pathologien der Vernunft treten dort auf, wo für das menschliche Leben und Zusammenleben elementare Werte verabsolutiert und damit mythisiert werden. Dies gilt vor allem für Begriff und Realität des Fortschritts, der auch heute als höchste Norm des politischen und überhaupt menschlichen Handelns betrachtet wird. Dabei sind nicht die Fortschritte an sich das Problem, sondern ihre Ambivalenz, die darin besteht, dass sie immer auch neue Bedrohungen für den Menschen und die ganze Schöpfung produzieren, so dass sich moralische Steuerungen des Fortschritts als unerlässlich erweisen. Auch die Wissenschaft ist an sich ein hohes Gut, ist aber immer wieder der Gefahr ausgesetzt, dass ihr Können auch der Unmenschlichkeit dienstbar gemacht wird, wenn wir beispielsweise an die Produktion von Massenvernichtungswaffen oder medizinische Versuche am menschlichen Leben denken. Damit die Wissenschaft wirklich im Dienst am Menschen steht, muss auch sie sich an moralischen Massstäben orientieren. Auch und besonders die Freiheit wird nicht selten mythisiert, indem sie egoistisch, anarchisch und antiinstitutionell verstanden und dabei verdrängt wird, dass die Freiheit des einzelnen Menschen „nur in einer Ordnung der Freiheiten bestehen" kann: „Sie braucht ein Mass, sonst wird sie zur Gewalt gegen den anderen."[43] Europa steht deshalb gestern wie heute vor der entscheidenden Frage, von welcher Form der Vernunft es sich leiten lassen will: von der in sich verschlossenen und verabsolutierten wissenschaftlich-technischen Vernunft oder von jener Vernunft, die sich zu ihren eigenen geistigen Wurzeln bekennt und damit für die Transzendenz Gottes offen ist.

Es gibt aber auch Pathologien in der Religion, die immer dann auftreten, wenn sich die Religion der Wahrheitsfrage nicht aussetzt und sich weigert, sich von der Vernunft reinigen zu lassen. Dabei ist es für Joseph Ratzinger entscheidend, dass der Glaube an Gott nicht einfach von außen zur Vernunft gebracht wird, indem beispielsweise Gewaltanwendungen, die von den Religionen ausgehen können, öffentlich verurteilt werden. Die Vernunft ist vielmehr dem Glauben an Gott selbst innerlich. Denn im Namen von Religion ausgeübte Gewalt ist prinzipiell das Gegenteil des Gottesglaubens, insofern Gewalt vernunftwidrig ist und Gott ein Gott der Vernunft ist: „Nicht vernunftgemäß zu handeln ist dem Wesen Gottes zuwider."[44] Dies gilt zumal für den christlichen Glauben, der sich von Anfang an als die „Religion des Logos", als die „vernunftgemäße Religion" verstanden hat. Denn er hat seine Vorläufer „prinzipiell nicht in den anderen Religionen, sondern in der philosophischen Aufklärung erblickt, die den Weg aus den Traditionen heraus zur Frage nach der Wahrheit und zum Guten, nach dem einen Gott über

---

43 Joseph Kardinal Ratzinger, *Die Bedeutung religiöser und sittlicher Werte in der pluralistischen Gesellschaft*, in: Ders., *Werte, Wahrheit. Macht. Pluralistische Gesellschaft im Kreuzverhör*, Frankfurt a. M. 1999, 63–92, hier: 66.

44 Benedikt XVI., *Glaube, Vernunft und Universität. Erinnerungen und Reflexionen. Vorlesung beim Treffen mit Vertretern der Wissenschaften im Auditorium Maximum der Universität Regensburg am 12. September 2006.*

allen Göttern freigemacht hat"[45]. Weil es demnach eine innere Korrespondenz von christlichem Glauben und Aufklärung gibt, sind Christen auch heute berufen, im Glauben der Vernunft ihre eigene Stimme zu geben und sie als „Kontrollorgan" zu würdigen, „von dem her sich Religion immer neu reinigen und ordnen lassen muss"[46].

5. Die Verantwortung des Christentums im heutigen Europa

Nur mit einer solchen Selbstbesinnung auf beiden Seiten, der Vernunft und der Religion, und einer notwendig damit einhergehenden Korrekturbereitschaft lassen sich die Pathologien der Vernunft und die Pathologien in der Religion überwinden. Damit ist der elementare Wegweiser gegeben, mit dem die Frage erörtert werden kann, worin Joseph Ratzinger die Sendung des Christentums im heutigen und künftigen Europa erblickt. Weil mit dieser Frage zugleich die ganze Weite des theologischen Denkens des emeritierten Papstes angesprochen ist[47], können an dieser Stelle nur einige Hinweise gegeben werden.

5.1 Weitung des Vernunftbegriffs

Vom bisherigen Gedankengang her versteht es sich von selbst, dass an erster Stelle die Forderung nach Reinigung und Ausweitung des Vernunftbegriffs genannt werden muss. Denn die in der europäischen Neuzeit eingetretene Verengung und Reduktion der Vernunft allein auf das, was im Experiment überprüft werden kann, haben dazu geführt, dass der ganze Bereich des Religiösen und des Moralischen dem Bereich des Subjektiven zugewiesen und damit aus dem Bereich der Vernunft ausgeschlossen worden ist. Das Große dieser Entwicklung in der europäischen Neuzeit soll dabei keineswegs in Frage gestellt werden, zumal die Konzentration auf das im Experiment Überprüfbare im Bereich der exakten Wissenschaften durchaus ihre Berechtigung hat. Notwendig ist aber im Urteil von Joseph Ratzinger die Bekehrung zu einer größeren Weite der Vernunft: „Als Christen sind wir heute aufgefordert, nicht etwa die Vernunft zu begrenzen und

45 Joseph Ratzinger, *Europa in der Krise der Kulturen, in:* Marcello Pera, Joseph Ratzinger, *Ohne Wurzeln, Der Relativismus und die Krise der europäischen* Kultur, Augsburg 2005, 61–84, hier: 78.

46 Joseph Kardinal Ratzinger, *Was die Welt zusammenhält. Vorpolitische moralische Grundlagen eines freiheitlichen Staates*, in: Jürgen Habermas, Joseph Ratzinger, *Dialektik der Säkularisierung. Über Vernunft und Religion*, Freiburg i. Br. 2005, 39–60, hier: 56.

47 Vgl. Kurt Kardinal Koch, *Bund zwischen Liebe und Vernunft. Das theologische Erbe von Papst Benedikt XVI.*, Freiburg i. Br. 2016.

uns ihr entgegenzusetzen, sondern uns ihrer Verengung auf die Vernunft des Machens entgegenzustellen und um die Wahrnehmungsfähigkeit für das Gute und für den Guten, für das Heilige und den Heiligen zu kämpfen."[48]

Denken und Religion, Vernunft und Glaube sind deshalb keine Gegensätze, sondern gehören unlösbar zusammen. Dafür stehen in der Geschichte Europas vor allem die Universitäten, wie Papst Benedikt XVI. in einer Ansprache an die Dozenten der europäischen Universitäten zum Ausdruck gebracht hat. Denn der Aufstieg der Universitäten in Europa ist von der Überzeugung gefördert worden, „dass Glaube und Vernunft bei der Suche nach der Wahrheit zusammenwirken müssen – unter Achtung des Wesens und der rechtmässigen Autonomie des anderen und dennoch in harmonischer und kreativer Zusammenarbeit, um der Erfüllung des Menschen in Wahrheit und Liebe zu dienen."[49] Denn bei einer Universität kann es sich nicht allein um eine Diskussion zwischen den Einzelwissenschaften handeln, sondern muss es auch und in erster Linie um die „universitas" alles Wirklichen und seinen Sinnzusammenhang und damit um die Wahrheit gehen. Wo an einer Universität hingegen nicht mehr nach der einen Wahrheit gefragt würde, wäre sie, wie der Name andeutet, keine Universität mehr, sondern würde besser „Diversität" heissen. Deshalb sind gerade die Universitäten berufen, den Vernunftbegriff zu weiten, damit auch jene Aspekte der Wirklichkeit erfasst werden können, die über das rein Empirische hinausgehen.

Nur in dieser Weise wird ein komplementärer und somit fruchtbarer Zugang zur Relation zwischen Glaube und Vernunft ermöglicht. Diese Beziehung ist zumal für den christlichen Glauben konstitutiv, da der Konnex des Glaubens mit dem Suchen der menschlichen Vernunft nicht als Forderung von aussen an ihn herangetragen wird, sondern zum Glauben innerlich selbst gehört. Denn der Glaube selbst ist vernünftig und ist deshalb berufen, seine Vernünftigkeit einsichtig zu machen. Im Unterschied zur materialistischen Einstellung von heute, der gemäß am Anfang das Unvernünftige steht, so dass das Vernünftige gleichsam als Abfallprodukt des Unvernünftigen betrachtet wird, steht der christliche Glaube dafür ein, dass am Anfang der Logos steht, nämlich die schöpferische Vernunft Gottes. In dieser Überzeugung ist es begründet, dass der Glaube „nicht Resignation der Vernunft angesichts der Grenzen unserer Erkenntnis" und „nicht Zurückweichen ins Irrationale angesichts der Gefahren einer bloss instrumentellen Vernunft" ist, sondern „Mut zum Sein und Aufbruch ins Große und Weite des Wirklichen"[50].

---

48 Joseph Kardinal Ratzinger, *Auf der Suche nach dem Frieden. Spannungen und Gefahren*, in: Ders., *Werte in Zeiten des Umbruchs. Die Herausforderungen der Zukunft bestehen*, Freiburg i. Br. 2005, 123–137, hier: 133.

49 Benedikt XVI., *Ansprache an die Teilnehmer der ersten Begegnung der Dozenten der europäischen Universitäten am 23. Juni 2007.*

50 Joseph Cardinal Ratzinger, *Wege des Glaubens im Umbruch der Gegenwart*, in: Ders., *Wendezeit für Europa? Diagnosen und Prognosen zur Lage von Kirche und Welt*, Einsiedeln 1991, 59–81, hier: 75.

5.2 Unverzichtbarkeit des Gottesgedankens

Zur Weitung des Vernunftbegriffs gehört vor allem die Revitalisierung des Gottesgedankens. Denn im christlichen Verstand ist Gott selbst Logos, vernünftiger Urgrund alles Wirklichen und damit die schöpferische Vernunft, aus der die Welt entstanden ist und die deshalb in der Welt erkannt werden kann. Weil der Schöpfergott als der Ursprung und tragende Grund aller Dinge geglaubt wird, ist alles, was ist, seinem Ursprung gemäß vernünftig, weil es aus der schöpferischen Vernunft Gottes kommt. Im christlichen Glauben ist Gott freilich nicht Logos im Sinne einer mathematischen Vernunft auf dem Grund aller Dinge, sondern auch und vor allem schöpferische Liebe, mit der Gott sich selbst dem Menschen zu erkennen gibt und sich selbst ihm schenkt. Gerade weil Gott Schöpfer ist, der alles umfasst, ist er auch Beziehung und deshalb Liebe. Logos und Liebe sind folglich die Grundpfeiler alles Wirklichen: „Die wahre Vernunft ist die Liebe, und die Liebe ist die wahre Vernunft. In ihrer Einheit sind sie der wahre Grund und das Ziel alles Wirklichen."[51]

Der höchste und zuverlässigste Ausdruck für die christliche Überzeugung, dass die innerste Mitte allen Seins die Liebe ist, ist der Glaube an die Menschwerdung Gottes in Jesus Christus und sein Leiden und Sterben für uns Menschen. Denn wenn Gott selbst Mensch geworden ist, dann kommt dem Menschen eine ganz neue und unverlierbare Würde zu. Wäre der Mensch nur das Produkt des Zufalls, beziehungsweise einer zufälligen Evolution, wie er heute weithin betrachtet wird, oder gar das Produkt, das wir Menschen selbst herstellen, dann erscheint das Menschsein des Menschen selbst als ein Zufall und dann gibt es auch keine religiöse Barriere mehr, die den Menschen daran hindern würde, ihn anscheinend höheren Zwecken zu opfern. Wenn hingegen der christliche Glaube wahr ist, dass Gott jeden einzelnen Menschen gewollt und geschaffen hat, und dass Gott selbst Mensch geworden ist und sogar für den Menschen gelitten hat, dann erhält der Mensch Anteil an der Würde Gottes selbst. Die Ehrfurcht vor der Menschenwürde und die aus ihr folgende Achtung der elementaren Menschenrechte eines jeden einzelnen Menschen sind folglich die kostbaren Früchte des Glaubens an die Menschwerdung Gottes. Und die Gestalt Jesus Christus, die in der Mitte der europäischen Geschichte steht, bildet die „Grundlage des wahren Humanismus, einer neuen Menschlichkeit"[52].

---

51 Joseph Kardinal Ratzinger, *Der angezweifelte Wahrheitsanspruch. Die Krise des Christentums am Beginn des dritten Jahrtausends*, in: Ders., P. Flores D'Arcais, *Gibt es Gott? Wahrheit, Glaube, Atheismus*, Berlin 2006, 7–18, hier: 18.

52 Joseph Ratzinger, *Wahrer Friede und wahre Kultur: Christlicher Glaube und Europa*, in: Ders., *Christlicher Glaube und Europa. 12 Predigten*, München 1982, 7–18, hier: 9.

Weil sich solcher Humanismus in Europa entwickelt hat, ist dieser Kontinent die Wiege des Humanismus geworden. Dies kann Europa nur bleiben, wenn es ihn weiterhin im Gottesglauben begründet sieht. Denn Gottesglaube und Humanität gehören unlösbar zusammen. Bereits die historische Feststellung, dass aus dem christlichen Glauben an den Schöpfergott und seine Menschwerdung in Jesus Christus die Erkenntnis der Unantastbarkeit der Menschenwürde, die jedem einzelnen Menschen von Gott her zukommt, die Leitvorstellung der Gleichheit aller Menschen vor dem Recht und die Idee der Menschenrechte entwickelt worden sind, dokumentiert, dass der Gottesglaube dem Menschen, der Anerkennung seiner Würde und dem Schutz seines Lebens zugutekommt. Der unlösbare Zusammenhang zwischen Gottesglaube und Humanismus manifestiert sich heute freilich auch in negativer Hinsicht, dass der radikalen Krise des Gottesbewusstseins, von der die europäischen Gesellschaften heute weithin befallen sind, eine ebenso gefährliche Krise des Menschenbildes auf dem Fuß folgt. Denn der Versuch, alle menschlichen Dinge unter völliger Absehung von Gott zu gestalten, führt uns immer mehr zur Abschaffung des Menschen überhaupt hin. Die Zerstörung der Transzendenz erweist sich folglich als „jene eigentliche Amputation des Menschen", aus der „alle anderen Krankheiten hervorquellen"[53].

5.3 Öffentlichkeit der Religion in einer laikalen Gesellschaft

Wenn das Christentum seine Sendung in den europäischen Gesellschaften wahrnehmen können soll, ist es darauf angewiesen, sie in der gesellschaftlichen Öffentlichkeit zu erfüllen und um diesen Ort zu ringen. Diese Herausforderung ist, wie bereits angesprochen, vor allem virulent geworden angesichts der Diskussion um die Präambel der Europäischen Verfassung, bei der zwar die institutionellen Rechte der Kirche gesichert sind, jedoch sowohl ein Gottesbezug als auch die Nennung der christlichen Wurzeln nicht berücksichtigt worden sind, und zwar mit der vordergründigen Begründung, damit würden die Gefühle der vielen Nichtchristen, die in Europa leben, verletzt. Dem gegenüber hat Joseph Ratzinger mit Recht geltend gemacht, dass nicht die Nennung Gottes die Angehörigen anderer Religionen beleidigt, sondern „der Versuch, die menschliche Gemeinschaft gänzlich ohne Gott zu konstruieren", und er hat in der Diskussion um die Präambel den „Zynismus einer säkularistischen Kultur" wahrgenommen, „die ihre eigenen Grundlagen verleugnet"[54].

---

53 Joseph Kardinal Ratzinger, *Christliche Orientierung in der pluralistischen Demokratie*, in: Ders., *Kirche, Ökumene und Politik. Neue Versuche zur Ekklesiologie*, Einsiedeln 1987, 183–197, hier: 189.

54 Joseph Ratzinger, *Europa in der Krise der Kulturen*, in: Marcello Pera, Joseph Ratzinger, *Ohne Wurzeln. Der Relativismus und die Krise der europäischen Kultur*, Augsburg 2005, 61–84, hier: 68–69.

Mit diesem kritischen Einwand und der Reklamierung der öffentlichen Dimension der Religion in den europäischen Gesellschaften ist bei Joseph Ratzinger jedoch in keiner Weise eine Rückkehr zu einer Theokratie impliziert. Nach seinem Urteil hat der christliche Glaube vielmehr die Idee der politischen Theokratie prinzipiell aufgehoben, und ist der laikale Staat eine „Folge der christlichen Grundentscheidung"[55]. Da die Laizität an sich kein Gegensatz zum Glauben darstellt, sondern vielmehr eine Frucht des Glaubens selbst ist, kann der Christ von seinem Glaubensverständnis her ein positives Verhältnis zu einer gesunden Laizität des Staates haben, wie Papst Benedikt XVI. betont hat, dass in der geschichtlichen Zeit, in der sich die Kulturen immer mehr verflechten, ein „neues Nachdenken über den wahren Sinn und die Bedeutung der Laizität" notwendig geworden ist[56]. Denn auf der einen Seite ist und bleibt im christlichen Denken die Unterscheidung zwischen dem politischen und dem religiösen Bereich grundlegend, um die Religionsfreiheit der Bürger und die Verantwortung des Staates ihr gegenüber zu ermöglichen. Auf der anderen Seite braucht es aber auch ein neues Bewusstsein von der unersetzbaren Funktion der Religion zusammen mit anderen Institutionen für die Bildung und Vertiefung des ethischen Grundkonsenses innerhalb der Gesellschaft und für die Gewissensbildung der Menschen: „Der christliche Glaube erweckt das Gewissen und begründet das Ethos. Er gibt der praktischen Vernunft Inhalt und Weg."[57]

Wer sich in diesem Sinn als Christ positiv zu einer gesunden Laizität verhält, ist dann auf der anderen Seite aber auch berechtigt und verpflichtet, ein kritisches Wort einzulegen gegen die schwerwiegenden Folgewirkungen eines prinzipiellen Laizismus und Säkularismus, die sich vor allem in einem gebrochenen oder zumindest weithin ungeklärten Verhältnis der heutigen Gesellschaften zum Phänomen der Religion anzeigen. In diesem Problemkontext ist es ein besonderes Anliegen von Joseph Ratzinger, die Bedeutung der vorpolitischen moralischen Grundlagen eines freiheitlichen Staates zu betonen und einleuchtend zu machen[58], und zwar im Anschluss an den Rechtsphilosophen Ernst-Wolfgang Böckenförde, der die paradoxe Situation der neuzeitlichen Gesellschaften Europas in dem Satz verdichtet hat, dass der freiheitliche säkularisierte Staat von Voraussetzungen lebt, „die er selbst nicht garantieren kann", dass er deshalb auf die

55 Joseph Kardinal Ratzinger, *Auf der Suche nach dem Frieden. Spannungen und Gefahren*, in: Ders., *Werte in Zeiten des Umbruchs. Die Herausforderungen der Zukunft bestehen*, Freiburg i. Br. 2005, 123–137, hier: 136.

56 Benedikt XVI., *Ansprache bei der Begrüßungszeremonie bei seiner Apostolischen Reise nach Frankreich in Paris am 12. September 2008*.

57 Joseph Kardinal Ratzinger, *Christliche Orientierung in der pluralistischen Demokratie?* in: Ders., *Kirche, Ökumene und Politik. Neue Versuche zur Ekklesiologie*, Einsiedeln 1987, 183–197, hier: 194.

58 Vgl. Joseph Kardinal Ratzinger, *Was die Welt zusammenhält. Vorpolitische moralische Grundlagen eines freiheitlichen Staates*, in: Jürgen Habermas, Joseph Ratzinger, *Dialektik der Säkularisierung. Über Vernunft und Religion*, Freiburg i. Br. 2005, 39–60.

öffentliche Erneuerung von religiösen und ethischen Orientierungen angewiesen ist und „aus jenen inneren Antrieben und Bildungskräften" leben muss, „die der religiöse Glaube seiner Bürger vermittelt"[59].

Für die Sendung der Kirche in den heutigen europäischen Gesellschaften bedeuten diese Einsichten, dass sich die Kirche nicht einfach zu einem Mittel der Moralisierung der Gesellschaft einspannen lassen darf, wie es der liberale Staat von ihr erwartet hat, und dass sie sich selbst nicht durch die Nützlichkeit ihrer eigenen Sozialwerke rechtfertigen sollte. Sie soll vielmehr in erster Linie sie selbst sein und das tun, was ihr Ureigenstes ist und damit den Auftrag erfüllen, in dem ihre Identität gründet, nämlich Gott verkünden, und zwar in ökumenischer Gemeinschaft, wie es Papst Benedikt XVI. unter Würdigung der Konzentration von Leben und Denken des Reformators Martin Luthers auf die Suche nach Gott zum Ausdruck gebracht hat: „Unser erster ökumenischer Dienst in dieser Zeit muss es sein, gemeinsam die Gegenwart des lebendigen Gottes zu bezeugen und damit der Welt die Antwort zu geben, die sie braucht."[60]

Diese Antwort braucht auch und gerade Europa heute. Es ist Joseph Ratzinger – Benedikt XVI., der in seinem ganzen Leben, Denken und Wirken um diese Antwort gerungen hat. Die in diesem Aufsatz dargebotene Skizze seines europaphilosophischen und -theologischen Denkens hätte ihr Ziel erreicht, wenn deutlich geworden wäre, wie sehr sich Joseph Ratzinger als klarsichtiger Diagnostiker der in der Geschichte greifbaren Identität Europas und als sensibler Therapeut in den grossen Herausforderungen, denen Europa heute ausgesetzt ist, erwiesen hat. Mit diesen Ausführungen soll zugleich Abt Maximilian Heim anlässlich seines sechzigsten Geburtstags geehrt werden, der Vorsteher des Klosters Heiligenkreuz bei Wien, das in benediktinischer und bernhardinischer Tradition steht und in der Geschichte Europas eine bedeutende Rolle gespielt hat wie überhaupt die Klöster, die die grossen Zivilisatoren und Kultivatoren in der europäischen Landschaft gewesen sind, indem sie vor allem „im grossen Kulturbruch der Völkerwanderung und der sich bildenden neuen Ordnungen" die Orte gewesen sind, an denen „die Schätze der alten Kultur überlebten und zugleich von innen her eine neue Kultur langsam geformt wurde."[61] Diese „neue Kultur" in Orientierung am

59 Ernst-Wolfgang Böckenförde, *Die Entstehung des Staates als Vorgang der Säkularisierung*, in: Ders., *Recht, Staat, Freiheit. Studien zur Rechtsphilosophie, Staatstheorie und Verfassungsgeschichte*, Frankfurt a. M. 1991, 92–114, hier: 113.

60 Benedikt XVI., *Ansprache im ökumenischen Gottesdienst in der Kirche des Augustinerklosters Erfurt am 23. September 2011.*

61 Benedikt XVI., *Ansprache an die Vertreter der Kultur im Collège des Bernardins in Paris am 12. September 2008.*

theologischen Denken von Joseph Ratzinger – Papst Benedikt XVI.[62] weiterhin zu pflegen: diesem Anliegen weiß sich Abt Maximilian verpflichtet, und auch dafür sei ihm herzlich gedankt.

62 Vgl. Maximilian H. Heim, *Joseph Ratzinger – Kirchliche Existenz und existenzielle Theologie. Ekklesiologische Grundlinien unter dem Anspruch von* LUMEN GENTIUM, Frankfurt a. M. 2004; Ders., *Joseph Ratzinger / Papst Benedikt als Theologe*, in: Ders. (Hg.), *Tu es Pastor Ovium. Eine Nachlese zum Besuch von Papst Benedikt XVI. am 9. September 2007 im Stift Heiligenkreuz*, Heiligenkreuz 2009, 62–82; Ders., Auf Fels gebaut. Freude an Kirche und Glaube, Heiligenkreuz 2014.

Michaela C. Hastetter

Auf der Jakobsleiter
Wesen und Theologie des Mönchtums bei Joseph Ratzinger / Benedikt XVI.

1. Joseph Ratzinger – ein Vertreter der monastischen Theologie?

Joseph Ratzinger, langjähriger Theologieprofessor, Präfekt der Glaubenskongregation und Papst der römisch-katholischen Kirche, gilt nicht in erster Linie als Vertreter der monastischen Theologie oder des monastischen Lebens. Sein geistlicher Weg führte ihn über die Zeit im Priesterseminar in Freising an die Universität nach München, wo er nicht etwa als Mönch an einer Ordenshochschule, sondern in Deutschland an einer staatlichen Fakultät Theologie studierte und später als Priester und Lehrstuhlinhaber für Dogmatik und Fundamentaltheologie an verschiedenen staatlichen Universitäten auch dozierte. Er stand als junger Professor für die Freiheit einer neuen Richtung des theologischen Denkens, das sich vom neoscholastischen Panzer einer allzu kleindenkerischen Engführung vor dem Konzil entkleidete und leidenschaftlicher nach der Wahrheit suchte.[1] Mit seiner Theologie wollte er auf die Menschen von heute zugehen, in einer Sprache, die einfach und kunstvoll zugleich auf universale Weise allen zugänglich sein sollte, fernab von Schulbildungen oder speziellen Ordenstraditionen. So liegt es auf den ersten Blick eigentlich nicht auf der Hand, ihn als Gewährsmann für das Wesen und die Theologie des Mönchtums heranzuziehen. Auf den zweiten Blick fällt freilich auf, dass sich Joseph Ratzinger am Anfang seines wissenschaftlichen Weges in seinen zwei großen Qualifikationsarbeiten mit großen mönchischen Gestalten des Abendlandes befasst hat: in der Promotion mit dem hl. Augustinus, der nach seiner Bekehrung zunächst Mönch und dann erst später Bischof geworden war und eine der großen Mönchsregeln des lateinischen Westens verfasst hat, und in der Habilitation mit dem hl. Bonaventura, dem großen franziskanischen Ordensgeneral, der sich an der Universität Paris gegen die etablierte Professorenpartei als Minderbruder-Professor zu behaupten hatte. Kurz vor der Wahl zum 265. Nachfolgers Petri hielt Kardinal Ratzinger bezeichnenderweise in Subiaco, gleichsam am Geburtsort des abendländischen Mönchtums eine vielrezipierte Rede zu Europa in der Krise der Kulturen, in der er am Ende auf die große kulturelle wie geistliche Leistung des hl. Benedikts verwiesen hat. Damit

1 Vgl. hierzu Michaela C. Hastetter, *Die Dynamik der Theologie Joseph Ratzingers. Quellen und Konsequenzen*, in: Mitteilungen des Instituts Papst Benedikt XVI. 6 (2013), 90–98.

rahmt die Auseinandersetzung mit mönchischen Gestalten des Abendlandes gewissermaßen sein wissenschaftliches Werk ein. Aber auch in seinen Predigten zu Priesterweihen, Ordensprofessen oder Jubiläen von Mönchspriestern finden sich Anklänge zum Wesen des Mönchtums, die freilich sehr verstreut in seinen Schriften liegen, darüber hinaus auch in seinen Heiligenpredigten zu großen mönchischen Gestalten der Christenheit.[2] Als Papst schließlich sei neben seinen Katechesen zu bedeutenden Kirchenvätern des Abend- und des Morgenlandes im Mönchsstand auf wenigstens drei weitere wichtige Momente hingewiesen, mit denen seine „monastische" Theologie an europäischen Zentren des Mönchtums vor Ort oder im Verweis darauf wieder hervortritt: die Predigt anlässlich seines Besuches in der Zisterzienserabtei Heiligenkreuz in Österreich am 9. September 2007, seine Ansprache im Collège des Bernardins in Paris am 12. September 2008 zur europäischen Kultur und seine Rede zur Unterscheidung der universitären und der monastischen Theologie bei der Verleihung des ersten Premio Ratzinger in Rom am 30. Juni 2011 an Abt Maximilian Heim aus dem Stift Heiligenkreuz und zwei andere Theologen.[3]

Beginnen wir zunächst mit Wesenszügen des europäischen Mönchtums nach Joseph Ratzinger/Papst Benedikt XVI.

2. Wesenszüge des europäischen Mönchtums

Niemand bestreitet heute die kulturschaffende Kraft der Mönche im Abendland. In den Klöstern wurde nach dem Zusammenbruch des Römischen Reiches gewissermaßen das Wissen und die Kultur der Antike bewahrt, tradiert und weiterrezipiert. So gelten heute im säkularen Kontext die benediktinisch geprägten Klöster vor allem als Stätten einer Jahrtausende alten europäischen Kultur und ihrer Bildung. Die Wirkkraft des abendländischen Mönchtums kann nach Papst Benedikt XVI. allerdings nicht ohne sein innerstes Wesen verstanden werden. In seiner Rede in Paris im Collège des Bernardins betonte er: „Von der Wirkungsgeschichte des Mönchtums her können wir sagen, daß im großen Kulturbruch der Völkerwanderung und der sich bildenden neuen staatlichen Ordnungen die Mönchsklöster der Ort waren, an dem die Schätze der alten Kultur überlebten und zugleich von innen her eine neue Kultur langsam geformt wurde."[4] Aber im gleichen Atemzug fragt er nach, wie dies überhaupt möglich geworden sei. Was habe die Menschen bewegt, an solchen Orten zusammen zu leben, was sei

2 Eine Auswahl dieser Predigten findet sich in den Bänden JRGS 4, JRGS 12 und JRGS 14/3.

3 Belege siehe weiter unten.

4 Benedikt XVI., *Ansprache im Collège des Bernardins* (12. September 2008), in: AAS 100 (2008), 722.

ihr eigentliches Ziel gewesen? Etwa Kultur zu schaffen? Gerade dies wird von Papst Benedikt in aller Deutlichkeit verneint. „Da ist zunächst und als erstes ganz nüchtern zu sagen, daß es nicht ihre Absicht war, Kultur zu schaffen oder auch eine vergangene Kultur zu erhalten. Ihr Antrieb war viel elementarer. Ihr Ziel hieß: *quaerere Deum*. In der Wirrnis der Zeiten, in der nichts standzuhalten schien, wollten sie das Wesentliche tun – sich bemühen, das immer Gültige und Bleibende, das Leben selber zu finden. Sie waren auf der Suche nach Gott. Sie wollten aus dem Unwesentlichen zum Wesentlichen, zum allein wirklich Wichtigen und Verläßlichen kommen. Man sagt darüber, daß sie ‚eschatologisch' ausgerichtet waren. Aber das ist nicht in einem zeitlichen Sinn zu verstehen, als ob sie auf das Ende der Welt oder auf ihren eigenen Tod hingeschaut hätten, sondern in einem existentiellen Sinn: Sie suchten das Endgültige hinter dem Vorläufigen. *Quaerere Deum*"[5] – sie suchten Gott. Das Primat ihrer Gottsuche hat sich dann in der Regel des heiligen Benedikts, des Vaters des abendländischen Mönchtums so ausgedrückt, dass dem Gottesdienst nichts vorgezogen werden dürfe.[6] Das Gebet sieht Benedikt sogar als Mitte des „Berufes" des Mönchs: Mönche sind „von Beruf betende. [...] Sie beten zuallererst nicht um dies und jenes, sondern weil Gott es wert ist, angebetet zu werden"[7]. Der heilige Dienst der Mönche ist für Papst Benedikt ein „zweckfreier Dienst", der aber zugleich auch „heiliger Dienst an den Menschen und Zeugnis für sie"[8] sei. Denn jeder Mensch trage in seinem Innersten „die Sehnsucht nach der letzten Erfüllung, nach dem höchsten Glück, also nach Gott, sei es bewusst oder unbewusst"[9]. Deshalb legten Klöster, in denen sich die Mönche mehrmals zum Gebet versammelten, immer auch Zeugnis für die Menschen ihrer Zeit ab, dass „diese urmenschliche Sehnsucht nicht ins Leere geht", was Papst Benedikt in seiner Ansprache in Heiligenkreuz mit Nachdruck unterstrichen hat: „Gott, der Schöpfer, hat uns Menschen nicht in eine beängstigende Finsternis gesetzt, wo wir verzweifelt den letzten Sinngrund suchen und ertasten müßten (vgl. Apg 17,27); Gott hat uns nicht in einer sinnleeren Wüste des Nichts ausgesetzt, wo letztlich der Tod auf uns wartet. Nein! Gott hat unsere Dunkelheit durch sein Licht hell gemacht, durch seinen Sohn Jesus Christus. In ihm ist Gott mit seiner ganzen ‚Fülle' in unsere Welt eingebrochen (Kol 1,19)"[10].

Das Mönchtum scheint in der Theologie von Papst Benedikt somit als der Garant einer alle menschliche Sehnsucht übersteigenden Erfüllung des eigenen Lebens von Gott her auf. Aber woher haben die Mönche die Kraft genommen, dieser

5 Ebd.
6 Vgl. *Regula Benedicti* 43,3, rezipiert bei Benedikt XVI., *Ansprache in Heiligenkreuz* (9. September 2007), in: Karl Josef Wallner, Der Papst in Heiligenkreuz, Heiligenkreuz 2007, 75–80, hier: 75.
7 Benedikt XVI., Ansprache (9. September 2007), 75.
8 Ebd.
9 Ebd.
10 Ebd., 75–76.

von Gott her kommenden Erfüllung zu trauen, sich ihr in einem verzichtvollen, asketischen Leben anzuvertrauen – wider alle natürliche Neigung –, jener dem Menschen ureigenen Hinneigung zu eigenem Besitz und Reichtum, körperlicher Nähe und sexueller Vereinigung, Selbstbestimmung und Autonomie? Woher nehmen sie die Sicherheit, dass bei allem ihrem *quaerere Deum*, ihr Weg nicht „eine Expedition in eine weglose Wüste, eine Suche ins völlige Dunkel hinein“[11] sei? Joseph Ratzinger/Papst Benedikt XVI. ist dieser Frage nicht ausgewichen. Vielmehr hat er sie zum zentralen Argumentationsstrang in seiner Ansprache im Collège des Bernardins gemacht. Gott ließ die ihn Suchenden nicht ins Leere laufen, vielmehr habe er selbst „Wegzeichen ausgesteckt, ja, einen Weg gebahnt, den zu finden und zu gehen die Aufgabe war. Dieser Weg war sein Wort, das in den Büchern der heiligen Schriften vor den Menschen aufgeschlagen war. Die Suche nach Gott verlangt so von innen her eine Kultur des Wortes“, die Benedikt XVI. in Anlehnung an Jean Leclercqs Leitmotiv seiner Mönchstheologie des Mittelalters, nämlich der untrennbaren Verbindung von Wissenschaft und Gottverlangen – „L'amour des lettres et le désir de Dieu“ als Spezifikum des abendländischen Mönchtums hier aufgreift.[12] „Das Verlangen nach Gott, der *désir de Dieu*, schließt den *amour des lettres*, die Liebe zum Wort mit ein, das Eindringen in alle seine Dimensionen. Weil im biblischen Wort Gott unterwegs ist zu uns und wir zu ihm, darum muß man lernen, in das Geheimnis der Sprache einzudringen, sie in ihrem Aufbau und in der Weise ihres Ausdrucks zu begreifen. So werden gerade durch die Gottsuche die profanen Wissenschaften wichtig, die uns den Weg zur Sprache zeigen. Weil die Suche nach Gott die Kultur des Wortes verlangte, daher gehört zum Kloster die Bibliothek, die die Wege zum Wort aufzeigt. Daher gehört zu ihm auch die Schule, in der die Wege konkret geöffnet werden. Benedikt nennt das Kloster eine *dominici servitii schola*. Das Kloster dient der *eruditio*, der Formung und Bildung des Menschen – Formung letztlich darauf hin, daß der Mensch Gott zu dienen lerne. Aber dies schließt gerade auch die Formung des Verstandes, die Bildung ein, durch die der Mensch in den Wörtern das eigentliche Wort wahrzunehmen lernt.“[13]

Die Bedeutung der Bildung und Formung durch die Klöster, die Benedikt XVI. in seiner Pariser Rede so klar akzentuiert hat, hatte schon ein Jahr davor in seiner Ansprache in Heiligenkreuz konkrete Kontur angenommen. An einem Ort, an

11 Benedikt XVI., *Ansprache* (12. September 2008).

12 Vgl. hierzu ebd., hier wörtlich im Aufgreifen von Leclercq: „Eschatologie und Grammatik sind im abendländischen Mönchtum inwendig miteinander verbunden (vgl. L'amour des lettres et le désir de Dieu, S. 14)“; vgl. dazu die gesamte Einleitung „Grammatik und Eschatologie“, in: Jean Leclercq, *Wissenschaft und Gottverlangen. Zur Mönchstheologie des Mittelalters*. Aus dem Französischen übertragen von Johannes und Nicole Stöber, Düsseldorf 1963, 9–15 mit der Conclusio: „Theologie, Spiritualität und Kulturgeschichte – die drei Gegebenheiten waren im wirklichen Leben der Mönche nicht getrennt, und man kann sie daher auch nicht aufspalten“ (ebd. 15).

13 Benedikt XVI., *Ansprache* (12. September 2008).

dem wie in Heiligenkreuz monastisches Leben und Hochschule auf engen Raum zusammenkämen, sei weit mehr als beim Theologiestudium an staatlichen Fakultäten die Verbindung von wissenschaftlicher Theologie und Spiritualität möglich.[14] Die monastische Theologie denkt der Papst überhaupt komplementär zur universitären, denn erst beide Formen gemeinsam, die monastische und die universitäre zusammen, haben überhaupt erst die Theologie des Abendlandes geformt, was er sowohl in einer seiner Generalaudienzen wie auch in seiner Rede zur Verleihung des ersten „Premio Ratzinger" betont hatte.[15] Sicherlich schwingt in dieser Überlegung auch Ratzingers hohe Wertschätzung der Heiligen als, gerade auch der monastischen Heiligen und ihrer Fruchtbarkeit für die Theologie mit. Denn die Heiligen sind für Joseph Ratzinger „die wahren Ausleger der Heiligen Schrift. Was ein Wort bedeutet, wird am meisten in jenen Menschen verständlich, die ganz davon ergriffen wurden und es gelebt haben."[16] Diese Bildung durch das Wort übersteigt nach Ratzinger somit das, was man gemeinhin als Liebe zur Wissenschaft bezeichnet. Dies gilt nun umso mehr für das Mönchtum. Denn das Charakteristikum der mönchischen Liebe zum Wort sieht Benedikt XVI. gerade darin, dass die Kultur des Wortes wesenhaft zur Suche nach Gott gehöre.[17] Das Studium, die tiefe Betrachtung des Schriftwortes führe nicht nur „auf einen bloß individuellen Weg mystischer Versenkung, sondern in die Weggemeinschaft des Glaubens hinein."[18] In diesem Prozess werde das Wort selbst zur Anleitung für das Gespräch mit Gott, was besonders an den Psalmen sichtbar werde, die dem

---

14 Benedikt XVI., *Ansprache* (9. September 2007), 78, hier wörtlich weiter: „Gott ist ja nie bloß Objekt der Theologie, er ist immer zugleich ihr lebendiges Subjekt. Christliche Theologie ist auch nie eine bloß menschenförmige Rede über Gott, sondern sie ist immer zugleich der Logos und die Logik, in der Gott sich zeigt. Darum sind wissenschaftliche Intellektualität und gelebte Frömmigkeit zwei Elemente des Studiums, die in unaufgebbarer Komplementarität aufeinander angewiesen sind."

15 Vgl. hierzu Benedikt XVI., *Monastische und scholastische Theologie. Generalaudienz* (28. Oktober 2009), hier wörtlich: „Es waren zwei Stätten, in denen sich diese glühende theologische Aktivität vollzog: die Klöster und die städtischen Kathedralschulen, die ‚*scholae*'; aus einigen von ihnen sollten schon bald die Universitäten hervorgehen, die eine der typischen ‚Erfindungen' des christlichen Mittelalters darstellen. Gerade ausgehend von diesen beiden Stätten, den Klöstern und den ‚*scholae*', kann man von zwei unterschiedlichen Modellen der Theologie sprechen: der ‚monastischen Theologie' und der ‚scholastischen Theologie'. Die Vertreter der monastischen Theologie waren Mönche, im allgemeinen Äbte, begabt mit Weisheit und glühendem Eifer für das Evangelium, die sich im wesentlichen dafür hingaben, die liebevolle Sehnsucht nach Gott zu wecken und zu nähren. Die Vertreter der scholastischen Theologie waren gebildete Männer voller Leidenschaft für die Forschung; ‚*magistri*', die von dem Wunsch erfüllt waren, die Vernünftigkeit und Begründetheit der Geheimnisse Gottes und des Menschen aufzuzeigen, die gewiß mit dem Glauben angenommen, aber auch von der Vernunft verstanden werden. Die unterschiedliche Zielsetzung erklärt den Unterschied ihrer Methode und ihrer Art und Weise, Theologie zu betreiben"; vgl. auch ders., *Discorso del Santo Padre Benedetto XVI. Sala Clementina*. Giovedì, 30 giunio 2011, in: Justinus Pech / Camillo Ruini (Hg.), Miscellanea. Premio Joseph Ratzinger, Città del Vaticano 2013, 7–11, hier v.a. 8 in Bezug auf den Premiato Abt Maximilian Heim aus Heiligenkreuz.

16 Joseph Ratzinger/Benedikt XVI., *Jesus von Nazareth. Erster Teil. Von der Taufe bis zur Verklärung*, Freiburg u.a. 2007, 108.

17 Vgl. zum Folgenden Benedikt XVI., *Ansprache* (12. September 2008).

18 „Das Wort, das den Weg der Gottsuche öffnet und selbst dieser Weg ist, ist ein gemeinsames Wort. Gewiß, es trifft jeden einzelnen mitten ins Herz (vgl. Apg 2,37). Gregor der Große beschreibt dies wie einen jähen Stich, der unsere schläfrige Seele aufreißt und uns wachmacht für Gott (vgl. Leclercq, ebd., S. 35). Aber es macht uns so auch wach füreinander" (Benedikt XVI., *Ansprache* [12. September 2008]).

Beter Worte zur Verfügung stellen, mit denen er Gott anreden könne, in allen Höhen und Tiefen des Lebens, „so daß dabei das Leben selbst Bewegung auf ihn [sc. Gott] hin wird“[19]. Diese Bewegung habe dann, wie dies Benedikt XVI. gerade im Blick auf die Psalmen fortführt, Töne angenommen, Melodien gefunden, ja die immerwährende Bewegung des Wortes selbst sei zur Musik geworden. „‚Die Mönche mußten Melodien finden, die die Zustimmung des erlösten Menschen zu den Geheimnissen, die er feiert, in Töne übersetzen‘“[20]. Hieraus ist die große abendländische Musiktradition entstanden, die Benedikt XVI. noch als emeritierter Papst als eine auf der ganzen Welt vergleichslose kulturelle Errungenschaft bezeichnet hat, die aus der wortgebundenen Liturgie der Mönche erwachsen sei.[21] Damit schließt sich der Kreis: Das abendländische Mönchtum hat kulturschaffende Kraft ausgebildet. Seine kulturprägende Kraft war aber nicht sein innerster Wesenszug. Vielmehr ist sie dem *quaerere Deum* im Rhythmus von *Ora et Labora* entwachsen, gleichsam als Frucht seiner Sehnsucht nach Gott und Liebe zum Wort.

Schon an dieser Stelle zeigt sich immer mehr ein Wesenszug der monastischen Theologie Joseph Ratzingers/Papst Benedikt XVI., dass er das Mönchtum an sich nicht als eine apersonale kulturelle Kraft betrachtet, sondern an seine Träger gebunden weiß. Nicht das Mönchtum, sondern die Mönche haben in ihrem *quaerere Deum* Europa geprägt. Daher versteht es sich von selbst, dass eine Beschäftigung mit der Theologie des Mönchtums bei Joseph Ratzinger/Papst

19 Ebd.

20 Ebd., der hier nochmals Leclercq, *Amour de Dieu*, 229 aufgreift.

21 In seinen Dankesworten zur Verleihung des Ehrendoktorats der Päpstlichen Universität Johannes Paul II. und der Musik-Akademie von Krakau sagte Benedikt XVI. als Papa emeritus am 4. Juli 2015 in Castel Gandolfo: „An dieser Stelle möchte ich einen Gedanken vorbringen, der mich in letzter Zeit immer mehr beschäftigt, je mehr die verschiedenen Kulturen und Religionen miteinander in Beziehung treten. Es gibt große Literatur, große Architektur, große Malerei, große Skulpturen in den verschiedensten kulturellen und religiösen Räumen. Überall gibt es auch Musik. Aber Musik von der Größenordnung, wie sie im Raum des christlichen Glaubens entstanden ist – von Palestrina, Bach, Händel zu Mozart, zu Beethoven und zu Bruckner – gibt es in keinem anderen Kulturraum. Die abendländische Musik ist etwas Einzigartiges, ohne Entsprechung in anderen Kulturen. [...] Natürlich reicht die abendländische Musik weit über den Bereich des Kirchlichen und Religiösen hinaus. Aber ihren inneren Quellort hat sie doch in der Liturgie. [...] In der Begegnung mit dem Gott, der uns in der Liturgie in Jesus Christus begegnet, ist die große und reine Antwort der abendländischen Musik gewachsen. Sie ist für mich ein Wahrheitsbeweis des Christentums“ (http://de.radiovaticana.va/news/2015/07/04/die_ansprache_von_benedikt_xvi_-_volltext/1156064 [27.1.2006]). Und davor in Paris: „Aus diesem inneren Anspruch des Redens mit Gott und des Singens von Gott mit den von ihm selbst geschenkten Worten ist die große abendländische Musik entstanden. Es ging nicht um private ‚Kreativität‘, in der das Individuum sich selbst ein Denkmal setzt und als Maßstab wesentlich die Darstellung des eigenen Ich nimmt. Es ging vielmehr darum, wachsam mit den ‚Ohren des Herzens‘ die inneren Gesetze der Musik der Schöpfung selbst, die vom Schöpfer in seine Welt und in den Menschen gelegten Wesensformen der Musik zu erkennen und so die gotteswürdige Musik zu finden, die zugleich dann wahrhaft des Menschen würdig ist und seine Würde rein ertönen läßt“ (Benedikt XVI., *Ansprache* [12. September 2008]).

Benedikt unausweichlich auf den Mönch selbst zuläuft, der in seiner Gottsuche zugleich in „Querverbindung“[22] mit anderen Mönchen steht, aber auch mit der ganzen Welt.

3. Der Typos des Priestermönchs und sein Auftrag für den Kosmos

Das Charisma des Mönchtums hat Joseph Ratzinger in seiner Predigt zu einer Priesterweihe in der Trappistenabtei Mariawald „in seiner strengsten Form“ als „kontemplative Hingabe an den Herrn in einem Leben des Gebetes und des Sinnens über das Göttliche“[23] bezeichnet. Mönchsein heißt für ihn von daher „ein Mensch der Hingabe, des Schweigens“ zu sein „im Heraustreten aus den Aktivitäten der Welt, in der betenden Zugewandtheit zum lebendigen Gott“[24]. Kommt beim Mönch auch noch das Priester-Sein hinzu, steht er in der Spannung von Weltabgewandtheit und priesterlichem Hirtesein „für die Menschen vom Herrn her“[25]. Der Mönchspriester wird in diesem Miteinander des Für-die-anderen-Seins und Von-Gott-her-und-auf-ihn-hin-Seins für ihn zum Ideal dessen, über den in der Vesper für heilige Hirten gesagt: „Dies ist der Freund der Brüder, der große Beter für das Volk.“[26] So definiert sich der Mönchspriester gleichsam aus der Freundesgemeinschaft mit Christus, aus der heraus er Freund wird für alle Brüder und Schwestern, was für Ratzinger eine weltumfassende Dimension hat: „Der innerste Akt dieser Freundschaft zu den Menschen ist das betende Hintragen aller dieser Menschen, all ihrer Sorgen, ihrer Schmerzen, ihrer Leiden, ihrer Hoffnungen, ihrer Freuden vor das Angesicht des lebendigen Gottes im Gebet.“[27] Als Priestermönch trägt er „das, was in den Aktivitäten des Alltags sich an Ungelöstem verbirgt und das, was in den Ereignissen dieser Welt die Menschen bedrängt und bedroht“ zusammen und „nach oben“, damit es „Anrede werde an den lebendigen Gott, in sein Auge, in sein Ohr und in sein Herz dringe“[28]. Damit bekommt der Auftrag des Priestermönchs in der Theologie Ratzingers gleichsam eine kosmische Weite: die ganze Welt, das ganze Chaos des Kosmos, wird durch den großen Beter für das Volk Gott dargebracht, eingeholt und heimgeholt, umgewandelt und verwandelt. Im Gebet wird der Mönchspriester Jesus gleich, dem wahren Beter für das Volk in der Nacht.

---

22 Das In-Querverbindung-stehen ist in der Theologie Ratzingers ein Wesensmerkmal von Kirche, vgl. hierzu Joseph Ratzinger, *Die pastoralen Implikationen der Lehre der Kollegialität der Bischöfe*, in: JRGS 12, 233–261, hier: 250.
23 Joseph Ratzinger, *Der Mönchspriester – Beter für das Volk*. Mariawald 1991, in: JRGS 12, 594–599, hier 594.
24 Ebd., 594.
25 Ebd.
26 Ebd.
27 Ebd., 594–595.
28 Ebd.

Das vielmalige nächtliche Verweilen Jesu im Gebet auf dem Berg in der intimen Zwiesprache mit dem Vater münde schließlich ein in das hohepriesterliche Gebet und von dort aus in das nächtliche Ölberggebet und sein Gebet am Kreuz auf dem Golgotahügel, in dem er den Schrei der ganzen Welt dem Vater dargebracht habe, in sein Herz hinein, „sodass er von Neuem und endgültig heruntersteigt und der Welt die Auferstehung und Verwandlung schenkt"[29]. In dieser Spannungseinheit von Tod und Auferstehung, von Abstieg und Aufstieg, steht für Ratzinger der Mönchspriester, der aus der Freundschaft mit Christus, aus seiner Freundesgemeinschaft heraus zum Beter für das ganze Volk, letztlich für den gesamten Kosmos wird. Die Pastoral des Priestermönchs, die sich daraus ergibt, ist damit keine pragmatisch-funktionalistische, sondern etwas durchwegs Existentielles, wofür ihr Akteur mit dem Leben einsteht.[30]

In den Schriften Joseph Ratzingers beschränkt sich die personale Zuspitzung auf den Träger des Mönchtums aber bei weitem nicht nur auf seine männliche Prägung als Mönch oder auch Priestermönch. Genauso kommt in seinen Predigten die Lebensform und der Dienst der gottgeweihten Jungfrauen und Ordensschwestern in den Blick, was in seiner Theologie das europäische Mönchtum in den beiden Ausprägungen, nämlich im männlichen und den weiblichen Zweig, erst als Ganzes aufleuchten lässt.

4. Die gottgeweihte Jungfrau und Ordensschwester

Als weibliches Pendant zum Mönchspriester steht die gottgeweihte Jungfrau und Ordensschwester. Ihr Modell tritt in Ratzingers Theologie wohl am Schönsten in einer Predigt zum Fest der heiligen Klara hervor, die er am 21. Mai 1989 im Protomonastero St. Clara in Assisi anlässlich einer feierlichen Profess gehalten hat.[31] Am Beispiel der hl. Klara zeigt Ratzinger auf, dass die Nachfolge Jesu im Ordensstand keine „‚Privatisierung' des Christentums", sei, „kein Sich-Zurückziehen

29 Ebd., 595.

30 „Unsere Vorstellung von Pastoral ist inzwischen so pragmatisch und auch so funktionell geworden, dass wir uns eigentlich nur sehr schwer vorstellen können, wie das zusammengehen soll: ein Hirte zu sein für die Menschen vom Herrn her und zugleich ein Mensch der Hingabe, des Schweigens, des Heraustretens aus den Aktivitäten der Welt, in der betenden Zugewandtheit zum lebendigen Gott. Dennoch gehört beides zueinander, und gerade wenn wir auf dieses Miteinander sehen, werden wir von einer Vereinseitigung dessen bewahrt, was Priester-Sein heißt und verstehen es tiefer" (Ratzinger, *Mönchspriester*, 594).

31 Vgl. Joseph Ratzinger, *Klara, „schweigendes" Wort des Lebens für die Kirche. Predigt zum Fest der heiligen Klara*, in: JRGS 4, 660–665; siehe hierzu auch die editorischen Hinweise in: JRGS 4, 945. – Freilich wäre in diesem Kontext auch auf die aus den Klöstern erwachsene Frauenmystik einzugehen, die für Papst Benedikt gerade in seinen Katechesen zu den weiblichen Heiligengestalten des Mittelalters so akzentuiert hervorgetreten ist, was aber hier zurückgestellt wird, vgl. dazu Benedikt XVI., *Heilige und Selige. Große Frauengestalten des Mittelalters*. Vorwort von Joachim Kardinal Meißner, Illertissen 2011.

in einen Individualismus oder einen frommen Quietismus"[32]. Vielmehr liege in jener vorbehaltlosen und kommentarlosen Hingabe bis zum Letzen die Quelle der Erneuerung der Kirche. Denn das Leben im Ordensstand, das Ja sage zur Einsamkeit, zum Schweigen, zum unaufhörlichen Gebet, zur Buße und Entsagung, stehe letztlich unter dem „Zeichen des Ostergeheimnisses, es ist ein beständiger Übergang vom Egoismus zur Liebe, es ist ein Sich-Ausstrecken ‚nach Liebe'"[33]. Aber gerade deshalb sei es eben auch „Versuchung und Erfahrung unserer eigenen Leere"[34]. Ratzinger geht sogar soweit zu behaupten, dass überhaut „[a]lle Versuchungen der Kirche"[35] in das monastische Leben nicht nur eindringen, sondern in es eindringen müssen. Denn nur so könnten sie überwunden werden, wenn sie in der Kirche durch das Ordensleben „auf exemplarische Weise erlitten und überwunden werden in der Geduld und Demut erwählter Seelen, deren Leben eine Werkstatt unserer Befreiung wird"[36]. Im monastischen Leben beginne „der homo *incurvatus in seipsum*"[37], der von der Sünde in seinem Verlangen nach Selbst-Verwirklichung in sich selbst verkrümmte Mensch sich aufzurichten und sich wieder auf den Herrn auszurichten. „Als Nonne leben" heißt für Ratzinger dann „so leben, dass der Blick auf Jesus gerichtet ist und Er die eigene Stimme hört, die sich mit Seiner Stimme vereint in der Meditation des göttlichen Wortes und im Gebet der Kirche, angeregt durch den Heiligen Geist."[38] Mit den Bildern von der im Felsennest versteckten Taube aus dem alttestamentlichen Hohelied drückt er für die Ordensschwester dieselbe Spannung zwischen Tod und Auferstehung aus, die uns schon in seiner Theologie zum Priestermönch begegnet ist. Das verborgene Leben der gottgeweihten Schwestern in der Felsenspalte ihrer monastischen Zurückgezogenheit ist wie „ein Zur-Taube-Werden in den Händen des Herrn", aber zugleich auch „der Akt des Auferweckt-Werdens durch die Stimme der Liebe"[39], die nach ihr sucht, wie es im Hohelied heißt: „Dein Gesicht lass mich sehen, deine Stimme hören" (Hld 2,14). Indem die Ordensschwester sich in das Felsenversteck des monastischen Lebens zurückzieht, besiegt sie die Versuchungen der Welt, wie etwa die menschliche Neugierde, das Heischen nach Ehre und Macht, was sich immer wieder auch in der Kirche breitmache. Im „Herausgehen aus der Eitelkeit der eigenen – kleinen und großen Welt" werde das Gieren um Aufmerksamkeit und Beachtet-Werden durchbrochen, die jungfräuliche Seele werde frei von der Abhängigkeit der öffentlichen Meinung und damit frei, „sich dem Urteil der

32 Ratzinger, *Klara*, 661–662; vgl. hierzu auch zum Folgenden.
33 Ebd., 662.
34 Ebd.
35 Ebd.
36 Ebd.
37 Ebd., 663.
38 Ebd.
39 Ebd.

Augen des Herrn zu unterstellen"[40]. Dieses letztlich schon benediktinische Ideal des *vacare Deum*,[41] des Freiseins für Gott, das hier bei Ratzingers Reflexionen zum gottgeweihten Leben der Klarissinnen durchscheint, lässt die Ordensschwester Jesus ähnlich werden. Sie, die zutiefst das Wesen des Mönchtums verwirklich im Betrachten der göttlichen Worte und auf diese Weise dem armen, keuschen und gehorsamen Jesus nicht nur ähnlich geworden ist in einem Leben der Anbetung und Buße, sondern gleichsam mit ihm vereinigt lebt, mit ihm leidet für die ganze Menschheit, für den ganzen Kosmos, sie wird auf diese Weise fähig, „das Haus der Kirche wiederherzustellen"[42]. Im Weg des weiblichen Zweiges des Mönchtums sieht Ratzinger gleichsam den „Weg für die wahre Reform der Kirche"[43]. Mit dem Gedanken der Reform der Kirche lässt sich zu einem weiteren bedeutsamen Moment in der monastischen Theologie Joseph Ratzingers überleiten, das die Ordensgründer betrifft.

5. Ordensgründer als Prototypen kirchlicher Erneuerung

Mönchisches Leben in seiner zönobitischen Form hat sich in Europa zumeist durch herausragende Persönlichkeiten geformt, die dem Gemeinschaftsleben ihr eigenes Gepräge durch eine Regel gegeben haben. Heilige Ordensgründer traten oft in Umbruchs- oder Krisenzeiten der Kirche auf. Sie erneuerten mit ihren Gründungen wesentliche Aspekte des Christ- und Kircheseins und werden von Ratzinger daher als die wahren Reformer der Kirche gesehen. Beredtes Beispiel ist für ihn in dieser Hinsicht der hl. Benedikt, auf dessen Zeugnis Ratzingers Rede 2005 in Subiaco zur Krise der europäischen Kultur gewissermaßen zulief. Er beendete seine Reflexionen damals kurz vor seiner Wahl zum Papst mit jenem „Weckruf" hinsichtlich des hl. Benedikts als Ordensgründer, der hier als längeres Zitat im Ganzen wiedergegeben werden soll: „Was wir in diesem Moment der Geschichte vor allem brauchen, sind Menschen, die Gott durch einen erleuchteten und gelebten Glauben in dieser Welt glaubhaft machen. Das negative Zeugnis von Christen, die zwar von Gott gesprochen, aber gegen ihn gelebt haben, hat das Bild Gottes verdunkelt und dem Unglauben die Tore geöffnet. Wir brauchen Menschen, die den Blick geradewegs auf Gott richten und von dort die wahre Menschheit begreifen. Wir brauchen Menschen, deren Verstand vom Licht Gottes erleuchtet und deren Herz von Gott geöffnet wird, so dass ihr Verstand zum Verstand der

40 Ebd., 664 u. 665.

41 Zur erneuernden Kraft des benediktischen *vacare Deum* für die christliche Mystik vgl. beispielsweise Bernardo Olivera, *Solus Deus, vacare Deo: towards a renewed Christian mysticism*, in: Cistercian studies quarterly 43 (2008), 253–270.

42 Ratzinger, *Klara*, 665.

43 Ebd., 665.

anderen sprechen und ihr Herz die Herzen der anderen öffnen kann. Nur durch Menschen, die von Gott berührt sind, kann Gott zu den Menschen zurückkehren. Wir brauchen Menschen wie Benedikt von Nursia, der sich in einer Zeit der Ausschweifungen und des Verfalls in die tiefste Einsamkeit zurückgezogen hat und dem es gelungen ist, nach den Läuterungen, die er erfahren musste, zum Licht zurückzukehren und in Montecassino eine Stadt auf dem Berg zu gründen, in der die Kräfte gesammelt wurden, aus denen sich eine neue Welt bildete. So ist Benedikt, wie Abraham, der Vater vieler Völker geworden. Die Empfehlungen, die er seinen Ordensbrüdern am Ende seiner Regel erteilt, sind Hinweise, die auch uns den Weg zeigen, der nach oben führt, hinaus aus der Krise und aus den Trümmern. ‚Wie es einen bitteren und bösen Eifer gibt, der von Gott trennt und zur Hölle führt, so gibt es den guten Eifer, der von den Sünden trennt, zu Gott und zum ewigen Leben führt. Diesen Eifer sollen also die Mönche mit glühender Liebe in die Tat umsetzen, das bedeutet: Sie sollen einander in gegenseitiger Achtung zuvorkommen; ihre körperlichen und charakterlichen Schwächen sollen sie mit unerschöpflicher Geduld ertragen ... in Liebe sollen sie Gott fürchten ... Christus sollen sie überhaupt nichts vorziehen. Er führe uns gemeinsam zum ewigen Leben' (Kapitel 72).“[44] Derselbe Gedanken, dass heilige Ordensgründer zugleich Erneuerer der Kirche sind, scheint auch am Ende des zweiten Bandes der Jesus-Trilogie in der Entfaltung des Konzepts des *adventus medius* von Bernhard von Clairvaux durch.[45] Bernhard habe die Vorstellung einer präsentischen Eschatologie in das Wort des *adventus medius* gegossen. Zwischen dem ersten und dem letzten Kommen Jesu gebe es eine mittlere Ankunft Jesu – etwa in seinem Wort, in seinem Sakrament, in bestimmten Ereignissen –, die Ratzinger dann weitergeführt hat auf epochale Weisen des Kommens Jesu, welche er besonders im Auftreten von heiligen Ordensgründern und -gründerinnen verwirklicht sieht, die hier den größten Teil der genannten Namen ausmachen. Zu den epochalen Weisen des Kommens Jesu wörtlich: „Das Wirken der beiden großen Gestalten Franziskus und Dominikus im 12. und 13. Jahrhundert war eine Weise, wie Christus neu in die Geschichte hereintrat, neu sein Wort und seine Liebe zur Geltung brachte; eine Weise, wie er seine Kirche erneuerte und die Geschichte auf sich zu bewegte. Ähnliches können wir von den Heiligengestalten des 16. Jahrhunderts sagen: Teresa von Avila, Johannes vom Kreuz, Ignatius von Loyola, Franz Xaver bringen mit sich neue Einbrüche des Herrn in die verworrene und von ihm wegtreibende Geschichte ihres Jahrhunderts. Sein Geheimnis, seine Gestalt erscheint neu – und vor allem: seine Menschen verwandelnde und Geschichte formende Kraft wird auf

---

44 Joseph Ratzinger, *Europa in der Krise der Kulturen* [Vortrag am 1. April 2005 in Subiaco], in: ders., *Gott und die Vernunft. Aufruf zum Dialog der Kulturen*, Augsburg 2007, 68–84, hier 83–84.

45 Vgl. Joseph Ratzinger/Benedikt XVI., *Jesus von Nazareth. Zweiter Teil. Vom Einzug in Jerusalem bis zur Auferstehung*, Freiburg, Basel, Wien 2010, 316.

neue Art gegenwärtig."[46] Umgekehrt wird für Ratzinger das christliche Zeugnis durch schwerstes Versagen von Ordensgründern umso mehr verdunkelt und entstellt, wie es in der jüngsten Geschichte der Kirche schmerzlich zu erfahren war.[47] Er sieht aber in Bezug auf die „mittlere Ankunft"[48] des Herrn nicht nur die Ordensgründer selbst in die Pflicht genommen. Das ganze christliche Volk ist angehalten, um die Ankunft des Herrn in der Geschichte und die „Antizipation seiner welt-erneuernden Gegenwart"[49] zu beten. Die Kirche solle, ja sie müsse den Herrn bitten, „dass er uns auch heute wieder neue Zeugen seiner Gegenwart schenke, in denen er selbst kommt"[50].

Nun beschränkt sich die monastische Theologie und der Verweis auf die Verdienste großer mönchischer Gestalten im Werk von Joseph Ratzinger aber bei weitem nicht rein auf das Abendland. In seinen Schriften und Ansprachen finden sich sowohl Inspirationen aus der monastischen Theologie des Ostens wie auch der Rekurs auf große mönchische Gestalten des Morgenlandes, was abschließend wenigstens an einem Topos aus dem orientalischen Mönchtum noch kurz skizziert werden soll.

6. Topos der Jakobsleiter als Symbol des Mönchtums – Inspirationsquellen und Bedeutung heute

6.1 Inspirationen aus dem morgenländisches Mönchtum

In der schon angeführten Predigt Ratzingers über den Mönchspriester scheint eines der ganz großen, für das orientalische Mönchtum prägend gewordenen biblischen Motive auf. Es ist der Topos der Jakobsleiter aus dem Buch Genesis, auf der der Patriarch eines Nachts die Engel auf und niedersteigen sieht. Ratzinger

46 Ratzinger/Benedikt XVI., *Jesus von Nazareth II*, 316–317.

47 Zu denken wäre hier in Bezug auf das Thema des Mönchtums bei Joseph Ratzinger/Papst Benedikt XVI. an den wegen vielfachen Missbrauchs und anderer sehr schwerwiegenden Vergehen straffällig gewordenen Gründer der Ordensgemeinschaft der Legionäre Christi, Marcial Maciel Degollado, mit dessen Causa Joseph Ratzinger schon als Präfekt der Glaubenskongregation beschäftig gewesen war und die ihn noch bis hinein in den Anfang seines Pontifikats begleitete. – Über die „Warnung des Herrn hinsichtlich der ‚Ärgernisse'" hatte Ratzinger bereits 1995 in Rom anlässlich einer Priesterwallfahrt gepredigt: „Ein Priester muss im radikalen Sinn des Wortes ein Zeuge sein. Ein Zeuge ist einer, der den Herrn gesehen, ihn gekannt hat, und der von diesem Wissen Zeugnis gibt. Ein Zeuge ist dann jemand, der über sich selbst hinaus verweist, der die Gegenwart zu einem anderen bezeugt. Bezeugen ist dann das genaue Gegenteil zu ‚Ärgernis geben', einen anderen zu Fall bringen. Ein *skandalon* blockiert den Zugang der Kleinen zum Herrn; das Zeugnis fördert diesen Zugang. Ein *skandalon* ist ein Anti-Zeugnis, das zum Grund dafür wird, dass der, der Vertrauen in ihn gesetzt hat, zu Fall kommt" (Joseph Ratzinger, *„Mehre uns den Glauben!" [Lk 17,5]. Nikolaus I., Wallfahrt von Priestern der Diözese Machester/NH*, Rom, 13. November 1995, in: JRGS 14/3, 1741–1743, hier: 1742.

48 Ratzinger/Benedikt XVI., *Jesus von Nazareth II*, 316.

49 Ebd., 317.

50 Ebd.

hat die Jakobsleiter von der Tradition der Kirche her als „Bild der Bedingungen der christlichen Existenz“[51], umso mehr aber der mönchisch-priesterlichen, ausgewiesen. In seiner Predigt sieht er mit der Jakobsleiter die beiden Dynamiken der mönchspriesterlichen Existenz zusammengefasst, das Hinaufsteigen zu Gott mit allen Anliegen der Welt und das Heruntersteigen von Gott zu den Menschen – das nach oben gerichtete Hinauftragen der Not des Kosmos und das nach unten gerichtete Hinuntertragen des von Gott Empfangenen.

Was hier homiletisch nur relativ kurz gestreift wird, hat Papst Benedikt XVI. ausführlicher in seiner Katechese vom 11. Februar 2009 zu Johannes vom Sinai mit dem Beinamen Klimakos (lat. Climacus) nach seinem Hauptwerk „Klimax“ (Leiter) rezipiert.[52] Der langjährige Einsiedlermönch, Schüler von Abt Martyrius und spätere Abt des Sinaiklosters sei in den 40 Jahren seines Einsiedlerlebens im Kampf gegen die Dämonen erprobt worden. Die Klimax mit ihren 30 Stufen des Aufstiegs zu Gott basiere somit auf der reichen geistlichen Erfahrung des Sinaiten. In drei Teilen oder besser aufeinanderfolgenden Etappen – dem freiwilligen Bruch mit der Welt und ihrer Trennung von Menschen und Orten, dem Kampf gegen die Leidenschaften und der christlichen Vollkommenheit, die sich erst auf den sieben letzten Leitersprossen entwickele – stelle sie eine geistliche Anleitung zum Aufstieg zu Gott dar, an deren Höhepunkt die Hesychia, der Seelenfriede in Gott, stehe, die Papst Benedikt mit dem Zustand der „nüchternen Trunkenheit“[53] umschreibt. Benedikt XVI. fragt sich nach dem Durchgang durch das fast eineinhalb Jahrtausende alte Werk, was dieses mit dem Menschen von heute noch zu tun haben könne. In seiner Antwort bezüglich der Aktualität der „Leiter“ kommt er auf das Wesen des Mönchtums zurück. Aus der Ferne betrachtet, scheine es, dass dem Werk jeglicher aktuelle Bezugspunkt fehle. „Wenn wir die Sache jedoch näher betrachten,“ so der Papst, „sehen wir, daß jenes monastische Leben nur ein großes Symbol des Lebens aus der Taufe, des Lebens als Christ ist. Es zeigt sozusagen in Großbuchstaben das, was wir Tag für Tag in Kleinbuchstaben schreiben.“[54] Für Benedikt XVI. ist das Mönchtum „ein prophetisches Symbol, das offenbart, was das Leben des Getauften in Gemeinschaft mit Christus, mit seinem Tod und seiner Auferstehung, ist“[55].

---

51 Ratzinger, *Mönchspriester*, 596; vgl. dazu auch im Folgenden.

52 Vgl. hierzu und im Folgenden Benedikt XVI., *Der Kirchenschriftsteller Johannes Climacus. Generalaudienz* (11. Februar 2009).

53 Ebd. – Die nüchterne Trunkenheit ist auch ein Leitmotiv seiner Theologie der Liturgie, vgl. beispielsweise Joseph Ratzinger, *Zur theologischen Grundlegung der Kirchenmusik*, in: JRGS 11, 501–526, hier 517.

54 Benedikt XVI., *Generalaudienz* (11. Februar 2009).

55 Ebd.

Die Inspirationsquellen für den Topos der Jakobsleiter reichen bei Ratzinger allerdings über das orientalische Mönchtum hinaus. Seine erste Inspiration dürfte wohl über die lateinischen Väter verlaufen sein.

6.2 Inspirationen aus dem abendländischen Mönchtum

Schon als junger Theologe hatte sich Ratzinger eingehend mit patristischen Deutungen der Jakobsleiter von Augustinus bis Bonaventura beschäftigt,[56] wobei ihn hier bei der Entfaltung der Jakobsleiter in der monastischen Theologie von den lateinischen Vätern wohl vor allem Augustinus beeinflusst haben mag. Denn Augustinus hatte die sich vermutlich bei Eucherius von Lyon andeutende Interpretation des Aufstiegs auf der Leiter als Fortschreiten im Guten und des Abstiegs als Abfall vom Guten hinsichtlich dessen korrigiert, dass unterschieden werden müsse zwischen Abfall und Abstieg, wie Ratzinger betont: „Adam ‚fiel', Christus ‚stieg ab'. ‚Fallen ist das Ergebnis des Stolzes', Absteigen' Dienst des Erbarmens. So sind mit den aufsteigenden Engeln jene Menschen gemeint, die zum geistlichen Verständnis der Schrift fortschreiten; mit den absteigenden aber die Boten des Wortes, die sich herabbeugen zu den Geringen und ihnen Speise reichen, die sie vertragen können."[57] Damit kommen bei Augustinus zwei Grundbewegungen des Mönches in den Blick, das Aufsteigen in der Kontemplation zu Gott und das Absteigen aus Liebe zu den Menschen. Ratzinger folgert daraus, was durchaus auf die monastische Existenz gelesen werden darf: „Die christliche Botschaft verkündet nicht nur die Erhabenheit Gottes, der das ‚Sursum cor' entspricht, sondern ebenso die Niedrigkeit Gottes, den Abstieg zu den Menschen. Deshalb kennt die Leiter der christlichen Mystik nicht nur eine Richtung, sondern zwei: Aufstieg und Abstieg. Der Dienst an der Gemeinschaft der Gläubigen gehört mit in die christliche Gottesbeziehung hinein."[58]

Diese augustinische Linie wurde nach Ratzinger dann vor allem bei Gregor dem Großen, wiederum einer mönchischen Gestalt der Alten Kirche, in der „Regula Pastoralis" weitergeführt und auf die Person des Seelsorgers zugespitzt.[59] Wörtlich schreibt Gregor hierzu: „Der Seelsorger muß gegen jedermann voll Teilnahme und mehr als alle der Betrachtung ergeben sein; denn er muß mit einem Herzen voll Liebe die Schwachheit der andern auf sich nehmen und in erhabener Beschauung im Verlangen nach der unsichtbaren Welt sich über sich selbst erheben; denn er

56 Joseph Ratzinger, *Die Kirche in der Frömmigkeit des heiligen Augustinus*, in: JRGS 1, 480–510, zur Jakobsleiter vgl. Punkt 2 in ebd., 493–500.

57 Ratzinger, *Frömmigkeit*, 485 mit Rekurs auf Eucherius von Lyon, *Lib spir int* (CSEL 31/1) und Augustinus, *En in Ps* 119,2 (CChr 40, 1777f.). Die patristischen Belegstellen sind entnommen aus ebd., Anm. 50.

58 Ebd.

59 Vgl. hierzu Ratzinger, *Frömmigkeit*, 498.

darf in seinem Streben nach dem Höchsten nicht verächtlich auf die Schwachheit des Nächsten herabschauen, oder umgekehrt bei seiner Herablassung zur Schwachheit des Nächsten das höhere Streben nicht aufgeben [...] Siehe, schon wandelt er in himmlischen Geheimnissen und doch läßt er sich herab und wirft seinen Blick in das Ehegemach fleischlicher Menschen; und dasselbe Geistesauge, das er entzückt zu den unsichtbaren Dingen erhebt, senkt er voll Erbarmen herab zu den Geheimnissen schwacher Menschen. Bis in den Himmel erschwingt er sich in der Betrachtung, aber seine Sorgfalt erstreckt sich auch auf das Ruhelager fleischlicher Menschen. So ist in ihm durch das Band der Liebe das Höchste mit dem Niedrigsten verbunden: so wird sein Geist für sich allein in die höchsten Höhen entrückt und nimmt aus Mitleid mit den anderen gleicherweise Anteil an ihrer Schwachheit. [...] denn er konnte in der Betrachtung sich in die Höhe schwingen und konnte zugleich herabsteigen und seinen Zuhörern sich anpassen. Deshalb sah Jakob, als in der Höhe oben der Herr erschien und unten der Stein gesalbt wurde, wie die Engel auf- und niederstiegen; denn der wahre Prediger sucht in der Betrachtung nicht nur in der Höhe das heilige Haupt der Kirche, das ist unsern Herrn, sondern erbarmungsvoll neigt er sich auch herab zu ihren Gliedern."[60] Bei Bonaventura schließlich laufe diese augustinische Linie dann direkt auf die Person des hl. Franziskus zu, den er in seiner Biographie geschildert hatte „als den Heiligen, der im Sonn der Engel auf der Jakobsleiter stets entweder im Aufstieg zu Gott oder im Abstieg zum Nächsten war."[61]

6.3 Verheutigung der Jakobsleiter – Christsein im 21. Jahrhundert

In der Auseinandersetzung mit Joseph Ratzingers monastischen Theologie in Bezug auf den Topos der Jakobsleiter ist sichtbar geworden, dass die Existenz des Mönchspriesters und der Ordensschwester in jener Spannungseinheit von Tod und Auferstehung, Aufstieg zu Gott und Abstieg zu den Menschen steht. Aufs Ganze genommen stellt dies für Papst Benedikt die Grundspannung des christlichen Lebens überhaupt dar. Beide Bewegungen, den Aufstieg und den Abstieg aktualisiert Joseph Ratzinger/Benedikt XVI. in seiner monastischen Theologie und unterzieht sie damit einem Art *Aggiornamento* für den Menschen im 21. Jahrhundert.

---

60 Gregor der Grosse, *past.* II, 5, in: PL 77,33; deutsch nach: Des heiligen Papstes und Kirchenlehrers Gregor des Grossen Buch der Pastoralregel. Mit einem Anhang: Zwölf Briefe Gregors des Grossen. Aus dem Lateinischen übersetzt von Joseph Funk (BKV II/4), Kempten, München 1933, 97–99. – Ratzinger hat dies so zusammengefasst: „Gregor sieht in den aufsteigenden und absteigenden Engeln der Jakobsleiter das Bild der rechten Verkünder des Worts, deren Verlangen nicht nur nach oben, den Freuden der Beschauung entgegenzielt, sondern sich ebenso erbarmend nach unten zu den Gliedern Christi neigt" (Ratzinger, Frömmigkeit, 498).

61 Ratzinger, *Frömmigkeit*, 499 mit Verweis in Anm. 66 auf Bonaventura, *Leg mai* XIII 1 (VIII 545 a).

Die Aufstiegsbewegung des Mönches zu Gott, die in der „Klimax" auf ein Leben der Tugend zugelaufen war, gelte gleichsam für jeden Getauften. Papst Benedikt XVI. hat dazu in seiner Katechese zu Johannes Climacus ausgeführt: „Grundlegend ist der Glaube, da diese Tugend einschließt, daß ich auf meine Arroganz, auf mein Denken, auf den Anspruch verzichte, allein zu urteilen, ohne mich anderen anzuvertrauen. Dieser Weg zur Demut, zur geistlichen Kindschaft ist notwendig: Wir müssen die Haltung der Arroganz überwinden, die uns sagen läßt: Ich weiß es in dieser meiner Zeit des 21. Jahrhunderts besser, als es jene damals hätten wissen können. Man soll sich jedoch nur der Heiligen Schrift, dem Wort des Herrn anvertrauen; man muß demütig an den Horizont des Glaubens herangehen, um so in die enorme Weite der universalen Welt, der Welt Gottes einzutreten. Auf diese Weise wächst unsere Seele, wächst die Sensibilität des Herzens für Gott. Johannes Climacus sagt mit Recht, daß uns allein die Hoffnung dazu befähigt, die Liebe zu leben. Die Hoffnung, in der wir die Dinge des Alltags überschreiten; wir erwarten den Erfolg nicht in unseren irdischen Tagen, sondern wir erwarten am Ende die Offenbarung Gottes selbst. Allein in dieser Weite unserer Seele, in dieser Selbsttranszendenz wird unser Leben groß. Wir können die täglichen Mühen und Enttäuschungen ertragen und können mit den anderen gut sein, ohne uns Belohnung zu erwarten. Nur wenn es Gott gibt, diese große Hoffnung, nach der ich strebe, kann ich jeden Tag die kleinen Schritte meines Lebens tun und so die Liebe lernen. In der Liebe verbirgt sich das Geheimnis des Gebetes, der persönlichen Kenntnis Jesu: ein einfaches Gebet, das allein danach strebt, das Herz des göttlichen Meisters zu berühren. Und so öffnet man das eigene Herz, lernt von Ihm seine Güte, seine Liebe."[62]

Mit diesem *Aggiornamento* der „Klimax", den „‚Aufstieg' des Glaubens, der Hoffnung und der Liebe" zu nutzen, um „zum wahren Leben [zu] gelangen"[63] stoßen wir auf den pastoralen Wesenszug der monastischen Theologie von Joseph Ratzinger/Papst Benedikt XVI. Was die Mönche existentiell in ihrem Leben vollziehen, wird für den Welt-Christen zum geistlichen Ansporn, selbst aufzustehen und die Stufen der Leiter zu ersteigen hin zur „Christwerdung des Menschen"[64], weil Gott in Jesus Christus zu uns herabgestiegen ist. Denn Christsein ist für Joseph Ratzinger immer im Prozess, es steht unter der Dynamik der Leiter, unter der Bewegung des Christwerdens. Christsein heißt für ihn daher nichts anderes, „als Ja zu sagen zu dieser Bewegung und sich in ihren Dienst zu stellen"[65]. Die Jakobsleiter aus der Spiritualität des orientalischen Mönchtum deckt sich von daher mit jenen fundamentalen Einsichten, die Ratzinger schon 1964 formuliert

62 Ebd.
63 Ebd.
64 Joseph Ratzinger, *Vom Sinn des Christseins*, in: JRGS 4, 363–395, hier 379.
65 Ebd., 380.

hat: „Die Bewegung der Christwerdung, die in der Taufe beginnt und die wir in unserem ganzen Leben zu vollziehen haben, bedeutet das Bereitsein zu einem Dienst, den Gott von uns in der Geschichte will [...], uns zu einem Dienst für das Ganze zur Verfügung halten."[66] Und er fügt an, ganz in der Linie seiner monastischen existentiellen Theologie, nun bezogen auf das Christwerden und Christsein aus der Abstiegsbewegung auf der Jakobsleiter: „Christwerden heißt also nicht, etwas für sich allein ergreifen; es heißt im Gegenteil: Herausgehen aus dem Egoismus, der nur sich selbst kennt und meint, und hineingehen in die neue Existenzform dessen, der im Füreinander lebt."[67]

6.4 Mönchtum – Leben und Singen nach der Weise der Engel

Eine letzte Folgerung aus der Rezeption der Jakobsleiter für die monastische Theologie von Joseph Ratzinger/Papst Benedikt XVI. sei noch angefügt. In seiner Ansprache in Heiligenkreuz ging der Nachfolger Petri auf die bei ihm hier nicht näher belegte Überzeugung der Väter zurück, dass das Mönchsleben als ein Leben nach der Weise der Engel bezeichnet wurde. Damit knüpft er direkt an die „Klimax" an, wo es am Anfang heißt: „Ein Mönch ist der Stand und der Zustand der körperlosen Wesen, vollzogen in einem stofflichen und schmutzigen Körper."[68] Das Wesentliche der Engel, so fährt Benedikt XVI. fort, sei aber die Anbetung.[69] Von da aus kommt er auf den heiligen Dienst der Mönche zu sprechen, das Offizium, ihren Gottesdienst, der nur dann wirklich Offizium sei, wenn es ein zweckfreies Gebet sei.[70] Von Jesajas Thronvision her, die die Engel als vor Gott singende Wesen illustriert, hat Benedikt XVI. ein Jahr später in seiner Ansprache im Collège des Bernardins den Gesang der Mönche als eben ihren ganz eigenen Ausdruck dieses engelgleichen Lebens theologisch weitergeführt. „Bei Benedikt [dem Mönchsvater] steht als maßgebende Regel über dem Gebet und Gesang der Mönche das *Psalmwort*: *Coram angelis psallam Tibi, Domine* – im Angesicht der Engel psalliere ich vor dir (vgl. 138,1). Hier drückt sich das Bewußtsein aus, beim gemeinsamen Gebet in der Anwesenheit des ganzen himmlischen Hofes zu singen und damit dem höchsten Maßstab ausgesetzt zu sein: so zu beten und zu singen, daß man in die Musik der erhabenen Geister einstimmen kann, die als

---

66 Ebd., 382.

67 Ebd., 382.

68 Johannes vom Sinai, *Klimax* I.10; deutsche Übersetzung: Heiliger Johannes vom Sinai, *Klimax oder Himmelsleiter*. Übersetzt von Mönch Georgios Makedos mit 24 Miniaturen und einem Vorwort des Erzbischofs des Sinai. Herausgegeben von der Berg-Sinai-Stiftung, Athen 2000, 35. In der Ansprache in Heiligenkreuz wird die Aussage vom „Leben nach der Weise der Engel" außer im allgemeinen Rekurs auf die Vätertradition nicht weiter belegt, vgl. Benedikt XVI., *Ansprache* (9. September 2007), 75.

69 Ebd.

70 Ebd.

die Urheber der Harmonie des Kosmos, der Musik der Sphären galten."[71] Benedikt XVI. lenkt in Paris von hier aus den Blick auf eine Einschätzung des heiligen Zisterziensermönchs Bernhard von Clairvaux, der das „Durcheinander eines schlecht durchgeführten Gesanges [...] als Absturz in die ‚Zone der Unähnlichkeit' – die *regio dissimilitudinis*"[72] bezeichnet hat. Der Ausdruck, den Bernhard hier verwende, sei der terminus technicus bei Augustinus für den Menschen vor der Bekehrung.[73] „Von da aus", so Papst Benedikt, „kann man den Ernst einer Betrachtung des heiligen Bernhard von Clairvaux verstehen, der ein von Augustinus überliefertes Wort platonischer Tradition gebraucht, um über den schlechten Gesang von Mönchen zu urteilen, der für ihn offenbar keineswegs ein letztlich nebensächliches kleines Unglück war."[74] Und Benedikt weiter: „Es ist gewiß drastisch, wenn Bernhard dieses Wort, das auf den Abfall des Menschen von sich selbst weg verweist, zur Bezeichnung schlechter Mönchsgesänge verwendet. Aber es zeigt auch, wie ernst ihm die Sache ist. Es zeigt, daß die Kultur des Singens auch Kultur des Seins ist und daß die Mönche mit ihrem Beten und Singen der Größe des ihnen übergebenen Wortes, seinem Anspruch auf wahre Schönheit entsprechen müssen."[75]

Somit schließt sich erneut der Kreis: Johannes vom Sinai war am Anfang seiner „Klimax", eine der großen Inspirationsquellen aus dem orientalischen Mönchtum in Joseph Ratzingers/Papst Benedikt XVI. monastischer Theologie, vom engelgleichen Leben der Mönche ausgegangen. Benedikt XVI. hat diesen Gedanken über Augustinus und Bernhard von Clairvaux weiterrezipiert bis hin zum engelgleichen Gesang des Mönchschores, der die Schönheit der ewigen Wahrheit widerspiegle und der dieser in seinem Zusammenklang entsprechen müsse. So bleibt das Singen der Mönche nichts Akzidentielles. In ihrem Gesang offenbart sich für alle nach außen deutlich vernehmbar, wie es um ihre *similitudo* oder eben auch *dissimilitudo* steht. Damit wird bei Benedikt XVI. der Gesang der Mönche zum eigentlichen Ort ihrer Eintracht, wo die vielen Stimmen in Harmonie zusammenklingen, ohne ihre Eigenart aufzugeben. Der Mönchsgesang wird insofern zum Modell der Einheit, in dem sie ihre Tragfähigkeit erweisen muss. Er kann

71 Benedikt XVI., *Ansprache* (12. September 2008).

72 Ebd.

73 Hierzu wörtlich: „Augustinus hatte dieses Wort der platonischen Philosophie entnommen, um seinen Zustand vor der Bekehrung zu bezeichnen (vgl. Bekenntnisse VII, 10,16): der Mensch, der zur Ähnlichkeit Gottes geschaffen ist, fällt in seiner Gottverlassenheit in die „Zone der Unähnlichkeit" hinunter – in eine Entfernung von Gott, in der er diesen nicht mehr widerspiegelt und so nicht nur Gott, sondern sich selber, dem wahren Menschsein unähnlich geworden ist" (Benedikt XVI., *Ansprache* [12. September 2008]).

74 Ebd.

75 Ebd.

über den mönchischen Chorraum hinaus aber auch Symbol und Modell für die volle und sichtbare Einheit werden, als deren Diener sich Papst Benedikt zeitlebens verstanden hat.[76]

7. Existentielle Aneignung des Mönchtums am Ende eines langen Weges

Was ist nun das Entscheidende an Joseph Ratzingers/Papst Benedikts XVI. monastischer Theologie? Seine wissenschaftliche Auseinandersetzung mit dem Mönchtum bleibt nicht auf einer rational-abstrakten Ebene, wie etwa die kulturschaffende Kraft der Mönche im Abendland mit ihrer Liebe zur Wissenschaft, zu den Künsten. Seine Reflexionen führen vielmehr hinein in die Existenz des Mönch-*seins*. Der Mönch ist für ihn Prototyp des existentiellen Gottsuchers, der seine Sehnsucht nach der tiefsten Erfüllung des Menschseins nicht aufgegeben hat, der mit Gott in einem Dialog der Freundschaft steht und darin vor ihm für die ganze Menschheit eintritt. Auf diese Weise stellt der Mönch in seiner Theologie den exemplarisch Glaubenden dar. Er wird zum prophetischen Symbol für die Radikalität des Auferstehungsglaubens in all seinen Höhen und Tiefen, und gerade deshalb zu einem lebendigen Re-formator der Kirche, Modell der christlichen Einheit und der Einheit der Christen insgesamt.

Am Donnerstag, dem 28. Februar 2013, verzichtete Joseph Ratzinger, der mit seiner Wahl zum Papst den Namen des Mönchsvaters Benedikt angenommen hatte, auf sein Amt als Pontifex Maximus der Römisch-Katholischen Kirche, um Mönch zu werden und von nun an ein Leben des Gebetes und der Verborgenheit in dem Vatikanischen Kloster Mater Ecclesiae zu führen. Wörtlich sagte er am Ende seiner „Declaratio" zum Amtsverzicht am 11. Februar 2011: „Was mich selbst betrifft, so möchte ich auch in Zukunft der Heiligen Kirche Gottes mit ganzem Herzen durch ein Leben im Gebet dienen."[77] Die Schlagzeile „Der Papst wird Mönch" überraschte damals die ganze Welt. Kaum wahrgenommen hingegen wurde, dass sich dieser Schritt in symbolträchtiger Weise am Gedenktag des hl. Einsiedlermönchs Romanus vollzog, der später mit seinem Bruder das Kloster Condat gründete und dessen erster Abt er wurde. Am Ende eines langen Weges

---

76 Vgl. Kurt Kardinal Koch, *Dienst an der vollen und sichtbaren Einheit. Das Ökumeneverständnis von Joseph Ratzinger / Papst Benedikt XVI.*, in: Michaela C. Hastetter / Stefanos Athanasiou (Hg.), Zur Theologie der Einheit bei Joseph Ratzinger / Papst Benedikt XVI. (Ratzinger-Studien 13), Regensburg 2018, 10–38.

77 Benedikt XVI., *Declaratio* (10. Februar 2011 [lateinische Fassung]).

löste Joseph Ratzinger/Papst Benedikt XVI. somit auf existentielle Weise das ein, was seine monastische Theologie geprägt hatte: Beter für das Volk in der Nacht der Gottesfinsternis zu sein.[78]

Abt Maximilian, dem dieser Beitrag zu seinem 60. Geburtstag in dankbarer Freundschaft gewidmet ist, ging gleichsam den umgekehrten Weg. Als Mönch wurde er Papstschüler, Mitglied des Neuen Schülerkreises Joseph Ratzingers/Papst Benedikts XVI., als Mönch erhielt er den *Premio Ratzinger*. Die Jakobsleiter des Mönches bleibt ein dynamisches Geschehen, der mönchische Weg ist ein beständiges Auf und Ab auf den Stufen der Leiter, die fest in die Erde gerammt ist und doch gleichzeitig den Himmel berührt. So gilt auch jedem Abt der Ruf der Aufmunterung des Klimakos: „Steigt auf, steigt auf, Brüder" – und wir dürfen aus der Betrachtung der monastischen Theologie Joseph Ratzingers ergänzen: ‚Steigt ab, steigt auch ab, Brüder', um „vereint mit der Liebe"[79] das Herz zum Herzen sprechen zu lassen.

78 Zum Thema der Gottesfinsternis im Werk von Joseph Ratzinger vgl. Michaela C. Hastetter, *Intervention in Zeiten der Gottesfinsternis – Zum Programm der Neuevangelisierung Europas bei Benedikt XVI.*, in: dies. / Helmut Hoping (Hg.), *Ein hörendes Herz. Hinführung zur Theologie und Spiritualität von Joseph Ratzinger/Papst Benedikt XVI.* (Ratzinger-Studien 5), Regensburg 2012, 116–148.

79 Ebd., Anhang (An den Hirten).

Monastische Theologie und Tradition

Christoph Böhr

Semel verum semper verum.
Eine philosophische Reflexion auf die monastische Hermeneutik: Liebe zur Wissenschaft und Verlangen nach Gott

Kein Satz scheint so sehr dem Lebensgefühl des Menschen unserer Gegenwart zu widersprechen wie diese kurz und knapp – man könnte fast sagen: mit geradezu trotzigem Unterton gegenüber allen Andersdenkenden – gefasste Feststellung: ‚semel verum semper verum‘: Was einmal wahr ist, bleibt immer wahr. Ein mitleidsvoll-abschätziger Blick trifft jeden, der sich heute zu diesem Satz bekennt. Im Zeitalter des absoluten Konstruktivismus gilt der Begriff der Wahrheit nicht nur als höchst verdächtig, sondern ausdrücklich als verpönt, ja, als Inbegriff der Lüge;[1] blankes Unverständnis zeigt sich erst recht, wenn der Anspruch ewiger Geltung von Wahrheit erhoben wird. Aber, so muss man fragen, ist diese Zurückweisung eines unveränderlichen Geltungsanspruchs nicht verständlich? Ist es nicht richtig, dass auch die Wahrheit jenem geschichtlichen Wandel unterworfen ist, der doch ausnahmslos alles Irdische – und folglich auch unser Denken – trifft? Wie kann es sein, dass in einer Welt, in der alles steter Veränderung unterworfen ist, ausgerechnet die Wahrheit Bestand haben und allem Wandel enthoben sein soll?

1. Das ‚semel semper‘ als Lebensform

Bevor auf diese Frage theoretisch einzugehen ist, soll vorab ihre praktische Seite in den Blick genommen werden: Wie jedem philosophischen Satz von Gewicht korrespondiert auch diesem Satz ‚semel semper‘ eine Lebensform, ein Habitus: Es ist in diesem Fall vor allem die Lebensform des Mönchs, der dem Bekenntnis zu ‚semel verum semper verum‘ mehr als jede andere Lebensform lebendige Gestalt und leibhaftigen Ausdruck verleiht, ja, diese Sentenz mit seiner ganzen Existenz bestätigt und bekräftigt, indem er sein eigenes Leben in Gänze – als einem Bekenntnis in der äußersten und höchsten Form der eigenen Lebensführung – unter die Geltung dieses Satzes stellt. Sein Leben als Mönch wäre sinnlos, wenn es nicht auf diesen Satz verpflichtet wäre. Denn der Mönch weiht sein Leben dem

1 Vgl. Heinz von Foerster, Bernhard Pörksen, *Wahrheit ist die Erfindung eines Lügners. Gespräche für Skeptiker*, Heidelberg 1999.

Gebet an die eine und einzige, mithin überzeitliche und ewige Wahrheit – eine Wahrheit, die immer schon war und immer bleiben wird – , wie sie sich für den christlichen Monachus in der Person Jesu Christi sichtbar und leibhaftig, also in der Zeitlichkeit, offenbart hat.

In der monastischen Hermeneutik dieser ‚semel et semper' bestätigten Wahrheit zeigt sich die ganze Wucht – ja Dramatik – eines Wahrheitsbegriffs, der bedingungslos jeder Vermutung der Wandelbarkeit dessen, was Wahrheit ist,[2] widerspricht – und diese Haltung im Vollzug eigener Lebensführung besiegelt. Der Habit, das Kleid einen Mönchs, wird ‚usque ad mortem' angelegt, und die Lebensform, für die er sich entschieden hat, gilt unwiderruflich: ‚semel verum, semper verum'. Keine Hermeneutik kann besser als die monastische[3] verstehen helfen, was es mit diesem Satz, um dessen Entfaltung es im Folgenden gehen soll, auf sich hat.

Das Leben eines jeden Christen – und das des Mönches in besonders verdichteter Gestalt – ist aufgespannt zwischen zwei Tätigkeiten: dem ‚reminiscere' und dem ‚extendere': Er ruft sich vergegenwärtigend ins Gedächtnis, Tag für Tag, was war und was als Gewesenes vergegenwärtigt seinem Leben Halt im Heute gibt – mithin das ist, was wahr geblieben ist – , und indem er das tut, streckt er sich zugleich aus nach dem, was künftig sein wird,[4] nämlich hin zur Vollendung dessen, was war und auch in seiner kommenden Erfüllung wahr bleibt, ja, zur Wahrheit in ihrer Fülle gelangt. Es ist ein und dieselbe Wahrheit, die der Memoria – Erinnerung – und die der Plenitudo – Vollendung – , auf die wir jedoch in zweierlei verschiedenen Weisen blicken: das, was war, ist das Vorbild dessen, was als Abbild am Ende das Urbild von Vorbild und Abbild sein wird:[5] die neue Schöpfung, auf die hin sich der Christ nach vorne ausstreckt – ‚epéktasis' nennt Paulus im *Brief an die Philipper* diese Haltung, sich auszustrecken nach dem ankünftig Erwarteten. Die letzte Komplet – das Nachtgebet der Kirche – am Ende der Weltzeit ist die Erfüllung

2 Vgl. dazu Hans Urs von Balthasar, *Vom Ordensstand*, in: Hans Urs von Balthasar (Hg.), *Die grossen Ordensregeln*, Einsiedeln, Zürich u. Köln 1948, 7–27, hier 14, beschreibt diese Lebensform ganz in diesem Sinn als Vergegenwärtigung der ursprünglichen Schöpfung inmitten der gefallenen Schöpfung.

3 Was Jean Leclercq, *L'amour des lettres et le désir de Dieu*, 1957; dt. *Wissenschaft und Gottverlangen. Zur Mönchstheologie des Mittelalters*, Düsseldorf 1963, 127, im Imperfekt schreibt, wird hier ins Präsens gesetzt: Die Mönche sehen „die Vergangenheit nicht als etwas weit Zurückliegendes an, sondern als eine lebendige Wirklichkeit, die ständig in die Gegenwart hineinwirkt. Das Mönchtum hat sich ihr ganz freiwillig und sozusagen aus seiner Lebenskraft angepaßt."

4 *Phil* 3,13: „Ich vergesse, was hinter mir liegt, und strecke mich nach dem aus, was vor mir ist." Vgl. dazu auch Rémi Brague, *Zum christlichen Menschenbild*, Wiesbaden 2021 (im Ersch.), § 6.6.

5 Diesem Schriftverständnis, nach dem Vergangenheit, Gegenwart und Zukunft miteinander verwoben werden, entspricht die typologische und allegorische Interpretation, wobei zu beachten war, dass gemäß dem vierfachen Schriftsinn im Mittelalter bestimmte Ereignisse als ‚veritates' zu behandeln waren, „die niemals figural interpretiert werden durften": vgl. Joachim Ehlers, *Monastische Theologie, historischer Sinn und Dialektik*, in: Albert Zimmermann (Hg.), *Antiqui und Moderni. Traditionsbewußtsein und Fortschrittsbewußtsein im späten Mittelalter*, Berlin u. New York 1974, 58–80, hier 67.

nicht nur des gerade gewesenen Tages, sondern die Vollendung aller Zeitlichkeit schlechthin. Dann fallen Reminiszenz[6] des Gewesenen und Extension hin zum Künftigen in eins: Erinnerung und Erwartung werden zur erfüllten dauernden Gegenwart: Im erhofften Schauen, der visio beatifica, gewinnt die Vergegenwärtigung Bestand auf immer.

So zu leben, ist das Proprium des Christen. Es ist die täglich vollzogene Verlebendigung des Satzes: ‚semel verum semper verum'. Die monastische Hermeneutik dient vor allem anderen dazu, diesem Satz und seinem Inhalt auf die Spur zu kommen. Sie ist, in den Worten Jean Leclercqs gesagt, ihrem Sinnziel nach zugleich Verlangen nach Gott und Liebe zur Weisheit.

Daraus nun ergibt sich eine Eigenart der monastischen – oder, allgemein gesagt: der christlichen – Hermeneutik, die diese von der säkularen Hermeneutik unterscheidet. Die monastische Hermeneutik ist eine gleichsam performative Hermeneutik: Sie vollzieht, was sie versteht, und bewirkt, was sie besagt. Das Verstehen wird transformiert zur Lebensform. Nur deshalb kann die Auslegung sich zur Hoffnung verfestigen, ja, sie fällt in eins mit der Hoffnung, auf die hin ein Mensch gerettet ist. Nur deshalb ist die ‚epéktasis' möglich: als ein von der Erinnerung an das Gewesene über dessen Vergegenwärtigung im Heute sich Ausstrecken auf Künftiges am Ende. Vorstellbar ist die Koinzidenz nur dann, wenn die Hermeneutik der Exegese ganz als die Wahrheit in ihrer Eigenschaft ‚semel semper' erkannt und in den eigenen Lebensvollzug hineingenommen wird. Die Liebe zur Wissenschaft begründet das Verlangen nach Gott so wie sie dieses Verlangen weckt – dazu später mehr. Anders gesagt: Die Lebensform des ‚semel semper' – zum Habitus verfestigt – hat ihren Sitz in der Liebe zur Wissenschaft, und diese hat wiederum ihren Sitz in der Lebensform: Beides ist ‚désir de Dieu', beides setzt das Theorem ‚semel semper' voraus. Ohne diese Voraussetzung zerbricht der Sinnzusammenhang von Wissenschaftsliebe, Lebensformprägung und Gottverlangen.[7]

Man kann mithin sagen, dass der jetzt mehrfach zitierte Satz ‚semel semper' jedenfalls eine Lebensform – die christliche im allgemeinen, die monastische im besonderen – geprägt hat – und bis heute prägt. Schon diese Tatsache allein gibt dem Satz ein großes Gewicht. Denn was über Jahrhunderte hindurch das Leben von Menschen prägt, nährt die Vermutung, dass diese Prägeform nicht auf einer freien Erfindung menschlicher Willkür beruht, sondern tiefere Wurzeln hat.

6 Zur Bedeutung des Begriffs in der monastischen Theologie vgl. Leclercq, *Wissenschaft und Gottverlangen*, 90, 94, 126 f.; zur Beziehung von Reminiszenz und Ruminatio vgl. ebd., 88; zur meditativen Praxis der Ruminatio vgl. Daniel Schmidt, *‚Ruminatio' – Vernehmen des Wortes als leibhaft-geistliche Nahrung*, in: *Ambo* 4 (2019) 432–440.

7 Selbstverständlich kann dieser Sinnzusammenhang zerbrechen oder verfehlt werden. Dann ist die Folge die seit Evagrios Pontikos so genannte Mönchskrankheit, die Akedia; vgl. dazu unten Anm. 41.

Sie ist dann mehr als nur eine Fingerübung, mehr als nur eine vorübergehende Zeiterscheinung, mehr als nur ein zartes Kräuseln an der Wasseroberfläche. Was so lange gilt, kann so ganz und gar falsch nicht sein, sagte sinngemäß Immanuel Kant einmal in einem anderen Zusammenhang – im Blick übrigens auf ein Theorem, dem er selbst mitnichten folgen konnte. Umso mehr Gewicht hat seine Bemerkung: Was lange schon gilt, scheint gute Gründe für sich geltend machen zu können und sollte nicht einfach beiseite geschoben werden.

Davon soll im Folgenden – nach der praktischen nun zur theoretischen Seite und unter verschiedenen Gesichtspunkten gestützt im Wesentlichen auf drei maßgebliche Philosophen: nämlich Thomas von Aquin, Richard Schaeffler und Hans Urs von Balthasar – die Rede sein. Was sind das für Gründe – möglicherweise gar Gründe, die man als gute Gründe – für die Geltung der Behauptung ‚semel semper' benennen kann?

2. Zu den mittelalterlichen Quellen

Der Satz findet sich bei Thomas von Aquin zunächst in seinem *Sentenzenkommentar,*[8] der zwischen 1254 und 1256 entstanden ist. Dort heißt es: „Quidam enim dixerunt, quod ad unitatem rei significatae sequitur unitas enuntiabilis, quamvis etiam cum diversa consignificatione temporis proferatur; et secundum hoc sequitur quod enuntiabile quod semel est verum, semper fuit et est verum; et ita quod semel est scitum a Deo, semper erit scitum ab eo."[9]

Hier wird das Theorem ‚semel verum semper verum' auf Gott bezogen, genauer gesagt: auf die menschliche Rede über Gott. Was über ihn gesagt werden kann, sofern es wahr ist, das bleibt wahr – das nämlich wird auch künftig immer von ihm und über ihn gewusst werden – und ist immer wahr gewesen. Damit beschreibt Thomas ein Merkmal von Wahrheit – und gewinnt so eine Begriffsbestimmung anhand des Beispiels einer Aussage über Gott. Entweder ist eine Aussage wahr – dann war sie das immer –, oder sie ist falsch – dann wird sie niemals wahr werden können –.

In den *Quaestiones quodlibetales* – entstanden ein gutes Jahrzehnt nach dem *Sentenzenkommentar,* zwischen 1268 und 1272 in Paris – widmet Thomas der Frage einen eigenen Artikel *Utrum enuntiabile, quod semel es verum, semper sit verum.*[10] Der Herausgeber, Raymund Spiazzi, ordnet sie den „quaesita ad vim intellectivam"

---

8 Zur Bedeutung der Sentenzenkommentare in der mittelalterlichen Philosophie vgl. Theo Kobusch, *Die Philosophie des Hoch- und Spätmittelalters,* München 2011, 25–27 und öfter.

9 Thomas von Aquin, *I Sent.,* dist. 41, qu. 1, art. 5, resp.

10 Thomas von Aquin, *Quaestiones qodlibeltales,* hg. v. Raymund Spiazzi, Turin 1949, I, qu. 9, art. 2, 82.

zu[11] – Fragen also, die sich auf Möglichkeiten und Grenzen, Kraft und Schwäche menschlicher Vernunft beziehen. Thomas diskutiert das Für und Wider, um dann zu respondieren: Die Formaldefinition der Wahrheit, die dem Satz ‚semel verum semper verum' entspricht, weist darauf hin, dass es verschiedene Weisen der Einsicht in ein und dieselbe Sache gibt, deren Benennungen – in der Zeit – verschieden ausfallen können – propter diversitatem modi intelligendi[12] – , diese aber doch ein und denselben Gegenstand der Erkenntnis betreffen.

Die gar nicht so sehr ausführliche Erörterung des Theorems durch Thomas an dieser Stelle hat gleichwohl eine nicht zu unterschätzende Bedeutung, weil sie eine Antinomie auflöst: nämlich den zunächst offenkundigen – aber bei genauerem Hinsehen doch nur scheinbaren Widerspruch – zwischen der Behauptung einerseits, dass die Wahrheit eine und dieselbe ist, sowie der Erfahrung andererseits, dass es ganz verschiedene Namen und Bezeichnungen eben dieser immer einen Wahrheit gibt. Wie kann die Wahrheit die immer gleichbleibend eine sein, wenn ihr doch zugleich so unterschiedliche Namen gegeben werden? Das Theorem wird von Thomas gleichermaßen als Kommunikations- wie als Substanzproblem erfasst: Es berührt die menschliche Rede über Wahrheit ebenso wie den Begriff von Wahrheit selbst. Aufgelöst wird der scheinbare Widerspruch, der sich auftut, weil die eine und einzige Wahrheit offenkundig sehr verschieden in Worte gefasst wird, durch die Einsicht, dass es verschiedene Weisen des Erkennens gibt – und dass diese verschiedenen Weisen eben deshalb unterschieden sind, weil sie verschiedene Seiten – Aspekte – der einen Wahrheit in den Blick nehmen.

Die Verschiedenheit der Namen, die einer Sache beigelegt werden, bedeutet mitnichten notwendigerweise, dass tatsächlich verschiedene Sachen benannt werden; die Verschiedenheit kann einen ganz anderen Grund haben, nämlich den, dass unser Intellekt Einblick nimmt in verschiedene Seiten ein und derselben Sache. Und dann nämlich gilt: ‚semel verum semper verum' – auch wenn die Verschiedenheit der bezeichnenden Namen zunächst und fälschlicherweise die Vermutung einer Verschiedenheit der bezeichneten Sache nahelegen sollten.

3. Erklären und Verstehen – Explanation und Interpretation

Eine geradezu meisterliche zeitgenössische Erläuterung des Theorems findet sich bei Richard Schaeffler vor allem in seinem Aufsatz *Die Ewigkeit der Wahrheit und die Veränderlichkeit der Vernunft. Ein Beitrag zum Verständnis von Wahrheit und Geschichte*. Wahrheit, das wird man nicht bezweifeln können, tritt – soweit

11 Ebd., 70.
12 Thomas von Aquin, *Quaestiones qodlibeltales*, I, qu. 9, art. 2, resp., 82.

sie menschliche Erkenntnis von Wahrheit ist – in sehr unterschiedlichen historischen Kontexten auf. Diese Kontexte haben Einfluss auf die Art und Weise, wie Menschen, die jeweils Zeitgenossen eines solchen Kontextes sind, einen Sachverhalt erkennen. Kontexte dieser Art sind Ordnungsgefüge – Vorstellungen von Welt im Ganzen – , ohne die unser Erkennen zusammenhanglos bliebe, also gar nicht als ein ‚erkennen' zu beschreiben wäre. Erkenntnisse könnten in diesem Fall eines Verzichtes auf die Idee der ‚Welt' gar nicht aufeinander bezogen werden, geschweige denn, zu einem Ganzen gefügt werden.

Im Bereich der Naturwissenschaft hat Thomas S. Kuhn solche Ordnungsgefüge, die man umgangssprachlich auch Weltbilder nennen kann, als ‚Paradigma' bezeichnet: Muster von Beschreibungen und Erklärungen, die den Rang von Lehrbuchwissen haben. Sie gelten gemeinhin und können als eine Konstellation von Meinungen, Regeln, Werten und Untersuchungsverfahren beschrieben werden. Als solche prägen sie nicht nur das Erkennen und das Denken, sondern auch die Forschungsfragen, die im Humus eines jeweils geltenden Paradigmas wurzeln,[13] also gleichsam aus dem Paradigma hervorquellen. Nun kommt es gelegentlich vor, dass überraschende, zunächst unverstanden bleibende Entdeckungen ein bis dahin geltendes Paradigma sprengen, weil sie mit diesem sinnvoll nicht zu vereinbaren sind, und eine grundstürzende Veränderung der Wahrnehmung bewirken, so dass ein neues Ordnungsgefüge – als Sinnzusammenhang der Welt im Ganzen – gesucht und in Kraft gesetzt werden muss. Damit drängt sich – unabhängig von der Frage, ob tatsächlich immer ganze Ordnungsgefüge zusammenbrechen ober ob nicht vielmehr Teile eines jeweiligen größeren Ordnungsgefüges neu zu begründen sind – die Frage auf: Zerbricht durch die Erschütterung einer solchen ‚scientific revolution' die ‚alte' Wahrheit? Muss diese dem Vergessen anheimgegeben und durch eine ‚neue' ersetzt werden?

Die Geschichtlichkeit unserer Vernunft, über die wir uns als endlich erkennende Wesen nicht erheben können, legt eine solche Vermutung zunächst nahe und scheint das Theorem ‚semel semper' Lügen zu strafen. Bei näherem Hinsehen allerdings zeigt sich, dass eine solche Schlussfolgerung allzu voreilig wäre. Denn das alte Paradigma steht mit dem neuen in einer Wechselbeziehung; das alte Weltbild ist ja nicht einfach als falsch widerlegt worden, sondern lediglich seine Erklärungskraft zeigte sich im Licht neuer Entdeckungen als unzulänglich. Das rechtfertigt allemal seine Ablösung – aber diese Ablösung ist keine völlige Preisgabe, sondern ein weiterer Schritt hin zu einer treffenderen Erfassung und einem besseren Verständnis der fraglichen Sache. Das Alte verliert seine Gültigkeit hinsichtlich seiner Erklärungskraft; es behält aber Gültigkeit – eine vielleicht

13 Thomas S. Kuhn, *Die Struktur wissenschaftlicher Revolutionen*, 1962, Frankfurt am M. ²1976, 186–221: *Postscriptum 1969*, bes. 193–199.

auch nur eingeschränkte Gültigkeit – hinsichtlich seiner Deutungskraft, die nicht von der Empirie des Experiments abhängt. Explanatorisch ist das neue Modell zu bevorzugen, interpretatorisch hat deshalb das alte Modell jedoch nicht völlig ausgedient.

Wie das zu verstehen ist, zeigen sehr schön die Nachtgespräche, die Roberto Bellarmino mit Galileo Galilei führte. Wer wissen will, ob die Sonne um die Erde kreist – oder umgekehrt – , darf nicht in der *Bibel* nachschlagen wollen, sondern muss Nikolaus Kopernikus und Johannes Keppler lesen. In diesem Sinne sagt sinngemäß Bellarmino zu Gallilei: Wenn deine Forschungsergebnisse sich erhärten sollten, dann haben wir die *Bibel* bisher falsch gelesen und müssen sie entsprechend im Lichte deiner Entdeckungen neu verstehen lernen.[14] Das von der *Bibel* angebotene interpretatorische Paradigma samt seiner Aussagen über die Wahrheit bleibt unversehrt, sofern man die *Bibel* nicht als Fachbuch für Astronomie missversteht – ganz gleich, ob die Theorie des Heliozentrismus zutrifft oder nicht, und ganz unabhängig davon, ob explanatorische Paradigmata zusammenbrechen oder sich bewähren.

Nun gibt es freilich eine doppelte Wechselbeziehung, die zu beachten ist: zunächst zwischen explanatorischen und interpretatorischen Paradigmata einerseits, sowie zwischen alten und neuen interpretatorischen Paradigmata andererseits. Letzteres hat uns hier besonders zu interessieren. Denn niemand wird behaupten wollen, dass die Auslegungen der biblischen Schöpfungsberichte als interpretatorische Paradigmata, wie sie aus dem Judentum wie dem Christentum bis zur Entdeckung der heliozentrischen Astronomie auf uns gekommen sind, seitdem ihren Sinn und ihre Deutungskraft verloren haben.

Wenn – um nur ein Beispiel zu nennen – Gregor von Nyssa in seiner Auslegung des Buches *Genesis* in seinem Buch *De opificio hominis* über den Menschen schreibt, dass die Unerkennbarkeit des menschlichen Geistes, indem er sich selbst ein Rätsel bleibt, nicht mehr und nicht weniger als die Unbegreiflichkeit Gottes spiegelt,[15] so hat dieser Satz seine ungebrochene Gültigkeit – oder auch, je nach Sichtweise, seine von Anfang an bestehende Ungültigkeit – gänzlich unabhängig von allen jeweils geltenden explanatorischen Paradigmata der Astronomie,

14 Vgl. William J. Hoye, *Die Wirklichkeit der Wahrheit. Freiheit der Gesellschaft und Anspruch des Unbedingten*, Wiesbaden 2013, 217–218.

15 Gregor von Nyssa, *Abhandlung über die Ausstattung des Menschen. (De opificio hominis)*, XI, in: Heinrich Hand (Hg.), *Ausgewählte Schriften des heiligen Gregorius, Bischofs von Nyssa*, Kempten 1874, 235: Da „eines der Merkmale der göttlichen Natur die Unbegreiflichkeit des Wesens ist, so muß durchaus auch hierin das Abbild dem Urbilde gleichen. Denn wenn die Natur des Abbildes begriffen würde, das Urbild aber überbegrifflich wäre, so würde die Entgegengesetztheit der Merkmale die Verfehltheit des Bildes beweisen. Da jedoch der Erkenntniß sich entzieht die Natur unseres Geistes, welcher nach dem Bilde des Schöpfers ist, so hat er eine genaue Ähnlichkeit mit dem Allerhabenen, indem er durch seine eigene Unerkennbarkeit die unbegreifliche Natur (Gottes) charakterisiert."

der Anatomie, der Evolutionstheorie und der Anthropologie. Mithin scheint es so, dass es Einsichten gibt, die zeitlos sind und ‚scientific revolutions' überdauern, wie beispielsweise jene von Gregor festgestellte Selbsterkenntnis der Unerkennbarkeit des eigenen Selbst, die sein Zeitgenosse Aurelius Augustinus in die geradezu emblematische und seitdem unzählige Male wiederholte Formel gegossen hat: homo abyssus.[16]

Es bestehet also, wie Schaeffler zu Recht feststellt, ein hermeneutischer Wechselzusammenhang zwischen den alten und den neuen Weltverständnisweisen – nicht zwingend im explanatorischen, wohl aber im interpretatorischen Sinn: „Die Idee der ‚Welt' schreibt uns Heutigen die Aufgabe vor, einen solchen hermeneutischen Wechselzusammenhang aufzubauen. Der Satz ‚Semel verum semper verum' besagt nun: Auch frühere Weisen des Selbst- und Weltverständnisses, die den Blick früherer Generationen auf die Inhalte ihres Erkennens, Wollens und Handelns geleitet haben, bleiben für uns Heutige maßgeblich, weil sie in dem hermeneutischen Zusammenhang der ‚Welt', die wir aufbauen, nicht fehlen dürfen."[17]

Das, was wir Weltbild nennen, indem wir die Welt als einen Sinnzusammenhang begreifen, hat natürlich ein Widerlager in jener Wissenschaft, der wir nur deshalb eine Annäherung an das Beiwort ‚exakt' unterstellen dürfen, weil sie ständig auf der Suche nach einer Überprüfung ihrer Hypothesen aus ist – mit dem Ziel, bis dahin anerkannte Hypothesen zu widerlegen und so zu besseren Hypothesen zu finden, also, im Komparativ zu verstehen, ‚exakter' zu werden. Wo dieses Widerlager experimentell-empirischer Wissenschaft fehlt, sprechen wir von magischen Kulturen, die alle natürlichen Erscheinungen übernatürlich erklären zu können meinen. Das biblische Weltbild ist das genaue Gegenstück zu einem solchen magischen Weltbild: Es entthront beispielsweise die Gestirne als Gottheiten – so wurden sie von allen Nachbarn des Volkes Israel verehrt – und bestimmt sie stattdessen sehr nüchtern als ein bloßes Mittel der Zeitberechnung. Das Christentum hat sich dieses ‚nüchterne' Weltbild uneingeschränkt angeeignet: Es beansprucht nicht, natürliche Phänomene erklären zu können – beispielsweise als göttliches Strafgericht – , ja, das Christentum verzichtet sogar – hier noch weiter gehend

16 Aurelius Augustinus, *Über die Psalmen*, hg. v. Hans Urs von Balthasar, Leipzig 1936, 68 (13): *„Ein Abgrund ruft den andern an.* Wenn Tiefe Abgrund heißt, glauben wir dann, das Menschenherz sei kein Abgrund? Was nämlich ist tiefer als dieser Abgrund?" Hervorhebung im Original.

17 Richard Schaeffler, *Die Ewigkeit der Wahrheit und die Veränderlichkeit der Vernunft. Ein Beitrag zum Verständnis von Wahrheit und Geschichte*, in: *Unbedingte Wahrheit und endliche Vernunft. Möglichkeiten und Grenzen menschlicher Erkenntnis*, hg. v. Christoph Böhr, Wiesbaden 2017, 117–139, hier 133; vgl. in diesem Zusammenhang auch den Hinweis bei Kuhn, *Die Struktur wissenschaftlicher Revolutionen*, 218.

als das Judentum – auf alle möglichen Speise-, Ernährungs-, Heilungs- und Reinigungsvorschriften, die allesamt einzelwissenschaftlich zu erforschen sind, weil sie alle jenseits der Erklärungskraft des Glaubens liegen.[18]

Im Gegenzug bietet es ein interpretatorisches Paradigma für diejenigen Phänomene, die sich von ihrer Beschaffenheit her allesamt jeglichem zufriedenstellenden Ergebnis einzelwissenschaftlicher Erforschung entziehen. Erinnert sei an die oben wiedergegebene Deutung der Unbegreiflichkeit des menschlichen Geistes durch Gregor von Nyssa. Kein Neurobiologe wird uns dieses Geheimnis entschlüsseln können. Im Blick auf das interpretatorische Paradigma der Deutung jener Phänomene, die abseits aller szientifischen Explanatorik liegen, trifft demnach zu: ‚semel verum semper verum'. Deutungen, die ‚wahr' sind, behalten ihre fortdauernde Gültigkeit. Schaeffler hat in diesem Zusammenhang den Begriff der Denk-würdigkeit geprägt: Er bezeichnet eine Deutung, die zu denken immer sich als würdig erweist.

Im Rückgang auf die Bestimmung von Wahrheit – veritas dicit relationem, qua esse ordinatur ad intellectam[19] – bei Thomas von Aquin wird man folgern müssen: Wenn Vernunft eine Geschichte hat, dann auch die Relation, durch die das Seiende sich auf die Vernunft bezieht. Es gehört zur Sache selbst, dass sie in ihrer bleibenden Identität dem Menschen, dessen Intellekt sich in der Geschichte verändert, je auf verschiedene Weise denkwürdig wird und ihn auf je verschiedene Weise unter ihren Wahrheitsanspruch stellt. Dass wir zu verschiedenen Zeiten auf verschiedene Weise das gleiche Ereignis als denkwürdig erfahren, bedeutet mitnichten, einem Relativismus zu frönen. Im Gegenteil: Die über die Zeit sich zeigende Verschiedenheit von Sichtweisen auf ein und dasselbe Ereignis macht gerade in dieser Verschiedenheit deutlich, „dass das Ereignis auch unter veränderten historischen Bedingungen nicht aufhörte, seinen Anspruch auf Denkwürdigkeit und Wahrheit geltend zu machen, und dass die Weise, wie frühere Generationen auf diesen Anspruch geantwortet haben, auch für die späteren denkwürdig bleibt und für sie zum Anlass kritischer Selbstreflexion werden kann – nicht um früher gegebene Antworten unter historisch veränderten Bedingungen einfach zu wiederholen, sondern um neue Antworten auf den Anspruch der Sache in die Kontinuität einer Geschichte einzuordnen und darin die Identität der Sache im Wechsel der Aufgabe, die sie dem Erkennenden stellt, zu entdecken."[20]

18 Vgl. dazu neuerlich Brague, *Zum christlichen Menschenbild*, § 6.4.
19 Thomas von Aquin, *Summa theologiae*, I, 16, 1 u. 3.
20 Schaeffler, *Die Ewigkeit der Wahrheit und die Veränderlichkeit der Vernunft*, 127 f.

Man denke hier noch einmal an den oben erwähnten Begriff der Reminiszenz, wie Leclercq ihn eingeführt hat. Eine Erinnerung, die sich tief in ein – individuelles oder kollektives – Gedächtnis eingeprägt hat, erscheint, wann immer sie vergegenwärtigend neu aufgerufen wird, nie in ein und demselben Licht. Die gleiche Erinnerung – beispielsweise an den Tod eines geliebten Menschen – kann – je nach den Umständen, in denen sie uns gegenwärtig wird – Dankbarkeit oder Unruhe, Trauer über den Verlust oder Freude über seine Vollendung auslösen. Und doch ist es immer die gleiche Erinnerung an dasselbe Ereignis. Auf diese Weise wird durch die Reminiszenz[21] zu verschiedenen Zeiten und Orten eine Auslegungsgeschichte begründet: Die „Einheit der ‚Sache selbst' tritt [...] im Wechsel der Interpretationsaufgaben hervor, die die Sache immer neuen Generationen von Betrachtern stellt. Dann aber ist auch die ‚Wahrheit der Sache', die der ‚Wahrheit der historischen Aussage' entsprechen soll, nur durch den Hinblick auf die Geschichte der Auslegungen zu entdecken,"[22] zu denen ein Ereignis – und nachfolgend die Erinnerungen an dieses Ereignis – ganze Abfolgen von Generationen herausgefordert hat. Die Geschichte des Verstehens gehört unverzichtbar zu jedem Verstehen. Bernhard von Chartres hat um 1120 diese Einsicht in ein treffenden Bild gefasst: Wir alle sind Zwerge, die auf den Schultern von Riesen stehen. Zwar sehen wir weiter als unsere Vorläufer, die Riesen, auf deren Schultern wir stehen, aber nur dank ihrer, denn ohne sie sähen wir fast nichts.[23] „Das früher als wahr Erkannte verliert [...] niemals seine Maßgeblichkeit, auch wenn es unter veränderten Bedingungen nicht einfach wiederholt werden kann, sondern neu verstanden werden muss."[24]

Und mehr als das: Die Wahrheit der Dinge, wie sie allem Erkennen vorausliegt und sich uns nicht nur in der eigenen tätigen Vernunft, sondern eben auch in ihrer Auslegungsgeschichte – die, weil sie nie zu ihrem Ende findet, uns erahnen lässt, dass die ‚Wahrheit der Sache' immer größer ist als alles, was wir von ihr erfassen können, so dass ein dem Anspruch erschöpfender Erkenntnis genügender Zugriff

21 Weiterführende Gedanken dazu finden sich bei René Girard, dem großen Theoretiker der Mimesis, der aufgrund seiner wissenschaftlichen Forschungen im Alter zum Glauben seiner Kindheit zurückfand: *Innovation und Wiederholung*, in: Ders., *Die verkannte Stimme des Realen. Eine Theorie archaischer und modernen Mythen*, München u. Wien 2005, S. 202–222, hier 220: „Wirkliche Veränderung kann nur unter einer Bedingung Wurzeln fassen: Sie muß aus jenem Zusammenhang hervorgehen, den uns einzig die Tradition bietet. Nur von innen her läßt sich die Tradition erfolgreich herausfordern. Wirkliche Innovation setzt ein Mindestmaß an Respekt vor der Vergangenheit und eine Kenntnis ihrer Werke, das heißt Mimesis, notwendigerweise voraus." Mir scheint, dass die Geschichte der Mönchsorden dafür eindrucksvolle Belege liefert.

22 Schaeffler, *Die Ewigkeit der Wahrheit und die Veränderlichkeit der Vernunft*, 129 f.

23 Vgl. Robert K. Merton, *Auf den Schultern von Riesen. Ein Leitfaden durch das Labyrinth der Gelehrsamkeit*, 1965, Frankfurt am M. 1989, 49: „Wie einige andere unter meinen Zeitgenossen habe ich immer die These vertreten, daß man die Schriften klassischer Autoren aus jedem Wissensbereich von Zeit zu Zeit mit Gewinn wiederlesen kann und daß bei erneuter Lektüre jedesmal zusätzliche Gedanken und Hinweise neu in den Blick geraten. Was man in den Schriften der Vergangenheit finden kann, ist alles andere als ein für allemal festgelegt. Es verändert sich", und damit verändert es unseren eigenen Blick auf das Vergangene.

24 Schaeffler, *Die Ewigkeit der Wahrheit und die Veränderlichkeit der Vernunft*, 131.

auf eine Sache niemals möglich ist[25] – erschließt, kehrt sich das Moment der Unvergesslichkeit eines Gewesenen in ein Moment der Verheißung – der paulinischen ‚epéktasis' – von Künftigem: „Die Wahrheit jeder einzelnen Sache, also die Maßgeblichkeit, mit der sie unserem Anschauen und Denken gegenübertritt, schließt einerseits das Moment der Unvergesslichkeit ein: ‚semel verum semper verum'. Diese Wahrheit der Dinge, die aller Wahrheit des Erkennens und der Aussage vorausliegt, schließt andererseits auch ein Moment der Verheißung ein. Die Dinge und Menschen zeigen sich uns so, dass wir ihnen ansehen, dass wir im Lichte kommender Erfahrungen noch mehr und anderes an ihnen zu sehen bekommen werden – so wie wir den gesehenen Würfel ansehen, dass wir an ihm noch eine uns bisher verborgene Rückseite sehen werden, wenn wir um ihn herumgehen und ihn von einem anderen Standort aus betrachten."[26]

Damit vollzieht sich unser Verstehen in einer Art von Zirkelschluss: Wir müssen die Idee der ‚Welt' als eines geordneten Sinnzusammenhangs, wie sie sich am Ende unseres Bemühens um Verstehen ergibt, immer schon voraussetzen, weil wir ansonsten gar nicht wissen könnten, was es bedeutet, eine Sache zu verstehen. Darin liegt der Preis allen Sinnverstehens: Wir müssen schon zumindest in Umrissen wissen, was Verstehen heißt, bevor wir verstehen.

4. Das Ganze im Zusammenklang: die Sinnfrage

Das, was wir die ‚Welt' nennen, ist eine Idee, die es uns erlaubt, unser jeweiliges Erkennen in einen stimmigen Sinnzusammenhang einzuordnen. „Der Satz ‚Semel verum semper verum' besagt nun: Auch frühere Weisen des Selbst- und Weltverständnisses, die den Blick früherer Generationen auf die Inhalte ihres Erkennens, Wollens und Handelns geleitet haben, bleiben für uns Heutige maßgeblich, weil sie in dem hermeneutischen Zusammenhang der ‚Welt', die wir aufbauen, nicht fehlen dürfen."[27] Der Anspruch des Wirklichen – die Wahrheit der Dinge – teilt sich uns Heutigen anders mit als unseren Vorgängern. Aber es ist derselbe Anspruch, dieselbe Wahrheit, die unser Erkennen herausfordert.[28] Regeln und Begriffe des Verstandes unterliegen geschichtlichen Veränderungen, aber die Blickrichtung und ihr Ziel bleiben unverändert: die Blickrichtung auf die Wahrheit der Dinge. Unsere Urteile über diese Wahrheit ändern sich und weichen

---

25 Vgl. Richard Schaeffler, *Die Endlichkeit der Vernunft und ihr ‚Interesse': Zur Weiterentwicklung von Kants vier Leitfragen der Philosophie*, in: *Unbedingte Wahrheit und endliche Vernunft*, 139–181, hier bes. 149.

26 Richard Schaeffler, *Zum Ethos des Erkennens*, in: *Unbedingte Wahrheit und endliche Vernunft*, 181–204, hier 195.

27 Schaeffler, *Die Ewigkeit der Wahrheit und die Veränderlichkeit der Vernunft*, 133.

28 Vgl. Thomas von Aquin, *Summa theologiae*, I, 16, 6, resp.: „sicut ab una facie hominis resultant plures similitudines in speculo, sic ab una veritate divina resultant multae veritates."

voneinander ab, so dass auch unser Sinnverstehen im Durchgang der Geschichte Veränderungen unterworfen ist. Wie könnte es anders sein? Denn es gilt ja, was oben schon angedeutet wurde: „Die Wahrheit der Dinge ist ihr ‚je größerer Anspruch' – jedesmal größer als die Weise, wie wir ihn im Anschauen, Denken und Wollen zu erfassen versuchen." Diese Erfahrung macht jeder Mensch – man denke beispielsweise daran, wie Texte, die man in- und auswendig zu kennen glaubt, plötzlich und unversehens dem eigenen verstehenden Erfassen ganz neue Seiten eröffnen und in einem anderen Licht erscheinen. Oder wie Menschen, die man bestens zu kennen glaubt, auf einmal – im Guten wie im Schlechten – Verhaltensweisen an den Tag legen, die wir ihnen zuvor niemals zugetraut hätten. Oder, noch grundstürzender: dass ich selbst ohne meine bewusste willentliche Einstimmung und ohne lange Überlegung eine Tat vollbringe, die mich nach ihrem Vollbringen selbst in höchstes Erstaunen versetzt, bestätigt – manchmal mich selbst bestürzend, manchmal mich erhebend – : homo abyssus. Und solche Erfahrungen, die man mit Fug und Recht als alltäglich bezeichnen kann, haben tiefgreifende Folgen: Als der je größere Anspruch der Dinge wird deren Wahrheit „so vernommen, dass er die Umgestaltung" unserer „Denk- und Anschauungsformen als notwendig erweist."[29]

Der Wechsel der Formen unserer Einsichten in die Wahrheit der Dinge fügt sich zur Einheit einer Geschichte – der Geschichte unseres Lebens, unserer Gemeinschaft, eines Ordens, einer Kultur, einer Nation – und nicht zuletzt zur Auslegungsgeschichte eines Textes. Vielfältige Einsichtnahmen in die Wahrheit sind keine unverbunden nebeneinander oder gar gegeneinander stehende Behauptungen, sondern sie sind unmittelbare Folge der unausschöpflichen Fülle von Wahrheit, die sich in diesen unterschiedlichen Sichtweisen auf verschiedene Weisen zeigt.[30] Die Veränderlichkeit der Vernunft ist, wie Schaeffler schreibt, „insofern ein Funktion der Wahrheit, die ‚bleibt', wenn die Weisen, wie wir sie erfassen, einander ablösen."[31] Zusammengefasst gesagt: ‚Semel verum semper verum'.

Die Wahrheit ist symphonisch. Symphonie heißt: Zusammenklang, erläutert von Balthasar diese Feststellung, mit der er sein Buch überschrieben hat, und fährt fort: „Symphonie heißt keineswegs süßliche, spannungslose Harmonie. Große Musik ist stets dramatisch, immerfort Ballung und höhere Auflösung von Spannungen.

29 Schaeffler, *Die Ewigkeit der Wahrheit und die Veränderlichkeit der Vernunft*, 135. Vgl. *Röm* 12,2: „wandelt und erneuert euer Denken, damit ihr prüfen und erkennen könnt". Die kulturelle Revolution, die durch das Christentum ausgelöst wurde, hat das Alte nicht außer Kraft gesetzt, aber in einem gänzlich neuen Licht erscheinen lassen.

30 Darin zeigt sich ja gerade die Kunst der Interpretation, dass sie die unterschiedlichen Gesichtspunkte in der Deutung eines Textes zu einer Auslegungsgeschichte vereinigt, die als solche einen Text in der Vielzahl der Facetten seiner Bedeutung aufschließt.

31 Schaeffler, *Die Ewigkeit der Wahrheit und die Veränderlichkeit der Vernunft*, 136.

Dissonanz ist aber nicht Kakophonie."[32] Der Titel dieser symphonischen Dramatik der Wahrheit nun lautet: ,semel verum semper verum'. Das ,semper verum' baut sich symphonisch auf in der unendlichen Fülle der Einsichten des ,semel verum'.

Dissonanzen bleiben nicht aus, wenn Pluralismus Grundform und Denkungsart einer ihrer eigenen Schwäche bewussten Vernunft ist. „Es hat nie *eine* Philosophie gegeben," schreibt Balthasar, „es gibt nur eine philosophierende Menschheit, die das Rätsel des Seins von Welt und Leben und Mensch und Geschichte und Tod unaufhörlich und dialogisch umkreist."[33] Man wird, wenn man das liest, unwillkürlich an Kants Bestimmung des logischen und moralischen Pluralismus erinnert – eines Pluralismus, der die Anforderung, die aus Gründen des Selbstschutzes der Vernunft an jedes Denken und Urteilen gestellt ist, erfüllt, nämlich: „An der Stelle jedes andern denken"[34], um durch die auf solche Weise um das Urteil der anderen ,erweiterte' Denkungsart jene Blindheit zu überwinden, die entsteht, wenn man sich im Denken wie ein einäugiger Zyklop allein von dem leiten lässt, was nur das eigene Auge sieht – anders ausgedrückt und mit von Balthasar gesprochen: um auf diese Weise jedwedem „totalitären Anspruch auf Daseinserhellung" zu entgehen.[35]

Diese Denkungsart, immer auch an der Stelle jedes anderen zu denken, ist eine naheliegende Antwort auf jene Selbsterkenntnis, die Augustinus in die beiden einprägsamen Worte gefasst hat: homo abyssus. Dieser Abgrund ist ein unauslotbares Geheimnis. Jede Vermessung des Abgrundes – wie übrigens auch jeder Blick aus diesem Abgrund heraus auf die Welt – , sie mögen noch so gewissenhaft erfolgt sein, gewähren bestenfalls einen – und eben nur einen – Blick auf eine Sache, die ihrerseits jedoch einer Unzahl von Blicken zugänglich ist, von denen jeder einzelne nur ein winziger Ausschnitt der Erkenntnis ein und derselben Sache ist[36] – und am Ende hinter dem Ziel, das Ganze erfassen zu wollen, immer zurückbleibt.[37] Diese uneinholbare Differenz verursacht ein Leiden am Denken – ein Leiden, für das es in der Zeitlichkeit keine Heilung gibt. Und was schon im Blick auf die Endlichkeit des Menschen gilt, das gilt umso mehr im Blick auf die Unendlichkeit Gottes: „Wie immer – in unerschöpflicher Pluralität – menschliche Religionen und christliche Theologien ihre Gottesbilder umreißen mögen, keines von

32 Hans Urs von Balthasar, *Die Wahrheit ist symphonisch. Aspekte des christlichen Pluralismus*, Einsiedeln 1972, 13.
33 Ebd., 43. Hervorhebung im Original.
34 Immanuel Kant, *Kritik der Urteilskraft*, 1790, § 40, B 158.
35 von Balthasar, *Die Wahrheit ist symphonisch*, 49.
36 Im Blick auf „die Wahrheit, die Christus ist", vgl. ebd., 30.
37 Thomas von Aquin, *Summa contra gentiles*, I, 4, spricht in diesem Sinne von der ,doppelten Wahrheit': „una ad quam rationis inquisitio pertingere potest, altera quae omne ingenium humanae rationis excedit". Aus eben diesem Grund sind die Liebe zur Wissenschaft und das Verlangen nach dem Ganzen zwei Seiten ein und derselben Münze.

ihnen darf auf echte Approximation des Mysteriums Anspruch erheben, wenn es sich nicht unter das Wort Augustins stellt, das für Zeit und Ewigkeit Geltung hat: Si comprehendis non est Deus, – meinst du's erfaßt zu haben, so ist es nicht Gott."[38]

Was für Gott gilt, das gilt für die Wahrheit schlechthin – übrigens uneingeschränkt auch dann, wenn man beide Begriffe nicht synonym zu gebrauchen bereit ist. Denn unser Denken – wie unser Tun – münden am Ende in ein Leiden an der Vernunft angesichts ihrer Grenzen und des in ihrer Schwäche wurzelnden Versagens, das uns als eine doppelte Differenz bewusst wird: der ontologischen Differenz, die sich uns leidvoll im Denken erschließt, weil unsere Endlichkeit am Denken des Unendlichen zerschellt, und der praxeologischen Differenz, die wir leidvoll in unserem Handeln erfahren, weil wir so oft hinter dem zurückbleiben und nicht erreichen, was doch eigentlich unsere Absicht war – übrigens auch im eigenen Selbstverhältnis.[39] Das Bewusstsein seines Ungenügens begleitet den Menschen zeit seines Lebens auf Schritt und Tritt. Denken – und, so wird man ergänzen dürfen – Handeln des Menschen vollziehen sich im Modus des Leidens,[40] wie Helmut Holzhey zutreffend und klarsichtig schreibt. Dessen aporetische Struktur ist nicht zu leugnen; es fordert die Bereitschaft, sie auszuhalten, ja anzunehmen, ohne der metaphysischen Tristesse, der schieren Verzweiflung angesichts der Endlichkeit und Gebrochenheit des menschlichen Lebens, zu verfallen.

Wenn menschliche Vernunft an ihre Grenze stößt, jenseits derer sie nur ein für sie undurchdringliches Geheimnis ahnt, und sich angesichts dieser Aporie nicht zu Lähmung, Hoffnungslosigkeit und Verzweiflung verführen lassen will,[41] dann bleibt ihr nur, sich auszustrecken nach dem Künftigen – in der Hoffnung auf die Erfüllung einer Verheißung[42] – und die Weltzeit als Anbruch der Endzeit zu

---

38 von Balthasar, *Die Wahrheit ist symphonisch*, 115.

39 Vgl. *Röm* 7,19: „Denn ich tue nicht das Gute, das ich will, sondern das Böse, das ich nicht will."

40 Vgl. Helmut Holzhey, *Metaphysik: Denken im Modus des Leidens*, in: Christoph Böhr (Hg.), *Metaphysik. Von einem unabweislichen Bedürfnis der menschlichen Vernunft. Rémi Brague zu Ehren*, Wiesbaden 2020, 127–141, hier 131: „Hiob ist für Kant Zeuge" einer „ ‚authentischen' Rechtfertigung Gottes angesichts unverschuldeten Leidens [...] Welche Einsicht erfährt Hiob durch das fast unerträgliche Leiden? Nur die, dass Gottes Wille und Wirken unerforschlich sind. Er überlässt damit das Verständnis göttlichen Wirkens allein Gott selbst – und bewahrt sich so seine Frömmigkeit. Er versteht Gott nicht, seine Vernunft ist bei der Suche nach Gründen für sein Leiden überfordert". Hiobs Frömmigkeit, von der Holzhey hier spricht, deckt sich in vielerlei Hinsicht mit der römischen ‚pietas', die auch bei Vergil, der Aeneas ‚pius' nennt, eine herausragende Rolle spielt.

41 Nur am Rande kann hier erwähnt werde, dass Evagrios Pontikos – und viele ihm folgend – den Spannungsverlust der Seelenkräfte, wie er der Resignation vorausgeht, nämlich die Akedia, als die Mittagskrankheit der Mönche beschreibt; vgl. dazu Gabriel Bunge, *Akedia. Die geistliche Lehre des Evagrios Pontikos vom Überdruß*, Köln 1983. Der monastischen Hermeneutik war von Anbeginn an die Möglichkeit eines Fallens in die Sinnleere – als Verlust allen Sinnverstehens – bekannt und geläufig. Sobald der performative Charakter der Hermeneutik – als Lebensvollzug eines Sinnverstehens – verloren geht, fällt ein Mensch in die Akedia – allgegenwärtiger Überdruss, ständiger Selbstekel, ausweglose Hoffnungslosigkeit, lähmende Schwermut, tiefe Verzweiflung und schließlich Lebensmüdigkeit sind die unmittelbare Folge, alles Bemühen um ein Sinnverstehen erstirbt.

42 Vgl. *1 Kor* 13, 12: „Jetzt schauen wir in einen Spiegel und sehen nur rätselhafte Umrisse, dann aber schauen wir von Angesicht zu Angesicht. Jetzt erkenne ich unvollkommen, dann aber werde ich durch und durch erkennen".

begreifen. Das ist alles andere als einfach – oder gar selbstverständlich, weshalb Hoffnung als eine durch und durch göttliche Tugend verstanden werden muss: als ungeschuldetes Geschenk, nicht als Ergebnis eigener Anstrengung.[43]

5. Liebe zur Wissenschaft und Verlangen nach Gott[44]

So, wie sich – für den Christen – Gott der schlechthinnigen, abschließenden Erkenntnis entzieht, so verhält es sich – nicht nur für den Christen – mit der Wahrheit. Deshalb ist die Redewendung ‚semper verum' das Attribut eines einmal als wahr erkannten Gegenstandes, aber nicht Substantiv im Sinne eines besitzergreifendes Erfassens der Wahrheit in ihrer Gänze. Und aus eben diesem Grund ist für den Christen das ‚Verlangen' nach Gott zugleich Liebe zur Wissenschaft: eine Koinzidenz, die in der monastischen Kultur siebenmal täglich in dreistündigem Abstand ihre liturgische Gestalt im Stundengebet findet. Die Liturgia Horarum ist immer dreierlei: Reminiszenz, Repräsentation – und Extension hin zum Künftigen, zur Vollendung. Nichts anderes ist Philosophie: Sie „kann, in ihrer Radikalität ... wirklich nur Philo-Sophie sein: ein sehnsüchtiges Hinlieben zur Weisheit. Weder die banausische Resignation noch das titanische Ergreifen und Sich-Anmaßen der absoluten Weisheit ist Philosophie. Mit jeder Form wirklicher Philosophie, die in der Differenz zwischen dem Weltgrund und der Existenz fragt, kann Offenbarung sich verständigen [...] Die Verständigung aber wird damit beginnen, daß die Frageform der Philosophie in und hinter den die Frage verdeckenden Antworten hervorgeholt wird."[45]

Nichts anderes vollzieht der Mönch im ständigen Wiederkäuen – Ruminatio – der Psalmen, die mehr als jeder andere Text die Fragen und die Fraglichkeit des Menschen wortgewaltig zum Ausdruck bringen: seine Klage, seine Zweifel, sein die Sinnfrage aufbrechendes Leiden, sein Staunen, seinen Lobpreis, seine Hoffnung, seine Ungewissheit: alles zusammengefasst in der einen und einzigen Frage: Gott, wo bist du?[46] In der ständigen Wiederholung der Psalmen werden diese Fragen hinter den vielen – sie mehr verdeckenden als aufschließenden – Antworten neu sichtbar gemacht. Seit Jahrtausenden werden sie gesprochen, gesungen, gebetet, bis heute – eine Ruminatio ohnegleichen, die wohl keinem

43 Vgl. dazu unten Anm. 57.

44 So der Titel des schon erwähnten Buches von Leclercq: *L'amour des lettres et le désir de Dieu.*

45 von Balthasar, *Die Wahrheit ist symphonisch*, 45.

46 In ihrer Nachdichtung der Psalmen, die sie ‚Gebete nach Auschwitz' nennt, hat Irmgard Powierski, *Wider das Vergessen. 7 x 7 Psalmen zwischen des Stelen*, das sehr eindrücklich nachempfunden, beispielsweise in ihrem 21. Psalm *Im Leid pocht mein Sehnen*, S. 37: „so weiß ich doch: Gott, du bist dabei. / Ich spüre dein Kommen in alle Nacht. / Und wenn du gehst, dann bleibt zurück: / das Wissen um dein Wiederkommen." Es geht um Erinnerung, Vergegenwärtigung und Verheißung: ‚semel verum semper verum'.

anderen Text jemals in diesem Umfang zuteil wurde. Diese Ruminatio aber ist immer mehr als nur Memoria, eine Erinnerung durch Wiederholung: Sie ist zugleich immer auch Repräsentation – Vergegenwärtigung – der Heilsgeschichte und Extension – Ausstrecken – hin zur Parusie, in den Worten des 1215 verstorbenen Sicardus von Cremona gesprochen: hin zu jenem letzten Completorium, „illud tempus magnae solemnitatis, in quo venient electi percipere regnum, et consummabitur gaudium sanctorum, cessabit lucta et pax succedit aeterna".[47] Das Stundengebet ist eine Abbreviatur – Zusammenfassung – der Weltzeit: als „Zeiten-Mikrokosmos vergegenwärtigt der durch den Rhythmus des Stundengebets in seinem Gang geformte Tag den Zeiten-Makrokosmos",[48] es ist jedoch immer auch und in gleicher Weise eine Präokkupation – Vorwegnahme – der Vollendung in der Endzeit. Die Liturgia Horarum als Mitte der monastischen Hermeneutik verbindet diese drei Dimensionen des Verständnisses von Wahrheit: als dem, was war, mit dem, was ist, und dem, was sein wird: ‚semel verum semper verum'.

Vor diesem Hintergrund ist abschließend zu sagen: die Hermeneutik des Satzes ‚semel verum semper verum' ist sowohl eine praktische, als Lebensform, als auch ebenso sehr eine theoretische, als Erkenntnislehre, als Wissenschaft – und als Philosophie: als Liebe zur Weisheit. Das Fundament dieser Hermeneutik ist die Konvertibilität von Wissenschaft, Weisheit und Gottverlangen. Es ist dies der Kern – so lautet meine These – jener monastischen Hermeneutik, die uns verstehen hilft, was es mit der Bedeutung eines zunächst schwer verständlichen, möglicherweise gar auf den ersten Blick anstößigen Satzes auf sich hat.

Das an dieser Stelle verhandelte Problem gipfelt, wie schon der Ausdruck ‚semel semper' leicht erkennen lässt, in der Frage nach der Zeitlichkeit von Wahrheit – anders ausgedrückt und wie anfangs angedeutet, in der Frage, ob Wahrheit nicht in jeder Hinsicht der Zeitlichkeit unterworfen ist, so dass sie nur als die von Mal zu Mal gewandelte Erkenntnis einer jeweiligen Wahrheit in jeweiliger Zeit verstanden werden kann.

Das Problem gehört zu den ‚großen' Fragestellungen des 20. Jahrhunderts – und ist bis heute unerledigt geblieben. Es war für einen Philosophen wie Schaeffler die ihm von seinem Lehrer Gerhard Krüger vermittelte Schlüsselfrage im Ausgang

---

47 Sicardus von Cremona, *Mitrale, sive de officiis ecclesiasticis summa*, IV, 9, in: *PL* 213, Sp. 185–186; der Text ist auf 1160/1164 zu datieren.

48 Vgl. näherhin Friedrich Ohly, *Die Kathedrale als Zeitenraum. Zum Dom von Siena*, 1972, in: *Schriften zur mittelalterlichen Bedeutungsforschung*, Darmstadt 1977, 171–274, hier bes. Kap. III: *Der Zeitenraum und das liturgische Zeitengedächtnis*, 254–267, mit zahlreichen weiterführenden Hinweisen; Zitat 255.

seines eigenen Denkens,[49] und nicht minder war es die Schlüsselfrage, die Joseph Ratzinger in seinem gesamten wissenschaftlichen Werk bewegte. Auf diese Schlüsselfrage kommt – im Anschluss an den großen Theologen und Papst – der 68. Abt des Zisterzienserstiftes Heiligenkreuz und Abtpräses der Österreichischen Zisterzienserkongregation, Maximilian Heim, an Schluss seiner umfangreichen und inzwischen maßgeblich gewordenen Arbeit über die *Joseph Ratzinger – Kirchliche Existenz und existentielle Theologie* ausdrücklich zu sprechen.[50] Er verweist darauf, dass Gottes Wort in die Geschichte hineingesprochen wurde, so dass sie das Ewige im Zeitlichen sichtbar werden lässt.[51] Das Ewige kann sich dem Menschen nur in der Gestalt des Zeitlichen zeigen. Die Mitteilbarkeit des Überzeitlichen ist gebunden daran, dass es Eingang findet in das Zeitliche. Ohne ‚Inkarnation' ist eine solche, dem Menschen zugängliche Mitteilbarkeit nicht möglich. Wenn der Mensch auf das Ewige schaut, dann ist dieser Blick immer geprägt durch die Zeitlichkeit, in der dieser Blick statthat. Eben diese Transparenz des Zeitlichen hin zum Ewigen, wie sie der doppelten – ganz menschlichen und zugleich ganz göttlichen – Natur Jesu Christi entspricht, vollzieht sich in der Liturgie,[52] die – einem Wort Ratzingers folgend: als „Kult des offenen Himmels"[53] – ein Ausstrecken in der Geschichte, inmitten der gefallenen Schöpfung, hin auf das überzeitlich Künftige, die neue Schöpfung, ist: ‚epéktasis'. Vorweggenommen wird diese Hoffnung in der ‚participatio actuosa': einer Teilhabe an der Ewigkeit in der Zeitlichkeit. In dieser Teilhabe an der in die Zeit einfallenden und einwirkenden Ewigkeit, in der die Wahrheit agiert und der Mensch diese Wahrheit rezipiert, berühren sich Erde und Himmel an ihrer Grenze. Damit wird die Participatio zur Anticipatio: der Vorwegnahme einer künftigen neuen Schöpfung.[54] In der katholischen Liturgie der Eucharistie ereignet sich diese Antizipation als Repräsentation im Präsentischen: Die irdischen Gaben von Brot und Wein „werden um-substanziiert, sozusagen aus ihrer kreatürlichen Verankerung herausgerissen, im tiefsten Grund ihres Seins umfasst und umgewandelt in Leib und Blut des Herrn."[55]

49 Richard Schaeffler, *Vorwort des Herausgebers*, in: Gerhard Krüger, *Religiöse und profane Welterfahrung*, Frankfurt am M. 1973, 7–19, hier 11, spricht von der Erfahrung einer totalen ‚Geschichtlichkeit' als der „Diagnose unseres Zeitalters", die, ebd., 13, den Abschied von der üblichen Ansicht verlangt, die Welt habe eine eindeutige Beschaffenheit, weil – so die These – alle Erfahrung von der Welt ausnahmslos einer historischen Kontingenz unterworfen ist.

50 Maximilian Heinrich Heim, *Joseph Ratzinger – Kirchliche Existenz und existentielle Theologie. Ekklesiologische Grundlinien unter dem Anspruch von ‚LUMEN GENTIUM'*, Frankfurt am M. ²2005, 467–479.

51 Vgl. Joseph Ratzinger, *Theologische Prinzipienlehre. Bausteine zur Fundamentaltheologie*, München 1982, 160: „Heil kommt durch die Geschichte … Geschichte ist deswegen bergend, deswegen der Existenz die wahre Essenz gewährend (und nicht deren Entfremdung), weil … gerade im Empfangen des Geschichtlichen das Übergeschichtliche, Ewige gegenwärtig wird."

52 Heim, *Joseph Ratzinger – Kirchliche Existenz und existentielle Theologie*, 475, unter Verweis auf Joseph Ratzinger, *Die sakramentale Begründung christlicher Existenz*, Freising ²1967, 16.

53 Joseph Ratzinger, *Der Geist der Liturgie. Eine Einführung*, Freiburg im Br. 2000, 42.

54 Vgl. Heim, *Joseph Ratzinger – Kirchliche Existenz und existentielle Theologie*, 479.

55 Ratzinger, *Der Geist der Liturgie*, 147.

Wer meint, so zu sprechen sei vermessen oder gar abwegig, weil ein solches Denken und Sprechen auf ein Mysterium zielt, folglich rational durch die eigene Vernunft nicht zu erfassen sei, der sei daran erinnert, dass wir uns im Alltag durch die Feststellung eines Geheimnisses an anderer Stelle keinesfalls davon abhalten lassen, vernunftgeleitet über Geheimnisse nachzudenken und zu sprechen: erinnert sei nur an die hier schon mehrfach wiederholte Feststellung: homo abyssus. Über das Geheimnis des Menschen mittels der Vernunft nachzudenken und zu sprechen, ist jedoch weder vermessen noch abwegig – im Gegenteil: Im ‚Erkenne dich selbst' des Delphischen Orakels findet sich der Ausgang der gesamten abendländischen Philosophie. Ob man am Ende den Satz ‚semel verum semper verum' in seinem tieferen Inhalt erfassen kann, ohne ein Geheimnis zu berühren, nämlich jenen Aspekt der Wahrheit, der „omne ingenium humanae rationis excedit"[56] – das kann man mit gutem Grund bezweifeln, soll und muss aber an dieser Stelle dahingestellt bleiben.

Es waren jedenfalls nicht die schlechtesten Zeiten der Philosophie, als diese darum wusste, dass menschliches Denken oft – und nicht selten schneller als erwartet – an unauslotbare Geheimnisse rührt. Und auch in diesem Sinne darf man Leclercq verstehen: Die Liebe zur Wissenschaft – mithin Vernunft in ihrem tätigen Selbstvollzug – führt in Erkenntnis ihrer vom Menschen leidvoll erfahrenen eigenen Schwäche und Zerbrechlichkeit tatsächlich – vermutlich auch ausnahmslos immer – hin zu einem Verlangen nach Gott. Diesem Verlangen kann man widerstehen, dafür gibt es in der Philosophie unzählige, manchmal sogar eindrucksvolle Beispiele. Aber nicht minder viele und nicht weniger eindrucksvolle Beispiele gibt es dafür, dass am Ende eines Denkweges die menschliche Vernunft, wenn sie an ihre Grenze kommt, im Blick auf die ihr eigene Schwäche[57] jene Achtsamkeit weckt, derer es bedarf, damit die leise Stimme Gottes, die allein den Absturz in die ansonsten unausweichliche Verzweiflung abwenden kann, für den Menschen vernehmbar wird.

Im Blick auf das bisher Gesagte und unter Einschluss besonders des letzten Gedankens soll abschließend und zusammenfassend festgehalten werden: Die monastische Hermeneutik in ihrem ungebrochen fortwirkenden Gehalt ist der

56 Thomas von Aquin, *Summa contra gentiles*, I, 4.

57 Zu diesem ‚Leiden an der Vernunft' vgl. Holzhey, *Metaphysik: Denken im Modus des Leidens*, 139: „Das Leiden der eo ipso dem höchsten beziehungsweise notwendigen Wesen nachdenkenden Vernunft bleibt unumgänglich. Aber in diesem Leiden wird eine Stimme, die leise Stimme eines ‚schwachen Gottes' hörbar." Vgl. zum Problem – im Rückgriff auf die Lösung dieser Frage durch Kant – auch Rudolf Langthaler, *Von der kantischen ‚Kritik' zur ‚eigentlichen Metaphysik' – und noch darüber hinaus*, in Böhr (Hg.), *Metaphysik*, 15–37, hier 26 Anm. 48: „Dem den ‚Vernunftglauben' negierenden ‚Vernunftunglauben' korrespondiert – so Kant in der Einleitung zur Preisschrift nach Maßgabe der dritten Handschrift, A 188 – eine „Verzweiflung" – desperatio – „der Vernunft an sich selbst" als ein „dogmatischer Skeptizismus", dem eine an der ‚Selbsterhaltung der Vernunft' orientierte Hoffnung – spes – gegenübersteht, und weist so jenen ‚Vernunftglauben' als einen ‚Hoffnungsglauben' aus: Thema der ‚praktischen Metaphysik'."

gelungene, folgerichtig und schlüssig zu Ende gedachte Versuch, in Denken und Leben verstehen zu lernen, was ‚Verstehen' bedeutet: im Wissen darum, dass menschliche Vernunft – nicht anders als unsere leiblichen Kräfte – zuletzt immer an eine unüberwindbare Grenze stoßen, die wir zu unserem Leidwesen nie werden überschreiten können. Diese schmerzliche Erfahrung muss den Menschen aber keinesfalls in die Verzweiflung stürzen. Auch sind wir hinsichtlich der Frage, wie wir im Leben mit dieser Tatsache umgehen können, nicht in einem Schwebezustand der Unentscheidbarkeit gefangen. Vielmehr kann die Grenzerfahrung der Vernunft gerade dazu ermutigen, uns auszustrecken nach dem, was jenseits der Grenze allen menschlichen Verstehens liegt – mithin und in anderen Worten gesagt: bewegt durch die Liebe zur Wissenschaft dem Verlangen nach Gott stattzugeben.

Pater Johannes Paul Chavanne

„In via vitae non progredi regredi est."

Überlegungen zu Geschichte, Gegenwart und Theologie von Prozessionen in monastischen Gemeinschaften

1. Prozessionen im liturgischen Leben der Kirche

Prozessionen sind kein christliches Proprium. Bereits in der Antike sind gemeinschaftliche Bewegungen im griechischen Theater, in mythologischen Religionen, beim Begräbnis oder dem feierlichen Einzug eines siegreichen Triumphators belegt.[1] Prozessionen als „rituelle, geordnete und zielgerichtete Bewegung einer Gruppe von Gläubigen"[2] lassen sich in so gut wie allen Religionen bis heute nachweisen. Auch über den religiösen Vollzug hinaus sind sie in Form von Märschen, Militärparaden, Demonstrationen und Festzügen weit verbreitete kulturelle Ausdrucksform.

Prozessionen sind auf ein bestimmtes Ziel hin gerichtete, geordnet-feierliche, gemeinschaftliche Bewegungen, die bewusst den öffentlichen Raum suchen. Es geht dabei um das Gesehen-Werden, um damit auf etwas aufmerksam zu machen.[3]

Das aufrechte Gehen ist die menschliche Elementarform der Bewegung. Sie betrifft den ganzen Körper. Das aufrechte Schreiten ist Ausdruck menschlicher Würde.[4] Gehen ist Bewegung vom Hier nach vorne, fortwährendes Fallenlassen und Festhalten und hat überdies auch hohen gesundheitlichen Wert: „Gehen ist die beste Medizin." Wandern führt aus dem Vertrauten hinaus ins Weite und erweitert beständig den Horizont. Gehen ist zielorientiert, löst Aggressionen und baut Spannungen im Menschen ab.[5] Beim gemeinsamen Gehen kommt noch das soziale Erleben dazu. Bewusstes „Dahinschreiten vor Gott"[6] kann als „leibhaftiges Gebet" verstanden werden.[7]

---

1 Vgl. Sabine Felbecker, *Die Prozession. Historische und systematische Untersuchungen zu einer liturgischen Ausdruckshandlung* (Münsteraner Theologische Abhandlungen 39) Altenberge 1995, 35–150.

2 Anton Quack, *Art. Prozession. I. Religionsgeschichtlich*, in: LThK 8 (2006) 674–675, hier: 674.

3 Vgl. Felbecker, *Prozession*, 34.

4 Vgl. Ronald Sequeira, *Gottesdienst als menschliche Ausdruckshandlung*, in: Hans Bernhard Meyer u.a. (Hg.), *Gestalt des Gottesdienstes. Sprachliche und nichtsprachliche Ausdrucksformen* (Gottesdienst der Kirche 3) Regensburg 1987, 7–39, hier: 31–32.

5 Vgl. Eine „kleine Phänomenologie des Gehens", in: Gisbert Greshake, *Gehen. Wege, Umwege, Kreuzwege*, Ostfildern 2018, 11–25.

6 Romano Guardini, *Von heiligen Zeichen*, Kevelaer 2008, 26.

7 Ebd., 27.

Im liturgischen Leben der Kirche begegnen uns zahlreiche Prozessionen. So ist im Rituale der Taufe eine Prozession vom Eingang der Kirche zum Ort des Wortgottesdienstes, eine „Prozession zum Taufort“ und nach den ausdeutenden Riten eine „Prozession zum Altarraum“ vorgesehen.[8] Die Qualifizierung als „Prozession“ macht deutlich, dass es sich hierbei nicht nur um die praktische Zurücklegung eines Weges von A nach B handelt, sondern um echten liturgischen Ausdruck.

In der Eucharistiefeier ist vor allem an die Einzugsprozession, die Evangeliumsprozession und die Gabenprozession zu denken. Weitere prozessuale Elemente sind im Rahmen des Taufgedächtnisses, beim Kommuniongang und auch beim Auszug sichtbar.

Schließlich gibt es noch eine Reihe von Prozessionen im Laufe des Kirchenjahres. Die ältesten sind die Palmprozessionen, von der bereits die Pilgerin Egeria aus dem Jerusalem des 4. Jahrhundert ausführlich zu berichten weiß, und die Lichterprozession zum Fest ‚Darstellung des Herrn'. Später kamen die Bittprozessionen, die Fronleichnamsprozessionen, die Kreuzwege und viele andere dazu.

Theologisch lassen sich Prozessionen einerseits als „Ausdruck der Glaubensidentität des Einzelnen“[9] deuten. Jeder Christ ist auf dem Weg in der Nachfolge Christi. Jesus ist dabei selbst der Weg (vgl. Joh 14,6) und das Ziel.

Des Weiteren können Prozessionen auch ekklesiologisch als Bild für die Kirche als pilgerndes Gottesvolk auf dem Weg hin zur eschatologischen Fülle verstanden werden. Die Ekklesiologie des Zweiten Vatikanischen Konzils bietet hierfür Anhaltspunkte. Demnach schreitet die Kirche „zwischen den Verfolgungen der Welt und den Tröstungen Gottes auf ihrem Pilgerweg dahin und verkündet das Kreuz und den Tod des Herrn, bis er wiederkommt“ (LG 8). Und ähnlich wie das Volk Israel auf der Wüstenwanderung, so ist die Kirche „auf der Suche nach der kommenden und bleibenden Stadt“ (LG 9).

Schließlich eröffnet sich vom Pascha-Motiv noch eine weitere Deutungsmöglichkeit. Prozessionen lassen sich vom Paschamysterium Christi her als erfahrene „Verdichtung christlicher Existenz“ erleben. Nachfolge ist ein Weg. Die Gemeinschaft der Kirche folgt ihrem Herrn, um mit ihm „den Weg vom Tod zum Leben“ zu gehen.[10]

---

8 Vgl. *Die Feier der Kindertaufe. In den Bistümern des deutschen Sprachgebietes. Auf Grundlage der Editio typica altera* 1973, Freiburg u.a. 2007; vgl. Klaus-Bernd Müller, Bewegungselemente in der Feier der Taufe, in: Wolfgang Meurer (Hg.), *Volk Gottes auf dem Weg. Bewegungselemente im Gottesdienst*, Mainz 1989, 143–150.

9 Felbecker, Prozession, 505.

10 Jürgen Bärsch, *Prozession – Ausdruck bewegter Liturgie. Liturgietheologische und -pastorale Überlegungen zu einem integralen Bestandteil christlichen Gottesdienstes*, in: George Augustin u.a., *Priester und Liturgie* (FS Probst) Paderborn 2005, 277–296, hier: 278.

2. Zur Geschichte von Prozessionen im Zisterzienserorden

Die Zisterzienser waren eine Reformbewegung, die ab dem 11. Jahrhundert aus der benediktinischen Tradition hervorging. Die Reformen der neuen zisterziensischen Gruppe betraf die gesamte Lebensweise monastischer Gemeinschaften. Die Erneuerungen der Zisterzienser galten daher wesentlich auch der Liturgie. Die Prinzipien der Regeltreue, der Authentizität, der Einfachheit und der Einheit waren dabei maßgeblich.[11] Den entschiedenen Reformidealen fielen nicht nur Sequenzen und Tropen sondern auch die damals sehr beliebten Prozessionen weitgehend zum Opfer,[12] was dem entstehenden Zisterzienserorden durchaus harsche Kritik unter anderem von Seiten Abaelards einbrachte.[13] Die ersten Zisterzienser waren also prozessionskritisch. Zu armen Mönchen, die Einsamkeit und Einfachheit anstrebten, schienen feierliche und prunkvolle Prozessionen nicht zu passen.

Doch ließ sich diese strenge Gesinnung nicht lange halten. Am Palmsonntag, zum Fest „Mariä Reinigung“ (heute: Darstellung des Herrn) sowie zu Christi Himmelfahrt und Mariä Himmelfahrt waren Prozessionen in den frühen Zisterzienserklöstern üblich. Jedoch scheinen diese vier Prozessionen bis in die Mitte des 15. Jahrhunderts die einzigen gewesen zu sein, die regelmäßig in Zisterzienserklöstern stattfanden. Später kamen Prozessionen an Weihnachten, Ostern und Pfingsten sowie an einzelnen Marienfesten hinzu.[14] Noch später entwickelten sich auch Prozessionen an Gedenktagen einiger Ordensheiliger. Prozessionen wurden ab dem 15. Jahrhundert zu Ehren des heiligen Bernhard von Clairvaux († 1153), des heiligen Petrus von Tarantaise († 1174) und des heiligen Wilhelm von Bourges († 1209) gehalten.[15] Wert hat man in der Anfangszeit des Ordens darauf gelegt, dass die Prozessionen im Inneren des Klosters, also im Kreuzgang und nicht außerhalb stattfanden,[16] womit der öffentliche Charakter, der Prozessionen sonst zu eigen ist, freilich nicht gegeben war.

---

11 Vgl. Alberich Altermatt, „Id quod magis authenticum ...“ Die Liturgiereform der ersten Zisterzienser, in: Martin Klöckener – Benedikt Kranemann (Hg.), *Liturgiereformen. Historische Studien zu einem bleibendem Grundzug des christlichen Gottesdienstes* (FS Häußling) (Liturgiewissenschaftliche Quellen und Forschungen 88) Münster 2002, 304–324, hier: 315–319.

12 Vgl. ebd., 315.

13 Vgl. ebd., 320.

14 Vgl. Gregor Müller, *Die Ordens-Prozessionen*, in: Cistercienser-Chronik 215–226 (1907) 119–124. 152–156. 180–185. 245–248, hier: 153–156.

15 Ebd., 181.

16 Vgl. ebd., 120.

Anlassbezogen sind Bittprozessionen in Zeiten von Not, Seuchen oder Gefahr bezeugt. Ordnungen und Beschreibungen gibt es auch für die Begleitung des Sarges eines Verstorbenen auf den Friedhof sowie für den Empfang eines geistlichen oder weltlichen Ehrengastes im Kloster.[17]

In der Reihe dieser ordensinternen liturgischen Regelwerke steht der 1957 erschienene Usus Cistercienses (UC), dessen 16. Kapitel „De Processionibus" handelt.[18] Darin wird angegeben, dass Prozessionen an allen Sonntagen zwischen Ostern und dem Fest Kreuzerhöhung (festum exaltationis sanctae Crucis exclusive) stattfinden können. Im Winter kann an Festen der Jungfrau Maria Prozession gehalten werden (Nr. 125). Durch das Kloster (per claustrum) sind Prozessionen nach dem UC am Palmsonntag, an Christi Himmelfahrt, an Fronleichnam, an Marienfesten, sofern an ihnen eine Predigt vorgesehen ist (festis sermonis) sowie am Bernhardsfest zu halten. Darüber hinaus am Gründonnerstag, am Fest des heiligen Markus (die Markusprozession war lange eine weit verbreitete Einrichtung!), an den Bitttagen, an Allerseelen (wohl auf den Friedhof), bei einem Begräbnis und zum Empfang hochstehender weltlicher oder geistlicher Besucher (Nrr. 126–127). Wert wird darauf gelegt, dass das Kloster für die genannten Prozessionen nicht verlassen wird, wenn nicht besondere Umstände es geraten sein lassen (nisi peculares circumstantiae aliter suadet) – gemeint sind wohl vor allem der Empfang der hohen Gäste sowie der Friedhofsgang. Dem Prior wird die Verantwortung dafür übertragen, dass „ne quid inconveniens inveniantur in claustro" (Nr. 128). Er möge also dafür sorgen, dass der Prozessionsweg nicht durch herumstehende, nicht weggeräumte Gegenstände gestört werde.

Die Ordnung der Prozession ist in der Regel die, dass voran der Thuriferar geht. Ihm folgt, begleitet von Leuchtern das Kreuz, wobei im Orden schon früh der Brauch belegt ist, dass das Bild des Gekreuzigten dem nachfolgenden Konvent zugekehrt ist. In zwei Reihen folgt der Konvent, wobei die Jüngeren vorangehen. Die jeweils älteren folgen. Der Abt geht in der Mitte des Ganges, gegebenenfalls mit dem Allerheiligsten, dem entsprechende Ehrenbezeugung gebührt (Kerzen, Tragehimmel). Auch das Mittragen einer Reliquie oder einem Heiligenbild ist je nach Anlass möglich. Hinter dem Abt folgen Hausgäste oder andere zum Haus gehörende Personen.[19]

17 Vgl. ebd., 246–247.
18 *Usus Cistercienses*, Casamari 1957, 44–47.
19 Vgl. Müller, *Ordens-Prozessionen*, 121.

3. Prozessionen in monastischen Gemeinschaften heute – am Beispiel von Stift Heiligenkreuz

Kommen wir nun in die Gegenwart des Klosters des Jubilars und des Verfassers. Das Stift Heiligenkreuz erlebt das Jahr über eine ganze Reihe von Prozessionen. Neben den Prozessionen in der Eucharistiefeier, die je nach Feiergrad unterschiedlich glanzvoll begangen werden, sind die ‚Auferstehungsprozession' am Ostersonntag, die Fronleichnamsprozession, die dank persönlicher Verbindungen von Abt Maximilian Heim in seine Heimatstadt seit einigen Jahren unter anderem durch Böllerschüsse der ‚Kronacher Bürgerwehr', die der Prozession Ehrengeleit geben, bereichert wird, die Prozession mit der Kreuzreliquie am Sonntag nach Kreuzerhöhung, die Bittprozessionen vor Christi Himmelfahrt, eine Lichterprozession zur Heiligenkreuzer Lourdes-Grotte sowie während der monatlich stattfindenden Jugendvigil zu nennen. Erwähnenswert ist auch eine Prozession, die bei einer monatlich stattfindenden Wallfahrt in Maria Kirchbüchl, einem vom Stift Heiligenkreuz betreuten Wallfahrtsort, gehalten wird: mit Kerzen in den Händen wird eine auf einer hohen Säule hinter dem Altar stehende Marienstatue unter Gesang von links nach rechts umschritten. Diese Prozessionen werden unter teils sehr großer Beteiligung von Gläubigen aus Nah und Fern begangen. Vier Prozessionen aus dem monastischen Bereich seien im Folgenden exemplarisch genauer dargestellt: die Miserere-Prozession, die Gabenprozession bei der Feier der Feierlichen Profess, die Prozession zur Beweihräucherung des Altars während der Vesper sowie die kürzlich aus konkretem Anlass eingeführte Corona-Bittprozession.

3.1. Die Miserere-Prozession

Die Miserere-Prozession ist eine Prozession, die ihren ‚Sitz im Leben' ganz in der monastischen Tradition hat. Sie hat ihren Namen von Psalm 51 (50), dessen erste Worte lauten: *„Miserere mei Deus, secundum misericordiam tuam.“* Dieser Psalm gilt als einer der klassischen Bußpsalmen, hat David ihn doch, gemäß biblischer Überlieferung, angestimmt als der Prophet Natan ihn nach dem Mord an Urija und dem Ehebruch mit dessen Witwe Batseba kritisch zur Rede stellte (vgl. 2 Sam 11–12; Ps 51,2). Während der Konvent in Prozession nach dem Mittagessen zum Gedenken an die Verstorbenen und zum Beten der Non wieder zurück in die Kirche schreitet, wird dieser Ps 51 (50) rezitiert.

Hausinterner Überlieferung zufolge ist dieser Brauch der Miserere-Prozession nach dem Erhalt von Dispensen von dem Verzicht auf Fleischspeisen eingeführt worden. Die Regel des heiligen Benedikt († 547) erlaubt bekanntlich nur den Genuss von Fisch und Geflügel – Ausnahmen gelten für die Kranken (vgl.

RB 39,11; 36,9). Ab Mitte des 15. Jahrhunderts häufen sich aber die Berichte über Anträge für Dispense vom strengen Fasten. Diese Dispense wurden nur schrittweise, zunächst nur für einige Wochentage oder Jahreszeiten gewährt. Der Zisterzienserorden erhielt 1481 durch Papst Sixtus IV. eine generelle Dispens hinsichtlich der Fleischspeisen.[20] Um das belastete Gewissen zu beruhigen, wurde nun, nach dem Essen, also unmittelbar nach dem jetzt erlaubten Fleischgenuss der Bußpsalm auf dem Weg in die Kirche gebetet.

Die Prozessionsordnung ist dabei wie folgt: Die Mönche stehen entsprechend ihrem Platz im Chorgestühl in zwei Reihen nebeneinander in der Nähe der Mauer, den Blick nach vorne. Die jüngsten Novizen stehen zuvorderst, die ältesten Konventualen nach hinten hin. Der Abt hat seinen Platz in der Mitte des Ganges. Beim Schließen der Türe, die vom Vorraum des Refektoriums in den Kreuzgang führt, wird der Psalm vom Kantor auf der Seite des Abtes angestimmt, worauf diese Seite den zweiten Versteil rezitiert. Den nächsten Vers singt die Seite des Priors und so immer abwechselnd bis zum Ankommen im Chorgestühl. Dort endet der Psalm mit dem Ehre-sei-dem-Vater. Es folgt ein Gebet für die, die uns Gutes getan haben – gemeint sind die Zubereitung und das Austeilen des Essens. Hierauf folgt die Verlesung des Nekrologiums.

3.2. Die Gabenprozession bei der Feierlichen Profess

Die Herbeibringung von Brot und Wein für die Feier der Eucharistie ist ein zentraler Vollzug der eucharistischen Liturgie. Aus den frühesten Zeugnissen wissen wir, dass es üblich war, dass die zur Feier gekommenen Gläubigen, die Kleriker eingeschlossen, ihre Brot- und Weingaben gemeinsam mit dem, was für Notleidende der Gemeinde dargebracht wurde, in die Kirche mitgebracht haben und dann nach dem Wortgottesdienst von Klerikern eingesammelt und auf den vorbereiteten Altar gelegt wurde.[21]

Die Grundordnung des Römischen Messbuchs (GORM) handelt in den Punkten 73–75 von der Bereitung der Gaben. Ausdrücklich ist von einer möglichen „Gabenprozession" die Rede (Nr. 74)[22]. Es wird als angemessen angesehen, dass Brot und Wein von Gläubigen dargereicht, vom Priester oder Diakon „an einem geeigneten Ort entgegengenommen" werden, um zum Altar gebracht zu werden. „Wenn auch

20 Vgl. Werner Richter, *Historia Sanctae Crucis. Beiträge zur Geschichte von Heiligenkreuz im Wienerwald 1133–2008*, Heiligenkreuz 2011, 35–36.

21 Vgl. August Jilek, *Gabenbereitung*, in: Meurer, *Bewegungselemente*, 76–82; vgl. auch zum „Opfergang der Gläubigen': Josef Andreas Jungmann, *Missarum Sollemnia. Eine genetische Erklärung der Römischen Messe 2*, Freiburg u.a. 1962 [Nachdruck: Bonn 2003] 3–34.

22 Sekretariat der Deutschen Bischofskonferenz (Hg.), *Missale Romanum. Editio Typica Tertia 2002. Grundordnung des Römischen Messbuchs. Vorabpublikation zum Deutschen Messbuch* (Arbeitshilfen 215) Bonn 2007, 52.

die Gläubigen das Brot und den Wein, die für die Liturgie bestimmt sind, nicht mehr wie früher selbst mitbringen, behält der Ritus, sie nach vorne zu tragen, doch Aussagekraft und geistliche Bedeutung.“ (Nr. 75)[23] Auch „Geld und andere Gaben, die von den Gläubigen für die Armen oder für die Kirche gespendet beziehungsweise in der Kirche eingesammelt werden, sind willkommen.“ (Ebd.)[24] Sie sollen an einem geeigneten Ort in der Kirche niedergelegt werden. Das Einsammeln von Geldspenden während der Darbringung der Gaben steht also mit dieser in einem tiefen inneren Zusammenhang.

Das Darbringen von Brot und Wein durch die Gläubigen ist als Ausdruck der tätigen Teilnahme der Gläubigen an der Eucharistiefeier positiv bewertet worden. Durch das Herkommen der Gaben aus dem Raum der Gläubigen würde deutlich, dass die „Gläubigen sich selbst in die danksagende Feier des Herrenmahls hineinbegeben und so ihre Hingabe und Opfergesinnung in der Nachfolge des Herrn ausdrücken.“[25] So würde die „immer noch prägende Bühnenwirkung des Chorbereichs“ überwunden und die innere Einheit des Kirchenraums, die „Altar- und Gemeinde(!)-Raum“ umfasst, deutlich.[26]

Eine größere Gabenprozession ist in der Gemeinschaft des Verfassers seit einigen Jahren bei der Feier der Feierlichen Ordensprofess üblich geworden. Dies entspricht einer Rubrik in ‚Die Feier der Ordensprofess‘, in der es heißt: „Es ist sinnvoll, daß während des Gabengesanges die Neuprofessen Brot, Wein und Wasser für das eucharistische Opfer zum Altar bringen.“[27]

Dafür ist eine Kredenz in der Mitte der Kirche aufgestellt. Diese ist mit einem Tischtuch, einem Kreuz und brennenden Kerzen geschmückt. Darauf stehen die Schale mit den Hostien und die Gefäße für Wein und Wasser. Begleitet vom Gesang zum Offertorium nehmen zwei Neuprofessen die Gaben auf, tragen sie durch das Chorgestühl und geben sie vor dem Altar an einen Diakon, der sie dem Abt als Hauptzelebranten für das Beten der Gabengebete überreicht.

Liturgietheologisch ist dieser Brauch besonders aussagekräftig. Auch die im Rahmen der Feier unterschriebenen Professurkunden bleiben während der Feier der Eucharistie auf dem Altar liegen.[28] Sinnenfällig kommt zum Ausdruck, dass die in der Profess ausgedrückte und schriftlich auf der, auf dem Altar unterschriebenen und für die Dauer der Eucharistiefeier dort verbleibenden, Urkunde

23 Ebd.
24 Ebd.
25 Bärsch, *Prozession*, 283.
26 Ebd., 284.
27 *Die Feier der Ordensprofess. In den katholischen Bistümern des deutschen Sprachgebietes. Hrsg. im Auftrag der Bischofskonferenzen Deutschlands, Österreichs und der Schweiz und der Bischöfe von Bozen-Brixen und von Luxemburg*, Freiburg u.a. 1974, 41.
28 Vgl. ebd., 38.

festgehaltene Hingabe des eigenen Lebens sich mit der Hingabe Jesu an den Vater „für euch", die sich in der Feier der Eucharistie auf eben diesem Altar beständig ereignet, verbindet.

3.3. Prozession zur Beweihräucherung des Altars während der Vesper

Psalm 141 (140) gilt als der klassische Abendpsalm in Ost und West. Der Vers 2: „Mein Bittgebet sei ein Räucheropfer vor deinem Angesicht, ein Abendopfer das Erheben meiner Hände" legte es nahe, dieses Gebet am Abend zu beten und mit dem Verbrennen von Weihrauch zu verbinden. Wie der Rauch aus der heißen Kohle zum Himmel steigt und guten Duft verbreitet, so sei das Gebet ein wohlriechendes Opfer, das aufsteigt zum Himmel. Weihrauch ist „Symbol des Gebetes".[29]

In der ‚Allgemeinen Einführung in das Stundengebet' heißt es: „In Laudes und Vesper kann zum Canticum aus dem Evangelium der Altar inzensiert werden. Hierauf werden auch der Priester und die Gemeinde inzensiert." (Nr. 261)[30]

Das Verbrennen von Weihrauch bei Gebet und Opfer ist ältester Brauch, der sich im Heidentum, im Judentum, im antiken Hofzeremoniell und bis heute auch in anderen Religionen nachweisen lasst. Historischer Ursprung des Altarinzens während der Stundenliturgie dürfte neben Ps 141 (140), 2 die Verehrung der im Altar aufbewahrten Reliquien gewesen sein.[31] Sicher nachweisen lässt sich das aber nicht. Der Altar selbst findet in einem Vespergottesdienst ja sonst keine Verwendung. Freilich kann man auch die innere Verwiesenheit allen christlichen Betens auf die Eucharistiefeier darin sehen.

Die Praxis im Stift Heiligenkreuz sieht so aus: die Inzensierung des Altars, des Abtes (bzw. eines anderen Vorstehers der Feier), der Mönche und der anwesenden Mitfeiernden gibt es nur im Rahmen einer Pontifikalvesper (bzw. einer feierlichen Vesper vor einem Hochfest, dem ein anderes Mitglied des Konventes im Auftrag des Abtes vorsteht). Der Abt, der mit Pluviale, Stab und Mitra, begleitet von zwei Mönchen in Dalmatik, zwei Fakulanten und zwei Signiferi eingezogen ist, hat seinen Platz im Faldistorium, das auf der oberen Seite des Chorgestühls aufgestellt ist.

29 Michael Pfeifer, Der Weihrauch. Geschichte, Bedeutung, Verwendung, Regensburg 2018, 109.

30 *Die Feier des Stundengebetes. Stundenbuch. Für die katholischen Bistümer des deutschen Sprachgebietes. Authentische Ausgabe für den liturgischen Gebrauch. Erster Band. Advent- und Weihnachtszeit, Hrsg. im Auftrag der Deutschen und der Berliner Bischofskonferenz, der Österreichischen Bischofskonferenz, der Schweizer Bischofskonferenz sowie der Bischöfe von Luxemburg, Bozen-Brixen, Lüttich, Metz und Straßburg*, Freiburg u.a 2007, 100*.

31 Vgl. Pfeifer, *Weihrauch*, 108.

Zur Magnificat-Antiphon wird Weihrauch eingelegt, der Abt erhält Stab und Mitra und die Gruppe zieht, vom Thuriferar in Dalmatik angeführt nach vorne zum Altar. Vor dem Altar legt der Abt Stab und Mitra ab, schreitet zum Altar, erhält den Weihrauch und inzensiert – begleitet von den Mitbrüdern in Dalmatik – den Altar von links nach rechts diesen umschreitend. Auch das Kreuz über dem Altar bzw. die in der Weihnachtszeit aufgestellte Krippe werden inzensiert.

Ist dies abgeschlossen, erhält der Abt wieder Stab und Mitra, die Prozession bewegt sich wieder auf den Platz, worauf die Inzensierung des Abtes, der anderen Mitgliedern der Gemeinschaft und der anwesenden Gläubigen folgt.

3.4. Corona-Bittprozession

Pandemien, ansteckende Krankheiten und Seuchen haben immer Angst ausgelöst. Die Bitte zu Gott um Schutz vor Not und Niedergang sind in solchen Situationen selbstverständliche Reaktion der Gläubigen. Die Heiligen als Mitbeter werden ebenfalls angerufen.

Die weltweite Coronavirus-Pandemie hat ab März 2020 zu massiven Einschränkungen des kirchlichen und liturgischen Lebens geführt.[32] Auch im Stift Heiligenkreuz.[33] Eine Initiative ging in dieser Zeit von Abt Maximilian Heim aus: die Corona-Bittprozession, die im Folgenden dargestellt wird. Die Prozession wurde im Verlauf der Pandemie immer wieder gehalten, dabei wurden einzelne Teile anlassbezogen verändert.

Nach dem Einzug des Abtes und der Assistenz wird unter dem Gesang des ‚Adoro te devote' das Allerheiligste in der Monstranz ausgesetzt. Nach einem Gebet um Schutz vor Krankheit und um Trost und Segen für alle von der Pandemie betroffenen Menschen, setzt sich die Prozession in Bewegung. Alle Mitglieder des Konventes tragen Kerzen. Voran geht das Kreuz, es folgen die Mönche, die jüngsten voran. Zuletzt geht der Abt mit der Monstranz, vom Thuriferar und zwei Akolythen mit Kerzen begleitet, unter dem Traghimmel. Dabei wird die Allerheiligenlitanei (Gotteslob, 556) gesungen. Der Weg führt in den inneren Stiftshof. Im Uhrzeigersinn bewegt sich der Zug bis zur Statio an der Dreifaltigkeitssäule.

---

32 Vgl. Hans-Jürgen Feulner – Elias Haslwanter (Hg.), *Gottesdienst auf eigene Gefahr? Worship at Your Own Risk? Die Feier der Liturgie in der Zeit von Covid-19*, Münster 2020.

33 Vgl. Johannes Paul Chavanne, *Liturgische Praxis in Zeiten der Covid-19-Pandemie in monastischen Gemeinschaften am Beispiel der Zisterzienserabtei Stift Heiligenkreuz/Österreich*, in: Feulner – Haslwanter (Hg.), Gottesdienst auf eigene Gefahr?, 253–263.

Die Statio an der Dreifaltigkeitssäule ist insofern besonders ausdrucksstark, als diese den Hof bis heute prägende Säule in den Jahren 1736–1739 unter der Leitung von Giovanni Giuliani († 1744) als Dank dafür errichtet wurde, dass Heiligenkreuz und die umliegenden Ortschaften von der im Land wütenden Pest im Jahr 1713 verschont geblieben war.[34]

An der Säule wird vor dem Allerheiligsten die Andacht „Krankheit und Not" (Gotteslob 680,5) gebetet.

Es wird das Gebet um Segen für die Gemeinde aus dem Rituale von Fronleichnam gebetet: „Lasset uns beten: Allmächtiger ewiger Gott, du hast deinen einzigen Sohn in die Welt gesandt, daß er unter uns Wohnung nehme. Wir bitten dich: Segne diese Gemeinde (Stadt) durch deine heilige Gegenwart. Halte ab Unheil und Not, Haß und Neid, Krankheit, Ärgernis und Sünde. Schenk allen Bewohnern Gesundheit, Einigkeit und Liebe in Jesu Namen. Gib, daß alle, die hier wohnen, ihn aufnehmen und so Kinder Gottes werden und deine Herrlichkeit schauen in Christus Jesus, unserem Herrn."[35]

Hierauf folgen Inzensation, ein Lied und der Eucharistische Segen. Dieser ist nach dem möglichen Segen bei der 4. Station der Fronleichnamsprozession gestaltet und wird in alle vier Himmelsrichtungen gegeben:

> „Nach Osten: P. Von Blitz und Ungewitter. A. Erlöse uns, o Herr.
>
> Nach Süden: P. Von Pest, Hungersnot und Kriegen. A. Erlöse uns, o Herr.
>
> Nach Westen: P. Vom jähen und unvorhergesehenen Tode. A. Erlöse uns, o Herr.
>
> Nach Norden: P. Von allem Übel. A. Erlöse uns, o Herr."[36]
>
> Beim Segen Richtung Süden wurde sinnvollerweise auch das Coronavirus erwähnt, weshalb es dann hieß: „P. Von Pest, Coronavirus, Hungersnot und Kriegen. A. Erlöse uns, o Herr."

Die Prozession zieht hierauf wieder in die Kirche. Dazu wird die Herz-Jesu-Litanei (Gotteslob, 564) gesungen. Im Anschluss an die Oration der Litanei folgt das ‚Tantum ergo' mit dem dazu gehörenden Gebet, ein weiterer eucharistischer Segen und nach der Reponierung des Allerheiligsten das Gebet ‚Jungfrau, Mutter Gottes mein'.

---

34 Vgl. Richter, *Historia*, 74.
35 *Die Feier des Fronleichnamsfestes, Hrsg. im Auftrag der Österreichischen Bischofskonferenz*, Salzburg 1979, 26–27.
36 Ebd., 29.

4. Theologie der Prozession bei Bernhard von Clairvaux

Nach unserem Weg durch die Geschichte und die Gegenwart von Prozessionen, wollen wir noch einmal nach der Theologie dieser liturgischen Form fragen. Neuere theologische Deutungen haben wir ja schon zu Beginn kennen gelernt. Nun wollen wir einen historischen Zeugen befragen, den wir Zisterzienser gerne hören. Der heilige Bernhard von Clairvaux († 1153) betreibt seine Theologie zu einer Zeit, in der die einzelnen Disziplinen dieser Wissenschaft noch nicht fein säuberlich von einander getrennt existierten, sondern in der Theologen ganz selbstverständlich Bibel- und Liturgiewissenschaftler, Pastoral- und Moraltheologen, Dogmatiker, Zeugen und Hirten in einem waren.

Liturgische Theologie besteht darin, in der liturgischen Gestalt den theologischen Gehalt zu erkennen und darzustellen. Was sagt nun der heilige Bernhard zu Prozessionen? Anlass seiner Äußerung war das Fest, das damals „In Purificatione Sanctae Mariae“ hieß und heute „Darstellung des Herrn“ genannt wird. Drei Predigten zu diesem Fest sind uns von Bernhard erhalten. Die zweite handelt von der Prozession.[37] Diese Prozession hat dieser Predigt zufolge ihren Ursprung in der Prozession, die Maria und Josef sowie Simeon und Hanna zum Tempel nach Jerusalem hielten. Deutlich wird von Bernhard auf das Evangelium des Tages (Lk 2, 22–40) angespielt.

Aus der Prozession selbst nimmt Bernhard dann vier Aspekte und verbindet sie mit theologischen Aussagen.

a. Die Tatsache, dass die Prozessionsordnung vorsieht, dass die Jüngeren vor den Älteren gehen und wohl auch die Jüngeren ihre Kerzengabe vor den Älteren in die Hände des Abtes legen, verknüpft Bernhard mit dem Wort Jesu: „So werden die Letzten Erste sein und die Ersten Letzte.“ (Mt 20,16)[38]

b. Die Tatsache, dass die Prozession in einer Zweierreihe geht, erinnert Bernhard daran, dass „so die Jünger vom Heiland ausgesandt worden sind, um die brüderliche Liebe und das Leben in der Gemeinschaft zu empfehlen.“[39] Gedacht ist hier an die Aussendung der 72 Jünger, die „zu zweit“ in jene Orte gehen sollten, in die Jesus selbst nachfolgen wollte (Lk 10,1). Bernhard versäumt es nicht darauf hinzuweisen, dass es eine Störung der Prozession ist,

37 Bernhard von Clairvaux, *In Purificatione Sanctae Mariae 2*, in: Gerhard Winkler u.a., *Bernhard von Clairvaux. Sämtliche Werke Lateinisch/Deutsch 7*, Innsbruck 1996, 413–417.

38 Vgl., ebd., 415.

39 Ebd.

wenn einer alleine geht. So einer schadet sich selbst und ist ein Ärgernis für andere, denn das störe Einheit und Frieden. In diesem Zusammenhang zitiert er Gen 2,18: „Es ist nicht gut, wenn der Mensch allein ist."[40]

c. Die entzündeten Kerzen in den Händen der Mönche sind für Bernhard Erinnerung an Lk 12,49: „Ich bin gekommen, um Feuer auf die Erde zu werfen. Wie froh wäre ich, es würde schon brennen!" Gute Werke seien wie die Flammen: Kraft gegen die Lauheit. Dem gegenüber gäbe es aber auch ein „Feuer der Fleischeslust, das Feuer des Neides und der Ehrsucht. Nicht dieses Feuer in uns zu entzünden ist der Erlöser gekommen, nein, er will es auslöschen." Heiliges und gesegnetes Feuer, das der Vater heiligt, habe Jesus in die Welt geschickt.[41] Das Feuer an dem die Kerzen entzündet wurden, wurde nach damaligem Brauch im Übrigen eigens vor der Prozession in der Kirche gesegnet.

d. Der vierte Gedanke entzündet sich am Wort processio, das ja Vorwärtsschreiten, Fortschritt und Vorankommen bedeutet. Jeder, so mahnt der Prediger Bernhard, möge „von Tugend zu Tugend" weiterschreiten. Ein Erlahmen im Fortschritt in der Tugend, sei nicht nur Stillstand, sondern sogar Rückschritt. „Auf dem Weg des Lebens bedeutet das Erlahmen im Fortschritt Rückschritt"[42] (in via vitae non progredi regredi est). Nicht mehr voran zu gehen, bedeutet zurückzufallen. Niemals sollen wir glauben, „das Ziel schon erreicht zu haben, sondern daß unser Streben dem gilt, was vor uns liegt, daß wir unaufhörlich nach dem Besseren trachten und unsere Unvollkommenheiten immer wieder dem gnädigen Blick der göttlichen Barmherzigkeit anheimstellen."[43] (imperfectum nostrum divinae misericordiae obtutibus iugiter exponamus)

Fassen wir die Gedanken Bernhards zusammen: Die Prozession ist demnach ein Bild für das christliche Leben selbst. Schritt für Schritt gehen wir unserem Ziel entgegen, in Gemeinschaft mit anderen, entzündet vom Feuer des Heiligen Geistes. Die irdischen Hierarchien sind im Lichte des Evangeliums relativiert. Alles steht unter dem Vorbehalt des ewigen Zieles, das vor uns liegt und zu dem hin wir unterwegs sind und das den Namen Jesus Christus trägt. Dem Erreichen dieses Zieles gilt jeder Fort-Schritt. Was dieses Ziel verfehlt, ist Stillstand. Und Stillstand der Beginn des Rückschritts.

40 Ebd.
41 Ebd.
42 Ebd., 417.
43 Ebd.

5. Abschließende Gedanken

Bessere Schlussworte als der heilige Bernhard wird niemand finden. „In via vitae non progredi regredi est.“ Die Prozession ist in der Theologie des heiligen Bernhard ein Bild für die Realität monastischer Gemeinschaften. Dieser Lebenserfahrung ist das Bild ja entnommen. Der Weg des Lebens (via vitae), den er meint, ist der einer klösterlichen Gemeinschaft. Da ist die Gemeinschaft mit den anderen – wir gehen neben einander. Da ist das gemeinsame Ziel, die eschatologische Gemeinschaft mit Christus. Da ist der gemeinsame Weg. Da sind die Ersten und die Letzten in unseren Augen. Und da sind die Ersten und die Letzten in den Augen des Herrn. Da ist das Feuer der Liebe und des Heiligen Geistes, aber auch das Feuer des Neides und des falschen Eifers. Da sind die Schritte nach vorne auf dem Weg zum Ziel.

Die Fürsprache des heiligen Bernhard erbitten wir für den Jubilar und für die Gemeinschaft deren Abt zu sein, Gott ihn berufen hat. Auf dass unser aller Lebenswege Schritt für Schritt zum Ziel gelangen: Procedamus in pace ad Dominum.

Pater Bruno Hannöver

Die Klostergründungen im Umkreis von Cîteaux im Kontext der Wiederneuentdeckung des eremitischen Mönchideals im 11. und 12. Jahrhundert

Aller Anfang beginnt mit Cluny oder auch nicht ...

Ohne die Cluniazenser keine Zisterzienser! So wird oft in etwas salopper Art und Weise die Entstehung des Zisterzienserordens beschrieben, die dann im Allgemeinen mit der Feststellung endet, dass die Zisterzienser als Reformorden des benediktinischen Mönchtums die besseren Benediktiner seien. In der Tat könnte man auf den ersten Blick sagen: Aller Anfang benediktinischer Klosterreform beginnt mit Cluny. Was ja auch stimmt! Denn bis heute ist diese Abtei in ihrer kirchlich und politisch gesellschaftlichen Ausstrahlung und Größe für alle darauf folgenden monastischen Reformen unerreicht geblieben.[1]

Dazu kommen die unter Einfluss von Cluny stehenden regionalen monastischen Reformzentren um Hirsau und Sankt Blasien in Süddeutschland und Siegburg im Rheinland.[2]

Wer auf die monastische Landkarte des beginnenden Hochmittelalters schaut, wird mit einer Fülle von monastischen Reformen konfrontiert. Oft sind diese so regional begrenzt, dass in Anbetracht der großen Reformen von Cluny und Cîteaux von „Reförmchen“ gesprochen werden kann. Die meisten dieser Reformbewegungen haben sich schon bald nach ihrer Entstehungszeit anderen Ordensreformen wie der von Cîteaux angeschlossen, andere wurden nach Jahrhunderten in andere Orden und Kongregationen eingegliedert oder verschwanden auch im Laufe der Geschichte wieder. Wieder andere existieren bis heute als eigenständige

---

1 Vgl. zu Cluny und seiner Bewegung: Joachim Wollasch, *Cluny – Licht der Welt. Aufstieg und Niedergang der klösterlichen Gemeinschaft* (1. Auflage Artemis und Winkler Verlag Düsseldorf und Zürich 1996), 2. Auflage Patmos Verlag Düsseldorf und Zürich 2001.

2 Vgl. zu den cluniazensisch beeinflussten Reformen die Beiträge von Schreiner, Sinderhauf und Semmler in: Germania Benedictina. Herausgegeben von der Bayerischen Benediktinerakademie München in Verbindung mit dem Abt-Herwegen-Institut Maria Laach. Band 1: Die Reformverbände und Kongregationen der Benediktiner im deutschen Sprachraum. Bearbeitet von Ulrich Faust OSB und Franz Quarthal. Sankt Ottilien 1999. Klaus Schreiner, *Hirsau und die Hirsauer Reform. Lebens- und Verfassungsformen einer Reformbewegung, in ebd. 89–124; Monica Sinderhauf,* Die Reform von St. Blasien, in ebd. 125–140; Josef Semmler, *Die Klosterreform von Siegburg (11. und 12. Jahrhundert)*, in ebd. 141–151.

Kongregationen im „Benediktinerorden", der ja als eine Konföderation verschiedenster Kongregationen in dieser Weise durch Papst Leo XIII. im 19. Jahrhundert neugeordnet, das benediktinische Mönchtum verkörpert.

Eine Aufstellung, mit der Absicht, einen besseren Einblick darin zu geben, welche Reformen um und in den Zisterzienserorden herum entstanden und in ihm aufgegangen sind, soll Aufgabe dieses Artikels sein. Nicht berücksichtigt wurden dabei die Reformbewegungen bei den Kanonikern, auch wenn häufig Parallelen im Leben und Wirken zu den Reformern im Mönchtum bestehen.[3]

Ausgehend von der Wiederentdeckung des Eremitentums mit Nilos von Rossano, Romuald und Petrus Damianus, sowie dessen Verbindung mit dem Zönobitentum bei Johannes Gualbertus und Bruno von Köln, den Reformgründungen der Äbte Robert von Molesme, Vitalis von Savigny und Stephan von Obazine und schließlich der Bewegung der „Vita apostolica" mit den Wanderpredigern wie Robert von Arbrissel, Stephan von Muret und Wilhelm und Thiron, sowie der eigenwilligen Reform von Val de Choux, bewegen sich alle diese Gründungen im Dunstkreis von Eremitentum, kirchlicher und monastischer Reform, im Erbe von Cluny.

I. Die Wiederentdeckung des eremitischen Ideals um die erste Jahrtausendwende

1. Nilus von Rossano und die Gründung des Klosters Grottaferrata 1004:

Ostkirchliches Mönchtum im Dunstkreis von Rom

Nilus (auch: Nilos/Neilus) wurde um das Jahr 910 in Rossano in Kalabrien geboren. Mit 30 Jahren schloss er sich zunächst der Mönchsgemeinschaft Mercurion an und lebte dann von 943 an für drei Jahre als Eremit in einer nahegelegenen Grotte bei seinem Kloster. Der Einfall der Sarazenen führte dazu, dass Nilus mit einigen seiner Schüler flüchten musste. Er gründete mit ihnen auf einer seiner Besitzungen in Rossano eine Gemeinschaft. Nach über 25 Jahren wurde er auch hier von den Sarazenen vertrieben. Nilus verließ Kalabrien und verblieb auf Einladung des Abtes von Montecassino für einige Zeit im Kloster Valleluce. Danach ließ sich Nilus 999 in der Nähe von Gaeta nieder. Auch von hier floh er – jedoch nicht vor den Sarazenen, sondern von den dortigen Herzögen von Gaeta, die dem heiligmäßig lebenden Nilus ein Grabmonument errichten wollten. Vom Grafen

3 Vgl. hierzu das Wirken von Norbert und Xanten als Wanderprediger und seine Beziehungen zu Bernhard von Clairvaux und anderen monastischen Reformern und Wandereremiten. Vgl. Gerhard B. Winkler, *Mönch oder Kanoniker? Bernhard von Clairvaux versus Norbert von Xanten*, Aachen 2017.

von Tusculum erbat sich Nilus 1004 die Erlaubnis und Unterstützung, bei Crypaferrata (Grottaferrata) 20 Kilometer von Rom entfernt, eine Marienkirche samt Kloster zu erbauen. Auf dem Weg zu seiner Neugründung starb er jedoch am 26. September 1004 in dem griechischen Kloster Sant´Agata an der Via Latina.[4] Das von Nilus initiierte Kloster Grottaferrato wurde am 17. Dezember 1004 feierlich durch Johannes XIX. geweiht.[5]

Nilus und seine Gefährten lebten nach der Sitte des ostkirchlichen Mönchtums, welches im Gegensatz zum abendländischen Mönchtum kein Dormitorium kannte.[6] Die Zelle des Eremiten war somit fundamentaler Bestandteil der Klostergründungen von Nilus und seinen Gefährten. Ihr Gottesdienst und ihre Gebräuche entstammten ebenfalls der byzantinischen Liturgie und dem Wesen des ostkirchlichen Mönchtums, auch wenn das Kloster dem Papst unterstellt war. Die große Kirchenspaltung von 1054 veränderte nichts an der Ausrichtung der Abtei, die weiterhin den byzantinischen Ritus feiernd, doch ein Teil der westlichen Papstkirche blieb. Diese Besonderheit führte dazu, dass die Abtei 1122 unmittelbar der Jurisdiktion des Hl. Stuhls unterstellt wurde.[7]

Die Abtei war im Wechsel ihrer Geschichte wiederholt nahe daran, den byzantinischen Ritus vollständig aufzugeben und in Ritus und Seelsorge der lateinischen Tradition zu folgen. Erst 1881 wurde der byzantinische Ritus wieder in seiner Vollständigkeit aufgenommen. Unter Pius XI. wurde 1937 die Exterritorialität der Abtei bestätigt und ihr Abt zugleich zum Oberen der griechisch-katholischen Basilianer in Italien bestimmt.[8]

2. Romuald und seine Gründung in Camaldoli 1010:

Verbindung von Eremiten und Zönobitentum im ältesten Eremitenorden der Westkirche

Ein erster großer Rückgriff des westlichen Mönchtums auf das altmönchische Eremitenwesen, spirituell fundiert und verbunden in der Vereinigung mit der Benediktsregel, erfolgte durch die Reform, wie sie in der in Camaldoli und den mit

---

4 Vgl. Mariano Dell´Omo, *Art.: Neilus v. Rossano, hl.*, in: Lexikon des Mittelalters, Bd.VI, München-Zürich 1993, 1085;

5 Vgl. Marco Petta, *Art.: Grottaferrato, S. Maria di G.*, in: LThK (3. Auflage) Freiburg im Breisgau 1993, 1066f.

6 Zur Entstehungsgeschichte des Dormitoriums im westlichen Mönchtum im 5. Jahrhundert, siehe: Adalbert de Vogüe, *Il monachesimo prima di San Benedetto*, Seregno 1998, 130–133; Das Leben des hl. Abtes Eugendus, Abschnitt 170, in: Karl Suso Frank (Hrsg.), *Mönchsleben II. Das Leben der Juraväter Romanus, Lupizianus und Eugendus* (1. Auflage: Frühes Mönchtum im Abendland, Artemis Verlag, Zürich und München 1975, Bd. 2 S. 97–168), 2. Auflage Sankt Ottilien 2011, 100.

7 Vgl. Marco Petta, *Art.: Grottaferrata*, in: Lexikon des Mittelalters, Bd.IV, München-Zürich 1989, 1733f.; Ders., LThK, ebd.

8 Vgl. Ders., LThK, ebd.; Johanna Lanczkowski, *Kleines Lexikon des Mönchtums*, Stuttgart 1993, 116f.

ihm spirituell verbundenen Klöstern gelebt wurde. Sie ist vor allem mit mehreren Heiligen wie Romuald von Camaldoli, Petrus Damiani von Fonte Avellana, Bruno von Querfurt und Anselm von Havelberg verbunden, die die Spiritualität des kamaldulensischen Mönchtums prägten.[9] Für die Niederlegung der Gebräuche und Regeln im Leben der Kamaldulenser waren die von Rudolph von Camaldoli verfassten Konstitutionen von großer Bedeutung.[10]

Die zwei hervorstechendsten Gründerpersönlichkeiten der Kamaldulenser sind zweifelsohne Romuald und Petrus Damiani. Romuald wurde um 952 in Ravenna geboren. Er war ein Spross der herzoglichen Familie der Honesti. Vom christlichen Geist war in seiner Jugend wenig zu spüren: Romuald war von einem impulsiven Wesen und lebte die Lustbarkeiten, die die damalige Welt bieten konnte, voll aus: Hunde und Pferde, Selbstdarstellungen und Kräftemessen im Jagen und Fechten. Sein Leben verlief äußerlich so, als ob es außerhalb davon nichts gab. Er gleicht darin interessanterweise manch modernen Zeitgenossen des 21. Jahrhunderts. Trotzdem verspürte Romuald eine Sehnsucht nach mehr Sinn im Leben, vor allem faszinierte ihn trotz all dem umgebenden Trubel immer wieder die Stille. Eine Bluttat seines Vaters änderte Romualds Leben entscheidend: als sein Vater im Jähzorn einen Verwandten vor seinen Augen tötete, entsetzte ihn dies so sehr, dass er sein Leben radikal änderte. Er zog sich zunächst in das Kloster Sant´Apollinare in Ravenna zurück und trat 972 mit Erlaubnis seines Vaters nach einiger Zeit dort ein. Mit der gleichen Impulsivität, mit welcher er früher den Vergnügungen des Lebens nachgeeilt war, führte er nun ein streng klösterliches Leben. Nach drei Jahren erhielt Romuald von seinem Abt die Erlaubnis, sich in der Nähe von Venedig bei dem Einsiedler Marianus niederzulassen. Die Bußübungen dieses Eremiten waren eine harte Schule für Romuald. Politische Umwälzungen in Venedig führten dazu, dass Romuald nach Spanien, in die Pyrenäen ging, und sich hier als Eremit der Abtei Cuxa anschloss. Um 987 kehrte er nach Italien zurück und begann von 999 an, mit den sich ihm anschließenden Schülerkreis mehrere Klöster zu gründen, wobei er ein besonderes Gewicht auf die eremitische Lebensweise legte. Unter seinen Gründungen ragten von allen das 979 gegründete Fonte Avellana und das 1010 gegründete Camaldoli hervor. Letzteres sollte sich zum Mutterkloster des Kamaldulenserordens entwickeln. Romuald starb am 19. Juni 1027 in Val di Castro. Er hatte großen Einfluss auf die Herrscher seiner Zeit, so z.B.

9 Zur Geschichte und Spiritualität von Camaldoli, Fonte Avellana und seinen Gründern sei auf folgende Veröffentlichungen hingewiesen: *The Privilege of Love. Camaldolese Benedictine Spirituality.* Edited by Peter-Damian Belisle, O.S.B Cam.. Introduction by Michael Downey, Collegeville, Minnesota 2002; I Padri Camaldolesi: *Privilegio D´Amore. Fonti camaldolesi.* Testi normativi, testimonianze documentarie e letterarie. Introduzione, traduzione e note a cura di Cecilia Falchini, monaca di Bose, Magnano 2007; *Camaldolese Spirituality. Essential Sources.* Translations, Notes, and Introduction by Peter-Damian Belisle, Bloomingdale, Ohio 2007.

10 Vgl. hierzu die entsprechenden Schriften in der vorhergehenden Fußnote. Siehe auch: *Consuetudo Camaldulensis. Rodulphi Constitutiones Liber Eremitice Regule.* Edizione critica e traduzione a cura di Pierluigi Licciardello, Firence 2004.

auf Kaiser Otto III. und dessen Hofkaplan Bruno von Querfurt, der sich dem kamaldulensischen Mönchtum anschloss.[11] Ebenso hatte Romuald durch seinen Schüler Petrus Damiani großen Einfluss auf die Kirchenreform des 11. Jahrhunderts.[12]

Eine frühe Vita des hl. Romuald verfasste dann auch kein geringerer als sein bedeutendster Schüler Petrus Damiani.[13] Er sollte zur zweiten bedeutenden Person des kamaldulensischen Mönchtums werden. Petrus Damiani wurde um 1006 in Ravenna geboren. Anders als Romuald kam er aus einfachsten Verhältnissen. Mit Hilfe seines Bruders konnte er die freien Künste studieren, wurde zum Priester geweiht und trat 1035/36 in das von Romuald gegründete Kloster Fonte Avellana bei Gubbio ein. Hier verfasste er in den Jahren 1041 und 1042 eine Biografie Romualds, dessen Denken und Frömmigkeit für ihn ebenfalls zum Programm wurden. 1043 wurde er Prior in Fonte Avellana, für das er von 1045 bis 1050 und von 1057 bis 1065 die Lebensregeln verfasste. Diese beeinflussten auch das Leben im Kloster Camaldoli und die Regel des daraus hervorgegangenen Kamaldulenserordens. Petrus war durch und durch ein Mann der gregorianischen Kirchenreform: So kritisierte er scharf die Unsitten und Ausschweifungen des Klerus, wie die Nichteinhaltung oder Ignorierung des Zölibats oder auch der praktizierten Homosexualität im Klerus. Ebenso wandte er sich gegen die Simonie in der Kirche. Gegen seinen Willen machte ihn Papst Stephan IX. 1057 zum Kardinal und Bischof von Ostia. In vielen Schriften galt sein Einsatz nun ganz der Kirchen-, Kloster- und Klerusreform. Ein besonders enges Verhältnis hatte Petrus zu dem Reformer Hildebrand, der 1073 als Gregor VII. Papst wurde. Petrus lebte praktisch in zwei Welten. Er war ein ebenso kontemplativer wie politisch aktiver Mensch. Die Einsiedler lagen ihm ebenso am Herzen wie Kaiser und Könige. Petrus Damiani war einer der produktivsten Schriftsteller des Mittelalters mit einem sehr gepflegten lateinischen Stil und hinterließ ein äußerst umfangreiches Werk theologischer Schriften. In ihnen zeigt sich seine asketische Strenge und sein Streben nach Reform der Kirche durch Disziplin, Selbstheiligung und Erneuerung im Geist der Urkirche. Als einer der Ersten praktizierte und favorisierte er die Einführung der Selbstgeißelung[14] in den Klöstern. Als Kenner des römischen Rechts war er einer der großen Rechtsgelehrten seiner Zeit und setzte neue Maßstäbe in der Anwendung des Kirchenrechts. Mehrfach hatte Petrus um Entpflichtung von seinen Ämtern gebeten, da er in der Stille seiner Einsiedelei

11 Siehe hierzu: Bruno di Querfurt, *Storia di cinque compagni*, Magnano (Biella) 1984.

12 Vgl. Karl Suso Frank, *Art.: Romuald v. Camaldoli*, in: LThK (3. Auflage) Freiburg im Breisgau 1994, 1293; Peter Hawel, *Zwischen Wüste und Welt. Das Mönchtum im Abendland*, München 1997, 220f.; Gert Melville, *Die Welt der mittelalterlichen Klöster. Geschichte und Lebensformen*, München 2012, 86f..

13 Vgl. hierzu die schon angeführte Quellenliteratur über Camaldoli. Siehe auch: Petrus Damiani, *Vita beati Romualdi*, a cura di G. Tabacco, FSI, 94 (ALIM – Archivo della latinità italiana del Medioevo), Roma 1957.

14 Zur praktizierten Selbstgeißelung in den Klöstern und Orden siehe: Georg Kreuzer, *Art.: Geißelung. II. Kirchengeschichte*, in: LThK (3. Auflage) Freiburg im Breisgau 1994, 368 und Hawel, 224;

der Kirche besser dienen wollte. Erst 1067 durfte er in sein Kloster zurückkehren, blieb aber weiterhin als Reformer für seine Kirche tätig. Auf der Rückreise von Ravenna starb er am 22. Februar 1072 in einem Kloster in Faenza.[15]

An Personen wie Petrus Damiani wird deutlich, dass eine wahre Erneuerung und Reform der Kirche und des Glaubens nur in Bewahrung und Erhaltung von Doktrin und Disziplin geschehen kann und nicht in der Veränderung der äußerlichen Strukturen sowie diversen Erleichterungen und Abschaffungen!

Die auf die beiden kamaldulensischen Stammklöster Camaldoli und Fonte Avellana zurückgehende Spiritualität verband zönobitische und eremitische Lebensform miteinander. Auch ein apostolisch-pastorales Wirken war zusammen mit Wissenschaft und Unterricht davon nicht ausgenommen und prägte die rein zönobitisch lebenden Gemeinschaften der Kamaldulenser. Neben dem Eremitentum gab es als dessen Steigerung noch das Leben als Rekluse. Die verschiedenen Lebensformen prägten auch die Architektur der Klöster: Neben Klöster mit Kirche und den jeweiligen Gemeinschaftsgebäuden der zönobitisch Lebenden gab es Eremitensiedlungen mit Einzelhäuschen und jeweiligem Garten. Die Einzeleremitagen lagen an schmalen parallel verlaufenden Gassen; einen Kreuzgang wie die späteren Kartäuser kannte man nicht. Die gesamte Eremitage war zudem von einer Mauer umgeben. Bei solch einer Verschiedenheit in der Lebensform der Mönche ist es nicht verwunderlich, dass die Geschichte der Kamaldulenser nicht frei von Spannungen und Missverständnissen zwischen der zönobitischen und eremitischen Lebensform der Mönche war. Verschiedene Lokalgewohnheiten in den im Verlaufe des Mittelalters bis zu 150 Klöstern und Eremitagen umfassenden Verband führten, zusammen mit dem Erlöschen der ursprünglichen Strenge und der äußerlichen Gefahr durch das Kommendewesen, zu einer Spaltung des Ordens. Ausgehend vom Kloster San Michele in Venedig bildete sich 1474 eine eigene Kongregation, welche mehr das zönobitische Leben betonte. Die mehr eremitisch ausgeprägten Klöster um Camaldoli bildeten ab 1616 eine eigene Kongregation.[16]

Im 15. Jahrhundert kam es zudem zu einer Erneuerung der Kamaldulenser durch Paolo Giustiniani: er gründete die Gemeinschaft der Eremiten des hl. Romuald, die

---

15 Vgl. Johannes Laudage, *Art.: Petrus Damiani*, in: LThK (3. Auflage) Freiburg im Breisgau 1994, 119f.; Hawel, ebd..
Zum monastischen Schrifttum des hl. Petrus Damiani, siehe: Christian Lohmer, *Heremi conversatio. Studien zu den monastischen Vorschriften des Petrus Damiani* (BGAM – Beiträge zur Geschichte des alten Mönchtums und des Benediktinertums. Veröffentlichungen des Abt-Herwegen-Instituts Maria Laach, Band 39), Münster 1991.

16 Vgl. Karl Suso Frank, *Art.: Kamaldulenser, Kamaldulenserinnen*, in: LThK (3. Auflage) Freiburg im Breisgau 1994, 1153–1155; Hawel, 222–225; Meville, ebd..

Kamaldulenser von Monte Corona.[17] Giustiniani, der mit Taufnamen Tommaso hieß, wurde 1476 geboren und entstammte einer berühmten Adelsfamilie Venedigs, die schon angesehene Gelehrte, Staats- und Kirchenmänner hervorgebracht hatte. Er studierte Philosophie und war von den Ideen des Humanismus durchdrungen. Dem Wunsch nach Einsamkeit und Kontemplation folgend, trat er 1510 mit 34 Jahren in das Noviziat von Camaldoli ein und erhielt den Namen Paolo. Vom eremitischen Leben war damals im ältesten Eremitenorden des Westens nicht mehr viel übrig und so nahm Giustiniani, der im Kloster- und Eremitenleben mehr Strenge und Einsamkeit ersehnte, mit der Erlaubnis des Papstes eine Reform in Angriff, welche den Geist des alten Camaldoli wieder erwecken und beleben sollte.[18]

Bei seiner Reform legte Paolo Giustiniani eine große Betonung auf Einfachheit und Strenge durch beständiges Fasten, harte Askese und ein strenges Einsiedler- bzw. Inklusentum. In seiner Spiritualität und Lebensform konzentriert sich das ganze Leben der Kamaldulenser-Eremiten der Kongregation von Monte Corona auf die Verbindung mit Gott im Gebet und in der Kontemplation. Der Tagesablauf gibt davon Zeugnis: Anders als die Kartäuser kennen sie aber keine Unterbrechung der Nachtruhe, dafür beginnt der Tag um 3:30 Uhr mit dem Stundengebet der Vigilien. Um 6:00 Uhr werden der Engel des Herrn und die Laudes gebetet, der sich die hl. Messe anschließt, die – hier den Kartäusern gleich – ohne Gesang und ohne Musikinstrumente zelebriert wird. Nach der hl. Messe beten die Mönche ihr Stundengebet weiter, nämlich die Terz mit dem Rosenkranz in der Zelle. Ein Frühstück gibt es um ca. 7:30 Uhr. Dann beginnt die Arbeit, und vor dem Mittagessen wird um 11:45 Uhr das Stundengebet der Sext gebetet. Um 12:00 Uhr betet man wiederum den Engel des Herrn, anschließend nimmt man das Mittagessen ein. Bis 14:00 Uhr haben die Mönche freie Zeit und um 14:00 Uhr beginnt der Nachmittag mit dem Stundengebet der Non. Nachmittags wird bis um 17:00 Uhr gearbeitet, danach wird zu Abend gegessen. Um 17:30 Uhr folgt die geistliche Lesung, um 18:30 Uhr die Vesper mit einer Litanei. Der Tag endet mit der Komplet um 19:15 Uhr und um 21:00 Uhr beginnt dann die Nachtruhe.[19]

---

17 Zu Paolo Giustiniani und seinem Leben und Werk sei auf die Werke von Jean Leclercq verwiesen, die glücklicherweise auch in deutscher Übersetzung vorliegen: Jean Leclercq, *Allein mit Gott. Das eremitische Leben nach der Lehre des seligen Paul Giustiniani*. Vorwort von Thomas Merton. Übersetzt und bearbeitet von Plazidus-Karl Hungerbühler (Orginaltitel: Jean Leclercq, Seul avec Dieu. La vie érémitique d`après la doctrine du bienheureux Paul Giustiniani, Paris 1955), Sinzig 1998; Jean Leclercq, *Ein Humanist wird Eremit: Paul Giustiniani (1476–1528)*. In die deutsche Sprache übersetzt und bearbeitet von Plazidus-Karl Hungerbühler (Orginaltitel: Jean Leclercq, Un humaniste ermite. Le bienheureux Paul Giustiniani) Aachen 2020. Siehe auch: Beato Paolo Giustiniani, *Regola della vita eremitica. Capitoli scelti della versione del 1516*. Tradizione di Don Aldo Visentin. Presentatione di P. Albert Loius Lassus O.P., Seregno 2001.

18 Vgl. Leclercq, Allein mit Gott, 13f.; Frank, ebd. 1055.

19 Zur Spiritualität der Kamaldulenser von Monte Corona: Thomas Merton, *The Camaldolese Way*. (From Vita nel Silenzio (Living in Silence) Brescia 1956), Brescia 1957; oV, *Breve specimen de vita eremitica Camaldulensium Montis Coronae*, Grottaferrata 1962/1963.

Die Klöster der Kamaldulenser von Monte Corona verbreiteten sich über Italien hinaus bis nach Polen und ins Baltikum. Im deutschsprachigem Gebiet bestand auf dem Kahlenberg bei Wien von 1629 bis zur Aufhebung unter Joseph II. eine Kamaldulenser-Eremitage.[20]

Heute bestehen die Kamaldulenser in zwei selbstständigen Zweigen: die Kongregation von Camaldoli entstand 1935 aus der Vereinigung der noch übrigen Klöster und Eremitagen derjenigen Kongregationen, die aus Camaldoli und San Michele in Venedig hervorgegangen waren. Seit 1966 sind sie als eigenständige Kongregation Mitglied in der Benediktinischen Konföderation mit ca. 100 Mitgliedern in acht Klöstern und Eremitagen, die Seelsorge in Pfarren und Exerzitien mit der Kontemplation verbinden. Ihr Hauptsitz ist das Stammkloster Camaldoli bei Arezzo. Daneben gibt es nach wie vor mit ca. 90 Mitgliedern die Kongregation der Kamaldulenser-Eremiten von Monte Corona, deren Mönche ein streng kontemplatives Leben in sieben Eremitagen führen.[21]

3. Johannes Gualbertus und die Gründung von Vallombrosa 1036:

Ein Eremitentum der gesamten Gemeinschaft

Johannes Gualbertus (italienisch: Giovanni Gualberto) wurde um 995 in Petroio bei Florenz als Sohn einer Florentiner Adelsfamilie geboren. Wie so viele Heilige hatte auch er ein Bekehrungserlebnis in seiner Jugend: Bei der Verfolgung des Mörders eines Verwandten warf sich der Täter in Kreuzform zu seinen Füßen nieder und bat ihn um Vergebung, die dieser ihm auch gewährte. Die Bekehrung führte zum Eintritt in die Abtei San Miniato in Florenz. Dort kam es allerdings nach kurzer Zeit zum Zerwürfnis mit dem simonistisch ins Amt gekommenen Abt. Als Vertreter der gregorianischen Reform des 11. Jahrhunderts musste Johannes das ablehnen. So verließ er das Kloster und suchte zunächst Anschluss an zwei Eremiten. Mit Schülern und anderen Gleichgesinnten gründete er 1036 in der Nähe von Florenz im Wald von Vallombrosa ein Kloster, in dem er auf der Grundlage der Benediktsregel und eigener Gebräuche Zönobiten- und Eremitentum miteinander verband. Die nach innen zönobitisch in strengster Armut lebende Gemeinschaft war nach außen strikt eremitisch abgeschirmt. Für den Kontakt zur Außenwelt wurden Laienbrüder eingesetzt. In Vallombrosa kam es somit zur Gründung des Konversen-Institutes[22], welches im Zisterzienserorden dann

20 Vgl. Otto Kurt Knoll, *WallfahrtsWeg Wiener Wald* (2. überarbeitete Auflage des Buches Pilgerwege durch den Wienerwald, Wien 2009), Berndorf 2015, 36–40.

21 Vgl. Frank, ebd..

22 Zur Entwicklung der Konversen vgl. Pius Engelbert, *Art.: Konversen, Konversen-Institut*, in: LThK (3. Auflage) Freiburg im Breisgau 1994, 337f..

eine Ausfaltung und Blüte fand. Aus den von Vallombrosa gegründeten Klöstern entwickelte sich der Reformorden der Vallombrosaner, der für die Klosterreform von enormer Bedeutung war und schon früh durch Victor II. Anerkennung und Schutz fand. Johannes starb am 12. Juli 1073 in Badia-a-Passignano. Seine Gründung fand 1090 in der Bulle „Vinculum caritatis et consuetudinis" (Band der Liebe und der gleichen Lebensform) die letzte Bestätigung durch Papst Urban II.[23]

Trotz einer zwischenzeitlichen Spaltung des Ordens im 15. Jahrhundert und versuchten und zeitlich begrenzten Unionen mit anderen benediktinischen Kongregationen und Orden hat die Gründung des Johannes Gualbertus die Zeit überdauert. Seit 1966 sind die Vallombrosaner als eigenständige Kongregation Mitglied in der Benediktinischen Konföderation mit ca. 60 Mitgliedern in acht Klöstern.[24]

II. Die Klostergründungen im Umkreis von Cîteaux

1. Robert und die Gründung von Molesme 1075:

Das Mutterkloster von Cîteaux

Zu den Klostergründungen und Reformen, die unweigerlich mit Cîteaux in allerengster Verbindung stehen, gehören die Klöster um Molesme mit ihrem Abt Robert, dem Gründer von Cîteaux.

Robert wurde um 1028 in der Champagne geboren. Er wurde zunächst Mönch in Montier-la-Celle und im Jahre 1068 Abt des Klosters Saint-Michel in Tonnere. Auf die Abtswürde verzichtend, wurde er Prior des von Tonnere abhängigen Klosters Saint-Ayoul-de-Provins. Zudem tat sich Robert als spiritueller Ratgeber der Eremiten von Collan hervor.[25]

23 Zur Geschichte und Spiritualität von Vallombrosa und seinem Gründer sei auf folgende Veröffentlichtungen hingewiesen: *Alle origini di Vallombrosa. Giovanni Gualberto nella società dell´XI secolo.* A cura di Giovanni Spinelli e Giustino Rossi, 2. Auflage Novara 1991; I Padri Vallombrosani: *Nel Solco dell´evangelo. Fonti vallombrosane.* Testi normativi, testimonianze documentarie e letterarie. Introduzione, tradizione e note a cura di Cecilia Falchini, monaca di Bose, Magnano 2008. Vgl. Melville, 87f.; Karl Suso Frank, *Art.: Vallombrosaner,* in: LThK (3. Auflage) Freiburg im Breisgau 1994, 530; Hawel, 225f..

24 Vgl. Frank, ebd..

25 Vgl. zur Person und Leben Roberts von Molesme: Bernardin Schellenberger, *Robert von Molesme und die Zisterzienser,* in: Josef Weismayer (Hrsg.), *Mönchsväter und Ordensgründer. Männer und Frauen in der Nachfolge Jesu,* Würzburg 1991,108–118; Jean Richard, *Art.: Robert von Molesme,* in: Lexikon des Mittelalters, Bd. VII, München-Zürich 1995, 909f.; Peter Dinzelbacher/Hermann Josef Roth, *Zisterzienser,* in: *Kulturgeschichte der christlichen Orden in Einzeldarstellungen, herausgegeben von Peter Dinzelbacher und James Leister Hogg* (Kröners Taschenausgabe; Band 450), Stuttgart 1997, 349f.; Hawel, 268f.; Alberich Martin Altermatt, *Citeaux und die drei Gründeräbte des Zisterzienserordens: Robert (1028/29-1111), Alberich (1040/50-1108) und Stephan (um 1059–1134),* in: Ders. (Hrsg.), *Zisterzienserinnen und Zisterzienser. Lebensbilder aus dem Zisterzienserorden,* Freiburg Schweiz 1998, 11–16; Immo Eberl, *Die Zisterzienser. Geschichte eines europäischen Ordens,* Stuttgart 2002, 19ff.; Jörg Oberste, *Die Zisterzienser,* Stuttgart 2014, 19–27.

Für diese Eremitengruppe suchte Robert einen geeigneteren Ort. So wurde die Abtei Molesme (lat. abbatia Molismum) im Jahr 1075 von Robert in den Resten einer gallo-römischen Siedlung namens Vertilium gegründet, die ihm vom Grafen Hugo von Norlennac zur Verfügung gestellt worden war. Denn oft ist es sinnvoller, ganz neu anzufangen. An der Reform des Klosters Saint-Michel in Tonnere war Robert ja als Abt gescheitert. Und die Gemeinschaft in Saint-Ayoul de Provins hatte er als Prior verlassen müssen, um sich mit dieser Gruppe ehemaliger Eremiten, die jetzt Mönche werden sollten, im besagten Vertilium niederzulassen, um dort eben nun ein neues Kloster zu errichten. Robert legte bei der Gründung des neuen Klosters bewusst Armut und Strenge als Maßstäbe klösterlichen Lebens fest. Die Strenge des klösterlichen Lebens in Molesme zog viele Menschen an, wie Bruno von Köln, den späteren Gründer der Kartäuser, oder Stephan Harding, den späteren Abt von Citeaux, Verfasser der Carta Caritatis der Zisterzienser. Aber auch viele Adlige wurden angezogen. Dies brachte aber ein Problem mit sich: Sie übereigneten beim Eintritt ihren Besitz dem Kloster, der dann eingesetzt wurde, um die Kirche und die Klosteranlage prachtvoll auszubauen, was Molesme den Ruf eines reichen Klosters einbrachte. All das führte zu jenem Wohlstand, den Robert ja bewusst abgelehnt hatte. Molesme war als bewusst armes Kloster gegründet worden; der wachsende Wohlstand führte aber dazu, dass schon zu Lebzeiten Roberts die klösterliche Strenge aufgeweicht wurde. Und Mönche, die einmal die Annehmlichkeiten des Wohlstandes gekostet haben, lassen nicht mehr so gerne davon ab. So stand Robert schon wieder vor einem Scheitern als Reformabt. Zudem nahmen die Spannungen im Kloster zu. Parteiungen und Spaltungen zwischen den Mönchen nahmen alsbald derart überhand, dass es sogar zu Handgreiflichkeiten kam. Robert zog als Abt und Gründer die Konsequenzen: Er resignierte als Abt in Molesme, entschloss sich zum Neuaufbruch und zog mit seinem Prior Alberich und einigen Anhängern im Jahr 1098 aus, um ein neues Kloster in Cîteaux zu gründen. Die in Molesme zurück gebliebenen Mönchen indes sahen sich ohne ihren Abt Robert der geistlichen Vaterschaft beraubt und klagten nun beim Papst: Schon 1099, ein Jahr nach der Gründung von Cîteaux, wurde Robert von Papst Urban II. verpflichtet, nach Molesme zurückzukehren, wo er am 29. April 1111 starb.[26]

Ist Robert als Abt von Molesme und all den anderen Klöstern wirklich gescheitert? Spätere Generationen haben ihm einen unruhigen Drang zur Perfektion, eine Wankelmütigkeit und ein mangelndes Durchhaltevermögen vorgeworfen. Im Zisterzienserorden wurde er lange als Gründer von Cîteaux verkannt oder ins Abseits gestellt – vielleicht nahmen es ihm die Zisterzienser übel, dass er ein Jahr

26 Vgl. Jean Richard, *Art.: Molesme*, in: Lexikon des Mittelalters, Bd. VI, München-Zürich, 726; Hawel, ebd.; Eberl, ebd..

nach der Gründung von Cîteaux diese schon verlassen hatte! Robert war zu seiner Zeit nicht unumstritten und spaltete die Gemüter: Vorbehaltlose Bewunderung und völlige Ablehnung schlugen ihm entgegen. Er war ein ruhelos Suchender in der Nachfolge Christi. Immerhin wurde er 1222 von der Kirche heiliggesprochen und auch die Zisterzienser scheinen mit ihm versöhnt – gehört er heute doch ganz selbstverständlich zu ihren drei Gründeräbten. Und bei all seiner monastischen Umtriebigkeit muss doch die Fruchtbarkeit seiner Klostergründungen beachtet werden. Neben Cîteaux gingen von Molesme die Gründung von sieben oder acht weiteren Männerklöstern aus. Die Kongregation wuchs zwischenzeitlich auf über 74 Priorate an. Hinzu kam eine Anzahl von Frauenklöstern. Von Molesme selbst wurden zwei Klöster für Frauen eingerichtet: die Abtei Jully 1113 (oder 1115), sowie die Umwandlung des Klosters Crisenon 1130 für den ehemaligen Frauenkonvent von Molesme.[27]

In die von Molesme abhängige Frauenabtei Jully trat Humbeline, die Schwester des hl. Bernhard von Clairvaux, im Jahre 1122 ein und verblieb dort auch, als von Jully aus mit dem Kloster Tart ab den Jahren 1120 bis 1125 ein explizit zisterziensisch lebendes Frauenkloster gegründet wurde. Interessanterweise wurde das Kloster Tart selbst Ausgangspunkt einer Kongregation von zisterzienserisch lebenden Frauenklöstern. An dieser Begebenheit kann man ersehen, dass Molesme seine Nähe zu Cîteaux bewahrt hatte, auch wenn es bis zu seiner Aufhebung in der Französischen Revolution ein Benediktinerkloster blieb.[28]

Anders als die Klöster Saviny und Obazine schloss sich Molesme mit seinen Klöstern nicht dem Zisterzienserorden an, obwohl es das Mutterkloster von Cîteaux ist. Vielleicht verhinderte dieser Umstand eine Anbindung an die allzu mächtig gewordene Tochter. Die Kongregation der Klöster von Molesme schloss sich erst 1648 der Kongregation der Mauriner an. Die Abtei wurde 1789 in der Französischen Revolution aufgehoben und bis auf wenige Restgebäude des 17. und 18. Jahrhunderts zerstört.[29]

27 Vgl. Schellenberger, ebd.; Richard, Art.: Molesme, ebd.;
28 Vgl. hierzu: Bruno Norbert Hannöver, *Die Zisterzienserinnen. Frauen in der Nachfolge Christi*, Langwaden 2004, 70–77.
29 Vgl. Alberich Martin Altermatt, *Art.: Molesme(s)*, in: LThK (3. Auflage) Freiburg im Breisgau 1994, 378f..

2. Bruno von Köln und seine Eremitagen in der Chartreuse 1084 und in La Torre 1091:

Wiegen des Kartäuserordens

Bruno wurde um 1027 bis 1031 in Köln als Sohn einer angesehenen niederrheinischen Patrizierfamilie geboren. Schon in jungen Jahren besuchte er die Schule des Stiftes St. Kunibert in Köln, dem ein Studium an der dortigen Domschule folgte. Ob er schon in seiner Jugend Stiftsherr an St. Kunibert in Köln war, ist umstritten, da er in jungen Jahren auch an der Domschule zu Reims studierte, die zur damaligen Zeit das Zentrum der Gelehrsamkeit in der Kirche war. Bruno blieb dort, wurde Dozent und bereits mit 26 Jahren, 1056 Leiter dieser Domschule – ein Amt, das er 20 Jahre innehaben sollte. Zu seinen Schülern zählte auch Odo von Châtillon, der spätere Papst Urban II. und der heilige Bischof Hugo von Grenoble. Zudem hatte er mehrere Kanonikate und Ämter in der Erzdiözese inne. Seine Wahl zum Erzbischof von Reims scheiterte 1067, da sein Mitbewerber Manasse von Gournay sich das Amt durch Simonie gekauft hatte. Eben dieser Erzbischof ernannte Bruno um 1075 zum Kanzler des Erzbistums Reims. Allerdings kam es zwischen Erzbischof und Kanzler bald zu Konflikten: Bruno widersetzte sich als Anhänger der gregorianischen Reform gegen die von seinem Erzbischof angewandte Praxis des Ämterkaufes. Zudem war ihm der Dienst unter einem simonistisch ins Amt gekommenen Bischof unangenehm. Schon nach einem Jahr eskalierte der Streit, sodass im Jahre 1076 die Enthebung von allen Ämtern durch den Reimser Erzbischof Manasse erfolgte. Bruno musste zum Grafen Ebal nach Roucy flüchten, von wo aus er 1077 die Anklage gegen den Erzbischof begann. Auf der Synode von Autun wurden Manasse im Jahre 1080 schließlich Suspendierung, Absetzung und Exkommunikation zuteil. Bruno kehrt aber nicht nach Reims zurück, sondern erwog mit treuen Schülern den Gedanken, sich ganz Gott zu widmen. Eine spätere Legende berichtet von einem Requiem, in dem sich der Verstorbene – ein angesehener Pariser Professor – dreimal von seiner Bahre erhoben habe, um vor seiner Verurteilung und dem Gericht Gottes zu warnen. Aufgrund dieser Begebenheit habe Bruno dann radikal sein Leben geändert. Sollte es zur damaligen Zeit aber auch nur die Hälfte aller Intrigen und Boshaftigkeiten gegeben haben, die heute an theologischen Fakultäten und bischöflichen Ordinariaten herrschen, dann ist es wahrscheinlich, dass Bruno sich nach vier Jahren nicht wieder in dieses Treiben hineinbegeben wollte, sondern stattdessen dem Gebet und der Beschauung den Vorrang gab. Daraus aber eine Resignation angesichts der herrschenden kirchlichen Zustände zu erschließen, wäre ebenso falsch. Vielmehr kam die Bekehrung zum monastischen Leben aus einer innerlich herangereiften Erfahrung. Auf der Suche nach einem passenden Ort traten Bruno und seine Gefährten zunächst in das von Abt Robert gegründete Kloster Molesme ein. Hier erreichte ihn die Nachricht von seiner Wahl zum Erzbischof von Reims, welche von ihm abgelehnt wurde. Mit dieser Ablehnung, die zugleich eine endgültige Entscheidung für das Mönchtum war, gab Bruno alle seine bisherigen innegehabten Kanonikate auf. Jedoch sollte Molesme nicht Brunos Kloster sein. 1082 zog er sich mit zwei Gefährten nach Seche-Fontainein (dem heutigen Avirey-Lingey im Département Aube, in Nähe der späteren Gründung Cîteaux!) zurück und begann dort mit dem Aufbau einer kleinen Einsiedlergemeinschaft. Zwei Jahre später zog es ihn auch von dort fort und er brach 1084 mit sechs Begleitern nach Grenoble auf. Sein früherer Schüler Hugo war dort Bischof und stellte ihm das Chartreuse, lateinisch Cartusia, genannte Felsengebiet bei Grenoble zur Klostergründung zur Verfügung. Bruno gründete dort zunächst eine kleine Kapelle mit einzelnen Zellen für die einzelnen Eremiten, welche zur Urzelle der neuen Einsiedelei, die spätere Grande Chartreuse, wurde. Das Leben der Eremiten in der Chartreuse war von absolutem Schweigen und von Einsamkeit bestimmt, denn nur zum nächtlichen Chorgebet und zur Messe traf man sich. Geistige Anregung erhielten sie durch die Wüstenväter in der Tradition des Mönchsvaters Antonius und des Kirchenlehrers Hieronymus. Gleichsam wurde der Tagesablauf von der Benediktsregel inspiriert und im Wechsel von Gebet und Arbeit eingeteilt. Diese Arbeit bestand sowohl in echter Handarbeit wie auch in geistiger Arbeit, worunter im Spätmittelalter besonders das Abschreiben von Büchern bestand. Die Gründung Brunos in der Chartreuse bildete den Ursprung des Kartäuserordens mit seiner Verbindung von Eremiten- und Zönobitentum. Nur fünf Jahre konnte Bruno in seiner Gründung bleiben: 1089 erreichte ihn die Aufforderung seines ehemaligen Schülers Odo von Châtillon, der nun Papst geworden war. Urban II. wollte ihn als Berater bei sich in Rom haben, und so musste Bruno notgedrungen die Chartreuse verlassen, um nach Rom zu gehen. Der Fortgang ihres Gründers brachte die junge Gemeinschaft in eine starke existenzielle Krise, denn sie brach auseinander. Aber schon kurze Zeit später, 1090, konnte sie wieder neu gebildet werden. Seine Zeit beim Papst und seine Treue zu diesem (1090 Begleitung des Papstes auf der Flucht nach Salerno!) brachten Bruno das Angebot ein, Erzbischof von Reggio zu werden. Auch jetzt blieb Bruno seiner Entscheidung zum Mönchtum treu und bat den Papst stattdessen, ihn wieder aus päpstlichen Diensten zu entlassen und ihm das Einsiedlerdasein zu erlauben. Schon 1091 konnte er eine neue Einsiedelei nach dem Vorbild in der Chartreuse gründen. Das neue Kloster wurde im Tal von La Torre (bei dem heutigen Ort Serra San Bruno) in Kalabrien gegründet. Dort starb Bruno am 6. Oktober 1101. Bruno wurde nie formell heiliggesprochen, die

Verehrung wurde aber 1514 von Papst Leo X. für den Orden und 1622 von Papst Gregor XV. für die ganze Kirche anerkannt. Erst durch Papst Clemens X. erhielt das Fest 1674 allgemeine Verbindlichkeit für die gesamte Kirche.[30]

Die beiden Gründungen Brunos in der Chartreuse und in La Torre in Kalabrien bilden die Wiegen des späteren Kartäuserordens. Erst der fünfte Prior der Chartreuse, Giudo, fasste die Gewohnheiten zusammen und schuf damit unter Benutzung der Benediktsregel die Regel des Ordens, die 1140 vom Ordenskapitel angenommen wurde. Zuvor hatte sie schon Papst Innozenz II. bestätigt. In ihnen wurde das Leben im Kloster, die Askese, sowie die Organisation des Gesamtordens geregelt, indem man mit der Einführung des jährlichen Generalkapitels dem Schema der Zisterzienser folgte. Der Kartäuserorden wurde 1176 von Papst Alexander III. in seiner Exemtion anerkannt und damit endgültig kirchlich bestätigt. Der Orden ist seiner rein kontemplativen Ausrichtung immer treu geblieben und wurde – als einziger Orden der Kirche – nie reformiert, da er keiner Reform bedurfte. Während er im Hochmittelalter in seinen Gründungen und seiner Mitgliederzahl überschaubar blieb (Kartausen haben nie mehr als 13 Mönche gehabt!), erlebte er im Spätmittelalter einen großen Zulauf mit vielen Neugründungen. Die Kartäuser waren wesentlich an der Entwicklung der späteren Devotio moderna beteiligt. Viele geistliche Schriftsteller des Spätmittelalters gingen aus ihnen hervor.[31]

Auch die Spiritualität der Kartäuser mit ihrem Tagesablauf hat sich im Laufe der Jahrhunderte bewahrt. Als einziger Orden pflegt er bis heute das Nachtoffizium, welches den Schlaf der Mönche für ca. zwei Stunden unterbricht und gemeinsam

30 Vgl. zur Biographie Brunos: Gerardo Posada, *Der heilige Bruno. Vater der Kartäuser. Ein Sohn der Stadt Köln.* Mit Beiträgen von Adam Wienand und Otto Beck, Köln 1987; James Hogg, *Bruno und die Kartäuser,* in: Josef Weismayer (Hrsg.), *Mönchsväter und Ordensgründer. Männer und Frauen in der Nachfolge Jesu,* Würzburg 1991, 87–107; Hawel, 250–253; Melville, 94–98.

31 Zur Geschichte und Spiritualität des Kartäuserordens, siehe: Marijan Zadnikar, *Die Kartäuser. Orden der schweigenden Mönche.* Herausgegeben von Marijan Zadnikar in Verbindung mit Adam Wienand, Köln 1983; Epistulae Cartusianae: Lateinisch, deutsch. *Frühe Kartäuserbriefe. Bruno, Guigo, Antelm.* Übersetzt und eingeleitet von Gisbert Greshake (Fontes Christiani, Bd. 10), Freiburg im Breisgau 1992; James Leister Hogg, *Kartäuser,* in: *Kulturgeschichte der christlichen Orden in Einzeldarstellungen, herausgegeben von Peter Dinzelbacher und James Leister Hogg* (Kröners Taschenausgabe; Band 450), Stuttgart 1997, 275–296; I Padri certosini, *Una parola dal silenzio. Fonti certosine I.* Le lettere. Introduzione, tradizione e note a cura di Cecilia Falchini, monaca di Bose, Magnano 1997; I Padri certosini, Fratelli nel deserto. *Fonti Certosine II.* Testi normativi, testimonianze documentarie e letterarie. Introduzione, tradizione e note a cura di Cecilia Falchini, monaca di Bose, Magnano 2000; Guigo der Kartäuser, *Scala claustralium – Die Leiter der Mönche zu Gott. Eine Hinführung zur Lectio divina.* Übersetzt und eingeleitet von Daniel Tibi; 2. verbesserte Auflage, Nordhausen 2009.

Zu den großen geistlichen Schriftstellern des Ordens im Spätmittelalter wie Ludolf von Sachsen (um 1300–1377/78), Heinrich Eger von Kalkar (1328–1408) und Jakob von Paradies (1381–1465), siehe: Ludolf von Sachsen, *Das Leben Jesu Christi.* Ausgewählte Texte übertragen von Susanne Greiner und Martha Gisi (Sammlung Christliche Meister 47), Einsiedeln 1994; Heinrich Rüthing, *Der Karthäuser Heinrich Egher von Kalkar 1328–1403.* Studien zur Germania sacra 8 (Veröffentlichungen des Max-Planck Instituts für Geschichte 18), Göttingen 1967; Dieter Mertens, *Iacobus Carthusiensis: Untersuchungen zur Rezeption der Werke des Kartäusers Jakob von Paradies (1381–1465).* Studien zur Germania Sacra 13 (Veröffentlichungen des Max-Planck-Instituts für Geschichte 50), Göttingen 1971.

in der Kirche gebetet wird. Außer dem Konventamt und der Vesper werden die anderen Horen in der Zelle gebetet, die wie bei den Kamaldulensern aus mehreren Räumen und einem Garten besteht. In dieser Zelle nimmt der Mönch auch – mit Ausnahme von Sonn- und Festtagen – seine Mahlzeiten ein und geht seinen Arbeiten, dem Studium und der geistlichen Lesung nach. Die Mahlzeiten werden den Mönchen in einer Durchreiche von Laienbrüdern gegeben. Die einzelnen Zellen mit ihren Räumen und Garten sind miteinander durch einen großen Kreuzgang verbunden, so dass die Mönche auch auf dem Weg zur Kirche, zum Kapitel oder zum Refektorium die Klostergebäude nicht verlassen müssen.[32]

Der Orden des heiligen Bruno war in seiner Geschichte nie groß, dennoch hatte er bedeutenden Einfluss. Durch die Folgen von Reformation, Französischer Revolution und den Säkularisationen des 18. und 19. Jahrhunderts fast ganz in seinem Bestand gefährdet, existieren heute wieder 24 Klöster (18 Männer- und sechs Frauenklöster) mit ca. 450 Mönchen und ca. 115 Nonnen. Die beiden Gründungen Brunos in der Chartreuse und in La Torre in Kalabrien sind nach wie vor aktive Klöster im Sinne ihres Gründers.[33]

3. Vitalis und die Kongregation von Savigny 1112

Vitalis (französisch: Vital de Mortain) wurde in Tierceville bei Bayeux in der Normandie geboren. Über sein Geburtsdatum gibt es variierende Zahlen, die von 1050 bis 1065 gehen. Über seine Kindheit und Jugend gibt es keine Überlieferungen, außer dass er von bescheidener Herkunft gewesen sein soll. Nach einer sorgfältigen Ausbildung in Bayeux und Lüttich empfing er die Priesterweihe und wurde bald Kaplan bei Robert von Mortain, einem Halbbruder Wilhelms des Eroberers. Diese gehobene klerikale Stellung verdankte Vitalis seiner guten Predigtbegabung, seiner Bildung und Frömmigkeit. Sie machten ihn zu einem Schützling des Grafen von Mortain. Ein Zeugnis dieser Anerkennung und des Vertrauens des Grafen Robert war auch, dass dieser für ihn ein Kanonikat an der Kirche des 1082 gegründeten Kollegiatsstifts Saint-Evroult bei Mortain stiftete. Vitalis zog es aber zu einem Leben in größerer Vollkommenheit und Armut. Nach dreizehn Jahren in Saint-Evrout gab er 1095 seine Stellung als Kanoniker und die damit verbundene Pfründe auf, ließ sich östlich von Mortain nieder und wurde schließlich einer der Leiter der Eremiten im Wald von Craon, wo er mit anderen großen Reformern und Asketen seines Jahrhunderts, mit Robert von Arbrissel

32 Zum Tagesablauf und zur Spiritualität der Kartäuser siehe: Hubertus Maria Blüm, *Wie lebt der Kartäuser? Die Klosteranlage in ihrer funktionellen Bedeutung/Der Tagesplan. Ursprung und Ordensstatuten der Kartäuser,* in: Zadnikar, Die Kartäuser. Orden der schweigenden Mönche, 29–39; Tim Peeters, *Gods eenzame zwijgers. De spirituele weg van de kartuizers,* Gent 2007.

33 Vgl. James Hogg, *Art.: Kartäuser, Kartäuserinnen,* in: LThK (3. Auflage) Freiburg im Breisgau 1994, 1268–1271.

und Bernhard von Thiron, zusammentraf. Siebzehn Jahre lang sollte er hier ein asketisches Leben führen. In dieser Zeit beschäftigte er sich mit der Seelsorge an der umgebenden Bevölkerung durch wortgewaltige Predigertätigkeit, zeichnete sich aber auch durch praktische Hilfe für die Ausgestoßenen der Gesellschaft aus, die sich um ihn scharten. Der für seinen Eifer bekannte Prediger und Asket war unempfindlich gegen Müdigkeit, ausgesprochen furchtlos und betätigte sich als Versöhner zerstrittener Parteien, auch und gerade in der Politik. Wie die anderen Prediger seines Jahrhunderts, so reiste auch Vitalis als Wanderprediger in recht ausgedehnter Weise: Wenn auch der Schwerpunkt seiner Tätigkeit in der Normandie lag, so soll er in einem großen Teil des westlichen Frankreich und auch in England gewirkt haben. Zudem gründete er zwischen 1105 und 1120 in Mortain ein Nonnenkloster, die Abbaye Blanche, in welcher seine Schwester erste Äbtissin wurde. In den Jahren 1112/1113 gründete Vitalis auf einem von Grafen Raoul I. de Fougères gestifteten einsamen Waldgelände das Kloster Savigny. Es zählte bald schon 140 Mönche – in späteren Zeit bis 300 Mönche und 100 Laienbrüder – und wurde ein Reformzentrum im Benediktinertum mit weiter Ausstrahlung, das auf Beibehaltung der Grundlage benediktinischer Tradition jedoch seine eigenen Gewohnheiten hatte. Vitalis starb am 16. September 1122 in Savigny. Schon bald nach seinem Tod wurde ihm eine große Verehrung zuteil. Sein Nachfolger und zweiter Abt war von 1122 bis 1138 Geoffroy, der ebenfalls zu den Heiligen der Kirche gezählt wird. Unter ihm lehnte sich das Kloster seit 1132 an das Organisationsschema der Zisterzienser an, das gleichsam eine Filiation der Tochterklöster mit jährlichen Generalkapiteln in der Mutterabtei Savigny vorsah. Der dritte Abt von Savigny wurde Ives aus Furness Abbey, dem 1140 Serlon folgte. Die Kongregation von Savigny umfasste zu diesem Zeitpunkt bereits 28 Abteien in Frankreich und auf den britischen Inseln und hob sich damit über ein regional begrenztes Reformkloster hinaus. Im Jahre 1147 wurde nun auf Bitten von Abt Serlon, der damit versuchte, einer Spaltung zuvorzukommen, der Eintritt der Kongregation in den Zisterzienserorden als Tochterkloster von Clairvaux bewilligt. Der Filiation von Savigny gehörten schließlich 75 Abteien an, die auch nach ihrem Anschluss an den Zisterzienserorden ihren eigenständigen Charakter behielten.[34]

Das Stammkloster Savigny selber schloss sich nach einer Phase des Niederganges, die seit dem Spätmittelalter eingetreten war, im Jahre 1676 der strengen Observanz innerhalb der Zisterzienser an. In der Französischen Revolution wurde es aufgehoben und seine Gebäude zerstört, bzw. abgebrochen. Von der Kirche und dem Kloster sind heute nur noch die Ruinen vorhanden.[35]

34 Vgl. Beatrice Poulle, *Art.: Vitalis (Vital) von Savigny*, in: Lexikon des Mittelalters, Bd. VIII, München-Zürich 1997, 1765; Hawel, 286; Eberl, 67f.; Melville, 101f..

35 Vgl. Jörg Oberste, *Art.: Savigny (-le-Vieux)*, in: LThK (3. Auflage) Freiburg im Breisgau 1994, 91f..

4. Stephan von Obazine und die Kongregation von Obazine 1138

Stephan von Obazine (auf französisch: Etienne d´Aubazine oder von Vielzot) wurde Ende des 11. Jahrhunderts bei Limoges in Frankreich geboren und starb am 8. März 1159 in Bonnaigue bei Corrèze. Stephan war zunächst Priester, bevor er sich entschloss, als Einsiedler zu leben. Sein eremitisches Leben zog viele Männer und Frauen an und so entschloss sich Stephan aufgrund des großen Zulaufs, für seine Schüler und Schülerinnen monastische Gemeinschaften zu errichten. Zwischen 1130 und 1142, bei einigen Quellen wird das Jahr 1138 als Datum angegeben, entstanden zwei Klöster für seine Anhänger: Obazine als Männerkloster und Coiroux als Frauenkloster. Angesichts des gleichen Gründers, der gemeinsamen Spiritualität und der Nähe der Gemeinschaften darf hier von einem Doppelkloster gesprochen werden. Stephan dachte nicht an die Gründung einer eigenen monastischen Reformbewegung, vielmehr strebte er schon früh danach, seine Gemeinschaft an eine andere Bewegung anzuschließen. Zunächst waren es die Kartäuser, dann das von Eremiten gegründete Kloster Dalon, die er für sein Doppelkloster auswählte. Zu einem Anschluss an diese Gemeinschaften kam es nicht. Dafür erreichte Stephan, dass sich Obazine und Coiroux 1147 als Tochterkloster von Cîteaux dem Zisterzienserorden anschließen durften. Mit dem 1142 gegründeten und dem nur wenige hundert Meter entfernten Nonnenkloster Croyoux bildete Obazine ja ein Doppelkloster, was bei den Zisterziensern ungewöhnlich ist! Von Anfang an hatte es als Priorat der Abtei Obazine unterstanden und mit diesem schloss es sich 1147 dem Zisterzienserorden an. Die Zisterzienser gestalteten Obazine nach ihrem Ordo um, wobei jedoch Rücksicht auf die Frauengemeinschaft in Coiroux genommen wurde, die nicht aufgelöst, sondern mit eigenen Gütern ausgestattet wurde. Damit waren die Nonnen wirtschaftlich eigenständig und eine Anbindung an das Männerkloster Obazine war in der Art eines Doppelklosters nicht mehr vorhanden, was den Grundsätzen der Zisterzienser entgegenkam. Das Kloster Obazine nahm nach seiner Affiliation an den Zisterzienserorden einen schnellen Aufschwung und gründete bis 1261 sechs Tochterklöster und zahlreiche Grangien. 1790 erfolgte infolge der Französischen Revolution seine Auflösung. Die Gebäude blieben erhalten und geben heute einer orthodoxen Mönchsgemeinschaft ein Zuhause.[36]

---

36 Vgl. Gabriel Fournier, *Art.: Obazine,* in: Lexikon des Mittelalters, Bd. VI, München-Zürich 1993, 1329; Alberich Martin Altermatt, *Art.: Obazine,* in: LThK (3. Auflage) Freiburg im Breisgau 1994, 956; Ders., *Art.: Stephan v. Obazine,* in: LThK (3. Auflage) Freiburg im Breisgau 1994, 966f.; Josef W. Fersch, *Heilige des Zisterzienserordens, Kurzbiographien. Texte zum Nachdenken. Gebete,* Langwaden 1996, 41–43, Melville, 100.

Zur Aufnahme der Klöster Obazine und Coiroux in den Zisterzienserorden; siehe: Eberl, 51; Hannöver, 85f.; Oberste, 76f.

Das Innere der Grammontenser Prioratskirche Saint Michel de Grandmont

5. Stephan von Muret und die Grammontenser 1074

Stephan von Muret (auch von Thiers oder von Grandmont genannt) wurde um das Jahr 1044 geboren. Als jüngerer Sohn des Grafen von Thiers ließ er sich wohl um 1074 (oder 1076) als Eremit bei Ambazac in der Nähe von Limoges nieder. In der Muret genannten Gegend sammelten sich weitere Einsiedler, die erst nach seinem Tod aufgrund einer Vision ihren Standort ins nahe Grandmont verlegten. Aus dieser Mönchsgemeinschaft sollte später der Orden der Grammontenser hervorgehen. Stephan selber stand mit seiner Gründung im starken Kontrast zu den reichen Benediktinerabteien seiner Zeit, deren Größe und Pracht an Gebäuden und Ausstattung – sowohl an Ländereien und Vieh – er strikt ablehnte und scharf verurteilte. Seine Mönche sah er nicht mehr als Lebende in dieser Welt an. Die

Grammontenser lebten streng kontemplativ und jede Tätigkeit, die eventuellen materiellen Gewinn erbracht hätte, wurde abgelehnt. Nichts anderes als das Evangelium – das war die Devise, nach der Stephan lebte und die er auch seine Mönche lehrte. So verwundert es nicht, dass – ähnlich wie die ebenfalls in dieser Epoche entstandenen Zisterzienser – auch die Grammontenser nicht von den Abgaben abhängiger Bauern leben wollten, sondern von der eigenen Arbeit. Geduldet wurden aber auch Einzelspenden von Besuchern und Pilgern ihrer Klöster. Daher konnten die Klostergemeinschaften nicht nur aus kontemplativ lebenden geistlichen Chormönchen bestehen, sondern nahmen auch Konversen auf, also arbeitende Laienbrüder. Im Vergleich mit anderen Orden – insbesondere mit den Zisterziensern –, in denen Konversen mehr oder weniger untergeordnete Arbeitskräfte waren, hatten die Laienbrüder bei den Grammontensern eine besonders starke Stellung. Ihnen war die volle Verantwortung über die gesamte Klosterwirtschaft übertragen, während sich die Chormönche nur um ihre geistlichen Aufgaben, vor allem das Gebet, kümmerten. Die Mönche des Ordens lehnten als streng kontemplativ lebend jede priesterliche Tätigkeit ab. Dafür waren die Niederlassungen des Ordens aber für ihre auch karitative Gastfreundlichkeit gegenüber Pilgern bekannt. Stephan starb an einem 8. Februar im Jahr 1124.[37]

Seine Ordensgründung erlebte ihre Blüte im letzten Drittel des 12. Jahrhunderts, so dass es am Anfang des 13. Jahrhunderts über 150 Priorate der Grammontenser gab, die aber alle auf Frankreich beschränkt blieben. Schon 1771 wurde der gesamte Orden aufgelöst. Das Hauptkloster in Grammont wurde nach der Auflösung vollständig abgebrochen, während andere Klöster baulich erhalten blieben.[38]

III. Eigen geprägte Reformen bzw. Reformen im Charisma von Cîteaux

1. Robert von Arbrissel und der Orden von Fontevraud

Die Gestalt des Gründers des Ordens von Fontevraud, Robert von Arbrissel, der auch der „Apostel der Bretagne" genannt wird, gehört zu dem prominentesten und eigenwilligsten Vertretern der hochmittelalterlichen Kloster- und Kirchenreform,

37 Zu Stefan von Muret und seiner Gründung: Stefano di Muret, *L'evangelo e nient' altro. Liber de doctrina.* A cura di Arborio E. Mella, Magnano 1992; Vgl. Jean Becquet, *Art.: Grammontenser*, in: Lexikon des Mittelalters, Bd. IV, München-Zürich 1989, 1645–1647; Fersch, 27f.; Melville, 91–95.

38 Vgl. Becquet, ebd.; Fersch, 27f.; Melville, 91–95.

die als Wander- und Kreuzzugsprediger, als Eremiten und Asketen sowie als Kloster- und Ordensgründer damals Aufsehen erregten und heute noch Interesse erregen.[39]

Robert wurde um 1045 als Sohn eines Priesters in Arbrissel in der Nähe von Rennes geboren. Wie sein Vater Damaliochus von Arbrissel so wurde auch Robert Priester und konnte nach seinem Studium in Paris im Jahre 1076 die Pfarre seines Vaters übernehmen und sich im Dienst des Bischofs von Rennes stellen. Ob Robert wie sein Vaters gleichfalls verheiratet war, ist nicht gewiss, aber vielleicht doch nicht ganz auszuschließen, denn Arbrissel war eine erbliche Pfarre. Zwar gab es auch schon zu dieser Zeit die Vorschrift des Zölibats für alle Priester, allerdings nahm man es damit bei den Weltgeistlichen nicht so genau und überließ diese Sache doch lieber dem Mönchtum. Erst die gregorianische Reform sollte ihn allgemein durchsetzen. Die Absetzung seines Bischofs zwang Robert, 1078 Rennes zu verlassen und sich erneut dem Studium zuzuwenden. Dieser Einschnitt in seinem Leben und seiner kirchlichen Karriere brachte eine entscheidende Bekehrung mit sich und machte ihn zu einem entschiedenen Vertreter der gregorianischen Reform. 1095 gründete sich unter seiner Regie im Wald von Craon eine Gemeinschaft eremitischer Prägung, die zahlreiche andere Reformer, unter ihnen Vitalis von Savigny und Bernhard von Thiron, anzog. Schon nach einem Jahr verließ Robert diese Gemeinschaft, um mit bischöflicher Erlaubnis als Asket und Wanderprediger zu wirken. Dabei ging er stets barfuß und trug Kleider aus grobem Tuch. In Bezug auf seine Wirkung auf die Zeitgenossen und die Nachwelt mag Robert von Arbrissel vielleicht der bedeutendste, mit Sicherheit aber der spektakulärste der zahlreichen Wandereremiten sein, die um die Wende des 11. Jahrhunderts wie Christus und die Apostel Buße und Umkehr predigend durch das Land zogen. Von seinen Zeitgenossen wurde er gleichermaßen bewundert und verehrt, wie auch abgelehnt! Das mag vielleicht der Grund sein, warum er im Gegensatz zu anderen Wanderpredigern seiner Zeit (oder auch nach ihm), nicht heiliggesprochen wurde, obwohl nach seinem Tod – wie bei Heiligen üblich – Viten verfasst wurden. Wahrscheinlich tat sich der offizielle Teil der Kirche schwer mit ihm und seiner Erscheinung! Allerdings wurde Robert auch nicht von der Kirche als Ketzer

39 Zu Robert von Arbrissel und seiner Klostergründung siehe: Jacques Dalarun, *Erotik und Enthaltsamkeit. Das Kloster des Robert von Arbrissel.* Mit einem Vorwort von Georges Duby. Aus dem Französischen von Johanna und Günter Woltmann-Zeitler (Titel der französischen Orginalausgabe: Jacques Dalarun, Robert de Arbrissel, Fondateur de Fontevraud), Frankfurt am Main 1987.

Über die Rolle Robert von Arbrissels innerhalb der apostolischen Wanderprediger und der Entstehung neuer Orden siehe: Herbert Grundmann, *Religiöse Bewegungen im Mittelalter. Untersuchungen über die geschichtlichen Zusammenhänge zwischen der Ketzerei, den Bettelorden und der religiösen Frauenbewegung im 12. und 13. Jahrhundert und über die geschichtlichen Grundlagen der deutschen Mystik. Anhang: Neue Beiträge zur Geschichte der religiösen Bewegungen im Mittelalter,* Darmstadt (4. unveränderte Auflage) 1977, 38–50.

verurteilt. Ein begonnener Kanonisationsprozess kam nicht zum Abschluss. Vielleicht ist es gerade diese Widersprüchlichkeit, die die Person Roberts auch heute noch interessant macht![40]

Barfüßig und ohne Stab und Tasche wollte er wahrhaft „als Nackter dem nackten Christus folgen" *(nudum Christum nudus sequi)* und so das Evangelium in seiner vollen Konsequenz verkünden. Insofern kann Robert durchaus als ein Vorläufer des heiligen Franziskus gesehen werden. Wie diesem ein Jahrhundert später, so folgten auch Robert in seinem apostolischen Wirken viele Männer und Frauen auf dem Weg des Evangeliums. Die Kirche begegnete diesem Treiben jedoch mit größtem Misstrauen, denn es entstanden aus diesen Bewegungen auch häretische und sektiererische Gruppen. So suchte man von Seiten der kirchlichen Autorität nach Mitteln und Wegen, um diese Armutsbewegungen an feste Orte zu binden und sie als Orden in das normale Rechts- und Ordnungssystem der Kirche einzugliedern.[41]

Die von ihm 1098 bzw. um 1100 auf ausdrückliche Weisung des Papstes gestiftete Abtei von Fontevraud spiegelt etwas von der Eigenwilligkeit ihres Gründers wider. Sie wurde von Robert in ihrer Konzeption als gemischtes Kloster für Mönche und Nonnen gegründet, wobei das Gesamtkloster unter der Vorrangstellung der Frauen in Gestalt einer Äbtissin stand. Das war selbst für Doppelklöster ungewöhnlich, in denen der Männerkonvent bisher immer die Dominanz hatte und die Nonnen somit eher einen Anhang am Männerkloster darstellten. Der Orden von Fontevraud stellte somit – wie die später entstandenen Klöster im Orden der heiligen Birgitta von Schweden – eine Sonderform im Doppelklosterwesen dar.[42]

Zudem hatte die Äbtissin des Mutterklosters in Fontevraud auch kirchlich eine Stellung inne, die in ihrer Jurisdiktion der eines Ortsbischofs gleichkam und die von den Päpsten sowohl gegen die Angriffe benachbarter Bischöfe als auch der eigenen Mönche im Kloster und Orden immer bestätigt wurde. Als oberster Ordinaria unterstand ihr mit Hilfe eines Generalvikars die Gesamtleitung und das Visitationsrecht in den etwa 100 Prioraten des Ordens samt den dazu gehörigen Pfarren.[43]

---

40 Vgl. Karl Suso Frank, *Art.: Robert v. Arbrissel*, in: LThK (3. Auflage) Freiburg im Breisgau 1994, 1215f.; Guy Devailly, *Art.: Robert von Arbrissel*, in: Lexikon des Mittelalters, Bd. VII, München-Zürich 1995, 900.

41 Vgl. Frank, Art. Robert v. Arbrissel, ebd.; Grundmann, 40–44; Melville, 103–105.

42 Zu Doppelklöstern im Mittelalter siehe: Karl Suso Frank, *Art.: Doppelkloster*, in: LThK (3. Auflage) Freiburg im Breisgau 1994, 338f.; Lanczkowski, 90f.; Hawel 232f.; Frank, ebd..

43 Vgl. zur Stellung und quasibischöflichen Jurisdiktion der Äbtissin von Fontevraud: Michael Freiherr von Fürstenberg, *„Ordinaria loci" oder „Monstrum westphaliae"?: Zur kirchlichen Rechtsstellung der Äbtissin von Herford im europäischen Vergleich*, Paderborn 1995, 278–281.

Robert stand als Gründer zunächst der gesamten Gemeinschaft als Magister vor – den Abtstitel lehnte er ab. Die Gemeinschaft von Fontevraud erhielt gewaltigen Zulauf aus allen Volksschichten; vor allem verstoßene Ehefrauen, Prostituierte und sogar Aussätzige suchten Zuflucht in Roberts Gründung. Während die Nonnen sich innerhalb einer strengen Klausur ausschließlich dem Gebet widmen sollten, waren die notwendigen Arbeiten Sache der Männer; bei ihnen lebten Kleriker und Laien ohne Trennung zusammen, dazu kamen die Unterkünfte für Kranke und bekehrte Prostituierte. So bestand die Gemeinschaft aus einer Kommunität von Jungfrauen und Witwen, die in Nachfolge der Gottesmutter Maria in reiner Beschaulichkeit nach der Benediktsregel lebten, einer Gemeinschaft von Büßerinnen, auch Magdalenerinnen genannt, da sie in Nachfolge der heiligen Maria Magdalena lebten, Priester und Brüder, die nach der Augustinusregel lebenden und sich – in der Nachfolge des Evangelisten Johannes verstehend – in Seelsorge und Arbeit dem Dienst an den Nonnen widmeten, sowie das Hospiz für Kranke, besonders Aussätzige, unter dem Patronat des heiligen Lazarus. Die Klausur der Nonnen war sehr streng. Männern – auch Priestern – war der Zutritt unter keinen Umständen gestattet. Nonnen, die der Sterbesakramente oder der Krankenkommunion bedurften, wurden ins Oratorium gebracht. Hinzu kam ein strenges Fastengebot und eine strenge Stabilitas loci.[44]

Robert selber wurde auch nach Gründung des Klosters Fontevraud nicht sesshaft und blieb weiter als Wanderprediger tätig. Nach dem Vorbild von Fontevraud gründete er weitere Klöster, die alle eine Oberin bekamen. 1116 starb dieser rastlose Reformer im Priorat seines Ordens in Orsan in der Grafschaft Berry.[45]

Die Gesamtleitung der Abtei von Fontevraud als auch des Gesamtordens hatte Robert ein Jahr vor seinem Tod der Leiterin des Frauenklosters übertragen. Die Unterstellung des Ordens unter einer Frau galt für ihn als Zeichen größter männlicher Demut und als Zeichen der Verehrung für die Gottesmutter Maria, die unter dem Kreuz ihres Sohnes verharrt hatte. Von 1115 an und sieben Jahrhunderte lang sollten nun, dem Willen des Gründers entsprechend, an der Spitze des Ordens 36 Äbtissinnen aufeinander folgen. Der Orden wuchs rasch und zählte im 12. Jahrhundert bereits über 5000 Mitglieder in Frankreich, England und Spanien. Teilweise schlossen sich auch bestehende Klöster dem Orden an. Das Kloster Fontevraud selbst erfreute sich einer großen Gunst des Adels und hier besonders der Häuser Anjou und Plantagenet. Im Spätmittelalter setzte ein Verfall ein, dem man aber innerhalb des Ordens mit einer Eigenreform begegnete. Das Mutterkloster und der Orden selbst gingen in der Französischen Revolution unter. Das

44 Vgl. Karl Suso Frank, *Art.: Fontevrault*, in: LThK (3. Auflage) Freiburg im Breisgau 1994, 1347f.; Lanczkowski, 100f..

45 Vgl. Frank, Art. Robert v. Arbrissel, ebd.; Ders., Art. Fontevrault, ebd..; Devailly, ebd.; Melville, ebd..

Männerkloster traf das Schicksal vieler Klöster in Frankreich: es wurde abgebrochen, während das Frauenkloster als Staatsgefängnis diente. Eine seit 1963 durchgeführte Restauration der Bauten der Abtei von Fontevraud zeigen etwas, das zu dem großartigsten und kostbarsten zählt, was mittelalterliche Klosterarchitektur der Gegenwart überliefert hat.[46]

Das Innere der Abteikirche von Thiron

46 Zum Phänomen der mittelalterlichen Doppelklöster und hier insbesondere des Ordens von Fontevraud siehe: Michel Parisse, *Fontevraud, monastère double*, in: *Doppelklöster und andere Formen der Symbiose männlicher und weiblicher Religiosen im Mittelalter. Herausgegeben von Kaspar Elm und Michel Parisse* (Berliner historische Studien. Herausgegeben vom Friedrich-Meinecke-Institut der Freien Universität Berlin, Band 18, Ordensstudien VIII.), Berlin 1992, 135–148; Jean-Marc Bienvenu, *Art.: Fontevrault*, in: Lexikon des Mittelalters, Bd. IV, München-Zürich 1989, 627–629; Grundmann, ebd; Melville, ebd.; Frank, Art. Robert v. Arbrissel, ebd.; Ders., Art. Fontevrault, ebd., Lanczkowski, ebd..

2. Bernhard von Thiron und die Kongregation von Sainte-Trinité zu Thiron

Bernhard von Thiron wurde um das Jahr 1046 in Abbeville geboren. Seine um 1147 entstandene Vita beschreibt seine Herkunft als ein Kind mittelloser, aber frommer Eltern. Seit 1066 war Bernhard Mönch in der Benediktinerabtei Saint Cyprien bei Poitiers. Dort zeichnete er sich durch seine strenge Frömmigkeit aus, so dass er bereits 1076 Prior des traditionsreichen Klosters St-Savin-sur-Gartemps im Poitou wurde. 1096 zog er sich als Einsiedler in den Wald bei Craon zurück, später in die Nähe von Granville in der Normandie. 1100 kehrte er nach Saint-Cyprien zurück und wurde dort Abt. Die angestrebten Reformen konnte er aber nicht durchsetzen, zudem hatte es Unrechtmäßigkeiten bei seiner Abtswahl gegeben, so dass Bernhard mit Erlaubnis des Papstes ab 1104 wieder als Wanderprediger und Einsiedler unterwegs war, um seinem vom Wüstenmönchtum geprägten Ideal nahezukommen. Eine vom Papst angetragene Kardinalswürde lehnte Bernhard ab. Er stand in enger Verbindung mit anderen Reformäbten wie Vitalis von Savigny oder Robert von Arbrissel. Mit Robert von Arbrissel unternahm er auch apostolische Wanderungen und Reisen. In den Jahren 1108 bzw. 1109 bekam Bernhard in Thiron bei Perche – westlich von Paris – vom dortigen Grafen ein Stück Land geschenkt und gründete dort 1114 mit Unterstützung des Bischofs Ivo von Chartres das Kloster Ste-Trinité, in welchem er im April 1116 oder 1117 starb. Seine Gründung Thiron sollte auch nach Bernhards Tod einen großen Aufschwung erleben: Es gelangte zu Berühmtheit und wurde so zum Ausgangspunkt einer benediktinischen Reformkongregation, welche zeitweilig auf 23 Abteien und 80 Priorate anwuchs. Vom 15. Jahrhundert an geriet die Kongregation aber in eine Krise, von der sie sich nicht mehr erholte und die dazu führte, dass sich die Mutterabtei Thiron samt den verbliebenen Klöstern im Jahre 1629 der benediktinischen Maurinerkongregation anschloss. Thiron wurde wie alle Klöster in Frankreich, in der Revolution aufgelöst. Die immer noch den Reformgeist Bernhards atmende schlichte Klosterkirche und die zeitweilig als Militärschule genutzten Klostergebäude sind ebenso wie die Gärten erhalten geblieben.[47]

47 Zur um 1147 verfassten Vita des Bernhard von Thiron, siehe: Geoffrey Grossus: *The Life of Blessed Bernard of Tiron*. Translated with an introduction and notes by Ruth Harwood Cline. Washington, D.C. 2009. Vgl. Stephanus Hilpisch, *Geschichte des benediktinischen Mönchtums in ihren Grundzügen*, Freiburg im Breisgau 1929, 201; Grundmann, 40f., 489; Karl Suso Frank, *Art.: Bernhard v. Thiron*, in: LThK (3. Auflage) Freiburg im Breisgau 1994, 276; Ruth Harwood Cline, *The congregation of Tiron in the twelfth century: Foundation and expansion*. Georgetown University, 2000; Melville, 101f..

3. Guido und die Valliscaulianer oder Cauliten

Die Valliscaulianer, auch Cauliten genannt, wurden 1193 als Eremitensiedlung in ihrem Stammkloster Val des Choux (lat. vallis caulium) in Burgund gegründet und um 1204 päpstlich bestätigt![48]

Der Gründer und erste Prior, Gui (oder Guido bzw. Viard), war zuvor Mönch bei den Kartäusern von Lugny in Nordburgund gewesen. Die Nachrichten und Quellen über den Gründer und die Anfänge dieser Gemeinschaft sind spärlich: Der Überlieferung nach verließ besagter Gui seine Kartäusergemeinschaft in Lugny, um sich als Einsiedler in den Wäldern von Châtillion-sur-Seine, das in der Nähe von Troyes und Dijon liegt, zurückzuziehen. Aus der Schar der sich um ihn ansammelnden Anhänger bildete sich von 1193 an eine klösterliche Gemeinde, die in Herzog Odo III. von Burgund einen tatkräftigen Gründer und enormen Förderer bei den kirchlichen Autoritäten fand. Das vom Herzog ausgestattete Kloster erhielt von Innozenz III. 1205 die Bestätigung seiner klösterlichen Lebensweise. Als Vermittler zum Papst fungierte denn auch kein Geringerer als der Erzbischof von Reims.[49]

In der Verfassung der Valliscaulianer spiegelt sich die Experimentalität mittelalterlicher Gottessuche ab, denn sie vermischte auf recht eigentümliche Art zisterziensische und kartusianische Lebensweisen miteinander: Die Gemeinschaft befolgte als Grundlage die Benediktsregel, welche mit Teilen der Gebräuche der Zisterzienser und Kartäuser vermischt und so unter dem Gebot strengster Armut und Askese in ihrer Strenge noch verschärft worden war. Jeder Mönch lebte wie ein Kartäuser in einem eigenen kleinen Haus. Die Gebete, die Mahlzeiten und die Arbeit wurden dagegen wie bei Benediktinern und Zisterziensern gemeinsam verrichtet. Schon geographisch war die in Burgund gegründete und verwurzelte Gemeinschaft eng mit dem Zisterzienserorden verbunden: eine spirituelle Nähe zu den Zisterziensern findet auch darin ihren Ausdruck, dass schon von 1215 an eine Gebetsverbrüderung von den Valliscaulianer mit diesem Orden eingegangen wurde. Auch organisatorisch übernahm man aus den Normen und Regelungen der Zisterzienser für den eigenen Klosterverband. Trotz dieser Nähen zu den zisterziensischen Mitbrüdern blieb der Orden aber während des ganzen

48 Einen guten Einblick in die Geschichte dieses Ordens bietet die relativ aktuelle Monographie von: Phillip C. Adamo, *New monks in old habits. The formation of the Caulite monastic order, 1193–1267.* Pontifical Institute of Mediaeval Studies, Toronto 2014. Ebenfalls sei auf das frühere Werk von Robert Folz verwiesen: Robert Folz, *Le monastère du Val-du-Choux au premier siècle de son histoire*, in: Bulletin philologique et historique (jusqua` à 1610) du Comité des Travaux Historiques et Scientfiques. Section de Philologie et d`histoire, année 1959 (1960), 91–115.

49 Vgl. K. Hofmann, *Art.: Cauliten*, in: LThK (2. Auflage) Freiburg im Breisgau 1958, 982; Robert Folz, *Art.: Cauliten*, in: Lexikon des Mittelalters, Bd. II, München-Zürich 1983, 1579; Karl Suso Frank, *Art.: Cauliten*, in: LThK (3. Auflage) Freiburg im Breisgau 1994, 980; Melville, 233.

Mittelalters immer unahhängig und beharrte in seiner eremitischen Lebensgrundlage. Diese wurde auch beibehalten, als 1224 Milderungen der klösterlichen Strenge von Papst Honorius III. der Benediktsregel mehr Gewicht gaben.[50]

Aufgrund der allzu strengen Gebräuche des Ordens war er wahrscheinlich auch deshalb nie sehr groß: die Klöster sollten nie mehr als 20 Mönche haben! Insgesamt verfügten die Valliscaulianer nur über ca. 20 Klöster in ihrer gesamten Geschichte, von denen die meisten in Frankreich lagen. Drei Klöster gab es in Schottland, zu denen die heutige Benediktinerabtei Pluscarden[51] gehörte. Ein Kloster lag bei Roermond in den heutigen Niederlanden.[52]

Die Klöster in Schottland und in den Niederlanden gingen im Gefolge der Reformation unter. Das Hauptkloster wurde schon 1764 aufgehoben.[53] Die wenigen verbliebenen französischen Klöster schlossen sich im 17. Jahrhundert der Zisterzienserabtei Sept-Fons an und wurden so 1762 mit dem Zisterzienserorden bzw. in diesem mit der Reformbewegung der Trappisten, vereinigt. Die Klöster der Valliscaulianer sind dann in der Französischen Revolution endgültig untergegangen.[54]

Val de Choux – Mutterkloster der Valliscaulianer

50 Vgl. Hofmann; Melville, ebd..

51 Vgl. Gorden Beattie, *Gregory's Angels. A History of the Abbeys, Priories, Parishes and Schools of the Monks and Nuns following The Rule of Saint Benedict in Great Britain, Ireland and their Overseas Foundations. To commemorate the arrival of Saint Augustine in Kent in 597 AD*, Ampleforth 1997, 144f.; o.V.; *In this place i will give peace. 50 years Pluscarden Abbey*, Pluscarden 1998.

52 Vgl. Hofmann; Melville, ebd..

53 Vgl. Folz, Lexikon des Mittelalters.

54 Vgl. zum Zusammenschluss von Valliscaulianern und Zisterziensern auch die Monographie von: Dorothée Jalloutz, *Cisterciens au Val-des-Choux et à Sept-Fons 1762–1792. Règlements généraux.* Textes présentés par Fr. Placide Vernet, moine de Citeaux, Paris 2005.

Fazit: Gegenseitige spirituelle und organisatorische Beeinflussung der kleineren Ordensreformen vor und nach Cîteaux

Diese Übersicht der Reformen des 11. und 12. Jahrhunderts vermittelt die reiche Reformtätigkeit des damaligen Mönchtums. Zudem wird deutlich: Die Entstehung des Zisterzienserordens ist im Kontext einer ganzen Reihe von monastischen Klostergründungen und Reformen zu sehen, die sich teils vor, teils parallel, teils abhängig oder unabhängig von Cîteaux regional auf französischen und italienischen Boden gründeten. Dazu gehören die Wiederentdeckung des Eremitentums und der „Vita apostolica" in all ihren reichen Ausprägungen. Aus diesen Quellen schöpften sowohl der Neuaufbruch von Cîteaux, als auch die anderen eigen geprägten Reformen, die in diesem Jahrhundert entstanden bzw. auch die Reformgründungen mit dem geerbten Charisma von Cîteaux, welches dann jeweils weiterentwickelt wurde.

Warum gerade Cîteaux unter allen den Reformen des 11. und 12. Jahrhunderts so groß und beherrschend wurde, kann nicht eindeutig erklärt werden. Lag es einzig und allein an der Person eines Bernhard von Clairvaux? Das muss offenbleiben! Denn vieles an Grundstrukturen vorangegangener Reformen haben die Zisterzienser, aber auch andere Reformkongregationen übernommen, am bekanntesten ist das Konversen-Institut aus Vallombrosa. Andere Reformen nach Cîteaux – auch Kanonikerreformen wie der zur selben Zeit entstandene Prämonstratenserorden – haben wiederum Strukturen der Zisterzienser übernommen, wie z.B. das Generalkapitel als oberste Instanz im Gesamtorden.

Es kann deshalb nicht gesagt werden, dass die Cîteaux-Bewegung letztlich die meisten Reformbestrebungen des Hochmittelalters inspiriert und absorbiert hat. Keine der genannten Reformen kommt aus Cîteaux und auch Savigny und Obazine – die sich Cîteaux später anschlossen – entstanden wie alle hier genannten Ordensreformen den jeweils selbstständigen Inspirationen und Handeln ihrer Gründer.

Frater Eugenius Lersch

„Surge, conclamat, soror atque sponsa"

Zwei Gertrudis-Hymnen als Beispiele für die Erschließung der mittelalterlichen Frauenmystik durch die Mauriner

1. Gertrud die Große und ihr Kloster Helfta[1]

Obwohl Zentrum der religiösen Frauenmystik des Hochmittelalters, war Helfta im heutigen Thüringen nur eine verhältnismäßig kurze Blütezeit beschert.

Vier Frauen (zwei tragen den Namen Gertrud, zwei den Namen Mechthild), die nicht miteinander verwechselt werden dürfen, waren hier im 13. Jahrhundert prägend: die Äbtissin Gertrud von Hackeborn, ihre leibliche Schwester Mechthild von Hackeborn, Gertrud die Große von Helfta (um die es hier gehen soll) und die ehemalige Begine Mechthild von Magdeburg.

Helfta datiert in seinen Ursprüngen in das Jahr 1229, genauer auf den 22. Juli. Graf Burchard von Mansfeld und seine Gemahlin Elisabeth, Gräfin von Schwarzburg, gründeten an diesem Tag an ihrer Burg in Mansfeld ein Kloster, das mit „grauen Schwestern" aus dem Kloster St. Jacobi/St. Burchardi von Halberstadt besiedelt wurde. Allerdings erwies sich dieser Ort als nicht ideal. Im Jahre 1235 übersiedelten die Schwestern daher unter ihrer Äbtissin Kunigunde nach Rodersdorf (heute eine Wüstung) bei Eisleben. 1248 wurden die erst siebenjährige Mechthild von Hackeborn und ihre zehn Jahre ältere Schwester Gertrud in die Obhut des Klosters gegeben. Im Jahre 1251 starb Kunigunde; ihre Nachfolgerin wurde Gertrud von Hackeborn (gestorben 1291 nach 40jähriger Amtszeit), die die Gemeinschaft konsolidierte. Wassermangel zwang die Schwestern zu einem neuerlichen Ortswechsel; 1258 wurde den Schwestern Helpede (= Helfta) von den Brüdern der Äbtissin (sie stammte aus einem Adelsgeschlecht) geschenkt, am 3. Juni desselben Jahres hielten die Schwestern dort Einzug. Unter Gertrud von Hackeborn blühte das Kloster rasch auf; es wurde ein Bildungszentrum ersten Ranges, bekannt für seine berühmte Schule unter der Leitung von Gertruds Schwester Mechthild; den Schülerinnen wurde das gesamte damals bekannte Bildungsgut zur Verfügung gestellt, die Schwestern wurden umfassend unterrichtet, ein Scriptorium wurde eingerichtet.

---

1 Vgl. hierzu die Einleitung von Maria Hildegard Brem in: *Gertrud von Helfta, Botschaft von Gottes Güte,* Band 1: Buch 1 und 2, übersetzt und herausgegeben von Maria Hildegard Brem, Heiligenkreuz 2014, 20–55 (dort auch weitere Literatur).

Gertrud von Helfta, genannt die Große (sie ist bis dato die einzige Frau unter den ohnehin wenigen Personen, die von der Kirche mit diesem Epitheton belegt worden sind; nicht zu verwechseln mit der Äbtissin Gertrud), geboren am Epiphaniastag (6. Januar) 1256, wurde 1261 in die Fürsorge der Helftaer Schwestern übergeben. Damals war sie fünf Jahre alt und Waise: „Der Herr hat sie auserwählt, als sie fünf Jahre zählte, hat sie den Stürmen der Welt entrissen und in das Brautgemach des heiligen Ordenslebens verpflanzt" (Legatus I,1). Auch sie erhielt eine gründliche Ausbildung in der Klosterschule. Sie war rhetorisch geschult, wie ihr außerordentlich hohes lateinisches Sprachniveau zeigt. Vielleicht auch bekannt mit der paganen lateinischen Literatur; eine enge Vertrautheit mit den liturgischen Texten und rituellen Vollzügen bildet nämlich die Grundlage ihres gesamten literarischen Werkes. Neben der Heiligen Schrift kannte sie die Kirchenväter, insbesondere Augustinus und Gregor den Großen. Auch jüngere spirituelle Autoren wie Richard und Hugo von Sankt Viktor sowie Wilhelm von Saint-Thierry und Bernhard von Clairvaux waren ihr alles andere als fremd. Nachweisbar als Einflüsse sind zudem Dionysius Areopagita, Beda Venerabilis, Albertus Magnus und Thomas von Aquin. Allerdings handelte es sich bei Gertrud keinesfalls um eine reine Buchgelehrte – als 25jährige hatte sie nach mehreren Wochen des Ringens am 27. Januar 1281, kurz vor dem Fest Mariä Reinigung, ihre erste Christusvision: Christus erschien ihr als schöner junger Mann, der sie von einer existentiellen Krise – einem Konglomerat aus Eitelkeit, Unzufriedenheit und einseitiger Konzentration auf intellektuelles Erfassen von Zusammenhängen ohne wirkliche spirituelle, herzberührende Tiefe – befreite (II,1).

Die Genese der Werke Gertruds ist nicht ganz einfach nachzuvollziehen und eng verflochten mit dem Werk der 1270 auf Betreiben ihres Beichtvaters, des Dominikanerpaters Heinrich von Halle, in das Kloster aufgenommenen Begine Mechthild von Magdeburg (nicht zu verwechseln mit der Schwester der Äbtissin). Mechthild schrieb dort das siebte Buch von „Ein fließend Licht der Gottheit".

Im Jahre 1289/90 berichtete die andere Mechthild, die Schwester der Äbtissin, die krank darniederliegende Mechthild von Hackeborn, Gertrud und einer weiteren Schwester von ihren Visionen; aus diesem Bericht entstand der „Liber specialis gratiae", niedergeschrieben von Gertrud und einer ihrer weiteren Mitschwestern. Zudem hatte Gertrud kurz zuvor das zweite Buch ihres mit der Vision von 1281 initiierten „Legatus" niederzuschreiben begonnen. Die Bücher III bis IV des Legatus wurden auf Diktat Gertruds hin niedergeschrieben, das Buch I, das hagiographisch-textgenetischer Natur ist, wurde post mortem dem Werk vorangestellt. Das zweite bekannte Werk Gertruds, die „Exercitia spirtualia", wurden von Gertrud selbst verfasst, allerdings ist das genaue Abfassungsdatum nicht bekannt.

Nach dem Tode Gertruds im Jahre 1301 oder 1302 erlosch die geistig-literarische Tätigkeit in Helfta. Bald begann der Niedergang. Im Jahre 1343 wurde das Kloster im Zuge von Auseinandersetzungen mit Bischof Adalbert von Braunschweig verwüstet und drei Jahre später als Neu-Helfta wiedererrichtet. Das Kloster wurde ebenfalls 1525 im Bauernkrieg verwüstet, 1529 kehrten die Schwestern nach Alt-Helfta zurück. Im Zuge der Reformation hatten die Nonnen den protestantischen Gottesdienst einzuführen; 1545 wurde das Kloster nach dem Tod der letzten Äbtissin Walburga säkularisiert; es fiel an die Grafen von Mansfeld. Im Laufe der frühen Neuzeit fiel das Gelände an verschiedene Besitzer, unter anderem an den preußischen König. 1949 wurde das Gelände in eine LPG umgewandelt. Nach der Wiedervereinigung wurde das Kloster vom Bistum Magdeburg erworben, das sich um Wiederaufbau und Wiederbesiedlung bemühte; 1999 konnte das Kloster von Seligenthal aus wiederbesiedelt werden.

Gertruds Werk ist in der frühen Neuzeit nicht gut bekannt gewesen: Der Kartäuser Johannes von Lansperg hat 1536 eine lateinische Druckausgabe des „Legatus" herausgegeben, davor existieren lediglich acht handschriftliche Überlieferungen aus dem 15. Jahrhundert; aus dem 14. Jahrhundert ist keine erhalten. Einige wenige volkssprachliche Bearbeitungen aus dem süddeutschen Raum sind für das 15. Jahrhundert belegt; eine kritische Edition erfolgte erst im 19. Jahrhundert.

2. Poetologische Probleme – und wie ein Mauriner sie löst

Die lateinische Sprache hat das griechische Wort „hymnos", ein Preislied für die Heroen und Götter, übernommen; der heilige Augustinus definiert die christliche Auffassung eines Hymnus „Hymni sunt laudes Dei cum cantico. Oportet ergo ut, si hymnus, habet haec tria: et laudem, et Dei, et canticum (Enarrationes in Psalmos 72,1 PL 36, Sp. 914)."

In der Liturgia Horarum Sancrucensis finden sich am 16. November zum Gedenktag der 1678 ins römische Heiligenverzeichnis aufgenommenen Gertrud der Großen, der als Memoria begangen wird, zwei Hymnen zu Ehren dieser Heiligen, die in besonders gelungener Weise schlaglichtartig, aber eindrucksvoll und sprachästhetisch auf hohem Niveau die Grundlinien der Spiritualität Gertruds der Großen, ja überhaupt der zisterziensischen Spiritualität des hohen Mittelalters, vor Augen führen. 1678 ist auch das Todesjahr des Verfassers der beiden Hymnen: Es handelt sich um Dom Hugues Vaillant, einen Benediktinermönch aus der Kongregation von St-Maur, Professor für Rhetorik am in der Mitte des 17. Jahrhunderts neu eingerichteten Benediktinerkolleg von Pontlevoy (Loire).[2] Einen Hymnus, gewissermaßen einen Lobgesang auf einen Heros oder eine Heldin des christlichen Olymp, zu verfassen, stellt den Autor vor nicht geringe Schwierigkeiten, gerade im Fall einer so vielseitigen und ungewöhnlichen Heiligen wie Gertrud der Großen, gilt es doch, in hochselektiver Weise einige Charakteristika eines von Christus erfüllten Menschen in möglichst kunstvoll verkürzter, also ver-dichteter Weise vor Augen zu stellen, am besten, ohne in einen allzu balladesk-narrativen Stil zu verfallen, ohne in sprachliche Preziosität auszuarten oder den eigentlichen Grund und das letzte Ziel jeglichen Lobes, nämlich Gott, aus den Augen zu verlieren. In gewisser Weise ist die hymnodische Sprache fast geeigneter als episch-prosodisches Sprechen, ist doch dem dichterischen Duktus eine gewisse Feierlichkeit zu eigen („eructavit cor meum verbum bonum"; Ps 44,1). Zudem kann poetisches Sprechen das Unaussprechliche, das Problem der Inkommensurabilität mystisch-innerlicher Erfahrungen, eventuell einer angemesseneren Lösung zuführen als episches Reden. Das äußerliche Leben Gertruds der Großen bietet wenig Aufregendes, Aufsehenerregendes, von der Tatsache, dass weder ihr Geburtsort, ihr Stand oder der Name ihrer Eltern bekannt sind, einmal abgesehen; auch ihre Begräbnisstätte ist nicht bekannt. Sie hatte im Kloster keine besonderen Ämter inne; ihr ganzes Leben war von Krankheiten geprägt und in besonderer Weise auf das Geistig-Kontemplative ausgerichtet, von mystischer Intimität, von Christusminne geprägt, eine sehr auf die Schönheit und die kunstvolle Komposition der liturgischen Texte zentrierte Frömmigkeit – sie war die zweite Kantorin in ihrem Kloster – wechselte sich mit schlichten, demütigen Diensten an den Mitschwestern und den Gästen ab. Will man also die große Heilige aus Helfta, die spirituell sowohl aus der benediktinischen Lebensform wie aus den zisterziensischen Quellen schöpfte, in rechter Weise vor Augen stellen, gilt es, sich auf das vielschichtige, reichlich differenzierte Innenleben und die Grundlinien ihrer Spiritualität, die in ihrem Schrifttum zum Ausdruck kommen, zu konzentrieren.

Sowohl der sapphische Laudeshymnus als auch der ambrosianische Vesperhymnus lösen diese Aufgabe in ausgezeichneter Weise. Sie stellen die mystische Vermählung der Braut Christi in biblischen Bildern vor Augen, bedienen sich zudem eines dem hohen Grad der Geistigkeit und der intellektuellen Bildung der Heiligen angemessenen Sprachduktus, ohne in hagiographische Platitüden oder sprachliche Klischees zu verfallen. Wenn man Gertrud als eine der entscheidenden „Erfinderinnen" der mystischen Liebessprache des Hochmittelalters ansehen kann, wenn sie darüber hinaus sowohl in der Wahl ihrer Worte wie auch in Sprachrhythmus und -duktus stilistische Maßstäbe für die Frauenmystik des Hochmittelalters gesetzt hat, zudem sich einer stark von Metaphorik,

2 Freundlicher Hinweis von Sr. Michaela Arnaud OCist, Rieunette.

Allegorese, Simulakren und uneigentlichem Sprechen geprägten Sprache bedient hat, um den unsagbaren, in diskursiv-rationalem Sprechen nicht ausdrückbaren („in-ef-fabilis“ – unaussprechlich) Gott in irgendeiner Weise fassbar zu machen, dann stellt dies hohe Anforderung an einen Hymnus, der die feine Textur des Innenlebens dieser Heiligen berücksichtigen sollte.

Der Laudeshymnus ist zudem so komponiert, dass er die Sehnsucht nach der mystischen Vermählung mit sehr intimen und anrührenden Vokabeln zu umschreiben vermag, ohne die Dezenz und „dulcedo“ zu verletzen – die dem Hohenlied und der Apokalypse entnommenen Topoi lassen den mystischen Vorgang der Vermählung erahnen.

Während der Laudeshymnus noch in gewisser Weise eine dialogische Struktur aufweist, nämlich das endgültige Einswerden der Seele Gertruds mit ihrem Bräutigam, besingt der Vesperhymnus Gertrud selber als „sacrarium Spiritus Sancti“, redet sie an, lässt sie als Fürsprecherin auftreten beleuchtet in immer neuen Umschreibungen die Einwohnung der göttlichen Süßigkeit in ihrem Herzen – es handelt sich um ein mehr statisches, den Seelenzustand Gertruds umschreibendes Gedicht.

Der Artikel versucht aufzuzeigen, dass beide Hymnen in meisterhafter Weise ihrer komplizierten Aufgabe gerecht werden.

3. Übersetzung und Ausdeutung des sapphischen Hymnus „Ad sacros Virgo“

> Ad sacros Virgo thalamos anhelans
> nuptias caelos celebrare gestit,
> et piis votis nimium morantem
> provocat horam.

Die Jungfrau seufzt nach dem heiligen Brautgemach, begehrt im Himmel die Hochzeit zu feiern und ruft die sich allzu lang verzögernde Stunde mit frommen Gebeten herbei.

> Aegra cum languet, manifestus adstat
> caelitum turma comitante Christus,
> atque divini recreat iacentem
> lumine vultus.

Während sie krank schmachtet, kommt Christus mit himmlischer Begleitung herbei und erfrischt die Liegende mit dem Licht seines göttlichen Angesichtes.

Surge, conclamat, soror atque sponsa,
en tibi pando penetrale cordis,
ut triumphali reserata scandas
sidera curru.

Steh auf, ruft er, Schwester und Braut, ich öffne dir das Innere des Herzens, damit du in eröffnetem triumphierendem Lauf aufsteigst zu den Sternen.

Ista vox omnes penetrat medullas
atque compages animi resolvit:
spiritus liber volat in reclusa
viscera Christi.

Diese Stimme dringt bis ins Innere hindurch und löst das Gefüge des Geistes auf. Der freie Geist fliegt in das geöffnete Innere Christi.

Regios Agni thalamos petentem
iubilans stipat superum corona,
atque complexus et amica cantat
oscula Sponsi.

Zu derjenigen, die zu den königlichen Brautgemächern strebt, drängt sich die jubelne Schar der Himmlischen zusammen; in Umarmung besingt die Freundin die Küsse des Bräutigams.

Virginum Sponsum, superumque Regem
virginum sanctae celebrant choreae,
et sacram supplex Triadem per aevum
orbis adoret.

Die heiligen Reigen der Jungfrauen feiern den Bräutigam der Jungfrauen und den König der Heiligen, und die ganze Welt bete ewig die Dreifaltigkeit an.

Die erste Strophe zeigt einen einfühlsamen Umgang mit dem Innenleben der Mystikerin. Sie führt uns mitten in das seelische Gefüge der Heiligen und lässt wahrscheinlich nicht ohne Absicht offen, ob es sich bei der geschilderten Szene um den Heimgang Gertruds handelt, oder ob ihr gesamtes monastisches Leben eine einzige Sehnsuchtsbewegung ausgestreckt zum himmlischen Bräutigam gewesen ist. Da sie häufig krank war (vgl. Legatus II,3), war sie gezwungen, sich in ihre innere Welt zurückzuziehen – dies war zuweilen mit einer starken Sehnsucht nach dem Tod verbunden, nach dem endgültigen Einswerden mit dem Bräutigam. Die Strophe ist stark von der biblischen Brautmystik des Hohenliedes geprägt; der Traum der Frau in Hld 3,1 („Des Nachts auf meinem Lager suchte ich den, den meine Seele liebt“) wird ebenso umschrieben wie der Psalm 18,6 aus der

Vulgata indirekt zitiert: „ad sacros... thalamos" erinnert stark an den Passus: „ipse tamquam sponsus procedens de thalamo suo" – er selbst ist wie ein Bräutigam, der aus seinem Brautgemach hervorgeht". Das erste Wort 'ad', also eine Präposition, eine akkusativische Richtungsangabe, evoziert eine deutliche Hinbewegung evoziert, nämlich das Einswerden der „Virgo" mit dem sponsus. Die aus dem Griechischen stammende Vokabel „thalamus" könnte auf die klassische Bildung Gertruds anspielen; zumal fügt sie sich klanglich an die Vokabel „anhelans" an, die in lautmalerischer Weise („schwer atmen, seufzen") die sehnsüchtige Seelenlage Gertruds anklingen lässt; die Vokabel „anhelans" imitiert das Atemgeräusch. Sie selbst benutzt diese Vokabel: „Hoc ipsum quod anima mea in carcere corporis huius est, multum desiderans, aestuans et anhelans ad te Deum, fontem vivum" (Exercitia VI). „Cumque sic aestuans et anhelans curreret in siti ferventis desiderii" (Legatus IV,6). Zudem deutet die Vokabel „thalamus" – Schlafgemach, Kammer, Bett – einen äußerst intimen Umgang mit dem Bräutigam des Herzens an. Es geht also bei Gertrud um die „cordis intima", um den Herzenstausch, die innige Zwiesprache mit dem Geliebten. Die Ungeduld der Seele wird auch deutlich an der Vokabel „gestit" – sie wünscht, verlangt heftig – und an dem Passus „nimium morantem / provovat horam": dem allzusehr Zögernden/Aufschiebenden ruft sie die Stunde hervor. Hier verlegt sich der Schwerpunkt der biblischen Anklänge auf das Gleichnis von den klugen und den törichten Jungfrauen (Mt 25,1–13), allerdings in einer leichten Variation der Handlung: Hier ist es die Braut, die wacht, die den zögernden Bräutigam regelrecht herbeiruft.

Die nächste Strophe klärt über die Situation der „Virgo" (die übrigens namentlich im gesamten Hymnus nicht genannt wird) auf: „Aegra cum languet" – „als sie krank darniederlag, kraftlos, abgespannt war"; auch die Partizipialform „iacentem" deutet auf das Krankenlager der Gertrudis hin – allerdings kann man auch ein verdecktes Zitat herauslesen: „Stipate me malis, quia amore langueo – Füttert mich mit Äpfeln, denn ich bin krank vor Liebe" (Hld 2,5). Auch das Liegen könnte eine Anspielung auf das schon erwähnte Lager in Hld 3,1 sein. Das Fragment „lumine vultus" findet sich in dieser Form auch in Ps 86,16: „Beatus populus, qui scit iubilationem / in lumine vultus tui ambulabunt" – „Selig das Volk, das dich als König zu feiern weiß, / sie gehen im Licht deines Angesichtes". Auch die Psalmstelle: „Apud te est fons vitae /et in lumine tuo videbimus lumen" – „Bei dir ist die Quelle des Lebens / in deinem Licht sehen wir das Licht" (Ps 36,10) ist ein Beispiel für die biblischen Bezüge, die dem letzten Vers zugrundeliegen könnten. Die Kranke, Sehnsüchtige hat ihr letztes Ziel erreicht, Christus zu sehen „sicuti est" (1 Joh 3,2), hat ihr Taborerlebnis, die beseligende Schau; eingebettet in die himmlischen Heerscharen, die wie ein Gefolge bei einer Hochzeit anmuten.

Der Hymnus spielt wohl auch auf die Erfahrungen Gertruds an, die sie im „Legatus" schildert: dort geht sie in extenso auf ihre Christusvision ein, auf die verzehrenden Emotionen und die sehnsüchtige Unruhe, die erst gestillt wird, wenn sie ihn von Angesicht zu Angesicht sehen kann: Sie schildert, wie „ein unsagbar beseligendes Licht aus deinen mich vergöttlichenden Augen durch meine Augen einströmte" (Leg II, 21).

Die arithmetische Mitte des Hymnus bilden die nächsten beiden Strophen, die gleichzeitig den einzigen Redeanteil haben: Christus spricht, ruft, fordert auf, die namenlose, empfangende Virgo, die ganz Hingabe ist, schweigt, empfängt, hört zu. Die dritte Strophe nimmt einen weitern Bezug auf das Hohelied: „Surge" ist die Aufforderung des Bräutigams an die Braut, herzueilen (Hld 2,10.13); die Braut wird nicht selten im Hohenlied als „soror" angesprochen (z. B. Hld 4,9; 4,12; 5,1) Die ersten beiden Verse dieser Strophe enthalten darüber hinaus signifikante s-, c- und p-Alliterationen, die den scharfen, durchdringenden Klang der Stimme Christi, wie er in der nächsten Strophe verdeutlicht wird („penetrat medullas"), lautmalerisch illustrieren. Mit der Zeile „En tibi pando penetrale cordis" wird sogar ein doppelter Aspekt der mystischen Vereinigung Gertruds mit dem Herzen Jesu evoziert. Die Zeile kann übersetzt werden mit „Ich lege dir das Innerste meines Herzens offen", hier ist also der Erlöser selber die Quelle lebendigen Wassers, aus der Gertrud schöpfen kann. Andererseits kann der Aspekt des Amplexus, also ein bernhardinischer Topos, ins Spiel kommen, wenn man den Vers übersetzt: „Ich umarme das Innere deines Herzens", wenn es also um eine innige Umarmung, ein völliges Umschlossenwerden von der Liebe Christi geht. Die beiden Verse „ut triumphali reserata scandas / sidera curru" – „damit du in triumphierendem Lauf die Sterne erklimmst". Dies könnte eine Anspielung auf Gertruds Ordensvater Benedikt und sein Ende sein, der von Engel auf einer teppichbelegten, lichtvollen Straße in den Himmel begleitet wurde, wie Gregor der Große berichtet (Gregor der Große, Dialoge II,35).

Die nächste Strophe umschreibt die Wirkung der göttlichen Stimme „Ista vox omnes penetrat medullas" – „Diese Stimme trifft sie bis ins Mark, bis ins Innere", sie dringt durch, „penetrat" (auch in der Strophe vorher ist von „penetrale" die Rede). Auch auf den in Legatus II,23,8 geschilderten Herzenstausch Gertruds mit ihrem Geliebten könnte angespielt sein. Gertrud ist also in ihrer seelischen Verfassung das Gegenteil der obduratio cordis (vgl. Ps 94,7; Hebr 3,7.14; 4,7), ist aufnahmefähig, rezeptiv. Ihr Tod wird sehr dezent umschrieben: „atque compages animi resolvit" – „das Gefüge, die Hülle der Seele löst er auf". Die nächsten beiden Verse sprechen wieder von der Geborgenheit im Herzen oder im Inneren des

Herzens Jesu „spiritus liber volat in reclusa / viscera Christi." Die Vokabel „liber" bezeichnet mit der Freiheit, also der inneren Freiheit zur Ganzhingabe, einen Schlüsselbegriff ihres Denkens und Werkes.

Die letzten beiden Strophen des Hymnus verknüpfen in ausgesprochen raffinierter Weise die mystische Hochzeit zwischen Christus und Gertrud in eine ganzheitlich-kosmologische Vision, verschränken zwei Bildebenen – die einer intimen Vereinigung und die eines antiken Triumphzuges der Erlösten (also ein apokalyptisches Bild der Hochzeit des Lammes) ineinander. Zwei Stellen der Heiligen Schrift bilden wahrscheinlich die literarische Grundlage für die letzten beiden Strophen. Die eine lautet: „Und sie sangen ein neues Lied vor dem Thron und vor den vier Lebewesen und vor den Ältesten. Aber niemand konnte das Lied singen lernen außer den hundertvierundvierzigtausend, die freigekauft und von der Erde weggenommen sind. Sie sind es, die sich mit Weibern nicht befleckt haben; denn sie sind jungfräulich. Sie folgen dem Lamm wohin es geht. Sie allein sind freigekauft als Erstlingsgabe für Gott und das Lamm" (Apk 14, 3–4). Die andere ist ebenfalls als apokalyptisches Canticum einer gewaltigen Schar (Apk 19,6) überliefert: „Wir wollen uns freuen und jubeln / und ihm die Ehre erweisen. Denn gekommen ist die Hochzeit des Lammes / und seine Frau hat sich bereit gemacht. Sie durfte sich kleiden in strahlend reines Leinen. / Das Leinen bedeutet die gerechten Taten der Heiligen. Jemand sagte zu mir: Schreib auf: Selig, wer zum Hochzeitsmahl des Lammes eingeladen ist" (Apk 19, 7–9). Der durchaus intime Moment der Vereinigung im Brautgemach, der mit den Vokabeln „complexus" und „oscula Sponsi" deutlich angezeigt wird, ist also ein Moment des Jubels für das jungfräuliche Gefolge bei der Hochzeit des Königs (vgl. Ps 44,15). Auch die Braut selber singt dem Bräutigam – ein Hinweis auf die liturgische Frömmigkeit Gertruds, die im Kloster als zweite Kantorin fungierte.

Die doxologische Schlussstrophe, die onomatopoetisch den Endbuchstaben „m" betont, verlegt den Schauplatz vollends von der Intimität des Brautgemachs der heiligen Gertrud ins Kosmisch-Eschatologische. Die Strophe könnte beispielsweise von dem Osterhymnus „Chorus novae Jerusalem" des Fulbert von Chartres inspiriert sein. Die kosmische Gesamtheit der Kirche, die ausdrücklich als triumphierend apostrophiert wird, wird bei Fulbert evoziert: die amplitudo der „una res publica", der König und seine Soldaten, das „clarissimum palatium" – all dies sind Begriff aus der antiken Welt, die auf die Kirche übertragen werden: durch seinen Tod am Kreuz hat Christus die in Seufzen liegende Welt erlöst, alles in sich erneuert (Eph 1,10), zu einer Einheit zusammengefaßt. Es liegt die Aufhebung aller Trennung, allen Streites, aller Zweiheit vor, das endgültige, geordnete („clarissimo nos ordinet palatio"), eben kosmo-logisch arrangierte Gottesreich am Ende der Zeiten wird nach dem Kriegsdienst auf Erden (Ijob 7,1) alle Gerechten aufnehmen. Ebenso wie der ambrosianisch-jambische Hymnus des Fulbert benutzt der Verfasser unseres sapphischen Gertrudis-Hymnus antikisierende Elemente – die dem Griechischen entlehnten Formen „choreae“ und „Triadem“ zeugen davon. Im gesanglich-rhythmisierenden m-Laut, auf dem die einzelnen Wörter weich auslauten, kommt zudem eine leichte Konnotation der „chorae“, also des jungfräulichen Reigentanzes zum Ausdruck. Die letzten beiden Verse präsentieren die eigentliche Anbetungsformel der Dreifaltigkeit.

Die sog. adonischen Verse, also die jeweils letzten Verse der einzelnen Strophen, können in Kürze ein ganzes Lebensprogramm der heiligen Gertrud stichwortartig wiedergeben: „provocat horam“ – „sie ruft die Stunde hervor, sie beschwört die Stunde“; „lumine vultus“ – „im Licht des Antlitzes“; „sidera curru“ – „im Lauf die Sterne“; „viscera Christi“ – „die innerste Mitte Christi“; „oscula Sponsi“ – „die Küsse des Bräutigams“; „orbis adoret“ – „die Welt möge anbeten“.

4. Übersetzung und Ausdeutung des ambrosianischen Hymnus „Gertrudis ipse Spiritus“

Der Vesperhymnus kann etwas kürzer behandelt werden:

> Gertrudis, ipse Spiritus
> nos te colentes audiat,
> qui te suam dulcissime
> lyram sonantem condidit.

Gertrudis, der Geist selbst, der dich zu seiner sehr süß klingenden Leier gemacht hat, erhöre uns, die wir dich preisen.

> Te gratiae monilibus
> sic ille largus induit,
> ut iam dicata parvula
> sis visa Christo amabilis.

Jener Freigiebige hat dich so mit dem Schmuck der Gnade beschenkt, dass du, als kleines Mädchen schon geweiht, Christus liebenswürdig erscheinst.

> Annos agebas abdita;
> Sponso sed haerens, pectore
> ex tanto amoris munera
> felix trahebas intima.

Du hast die Jahre verborgen zugebracht, aber du bist dem Bräutigam angehangen und zogst aus einer so großen Brust glücklich intime Geschenke der Liebe.

In corde Verbi commorans,
exhauriebas mystica
quae dulce scriptis aureis
mundo dedisti pabulum.

Im Herzen des Wortes verweilend schöpftest du mystische Dinge aus, die du als süße Nahrung in goldenen Schriften der Welt gegeben hast.

Adepta miro iubilo
aeternitatis nuptias,
da per pudica et sobria
nos regna lucis consequi.

Die du in wunderbarem Jubel die Hochzeit der Ewigkeit erreicht hast, gib durch ein keusches und nüchternes Leben, dass wir die Reiche des Lichtes erreichen.

Dilecti ab ore conferas
quod corda nostra roboret,
hymnos ut illi perpetim
tecum canamus gloriae. Amen.

Mögest du vom Munde des Geliebten mitteilen, was unsere Herzen stärkt, damit wir ihm mit dir zusammen ewig Hymnen singen können.

Dieser ambrosianische Hymnus präsentiert einige weitere bzw. variierte Aspekte des Werkes der heiligen Gertrud. Er ist vielleicht weniger kunstvoll und gedankenreich ausgefaltet als sein sapphisches Pendant: Auch hier findet sich eine Form in der ersten Strophe, die dem Griechischen entlehnt ist: „lyram". Die Strophe zelebriert das Hören, die Hauptaufgabe der benediktinischen Regularen. Sie behandelt Gertrud metaphorisch als Instrument, als Resonanzkörper des heiligen Geistes.

Folgendes Zitat aus ihren Werken passt hierzu:

> „Daraufhin atmete der Herr auf sie und gab ihr auch den Heiligen Geist und sagte: Nimm den Heiligen Geist in dich auf: Denn denjenigen, deren Sünden du vergibst, sind sie vergeben. Da erwiderte sie: Herr, wie kann dies sein, da diese Macht des Bindens und des Lösens allein den Priestern gegeben ist? Der Herr antwortete: Wenn du, durch das Urteil meines Geistes, jemand für unschuldig hältst, so werde ich diese/n auch für unschuldig halten ... Denn ich werde durch deinen Mund sprechen." (Legatus IV, 23)

Die zweite Strophe paraphrasiert die Jes 61,10: „quasi sponsa ornata monilibus suis" und kombiniert sie mit der eigenen Lebensgeschichte – überleitend in die dritte Strophe (schon als kleines Mädchen übergeben; ein verborgenes Leben führen), die zusammen mit der vierten Strophe das Herz dieses Hymnus bildet: Auch diesem Hymnus gelingt es, eine Biographie, aus dem eine „Ballade des äußeren Lebens" vorderhand eher schwierig zu schreiben wäre, in die innere Zwiesprache mit dem Geliebten zu überführen; dies als den Angelpunkt des Lebens einer völlig unauffälligen Frau des Hochmittelalters, die für Jahrhunderte vergessen sein sollte, zu inszenieren. Die Partizipialform „haerens" – also anhängend, anhänglich seiend – ist ein weiteres Indiz für die hörend-bräutliche Existenz- und Lebensform der heiligen Gertrud. „munera / ... intima", also unaussprechliche, in diskursiver Sprache schwer ausdrückbare, geheime, innere Geschenke. Die nächste Strophe ist beachtlich, spricht sie doch vom Herzen des Wortes, in dem Gertrud verweilt. Dies ist ein in seinen Ursprüngen origenistischer Gedanke: Es kann sich sowohl um das Wort der Sacra Scriptura handeln, um das Verweilen beim Wort Gottes in der Lectio Divina (auch das Motiv der „commoratio" deutet darauf hin) als auch – das hängt zuinnerst zusammen – das Verweilen beim Wort, das der Vater gesandt hat, beim Wort, das der Vater ausgesprochen hat, beim fleischgewordenen Wort in den liturgisch-sakramentalen Vollzügen. Aus der geöffneten Wunde Jesu schöpft Gertrudis „mystica", mystische, geheime, innere Erfahrungen – dies ist ein assoziativer Anklang an Jes 12,6 („Ihr werdet Wasser schöpfen voll Freude aus den Quellen des Lebens"). Die letzten beiden Strophen deuten wieder das ewige Hochzeitsmahl an; die letzte Strophe schließt zudem mit der Form „hymnos" den Bogen zur ersten Strophe – „lyram". Hier wird also noch einmal die musikalisch-liturgische Daseinsform der heiligen Gertrud evoziert und in die Ewigkeit, in das ewige Hochzeitsmahl, hineintransferiert.

5. Fazit

Exemplarisch für Gertruds Frömmigkeit, die viele Anleihen aus der platonisch-augustinischen Rückkehr von der Rückkehr und Heimkehr nimmt (auch ein bernhardinisches Motiv) ist folgender Passus (Exercitium V, 213):

„Wehe, wehe mir! Wie lange noch wird meine Verbannung dauern? Wie wird jenes ‚dann' sein, wenn für mich jedes herrliche, beglückende ‚jetzt' herangekommen ist und sich offenbart, und mir erscheint die Glorie meines Gottes, meines Königs und Bräutigams in unendlichem Genießen und ewigwährender Freude? Wann werde ich die Wahrheit schauen? Und wann sehen jenes geliebte Antlitz meines Jesus, nach dessen Anblick meine Seele so lange gedürstet und gelechzt? ... Du Quell ewigen Lichtes, hole mich heim, zurück in dich, woher ich gekommen, du Urgrund allen Seins. Damit ich erkennen kann, so wie ich erkannt bin, damit ich lieben kann, so wie ich geliebt bin. Ich werde dich sehen, du mein Gott, wie du bist, ich werde dich schauen und genießen und besitzen und durch dich beseligt sein in Ewigkeit. Amen."

Vergleicht man dieses Gebet mit der dichterischen Rezeption, kann man die Vorgehensweise des Dom Hugues Vaillant nur als kongenial bezeichnen.

Die Analyse der beiden Gedichte zeigt, auf welcher geistigen und spirituellen Höhe sich die Mauriner in ihrer Blütezeit im 17. Jahrhundert befunden haben. Dom Hugues Vaillant war Zeitgenosse und Mitbruder brillanter Gelehrter: Dom Luc d'Achery (1609–1685), der als Bibliothekar viel für die Erschließung des damaligen patristischen und monastischen Wissens geleistet hat, Dom Nicolas Hugues Ménard (1585–1644), ein Patristiker, Dom Bernard de Montfaucon (1655–1741), ein Gräzist, Dom Thierry Ruinart (1657–1709), der erste Paläograph und Byzantinist, Dom Edmond Martène (1654–1739), der Märtyrerviten edierte, und natürlich der herausragende und berühmte Dom Jean Mabillon (1632–1707), der als Begründer der Geschichtswissenschaften, der Diplomatik und der Liturgiewissenschaft gelten kann.

Auch wenn es sich bei dem Rhetorikprofessor nicht um einen der berühmtesten Mauriner handelt, so zeigen seine Werke doch eine enge Vertrautheit mit der mystisch-spirituellen Tradition benediktinisch-zisterziensischen Zuschnitts, philologisches Geschick, sprachmächtige Gedankentiefe, bemerkenswerte poetische Sensibilität, Einfühlungsvermögen in das Innenleben einer mystisch begnadeten Frau sowie die Fähigkeit, deren initime Gotteserfahrungen treffend zu verbalisieren, und nicht zuletzt erhellende theologische Zusammenschau.

Abt Pius Maurer

Propter chorum fundati sumus.
Generalabt Leopold Wackařz und seine Bemühungen um die Liturgie im Zisterzienserorden

Generalvikar Abt Leopold Wackařz, rechts oben das Wappen von Abt Leopold, im Hintergrund links die Abtei Hohenfurt, gemalt von Bartoloměj Čurn, Budweis 1883, © Kloster Vyšší brod

1. Einleitung

Generalabt Leopold Wackařz ging als jener Generalabt der Zisterzienser in die Ordensgeschichte ein, in dessen Amtszeit sich die Zisterzienser der strengeren Observanz, oft kurz „Trappisten" genannt, von den Zisterziensern der allgemeinen Observanz kirchenrechtlich trennten. Beim Generalkapitel der Zisterzienser der strengeren Observanz von 1. bis 13. Oktober 1892 in Rom beschlossen die Oberen der drei damals bestehenden Trappistenkongregationen (*Congregatio antiquioris reformationis de Trappa* mit der Abtei Sept-Fons, die *Congregatio belgica antiquioris reformationis de Trappa* mit der Abtei Westmalle und die *Congregatio recentioris reformationis de Trappa* mit der Abtei La Trappe) sich mit Zustimmung des Heiligen Stuhls zusammenzuschließen und einen autonomen Orden zu bilden. Sie entschieden sich dafür, einen eigenen Generalabt mit Sitz in Rom zu wählen und den Namen *Ordre des Cisterciens Réformés de N. D. de la Trappe* anzunehmen. Zum ersten Generalabt wählten die Trappisten Abt Sébastien Wyart von der Abtei Sept-Fons[1].

Dieses Ereignis prägte so sehr die Amtszeit von Generalabt Leopold Wackařz, dass es als das Hauptereignis in seiner Zeit als Generalabt der Zisterzienser der allgemeinen Observanz gilt und sein weiteres Wirken in den Hintergrund rückte. Allerdings war Generalabt Leopold Wackařz ein tatkräftiger Abt von Hohenfurt (1857–1901), Generalvikar (Abtpräses) der österreichisch-ungarischen Zisterzienserkongregation (1875–1891) und Generalabt des Zisterzienserordens der allgemeinen Observanz (1891–1900), der viele Initiativen in seinem Kloster, in der österreichisch-ungarischen Zisterzienserkongregation und im ganzen Zisterzienserorden der allgemeinen Observanz setzte, die es verdienen, näher betrachtet zu werden. Hier in diesem Artikel soll besonders sein Einsatz für die Liturgie untersucht werden. Einige Male kommt in seinen Schriften dieses Zitat vor: *Propter chorum fundati sumus – Wegen des Chorgebets sind wir gegründet worden*[2]. Mit diesem Satz wird das Chorgebet als der zentrale, Existenz begründende Grundvollzug der Zisterzienserklöster pointiert erklärt. Um das liturgische Engagement von Abt Leopold Wackařz im Kontext seiner Biographie einigermaßen einordnen zu können, werden hier die wichtigsten Stationen seines Lebens vorgestellt, zusammen mit seinen Bemühungen um die Liturgie in seinen jeweiligen Lebensabschnitten. Die Übersetzungen der lateinischen und französischen Originaltexte stammen von mir. Ich danke Mag. Karl J. Wagner aus Graz für die Überprüfung und Korrigierung meiner Übersetzungen. Ich danke Pater Prior Justin Berka von Vyššibrod (Hohenfurt) für die Unterstützung meiner Forschungsarbeiten im Klosterarchiv Vyššibrod.

---

1 Vgl. Polykarp Zakar, Alcuin Schachenmayr, *Union and Division: the Proceeding of the three Trappist Congregations at their General Chapter in 1892*, in: ACi 56 (2006) 334–384, hier: 365–373.

2 Vgl. Anm. 18 und 40 und 43 und 45 und 55.

2. Herkunft, Jugend und erste Klosterjahre

Geboren wurde Anton Wackařz, so der Zivilname des späteren Generalabtes Leopold, am 3. Mai 1810 in der südböhmischen Kleinstadt Oberplan an der Moldau, dem heutigen Horní Planá[3]. Sein Vater stammte ursprünglich aus Prachatitz (Prachatice), etwa vierzig Kilometer nördlich von Oberplan[4]. Der Familienname Wackařz weist auf slawische Vorfahren der Familie hin. Die Familie des späteren Generalabtes Leopold übersiedelte bald nach 1810 vom böhmischen Ort Oberplan in das oberösterreichische Haslach[5], wo sein Vater als Schuhmacher Arbeit fand[6]. Der junge Anton Wackařz besuchte in Haslach die Volksschule und danach das Gymnasium in Linz[7]. Von 1831 bis 1833 absolvierte Anton die philosophischen Studien des kaiserlich-königlichen Lyzäums Linz[8].

Am 23. September 1833 trat er in das Zisterzienserstift Hohenfurt als Novize ein und erhielt den Ordensnamen Leopold[9]. Am 25. Juli 1836 empfing er in Budweis die Priesterweihe. Auf Weisung seines Abtes blieb er nach dem Ende seines Studiums im Stift und übte für einige Jahre die Ämter eines Kantors und eines Regenschori aus. Die 1845 erfolgte Gründung des Hohenfurter Musikvereins zur Förderung der Kirchenmusik war zu einem großen Teil dem jungen Regenschori Leopold Wackařz zu verdanken. Er leitete diesen Chor bis zu seiner Abtwahl 1857 und blieb bis in sein Greisenalter dessen Schutzherr. Abt Valentin Schopper von Hohenfurt (Abt 1828–1857) ernannte ihn 1843 zum Stiftsrentmeister und 1846 zum Abt-Sekretär[10].

Weil der Heilige Stuhl in der Mitte des 19. Jahrhunderts versuchte, die Observanz in den österreichischen Stiften mit einer Apostolischen Visitation unter der Leitung von Kardinal Friedrich zu Schwarzenberg zu heben, kam es im Herbst 1854 in Hohenfurt zu einer Visitation durch den Apostolischen Con-Visitator, den Bischof

---

3 Allgemeine Informationen zu Generalabt Leopold Wackařz: vgl. Emil Putschögel, *Stift Hohenfurt vor 120 Jahren und heute, 1882, 11. November*, Hohenfurt 1882; [Raphael Pavel], *Leopold Wackařz. Abt des Stiftes Hohenfurt in Böhmen und General-Abt des Cistercienser-Ordens Obs. com.*, in: CistC 8 (1896) 226–237; Dominik Kaindl, *Geschichte des Zisterzienserstiftes Hohenfurt in Böhmen. Im Anhang ein Führer durch die Sehenswürdigkeiten des Stiftes*, Hohenfurt 1930, hier: 118–127.

4 Vgl. Trauungsbuch-Eintrag (4. November 1800) in: Staatliches Gebietsarchiv Třeboň, Horní Planá 8, Trauungsbuch (1778–1857), folium 40: *Bräutigam: Anton des Anton Wačkarz Bürgers in Prachatitz.*

5 Ein Impfzeugnis des zweijährigen Anton Wackařz von 1812 ist bereits in Haslach ausgestellt: vgl. Klosterarchiv Vyšší brod, 177, HAD 76, XI, 98.

6 Vgl. Totenbuch-Eintrag (8. Mai 1826) von Anton Wackařz, des Vaters des späteren Abtes Leopold Anton Wackařz, in: Totenbuch II der Pfarre Haslach, folium 143: *Haslach 16, Anton Watzkarsch, bürgerl. Schuhmachermeister, 53 J[ahre].*

7 Vgl. Putschögel, *Stift Hohenfurt*, 30.

8 Vgl. Zeugnis vom 7. August 1833 im k.k. Lyzäum Linz, in: Klosterarchiv Vyšší brod, 177, HAD 76, XI, 101.

9 Vgl. [Pavel], *Leopold Wackařz*, 227; Putschögel, *Stift Hohenfurt*, 30.

10 Vgl. Kaindl, *Geschichte*, 118; [Pavel], *Leopold Wackarz*, 228; Putschögel, *Stift Hohenfurt*, 30–31.

von Leitmeritz, Augustin Bartholomäus Hille[11]. Kardinal Schwarzenberg ordnete für alle Zisterzienserstifte der Donaumonarchie die Einführung der ganzen Stundenliturgie im Chor und weitere monastische Gebräuche (tägliche Meditation, Fasten an den Fasttagen, das Beachten der Zisterziensevorschriften für die Totengedenkzeit *Lambertinum*[12]) an[13]. Durch den josephinischen Zeitgeist Ende des 18. und zu Beginn des 19. Jahrhunderts war das alles weitgehend in den österreichischen Stiften abgeschafft worden. Nur das Beten der kleinen Horen, der Vesper und der Komplet im Chor, oft nur durch die Novizen, war damals in den meisten Klöstern der österreichischen Monarchie üblich[14]. In Hohenfurt fielen die Anordnungen der Apostolischen Visitatoren auf fruchtbaren Boden. Ab 1854 wurde – wohl auch durch den Einfluss des Abt-Sekretärs Wackařz – in Hohenfurt das ganze Offizium der Kirche gebetet[15].

3. Abt Leopolds Einsatz für die würdige Feier der Liturgie in seinem Kloster Hohenfurt

Am 11. November 1857 wurde Pater Leopold Wackařz zum Abt von Hohenfurt gewählt. Bischof Jan Valerián Jirsík benedizierte ihn bereits am 12. November 1857 in Hohenfurt zum Abt und ernannte ihn zum bischöflichen Konsistorialrat[16].

Wenige Wochen nach seiner Wahl hielt Abt Leopold eine Ansprache an seinen Konvent, die schriftlich erhalten ist. Sie fasst die ihm wichtigen Anliegen zusammen. Er schärfte seinen Mitbrüdern ein, dass die Regel des heiligen Benedikt und die klösterlichen Vorschriften zu beachten seien. Er warnte vor allzu vielen weltlichen Freuden und vor Streit. Er empfahl die Beichte und sprach Segenswünsche aus. Über die Liturgie und die geistliche Lesung sagte er:

Was das Chorgebet betrifft, wollen wir jenes zur gewohnten Zeit und zu den gewohnten Stunden beten [...]. Wie aber das Chorgebet unsere vornehmste Aufgabe, ja vielmehr der dem Allerhöchsten geschuldete Tribut sein soll, zweifle ich keineswegs daran, dass man, sofern man nicht durch Krankheit oder durch den Zustand der Kräfte gehindert ist, dorthin wie zu einem täglichen Essen mit freudiger Einstellung und ohne Zögern eilen

11 Vgl. NIVARD KONRAD, *Die Entstehung der österreichisch-ungarischen Zisterzienserkongregation (1849–1869)* (Bibliotheca Cisterciensis 5), Rom 1967, 72 und 190–191.
12 Vgl. KONRAD, *Die Entstehung*, 91, Anm. 48; vgl. *Rituale Cisterciense*, Paris 1689, 265–270.
13 Vgl. KONRAD, *Die Entstehung*, 89–92 und 172–177.
14 Vgl. KONRAD, *Die Entstehung*, 84; PUTSCHÖGEL, *Stift Hohenfurt*, 32–33.
15 Vgl. KAINDL, *Geschichte*, 117; PUTSCHÖGEL, *Stift Hohenfurt*, 32–33; KONRAD, *Die Entstehung*, 191.
16 Vgl. KAINDL, *Geschichte*, 118.

wird, und es zur gegenseitigen Erbauung der Brüder und nicht zum Ärgernis verrichten wird, eingedenk eines anderen Prophetenwortes: „Dient dem Herrn in Furcht und preist ihn mit Zittern". [...]

Weiters bestehe ich auf die väterliche Ermahnung Seiner Eminenz, unseres Visitators, die er am 15. März 1856 gegeben hat, und ermahne euch im Herrn, dass ihr euch an den einzelnen Tagen zumindest eine kurze Zeit der Meditation und der geistlichen Lesung widmet, was natürlich vor dem übrigen die geistliche Haltung fördert, nährt und stärkt.[17]

Emil Putschögel schreibt über den Beginn der Amtszeit von Abt Leopold:

Es war daher eine der allerersten Sorgen des neugewählten Abtes, die reguläre Disciplin seines Stiftes in aller und jeder Weise zu fördern, und vor allem andern dem Grundsatze der älteren Orden: Propter chorum sumus fundati, seine volle Geltung zu verschaffen, und das Wort unserer heiligen Regel: Operi Dei nihil praeponatur, zur Wahrheit und Wirklichkeit zu machen. [...] Und Abt Leopold hat vom ersten Tage seiner äbtlichen Regierung an strenge darauf gesehen, dass diese Anordnung [der Apostolischen Visitation durch Kardinal Schwarzenberg] auch pünktlich vollzogen werde. Er selbst ging und geht immer mit dem besten Beispiele voran. [...] Die Stunden des Chores seien seine beste Erholung, sagt er, seien ihm die liebsten des ganzen Tages.[18]

1859 feierte Hohenfurt das 600-Jahr-Jubiläum der Abtei. Abt Leopold nahm das Jubiläum zum Anlass, sowohl geistliche Erneuerungs- und Festmomente anzubieten als auch eine Renovierung des Stiftes durchzuführen. Er rief erfahrene Prediger aus dem Jesuitenorden nach Hohenfurt, die dieses Jubiläum mit einer achttägigen Volksmission vom 7. bis 15. September 1859 einleiteten[19]. Das Jubiläumsfest selbst wurde unter Anwesenheit des Bischofs von Budweis, vieler Äbte und Priester und unter Anteilnahme zahlreicher Gläubigen, vor allem aus den Stiftspfarren, begangen[20].

---

17 Leopold Wackařz, *Ansprache 1* (Hohenfurt, 5. Dezember 1857), in: Klosterarchiv Vyšširod, 123, III, 54r-57v, hier: 55v-56r: *Quod attinet officium divinum, illud tempore horisque tam usque consuatis tam diu [...]. Quam vere officium divinum sit primarum nostrum pensum, imo tribuitum Altissimo debitum; hinc minime dubito, quamvis vestrum, dummodo morbo aut virium habetudine non sit impeditus, ad illud, tamquam ad victum quotidianum lubenti animo et sine mora accessurum, illudque in mutuam fratrum aedificationem et non in scandalum persoluturum fore; memorem allius effati Prophetae: „Servite Domino in timore et exultatevi eum tremore". [...]. Porro insistens paternas exhortationi Eminentissimi Visitatoris nostri ad nos sub 15ta Martii 1856 datae vos in Domino commoneo, ut singulis diebus breve saltem temporis spatium meditationi necnon lectioni spirituali tribuatis, quipe quae prae ceteris animum religiosum fovet, nutrit et confortat.*

18 Putschögel, *Stift Hohenfurt*, 32–33.

19 Vgl. *Kirchliche und andere Nachrichten*, in: Sion. Eine Stimme in der Kirche für unsere Zeit 28 (1859) 815–816, hier: 816: *Die 600jährige Säkularfeier des Stiftes Hohenfurt, in der Diözese Budweis, findet vom 7. bis 15. September statt. Damit wird eine Volksmission verbunden. Papst Pius IX. hat allen Gläubigen, die während dieser Feier die Stiftskirche besuchen, die heiligen Sakramente der Buße und des Altars empfangen und um Frieden und Eintracht der katholischen Fürsten andächtig beten, vollkommenen Ablaß verleihen* [sic!].

20 Vgl. Kaindl, *Geschichte*, 119.

Anlässlich des Jubiläums begann Abt Leopold Wackařz, die Stiftskirche einer gründlichen Renovierung zu unterziehen, die sich über die Jahre 1858 bis 1863 erstreckte. Es war ihm wichtig, die Stiftskirche als Oratorium der Stiftsgemeinschaft sorgfältig zu pflegen und großzügig auszustatten. Er ließ Glocken anschaffen und den 34 Meter hohen neugotischen Kirchturm errichten. Er ließ die Stiftskirche mit mehreren neugotischen Altären, einer Pontifikalsession, Kreuzwegbildern, Gemälden, Buntglasfenstern und einem Orgelwerk neu ausstatten[21].

Im täglichen Leben der Stiftsgemeinschaft Hohenfurt selbst nahm auf Betreiben von Abt Leopold Wackařz die Pflege einer würdigen Liturgie einen zentralen Platz ein. Als Abt ging Leopold Wackařz bei der pünktlichen Teilnahme am täglichen Chorgebet mit gutem Beispiel voran. Auch den auswärtigen Mitbrüdern legte er das Stundengebet ans Herz[22]. Daneben versuchte er, die private Frömmigkeit der einzelnen Mitbrüder und alles Gläubigen im Umfeld des Stiftes zu fördern. Sein Mitbruder Pater Raphael Pavel schrieb darüber:

Der Abt dringt darauf, dass all' die religiösen Uebungen, das Privatgebet und die tägliche Betrachtung, der Empfang der hl. Sacramente, die jährlichen Exercitien und die tägliche Darbringung des makellosen Opfers sorgfältigst von jedem einzelnen gehalten und gepflegt werden. Dann sind es aber auch ausserordentliche Privat- und Volksandachten, sowie kirchliche Vereine und Bruderschaften, die der Abt entweder selbst in's Leben gerufen hat, oder durch seine Brüder in und ausser dem Stifte. Wir erinnern hier an die Errichtung der Herz-Jesu-Bruderschaft, deren Hauptfest alljährlich mit Abhaltung der Generalcommunion feierlich begangen wird;[23]

Von Abt Leopold sind einige Ansprachen anlässlich von Profess-Feiern erhalten. In ihnen legt er die Bedeutung des Profess-Ritus für das Leben des Mönches aus. Er geht auch auf den Zusammenhang zwischen Taufe und Profess ein:

Ihr seid schließlich gelehrt worden, dass der geistliche Stand durch die Taufe erworben wird, und dass vom Ordensmann versucht wird, frei von jeder Anklage einer Schuld und Strafe zu leben, gleichsam als erstgeborenes Kind in der Unschuld und Reinheit des Lebens; und dass jenes vor allem von den Ordensleuten gesagt wird: „Ihr, wer auch immer von euch getauft worden ist, habt Christus angezogen"; genug und übergenug ist

21 Vgl. Kaindl, *Geschichte*, 118–120; [Pavel], *Leopold Wackarz*, 228–230; Putschögel, *Stift Hohenfurt*, 41; vgl. Raphael Pavel, *Altovadensia ab anno 1891*, [47 und 57] (Nr. 145 und 172), in: Klosterarchiv Vyššibrod, 17.

22 Vgl. Putschögel, *Stift Hohenfurt*, 33; [Pavel], *Leopold Wackarz*, 233.

23 [Pavel], *Leopold Wackarz*, 232.

euch bei der Auslegung der heiligen Regel und der Statuten des Ordens deutlich gemacht worden, welche Verpflichtung es gibt, die jeder von uns mit den drei Gelübden ablegen muss, nämlich die Armut, den Gehorsam und die Keuschheit.[24]

Die Profess-Predigten nützt Abt Leopold mehrfach, um die Wichtigkeit der Gelübde zu erläutern. Er erwähnt die drei Laster, die das Ordensleben am meisten behindern: Eigenwillen (voluntas propria), fleischliche Begierlichkeit (concupiscentia carnis) und die ungeordnete Anhänglichkeit an den irdischen Gütern (inordinatus amor et sollicitudo bonorum temporalium)[25]. Die drei Gelübde Gehorsam, Keuschheit und Armut sieht er als wirksamste Mittel im Kampf gegen diese drei Laster[26].

In einer Predigt weist er auf die bevorstehende Priesterweihe hin und macht in diesem Zusammenhang die Dringlichkeit der Gelübde deutlich. Der Priester solle durch die Gelübde der Armut und Keuschheit das Herz rein erhalten, um würdig das Messopfer feiern zu können:

Entsage dem Luxus und bewahre gläubig die Keuschheit, jene engelhafte Tugend, die Christus so sehr liebte, dass er nur aus einer Jungfrau geboren und einen sehr keuschen Nährvater haben wollte [...]. Daher sollst du Gott versprechen, diese Tugend [der Keuschheit] heilig zu halten und freilich nicht einmal in Gedanken jemals zu beflecken, damit du, wenn du nach wenigen Tagen zum Priestertum berufen wirst, dieses unblutige Opfer mit reinem Herzen und reinen Händen täglich Gott darbringst. Aber es genügt nicht, dem Reichtum zu entsagen, den Begierden des Fleisches und dem Luxus lebwohl gesagt zu haben, wenn du nicht auch dem Eigenwillen und deinem eigenen Urteil entsagst, dich mit einem einzigartigen Gelübde an Gott bindest, um die Anordnungen des Oberen als Stellvertreter Gottes wegen der Liebe zu Gott sorgfältigst zu erfüllen, solange diese Anordnungen offensichtlich keine Sünde enthalten.[27]

---

24 Wackařz, *Ansprache* 8 (Hohenfurt, 2. Oktober 1866), in: Klosterarchiv Vyšší brod, 123, III, 80v-88v, hier: 85v-86r: *Edocti tandem estis, statum religiosum comparari Baptismo, et ideo a religioso requiri, ut liber ab omni reatu culpae et poenae vivat quali infans primogenitus in vitae innocentia et puritate; illudque de Religiosis praeprimis dictum esse: „Quicumque baptizati estis, Christum induistis"; sat superque ergo vobis in expositione sacrae Regulae et statutorum Ordinis explanatum est, quae sint obligationes, quas quivis nostrum emittenda tria vota, scilicet paupertatis, oboedientiae ac castitatis in se suscipiat.*

25 Vgl. Wackařz, *Ansprache* 6 (Hohenfurt, 27. August 1865), in: Klosterarchiv Vyšší brod, 123, III, 77r-80v, hier: 78v.

26 Vgl. Wackařz, *Ansprache* 6 (Hohenfurt, 27. August 1865), in: Klosterarchiv Vyšší brod, 123, III, 77r-80v, hier: 78v-80r.

27 Wackařz, *Ansprache* 7 (Hohenfurt, 8. Juli 1866), in: Klosterarchiv Vyšší brod, 123, III, 81r-83v, hier: 83r: *Renuntia luxuriae et castitatem religiose serva, illam Angelicam virtutem, quem Christus adeo dilexit, ut nonnisi ex virgine matre nasci, et castissimum Nutritium habere voluerit [...]. Hanc igitur virtutem sancte servare, imo ne cogitatione quidem umquam comaculare Deo promittas; ut, qui paucos post dies ad sacerdotium vocaberis incruentum istud sacrificium mundo corde et puris manibus quotidie Deo offeras. Ast non sufficit renuntiare divitiis, valedixisse carnis voluptatibus et luxuriae. nisi etiam propriae voluntati imo judicio tuo renuntiaveris, singulari voto te Deo adstringens, ad praecepta Superioris tamquam vicem Dei gerentis propter Dei amorem diligentissime adimplenda dummodo praecepta haec non manifeste peccatum continent.*

Das Ablegen der Professurkunde auf den Altar, einen wichtigen Moment bei der Feierlichen Profess, deutet er so:

Wenn ihr die Professurkunde auf den Altar legt, müsst ihr euch selbst ganz Gott als Opfer darbringen.[28]

In einer Professpredigt, gehalten am Fest des heiligen Wenzel 1878, wird deutlich, dass er sich als Böhme fühlt. Er weist nämlich auf den heiligen Wenzel als „Patron unseres Vaterlandes" hin:

So jubelt am heutigen Tag der seligste Wenzel, der Patron unseres Vaterlandes, und von seinem Lobpreis widerhallt der Himmel.[29]

Die Stundenliturgie ist für ihn Ausdruck des ständigen Gebetes. Dieses sieht er in engem Zusammenhang mit der geistlichen Lesung und der täglichen Meditation, wie er in einer Ansprache bei einer Einkleidung äußert:

Wacht und betet, damit ihr nicht in Versuchung geratet; ja, nach dem Beispiel des Psalmisten möge das Lob Gottes niemals eurem Mund fehlen. Siebenmal am Tag singe ich dir Lob. Außer dem häufigen Gebet wendet auch unermüdliche Mühe für die Lesung der heiligen Regel, der heiligen Schrift und für die tägliche Meditation auf.[30]

Seine Bemühungen um die Pflege des Chorgebetes und anderer geistlicher Übungen waren auch verbunden mit dem Einsatz für eine korrekt geordnete Liturgie. Weil der Eigenkalender der böhmischen Zisterzienser keine Approbation hatte, setzte er sich für eine solche ein:

28 Wackařz, *Ansprache* 14 (Hohenfurt, 28. September 1878), in: Klosterarchiv Vyššibrod, 123, III, 110r-112r, hier: 111v: *deponendo schedulam Professionis super altari, vos metipsos totos offeratis Deo in holocaustum oportet.*

29 Wackařz, *Ansprache* 14 (Hohenfurt, 28. September 1878), in: Klosterarchiv Vyššibrod, 123, III, 110r-112r, hier: 112r: *Sic hodierna die exultat in caelis beatissimus patriae nostrae Patronus Wenceslaus, ejusque laude resonat.*

30 Wackařz, *Ansprache* 5 (Hohenfurt, 28. August 1860), in: Klosterarchiv Vyššibrod, 123, 72r-76r, hier: 74v-75r: *Vigilate et orate ne intretis in tentationem; imo ad exemplar Psalmistae numquam deficiant Laudes Dei de ore vestro. Septies in die laudem dixi tibi. Praeter frequentem orationem, etiam lectioni sacrae regulae, sacrae scripturae, atque quotidianae meditationi indefessam operam navate.*

Generalabt Leopold Wackařz, links oben das Wappen von Abt Leopold und das Generalabts-Wappen der Zisterzienser, im Hintergrund rechts die Abtei Hohenfurt, Ende des 19. Jahrhunderts, © Kloster Vyššibrod

4. Das böhmische Zisterzienserproprium

Auch wenn die böhmische Zisterzienserprovinz 1859 bei der Gründung der österreichischen Zisterzienserkongregation in dieser aufgegangen war[31], hatten die Klöster der einstigen böhmischen Zisterzienserprovinz ein eigenes Proprium für die Liturgie. Abt Leopold wollte dieses Proprium auch vom Heiligen Stuhl bestätigen lassen. Nachdem er das Proprium nach Rom gesandt hatte, antwortete ihm im Mai 1872 Generalprokurator Smeulders:

In den Ostertagen wurden mir vom hochwürdigsten Pater Abt Cesari die „Eigenoffizien der Zisterzienser des böhmischen Vikariates" zugestellt (die, wie ich hörte, ziemlich lange in Kapseln der brieflichen Verwaltung abgelegt waren). Ich habe sie gemäß deinen Bitten der S[acra] Rituum Congregatio übermittelt und deinen Wunsch dargelegt, den

31 Vgl. Konrad, *Die Entstehung*, 40–42.

du im Brief an den vorher genannten Pater Abt ausgedrückt hattest. Nachdem ich aber eine Überprüfung durchgeführt hatte, muss ich deiner hochwürdigsten Paternität Folgendes anzeigen:

1. Dass du den Ursprung jener Offizien darlegen wollest, das heißt, ob und wann sie vom Heiligen Stuhl speziell den Zisterziensern Böhmens gewährt oder vorgeschrieben worden waren, und ob und wann die Zusammenstellung derselben zum Ritus des Zisterzienser von der S[acra] Rituum Congregatio approbiert worden war.

2. Dass ihr von den vorher genannten Offizien jene auswählen wollet, die ihr besonders zu erhalten wünscht, und für welche besondere Gründe vorhanden sind, derentwegen sie in einem Kloster des Vikariates oder im ganzen Vikariat eingehalten werden, oder mit einem höheren Ritus, als er im Allgemeinen Kalender eingeschrieben ist, an den festgelegten Tagen gefeiert werden sollen, an denen jene Feste fallen, nachdem auch die Offizien für das Kloster oder Vikariat auf andere Tage verlegt worden waren, weil sie im Allgemeinen Kalender zufällig mit diesen zusammenfallen.

3. Dass ihr nach dem Erhalt der Vollmacht, jene speziellen Feste zu feiern, eine handgeschriebene Kopie der entsprechenden Offizien für die Erlangung der Approbation durch die S[acra] Rituum Congregatio anschaffen wollet [...].[32]

Zehn Monate später konnte Generalprokurator Smeulders dem Abt Leopold bereits von der Approbation des böhmischen Zisterzienserpropriums durch den Heiligen Stuhl berichten:

Mit Freude teile ich dir mit, dass die Angelegenheit der Approbation des böhmischen Zisterzienser-Propriums in der S[acra] Rituum Congregatio einen guten Erfolg hatte. Jedenfalls wendete ich mehrere Wochen viel an Mühe in dieser Sache auf. Die S[acra] Congregatio [...] hatte mir eine vorausgehende Prüfung der Feste und Offizien auferlegt und, wie es üblich ist, eine kleine Erörterung bezüglich der einzelnen Heiligen und deren Offizien gefordert. Gerne nahm ich diese Arbeit für eure Klöster auf mich und führte sie aus. Ich freue mich nun, dass weder mein Werk noch eure Angelegenheit den Eminenzen, den Kardinälen, missfielen. Und gestern war mir mit festlichem Glückwunsch mitgeteilt worden, dass die vorgelegten Heiligenoffizien mit einigen Fehlerkorrekturen genehmigt

32 Smeulders an Wackařz (Rom, 2. Mai 1872), in: Klosterarchiv Vyššibrod, 121, HAD 62E, 13: *Feriis paschalibus mihi tradita fuerunt a Rmo P. abbate Cesari „Officia propria Cisterciensium Vicariatus Bohemiae v.e." (quae, uti audivi, satis diu retenta fuerant in Scriniis Administrationis epistolaris.). Haec, juxta tuas preces, obtuli S. Rituum Congregationi, exponens tuum desiderium in litteris ad praefatum P. abbatem expressum. Examine autem instituto, Paternitati Tuae Rmae significare debeo sequentia. 1. Ut exponere velis originem illorum officiorum, hoc est, num et quando a Sancta Sede fuerint specialiter Cisterciensibus Bohemiae concessa aut praescripta, et num et quando eorumdem ad ritum Breviarii Cisterciensis redactio fuerit a S. R. Congregatione approbata. 2. Ut ex praedictis officiis illa seligatis, quae praecipue cupitis retinere, et pro quibus speciales suppetunt rationes, ob quas vel in aliquo monasterio vicariatus, vel in toto Vicariatu retineantur, aut altiori, quam qui in Communi Kalendario assignatus est, ritu celebrentur, assignatis diebus, quibus festa illa contingunt, et translatis pro monasterio vel Vicariatu in alios dies officiis, quae in Communi Calendario forte cum iis concurrent. 3. Ut obtenta facultate celebrandi festa illa specialia, copiam manuscriptam respectivorum officiorum S. R. Congregatione pro approbatione obtinenda exhibeatis [...].*

und approbiert worden sind, außer von zwei Offizien, deren Gewährung jedenfalls nicht abgelehnt, sondern verschoben worden ist. Jene zwei Offizien sind die vom heiligen Märtyrer Decentius (27. Februar) und vom heiligen Märtyrer Germanio (17. April). Beide gehören zum Proprium des Nonnenklosters Mariental. Die Approbation dieser beiden Offizien ist deswegen verschoben worden, weil die Namen jener Heiligen weder im Martyrologium stehen noch irgendwo sonst genügend gekannt werden […].[33]

Der im Druck erschienene Zisterzienserkalender für Böhmen und die Lausitz, der im Anhang von den Exemplaren des Missale Cisterciense (1910) der Abtei Hohenfurt eingebunden ist[34], enthält für die Zisterzienserklöster Böhmens und der Lausitz neben einigen Datumsverschiebungen und Aufwertungen von Festen folgende Eigenfeste, die zum Teil auch in anderen Klöstern der österreichisch-ungarischen Monarchie verbreitet waren[35]: das Fest der Vermählung der seligen Jungfrau Maria mit dem heiligen Joseph (Desponsatio Beatae Mariae Virgins cum S. Joseph) (23. Jänner), des seligen Vinzenz Kadlubek (8. März), des heiligen Florian (4. Mai), des heiligen Antonius von Padua (13. Juni) und des heiligen Stephan von Ungarn (2. September).

Folgende Feste im selben Zisterzienserkalender waren in den böhmischen Zisterzienserklöstern Hohenfurt und Ossegg, nicht aber in den Zisterzienserinnenklöstern der Lausitz (Marienstern und Mariental) vorgesehen: das Fest der heiligen Cyrill und Method (9. März), des heiligen Adalbert (2. April), des heiligen Sigismund (2. Mai), des heiligen Johannes Nepomuk (16. Mai), des heiligen Prokop (4. Juli), der heiligen Ludmilla (16. September) und des heiligen Wenzel (28. September). Im Kloster Mariental wurden gemäß demselben Zisterzienserkalendarium auch die Feste des heiligen Decentius (27. Februar) und des heiligen Germanio (17. April) gefeiert. Das böhmische Zisterzienser-Kalendarium, das

33 Smeulders an Wackařz (Rom, 2. März 1873), in: Klosterarchiv Vyššibrod, 121, HAD 62E, 4–5: *Cum gaudio tibi annuntio Causam Approbationis Proprii Cisterciensis Bohemici in S. R. Congregatione bonum habuisse successum. Per plures quidem hebdomadas multum in hac re laboris insumpsi, […] S. Congregatio mihi examen festorum et officiorum imposuerat praevium, et, uti solet, minutam circa singulos Sanctos et eorum officia exegerat discussionem. Libenter hunc laborem pro Vestris monasteriis assumpsi et perfeci, et modo laetor, nec meum opus, non Vestram Causam Eminentissimis Cardinalibus displicuisse, et heri mihi cum festiva congratulatione nuntiatum fuit, officia proposita Sanctorum, cum quibusdam erratorum correctionibus, fuisse concessa et approbata, demptis tantum duobus officiis, quorum concessio non quidem negata, sed dilata fuit. Illa duo officia sunt Sancti Decentii Martyris (die 27 Februarii) et S. Germanionis Martyris die 17 Aprilis. Utrumque est proprium Monasterii Monialium Mariae-Vallis. Horum igitur duorum officiorum approbatio dilata est; quia illorum Sanctorum nomina nec prostant in Martyrologio, nec aliunde satis cognoscuntur […].*

34 Vgl. *Supplementum ad Kalendarium Generale Ordinis Cisterciensis pro Monasteriis ejusdem Ordinis in Bohemia et Lusatia*, in: *Missale Cisterciense reformatum*, Westmalle 1910, [keine Seitennummerierung].

35 Vgl. Pius Maurer, *Einige Informationen zum liturgischen Leben im Zisterzienserstift Lilienfeld des 19. Jahrhunderts*, in: Joachim Werz, Magnus Rabl (Hg.), *Die Lebenswelt der Zisterzienser. Neue Studien zur Geschichte eines europäischen Ordens*, Heiligenkreuz 2020, 479–510, hier: 497.

unter Abt Leopold von der Ritenkongregation bestätigt wurde, blieb auch nach dem Tod von Abt Leopold bei den böhmischen Zisterziensern gültig, wie das Supplementum im Hohenfurter Missale Cisterciense (1910) beweist[36].

5. Einsatz für die Liturgie als Generalvikar der österreichisch-ungarischen Zisterzienserkongregation (1875–1891)

Am 7. Oktober 1875 wurde Abt Leopold Wackařz im Heiligenkreuzerhof in Wien zum Generalvikar der österreichisch-ungarischen Zisterzienserkongregation gewählt[37]. Bei seinen Visitationen in den Klöstern seiner Kongregation war es ihm ein besonderes Anliegen, das gemeinsame Chorgebet in den Konventen schrittweise wiedereinzuführen. Immer wieder ermutigte Wackařz in den Stiften Österreichs, zumindest Teile des Offiziums gemeinsam zu beten. Er ging dabei sehr behutsam vor, wusste er doch, dass das gemeinsame Chorgebet in der Zeit des Josephinismus nicht geschätzt gewesen war[38]. Dem neu gewählten Abt Heinrich Grünbeck von Stift Heiligenkreuz schrieb Abt Wackařz:

Wäre es aber nicht thunlich, daß wenigstens ein Theil des Breviergebethes, etwa die quatuor horae canonciae und Vesperae cum Completorio täglich zu einer bestimmten Stunde früh und nachmittags gemeinschaftlich persolvirt würden?[39]

In Lilienfeld betonte er bei der Visitation (1877):

Wegen des Chorgebetes sind wir gestiftet worden; daher ist es die erste Aufgabe unseres heiligen Ordens, den Gottesdienst öffentlich und gemeinsam zu halten, sofern die gegenwärtigen Verplichtungen des Klosters und die Umstände das gestatten.[40]

Er erlaubte zwar das private Beten einiger Horen, drang allerdings auf die gemeinsame Rezitation der kleinen Horen (Prim, Terz, Sext, Non):

Wegen der geringen Anzahl [der Mönche] am Morgen wird übrigens die Matutin häufig privat persolviert. Wir wünschen aber mit möglichst großem Nachdruck, dass die kanonischen Horen Prim, Terz, Sext und Non zu irgendeiner morgendlichen Stunde

36 Vgl. *Supplementum ad Kalendarium Generale Ordinis Cisterciensis pro Monasteriis ejusdem Ordinis in Bohemia et Lusatia*, in: *Missale Cisterciense reformatum*, Westmalle 1910, [keine Seitennummerierung].

37 Vgl. Bruno Hans Schneider, *Neues zur Frühgeschichte der Österreichisch-Ungarischen Zisterzienserkongregation (1859–1880). Die Wahl von Leopold Wackařz zum Generalvikar und ihre Folgen*, in: ACi 52 (1996) 136–203, hier: 158–160 und 198.

38 Vgl. Schneider, *Neues*, 185.

39 Wackařz an Grünbeck (Hohenfurt, 5. März 1879), in: Stiftsarchiv Wilhering, Generalvikariatsakten, Heiligenkreuz, in: Schneider, *Neues*, 184, Anm. 157.

40 *Charta Visitationis* (Lilienfeld, 6. September 1877), in: Archiv der Generalkurie der Zisterzienser (Rom), Armadio V, Vyššibrod 121, 1877, 06-01-01-129: *Propter chorum fundati sumus; ideoque primarium S. Ordinis nostri pensum est, officium divinum publice et in communi persolvere, inquantum praesentes monasterii obligationes et circumstantiae id permittunt.*

gemeinsam im Chor rezitiert werden. Niemals möge an sie eine vorgezogene Vesper angehängt werden, weil die Persolvierung der Vesper zur Vormittagszeit nicht nur der Intention dieses Offiziums widerspricht, sondern vor 11 Uhr auch vom kirchlichen Gesetz verboten wird.[41]

Im Stift Rein fand Generalvikar Wackař für die dort eingeführte Form des Chorgebetes lobende Worte (1877):

Die Persolvierung des ganzen gemeinsamen Offiziums im Chor brachte uns Trost und wir gedenken voll Lob des Eifers, mit dem der Chorgesang vollzogen wird.[42]

In einer Modellansprache für eine Visitation, die in der Ansprachensammlung von Abt Leopold keinem Kloster zugeordnet ist, ist zu lesen:

Denn wer nicht fortschreitet, der schreitet zurück. Wer nicht Fortschritte macht, der erlahmt, sagt der heilige Bernhard. [...] Wir müssen aber mit vier Schritten täglich fortschreiten.

1. *Wir wollen täglich dem Höchsten das Schauder erregende Opfer des neuen Gesetzes mit reinem Gewissen darbringen, damit diese himmlische Speise uns nicht etwa zum Gericht und zur Verdammnis werde.*

2. *Dem Chor-Dienst, oder wie unser heiliger Vater Benedictus sagt, dem Gottesdienst darf nichts vorgezogen werden. Überhaupt keiner, weder ein Älterer noch ein Jüngerer, noch ein Oberer noch ein Untergebener möge sich von diesem heiligen Dienst entschuldigen, sondern alle mögen mit eifrigem und heiterem Herzen herbeieilen, um den Namen unseres Herrn und Gottes zu preisen, und dort würdig, fromm und aufmerksam den Lobpreis des Allmächtigen erfüllen, wie uns der königliche Zitherspieler ermahnt: „Kommt, lasst uns den Herrn preisen, lasst uns Gott, unserem Retter, jubeln und ihm in den Psalmen jubeln" (Ps 95,1). Es gibt ein altes und ehrwürdiges Sprichwort unseres Ordens: „Wegen des Chorgebetes sind wir gegründet worden".*

41 *Charta Visitationis* (Lilienfeld, 6. September 1877): *Ob fraternam paucitatem matutinum utique privatim persolvi solet, quam maxime vero exoptemus ut hora canonica prima, tertia, sexta et nona hora aliqua matutinali communiter in choro recitentur, quibus nunquam anticipatio versperarum adjungi velit, quia persolutio vesperarum tempore antimeridiano non tantum intentioni hujus officii contradicit, sed etiam a lege ecclesiastica [...] ante horam undecimam prohibetur.*

42 *Charta Visitationis* (Rein, 10. September 1877), in: Archiv der Generalkurie der Zisterzienser (Rom), Armadio V, Vyššibrod 121, 1877, 06-01-01-130: *[...] nobis attulit solatium persolutio integri officii communis in choro et laudabiliter commemoramus zelum, quo cantus choralis exercetur.*

3. *Kein Tag vergehe, an dem ihr nicht mindestens eine halbe Stunde der heiligen Meditation widmet. Denn die Meditation ist in der Tat auch ein eigenes Beten im Geist und in der Wahrheit. [...]*[43]

In einer Ansprache zu Beginn seiner Visitation in Zwettl (1879)[44] erklärte er:

Eifrig wünsche ich, dass ihr motiviert seid, nichts dem Gottesdienst vorzuziehen, wie man zurecht mit den Worten des göttlichen Gesetzgebers sagt. Das entspricht der Absicht unserer edlen Stifter und ist bis heute in Kraft. Wegen des Chorgebetes sind wir gegründet worden. Diese Form des Psalmen-Betens aber müssen wir immer genau einhalten, die unser ehrwürdiger Vater Bernhard in seiner Ansprache 47 über das Hohelied lehrt, mit dessen Worten wir, Geschätzte, zurecht ermuntert werden, immer und eifrig dem göttlichen Lob beizuwohnen.

Und das gilt sowohl bezüglich des kanonischen Offiziums, das täglich im Chor zu verrichten ist, als auch von der anschließenden Verehrung unserer einzigartigen Patronin, die würdig und lobenswert durch das Rezitieren des kleinen Offiziums derselben Seligen geschieht.

Nicht weniger scheint es mir empfehlenswert zu sein, dass die besonderen Riten und Zeremonien, die auch durch ein einzigartiges Privileg des Heiligen Stuhles unserem Orden gewährt worden sind, niemals gering geschätzt werden, sondern soweit es möglich ist, in Zukunft eingeführt und genau befolgt werden.[45]

43 Wackařz, *Ansprache* 33 [keine Angabe eines Entstehungsortes oder eines Datums], in: Klosterarchiv Vyššibrod, 123, III, 169r-169v: *qui enim non procedit, retro cedit; qui non proficit, deficit, ait S. Bernardus; [...] Quatuor autem gradibus quotidie nos procedere oportet. 1. Tremendum novae legis sacrificium quotidie Altissimo imolemus, in conscientia pura ne forte cibus coelestis nobis fiat in judicium et condemnationem. 2. Servitio chori, vel ut dicit S. P. N. Benedictus: Operi Dei nil proponiatur. Nullus omnino, nec senior nec junior, nec superior, nec subditus ab isto sancto officio se accuset, sed alacri hilarique animo accurrat ad benedicendam nomen Domini Dei nostri, ibique digne devote atque attente persolvat laudes Omnipotentis, monente nos psalte regio: „Venite, exultemus Domino, jubilemus Deo salvatori nostro, et in psalmis jubilemus ei". Est antiquum venerandumque S. Ordinis nostri proverbium: „Propter chorum sumus fundati". 3. Nullus transeat dies, quin dimidiam saltem horam sacrae meditationi vacaveritis. Est enim meditatio revera et propria oratio in spiritu et veritate [...].*

44 Vgl. Schneider, *Neues*, 184.

45 Wackařz, *Ansprache* 35 (Zwettl 1879), in: Klosterarchiv Vyššibrod, 123, III, 173r-176v, hier: 175v-176r: *Enixe laudem cupio admonitos Vos esse, ut ii cum verbis divi Legislatoris loqui fas est, operi Dei nihil proponatis. Intentio ingenuorum Fundatorum nostrorum, usque hodie vigorem suum obtinet. Propter chorum fundati sumus. Formam vero psallendi hanc ad amussim semper teneamus, quam docet venerabilis Pater noster Bernardus, in sermone 47 super cantica canticorum, cujus verbis admonemur dilectissimi jure semper ac strenue divinis interesse laudibus. Et hoc valet tam quoad pensum canonicum quotidie in choro persolvendum, quam de sequenti veneratione singularis Patronae nostrae, quae digne et laudabiliter perficitur recitando ejusdem Beatae officium parvum. Nec minus commendandum mihi videtur, ut ritus et ceremoniae speciales, quales et privilegio singulari S. Sedis Ordini nostro fuerunt concessae nunquam vilipendantur, sed quoad fieri potest, in posterum introducantur et accurate exerceantur.*

Generalvikar Wackařz setzte sich in jenen Klöstern, die das Offizium bereits vollständig beteten, auch für die Einführung des marianischen Offiziums ein[46]. Er wollte dazu ein eigenes liturgisches Buch in der Steiermark drucken lassen und für dieses eine Approbation des Heiligen Stuhles bekommen. Generalabt Bartolini riet ihm aber davon ab:

Denn weil unsere Trappistenmöche vom Kloster Westmalle in Belgien auch Zisterzienser und daher unsere Mitbrüder sind und weil dieselben gewaltig viel Geld bewegen und sehr viele Mühen zur Errichtung dieser wirklich berühmten Druckerei einbringen mussten, müsste unser Eifer mehr darin bestehen, mit diesen beim Verkauf des Marianischen Offiziums, das sie druckten, zusammenzuarbeiten, und nicht ihnen Schwierigkeiten beim Verkauf desselben zu machen, während eine neue Ausgabe des Marianischen Offiziums in der Steiermark notwendigerweise zu einem verringerten Verkauf desselben durch die Mönche von Westmalle führt. Das wird ihnen einen großen Schaden zufügen. Die Würde des Ordens, die Klugheit und die Liebe dabei scheinen mir gänzlich zu fordern, dass die Urheberschaft des Zisterzienserordens bezüglich der neuen Ausgabe des Marianischen Offiziums eben in keiner Weise sichtbar wird. So denke ich, aber ich will deiner hochwürdigsten Paternität nichts aufdrängen.[47]

Abt Leopold teilte die Bedenken von Generalabt Bartolini nicht, sondern wies darauf hin, dass die Trappisten keine große Anzahl an Exemplaren des Marianischen Offiziums mehr zu haben schienen:

Ich glaube daher, dass bei den Mönchen von Westmalle von der vorher genannten Edition nicht viele Exemplare mehr übrig sind, und von einer anderen Edition in jüngerer Zeit ist mir nichts bekannt.[48]

Abt Leopold ließ das *Officium parvum* 1884 bei der Buchhandlung Styria drucken[49]. 1901 erschien es im Auftrag von Generalabt Amadeus De Bie bereits in einer zweiten Auflage[50].

---

46 Vgl. SCHNEIDER, *Neues*, 285.

47 Bartolini an Wackařz (Rom, 24. August 1883), in: Klosterarchiv Vyššibrod, 121, HAD 62E, 1883, 184–185: *Cum enim monachi nostri Trappenses Monasterii Westmallensis in Belgio, sint etiam Cistercienses, ac proinde nostri confratres; cumque iidem ingentem pecuniam volvere, et immanes prope labores perferre ad eorum Typographiam vere insignam adstruendam debuissent; studium nostrum in eas consistere deberet potius in cooperando venditioni Cursus Mariani quem impresserunt, et non difficultatibus ipsius vendendi atque cum nova editio Cursus Mariani in Styria facienda necessario tendat ad diminuendam venditionem ejusdem per monachos Westmallenses, id quod magnum eis allaturum est detrimentum; dignitas Ordinis, prudentia et caritas in ea, omnino exigere mihi videntur, ut auctoritas Ordinis Cisterciensis, relate ad praefatam novam editionem Cursus Mariani, nullo plane modo compareat. Ita ego sentio, sed nihil Paternitati Tuae Rmae imponere volo.*

48 Wackařz an Bartolini (Hohenfurt, 3. September 1883), in: Archiv der Generalkurie des Zisterzienserordens (Rom), Armadio V, Vyššibrod 121, Cursus Marianus 1883 [2]: *puto igitur Westmallensibus de praefata editione haud multa exemplaria residua esse, et de alia editione recentiori tempore nihil mihi innotuit.*

49 Vgl. CistC 14 (1902) 64.

50 Vgl. CistC 14 (1902) 64.

Am 11. Juni 1890 fand im Heiligenkreuzerhof in Wien ein Provinzkapitel der österreichisch-ungarischen Zisterzienserkongregation statt. Generalvikar Leopold gab dabei den Auftrag, das Jubiläumsjahr 1891 anlässlich der Geburt des heiligen Bernhard vor 800 Jahren mit großen liturgischen Feiern zu begehen:

Weil im folgenden Jahr 1891 das achte Jahrhundert seit der Geburt unseres heiligen Vaters Bernard vollendet wird, empfiehlt der hochwürdigste Generalvikar, dass dieses Jubelfest mit aller kirchlichen Feierlichkeit, die möglich ist, gefeiert werde. Zu diesem Zweck schlägt er vor, dass in jedem Zisterzienserkloster zumindest ein Fest-Triduum für das Volk gehalten werde. Es soll mit dem Sonntag innerhalb der Festoktav, das heißt am 23. August, beginnen. Er verspricht, dass er vom Heiligen Stuhl Ablässe, die für die ganze Oktav gültig sein werden, erbitten werde. Diesem Vorschlag stimmen alle zu, während sie versprechen, dass sie höchste Sorgfalt anwenden werden, um dieses Fest würdig zu feiern.[51]

Tatsächlich fanden 1891 in den Zisterzienserstiften der österreichisch-ungarischen Zisterzienserkongregation viele geistliche Feierlichkeiten statt, die der religiösen Erneuerung der Mönche und der den Stiften nahestehenden Leute dienten[52].

6. Initiativen zur Liturgie als Generalabt des Zisterzienserordens

Beim Generalkapitel der Zisterzienser der allgemeinen Observanz am 17. Juni 1891 in Wien wurde der 81-jährige Abt Leopold Wackařz zum Generalabt des Zisterzienserordens gewählt. Am 20. Juli 1891 bestätigte ihn die *S[acra] Congregatio Episcoporum et Regularium* als den neuen Generalabt des ganzen Zisterzienserordens[53]. Er blieb bis zum 1. Oktober 1900 Generalabt, als das in Rom stattfindende Generalkapitel der Zisterzienser der allgemeinen Observanz die Resignation von Generalabt Leopold entgegennahm. Bis zu seinem Tod am 13. Dezember 1901 war er Abt von Hohenfurt.

---

51 Protokoll (11. Juni 1890), in: Stiftsarchiv Lilienfeld, Nachlass Abt Alberich Heidmann, Karton 2, Orden, 1885–1898: *Cum anno subsequenti 1891 octavum S. P. N. Bernardi a nativitate ejus Centenarium elapsum sit, Rdssmus Vicarius Generalis commendat, ut hocce Jubilaei festum omni, qua possit, solemnitate ecclesiastica celebretur et hunc in finem proponit, ut saltem festivum Triduum in quovis monasterio Cisterciensi pro populo habeatur, incipiens a Dominica infra Octavam festi, i. e. 23. Augusti et promittit, a s. Sede indulgentias per totam Octavam valituras se erogaturum esse, – cui propositioni omnes assentiunt, spondentes, se summam circa hoc festum digne celebrandum sollicitudinem habituros esse.*

52 Vgl. CistC 3 (1891) 283–285 und 321–327.

53 Vgl. M. Immolata Kronpass, Polykarp Zakar, *Die Wahl Leopold Wackarz zum Generalabt. Vorgeschichte, Verlauf, Konsequenzen, wichtigste Dokumente des Generalkapitels vom Jahr 1891*, in: ACist 36 (1980) 1–86, hier: 82–83.

Am Anfang seiner Amtszeit als Generalabt verfasste er unter dem Datum vom 20. August 1891, also vom Bernhards-Fest im Bernhards-Jubiläums-Jahr, einen Rundbrief (*Literae encyclicae*) an alle Mitglieder des ganzen Zisterzienserordens[54]. Er schreibt darin auch über die Berufung zur täglichen Psalmodie (Seite 9), wie überhaupt ein großer Teil seines Rundbriefes der Empfehlung der Liturgie gewidmet ist. Er hebt die tägliche Feier der Stundenliturgie als eine der strengsten Pflichten der Mönche hervor (9). Er erläutert, wie kostbar ein ganzer Chor von Psallierenden ist (10). Die Zeitgenossen, die Kirche, die Verwandten und Wohltäter erwarten mit Recht die Erfüllung der Pflicht zum täglichen Chorgebet. Die Mönche würden sich gegenüber den Stiftern schuldig machen, wenn sie das tägliche Chorgebet vernachlässigten (11). Er unterstreicht das mit der Aussage: „Wegen des Chorgebetes seid ihr gegründet worden“[55]. Er ermahnt zur treuen Erfüllung der Totengedächtnisse (11–12), er betont die Wichtigkeit des reinen Zisterzienserchorals und fordert, dass der Zisterzienserchoral dort ohne Zögern wieder eingeführt werde, wo er außer Gebrauch geriet (11). Nur diejenigen, die den Zisterzienserchoral beherrschten, sollten Novizenmeister werden (11). Generalabt Leopold verweist auf Maria als die erste Fürsprecherin der Zisterzienserfamilie und empfiehlt die Marienverehrung, vor allem das Officium Parvum B[eatae] M[ariae] V[irginis] (13).

Generalabt Leopold mahnt die treue Beachtung der Regel des heiligen Benedikt und der Konstitutionen ein (14). Er warnt vor Laxheit (15). Er ermuntert, stets nach Vollkommenheit zu streben (16) und fordert auf, die Mittel, die der heilige Benedikt den Mönchen für den geistlichen Fortschritt zur Verfügung gestellt hat, zu nützen (16–17). Er räumt ein, dass das Streben nach Vollkommenheit und das Befolgen der Ordenssatzungen manchmal nicht einfach sind (17–18). Er warnt davor, Übertretungen gegen die Ordenssatzungen, und seien sie noch so geringfügig, zu verharmlosen (19). Er hebt die Wichtigkeit der täglichen geistlichen Lesung und der täglichen Meditation hervor, außerdem die Feier der täglichen heiligen Messe und die Teilnahme an jährlichen Exerzitien, das Einhalten der Fasttage und des an bestimmten Orten vorgesehenen Schweigens (19).

Ausgehend von der Gefahr des Müßiggangs fordert Generalabt Wackařz, dass jeder Mönch genug Beschäftigung habe (20). Als seinen beonderen Herzenswunsch äußert er, dass in den Klöstern das Studium der theologischen, aber auch der weltlichen Wissenschaften eifrig betrieben werde (21). Er lobt die Professoren und Lehrer an den öffentlichen und privaten Lehrstühlen (23). Die Seelsorger rühmt er als „Hirten, die im Weinberg des Herrn die Last und die Hitze des Tages“ ertragen und „die als Sämänner des wahren Wortes Gottes und als Lehrer

54 Vgl. *Literae Encyclicae D. Leopoldi Antonii Wackařz Abbatis Generalis neo-electi ad vigilantissimos Familiae Cistercienae Praesules Patres et Fratres affectuosissime directae*, Wien 1891.

55 *Literae Encyclicae D. Leopoldi Antonii Wackařz*, Wien 1891, 11: *Propter chorum fundati estis.*

der Jugend handeln". Er zitiert dazu das Wort des heiligen Bernhard: „Es gibt in der Kirche nichts Wertvolleres, nichts Wünschenswerteres als einen guten und tauglichen Hirten" (Bernhard von Clairvaux, Epistola 249) (23). Er rühmt zudem alle Mönche, die Beiträge für die katholische Sache publizieren oder die Werke zur Ordensgeschichte veröffentlichen (24). Abschließend vertraut er sich dem heiligen Bernhard an, damit dieser ihm Fürbitter und Schützer bei der Erfüllung seiner neuen Amtspflichten sei (25–26). Der ganze Rundbrief enthält viele Zitate aus der heiligen Schrift und aus Werken des heiligen Bernhard. Generalabt Leopold beendet den Rundbrief mit einem Zitat von 2 Petr 1,13–15. Mit diesem Zitat drückt er aus, dass er sich bereits dem Tode nahe sieht und diese Worte als Ermunterung zum tugendhaften Leben zurücklassen möchte (27). Er gibt damit dem ganzen Rundbrief den Charakter eines geistlichen Testaments.

Der Rundbrief führte vor allem bei den Trappisten zu positiven Reaktionen. Pater Raphael Pavel schreibt unter dem 12. Oktober 1891 in sein Tagebuch:

Sämmtliche General-Vikare der 3 Trappisten-Congregationen, die Senanquenses und der Praeses der italienischen Congregation erwidern die ihnen mitgetheilte Encyclica des H[ochwürdigsten] H[errn] General-Abtes mit den unterwürfigsten und sehr schmeichelhaften Episteln. Dasselbe thun die Abteien Mehrerau und Marienstatt. Ganz negativ jedoch verhalten sich diesbezüglich leider sämmtliche oesterreichische Abteien und Priorate!!![56]

Mit der Wahl zum Generalabt hatte Abt Leopold Wackařz sein Amt als Generalvikar der österreichisch-ungarischen Zisterzienserkongregation abgegeben. Ihm folgten in der Leitung der österreichisch-ungarischen Zisterzienserkongregation zunächst Abt Candidus Zapfl von Rein (1891–1893) und dann Abt Theobald Grasböck von Wilhering (1893–1915). Er war zwar nicht mehr der unmittelbare Obere der österreichischen Äbte, aber als Generalabt sah er sich ebenso berufen, auf liturgische Reformen in einzelnen Klöstern zu drängen. Zum Beispiel legte er dem Abt Stephan Rössler von Zwettl 1894 liturgische Reformen ans Herz:

Insbesondere ersuche ich Euere Gnaden

1. *die tägliche, öffentliche Persolvierung auch des Officium Matutinum und der Laudes in choro sofort bedingungslos veranlassen und affektuieren zu wollen. Denn die vorhandene Zahl der Conventualen läßt diese Forderung und Anordnung nicht allein notwendig, sondern auch vollkommen berechtigt erscheinen.*

56 Raphael Pavel, *Nova et vetera*, in: Klosterarchiv Vyššibrod, 17, hier: [17–18].

Außer dieser Persolvierung des gesammten Officium canonicum in choro, ist ferner auch das sog. „Tribularer“ und die Psalmi poenitentiales während der hl. Fastenzeit gemeinschaftlich im Chore zu beten.

2. *Wollen Euere Gnaden auf jeden Fall und unnachsichtig dahin wirken, daß Ihnen von allen Stiftskapitularen und selbst auch den Klerikern alljährlich am Palmsonntage die scheda substantialis, und von den exponierten Pfarrvikaren stets mit Jahresschluß die genaue Wirtschaftsrechnung pünktlich vorgelegt werde.*

3. *Wollen zur Abhaltung der jährlich stattfindenden geistlichen Exerzitien zwei Zeittermine von Eueren Gnaden bestimmt werden, damit sich alle Stiftspriester, die Kleriker und Novizen an denselben alljährlich einmal betheiligen können. Die Charwoche scheint dazu minder geeignet zu sein.*

4. *Unter anderem ist ferner sorgsamst darauf zu achten, daß jeder der im Stifte befindlichen Priester, die Fälle der wirklichen Unmöglichkeit ausgenommen, täglich die hl. Messe celebriert.*

5. *Ebenso sind schließlich die Ordensregel und das Martyrologium täglich öffentlich zu lesen. Die Klausur wollen Sie sogleich einführen.*[57]

Ein wichtiger Text von Generalabt Leopold zur Liturgie erschien bald nach seinem Amtsantritt als Generalabt. Es handelt sich dabei um das Vorwort für das 1892 in Lérins neu aufgelegte Rituale Cisterciense. Pater Raphael Pavel schreibt über die Neu-Edition des Rituale Cisterciense:

Dieselbe [neue Auflage] kam auch glücklich zur Ausgabe und zwar in einem ganz gefälligen Druck. Der Hochw[ürdigste] Ordens-General, Leopold Wackarz [sic!], empfahl das Rituale in einem besonderen Mandatum, das er demselben vorsetzen ließ.[58]

Im Vorwort betont Generalabt Leopold die Bedeutung der Liturgie und fasst die Geschichte des Rituale Cisterciense zusammen[59]. Er nennt als dessen Quellen den Liber Usuum, die Ordensbeschlüsse und das Caeremoniale Episcoporum. Es ist eine Neu-Ausgabe des Rituale Cisterciense von 1721, mit einigen wenigen Änderungen. Er empfiehlt es mit seiner Autorität, befiehlt dessen Beachtung „mit freudigem Herzen“ und wünscht, dass die Novizen mit diesem sofort vertraut gemacht werden.

In der Zisterzienser-Zeitschrift *L'Union Cistercienne* schrieb Prior Symphorien Gaillemin über das Vorwort von Generalabt Leopold:

---

57 Wackařz an Rössler (Hohenfurt, 20. Juni 1894), in: Stiftsarchiv Zwettl, Ordensangelegenheiten, Ordenskorrespondenz 1894–1898.

58 Raphael Pavel, *Nova et vetera*, in: Klosterarchiv Vyššímbrod, 17, hier: [71].

59 Vgl. *Rituale Cisteriense*, Lérins 1892, V-VIII.

Man findet zu Beginn des Werkes mit den Vorworten der alten Ordensgeneräle auch das vom hochwürdigsten Generalabt Dom Leopold Wackařz. Es ist mit dem 12. August 1892 datiert und enthält, wie jeder sehen kann, die wortgewandtesten Empfehlungen und nützlichsten Erklärungen.[60]

Hier befindet sich die deutsche Übersetzung dieses *Mandatum*, das die Bemühungen von Generalabt Leopold um eine würdige Feier der Liturgie besonders deutlich zeigt:

Auftrag
des hochwürdigsten Herrn Generalabtes
des Zisterzienserordens

Wir, Frater Leopold Wackařz, Abt von Hohenfurt, infulierter Prälat des Königreiches Böhmen, Ritter des Kaiserlich-Königlichen Österreichischen Ordens des Eisernen Kreuzes der zweiten Klasse, und Kommendator mit Stern vom Franz-Josef-Orden; Ehrenkaplan des segenspendenden Hauses von Loreto, Oberhaupt und Generalsuperior des gesamten Zisterzienserordens, etc., wünschen allen, die diesen Brief lesen, Heil im Herrn.

Vom Anfang unserer Regierungszeit an wünschten wir nichts mehr, als dass wir trotz unserer Schwäche der berühmten Zisterzienserfamilie nützen und ihren Glanz in jeder Art fördern können. Vor allem aber halten wir jenes von höchster Bedeutung, dass unser Gottesdienst und die anderen kirchlichen Offizien, die uns aufgegeben sind, mit unermüdlichem Eifer, rechtmäßig und gemäß der [liturgischen] Ordnung vollzogen werden, wie der Heilige Geist uns eifrig sagt: „Sie mögen die Vorschriften des Bundeszeltes, den Ritus am Heiligtum und den Dienst an ihren Brüdern achten, damit sie im Haus des Herrn dienen“ (1 Chronik 23, 32).

Deswegen empfingen wir das vorliegende Buch, das den Titel „Rituale Cisterciense, zusammengestellt aus dem Liber Usuum, den Ordensbeschlüssen und dem Caeremoniale Episcoporum“ trägt, mit frohem und dankbarem Herzensgefühl, wie auch immer es ja schon längst von uns sehr ersehnt war. Denn heute gibt es nur wenige Exemplare desselben Buches. Seit dem Jahr 1721 aber, in dem die letztere Ausgabe unseres Rituale entstand, wuchs auf wunderbare Weise, durch Gottes Hilfe nicht nur die Zahl der Klöster des Zisterzienserordens, sondern wurden auch jene sehr alten, dem Honig fließenden Lehrer heiligen Gebäude von zahlreicheren Mönchen gefüllt. Daher besteht die Tatsache, dass die ziemlich wenigen Exemplare des Rituale, die noch vorhanden sind, den Bedürfnissen nicht genügen. Fürsorglich trafen unsere hochwürdigen Mitbrüder von Lérins Vorsorge, indem sie eine neue Edition des Rituale Cisterciense zusammenstellten.

60 L'Union Cistercienne 1 (1892/93) 132: *On trouve, en tête de l'Ouvrage, avec les Mandements des anciens Généraux de l'Ordre, celui du RR. Abbé Général dom Léopold Wackarz. Il est daté du 12 août 1892, et renferme, comme chacun peut le voir, les plus éloquentes recommandations et les plus utiles enseignements.*

Wir folgen den sehr geschätzten Wünschen derselben und fügen diesem Werk gerne nach Art unserer Vorgänger unseren Namen hinzu und übertragen demselben unsere Autorität, über die wir verfügen. Das tun wir umso sicherer, da diese jüngste Ausgabe, deren Exemplar uns schon vorher überreicht worden war, nichts anderes beinhaltet als den ganzen Text zweier früherer [Ausgaben]. Allerdings bleibt uns nicht verborgen, dass einige wenige liturgische Vorschriften und manche Rubriken, wie sie in jenen zwei früheren Ausgaben vorkommen, durch den Fortgang und die Rechtsverletzung der Zeiten mehr oder weniger abgeschafft oder genauer bestimmt wurden, sodass sie sogar erneuert und erweitert sind. Diese Neuerungen aber sind so gestaltet, dass sie zur Vermeidung jeder Schwierigkeit, da sie mit den Rubriken des Rituale Romanum gänzlich harmonieren, von anderen sowohl liturgischen als auch moralischen Büchern, die jedem von uns zur Hand sind, sowohl ergänzt als auch geordnet als auch in die Praxis umgesetzt werden können. Da das also beachtet wurde, wünschen wir sehr und aufrichtig und raten, dass jenes Rituale in den einzelnen Klöstern unseres ganzen heiligen Ordens mit wohlwollender Gesinnung aufgenommen und auch in ausreichender Zahl erworben wird.

Wir wünschen außerdem und beschließen im Herrn, dass schon im laufenden Jahr der Approbation alle Novizen der heiligen Mutter von Citeaux von ihren Lehrmeistern in diesen sehr heilsamen Regelungen gut und beständig unterwiesen werden und in denselben sich unermüdlich üben. Außerdem befehlen wir mit unserer Autorität, über die wir verfügen, dass eingedenk unseres Rituale, das die Meister der Zeremonien heute als bestbekannt bezeichnen, die Zeremonien und Rubriken von allen einzelnen Anhängern unseres heiligen Vaters Bernhard mit freudigem und eifrigem Herzen genau beachtet werden. „Denn wie könnten wir dem Herrn bei den Zeremonien mit einem traurigen Herzen gefallen?" (Lev 10,19). Wo aber vielleicht jene Vorschriften durch die Rechtsverletzung der Zeiten mehr oder weniger in Vergessenheit oder in eine gewisse Ungewohnheit geraten sind – was Gott verhüten möge –: mögen sie sofort wiedereingeführt werden. Wir wollen hören, was der sehr berühmte Autor des Kommentars zum Rituale Romanum in seiner Einleitung ganz und gar äußerst deutlich besprochen hat. Er sagte:

„Freilich leuchtet in den gut ausgearbeiteten Diensten der Kirche, die die heiligen Handlungen rechtmäßig, richtig und mit passender Ehre behandeln, eine gewisse Majestät und Macht auf, sodass irgendwann einmal die Engel selbst nicht verschmähen, jenen ihren Dienst darzubieten und nicht selten auch die Dämonen zu erzittern scheinen und in die Flucht gejagt werden. Denn nicht erfolglos sind viele und so große Riten von der Kirche eingesetzt worden: so viele Bitten und Gebete; eine so große Verwendung von heiligem Räucherwerk, eine so große Verwendung von heiligen Ölen; so viele Zeichen und Fahnen, Gesänge, Lichter, Anbetungen, Besprengungen und das Übrige, das für die Sakramente und Sakramentalien dient: aber alle einzelnen Dinge reihte sie richtig und geschmückt mit ihren Mysterien und Bezeichnungen ein, so dass sie nicht nur materiell, sondern auch spirituell vor dem Angesicht Gottes zu den bezeichneten Zwecken durch

die gebührende, in einer solchen und nicht verschiedenen Art bereiteten Anordnung der Dinge wirken." (Hier[onymus] Baruffaldo, Comment[aria] in Rit[uale] Rom[anum] – Venet[iis] 1731).

Mögen daher das Buch und diese Riten weit und breit verbreitet werden: und mögen dadurch für den Gottesdienst die Majestät und Würde wachsen, für die Gotteshäuser die Pracht, für die Altäre der Schmuck, für unsere Religion der Glanz und ihre Einheit und ihr Zusammenhalt, für uns selbst die Heiligung, für das Volk die Erbauung, für Gott Ehre und Verehrung!

Gegeben in unserer äbtlichen Residenz der seligen Jungfrau Maria von Hohenfurt, mit der eigenhändigen Unterschrift von uns selbst und unseres Sekretärs, und mit unserem Stempel, am 12. August im Jahres des Herrn 1892.

Leopold Wackařz,
Abt und Generalsuperior[61]

Die Bemühungen um die Liturgie bilden bei Generalabt Leopold einen roten Faden in seinem Leben. Bereits in seiner Zeit als junger Pater wirkte er als Kantor und Regenschori. Als Abt von Hohenfurt legte er seinen Mitbrüdern mehrfach die treue und pünktliche Teilnahme am Chorgebet ans Herz, investierte in die Ausschmückung des Kirchengebäudes, erklärte immer wieder die Bedeutung von liturgischen Feiern und erreichte die Approbation des Eigenkalenders der böhmischen Zisterzienser. Als Generalvikar wirkte er für die Einfühung des gesamten Chorgebetes in den diversen Klöstern seiner Zisterzienserkongregation. Als Generalabt rief er mit seinem Rundbrief alle Zisterzienser eindringlich zur sorgfältigen Pflege der Liturgie auf. Er ermunterte gerne zu einer gepflegten klösterlichen Liturgie und verfasste für die Neuauflage des Rituale Cisterciense ein motivierendes Vorwort. Die Bemühungen von Generalabt Leopold Wackařz um eine würdige Feier der Liturgie können als ein wesentliches Merkmal seines Wirkens im Laufe seines langen Ordenslebens gelten.

61 Leopold Wackařz, *Mandatum* (12. August 1892), in: *Rituale Cisterciense ex Libro Usuum, Definitionibus Ordinis et Caeremoniali Episcoporum collectum*, Lérins 1892, V-VIII.

Theologie, Kirche und Seelsorge

Pater Wolfgang Buchmüller

Mein Anteil ist der Herr

Zu den biblischen Wurzeln des Zölibats

1. Der Zölibat in der Debatte von heute

In einer Gesellschaft, die leistungsorientiert dem sichtbaren Erfolg huldigt, in der die Möglichkeiten einer technisierten Welt eine neue Lebensqualität garantiert und ein permissiver Grundtenor des medialen Konsenses neue Freiheiten einer scheinbar unbegrenzten Selbstverwirklichung versprechen, wirkt es wie ein Schock oder wie eine Provokation, wenn junge Menschen, die ihr ganzes Leben vor sich haben, aus einer subjektiven Erfahrung der Liebe Gottes heraus auf ihre Karriere, eine selbstbestimmte Existenz, finanzielle Sicherheit und eine Familie verzichten, um ihr Leben Gott zu weihen.

Selbst im Raum der Kirche stößt eine solche Entscheidung, wenn ein junger Mann oder eine junge Frau ihre Familie und alles, was sie aufgebaut haben, verlassen, oft auf Unverständnis, Kritik oder sogar auf einen geistigen Widerstand. Papst Johannes Paul II./Karol Wojtyła verteidigt in seinem nachsynodalen Schreiben *Vita Consecrata* aus dem Jahr 1996 die Bedeutung des gottgeweihten Lebens für das neue Jahrtausend:

„Jahrhunderte hindurch hat es nie an Männern und Frauen gefehlt, die dem Ruf des Vaters und der Einladung des Geistes folgten und diesen Weg der besonderen Nachfolge Christi wählten, um sich ihm mit ‚ungeteiltem' Herzen (vgl. *1 Kor* 7,34) hinzugeben. Auch sie haben wie die Apostel alles verlassen, um bei ihm zu bleiben und sich wie er in den Dienst vor Gott und den Schwestern und Brüdern zu stellen. Auf diese Weise haben sie dazu beigetragen, das Geheimnis und die Sendung der Kirche offenbar zu machen durch die vielfältigen Gnadengaben geistlichen und apostolischen Lebens, die der Heilige Geist ihnen zuteilte, und folglich haben sie auch an der Erneuerung der Gesellschaft mitgewirkt."[1]

---

1 Johannes Paul II., *Nachsynodales Apostolisches Schreiben* VITA CONSECRATA *von Papst Johannes Paul II. an den Episkopat und den Klerus, an die Orden und Kongregationen, an die Gesellschaften des Apostolischen Lebens, an die Säkularinstitute und an alle Gläubigen über das geweihte Leben und seine Sendung in Kirche und Welt,* in: Verlautbarungen des Apostolischen Stuhls (Nr. 125), hg. vom Sekretariat der Deutschen Bischofskonferenz, Bonn 1996, 9.

Das Zeugnis von gottverbundenen Menschen wirkt ohne Zweifel anziehend selbst auf Menschen, die dem christlichen Glauben ablehnend bis zweifelnd gegenüberstehen. Ein Leben des Verzichts auf alles, was die Welt schätzt, im hingebungsvollen Dienst der Nächstenliebe, erzeugt eine Erklärungsnot bei denjenigen, denen der praktische Atheismus als einziger plausibler Lebensentwurf gilt. Wenn noch ein elektrisierendes Moment einer charismatischen Begeisterung für eine Sendung der Glaubensweitergabe verbunden mit persönlicher Überzeugungskraft dazukommt, wird der oft skeptisch beäugte Glaube plastisch greifbar und in sich selbst evident und plausibel, sodass es schwierig wird, an seiner existenziellen Wahrheit zu zweifeln. Der Zölibat wird zu einem haptisch-greifbaren Glaubensbekenntnis.[2]

Das Zweite Vatikanische Konzil findet durchaus hymnische Töne, wenn es in seinen Texten über die Kirche als *Lumen gentium* – Licht für die Menschheit – auf das Ordensleben zu sprechen kommt. Insgesamt wird die zölibatäre Lebensweise als eine Art von Beweis gewertet, dass durch die Auferstehung Christi das Reich Gottes unter den Menschen sichtbar geworden ist. Die Lebensweise Christi wird als eschatologisches Zeichen gesehen, dass das Himmelreich nahe ist:

„Deshalb macht der Ordensstand, der seine Glieder von den irdischen Sorgen mehr befreit, mehr die himmlischen Güter, die schon in dieser Zeit gegenwärtig sind, auch allen Gläubigen kund, bezeugt das neue und ewige, in der Erlösung Christi erworbene Leben und kündigt die zukünftige Auferstehung und die Herrlichkeit des Himmelreiches an. Auch die Lebensform, die der Sohn Gottes annahm, als er in die Welt eintrat, um den Willen des Vaters zu tun, und die er den Jüngern, die ihm nachfolgen, vorgelegt hat, ahmt dieser Stand ausdrücklicher nach und bringt sie in der Kirche ständig zur Darstellung. Schließlich macht er die Erhabenheit des Gottesreiches gegenüber allem Irdischen und seine höchsten Ansprüche in besonderer Weise offenkundig."[3]

Diese geflügelten Worte sprechen für die Verankerung der Lebensform des Zölibats in der Tradition und in der Lehre der Kirche, die auch weithin an der praktischen Bedeutung der Rolle von Priestern, Ordensmännern, Ordensschwestern und anderen gottgeweihten Personen sichtbar wird. Ebenso deutlich wahrnehmbar ist allerdings leider auch die Krise des Zölibats, in die dieses religiöse Lebensmodell in vielen Regionen der Weltkirche geraten ist. Der Ausdruck Krise

---

2 Vgl. Robert Kardinal Sarah, *Aus der Tiefe des Herzens: Priestertum, Zölibat und die Krise der Kirche* (mit einem Beitrag von Benedikt XVI.), Kißlegg 2020, 21f.: „Dieses vollständige ‚Ja' erleben wir täglich in unserem priesterlichen Zölibat. Denn unser Zölibat ist ein Glaubensbekenntnis. Er ist ein Zeugnis, weil er uns erlaubt, in ein Leben einzutreten, das nur von Gott her Sinn erhält. Unser Zölibat ist Zeugnis, das heißt Märtyrertum."

3 II. Vatikanisches Konzil, *Dogmatische Konstitution* LUMEN GENTIUM *über die Kirche* 44; in: Karl Rahner/ Herbert Vorgrimler (Hg.), *Kleines Konzilskompendium.* Sämtliche Texte des Zweiten Vatikanischen Konzils mit Einführungen und ausführlichem Sachregister, Freiburg [23]1991, 177f.

trifft dabei die aktuelle Sachlage nicht exakt, denn die Kritik an diesem Charisma der Kirche geht noch viel weiter, als sich nur auf die Lebbarkeit und Authentizität derjenigen zu erstrecken, die den Zölibat gelobt haben, die Ehelosigkeit ‚um des Himmelsreiches willen'. Im Zuge der sog. Missbrauchskrise, die gleichzeitig eine Glaubwürdigkeitskrise der Kirche darstellt, geriet der Zölibat in den Fokus der Anklage, ja er wurde geradezu als Ursache der tragischsten sexuellen und menschlichen Verfehlungen deklariert, die das Bild und die Selbstdarstellung des Christentums in der Welt von heute verdunkeln.[4]

Von führenden Theologen wird nicht nur der Ruf nach Abschaffung des Zölibatsgelübdes, sondern geradezu nach der Ächtung der damit verbundenen Lehre von der Abwertung der Sexualität laut, die als durch ein finsteres ‚manichäisches' und dualistisches Weltbild geprägt dargestellt wird, nach dem alles Materielle und Körperliche der geistlich spirituellen Dimension des Menschen entgegensteht.[5] Die hiermit verbundene schizophrene Verdrängung der wichtigsten Lebensenergien des Menschen verursache mitunter schwere Persönlichkeitsstörungen nach einem narzisstisch-soziopathischen Muster, die durch Machtmissbrauch noch intensiviert würden.[6] Nicht erwähnt wird in diesem Zusammenhang allerdings, dass es solche unheilvollen Geschehnisse in einer sexualisierten Gesellschaft auch außerhalb des kirchlichen Raums gibt, die aber von der öffentlichen medialen Kritik weitgehend ausgenommen sind, wie etwa im Erziehungswesen, beim Sport oder im Justizvollzug und dort sogar vermehrt vorkommen.[7]

Im Kontext des gegenwärtigen Diskurses wird lautstark die Entkoppelung der Verbindung von Priestertum und zölibatärer Weihe gefordert, um eine pastorale Zukunft der Kirche zu sichern. Höhepunkt all dieser Bestrebungen war die Amazonassynode vom 6. bis 27. Oktober 2019 in Rom. Als dann aber das nachsynodale

4 Ich verweise hier beispielsweise auf die Royal Commission into Institutional Responses to Child Abuse, *Final Report*, Volume 16: *Religious Institutions*, Barton 2017, 46, sowie auf die Arbeitsgemeinschaft deutscher Moraltheologen in ihrer *Erklärung zur aktuellen Missbrauchsdiskussion* vom April 2010, in: Imprimatur 43 (2010) 116f., hier: 117: „Als die zuständigen Fachleute für die theologische Ethik sehen sich die Moraltheologen besonders von der Behauptung beziehungsweise Vermutung eines Zusammenhanges zwischen den Missbrauchsfällen und der traditionellen kirchlichen Lehre über die Sexualität sowie der Lebensform des Zölibats herausgefordert. [...] Insbesondere gilt es, dem Zusammenhang zwischen dem psychisch unreifen Bedürfnis nach Nähe, Bestätigung und sexueller Erfüllung einzelner Personen gegenüber Kindern und Jugendlichen und ermöglichenden, begünstigenden und das Schweigen sichernden Strukturen (Abhängigkeitsverhältnisse, Machtgefälle, Sakralisierung von Personen und Funktionen, Straf- und Belohnungsmonopole, etablierte Denk- und Sprachtopoi über das andere Geschlecht und anderes mehr) selbstkritisch nachzugehen"; vgl. Hubert Wolf, *Zölibat. 16 Thesen*, München 2019: 14. *These: Gefährliches Versprechen. Die verpflichtende Ehelosigkeit ist ein Risikofaktor im Hinblick auf den sexuellen Missbrauch durch Priester*, 123-136, hier: 132.

5 Vgl. Wolf, *Zölibat. 16 Thesen*, 110f.

6 Vgl. ebd., 125f., mit Verweis auf die Studie von Harald Dressing u. a. (Hg.), *Sexueller Missbrauch an Minderjährigen durch katholische Priester, Diakone und männliche Ordensangehörige im Bereich der Deutschen Bischofskonferenz*, Mannheim-Heidelberg-Gießen 2018, 22, URL: https://www.dbk.de/fileadmin/redaktion/diverse_downloads/dossiers_2018/MHG-Studie-gesamt.pdf (Stand: 28.11.2020).

7 Rein numerisch war die Zahl der Missbrauchsfälle in einem einzigen Kinderheim der Stadt Wien höher als die Zahl der Missbrauchsfälle in der gesamten Nachkriegsgeschichte der Österreichischen Kirche.

Apostolische Schreiben *Querida Amazonia* vom 2. Februar 2020, das von Papst Franziskus als Fazit der Erträge der römischen Kirchenversammlung veröffentlicht wurde, keine Passage enthielt, die eine Lockerung oder gar Abschaffung des mit dem Priestertum verbundenen Zölibatsgelübdes brachte,[8] war die Überraschung der kirchlichen Öffentlichkeit groß, da diese ‚Reform' von vielen als das Herzstück der Synode angesehen worden war.

Angesichts der in der medialen Öffentlichkeit – auch in der kirchlichen – immer noch vorhandenen Verwunderung über das Resistenzvermögen der zölibatären Lebensweihe, die auch innerhalb der christlichen Kirchen einzigartig bleibt, erhebt sich die Frage, warum große Kreise, die innerhalb der katholischen Kirche verantwortlich zeichnen, immer noch an einer derart antiquierten archaischen Lebensform festhalten, die zugegebenermaßen nicht ohne psychisch-spirituelle Herausforderungen ist.

Dennoch attestiert selbst die zölibatskritische Missbrauchsstudie, die von einer hochrangigen psychologischen Expertenkommission im Auftrag der Deutschen Bischofskonferenz erarbeitet wurde, dass der Zölibat „eo ipso kein Risikofaktor für sexuellen Missbrauch"[9] sei.

Das Zeugnis des jahrhundertelangen Festhaltens am Zölibat lässt vermuten, dass es eine tiefere Relation zwischen religiösen Handlungen und sexueller Enthaltsamkeit gibt, als in der medialen Öffentlichkeit wahrgenommen. Ein wichtiger Faktor innerhalb der Kontroversen scheint dabei auch die persönliche Erfahrung derer zu sein, deren Leben von einer speziellen Hingabe an die Religion gekennzeichnet ist. Wenn es einen solchen Konnex gibt, dass man sogar von einer seinsmäßigen, philosophisch gesprochen ‚ontologischen' Verbindung zwischen dem Zölibat und dem Priestertum sprechen kann,[10] erscheint es wichtig, auf die verschiedenen Aspekte der Begründungsstrukturen hinzuweisen, um diese alt-neue Lebensweise ausreichend zu begründen.

Ein Konnex zwischen der kultischen Reinheit und der Darbringung des heilsbringenden Opfers war bereits im Alten Bund gegeben. Durch die Überbietung der alttestamentarischen Opfer durch das eine erlösende Lebens- und Liebesopfer des Gottessohnes in Neuen Bund und der Substituierung der Priesterkaste des Jerusalemer Tempels durch ein neues stellvertretendes Priestertum, das ganz auf das

8 Papst Franziskus, *Nachsynodales Apostolisches Schreiben* QUERIDA AMAZONIA *von Papst Franziskus an das Volk Gottes und an alle Menschen guten Willens*, Rom 2020.

9 Dreßing u. a. (Hg.), *Sexueller Missbrauch an Minderjährigen*, 17.

10 Vgl. Sarah, *Aus der Tiefe des Herzens*, 110, sowie: Benedikt XVI., *Das katholische Priestertum*, in: Sarah, *Aus der Tiefe des Herzens*, 23–56, hier: 40: „Aus der täglichen Eucharistiefeier und dem umfassenden Dienst für Gott, der darin mitgegeben ist, ergab sich die Unmöglichkeit einer ehelichen Bindung von selbst. Man könnte selbst sagen, die funktionale Enthaltsamkeit [der Priester] war von selbst zu einer ontologischen geworden. Damit war von innen her ihre Begründung und Sinngebung verändert."

Priestertum Jesu Christi bezogen ist, entstand auf den Schultern der Apostel eine dynamische Verbindung zwischen Menschen, die sich von Gott berufen wussten, und einer Lebensweihe, die eine Totalhingabe mit einschloss, die unter anderem im Gelübde der Ehelosigkeit als Zeichen des angebrochenen Gottesreiches manifest wurde.

2. Die Stellungnahme von Papst Benedikt zugunsten des Zölibats

In unnachahmbarer denkerischer Präzision hat der emeritierte Papst Benedikt XVI. diese Thematik im Dezember 2019 der Kirche in Erinnerung gerufen. Als seine Aufgabe definierte der Papst zu skizzieren, wie auf der Basis der alttestamentlichen Kulttheologie im Kreuz Jesu ein neuer Kult begründet wurde, der durch das Vorbild Jesu höhere Anforderungen an seine Vertreter stellen konnte: „Das Priestertum Jesu Christi lässt uns Priester in ein Leben eintreten, in dem wir nur noch Christus gehören und in dem wir auf alles verzichten, was nur uns gehört. Dies ist der Grund und der innere Sinn des Zölibats, des Gebets, der Meditation des Wortes Gottes und einer neuen Lebensweise.“[11]

Dennoch ortet der emeritierte Papst einen theologischen Begründungsnotstand, der durch den Umbruch hervorgerufen wurde, der durch den kritischen Umgang mit den Heiligen Schriften ausgelöst wurde.

Gemäß der kanonischen Exegese wurde die Heilige Schrift traditionellerweise als ein Ganzes betrachtet. Dass trotz aller ins Auge springender Diversität der 72 Bücher die Menschwerdung Gottes ihr Zentrum ist, war früher nie umstritten gewesen, weil Jesus selbst den Anspruch erhebt, die endgültige Erfüllung des Gesetzes zu sein und darüber hinaus eine messianische Deutung der Schriften des Alten Testamentes einfordert.

Im Rahmen einer kritischen Revision der Lehre der Kirche neigte die neue Generation von Exegeten zunächst einmal dazu, die bunte Vielfalt der Schriften als das zu betrachten, was sie als literarische Gattungen bedeuteten. Das brachte sicherlich viele Vorteile für ein adäquates Verständnis der Schriften, insbesondere, wenn man die Schriften des Alten Bundes zunächst einmal als jüdische Schriftwerke zu verstehen versuchte. Als negativen *Side Effect* konnte diese Entwicklung leider auch dazu führen, dass man durch die historisch-kritische Lesart die Heilige Schrift nicht mehr als Wort Gottes wahrnahm und es folgerichtig aufgab,

11 Benedikt XVI., *Das katholische Priestertum*, 26.

sie christologisch zu interpretieren.[12] Eine spezifisch jüdische Hermeneutik war die Folge davon, die allerdings viele Aspekte, die originär christologisch zu deuten sind, nicht mehr berücksichtigen konnte.

Da der Papa emeritus Joseph Ratzinger/Benedikt XVI. die Thematik des Zusammenhanges zwischen kultischer Reinheit und sexueller Enthaltsamkeit kompetent behandelt hat, besteht keine Ursache, dies hier an dieser Stelle erneut zu tun. Nicht zur Debatte standen für den Papst die außerkultischen Formen eines gottgeweihten Lebens, die nichtsdestotrotz für ein biblisch fundiertes Ordensleben unverzichtbar sind, will man nicht den Anspruch aufgeben, ein eminent christliches Leben zu führen. Die Alternative, die keine Alternative sein kann, würde bedeuten, die Wurzeln des Zölibats und des Ordenslebens in diversen antiken (etwa manichäischen oder gnostischen) Sekten zu suchen.

3. Eine neue Hermeneutik aus jüdischer Perspektive

Kennzeichnend für den neuen Ansatz in der christlichen Exegese des Alten Bundes ist in etwa der Artikel Celibacy/Zölibat in der renommierten *Encyclopedia of the Bible and its Reception*, der dem jüdischen Rabbiner Zev-Hayyim Feyer von der Clairmont School of Theology übertragen wurde: „Das Zölibat ist eine Lebensform, die der hebräischen Bibel bzw. dem Alten Testament unbekannt ist. Das erste Gebot, das dem Menschen gegeben wurde, lautet: ‚Seid fruchtbar und mehrt euch‘ (Gen 1,28). Das Zölibat als ein vorübergehender Zustand ist bekannt, allerdings selten. Das wichtigste Beispiel hierfür (Ex 19,15) ist die Vorbereitungszeit für die Offenbarung am Sinai. Zölibatär zu sterben wird als eine Tragödie gesehen. Im Buch Genesis wird die Wichtigkeit, Kinder zu gebären, durch die ersten Reden Sarahs und Rahels betont. Beides sind Klagen über Kinderlosigkeit; es wäre absurd, sich dies bei einer zölibatären Lebensweise vorzustellen. Jiftahs

12 Vgl. ebd., 25: „Ein Grund für die Schwierigkeiten, in denen sich das Priestertum heute befindet, ist auch ein methodologischer Mangel im Umgang mit der Heiligen Schrift als Wort Gottes. Die Aufgabe der christologischen Interpretation des Alten Testamentes führte viele Exegeten zu einer ungenügenden Theologie des Kultes. Sie haben nicht verstanden, dass Jesus den Gott geschuldeten Kult und die Anbetung Gottes nicht aufgehoben, sondern im Opfer seiner Hingabe aufgenommen und vollendet hat. Manche sind sogar so weit gegangen, ein authentisches kultisches Priestertum im Neuen Bund ganz zu leugnen.“

Tochter (Ri 11,37-38), beschließt nicht ihren Tod, sondern ihre Jungfräulichkeit zu beweinen, als sie wegen der Vollstreckung des törichten Gelübdes ihres Vaters hingeopfert werden soll."[13]

Selbst in quasi-päpstlichen Dokumenten spiegelt sich diese exegetische Entwicklung wider. Auch in den historischen Mittwochskatechesen von Papst Johannes Paul II. zum Thema ‚Die menschliche Liebe im göttlichen Heilsplan', die zwischen 1979 und 1984 gehalten wurden, wird eine ähnliche Perspektive auf das Alte Testament vertreten, teilweise unter Anführung der identischen Bibelstellen und den daraus resultierenden Schriftbeweisen.

Johannes Paul II. hält fest, dass Christus zu Menschen spricht, „denen die Tradition des Alten Bundes das Ideal der Ehelosigkeit oder Jungfräulichkeit nicht überliefert hatte"[14]. Bei aller vorsichtigen Zurückhaltung entschied sich Papst Johannes Paul II. bewusst für eine minimalistische Hermeneutik des Alten Bundes, wenn er erklärt: „In der Überlieferung des Alten Testamentes ist folglich kein Platz für diese Bedeutung des Leibes, die Christus jetzt seinen Jüngern darlegen und offenbaren will, wenn er von der Ehelosigkeit um des Himmelreiches willen spricht. Unter den Persönlichkeiten, die uns als geistliche Führer des Volkes im Alten Bund bekannt sind, ist nicht eine, die die Ehelosigkeit in Wort und Verhalten verkündet hätte."[15]

Dennoch hat es den Anschein, als hätte der Papst diese Worte im Nachhinein bedauert, denn in der offiziellen Druckausgabe ist diesen Worten eine lange Anmerkung in den Fußnoten beigegeben, die auf das an Jeremia ergangene Gebot des Herrn verweist, ehelos zu bleiben (vgl. Jer 16,1f.) und auf die Tradition des ehelosen Lebens in Gemeinschaft in der jüdischen Kommunität der Essener hinweist. In Summe hat es durchaus den Anschein, als hätte sich die jüdische bzw. rabbinische Hermeneutik in Bezug auf das Alte Testament auch bei den christlichen Exegeten durchgesetzt, nach dem das Gebot, fruchtbar zu sein und sich zu vermehren, allen anderen Geboten zur zeitlich beschränkten sexuellen Enthaltsamkeit vorgeordnet sei und diese nur als Ausnahmeregelung gelten lassen kann.[16]

---

13 Zev-Hayyim Feyer, Art. *Celibacy I. Hebrew Bible/Old Testament*, in: Encyclopedia of the Bible and its Reception [EBR], Berlin–Boston 2012, 1086: „Celibacy as a way of life is unknown in the HB/OT. The first command given (Gen 1:28) is ‚Be fruitful and multiply'. Celibacy as a temporary state is known, although rare. The major instance is in preparation for the revelation at Sinai. To die celibate is viewed as a tragedy. In Genesis, the importance of bearing children is stressed by Sarai's and Rachel's first speeches; both are complaints about childlessness, absurd were they celibate. Jephtah's daughter (Jugd 11:37-38) is told that she will be sacrificed in fullfillment of her father's foolish vow, she goes to mourn not her death but her virginity."

14 Johannes Paul II., *Die menschliche Liebe im göttlichen Heilsplan: Eine Theologie des* Leibes (Mittwochskatechesen von 1979–1984), mit einem Geleitwort von Joachim Kardinal Meissner und Edouard Kardinal Gagnon, hg. von Norbert u. Renate Martin, Kißlegg 2017, 436.

15 Ebd., 436f.

16 Vgl. Eliezer Diamond, Art. *Celibacy, Judaism* (EBR 4, 1089–1092).

4. Sexuelle Enthaltsamkeit im Buch Numeri

Dennoch gibt es in dem immensen Corpus der Schriften des Alten Bundes durchaus auch Stellen, die von einem Gelübde sexueller Enthaltsamkeit sprechen und die eine solche auf die rabbinische Schriftauslegung fixierte Sichtweise konterkarieren. In den fünf Büchern des Mose findet sich ein nur schwer zu datierender Text[17] im Buch Numeri mit sehr ausführlichen Bestimmungen für Personen, die ein Gelübde sexueller Enthaltsamkeit aus religiösen Gründen ablegen wollen. Hierfür verwendet der Text den Terminus אֱסָר *asar* ‚Bindung', möglicherweise in Anlehnung an das aramäische Wort *esara* ‚Fessel'.[18]

Bemerkenswert ausgewogen und detailliert sind die Bestimmungen für junge Frauen, die diesem Ruf Gottes folgen wollen. Ist diese junge Frau noch ledig und lebt sie noch im Haus ihres Vaters, dann entscheidet ihr Vater darüber, ob dieses Gelübde (נֶדֶר *neder*) gültig ist. Für eine sorgsam abgewogene Unterscheidung spricht, dass vom Vater noch nicht einmal eine ausdrückliche Zustimmung verlangt wird, sondern lediglich ein ‚Schweigen' zu den Plänen seiner Tochter. Dies erscheint als gut austariert, denn bei einem solchen Gelübde würde er ohne Enkel von dieser Tochter bleiben. Und dennoch scheint dieses Gesetz die Ablegung eines Gelübdes sexueller Enthaltsamkeit aus religiösen Gründen zu begünstigen, denn der Vater muss ein solches Vorhaben lediglich tolerieren und noch nicht einmal gutheißen:

„Wenn aber eine Frau dem Herrn ein Gelübde ablegt oder sich zu einer Enthaltung verpflichtet, während sie noch ledig im Haus ihres Vaters lebt, und ihr Vater von ihrem Gelübde oder ihrer Enthaltung, zu der sie sich verpflichtet hat, erfährt und ihr Vater ihr gegenüber schweigt, dann gelten all ihre Gelübde und jede Enthaltung, zu der sie sich verpflichtet hat, bleibt in Kraft; versagt aber ihr Vater an dem Tag, an dem er davon erfährt, seine Zustimmung, dann tritt das Gelübde oder das Enthaltungsversprechen, zu dem sie sich verpflichtet hat, nicht in Kraft; der Herr wird ihr vergeben, weil ihr Vater seine Zustimmung versagt hat." (Num 30,4-6)

Die Grundaussage dieses Textes bedeutet, dass eine junge Frau sehr wohl ein religiöses Gelübde ablegen darf, wenn sie den Ruf verspürt, sexuell enthaltsam zu bleiben, dass dies aber nur im geschützten Kontext einer Familiengemeinschaft

---

17 Einen Versuch einer Datierung in die späte Königszeit wurde vorgebracht von Karl Krämer, *Numeri und Deuteronomium* (HBK 2,1), Freiburg 1955, 194: „Wie Heinisch möchte auch ich ihn in die späte Königszeit verlegen. Auch hier ist ein Grund, warum das Gesetz gerade an dieser Stelle des Pentateuchs eingefügt ist, nicht ersichtlich."

18 Vgl. Bruno Baentsch, *Exodus – Levitikus – Numeri* (HK 1.2), hg. von Wilhelm Nowack, Göttingen 1903, 648, Anm. 3; „Das Wort ist wahrscheinlich Aramaismus"; Ludwig Schmidt, *Das vierte Buch Mose. Numeri. Kapitel 10,11–36,13* (ATD 7,2), Göttingen 2004, 182: „Das Nomen ‚Bindung' (sr) ist sonst nicht im Alten Testament belegt. Da die Bindung nach V 14a. darin besteht, sich selbst zu demütigen, handelt es sich um ein Enthaltsamkeitsgelübde."

möglich ist. Frauen ohne männlichen Schutz wären allzu leicht zu einer Beute von gewalttätigen Männern geworden. Daraufhin weist noch ein weiterer Absatz dieses Gesetzestextes hin, dessen Bestimmungen in der heutigen freien Gesellschaft geradezu absurd wären. Es ist durchaus vorgesehen, dass eine solche junge Frau einen jungen Mann heiratet und möglicherweise trotzdem an ihrem Jungfräulichkeitsgelübde festhalten kann. Der Hintergrund dürfte auch aus dem Schutzbedürfnis einer solchen Frau bestehen, die ohne männlichen Schutzherrn der Willkür und dem Missbrauch anderer Männer allzu leicht ausgesetzt wäre. Analog wie in dem vorhergehenden Passus reicht wieder ein tolerierendes ‚Schweigen', ein stillschweigendes Akzeptieren, um einem solchen Gelübde auf Dauer Gültigkeit zu verleihen. Andernfalls soll sich die junge Frau keine Vorwürfe machen, dass sie ihr Gott gegebenes Gelübde nicht halten konnte:

„Heiratet sie einen Mann, während sie durch ein Gelübde oder durch ein unbedachtes Wort, mit dem sie sich verpflichtet hat, gebunden ist, dann bleiben die Gelübde oder die Enthaltung, zu der sie sich verpflichtet hat, in Kraft, falls ihr Mann an dem Tag, an dem er davon erfährt, dazu schweigt." (Num 30,7f.) Umgekehrt gilt wiederum, dass ihr der Herr vergeben wird, wenn ihr Ehemann zu einer solchen ‚Josefsehe' seine Zustimmung verweigert und auf die volle eheliche Gemeinschaft besteht (vgl. Num 30,9).

Aber selbst noch für den Fall, dass eine solche Frau verwitwet nochmals heiraten will oder als Geschiedene eine neue Ehe eingehen will, hat die hochentwickelte Kasuistik des Buches Numeri die passende und gerechte Lösung parat. In allem muss sie sich wiederum ihrem neuen Mann ausliefern und anvertrauen und ihn bitten, ihr Enthaltsamkeitsgelübde zu tolerieren und mit seiner Persönlichkeit zu sanktionieren und zu schützen. Ja, sogar eine Witwe oder Geschiedene soll auch die Freiheit zugestanden bekommen, auf eigenen Entschluss hin noch ein solches religiöses Gelübde ablegen zu dürfen, um in einer Art gottgeweihter Witwenschaft ihr Leben in spezieller Intensität Gott weihen zu können. Selbst in einem solchen Fall, in dem ein Jungfräulichkeitsgelübde nicht mehr möglich ist, scheint ein religiöses Gelübde weiterhin eine geförderte Option zu bleiben: „Wenn sie im Haus ihres Mannes etwas gelobt oder sich mit einem Eid zu einer Enthaltung verpflichtet hat, dann bleiben alle Gelübde und jede Enthaltung, zu der sie sich verpflichtet hat, in Kraft, wenn ihr Mann zwar davon gehört, aber dazu geschwiegen und seine Zustimmung nicht versagt hat." (Num 30,11f.)

Warum aber ist es notwendig, zunächst diesen langen Exkurs über die Rechte von Frauen und ihren Vätern und Ehemännern bei der Ablegung von religiösen Gelübden einzuschieben? Er ist essenziell notwendig, um auf indirekte Weise zu erläutern, dass es in analoger Weise eine solche Möglichkeit auch für Männer im Alten Israel gab. Dies galt offenbar auch außerhalb des Opferkults, weil dieses

Gelübde als eigenständige religiöse Lebensweise gedacht ist. Geradezu lapidar und in nicht zu übertreffender Eindeutigkeit bemerkt das Buch Numeri hierzu: „Wenn ein Mann dem Herrn ein Gelübde ablegt oder einen Eid schwört und sich zu einer Enthaltung verpflichtet, dann darf er sein Wort nicht brechen; genauso, wie er es ausgesprochen hat, muss er es ausführen." (Num 30,3)

Es ist bemerkenswert, dass selbst die einschlägigen Kommentare diesen Sachverhalt nicht infrage ziehen, sondern ausdrücklich auf die sexuelle Komponente dieser Enthaltsamkeitsgelübde hinweisen.[19] In gewisser Weise haben die Bestimmungen im Buch Numeri sogar ein limitiertes Echo in der rabbinischen bzw. pharisäischen Gesetzgebung des Talmud gefunden, die eine solche Periode von sexueller Enthaltsamkeit zugunsten des Studiums der Tora auf die Dauer von maximal zwei oder drei Jahren begrenzen will. Erstaunlicherweise war dafür nicht einmal das Einverständnis der Ehefrau notwendig. Die restriktive Handhabung dieser Sondererlaubnis bedeutete im Laufe des Mittelalters eine weitgehende Rücknahme dieser Erlaubnis, die nur noch auf maximal achtzehn Monate ausgedehnt werden durfte.[20]

Damit ging die Entwicklung im rabbinischen Judentum diametral in eine andere Richtung als diejenige im katholisch geprägten Christentum, in dem die zölibatäre Lebensweise die Voraussetzung für den Empfang der Priesterweihe wurde. Analog kann man in den Heiligen Schriften des Alten Bundes eine ähnliche Entwicklung beobachten, die eine Tendenz erkennen lässt, die Ablegung freiwilliger oder nicht ganz so freiwilliger Gelübde sexueller Enthaltsamkeit auf Dauer zu verlängern.

5. Nasiräergelübde

Ein klassisches Enthaltsamkeitsgelübde, wie es auch in Numeri 6,1-21 niedergeschrieben ist, bedeutet, ganz auf den Genuss von Wein und Bier auf Zeit zu verzichten, das sogenannte Nasiräergelübde (hebr. נָזִיר *nasir;* etwa: Asket): „[...] Wenn ein Mann oder eine Frau etwas Besonderes tun will und das Nasiräergelübde ablegt, sodass sie dem Herrn geweiht sind, dann sollen sie auf Wein und Bier verzichten; sie sollen keinen gegorenen Wein und kein gegorenes Bier trinken,

19 Vgl. Baentsch, *Exodus – Levitikus – Numeri*, 649, Anm. 7: „Dergleichen Gelübde bezogen sich wohl meist auf die geschlechtliche Sphäre (Enthaltung von ehelichem Beischlaf)"; Josef Scharbert, *Numeri* (NEB. AT), Würzburg 1992, 119–121; Schmidt, *Das vierte Buch Mose*, 181–183.

20 Vgl. Diamond, Art. *Celibacy, Judaism*, hier: 1091: „Moreover the Talmud states that ‚Scholars may leave home to study Torah for two or three years without their wives' permission (bKet 62b). The latter passage is reflected in a medieval rabbinic ordinance that, while prohibiting a man from spending more than eigtheen months away from his wife without her permission, nonetheless empowers a local rabbinic court to grant him a continuance if he wishes to extend his stay in order to study Torah."

auch keinen Traubensaft, sie sollen weder frische noch getrocknete Trauben essen. Solange sie Nasiräer sind, sollen sie nichts essen, was von Weinreben stammt, von den unreifen Trauben angefangen bis zu den Trebern.“ (Num 6,2-4)

Während dieses in den Augen des alten Israels als ein offensichtlich heroisches Opfer galt, eine Zeit lang auf das Beste zu verzichten, was der Garten Eden des Gelobten Landes zur Verfügung stellte, war dieses ursprünglich nur auf eine kurze Zeitspanne von einigen Monaten abgestimmt, nach der man sich wieder die Haare schneiden lassen konnte und damit ein normales Leben wieder aufnahm. Dennoch gab es aber offensichtlich auch bald Tendenzen, solche Gelübde auf die gesamte Lebenszeit zu verlängern.

Es hat den Anschein, als wäre diese wohl noch in der archaischen Zeit Israels eingeführte Weihehandlung von ihrer Intention her bald auf das ganze Leben ausgedehnt worden. Zur Zeit der Richter, die wir ungefähr auf das 12./11. Jahrhundert vor Christus ansetzen können, wird bereits mit großer Selbstverständlichkeit angenommen, dass man ein solches Nasiräergelübde auf Lebenszeit ablegen kann. In der großen politischen Not der Unterdrückung durch die Philister kündet der Engel des Herrn der unfruchtbaren Frau des Manoach an, dass sie ein Kind empfangen werde: „Siehe, du bist unfruchtbar und hast nicht geboren; aber du wirst schwanger werden und einen Sohn gebären. [...] Es darf kein Schermesser an seinen Kopf kommen; denn der Knabe wird vom Mutterleib an ein Gott geweihter Nasiräer sein. Er wird damit beginnen, Israel aus der Hand der Philister zu retten.“ (Ri 13,3.5) Und: „[...] Und von jetzt an trink keinen Wein und kein Bier und iss nichts Unreines; denn der Knabe wird vom Mutterleib an ein Gott geweihter Nasiräer sein, bis zum Tag seines Todes.“ (Ri 13,7)

Von dieser Vorankündigung her dürfte man vom Lebensdrama des Simson/Samson erwarten, dass der Alkohol die Schicksalsfrage des jungen Kämpfers werden würde. Merkwürdigerweise nimmt diese Fragestellung aber keinerlei Raum in der Lebensdarstellung des jugendlichen Freiheitshelden ein. Stattdessen werden seine sexuellen Fehltritte mit verschiedenen Philisterinnen, darunter mit der insbesondere auf ihn angesetzten Deliah, für ihn zum Anlass des Niedergangs, des Verlustes seiner Unbesiegbarkeit. Sichtbar wird dies durch die Einbuße seiner unbeschnittenen Haarpracht, die ihn als Auserwählten Gottes ausgezeichnet hatte. Auch wenn seine Buße einen Teil seiner Untreue wiedergutzumachen scheint, so erhebt sich doch die Frage, ob hier nicht doch unterschwellig eine Art sexuelles Enthaltsamkeitsgelübde mit dem Nasiräertum assoziiert wird.

Einige Jahrhunderte später wird die Gruppe der Prophetenjünger (נְבִיאִים *nebiim*) bereits mit einiger Selbstverständlichkeit mit den Nasiräern gleichgesetzt und miteinander als eine soziologische Entität angesehen. Gerade dies scheint allerdings einige Skeptiker gereizt zu haben, diese Gruppierung von Gottgeweihten eigens zu testen, inwieweit man ihre Gelübde als Ausdruck eines authentischen Rufes Gottes zu nehmen habe oder auch nicht. Zu den Heldentaten der ‚Männer von Samaria' scheint es daher gehört zu haben, die Gottesmänner zum Trinken und die Propheten zum Verstummen gebracht zu haben, um sie spirituell zu ‚neutralisieren'.[21]

Dies können wir einer prophetischen Rede entnehmen, die der Prophet Amos um das Jahr 760 v. Chr. gegen das Haus Jerobeams vorgetragen hat: „Ich habe einige eurer Söhne zu Propheten gemacht / und einige von euren jungen Männern zu Nasiräern. Ist es nicht so, ihr Söhne Israels? / Spruch des Herrn. Ihr aber habt den Nasiräern / Wein zu trinken gegeben und den Propheten habt ihr befohlen: / Prophezeit nicht!" (Am 2,11f.)

Auch wenn der Zusammenhang mit der späteren Herausbildung einer zölibatären Lebensweise noch nicht so offensichtlich ist, innerhalb des religiösen Gefüges Israels bildete sich anscheinend eine Art Lebensstand heraus, der gewiss zunächst einmal auf Zeit eine Nasiräer- und Prophetenschulung auf sich nahm und frühzeitig innerhalb des Kultes und des religiösen Lebens eine unverzichtbare Stellung einnahm.

6. Die Prophetenjünger

Die Prophetenjünger treten zwar nur punktuell in der Offenbarung des Alten Bundes auf, allerdings geschieht dies an markanten Stellen, sodass man zu Recht annehmen kann, dass sie eine feste Institution bildeten. Samuel, der große Prophet Israels, wurde von Gott beauftragt, den ersten König Israels, Saul, zu erwählen, ihn zum König zu salben und in sein Amt einzuführen.

Nachdem Samuel den künftigen König und Anführer Israels mit Öl übergossen hatte, gab er eine prophetische Weissagung an Saul weiter, nach welcher Saul Prophetenjüngern begegnen werde und wie diesen eine besondere Erfahrung des Geistes geschenkt werde. Diese Prophetie wird präzise beschrieben und es lohnt sich, diese ausführlich wiederzugeben, weil sie die Stellung dieser Prophetenjünger

21 Vgl. Ulrich Dahmen/Gunther Fleischer, *Das Buch Joel. Das Buch Amos* (SKK.AT 23/2), Stuttgart 2001, 163: „Die Nasiräer, gottgeweihte Menschen, die Alkohol und rituelle Unreinheit mieden und sich nicht die Haare scheren ließen [...], verwiesen durch ihre besondere Lebensführung auf Gott, als dessen Werkzeug sie sich verstanden. Die Propheten hingegen riefen Gott durch ihre Verkündigung beständig in Erinnerung, zumeist mahnend und unter Einklagen des Willens Gottes, dem die Lebenswirklichkeit Israels widersprach. Insofern Israel nun das Vorbild der Nasiräer als Stachel im Fleisch ansah, den es durch Verbrüderung im Zeichen des Alkohols zu ‚neutralisieren' galt, und seine auf widergöttliches Unrecht hinweisenden Propheten nicht hören wollte, begab es sich seiner letzten Rettungschance."

illustrativ beschreibt: „Danach wirst du nach Gibeat-Elohim kommen, wo die Vorposten der Philister stehen. Wenn du dort in die Stadt hineingehst, wirst du eine Schar von Propheten treffen, die von der Kulthöhe herabkommen, und vor ihnen wird Harfe, Handpauke, Flöte und Leier gespielt. Sie selbst sind in prophetischer Verzückung. Dann wird der Geist des Herrn über dich kommen und du wirst wie sie in Verzückung geraten und in einen anderen Menschen verwandelt werden." (1 Sam 10,5f.)

In dieser archaischen Zeit, die über 50 Jahre vor der Errichtung des Jerusalemer Tempels um 952 v. Chr. anzusetzen ist und in der Israel noch lediglich ein Zeltheiligtum auf dem Berg Garizim hatte, gab es offensichtlich bereits eine Gruppe von jungen Männern, die einen Teil ihrer Jugend dem Gottesdienst vor dem Allerheiligsten Jahwes widmeten und durch den Einsatz aller musikalischen Mittel wie Harfe, Handpauke, Flöte und Leier ekstatische Anbetungsgottesdienste leiteten. In eine solche charismatische Versammlung geriet nun auch Saul, der Sohn des Kisch, und erlebte dabei beinahe eine Art ‚Taufe im Heiligen Geist', die ihn in Verzückung geraten ließ. Nach dieser Geisterfahrung galt Saul geradezu als ein ‚neuer Mensch', der von der Begeisterung der Prophetenjünger erfüllt war, der allerdings auch von manchen Menschen abschätzig angesehen wurde.[22]

Das Buch der Chronik berichtet Jahrhunderte später von dem eindrucksvollen Musikdienst der Diener des Tempelkultes,[23] der noch von König David vor der eigentlichen Errichtung des Heiligtums bereichert und vermehrt worden sei. Die Rede ist dabei von den Söhnen Asafs, Hemans und Jedutuns, offenbar alles junge Männer, die ihr Können im Umgang mit dem Instrumentarium des Gottesdienstes beherrschten, mit Zithern, Harfen und Zimbeln (vgl. 1 Chr 25,1-4). Dazu werden noch zur Steigerung des Festcharakters Naturhörner (קֶרֶן *qaren*) erwähnt, die von den Söhnen des ‚Sehers des Königs' (חֹזֵה הַמֶּלֶךְ *hammelek hozeh*) der Weisung Gottes entsprechend zum Klingen gebracht werden sollten (vgl. 1 Chr 25,5).

Da in der Bibel die Begriffe ‚Seher' (חֹזֶה *hozeh*) und ‚Prophet' (נָבִיא *nabi*) beinahe austauschbar gebraucht werden, ist es in diesem Kontext wiederum naheliegend, von Prophetenjüngern zu sprechen. Hieraus dürfte sich ergeben, dass die Übernahme des Musikdienstes des Kultes nur einen Teilaspekt der Berufung der Prophetenjünger ausmachte. Vielmehr wird das Studium der Heiligen Schriften Israels mitsamt dem Gesang der Psalmen einen festen Bestand im Zeitplan dieser religiösen Ausbildung ausgemacht haben, die später ihre Nachfolge in den Toraschulen des Judentums finden sollte.

22 Vgl. Ansgar Wucherpfennig, *Neutestamentliche Wurzeln des Zölibats*, in: GuL (2012) 289–303, hier: 290.
23 Vgl. Klaus Koch, Art. *Propheten/Prophetie*, in: TRE 27 (1997) 473–499, hier: 482.

Zur Zeit König Davids soll diese Gruppierung nach der Quellenlage des ersten Buches der Chronik – das von denen, die im „Gesang zu Ehren des Herrn unterrichtet" wurden, berichtet – die stolze Zahl von 288 Mann, „lauter geübte Leute" (1 Chr 25,7), umfasst haben. Wie man sorgfältig errechnet hat, würde dies bedeuten, dass 24 Musik- und Sängergruppen von je 12 Prophetenjüngern existiert haben könnten, die sich jeweils abwechselten,[24] um ein fortwährendes Gotteslob im Tempel sicherzustellen.

Aus der Sonderfunktion der Gruppe der Prophetenjünger musste sich in religiösen Krisenzeiten eine besondere Verantwortung für das Überleben des Kultes Israels ergeben und der damit verbundenen Tradition der göttlichen Offenbarungen, die Israel zum auserwählten Volk Gottes gemacht hatten.

7. Die Propheten Elia und Elischa und ihre Jünger

Als ein Paradigma eines besonders existenzbedrohenden Religionskonfliktes gilt der Versuch der Königin Jesebel († 842 v. Chr.), als Tochter Königs Etbaal von Sidon und Tyros, den phönizischen Kult des Baal-Schamin im Nordreich Israel zur Staatsreligion zu erklären. Daher musste sie ihren Ehegatten, König Ahab (König von ca. 871–852 v. Chr.), dazu bringen, die Prophetenjünger der angestammten Religion Israels zu vertreiben und den Jahwe-Kult zu unterbinden. Dieses Vorhaben ließ sich aber nicht so leicht realisieren, weil es in Israel weiterhin zahlreiche Gegner des Religionswechsels gab, unter anderem den Heerführer König Ahabs, Obadja. Über diesen Heerführer bemerkt das Buch der Könige lapidar: „Dieser war sehr gottesfürchtig (eigentlich JHWH-fürchtig; יְרֵא אֶת- יְהוָה *JHWH-et yare*):[25] „Als Jesebel die Propheten des Herrn ausrottete, hatte Obadja hundert von ihnen beiseitegenommen, sie zu je fünfzig in einer Höhle verborgen und mit Brot und Wasser versorgt." (1 Kön 18,4)

Diese kleine verschworene Gruppe war allerdings in der Lage, den Religionskonflikt zu ihren Gunsten zu entscheiden, weil ihr Anführer, der Prophet Elija-Elias, König Ahas zu einem Gottesurteil herausfordern konnte, das durch das Feuer vom Himmel und den von selbst entzündeten Brandopferaltar Jahwe als den wahren und einzigen Gott Israels augenscheinlich machte. Ohne diese Gruppe von Prophetenjüngern, die als Gefolgschaft und Anhängerschar des Propheten Elija-Elias die Botschaft von der Gottheit Jahwes hinaustrugen, hätte die Religion des Moses und der Propheten in Israel kaum überlebt, weil sie ein lebendiges Zeichen für die Wahrheit des Glaubens waren.

---

24 Vgl. Peter Dirksen, *1 Chronicles* (Historical Commentary on the Old Testament), Leuven–Dudley 2005, 304.
25 Vgl. Ernst-Axel Knauf, *1 Könige 15–22* (HThKAT), Freiburg–Basel–Wien 2019, 265.

Die Gruppe der fünfzig Prophetenjünger, die auch als ‚Prophetenjünger von Jericho' bezeichnet wurden, überlebte auch den Übergang von dem Propheten Elija zum Propheten Elischa (vgl. 2 Kön 2, 1-18). Sie war offensichtlich bereit, eine Vielzahl von Entbehrungen zu ertragen, die sie als Asketen auszeichneten. Immer wieder war die Ernährungslage der nicht ganz so kleinen Gemeinschaft so prekär, dass nicht alle satt werden konnten. Wenn es bei diesen Gelegenheiten nicht zu einer wundersamen Brotvermehrung durch den Propheten Elischa gekommen wäre, hätten die Prophetenjünger wohl kaum alle durchgehalten, wie das Buch der Könige berichtet:

„Einmal kam ein Mann von Baal-Schalischa und brachte dem Gottesmann Brot von Erstlingsfrüchten, zwanzig Gerstenbrote und frische Körner in einem Beutel. Elischa sagte: Gib es den Leuten zu essen! Doch sein Diener sagte: Wie soll ich das hundert Männern vorsetzen? Elischa aber sagte: Gib es den Leuten zu essen! Denn so spricht der Herr: Man wird essen und übrig lassen. Nun setzte er es ihnen vor; und sie aßen und ließen noch übrig, wie der Herr gesagt hatte." (2 Kön 4,42-44)

Aus dieser Episode erfahren wir, dass sich die Zahl der Prophetenjünger des Elija unter Elischa auf hundert verdoppelt hatte und dass sie offensichtlich trotz dieser stolzen Zahl von der Vorsehung Gottes leben konnte, oder wie man es anders ausdrücken könnte: von der Hand in den Mund. Dazu war die Wohnsituation alles andere als luxuriös, denn die ‚Prophetenjünger des Herrn' schliefen anscheinend auf engstem Raum, sodass sie sich dazu entschlossen, auszuschwärmen, um genügend Holz zu fällen, damit sie den engen Schlafraum erweitern konnten, um wenigstens die Grundbedürfnisse nach einem eigenen Schlafplatz zu erfüllen, wie uns das Buch der Könige anschaulich schildert: „Die Prophetenjünger klagten bei Elischa: Der Raum, in dem wir vor dir sitzen, ist zu eng für uns. Wir wollen an den Jordan gehen und dort soll jeder von uns einen Balken holen, damit wir uns hier einen Raum errichten, in dem wir wohnen können. [...]." (2 Kön 6,1f.)

Damit ist zwar kein Wort über ein eventuelles prophetisches Zölibatsgelübde gesagt, genauso wenig wie über ein Gelübde der kollektiven Armut oder ein Gelübde des Gehorsams gegenüber dem Propheten, die Sachlage spricht aber ganz für sich. Die asketische Lebensweise in der Gemeinschaft hätte gar nichts anderes zugelassen, sodass sich die später als klassisch geltenden Gelübde von Armut, Keuschheit und Gehorsam von selbst verstehen mussten – zumindest so lange, wie ein Prophetenjünger diese Lebensweise freiwillig auf sich nahm und dabeiblieb.

Dass dieses asketisch-religiöse Programm keineswegs nur als reines Notfallkonstrukt gesehen wurde, sondern bewusst bejaht und gewählt wurde, ergibt sich unter anderem aus der Episode von der Heilung des syrischen Heerführers Naaman durch den Propheten Elischa. Als dieser durch ein Wunder von Lepra geheilt in seine syrische Heimat zurückkehren konnte, wollte er sich durch ein großzügiges Dankgeschenk bei der Prophetenjünger-Gemeinschaft des Elischa bedanken. Elischa lehnte dies aber entsetzt und konsequent ab, obwohl die Gemeinschaft sicherlich Schwierigkeiten hatte, ihren täglichen Bedarf zu decken. Als der Stellvertreter Elischas Gehasi hierauf der Stimme der Vernunft Raum verschaffen wollte und dem Heerführer Naaman nachsetzte, um sich im Namen der Gemeinschaft doch noch einer ansehnlichen und ausreichenden Spende zu versichern, reagierte der Prophet Elischa mit unerwarteter Härte und Entschiedenheit, indem er Gehasis zukünftiges Unheil ankündigte: „Da sagte Elischa zu ihm: War nicht mein Geist zugegen, als sich jemand von seinem Wagen aus dir zuwandte? Ist es denn Zeit, Geld anzunehmen und Kleider, Ölgärten, Weinberge, Schafe und Rinder, Knechte und Mägde zu erwerben?“ (2 Kön 5,26)

Hieraus muss sich eine radikale Interpretation eines Armutsgelübdes ergeben, das allen alternativen Auffassungen vom Reichtum als einer sichtbaren Form des Segens Gottes widerspricht. Hier von einer Gruppe von ‚sozial deklassierten‘ Prophetenjünger zu sprechen,[26] wäre verfehlt, weil diese Rede die Würde einer freiwilligen Lebensentscheidung im Dienste Gottes verkennt. Von Zeugen eines prophetischen Lebens wurde ein vertrauender Glaube verlangt, dass ihre täglichen Bedürfnisse von anderen Anhängern der JHWH-Religion gedeckt werden, die sich dankbar für persönliche Formen der Seelsorge erweisen wollten.

Auch wenn sich wie von selbst die Frage erhebt, inwieweit sich solche asketischen Formen mit einer zumindest temporären Weihe an Gott in der religiösen Lebenspraxis Israels durchgängig nachweisen lassen, das Fakt einer solchen Tradition lässt sich nicht leugnen, auch wenn die Institution der Prophetenjüngerschaft sicherlich erheblichen Änderungen unterworfen war. Aus der Überzeugung einer spirituellen Kontinuität heraus haben später die christlichen Mönchsväter Antonius, Hieronymus und Johannes Cassian in Elia und Elischa ihre geistigen Vorväter erblickt, deren Vorbild für sie selbst wie ein Spiegel für ihr eigenes Leben fungieren sollte.[27]

Von dem Propheten Daniel wird im Übrigen überliefert, dass er dreimal am Tag eine Gebetszeit in Richtung nach dem Jerusalemer Tempel hielt.[28] Diese religiöse Praxis erscheint nicht weiter erstaunlich; bemerkenswert ist allerdings doch, dass

26 Vgl. Koch, Art. *Propheten/Prophetie*, hier: 482.

27 Vgl. Éliane Poirot, *Elia und Elischa. Propheten des Karmel*, Wien 2012, 32–35, hier: 33.

28 Vgl. Dieter Bauer, *Das Buch Daniel* (SKK.AT 22), Stuttgart 1996, 134: „Auch die Praxis, in Richtung des Tempels in Jerusalem zu beten [...], ist aus dem Weihegebet Salomos für den Jerusalemer Tempel bekannt (1 Kön 8,44). Ab wann diese Praktiken als ‚Gesetz‘ angesehen wurden, weiß man nicht so genau. Die Diasporasituation des Judentums seit dem 6. Jh. hat diese Tradition sicher enorm gestärkt.“

das Gebet mit lautem Gesang verbunden war, sodass man es unten auf der Straße deutlich vernehmen konnte, wie uns das Buch Daniel mitteilt: „[...] In seinem Obergemach waren die Fenster nach Jerusalem hin offen. Dort kniete er dreimal am Tag nieder und richtete sein Gebet und seinen Lobpreis an seinen Gott, ganz so, wie er es gewohnt war. Da stürmten jene Männer hinein und fanden Daniel, wie er zu seinem Gott betete und flehte." (Dan 6,11f.)

Auch wenn dies sehr spekulativ gedacht ist, man kann es sich kaum vorstellen, dass der Prophet Daniel sich diese liturgischen Vollzüge, die zu seinem täglichen Leben gehörten, selbst beigebracht hätte. Vielmehr wird er selbst eine Zeit der Ausbildung in einer Toraschule absolviert haben, wo man solche liturgischen Gesänge erlernen konnte, wobei man weiter fragen könnte, ob es nicht doch Gefährten gab, die ihn bei seinem ‚Lobpreis an seinen Gott' üblicherweise unterstützten.

8. Der Torapsalm 119: Das Gelübde eines Toraschülers

Dieser Gedankengang führt uns in die Schule der großen Beter Israels. Als ein besonders beeindruckendes Zeugnis für die Gebetstradition des nach Babylonien exilierten Israels gilt der Psalm 119 – ein Akrostichon, ein Gebet, das mit langen 22 Versen mit den Buchstaben des hebräischen Alphabets korrespondiert und das von manchen Exegeten in die Zeit Esras und Nehemias datiert wurde –,[29] der als der klassische ‚Torapsalm' schlechthin bezeichnet wird.[30] Als eine Andeutung an eine Exilsituation kann man im Text eine Andeutung des Fremdseins nehmen, das aber durch das Meditieren der Heiligen Schrift aufgehoben wird: „Zum Lobgesang wurden mir deine Gesetze im Haus, in dem ich fremd war." (Ps 119,54)

Ganz erheblich gesteigert erscheint der Gebetseifer des Vorbeters noch weit über die liturgischen Gepflogenheiten des Tempelkultes hinweg, denn der Dichter hatte sich offenbar ein beachtliches Gebetspensum vorgenommen, das er selbst weit über die drei üblichen Gebetszeiten hinaus ausgedehnt hatte, wenn er betont, dass er sogar siebenmal die Stimme erhebe: „Siebenmal am Tag singe ich dein Lob wegen der Entscheide deiner Gerechtigkeit. Frieden in Fülle empfangen, die deine Weisung lieben, [...]." (Ps 119,164f.) Dazu kommen noch weitere asketische Sonderleistungen im Dunkel der Nacht: „Schon vor dem Morgengrauen kam ich und flehte, auf deine Worte hab ich gewartet. Den Nachtwachen kamen meine Augen zuvor, um nachzusinnen über deinen Spruch. Meine Stimme höre doch, in deiner Liebe, belebe mich, Herr, nach deinen Entscheiden!" (Ps 119,147-149)

---

29 Vgl. Hermann Gunkel, *Die Psalmen*, Göttingen [5]1968, 516: „Also alles in allem: Spätes persisches Zeitalter."

30 Vgl. Franz-Lothar Hossfeld/Erich Zenger, *Psalmen* 101–150 (HThK.AT), Freiburg–Basel–Wien 2008, 350: „Psalm 119 gilt als der Torapsalm schlechthin."

Es verwundert nicht weiter, dass Jahrhunderte später Benedictus von Nursia (ca. 480–547 n. Chr.) sich auf diese Verse des Psalm 119 berufen sollte, um damit sein tägliches liturgisches Gebetsprogramm mit den sieben Horen für seine Mönche zu begründen.[31] Tatsächlich lässt dieses Programm an einen festgefügten monastischen Tagesablauf denken.

Sogar die mit einem solchen Leben unvermeidbar verbundenen Lasten und Schwierigkeiten werden thematisiert, wenn der Dichter des Psalms etwas schläfrig betet: „[…], Herr, nach deinem Wort belebe mich! Herr, nimm gnädig an das Lobopfer meines Munds […].“ (Ps 119,107f.) Dies dürfte die Situation von stellvertretenden Betern verbalisieren, die für die Welt eine Zeit der Anbetung halten, noch bevor die Sonne am Horizont des Tages ihr Licht verbreitet und die Arbeitswelt der Menschen ihren Anfang nimmt. Das nächtliche Gebet scheint aber dem Vorbeter so wichtig gewesen zu sein, dass er in noch einem weiteren Vers darauf Bezug nimmt, wenn er sein Gebetsgedenken der Gottvergessenheit der Menschen gegenüberstellt: „In der Nacht gedachte ich, Herr, deines Namens; ich will beachten deine Weisung. Dies wurde mir zuteil, denn ich bewahrte deine Befehle. Mein Anteil (חֶלְקִי *helqi* mein Anteil; von חֵלֶק *heleq* Anteil) ist es, Herr, das habe ich versprochen, deine Worte zu beachten.“ (Ps 119,55-57)

Da in der Bibel des Alten Bundes an keiner Stelle von einer Verpflichtung zu nächtlichem oder zu siebenfachem Gebet die Rede ist, muss es sich bei dem Versprechen des Vorbeters um eine Art von privatem Gelübde handeln. Tatsächlich hebt der Autor dieses ungewöhnlichen Torapsalms auf einen Schwur ab, den er vor Gott abgelegt hat und den er um jeden Preis halten und beachten will.

Ein wenig mehrdeutig spricht der Vorbeter von Psalm 119 von diesem einen Schwur, seiner religiösen Lebensweihe: „Dein Wort ist meinem Fuß eine Leuchte, ein Licht für meine Pfade. Ich tat einen Schwur (נִשְׁבַּעְתִּי) und will ihn halten, zu beachten die Entscheide deiner Gerechtigkeit.“ (Ps 119,105f.)

Dieser ‚Schwur‘, der für den Vorbeter und Dichter des Psalms sicherlich eine große Wichtigkeit hatte, hinterlässt einige Fragen. Handelt es sich um ein lebenslanges Gelübde sexueller Enthaltsamkeit, wie es in Numeri 30 als freiwilliger Akt einer Hingabe an Gott als legitime Möglichkeit innerhalb der Frömmigkeitspraxis Israels erscheint? Oder ging es bei dem Schwur nicht eher um eine religiöse Lebensform, die sich auf einen engen Rahmen von vielfachen täglichen

31 Vgl. Benedictus von Nursia, *Regula*, zit. n.: Georg Holzherr (Hg.), *Die Benediktsregel. Eine Anleitung zu christlichem Leben* (lat.-dt.), Einsiedeln [3]1989, c. 16, 150: „Entsprechend dem Wort des Propheten: *Siebenmal am Tag singe ich dein Lob*. Diese geheiligte Siebenzahl wird von uns dann erfüllt, wenn wir unseren schuldigen Dienst leisten zur Zeit von Laudes, Prim, Terz, Sext, Non, Vesper und Komplet. Denn von diesen Gebetsstunden am Tag heißt es: *Siebenmal am Tag singe ich dein Lob*. Von den nächtlichen Vigilien jedoch sagt derselbe Prophet: *Um Mitternacht stehe ich auf, um dich zu preisen*.“

Gebetszeiten bezog, in denen die Psalmen gesungen werden sollten? In letzter Konsequenz ein Leben ‚beständigen betrachtenden Gebetes'? Oder bezog sich die Intention des Beters von Psalm 119 nicht eher auf ein umfassendes Lebensprogramm, das mit dem Versprechen verbunden war, sein Leben lang der Lebensform der Prophetenjünger in einer Toraschule treu zu bleiben? Oder aber war ein solches feierliches Versprechen nicht eher auf die Gesamtheit eines solchen religiösen Lebens ausgerichtet?

9. Die Jünger der Essener in den Texten von Qumran

Die Suche nach der Beantwortung dieser Frage führt wie von selbst zu außerbiblischen Schriften, insbesondere zu einer Assoziation mit der von dem sogenannten ‚Lehrer der Gerechtigkeit' zwischen 200 und 161 v. Chr. begründeten Gemeinschaft der Essener.[32] Deren Texte, die insbesondere durch die Funde von Qumran seit 1947 in den Horizont der Forschung getreten sind, könnten die Kontextualität dieses Torapsalms näher erhellen. Wie von Paul Eric Kahle bemerkt worden ist, ist es nicht nur bezeichnend, dass sich in ehemaligen Bibliothek der Gemeinschaft von Qumran eine ganze Reihe von Abschriften des Psalms 119 befanden, sondern dass die Gemeinschaft auch einige Begriffe wie die ‚vollkommen Wandelnden' übernahm und sich insgesamt die Lehre des Psalms 119 aneignete, dass eine göttliche Inspiration notwendige Voraussetzung für das rechte Verständnis der Tora ist.[33] Um diese aber zu erbitten, musste die beständige Meditation der heiligen Texte Inhalt eines solchen jüdischen Gebetslebens sein, das damit auch gewisse monastische Züge aufgewiesen haben muss.

Nach Auskunft von Flavius Josephus gab es beim Eintritt in die zölibatäre Gemeinschaft der Essener ein Gelübde, das er selbst als einen ‚furchterregenden Schwur' bezeichnet.[34] Dieser implizierte, dass der Kandidat einer essenischen Gemeinschaft versprach, in einen Neuen Bund mit der Gemeinschaft und mit Gott eintreten zu wollen. Dieses Gelübde sollte aber auch juridisch definitiv bindend sein. Daher musste das neue Mitglied der jüdischen Gemeinschaft der Essener

---

32 Vgl. Manfred Oemig/Joachim Vette, *Das Buch der Psalmen 90–151* (Neuer Stuttgarter Kommentar Altes Testament 13/3), Stuttgart 2016, 155.

33 Vgl. Paul E. Kahle, *Die Kairoer Genisa. Untersuchungen zur Geschichte des hebräischen Bibeltextes und seiner Übersetzungen*, Berlin 1962, 105–114, hier: 107–109.

34 Vgl. Flavius Josephus, Jüdischer Krieg, Buch 2, c. 8,7 (zit. n. André Dupont-Sommer, *Die essenischen Schriften vom Toten Meer*, Tübingen 1960, 34): „Bevor er indes bei dem gemeinsamen Mahl erscheinen darf, muss er den Ordensangehörigen einen furchtbaren Eid schwören, dass er die Gottheit ehren, seine Pflichten gegen die Mitmenschen erfüllen, niemand aus eigenem Antrieb oder auf Befehl Schaden zufügen, stets die Ungerechten hassen und den Gerechten beistehen, sowie dass er Treue gegenüber jedermann und besonders gegen die Obrigkeit üben wolle, weil niemand Gewalt habe, ohne dass sie ihm von Gott verliehen sei …"; vgl. auch: Steve Mason (Hg.), *Flavius Josephus. Translation and Commentary. Volume 1b: Judean War 2*, Leiden–Boston 2008, 112.

einen Fluch auf alle jene aussprechen, die diesen Neuen Bund übertreten und abtrünnig werden würden, d. h. wieder austreten und zurück in die Welt kehren würden: „Die Söhne der Finsternis zu hassen, jeden nach seiner Verschuldung.“[35] Die mit anderen Schriften 1947 aufgefundene ‚Gemeinderegel‘ (סרך *serek*) von Qumran beginnt zunächst mit den ‚Ordnungen der Gemeinschaft‘, einer Absichtserklärung ihres gemeinschaftlichen Lebens:

„[Zu leben], wie es Gott durch Moses und alle seine Knechte, die Propheten, befohlen hat. Alles zu lieben, was er erwählt und alles zu hassen, was er verworfen. Sich fernzuhalten von allem Bösen und anzuhangen allen Werken des Guten. Treue, Gerechtigkeit und Recht zu üben im Lande, nicht mehr zu wandeln in der Verstocktheit des schuldhaften Herzens und mit den Augen der Unzucht, um lauter Böses zu tun. Alle Willigen herbeizubringen, die Gesetze Gottes im Bund der Gnade zu erfüllen, in Einheit zu leben in der Gemeinde Gottes und vor ihm vollkommen zu wandeln.“[36]

Das bindende Gemeinschaftsgelübde überrascht durch seine Bandbreite. Zunächst geht es um eine bewusste Entscheidung, den jüdischen Glauben konkret zu leben, das Böse zu meiden und das Gute zu tun. Soweit könnte sich jeder angesprochen fühlen. Dann aber wird implizit auf einen besonders gelobten Gehorsam abgehoben, der gegen die Verstocktheit eines schuldhaften Herzens gerichtet ist. Dazu kommt ein implizites Enthaltsamkeitsgelübde, nicht nur im Herzen, sondern auch im Blick rein zu bleiben und sich vor aller Unzucht zu hüten. Der dritte Punkt betrifft das Leben in Gemeinschaft, ‚in Einheit zu leben‘, ohne Eigentumsvorbehalte sich ganz in eine religiöse Gemeinschaft einzubringen. Dieses Versprechen vor Gott hatte eine ausgesprochen missionarische Zielrichtung, denn es sollen durch das leuchtende Zeichen des religiösen Gemeinschaftslebens möglichst viele Menschen dazu gewonnen werden, in den Bund mit Gott einzutreten oder diesen zu erneuern.

Eine in etwa vergleichbare Gelübdeformel bietet später der christliche Mönchsvater Benedictus von Nursia, der von seinen Brüdern erwartet, dass sie in den drei Punkten *stabilitas, conversio morum* und *oboedientia* ein bindendes Versprechen auf Lebenszeit ablegen.[37] Damit wird zwar das Gelübde des Gehorsams angesprochen, nicht aber das der freiwilligen Armut oder der gleichfalls freiwilligen sexuellen Enthaltsamkeit, wie sie sich aus der monastischen Lebensweise ergeben. *Stabilitas* – ein stabiles Ausharren in einer religiösen Gemeinschaft bedingt das

35 *Gemeinderegel* 1 QS 1, 10.
36 *Gemeinderegel* 1 QS 1, 1–8.
37 Vgl. BENEDICTUS VON NURSIA, *Regula*, c. 58 (HOLZHERR 269): „Suscipiendus autem in oratorio coram omnibus promittat de stabilitate sua et conversatione morum suorum et oboedientia, coram Deo et Sanctis eius, ut si aliquando aliter fecerit, ab eo se damnum sciat quem inridit.“

Unterordnen der eigenen Ansprüche unter die Gegebenheiten einer Kommune. *Conversio morum* – die Bekehrung des Herzens schließt auch das Ringen um die Reinheit des Herzens mit ein. Daher könnte man die Gemeinschaftsregel von Qumran mit der Mönchsregel des Benedictus durchaus vergleichen: Beiden geht es weniger um juridische Begriffe, sondern um innere Haltungen, die mit innerem Ernst angenommen und authentisch gelebt werden sollen.

Ähnlich wie später in der monastischen Tradition, die ein für alle verpflichtendes Ausbildungsjahr, das Noviziat, vorsieht, sollte nach dem ersten Versprechen nach der Gemeinderegel der Essener ein Probejahr folgen, in der die Intention und die Authentizität des Bewerbers geprüft werden sollte. Dabei sollte ausdrücklich darauf geachtet werden, ob der Kandidat imstande sei, ein Leben in Gemeinschaft zu leben. Der Vorsteher sollte darüber selbst in Person verantwortlich befinden, ob er den Kandidaten zum Bundesschluss mit der Gemeinschaft zulassen könne:

„Und jedermann, der sich aus Israel freiwillig dem Rat der Gemeinschaft (יחד; *yahad*) anschließen will, den prüft der an der Spitze der Vollmitglieder stehende Vorsteher in Bezug auf seine Einsicht und auf seine Werke und, wenn er imstande ist, auf moralische Weisung einzugehen, lässt er ihn in den Bund (תִירְב; *berit*) eintreten, um zur Wahrheit zurückzukehren und sich von jedem Frevel abzukehren. Dabei unterweist er ihn in allen Satzungen der Gemeinschaft.“[38]

Dieser Bund mit der essenischen Gemeinschaft umfasste somit implizit den Verzicht auf autonome Selbstbestimmung, den Erwerb von Eigentum und den Aufbau einer eigenen Familie, um sich ganz in die Einheit der Gemeinschaft einbringen zu können. Damit wurde zwar eine Verpflichtung auf sexuelle Enthaltsamkeit nicht eigens beschworen, sie ergab sich aber aus der Konsequenz einer Lebensweihe an ein Leben in einer religiösen Gemeinschaft. Nicht asketische Sonderleistungen standen im Vordergrund, sondern vielmehr der Aufbau einer alternativen Kontrastwelt, in der die Werte des Bundes mit Gott in vorbildhafter und daher in missionarischer Weise gelebt werden sollten.

---

38 *Gemeinderegel* 1 QS 6, 13–15.

10. Die Essener im Urteil der Antike

Skeptikern, die sich aufgrund ihrer vorgefassten Meinungen nicht vorstellen können, dass ein solches jüdisches Mönchsleben ohne Frauen und Familien existiert haben könne, sei ihre kritische Haltung unbenommen belassen.[39] Wem diese Zeilen über ein religiöses Gemeinschaftsleben aus der Qumranschrift zu wenig aussagekräftig sind, der sei auf die etwa 200 Jahre später niedergeschriebenen Worte des Philon von Alexandria (ca. 15 v. Chr. bis 40 n. Chr.) über die Essener verwiesen, der in apologetischer Absicht die skeptischen Griechen von der Überlegenheit einer solchen jüdischen Toragemeinschaft überzeugen wollte. In seiner Apologie der Juden schreibt er über die Essener, mit denen ihn offensichtlich eine enge geistige Beziehung verband:

„Unser Gesetzgeber hat eine große Anzahl seiner Jünger dazu angeregt, in Gemeinschaft zu leben; man nennt diese Essäer. [...] Ihre Aufnahme geschieht nicht nach der Rasse (das Wort Rasse ist fehl am Platz, wenn es sich um Freiwillige handelt), sondern wird durch Tugendeifer und glühende Liebe zu den Menschen bedingt. [...] Andererseits haben sie mit Scharfblick das Hindernis vorausgesehen, welches, sei es vereinzelt oder in bedenklichem Ausmaß, die Bande des Gemeinschaftslebens zu zerreißen droht, und die Ehe verbannt und gleichzeitig vorgeschrieben, vollkommene Enthaltsamkeit zu üben."[40]

Bei den zuweilen etwas abwertend klingenden Bemerkungen der beiden jüdischen Schriftsteller Philon von Alexandria und Flavius Josephus über die eheliche Gemeinschaft als Quelle von Konflikten ist mitzubedenken, dass sie der liberalen griechisch-römischen Gesellschaft die überlegenen Werte des jüdischen Glaubens und das vorbildhafte religiös geprägte ehelose Leben der Essener in Gemeinschaft als Spiegel vor Augen halten wollten.[41]

---

39 Vgl. Johann Meier, *Zum Begriff whd in den Texten von Qumran*, in: Karl Erich Grözinger u. a. (Hg.), *Qumran* (Wege der Forschung 410), Darmstadt 1981, 225–248, hier: 230f.: „Allerdings wäre auch das Heilige von Lev 22 auch der Familie erlaubt. Davon ist aber in 1 QS aber nirgends die Rede und man hat weithin daraus und aus der angeblichen Gütergemeinschaft schon von den Kirchenvätern her immer wieder in den Essenern Mönche gesehen. Die Ehelosigkeit wird aber nirgends in 1 QS gefordert [...] und dies gibt zu denken; widerstrebt dies doch derart den jüdischen Anschauungen auch jener Zeit, dass auf alle Fälle wenigstens eine einleuchtende Begründung zu erwarten wäre, da wahrscheinlich doch so gut wie jeder Erwachsene, der in die Gemeinde eintreten wollte, verheiratet war. Was Josephus, Ant. XVIII, 21 als Grund anführt, ist geradezu banal und zeigt entweder Verschleierung oder Unkenntnis an." Es mutet allerdings bedenklich an, wenn Meier Flavius Josephus, der die Gemeinschaften aus eigener Anschauung kannte, vorsätzliche Falschinformation vorwirft.

40 Vgl. Philo von Alexandrien, *Apologia pro Iudeis*, 1–2; 14; (überliefert bei: Eusebios von Caesarea, *Praeparatio Evangelica*, Buch 8, c. 11,1–18 [Sources Chrétiennes 369, 124–129]), zit. n.: Dupont-Sommer, *Die essenischen Schriften*, 27; 29.

41 Vgl. Flavius Josephus, *Jüdische Altertümer*, Buch 18, c. 1,21, zit. n.: Dupont-Sommer, *Die essenischen Schriften*, 40: „Sie heiraten ebenso wenig, als sie Knechte halten, da sie das Letztere für Unrecht, das Erstere aber für die Quelle des Streites halten, und so leben sie abgesondert und dienen einer dem anderen."

Umgekehrt ist das distanzierte Statement des Römers Plinius, der selber das damalige Israel-Palästina um das Jahr 70 bereist hat, von einer kritischen Ironie gegenüber dem jüdischen Glauben geprägt. Er nennt die Essener ein „einsames Volk, auf der ganzen Welt als einzigartig bestaunt, das ohne jede Frau lebt und überhaupt jeder Sinnlichkeit entsagt hat, und ohne Geld, allein in der Gesellschaft seiner Palmen lebt"[42].

Von einer vermeintlich kritischen Haltung zu der Lebensform der Ehe ist in den Originalschriften von Qumran allerdings nicht die Rede. Flavius Josephus berichtet hingegen selbst, dass es einen zweiten Zweig der Essener gegeben habe, der mit der Gemeinschaft spirituell verbunden als Verheiratete gelebt habe.[43]

11. Fazit

Diese antiken Debatten um Ehe und Ehelosigkeit zeigen auf indirekte Weise an, dass eine sexuelle Enthaltsamkeit ‚um des Himmelreiches willen', die im Allgemeinen auf den Begriff Zölibat verkürzt wird, nach innerweltlichen Kategorien nicht verständlich sein kann. Diese gewaltige ‚tour d'horizon' durch die Welt der Schriften des Alten Testamentes, die viele Jahrhunderte zusammenfassen, vermittelt bei aller gebotenen Zurückhaltung im Urteil einen guten Eindruck von den Zusammenhängen, in die ein Gelübde eines gottgeweihten Lebens in Ehelosigkeit von Anfang an hineingestellt war.

Im Zentrum stand seit den ersten zurückverfolgbaren Anfängen bei den Prophetenjüngern immer eine Gottsuche in Gemeinschaft und als Folge einer solchen religiösen Gemeinschaftserfahrung das Zeugnis für die Wahrheit des Glaubens an den sich offenbarenden Gott der Bibel. Damit verbunden zieht sich als essenziell für eine solche religiöse Berufung der stellvertretende Anbetungsdienst vor dem Heiligtum als Konstante durch die Jahrhunderte als erste Aufgabe eines solchen geweihten Lebens. Daraus resultieren erst die zumindest auf Zeit gültigen asketischen Anforderungen des Gehorsams gegenüber den Verpflichtungen einer solchen Lebensform, der Verzicht auf ein Erwerbsleben mit der

42 Plinius der Ältere, *Naturgeschichte – Naturalis historia*, Liber 5, c. 17,4 (Teubner: Ludwig Janus 198): „[...] gens sola, et in toto orbe praeter ceteras mira, sine ulla femina, omni venere abdicata, sine pecunia, socia palmarum [...]."; zit. n.: Dupont-Sommer, *Die essenischen Schriften*, 42.

43 Vgl. Flavius Josephus, *Jüdischer Krieg*, Buch 2, c. 8,13, zit. n.: Dupont-Sommer, *Die essenischen Schriften*, 39: „Außerdem gibt es nun noch einen zweiten Zweig der Essener, der in Lebensart, Sitten und Gebräuchen mit den anderen ganz übereinstimmt, in der Ansicht über die Ehe dagegen von ihm abweicht. Sie glauben nämlich, dass die, welche nicht in die Ehe träten, den wichtigsten Lebenszweck, die Erzielung von Nachkommenschaft, außer Acht ließen, oder vielmehr, dass wenn alle so dächten, das ganze Menschengeschlecht in kürzester Zeit aussterben müsse"; vgl. Mason (Hg.), *Flavius Josephus*, 129f.

Chance, sich in materieller Hinsicht selbst zu verwirklichen und schließlich der temporäre oder andauernde Verzicht auf die Gründung einer Familie. Eine fragmentierte Ehelosigkeit um der Ehelosigkeit willen kann aus der Perspektive der Schriften des Alten Bundes und des Alten Israels keinen Sinn machen. Ohne das prophetische Zeugnis fehlt einem rein juridisch definierten Zölibatsgelübde die spirituelle Grundlage.

Umgekehrt könnte man aber auch affirmativ feststellen, dass der Ruf in eine besondere Nachfolge, der an die Apostel und Jünger durch Christus erging, auf eine Tradition von gottgeweihtem Leben in Israel verweisen konnte. Für Jesus von Nazareth stand dabei von Anfang an die Sichtbarmachung des ‚Königreichs der Himmel' im Zentrum einer solchen Lebensweise, allerdings versehen mit dem Zusatz: „Wer es erfassen kann, der erfasse es." (Mt 19,12)

Kritisch könnte man zur aktuellen Zölibatsdiskussion anmerken, dass bei einer solchen gottgeweihten Lebensweise der Ruf, ein prophetisches Zeichen zu sein, im Fokus sein sollte. Wenn das Priestertum in Gefahr ist, zu sehr zu verbürgerlichen oder zu einer professionellen Berufsgruppe zu werden, beginnt der Zölibat an Sinnhaftigkeit einzubüßen.

Hans-Jürgen Feulner

„Cito longe fugas et tarde redeas!"

Gottesdienstkultur zu Zeiten von Lepra und Pest. Mögliche Lehren für die gegenwärtige Covid-19-Pandemie?

„A peste, fame et bello – libera nos, Domine" –
„Vor Pest, Hunger und Krieg, bewahre uns, o Herr",
das war früher die immer wieder angestimmte
Bitte in der Allerheiligenlitanei gewesen.[1]

Anfang des Jahres 2021 konnte man im Internet lesen: „Heiligenkreuz: ‚Lockdown' und ‚Livestream' bereits zur Zeit der Pest"[2], was in der Tat an die gegenwärtige Covid-19-Pandemie erinnert. In der Chronik des Zisterziensers Wilhelm Anton Neumann († 1919)[3] heißt es nämlich in einem Vermerk über das Pestjahr 1713[4], unter Rückgriff auf einen älteren Bericht des früheren Priors Daniel Scheuring (1665–1741)[5]:

> „In diesem Pestjahre verliess Kaiser Karl VI. Wien nicht, sondern zog sich nach Laxenburg zur Falkenbeize zurück, um sich zu erholen. Zwei Geistliche des Stiftes wurden für die Seelsorge exponirt, das Kloster selbst abgeschlossen

1 *Das Römische Rituale*, übers. v. Paulus Lieger, Klosterneuburg 1936, 93. – Sämtliche Internetlinks im Beitrag wurden letztmalig am 28.2.2021 aufgerufen bzw. überprüft.

2 Katholisch.at (9.1.2021). URL: bit.ly/2ZwIFE6.

3 Vgl. Stefan Heid, Art. *Wilhelm Anton Neumann*, in: Ders., Martin Dennert (Hg.), *Personenlexikon zur Christlichen Archäologie. Forscher und Persönlichkeiten vom 16. bis zum 21. Jahrhundert*, Bd. 2, Regensburg 2012, 958–960.

4 Wie bei der Wiener Pestepidemie von 1679 wurde auch die von 1713 aus Ungarn eingeschleppt. Ihren Höhepunkt hatte sie im Frühjahr und Sommer 1713, wobei der Epidemie rund 2.000 Menschen zum Opfer gefallen sein dürften [vgl. Gustav Gugitz, *Die Wiener Pestepidemie von 1713 und ihr Ausmaß. Ein statistischer Versuch einer Richtigstellung*, in: Wiener Geschichtsblätter 14/4 (1959) 87–91, hier: 91]. Im März wurden das Lazarett in der Währingerstraße zu einem Pestlazarett umfunktioniert und im April ein „Magister sanitatis" sowie städtische Kontrollorgane, Pestärzte und für Pestkranke zuständige Geistliche bestellt. Weiters wurden „Viertel-Commissarien" eingerichtet, die die jeweiligen Stadtviertel zu kontrollieren hatten. Messfeiern durften nur noch unter freiem Himmel abgehalten werden, Schulen wurden gesperrt, Zusammenkünfte in Wirtshäusern verboten. Mitbewohner von Pestkranken wurden in Kontumazhäusern untergebracht, die Wohnungen gesperrt und ausgeräuchert u. v. m. [vgl. Hilde Schmölzer, *Die Pest in Wien. „Deß wütenden Todts Ein umbständig Beschreibung"*, Wien 1985, 173–179]. Als Dank für die Überwindung der Pest ließ Kaiser Karl VI. († 1740) die Wiener Karlskirche errichten.

5 Vgl. *Ephemerides abbatiales seu acta et gesta [...] domini Gerardi [...] abbatis [...], ethico-historice compilatae authore et scriptore P. Daniele Scheuring. Ord. Cist. ad S. Crucem professo et rerum Ordinis secretario anno 1722* [Stiftsarchiv Heiligenkreuz, Codex 229; vgl. auch: *Die Handschriften-Verzeichnisse der Cistercienser-Stifte Reun in Steiermark, Heiligenkreuz-Neukloster, Zwettl, Lilienfeld in Nieder-, Wilhering und Schlierbach in Ober-Oesterreich, Ossegg und Hohenfurt in Boehmen, Stams in Tirol*, Bd. 1, Wien 1891, 231 (Nr. 549)]. – Zur Person von Daniel Scheuring vgl. Florian Watzl, *Die Cistercienser von Heiligenkreuz in chronologischer Reihenfolge nach den Quellen dargestellt*, Graz 1898, 130–132.

> [= Lockdown]. In der Pfarrkirche wurde neben dem Thore der Westfront ein grosses Fenster ausgebrochen, damit man von Aussen dem Gottesdienste beiwohnen konnte [= Livestream].“[6]

Interessant sind zunächst die beiden hier beschriebenen Parallelen des Jahres 1713 zur gegenwärtigen Pandemie, bei der man seit März 2020 während der bisherigen drei „harten Lockdowns“ in Österreich (16. März – 14. Mai 2020; 7. November – 6. Dezember 2020; 26. Dezember 2020 – 7. Februar 2021) bei Gottesdienstfeiern auf Livestreams, allerdings digitale, angewiesen war.[7] Das Coronavirus SARS-CoV-2 hat außerdem die Gemeinschaft der Zisterzienserabtei hart getroffen. Laut Abt Maximilian Heim OCist hatten sich seit Beginn der Pandemie bis Februar 2021 mehr als 20 Ordensmitglieder infiziert, einer musste sogar auf der Intensivstation behandelt werden.[8] Keiner ist daran verstorben, anders als beispielsweise 1349, als während der „Großen Pest“ gleich 53 Mönche der Abtei an der Epidemie starben.[9]

*

Die andauernde Corona-Krise hat unsere Art zu leben und Gottesdienst zu feiern spätestens seit März 2020 extrem ins Wanken gebracht[10] – ein baldiges Ende ist noch nicht abzusehen, ganz im Gegenteil: die beginnende dritte Welle, schleppende Impfungen in vielen Ländern Europas und anderswo, rasch um sich greifende Virusmutationen,[11] möglicherweise zögerliches Handeln der Politik in Vergangenheit und Gegenwart, zunehmende Lockdown-Müdigkeit der Bevölkerung usw. Eine solche Krise tritt aber keineswegs zum ersten Mal auf – wie bereits ein kurzer Blick in die Seuchengeschichte zeigt – und kann sich künftig wiederholen.[12] Dabei sollte man vorsichtig sein, denn nicht jeder Blick zurück ist überhaupt dazu geeignet, aktuelle Krisenszenarien angemessen einzuordnen, zu reflektieren oder gar Handlungsrezepte zu gewinnen. Aber ein vorsichtiger

---

6 Wilhelm A. Neumann, *Handwerk und Kunst im Stifte Heiligenkreuz vom XVII. bis zur Mitte des XVIII. Jahrhunderts. Aus dem Archive des Stiftes*, in: Berichte und Mittheilungen des Alterthums-Vereines zu Wien 18 (1879) 123–166, hier: 150f.; Ders., *Handwerk und Kunst im Stifte Heiligenkreuz vom XVII. bis zur Mitte des XVIII. Jahrhunderts. Aus dem Archive des Stiftes*, Heiligenkreuz 1879, 29. Vgl. Meinrad Tomann, *Heiligenkreuzer Lockdown und Livestream – im Pestjahr 1713*, in: fragmentarium sanctae crucis. notizen zur hausgeschichte der zisterzienserabtei heiligenkreuz (29.10.2020). URL: bit.ly/3boCcjV. Die Einfügungen in eckigen Klammern stammen von P. Meinrad Tomann OCist.

7 Zum Livestream-Angebot der Abtei: www.stift-heiligenkreuz.org/livestream.

8 Vgl. kathpress, Abt Heim: Corona traf Stift Heiligenkreuz schwer (24.2.2021). URL: bit.ly/2NYKmro.

9 Vgl. *Continuatio Novimontensis* (Monumenta Germaniae Historica: Scriptorum 9, Hannover 1851, 676 Z. 12f.).

10 Vgl. Hans-Jürgen Feulner, Elias Haslwanter, Zur Einführung, in: Ders., Elias Haslwanter (Hg.), *Gottesdienst auf eigene Gefahr? Die Feier der Liturgie in der Zeit von Covid-19*, Münster 2020, 17–26, hier: 17–20, und die anderen Beiträge in diesem Sammelband.

11 Vgl. *Corona-Mutationen B.1.1.7: Die Fakten*, in: netdoktor.at (18.2.2021). URL: bit.ly/3qAHEH6.

12 Vgl. Stefan Winkle, *Geißeln der Menschheit. Kulturgeschichte der Seuchen*, Düsseldorf ³2005; Jörg Vögele u. a. (Hg.), *Epidemien und Pandemien in historischer Perspektive. Epidemics and Pandemics in Historical Perspective*, Wiesbaden 2016; Heiner Fangerau, Alfons Labisch, *Pest und Corona. Pandemien in Geschichte, Gegenwart und Zukunft*, Freiburg u. a. 2020, bes. 48–62.

Rückblick in das Mittelalter und in die frühe Neuzeit mag durchaus interessante Parallelen oder unterschiedlich hilfreiche Herangehensweisen für den Umgang mit Gottesdienstfeiern in solch außergewöhnlichen Zeiten aufzeigen.[13]

1. Lepra und Pest im Mittelalter

Da man im Mittelalter noch nichts über die genaue Verbreitung von Lepra sowie der Beulen- bzw. Lungenpest[14] wusste, ging man lediglich davon aus, dass diese Krankheiten hochinfektiös waren und daher Abstand zu wahren sei. Lepra[15] war – wie wir heute wissen – zwar weniger ansteckend, aber die Leprosen wurden außerhalb der Stadtmauern und spätestens ab dem 12. Jahrhundert in Lepraheimen (sog. Leprosorien) äußerst rigoros abgesondert.[16]

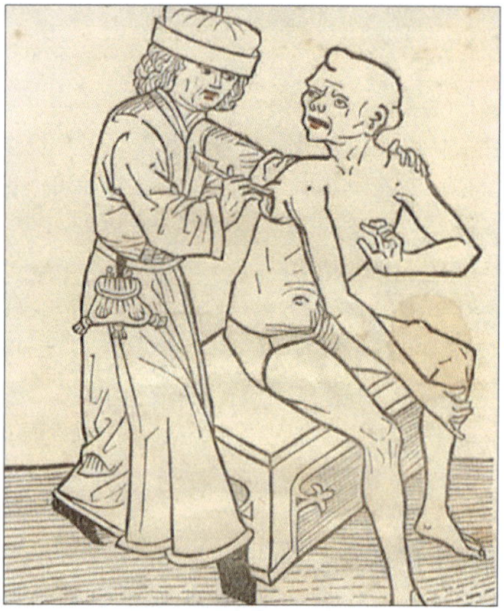

Abb. 1: Ein Arzt beim Öffnen einer Pestbeule.

Man lernte schnell, wie gefährlich es war, sich in Gegenwart der Kranken aufzuhalten, die bei der Beulenpest zumeist an ihren dunklen geschwollenen und oft eitrigen Lymphknoten (*Bubonen*) zu erkennen waren (s. Abb. 1) und bei der Lepra an der fortschreitenden Zerstörung von Gewebestellen bzw. an der Verstümmelung von Extremitäten. Man ging damals von krankmachenden Luftdämpfen (Miasmen[17]) aus. Mit dem vermehrten Auftauchen von Seuchen im Mittelalter erkannte man jedoch bald die direkte und indirekte

13 Vgl. dazu auch Hans-Jürgen Feulner, *Liturgie und Hygiene in Geschichte und Gegenwart. Einige Anmerkungen zu Hygienefragen bei gottesdienstlichen Feiern in der Zeit von Covid-19 und danach*, in: Ders., Haslwanter, *Gottesdienst auf eigene Gefahr?* (s. Anm. 10), 29–72.

14 2018 waren gemäß WHO weltweit 243 Menschen an Pest erkrankt, von denen 41 gestorben sind. Vgl. Weekly Epidemiological Record 94/25 (2019) 289–292, hier: 291. URL: bit.ly/3aT6Tz1.

15 2019 gab es nach den Daten der WHO weltweit immer noch mind. 202.162 Neuerkrankungen an Lepra (die meisten in Brasilien, Indien und Indonesien). URL: bit.ly/3krPNev. – Siehe auch Manfred Vasold, *Grippe, Pest und Cholera. Eine Geschichte der Seuchen in Europa*, Stuttgart 2008, 135–150.

16 Die ältesten Leprosorien im mitteleuropäischen Raum stammen aus dem 7. Jh. (Metz, Verdun, Maastricht). Vgl. Peter Johanek, *Stadt und Lepra*, in: Richard Toellner (Hg.), *Lepra – Gestern und Heute*, Münster 1992, 42–47, hier: 45.

17 Das Wort „Míasma" (μίασμα) ist der kultischen Sprache entlehnt und bedeutet dort „Befleckung, Verunreinigung". Es kommt bereits bei Hippokrates von Kos (460–377) und beim Arzt Galenos von Pergamon (129–200/216) vor [vgl. auch Wolfgang Wegner, *Miasma*, in: Werner E. Gerabek u.a. (Hg.), *Enzyklopädie Medizingeschichte*, Berlin – New York 2005, 985f.].

Ansteckung von Mensch zu Mensch.[18] Von dem im Mittelalter als ansteckend bekannten Krankheiten[19] ergriff man nur bei der Lepra mit ihren Hautentstellungen unter Hinweis auf die alttestamentlichen Gebote (v. a. Lev 13,1–46) die Absonderung der Erkrankten mit drakonischer Härte. Als dann im 14. Jahrhundert plötzlich die Pest über das Abendland hereinbrach, erwiesen sich die an ein Miasma glaubenden Ärzte als völlig hilflos. „Aber auch die aus Angst vor Ansteckung ergriffenen Absperrungsmaßnahmen der Städte, die von den besonders gefährdeten mediterranen Hafenstädten durch Quarantäne[20] für verdächtige Personen und Waren verschärft wurden, brachten nicht immer den erhofften Schutz. Auch in den darauffolgenden Jahrhunderten versagten sie oft.“[21]

1.1 Die Lepra (Aussatz)[22]

Aussatz im Alten Testament

Die Erste Lesung am sechsten Sonntag im Jahreskreis des Lesejahres B am 14. Februar 2021, am zweiten Sonntag der wieder öffentlich erlaubten Gottesdienste nach dem dritten „harten Corona-Lockdown“ in Österreich,[23] lautete:

„Der HERR sprach zu Mose und Aaron:
Wenn sich auf der Haut eines Menschen
eine Schwellung, ein Ausschlag oder ein heller Fleck bildet
und auf der Haut zu einem Anzeichen von Aussatz wird,
soll man ihn zum Priester Aaron
oder zu einem seiner Söhne, den Priestern, führen.
Der Priester soll ihn untersuchen.
Stellt er eine hellrote Aussatzschwellung fest,

18 Diese „Kontagionisten“ (s. auch unten Anm. 30) vertraten schon früh die später als richtig bewiesene Auffassung, dass Krankheiten durch die Übertragung von Krankheitserregern durch Berührung (contagione) von Mensch zu Mensch oder durch infizierte Gegenstände erfolgt (v. a. durch die Forschungen von LOUIS PASTEUR und ROBERT KOCH im 19. Jh.). Vgl. auch RENÉ GOTTSCHALK, *Seuchenhygienische Aspekte*, in: WOLFGANG F. CASPARY u.a. (Hg.), *Infektiologie des Gastrointestinaltraktes. Klinik, Diagnostik, Therapie*, Heidelberg 2006, 465–475, hier: 466.

19 Der in Montpellier lehrende schottische Arzt BERNHARD VON GORDON zitierte in seinem medizinischen Handbuch „Practica seu Lilium medicinae“ (1305) acht damals für ansteckend gehaltene Krankheiten: Fleckfieber (febris acuta), Schwindsucht/Tuberkulose (phthisis), Epilepsi/Fallsucht (pedicon), Krätze (scabies), Brotseuche/Mutterkornbrand (sacer ignis), Milzbrand (anthrax), Trachom (lippa) und Lepra (lepra). Vgl. *Seuchen*, in: Mittelalter-Lexikon. URL: bit.ly/3pGL6hO.

20 Das Wort „Quarantäne“ gelangte im 17. Jh. aus franz. „quarantaine de jours“ (40 Tage) oder ital. „quarantena“ ins Deutsche.

21 WINKLE, *Geißeln der Menschheit* (s. Anm. 12), XVIII.

22 Vgl. zum Folgenden bes. WINKLE, *Geißeln der Menschheit* (s. Anm. 12), 1–46. – Siehe auch GUNDOLF KEIL, *Der Aussatz im Mittelalter*, in: JÖRN H. WOLF (Hg.), *Aussatz – Lepra – Hansen-Krankheit. Ein Menschheitsproblem im Wandel*, Teil II: *Aufsätze*, Würzburg 1986, 85–102.

23 Vgl. ÖSTERREICHISCHE BISCHOFSKONFERENZ, *Rahmenordnung der Österreichischen Bischofskonferenz zur Feier öffentlicher Gottesdienste (wirksam ab 7. Februar 2021)*. URL: bit.ly/3aBE2iq.

die wie Hautaussatz aussieht,
so ist der Mensch aussätzig;
er ist unrein.
Der Priester muss ihn für unrein erklären.
Der Aussätzige mit dem Anzeichen
soll eingerissene Kleider tragen
und das Kopfhaar ungekämmt lassen;
er soll den Bart verhüllen[24]
und ausrufen: Unrein! Unrein!
Solange das Anzeichen an ihm besteht,
bleibt er unrein;
er ist unrein.
Er soll abgesondert wohnen,
außerhalb des Lagers soll er sich aufhalten."[25]

„Aussatz" war in der Bibel die Bezeichnung für verschiedene Hautkrankheiten, darunter auch die von Bakterien (*mycobacterium leprae*) verursachte schwere Hautkrankheit Lepra, die wahrscheinlich bereits unter Alexander d. Gr. im vierten Jahrhundert v. Chr. wohl aus Indien nach Palästina eingeschleppt worden war.[26] Aber auch nicht ansteckende Hautkrankheiten wie die Schuppenflechte (*Psoriasis*) galten in biblischer Zeit unter Umständen als „Aussatz" (צרעת – ṣāraʿaṯ / zaraʿat[27]). Da man damals die medizinische Ursache nicht kannte, schrieb man die Entstehung von Aussatz dem Wirken von Dämonen oder dem sündigen Tun der Betroffenen zu, weshalb aussätzige Menschen als „unrein" galten und auch nicht mehr

24 Wer über einen Verstorbenen klagte, pflegte zum Zeichen der Trauer einen Riss in sein Gewand zu machen, den Bart zu verhüllen und das Haar hängen zu lassen (vgl. Gen 37,34; Lev 10,6; Ez 24,17.22; 2 Sam 1,11; 2 Sam 19.5; Ijob 1,18–20 etc.). Mit der zerrissenen Kleidung, dem verhüllten Bart und dem aufgelösten Haupthaar warnte also der aus der Gemeinschaft Abgesonderte nicht nur seine Mitmenschen, sondern er trauerte gleichsam über sich selbst wie über einen Verstorbenen. Auch im Talmud wurde der Aussätzige von der Gesellschaft als tot betrachtet (Talmud Nedarim 64b. URL: bit.ly/3sf4kNw).

25 Lev 13,1–2.43ac.44ab.45–46 (*Die Feier der Heiligen Messe. Lektionar für die Bistümer des Deutschen Sprachgebiets*, Bd. II: *Die Sonntage und Festtage im Lesejahr B*, Freiburg u. a. 2020, 274).

26 Vgl. Jaques Ruffié, Jan-Charles Sournia, *Die Seuchen in der Geschichte der Menschheit*, Stuttgart ²1987, 83. – Zur Herkunft und Verbreitung der Lepra vgl. Jörn H. Wolf, *Zur historischen Epidemiologie der Lepra*, in: Neithard Bulst, Robert Delrot (Hg.), *Maladies et Société (XIIe – XVIIIe siècles). Actes du colloque de Bielefeld, Novembre 1986*, Paris 1989, 99–120.

27 Vgl. bereits Arnold Sack, *Was ist die Zaraath (Lepra) der hebräischen Bibel?*, in: Archiv für pathologische Anatomie und Physiologie und für klinische Medicin 144 (1896) 201–223; Otto Betz, *Der Aussatz in der Bibel*, in: Wolf, *Aussatz – Lepra – Hansen-Krankheit* (s. Anm. 22), 45–62, hier: 47. – Im Buch Levitikus werden verschiedene Krankheitsbilder aufgeführt, die mit dem Begriff „ṣāraʿaṯ" bezeichnet werden und stets eine Ausstoßung aus der menschlichen Gemeinschaft nach sich zogen, obwohl es sich keineswegs immer um Aussatz handelte, sondern um chronische Hautkrankheiten (vgl. Lev 13,29–30). Zur Problematik der „Lepra" im AT: Stanley G. Browne, *Leprosy in the Bible*, London 1970, 8; E. V. Hulse, *The Nature of Biblical „Leprosy" and the Use of Alternative Medical Terms in Modern Translations of the Bible*, in: Palestine Exploration Quartely 107 (1975) 87–105, hier: 91; Theodor Seidl, *Tora für den „Aussatz"-Fall. Literarische Schichten und syntaktische Strukturen in Levitikus 13 und 14* (Arbeiten zu Text und Sprache im AT 18), St. Ottilien 1982, 86–88 Anm. 58–59; Ders., Art. *Aussatz*, in: LThK 1 (³1993) 1269f., hier bes. 1270.

an Gottesdiensten teilnehmen durften. Um nicht den Unwillen Gottes hervorzurufen, musste der „Unreine" aus der Gemeinschaft ausgestoßen werden (vgl. auch Dtn 23,15; Num 5,1–3). Sowohl die Erkrankung als auch die Heilung mussten von einem Priester festgestellt werden (vgl. Lev 13) und die Wiederherstellung der Reinheit war mit komplizierten Ritualen von Opfern und Waschungen verbunden (vgl. Lev 14). Sogar der mächtige König von Juda, Usija (ca. 786–735 v. Chr.), wurde mit Aussatz an der Stirn geschlagen und musste fortan bis zu seinem Tod in einem abgesonderten Haus[28], wohl vor den Stadtmauern, wohnen (vgl. 2 Chr 26,16–23). Jedenfalls gibt es in der Bibel keine eindeutige Schilderung der Lepra, wie wir sie heute kennen – manche vermuten daher, es handelte sich bei „ṣāraʿaṯ" eher um die sehr kontagiöse Skabies (Krätze).[29]

Obwohl eine hohe Infektiosität[30] der Lepra viele Jahrhunderte lang ein Mythos war, hat sich gerade durch diese Krankheit der Gedanke, ein Mensch könne durch Berührung oder womöglich sogar durch den Atem andere infizieren, verbreitet.[31] Dem chronischen Siechtum dieser Krankheit, das jahrzehntelang dauern kann,[32] geht zudem eine lange, oft 4–10 Jahre oder noch länger währende Inkubationszeit voraus.

Rechtliche Stellung und staatliche Maßnahmen

Es waren in der Vergangenheit nicht allein die Angst vor leichter Ansteckung, welche die Menschen, auch die Familienmitglieder, bei der Lepra bewog, die so drakonischen Absonderungsmaßnahmen zu ergreifen, sondern die körperlichen Entstellungen durch diese Krankheit, vor allem durch die fortschreitende Knotenbildung im Gesicht und das Abfaulen von Gliedmaßen. Der von den brandig-fauligen Körperteilen ausgehende Geruch erweckte zugleich miasmatische Ängste. Da die äußerlich gezeichneten Leprosen nicht ans Krankenbett gefesselt waren, löste ihr Erscheinen in der Öffentlichkeit instinktiv ein Schaudern und abwehrendes Verhalten aus.[33] Durch die jahrhundertelange Wiederholung der

---

28 Bei diesem Haus dürfte es sich wohl um eine Art von Leprosorium gehandelt haben.

29 Vgl. Winkle, *Geißeln der Menschheit* (s. Anm. 12), 6. – In der Vulgata wurde für die im Buch Lev unter dem Sammelbegriff ṣāraʿaṯ behandelten Hautleiden das griechische Lehnwort „lepra" (vom griech. Adjektiv λεπρός = „schuppig, rau") verwendet.

30 „Infektiosität" beschreibt die Fähigkeit eines Krankheitserregers (Pathogens), einen Wirt nach erfolgter Übertragung auch zu infizieren. Davon ist die „Kontagiosität" (Ansteckungsfähigkeit od. -kraft eines Krankheitserregers) zu unterscheiden. Diese ist das Maß der Übertragungsfähigkeit eines Pathogens oder einer durch diesen Erreger erkrankten Person. Im englischen Sprachgebrauch werden die Begriffe „Kontagiosität" (*contagiosity*) und „Infektiosität" (*infectivity*) meistens gleichbedeutend verwendet. Vgl. Robert Koch Institut (Hg.), *Infektionsschutz und Infektionsepidemiologie. Fachwörter – Definitionen – Interpretationen*, Berlin 2015, 75, 81.

31 Wir wissen heute, dass die Lepra verhältnismäßig schwer übertragbar ist, d.h. es bedarf eines längeren Zusammenseins oder eines besonders intensiven Kontakts.

32 Die geringe Virulenz des Erregers lässt eine lange Inkubationszeit sowie eine sehr langsame Entwicklung der Krankheit zu.

33 Vgl. Winkle, *Geißeln der Menschheit* (s. Anm. 12), 1.

entsprechenden mosaischen Gebote wurde den Gläubigen die Angst vor Ansteckung eingepflanzt und aus dem einst kultischen Begriff der „Unreinheit“ wurde der epidemiologische Begriff der „Kontagiosität“[34]. Daher stieß man bereits im vierten Jahrhundert in Europa vereinzelte Lepraverdächtige aus der menschlichen (Rechts-)Gemeinschaft aus. Der Leprose wurde von seiner Familie in Stich gelassen und galt zumindest gesellschaftlich als tot,[35] gleichsam als „wandelnder Toter“, und war damit bis zum 12. Jahrhundert fast rechtslos.[36]

Abb. 2: Christus heilt den Aussätzigen.

Bereits 549 verpflichtete jedoch ein Konzil zu Orléans (Aurelianensis) jeden Bischof im Merowingerreich aus Gründen der Pietät, sich um die Leprakranken seiner Diözese zu kümmern (cap. 21: „De sustentandis leprosis“).[37] Das Konzil von Lyon 583 schränkte die Bewegungsfreiheit der Aussätzigen ein, damit sie die Krankheit nicht weiter verschleppten (can. 6).[38] Im Ganzen ist die Haltung der Kirche gegenüber den Leprakranken im frühmittelalterlichen Frankenreich also eher restriktiv. Zumindest für ihre geistliche Versorgung war allerdings im ländlichen Bereich gesorgt, denn schon in einem Brief Papst Gregors II. († 731) an Bonifatius aus dem Jahre 726 wird unterstrichen, dass den Leprakranken die „Teilnahme an Leib und Blut des Herrn“ gewährt werden solle.[39] Das

---

34 Zum Begriff siehe Anm. 30.

35 Vgl. oben Anm. 24. – Im *Edictum Rothari* (643) – einer Gesetzessammlung benannt nach dem Langobarden-König Rothari († 652) – befahl das Kapitel 176 „De Leproso“ die strenge Absonderung der Erkrankten von den Gesunden, denn der Leprose galt ab dem Tag an, da er von zu Hause vertrieben wurde, als wäre er gleichsam tot („tamquam mortuus“). Vgl. *Leges Langobardorum* 643–866 (Germanenrechte N.F. – Westgermanisches Recht 3), hg. v. Franz Beyerle, Witzenhausen ^{2}1962, 46: „Si quis leprosus effectus fuerit et cognitum fuerit iudici uel populo certa rei ueritas, et expulsus foris a ciuitate aut casam suam, ita ut solus inhabitet: non sit ei licentia res suas alienare aut thingare cuilibet personae. Quia in eadem die, quando a domo expulsus est, tamquam mortuus habetur. Tamen dum aduixerit, de rebus, quas reliquerit, pro mercedis intuitu nutriatur.“ – Zum „thingare“ vgl. Max Pappenheim, *Launegild und Garethinx* (Gierkes Untersuchungen zur Deutschen Staats- und Rechtsgeschichte 14), Breslau 1882, 45–76, bes. 64.

36 Vgl. zum Recht der Leprosen: Siegfried Reicke, *Das deutsche Spital und sein Recht im Mittelalter* (Kirchenrechtliche Abhandlungen 113/114), Bd. 2, Stuttgart 1932, 233–286. Siehe auch die Übersicht bei Peter Landau, *Die Leprakranken im mittelalterlichen kanonischen Recht*, in: Dieter Schwab u.a. (Hg.), *Staat, Kirche, Wissenschaft in einer pluralistischen Gesellschaft. FS Paul Mikat*, Berlin 1989, 565–578.

37 Vgl. Philippe Labbé, Gabriel Cossart (Hg.), *Sacrosancta Concilia ad regiam editionem exacta [...]*, tom. 5: *Ab anno DXXXVI ad annum DCXLVIII*, Paris 1671, 396. – Der Bischof hatte demzufolge „de domo ecclesiae iuxta possibilitatem“ für die Leprosen als Bedürftige zu sorgen.

38 Vgl. Labbé, Cossart, *Sacrosancta Concilia*, tom. 5 (s. Anm. 37), 975.

39 „Leprosis autem, si fideles christiani fuerint, dominici corporis et sanguinis participatio tribuatur; cum sanis autem convivia celebrare negentur.“ [*Die Briefe des heiligen Bonifatius und Lullus*, hg. v. Miachael Tangl (Monumenta Germaniae Historica. Epistolae Selectae 1), Berlin 1916, 44–47 (Nr. 26), hier: 46 Z. 31–33].

Konzil von Compiègne (Compendiense) gestattet 757 die Auflösung der Ehe mit Leprosen und die Möglichkeit der Wiederverheiratung der gesunden Partner (can. 19).[40] Abgesehen von vereinzelten klösterlichen Asylen mussten die Leprosen bis zum 11. Jahrhundert, ausgestoßen von der Gesellschaft, in Feldhütten vor der Stadt oder vor dem Dorf leben, in sog. „Feldsiechen“. Sie mussten sich den Unterhalt selbst zusammenbetteln und durften dabei nicht mit anderen Menschen in nähere Berührung kommen, sondern diese mit einem Horn (später mit Holzklappern) vor der Begegnung warnen.[41] Auf einer Miniatur des Codex für den Trierer Erzbischof Egbert erkennt man einen Aussätzigen mit zerfurchtem Gesicht und Lepramalen auf dem Körper sowie dem Horn als Warninstrument (daher auch der Name „Hornbrüder“). Er streckt die rechte Hand bittend zu Christus aus, der ihn segnet und heilt (s. Abb. 2).

Insgesamt lässt sich sagen, dass das frühmittelalterliche Recht, auch sofern es kirchlichen Ursprungs war, vom Gedanken der Absonderung der Leprakranken beherrscht wurde (vgl. Lev 13,46). Das kommt auch deutlich in einem Kapitular Karls d. Großen aus dem Jahr 789 zum Ausdruck, wo bestimmt wurde, dass die Leprosen von der Bevölkerung abzusondern waren [„De leprosis: ut se non intermisceant alio populo.“[42]].

Ab dem neunten Jahrhundert wurde es im Abendland zunächst etwas stiller um die Lepra, bevor sie dann wohl durch die Kreuzzüge (11.–13. Jahrhundert) aus dem Orient erneut eingeschleppt wurde, begünstigt durch das fast gleichzeitig einsetzende schnelle Bevölkerungswachstum der Städte mit dem einhergehenden engeren Zusammenrücken der Menschen.[43]

Fast jede Stadt errichtete spätestens ab dem Ende des 12. Jahrhunderts für Leprakranke in Anlehnung an alttestamentliche Vorbilder ein sog. „Siechenhaus“ (von mhd. „siech“ = krank) vor ihren Mauern, was gegenüber dem früheren Isolierungsprinzip doch einige Verbesserungen in der sozialen und auch rechtlichenLage

40 Vgl. Labbé, Cossart, *Sacrosancta Concilia* [...], tom. 6: *Ab anno DCXLIX ad annum DCCLXXXVII*, Paris 1671, 1697 (can. 16 [!]: „Si vir leprosus mulierem habeat sanam, si vult ei donare commeatum ut accipiat virum, ipsa femina si vult accipiat. Similiter & vir.); Carl Joseph von Hefele, *Conciliengeschichte. Nach den Quellen bearbeitet*, Bd. 3, Freiburg ²1877, 595.

41 Vgl. Winkle, *Geißeln der Menschheit* (s. Anm. 12), 16f.

42 Duplex legationis edictum, c. 36 [*Capitularia Regum Francorum* I (Monumenta Germaniae Historica. Cap. I), hg. v. Alfred Boretius, Hannover 1883, 64 (Nr. 23)]. – Vgl. auch Landau, *Die Leprakranken im mittelalterlichen kanonischen Recht* (s. Anm. 36), 567.

43 Die meisten Ansteckungen dürften schon damals Schmier- oder Tröpfcheninfektionen gewesen sein, von infizierten Eltern auf ihre Kinder übertragen.

Abb. 3: Besehung eines Aussätzigen (Lepraschau) 1517 mit Untersuchung von Blut und Urin.

der Leprosen mit sich brachte.[44] Entscheidend gefördert wurde diese Entwicklung durch den 23. Kanon des III. Laterankonzils (1179).[45] Demnach sollten Leprosorien über eigene Kirchen, Friedhöfe und Seelsorger verfügen. Kurz darauf wiederholte das Londoner Konzil 1200 diese Konzession (can. 13).[46] Zur selben Zeit entstand in unserer Gegend auch das Wort „ûzse[t]ze" (Aussatz), denn der Aussätzige wurde „ausgesetzt", d. h. aus der Gesellschaft ausgestoßen, wobei sich Kirche und weltliche Obrigkeit bei der Bekämpfung der Lepra verbündeten.[47] Jedermann war verpflichtet, schon den Verdacht einer Erkrankung anderer anzuzeigen (oft waren es Nachbarn[48]). Auch Priester waren unter Androhung der Exkommunikation verpflichtet, Leprose oder Lepraverdächtige ihres Pfarrsprengels zur Anzeige zu bringen.[49] Die Feststellung, ob jemand an Lepra erkrankt war

44 Vgl. Kay P. Jankrift, *Mit Gott und schwarzer Magie. Medizin im Mittelalter*, Darmstadt 2005, 138–140. – Bis in das 12. Jh. blieb die Errichtung von Leprosenhäusern auf die Bischofsstädte im Westen des Reiches beschränkt. Vgl. Martin Uhrmacher, *Leprosorien in Mittelalter und früher Neuzeit* (Geschichtlicher Atlas der Rheinlande. Beiheft 8/5), Köln 2000, 19. – Obwohl in den Leprosorien eine strenge Hausordnung herrschte (s. auch Anm. 70), versprachen solche Einrichtungen Obdach, Kleidung und Nahrung auf Lebenszeit. Das Angebot war trotz des damit verbundenen Zusammenlebens mit Leprakranken und der Stigmatisierung so verlockend, dass sich auch Gesunde zum Zweck der Altersversorgung in ein Leprosenheim einkauften oder Lepra-Simulanten ihre Aufnahme zu erwirken suchten [vgl. Robert Jütte, *Lepra-Simulanten. De iis qui morbum simulant*, in: Martin Dinges, Thomas Schlich (Hg.), *Neue Wege in der Seuchengeschichte*, Stuttgart 1995, 25–42]. Das Konzil von Paris 1212 (can. 9) stellte in seinen Beschlüssen fest, es sei unwürdig, dass die Zahl der Gesunden in Hospitälern und Leprosenhäusern die der Kranken übertreffe, was aber nicht nur Simulanten betraf (Labbé, Cossart, *Sacrosancta Concilia* [...], tom. 11/1: *Ab anno MCXCVIII ad annum MCCLXXXIV*, Paris 1671, 73).

45 Vgl. *Conciliorum Oecumenicorum Decreta*, Bologna ^{3}1973, 222f.

46 Vgl. Labbé, Cossart, *Sacrosancta Concilia*, tom. 11/1 (s. Anm. 44), 19.

47 Vgl. Landau, *Die Leprakranken im mittelalterlichen kanonischen Recht* (s. Anm. 36).

48 Vgl. Peter Richards, *The Medieval Leper and his Northern Heirs*, Cambridge 1977, 40.

49 Vgl. Egon Schmitz-Cliever, *Das mittelalterliche Leprosorium Melaten bei Aachen in der Diözese Lüttich (1230–1550)*, in: Clio Medica. Acta Academiae Internationalis Historiae Medicinae 7 (1972) 13–34, hier: 22–24.

oder nicht, lag ursprünglich in der Hand der Geistlichen (vgl. Lev 13), später waren es erfahrene Leprose selbst und ab der Mitte des 14. Jahrhunderts oft (drei) Ärzte, die die „Besehung" (*examen leprosorum*) übernahmen (s. Abb. 3).[50]

Liturgisches Absonderungsritual für die Leprosen[51]

Die offizielle Erklärung einer Aussätzigkeit war mit einem grausam wirkenden Ritual verbunden, das von Diözese zu Diözese etwas differieren konnte. Wenn man den Leprakranken aus der Öffentlichkeit und auch aus der Gemeinschaft der Kirche entfernte, war seine Existenz doch immer ein Hinweis Gottes, weil zugleich sein Zorn und seine Güte gezeigt werden.[52] Ein um 1478 unter Erzbischof Guy de Poisieu († 1480) verfasstes Rituale der französischen Erzdiözese von Vienne[53] beschreibt ein solches liturgisches Separationsritual unter dem Titel „Ordo ad separandum leprosos": Der Kranke wurde, mancherorts sogar unter Glockengeläut, wie eine Leiche in einer Prozession und unter Vorantragen eines Kreuzes von seinem Haus in die Kirche geleitet. Es wurde dort für ihn eine Messe gefeiert – in anderen Diözesen sogar ein Requiem[54], während er am Fußende eines vor

50 Vgl. auch Rud Virchow, *Zur Geschichte des Aussatzes und der Spitäler, besonders in Deutschland*, in: Archiv für pathologische Anatomie und Physiologie und für klinische Medicin 18 (1860) 273–329, hier: 316: „So einer aussätzig ist, und es nicht gestehen will, so soll er durch verständige Meister und Ärzte besichtigt und dem Befinden nach dahin gebracht werden, wo er hingehört, nicht aber unter den Leuten gelassen werden. Niemand in der Stadt soll einen Aussätzigen beherbergen", so in einer Spitalordnung des Rates zu Erfurt von 1389 (hier in Übers.). Vgl. Jankrift, *Mit Gott und schwarzer Magie* (s. Anm. 44), 132–138.

51 Aufgekommen sind diese „Ordines de separatione leprosorum" wahrscheinlich in der zweiten Hälfte des 15. Jh. in Frankreich [vgl. Léon Lallemand, *Histoire de la Charité*, tom. 3, Paris 1906, 279 mit Anm. 60; Reicke, *Das deutsche Spital* (s. Anm. 36), 277–279]. Siehe die sehr hilfreiche und wertvolle Zusammenstellung von liturgischen Separationsriten in gedruckten Ritualien (1490–1550) bei Françoise Bériac, *"Mourir au monde". Les ordines de séparation des lépreux en France aux XVe et XVIe siècles*, in: Journal of Medical History 11/3 (1985) 245–269. Weitere solcher Ritualtexte bietet Edmond Martène, *De antiquis ecclesiae ritibus*, tom. 2, Antwerpen ²1736 [ND Hildesheim 1967], 1003–1014 („Caput X. De separatione leprosorum"); ergänzend J. P. Kirch, *Die Leprosorien Lothringens, insbesondere der Metzer Leproserie S. Ladre bei Montigny*, in: Jahrbuch der Gesellschaft für lothringische Geschichte und Altertumskunde 15 (1930) 46–109, hier: 67–74; *Statutae archidiaconatus Hasbaniae in ecclesia Leodinensi*, Lüttich 1612, 34f. – Dazu: Édouard Jeanselme, *Comment l'Europe au moyen âge se protégea contre la lèpre*, in: Bulletin de la Société d'Histoire de la Médicine 25 (1931) 1–155, hier: 63–67; Saul N. Brody, *The Disease of the Soul: Leprosy in Medieval Literature*, Ithaca – London 1974, 66f.; Hermann Hörger, *Krankheit und religiöses Tabu – die Lepra in der mittelalterlich-frühneuzeitlichen Gesellschaft Europas*, in: Gesnerus. Swiss Journal for the History of Medicine and Science 39 (1982) 53–70, hier: 58–61 Online sind inzwischen auch weitere Ritualien mit Separationsriten zugänglich, wie z. B. bei USUARIUM. URL: usuarium.elte.hu/indexlabel/153/view. Siehe auch Virginie Portes, *Communiquer la mort: un rituel de séparation des lépreux du xve siècle*, in: Claire Boudreau u.a. (Hg.), *Information et société en Occident à la fin du Moyen Âge*, Paris 2004, 77–87.

52 Darauf wies bereits Michel Foucault in seinem 1961 erschienen Werk *„Histoire de la folie à l'âge classique: Folie et déraison"* hin. Vgl. Ders., *Wahnsinn und Gesellschaft. Eine Geschichte des Wahns im Zeitalter der Vernunft* (Suhrkamp-Taschenbuch Wissenschaft 39), Frankfurt a. M. ¹⁰1993, 22 [dt. Übers. aus dem Franz.].

53 Auszugsweise zitiert bei: Claude Charvet, *Histoire de la Sainte Église de Vienne*, Lyon 1761, 752–754.

54 So z. B. in den Ritualien von Paris (1497), Châlons (1500) und Langres (1524). Vgl. Bériac, *"Mourir au monde"* (s. Anm. 51), 249, 250, 252.

dem Altar aufgestellten Katafalks mit schwarzem Tuch kniete.[55] Das Rituale der früheren Erzdiözese von Vienne lässt den Priester in Altfranzösisch sagen:

„Mon amy, il plaist à nostre Seigneur que tu soyes infect de ceste maladie, & te fait nostre Seigneur une grant grace quant il te veult punir des maulx que tu as fait en ce monde. Pourquoy ayes pacience en ta maladie: car nostre Seigneur pour ta maladie ne te desprise point, ne te separe point de sa compagnie; mais se tu as bonne pacience tu seras saulvé, comme fut le ladre qui mourut devant l'Ostel du maulvais riche, & fut porté tout droit en Paradis."[56]

Mein Freund, es gefällt unserem Herrn, dass Du von dieser Krankheit befallen bist, und unser Herr lässt Dir eine große Gnade zuteil werden, wenn er Dich strafen will für Böses, das Du in dieser Welt getan hast. Deshalb habe Geduld in Deiner Krankheit, denn unser Herr verachtet Dich weder wegen Deiner Krankheit noch hält er Dich von seiner Gemeinschaft fern; wenn Du aber Geduld hast, wirst Du gerettet werden wie der Aussätzige, der vor dem Haus des bösen Reichen starb und direkt ins Paradies getragen wurde. [e. Ü.]

Abb. 4: Leproser mit dreiteiliger Holzklapper (Ausschnitt aus einer Miniatur, 15. Jh.).

Danach wurde ein kuttenähnliches (graues oder schwarzes) Gewand, das sog. „Lazaruskleid",[57] gesegnet und ihm mit einem Gebet überreicht, desgleichen ein Paar Handschuhe,[58] weil der Leprose ja keine Gegenstände direkt mit den Händen anfassen durfte.[59] Abschließend wurde eine hölzerne „Lazarusklapper"[60] gesegnet (*benedictio linguarum lignearum*), um

55 Beispielsweise in den Ritualien von Chartres (1490 & 1500), Paris (1497) und Châlons (1500). Gemäß dem Rituale von Verdun (1491) musste der Kranke am Fußende einer Totenbahre knien, umgeben von brennenden Kerzen. Vgl. Bériac, *"Mourir au monde"* (s. Anm. 51), 247, 248, 249, 250, 253.

56 Charvet, *Histoire* (s. Anm. 53), 752.

57 Vgl. auch Robert Jütte, *Stigma Symbole: Kleidung als identitätsstiftendes Merkmal bei spätmittelalterlichen und frühneuzeitlichen Randgruppen (Juden, Dirnen, Aussätzige, Bettler)*, in: Saeculum 44 (1993) 65–89, hier: 75–77. Zur kirchlichen Gesetzgebung und den darin enthaltenen Kleidungsvorschriften für die Leprakranken vgl. Friedrich Merzbacher, *Die Leprosen im alten kanonischen Recht*, in: Zeitschrift der Savigny-Stiftung für Rechtsgeschichte, Kan. Abt. 53 (1967) 27–45, hier: 31.

58 Zu den Handschuhen bei den Leprosen vgl. Ruth Hilmer, *Die Lepra in der freien Reichsstadt Frankfurt a. M.* [med. Dissertation, Frankfurt a. M. 1947], 12. Handschuhe konnten bei den Leprosen auch als Symbol auf die Kleidung genäht werden, vgl. Christa Habrich u.a. (Hg.), *Aussatz – Lepra – Hansen-Krankheit. Ein Menschheitsproblem im Wandel*, T. 1: *Katalog*, Ingolstadt 1982, 78.

59 So durfte er z. B. Brückengeländer ausdrücklich nur mit Handschuhen berühren.

60 Vgl. Ralf Klötzer, *Soziale Distanz* I (Deutsches Medizinhistorisches Museum, Ingolstadt). URL: bit.ly/2Obs9qv.

damit herannahende Gesunde zu warnen, und ihm dieses Warninstrument mit einer mahnenden Proklamation einer Vielzahl von Verboten und Geboten überreicht. Darin heißt es auch:

„Que jamais tu ne n'entres en l'Eglise jusques à la mort; affin que par la conversation que tu feroyes avec les sains qu'ils ne fussent infects de ta maladie.“[61]	Dass du bis zum Tod niemals mehr die Kirche betreten darfst, damit du im Gespräch mit den Gesunden diese nicht durch Deine Krankheit ansteckst. [e. Ü.]

Nachdem der Priester dem Leprosen im Gebet am Ende der Separationsfeier versichert hat, dass „obwohl Du von der Kirche und Gemeinschaft der Gesunden getrennt bist, wirst Du dennoch nicht der Gnade Gottes entbehren ...“[62], wurde der Aussätzige rückwärts aus der Kirche geführt bzw. gezogen. Dann geleitete der Priester den Kranken unter Vorantragen eines Kreuzes prozessionsartig aus der Stadt hinaus zum Leprosorium. In manchen französischen Ritualien gab es zuvor eine weitere Station außerhalb der Kirche, auf dem Friedhof, wo der Leprakranke symbolisch beerdigt wurde („Scheinbegräbnis“), indem ihm dort (dreimal) etwas Erde auf Kopf, Brust oder Füße geworfen wurde:[63] „Mein Freund, das ist ein Zeichen, dass Du für die Welt tot bist ...“.[64] Die Reihenfolge der einzelnen Riten konnte je nach Gegend etwas variieren. Durch diesen genau geregelten „Übergangsritus“ („rite de passage“) war der Leprakranke aus der menschlichen Gesellschaft ausgeschlossen und gleichsam für tot erklärt worden. Auch für Deutschland sind solche Rituale belegt (Mitte des 15. Jahrhunderts):

> „War Jemand bei der Untersuchung [= Lepraschau] als aussätzig befunden, so wurde er am festgesetzten Tage seiner Ueberführung vom Priester mit Kreuz und Prozession aus seinem Hause abgeholt und, in eine schwarze Decke gehüllt, zur Kirche geführt. Dort wurden die sieben Bußpsalmen [= Pss 6, 32, 38, 51, 102, 130, 143] und die Stelle aus Hiob: ‚Ich weiß, daß mein Erlöser lebet‘ [Ijob 19,25] über den Aussätzigen gelesen, der auf einer Todtenbahre lag, mit Lichtern umgeben, wie ein Gestorbener. Auf dem Gottesacker, wohin sich dann der Zug begab, wurde ein Grab gegraben, in welches der Kranke hinabgelassen und mit drei Schaufeln Erde beworfen ward [= Scheinbegräbnis],

---

61 Charvet, *Histoire* (s. Anm. 53), 753.

62 E. Ü. von: „combien que tu soyes séparé de l'Eglise, & de la compagnie des sains, pourtant tu n'es pas séparé de la grace de Dieu ...“ (ebd., 754).

63 So in den Ritualien von Chartres (1490 & 1500), Paris (1497), Châlons (1500), Troyes (1455) und Verdun (1491). Vgl. Bériac, *“Mourir au monde”* (s. Anm. 51), 248, 249, 250, 251, 253. Im Rituale von Paris steigt der Kranke sogar in eine vorbereitete Grube hinab, wo ihm dreimal Erde auf den Kopf geworfen wird.

64 E. Ü. der Textpassage im Rituale von Troyes (1455), während der Priester drei Schaufeln voll Erde auf das Haupt des Leprosen wirft (Charles Lalore, *Ancienne discipline du diocèse de Troyes jusqu'en 1788*, Bd. 2, Troyes 1882, 259: „Mon amy, ci est signe que tu es mort quant au monde ...“).

während der Priester, wie über einen Todten, die Worte sprach: ‚Erde bist du und zur Erde sollst du werden!' Hiernach wurde der 18. Psalm [= Ps 19], die Geschichte Naemans des Aussätzigen [= 2 Kön 5] und das Evangelium von den zehn Aussätzigen [= Lk 17,11–19] über ihn gelesen. Der Aussätzige beichtete, kommunizirte, wurde in ein dunkelfarbiges Kleid gehüllt und, mit dem Abzeichen der Aussätzigen bezeichnet [= Handschuhe, Klapper und Stab], dem Leprosorium zugeführt."[65]

Trotz deutlicher Anlehnung an die Bestattungsriten greifen die liturgischen Separationsriten jedoch weiter und lassen erkennen, dass sie außerdem den Ritus der Mönchsweihe nachgeahmt sind. Denn beim Eintritt in das Leprosorium, das dem Ritual der Aufnahme von Novizen im Kloster folgt und eine einjährige Prüfungszeit nach sich zieht, zeigt sich auch, dass die Gemeinschaft der Leprosen in Siechenhäusern „eine Art religiöser Genossenschaft" bildeten, „die wir zwar nicht als Orden, aber als Bruderschaft betrachten können."[66] Nach dem Ableben des Aussätzigen wurde meistens anstelle der Totenmesse das Bekenner- oder Märtyrerformular verwendet,[67] da das Erdulden seines Schicksals nach der Absonderung mit dem Fegefeuer gleichgesetzt wurde.[68] Die Absonderungsmaßnahmen[69] erstreckten sich auch auf den Besuch von Kirchen. Ließ man Leprose überhaupt zu allgemeinen Gottesdienstfeiern zu,[70] so mussten sie die Kirche durch besondere Pforten betreten. Ihr Platz, abseits im Kirchenschiff, war oft von einer

65 Karl Kayser, *Aus vergangenen Tagen der Hildesheimer Neustadt. Ein Beitrag zur Geschichte der Stadt Hildesheim*, Hildesheim 1885, 29. – Ob es sich hier allerdings um die Adaption aus einem franz. Rituale handelt, muss offen bleiben.

66 Wilhelm Mummenhoff, *Die Aachener Leproserie Melaten*, in: Zeitschrift des Aachener Geschichtsvereins 66/67 (1954/55) 12–34, hier 32; vgl. Reicke, *Das deutsche Spital* (s. Anm. 36), 286; Brody, *The Disease of the Soul* (s. Anm. 51), 76; Keil, *Der Aussatz im Mittelalter* (s. Anm. 22), 89.

67 Vgl. Schmitz-Cliever, *Das mittelalterliche Leprosorium Melaten* (s. Anm. 49), 19.

68 Vgl. Brody, *The Disease of the Soul* (s. Anm. 50), 102–104.

69 Etwas befremdlich wirkt heutzutage die Wortwahl, wenn nach einem positiven Corona-Test die Betroffenen, in Behördendeutsch, einen offiziellen „*Absonderungsbescheid*" mit „Verkehrsbeschränkung" erhalten, weil dies an die Absonderung von Leprakranken in Leprosorien [= heute die Isolation in Form von häuslicher Quarantäne, die ggf. auch polizeilich kontrolliert wird] nach der Lepraschau [= heute der Corona-Schnelltest] in vergangenen Zeiten erinnert.

70 Hausordnungen von Leprosenhäusern gestatteten den Bewohnern nur unter einer Vielzahl von Auflagen den Ausgang. Zu den Einschränkungen (als Infektionsprävention) zählte u. a. ein Verbot des Zutritts zu verschiedenen öffentlichen Stätten wie Kirchen, Märkten, Backhäusern, Garküchen oder Badestuben, so z. B. in Worms im Jahr 1414: „Vnd sollen die kirchen den markte, winhuser, Backhusere, die koche den Wieschkauffe [?] vnd bade stoben vnd alle ander dingen myden die einem uszgesetzten siechen menschen zugehoren zumyden." (zitiert in: Antje Schelberg, *Leprosen in der mittelalterlichen Gesellschaft* [phil. Dissertation, Universität Göttingen 2000], 96 mit Anm. 311). Schon zuvor untersagte das französische Provinzialkonzil von Lavaur (1368) im can. 21 den Zutritt der Leprosen zu allen öffentlichen Stätten, wie Kirchen, Marktplätzen, Fleischmärkten, Wirtshäusern und anderen Örtlichkeiten: „[...] quia morbus ipse contagiosus existit, & serpit in sanorum corpora per contactum; nos volentes eorum communionis periculo praecavere, statuimus ut leprosi hujusmodi a sanis Christicolis maneant sequestrati, nec communes intrent ecclesias, neque forum, aut macellum, vel tabernas, sive alia loca sanis communia [...]." (J. D. Mansi, *Sacrorum Conciliorum Nova et Amplissima Collectio*, tom. 26, Venedig 1784 [ND Paris 1903], 473–548, hier: 499).

hohen Mauer umgeben, die nur einen schmalen Spalt (sog. „Hagioskop“[71] oder „Lepraspalte“) hatte, durch den die Leprosen auf das „Heilige“ schauen, also den Priester am Altar eben noch sehen konnten. An der Wand der Leprosenpforten waren separate Weihwasserbecken für die Aussätzigen angebracht.[72] War den Erkrankten der Zutritt zur Kirche komplett verwehrt, gab es solche kleinen Durchbrüche in einer Kirchenmauer, ähnlich einem Fensterschlitz, um den Aussätzigen eine Teilnahme am Gottesdienst von außen, meist vom Friedhof aus, zu ermöglichen (oft mit einem Vorbau vor Wetter geschützt). Vor und nach der Messfeier sammelten die Kranken vor dem Hauptportal mit ihren langstieligen „Klingelbeuteln“ (an denen ein Glöckchen befestigt war) von den Gottesdienstbesuchern Geld.[73]

Ein leprakranker Zisterzienser[74] musste erstaunlicherweise nicht ins Leprosorium: Nach einem Statut des Zisterzienserkapitels von 1154 durfte er in seinem Orden bleiben, lebte aber von der Gemeinschaft getrennt.[75] Man reichte ihm besseres, kräftigeres Essen als seinen Mitbrüdern.[76] Die Chorgebete durfte er in verkürzter Form singen.[77] Und selbst ein „entsprungener“ Zisterzienser, der mit Aussatz infiziert in seinen Orden zurückkehren wollte, wurde wieder aufgenommen.[78]

Nachdem die Lepradurchseuchung der Bevölkerung in Mitteleuropa im 13. und 14. Jahrhundert wahrscheinlich ihren Höhepunkt erreicht hatte,[79] setzte im Spätmittelalter ein allmählicher Rückgang der Lepra ein (was über einen Zeitraum von mehreren Jahrhunderten zum fast völligen Verschwinden der Krankheit führte).

71 Vgl. Kay P. Jankrift, *Hagioskope. Unbeachtete Zeugnisse der Leprageschichte*, in: Die Klapper. Mitteilungen der Gesellschaft für Leprakunde 7 (1999) 1–3.

72 Vgl. Theodor Meyer-Steineg, Karl Sudhoff, *Geschichte der Medizin im Überblick mit Abbildungen*, Jena ^{4}1950, 230. – Im Jahr 1439 schrieb ein Bürger von Hildesheim einen anonymen Brief, in dem er vor einer leprösen Frau namens Ylsebe [Elisabeth] warnte, die in die Stadt kommen wolle, um sich mit dem Weihwasser in den Becken zu waschen, damit ihre Krankheit über die Stadt komme [vgl. Ernst Becker, *Geschichte der Medicin in Hildesheim während des Mittelalters*, in: Zeitschrift für klinische Medicin 38 (1899) 306–349 hier: 320; Richard Doebner, Hermann Brandes (Hg.), *Urkundenbuch der Stadt Hildesheim*, Bd. 4: *Von 1428 bis 1440*, Hildesheim 1890, Nr. 352].

73 Später, als die Leprakranken den Gottesdienstfeiern nur noch in besonderen Kapellen, meist neben den Lepraheimen errichtet, beiwohnen konnten, ließ man in den Pfarrkirchen mit dem Klingelbeutel noch immer Almosen für die Aussätzigen sammeln. Der heutige langstielige „Klingelbeutel“ in manchen Kirchen mag ein Überbleibsel dieser Zeit sein. Vgl. Winkle, *Geißeln der Menschheit* (s. Anm. 12), 25. – „Klingelbeutel mit langem Stab […] Klingelbeutel für die „Distanzkollekte“. So sicher wie möglich, lautet die Devise in Coronazeiten!“, so liest man die Werbung bei einem bekannten Spezialisten für Kirchenbedarf. URL: bit.ly/2ZP4WNx.

74 Vgl. im Folgenden Anita Homolka, *Die Lebensgewohnheiten der Leprakranken im Spätmittelalter*, in: Wolf, *Aussatz – Lepra – Hansen-Krankheit* (s. Anm. 22), 151–261, hier: 158.

75 Vgl. Statuta Ordinis Cisterciensis von 1154: Joseph-Marie Canivez (Hg.), *Statuta Capitulorum Generalium Ordinis Cisterciensis ab anno 1116 ad annum 1786* (Bibliothèque de la Revue d'Histoire Ecclésiastique 9), Bd. 1, Louvain 1933, 58 (25).

76 Vgl. Statuta Ordinis Cisterciensis von 1134: ebd., 16 (Nr. 14), 18 (Nr. 24), 27 (Nr. 62); Stat. Or. Cist. von 1152: ebd., 48 (Nr. 21); Stat. Or. Cist. von 1157: ebd., 61 (Nr. 14); Usus Antiquiores Ordinis Cisterciensis III 76 [von 1846] u. IV 91 [von 1847]: PL 166, 1453BC & 1467D.

77 Vgl. Usus Antiquiores Ordinis Cisterciensis IV 91 & 93 [von 1847]: PL 166, 1468BC & 1470A.

78 Vgl. Statuta Ordinis Cisterciensis von 1154 (s. Anm. 75).

79 Bei endemischer Durchseuchung war die mittelalterliche Bevölkerung nur zu einem geringen Teil infiziert.

Die Ursachen sind zwar nicht eindeutig zu bestimmen, aber entscheidend waren wohl: (1) die äußerst strenge Isolation der Kranken (wodurch Infektionsketten unterbrochen wurden), (2) die vor allem verheerenden Pestepidemien vom 14. bis 15. Jahrhundert, denen die immungeschwächten Leprosen besonders zum Opfer fielen, die in den Siechenhäusern eng zusammenlebten,[80] und (3) die deutlich verbesserten hygienischen Bedingungen und eine verbesserte Ernährung der Bevölkerung.

1.2 Die „Große Pest“ im 14. Jahrhundert[81]

Heute weiß man, dass die Pest auf verschiedene Weise übertragen werden kann, zum einen durch den Biss von Flöhen, zum anderen durch Tröpfcheninfektion. Als sogenannter „Schwarzer Tod“ führte die Pest im 14. Jahrhundert[82] zu den verheerendsten Epidemien der Menschheitsgeschichte. Sie überrollte Europa in einer ersten Welle zwischen 1346 und 1352, 1360 überzog dann eine zweite Epidemie weite Teile Europas, wobei etwa ein Drittel der damaligen europäischen Bevölkerung dahingerafft wurde, d. h. geschätzte 25 Millionen Todesopfer.[83] In den folgenden Jahrhunderten traten in regelmäßigen Abständen wiederkehrende lokale und überregionale Pestwellen bzw. -epidemien bis ins 21. Jahrhundert hinein auf.[84]

80 Die von der Pest verschonten Aussätzigen wurden dann im 16. Jh. von der stürmisch verlaufenden Syphilis getötet. Seit dieser Zeit kam die Lepra in Europa nur noch sporadisch vor. Vgl. Winkle, *Geißeln der Menschheit* (s. Anm. 12), 34f.

81 Aus der Fülle der Literatur seien nur einige wenige genannt: Bernd I. Zaddach, *Die Folgen des Schwarzen Todes (1347–51) für den Klerus Mitteleuropas* (Forschungen zur Sozial- und Wirtschaftsgeschichte 17), Stuttgart 1972; Neithard Bulst, *Der Schwarze Tod. Demographische, wirtschafts- und kulturgeschichtliche Aspekte der Pestkatastrophe von 1347–1352. Bilanz der neueren Forschung*, in: Saeculum 30 (1979) 45–67; Robert S. Gottfried, *The Black Death. Natural and Human Disaster in Medieval Europe*, London 1986; Hans Wilderotter, *„Alle dachten, das Ende der Welt sei gekommen“. Vierhundert Jahre Pest in Europa*, in: Ders., Michael Dorrmann (Hg.), *Das große Sterben. Seuchen machen Geschichte*, Berlin 1995, 12–53; Winkle, *Geißeln der Menschheit* (s. Anm. 12), 422–515; Philip Ziegler, *The Black Death*, Stroud 2010; Klaus Bergdolt, *Der Schwarze Tod in Europa. Die Große Pest und das Ende des Mittelalters* (Beck'sche Reihe 1378), München ³2011; Feulner, *Liturgie und Hygiene in Geschichte und Gegenwart* (s. Anm. 13), 30–33, 40–42; Ders., *Gottesdienstfeier in schwerer Zeit. Unsere Kirche, die Pest und die Corona-Pandemie* (Interview), in: Der Sonntag (Ausgabe Wien) Nr. 51 (20. Dezember 2020) 7; Ders., *Von Pestlöffeln, Essigwasser und Prozessionen*, in: Die Tagespost (18. Februar 2021) 16.

82 Im Jahr 541 brach in Ägypten die sog. „Justinianische Pest“ aus, die im Folgejahr die oströmische Hauptstadt Byzanz und bald auch Nordafrika, Italien und Spanien erreichte. Für die folgenden 200 Jahre sind etwa 15 Pestwellen bezeugt (vgl. Frank Siegmund, *Die Justinianische Pest. Ihre Auswirkungen bei den Alemannen und Franken im 6. und 7. Jahrhundert*, in: *Pest! Eine Spurensuche*, hg. v. Stefan Leenen u.a., Darmstadt 2019, 56–62).

83 Es gibt jedoch auch andere Schätzungen mit mehr Toten, andere wiederum gehen von niedrigeren Zahlen aus (vgl. dazu Manfred Vasold, *Pest, Not und schwere Plagen. Seuchen und Epidemien vom Mittelalter bis heute*, München 1991, 61). – Die Pest hinterlässt bei den Überlebenden eine Immunität von 6 bis 10 Jahren. Beim Blick in die Vergangenheit sieht man: War dieser Zeitraum abgelaufen, kam meist eine neue Welle, denn dann waren wieder genügend Nicht-Immune vorhanden. Vgl. Ders., *Grippe, Pest und Cholera* (s. Anm. 15), 44.

84 So gab es regionale Pestereignisse in Indien, Kongo, Uganda und sogar in den USA. Im September 2017 brach auf Madagaskar eine sich rasch ausbreitende Pestepidemie aus mit 661 Fällen und 87 Todesopfern. Vgl. WHO: Weekly Epidemiological Record 94/25 (2019) 291. URL: bit.ly/3aT6Tz1.

Abb. 5: Ausbreitung der Pest in Europa zwischen 1347 und 1350.

Eine Ansteckung von Mensch zu Mensch wurde recht frühzeitig angenommen, so auch im lateinischen Pestgutachten der Pariser medizinischen Fakultät (*Compendium de epidemia per collegium facultatis medicorum Parisius ordinatum*) vom Oktober 1348, das der König von Frankreich, Philipp VI., in Auftrag gegeben hatte.[85]

Die Auflistung der Empfehlungen gipfelt in der dem altgriechischen Arzt Galenos von Pergamon zugeschriebenen (eigentlich durchaus sinnvollen) Anweisung: „Cito longe fugas et tarde redeas“ – „Fliehe schnell weit weg und kehre spät zurück“ – was jedoch nur für Wohlhabende infrage kam, die über Zweit- und Nebenresidenzen auf dem Land verfügten.[86]

Papst Clemens VI. und die Pest

In den am stärksten betroffenen Städten Europas fanden im 14. Jh. weiterhin Gottesdienste statt, es sei denn, der Klerus war gestorben oder geflüchtet. Anfang des Jahres 1348 verzeichnete man erste Ausbrüche der neuen Krankheit auch in der damaligen päpstlichen Residenzstadt Avignon.[87] Für Papst Clemens VI. (1342–1352) war die Pest wohl die schwerste Herausforderung seines Pontifikats.[88] Hatte der Papst anfangs noch selbst an Buß- und Bittprozessionen innerhalb des

85 Vgl. Andrea B. Schwalb, *Das Pariser Pestgutachten von 1348. Eine Textedition und Interpretation der ersten Summe* [unveröff. Dissertation, Universität Tübingen 1990].

86 Vgl. Vasold, *Pest, Not und schwere Plagen* (s. Anm. 83), 44.

87 Vgl. Ralf Lützelschwab, *Papst und Pest. Avignon 1348*, in: *Pest! Eine Spurensuche* (s. Anm. 82), 100–111, hier: 102.

88 Zeitgenössische Berichte, dass Clemens VI. vor der Pest aus Avignon geflohen sei, sind unzutreffend. Das beweisen auch die von ihm im Papstpalast von Avignon ausgestellten Urkunden des Jahres 1348. Vgl. *Clément VI, Lettres closes, patentes et curiales [...]*, tom. 1, hg. v. Eugene Déprez, Guillaume Mollat, Paris 1960, 204–251; und auch Heinrich v. Sauerland, *Urkunden und Regesten zur Geschichte der Rheinlande aus dem Vatikanischen Archiv*, Bd. 3 (Publikationen der Gesellschaft für rheinische Geschichtskunde 23), Bonn 1905, Nr. 698, 699, 702, 703, 707, 710, 712, 715, 716, 717, 719, 721, 722, 731, 733, 734, 735, 736.

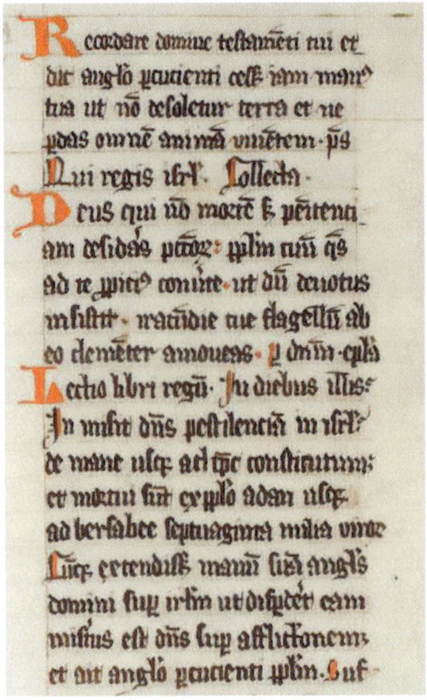
Recordare domine testamenti tui et dic angelo percucienti cesset iam manus tua ut non desoletur terra et ne perdas omnem animam viventem. Ps. Qui regis israel. Collecta. Deus qui non mortem sed penitentiam desideras peccatorum: populum tuum quaesumus ad te reverti constitue. ut dum tibi devotus exstiterit. iracundie tue flagella ab eo clementer amoveas. Per dominum. Lectio libri regum. In diebus illis: In misit dominus pestilentiam in israel de mane usque ad tempus constitutum: et mortui sunt ex populo a dan usque ad bersabee septuaginta milia virorum. Cumque extendisset manum suam angelus domini super iherusalem ut disperderet eam misertus est dominus super afflictionem et ait angelo percucienti populum. Suf-

Abb. 6: Missa contra pestilentiam (Missale 14. Jh.).

Papstpalastes teilgenommen, zog er sich bald in seine innersten Gemächer zurück.[89] Clemens VI. ging gezielt seuchenhygienisch vor. So ließ er einen Friedhof vor den Toren der Stadt für Massenbestattungen kaufen,[90] soll die Rhône als weiteren „Bestattungsort" gesegnet haben[91] und besoldete zusätzliche Ärzte, Pflegepersonal sowie Totengräber.[92] Den Bischöfen und Pfarrern wurde außerdem die Vollmacht erteilt, den Pestkranken einen allgemeinen Ablass in articulo *mortis* zu gewähren.[93] Ein spezielles Messformular, das in Zeiten der Pest verwendet werden konnte,[94] geht ebenfalls auf ihn zurück und hat als *Missa pro vitanda mortalitate [vel tempore pestilentiae]*[95] oder als *Missa votiva in tempore mortalitatis*[96] mit manchen Abweichungen vom ursprünglichen Text

89 Vgl. Zaddach, *Die Folgen des Schwarzen Todes* (s. Anm. 81), 58f.; Lützelschwab, *Papst und Pest* (s. Anm. 87), 102. – Matthias von Neuenburg († kurz nach 1364) schreibt in seiner Chronik: „[D]er Papst blieb in seinem Gemache eingeschlossen, hatte daselbst fortwährend ein großes Feuer und gestattete Niemanden den Zutritt." [*Die Chronik des Mathias von Neuenburg* (Die Geschichtschreiber der deutschen Vorzeit 84), übers. v. Georg Grandaur, Leipzig 1899, 173). Lat. Text der *Chronica Mathiae de Nuwenburg* in: Monumenta Germaniae Historica: Scriptores Rerum Germanicarum. N.S. 4 (ed. Adolf Hofmeister), Berlin 1924/40 (ND München 1984), 264: „Papa inclusus camere habenti ignes magnos continue nulli dabat accessum." Der Leibarzt des Papstes, Guy de Chauliac († 1368), glaubte, dass mit Feuern den Miasmen beizukommen sei („amander l'air par feu": *La Grande Chirurgie de Guy de Chauliac*, hg. v. Édouard Nicaise, Paris 1890, 172), was man damals als Ursache der Pest ansah (auch im Pariser Pestgutachten von 1348). Wahrscheinlich vertrieben diese Räucherfeuer allerdings tatsächlich die den Pesterreger übertragenden Flöhe.

90 Vgl. *Prima Vita Clementis* VI, hg. v. Guillaume Mollat, in: Étienne Baluze (Hg.), *Vitae Paparum Avenionensium*, tom. 1, Paris 1914, 241–261, hier: 252; *Secunda Vita Clementis VI*, hg. v. Ders., in: ebd., 262–272, hier: 267f.

91 Vgl. Adrien Phillippe, *Histoire de la peste noire* (1346–1350), Paris 1853, 101.

92 Vgl. *Prima Vita Clementis VI* (s. Anm. 90), 252; *Tertia Vita Clementis VI*, hg. v. Mollat, in: Baluze, *Vitae Paparum Avenionensium* (s. Anm. 90), 273–288, hier: 284.

93 Vgl. ebd., 284f.; Zaddach, *Die Folgen des Schwarzen Todes* (s. Anm. 81), 59. – Siehe auch einen Bericht von Matteo Villani aus Florenz (1348): „Zur Zeit der tödlichen Pestseuche erließ Papst Clemens VI. einen allgemeinen Ablaß von allen Sündenstrafen für die, welche bereuten und bei der Beichte ihre Beichtväter darum baten, sofern sie daraufhin starben." (dt. Übers. in: *Die Pest 1348 in Italien. Fünfzig zeitgenössische Quellen*, hg. u. übers. v. Klaus Bergdolt, Heidelberg 1989, 63).

94 Vgl. Jules Viard, *La Messe pour la peste*, in: Bibliothèque de l'École des Chartes 61 (1900) 334–338. In einer Hs des 14. Jh. heißt es: „Missa pro vitanda mortalitate, quam dominus papa Clemens sextus fecit et constituit in collegio cum dominis cardinalibus a. d. 1348." (ebd., 336); Adolph Franz, *Die Messe im deutschen Mittelalter*, Freiburg 1902 [ND Darmstadt 1963], 183–189.

95 Vgl. *Missale Romanum. Editio Princeps (1570)* (Monumenta Liturgica Concilii Tridentini 2), Vatikanstadt 1998, [634f.]. – Ein Missale aus dem 14. Jh. mit der *Missa contra pestilentiam* („Recordare, Domine ...") findet sich in der Ratsbücherei Lüneburg (Theol. 2° 94), fols. 5v–6r (URL: bit.ly/2GagDZ2).

96 Vgl. *Missale Romanum [...] Editio typica 1962* (Monumenta Liturgica Piana 1), Vatikanstadt 2007, [93]–[95].

Abb. 7: Zug von Geißlern od. Flagellanten in Doornik (1349).

die Zeiten bis 1962 überdauert.[97] Von der Besonnenheit Clemens VI. zeugt, dass er sich entgegen der Stimmung der Bevölkerung schützend vor die Juden stellte (1348),[98] denen in furchtbaren Progromen oft die Schuld an der Epidemie angekreidet wurde,[99] und der ausufernden Massenhysterie der Geißlerbewegung (Flagellanten) schließlich Einhalt gebot (1349).[100] Dagegen bleibt es unverständlich, wieso er, obwohl der Schwarze Tod noch in weiten Teilen Europas wütete und man genug von der Ansteckungsgefahr wusste, das Jahr 1350 als „Heiliges Jahr" mit Pilgerreisen nach Rom feiern ließ, das er bereits 1343 in der Jubiläumsbulle „Unigenitus Dei Filius" mit den damit verbundenen Ablässen verkündet hatte.[101]

97 Das Messformular „In tempore universalis contagii" (vgl. Dekret der Gottesdienstkongregation, Prot. N. 156/20, vom 30.3.2020) orientiert sich nicht an dem überlieferten Formular, sondern ist neu konzipiert und war der Situation angepasst (URL: bit.ly/34vL5WO).

98 Er drohte den Judenverfolgern harte Strafen an und wandte sich am 5. Juli 1348 in der Bulle „Universis Christi fidelibus" gegen die Verfolgung der Juden als Verursacher der Pest [vgl. *Clément VI, Lettres closes* (s. Anm. 88), 225f. (Nr. 1683)]. Da diese Bulle aber weitgehend ignoriert wurde, unterzeichnete er am 26. Sept. 1348 eine zweite päpstliche Bulle („Quamvis perfidiam"), in der er Juden vor dem Vorwurf, Verursacher von Brunnenvergiftungen zu sein, in Schutz nahm und den Verfolgern mit der Strafe der Exkommunikation drohte [vgl. Shlomo Simonsohn (Hg.), *The Apostolic See and the Jews. Documents: 492–1404* (Studies and Texts 94), Toronto 1988, 397–399 (Nr. 373f.)] – mit wenig Erfolg außerhalb von Avignon und vom Kirchenstaat (vgl. auch Volker Reinhardt, *Die Macht der Seuche. Wie die Große Pest die Welt veränderte. 1347–1353*, München 2021, 126–130).

99 Vgl. z. B. Wilderotter, *„Alle dachten, das Ende der Welt sei gekommen"* (s. Anm. 81), 17–20; Reinhardt, *Die Macht der Seuche* (s. Anm. 98), 139–149; Christoph Cluse, *Studien zur Geschichte der Juden in den mittelalterlichen Niederlanden* (Forschungen zur Geschichte der Juden Abt. A 10), Hannover 2000; Bergdolt, *Der Schwarze Tod in Europa* (s. Anm. 81), 119–151; Ziegler, *The Black Death* (s. Anm. 81), 65–85.

100 Die päpstliche Bulle zum Verbot der Geißlerbewegung „Inter sollicitudines" vom 20. Okt. 1349 findet sich bei: Mansi, *Sacrorum Conciliorum* (s. Anm. 70), tom. 25, Venedig 1782 (ND Paris 1903), 1153–1155; siehe auch Gustav Schmidt (Hg.), *Päbstliche Urkunden und Regesten aus den Jahren 1295–1352, die Gebiete der heutigen Provinz Sachsen betreffend*, Halle 1886, 390f. (Nr. 172). – Zu den Geißlern siehe auch Bergdolt, *Der Schwarze Tod in Europa* (s. Anm. 81), 107–119.

101 Vgl. DH 1025–1026. Siehe auch Carl Mirbt, Kurt Aland, *Quellen zur Geschichte des Papsttums und des römischen Katholizismus*, Bd. 1, Tübingen [6]1967, 472–474 (Nr. 760).

Gottesdienstliche Maßnahmen

Ungewöhnliche Umstände erforderten auch in der praktischen Umsetzung ungewöhnliche Maßnahmen. Um den Kontakt mit den Erkrankten zu vermeiden und so den Dienst für die besonders gefährdeten Priester zu erleichtern, kam spätestens in der frühen Neuzeit während der häufig wiederkehrenden Pestepidemien ein eigener „Pestlöffel“[102] (oder eine Art eucharistische „Zange“[103]) zur Spendung der Krankenkommunion bzw. vor allem des Viaticum auf. Diese Art von Kommunionlöffel war meist aus Silber mit einem hölzernen oder metallenen langen Stiel und im vorderen Teil, der Laffe, auf dem die Hostie zu liegen kam, vergoldet (s. Abb. 8).[104] In den Zeiten der Pest wurden Geistliche dazu verpflichtet, den Infizierten auch die Kommunion zu spenden. Den in Isolation und Quarantäne eingeschlossenen Kranken wurde die konsekrierte Hostie über einen solchen langstieligen „Pestlöffel“ gereicht, so dass sie durch Öffnungen in die ansonsten verschlossenen Häuser oder Krankenzimmer gespendet werden konnte. Es kam aber auch umgekehrt vor, dass Pestkranken mit dem „Pestlöffel“ die Kommunion

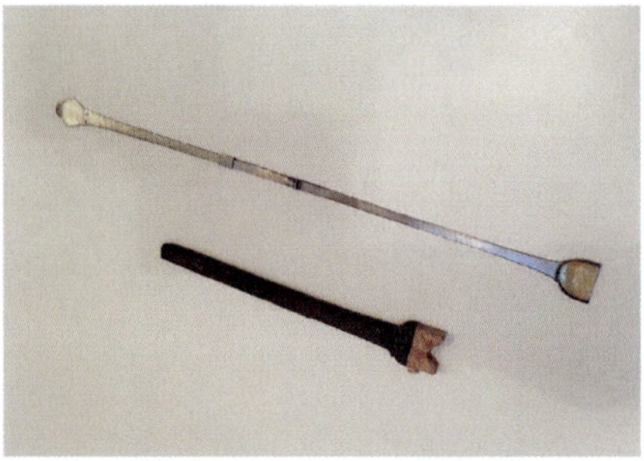

Abb. 8: Tegernseer Pestlöffel (Ende 17. Jh.).

102 Vgl. Doreen Mölders, *Pestlöffel/Kommunionstab*, in: *Pest! Eine Spurensuche* (s. Anm. 82), 446f.; Peter Keller (Hg.), *Glaube & Aberglaube. Amulette, Medaillien und Andachtsbildchen*, Salzburg 2010, 79. Siehe auch z. B. Peter Leardi, *Denkwürdigkeiten der k.k. Hauptpfarrkirche Maria im Elend zu Straßgang [...]*, Graz 1825, 14; Max Frankenburger, *Die Alt-Münchner Goldschmiede und ihre Kunst*, München 1912, 371; Nora Watteck, *Die Pest in Salzburg*, in: Mitteilungen der Gesellschaft für Salzburger Landeskunde 123 (1983) 191–209, hier: 201; Leopold Öhler, *Die Pest in Salzburg*, Salzburg 2013, 189f.

103 Zangen (forcipes; tenacula) wurden im Mittelalter auch im eucharistischen Zusammenhang benutzt: im 14. Jh. reichte der Prager Erzbischof die konsekrierten Hostien den Kommunizierenden mit einer silbernen Zange („Forcipes binae argenteae pro porrigendo corpore Christi pro communicantibus per archiepiscopum.“ (Antonín Podlaha, Eduard Šittler, *Chrámový poklad u sv. Víta v Praze. Jeho dějiny a popis*, Prag 1903, V [I. Inventář z r. 1354, Nr. 87]). In Rom scheint es gemäß dem Pierre Amiel de Sarcenas zugeschriebenen Ordo XV im späten 14. und frühen 15. Jh. der Brauch gewesen zu sein, dass der päpstliche Sakristan (ein Bischof) in der Papstmesse am Ostersonntag die zur Kommunion bestimmten Hostien mit einer (vergoldeten) Zange in das herbeigebrachte Ziborium legte [„... episcopus sacrista qui servit pape ponit hostias consecratas intra coppam ... cum tenaculis ...“: PL 78, 1332A; Marc Dykmans, *Le cérémonial papal de la fin du moyen âge à la Renaissance*, vol. 4 (Bibliothèque de l'Institut Historique Belge de Rome 27), Brüssel – Rom 1985, 175f. (Nr. 683)]. – Vgl. dazu Joseph Braun, *Das christliche Altargerät in seinem Sein und in seiner Entwicklung*, München 1932, 265.

104 Ein sogar 105 cm langer „Kommunionstab“ (oder „Pestlöffel“) während der letzten großen Pest in Marseille (1720) findet sich im Musée d'Histoire de Marseille (D1990.1.29) [vgl. das Bild im Ausstellungskatalog: *Pest! Eine Spurensuche* (s. Anm. 82), 446/447 (Nr. 603)]. Der „Tegernseer Pestlöffel“ (Ende 17. Jh.) ist beispielsweise ein zusammenlegbarer Silberlöffel, der bei Bedarf auseinandergeklappt und mittels eines einfachen Schiebers arretiert werden kann. Die max. Länge ist dann 56,5 cm. Auf das vergoldete flache Ende konnte die Hostie gelegt werden, um sie dem Erkrankten einigermaßen sicher zu reichen (was heute eher als hygienisch sehr bedenklich gelten mag). – Vgl. *Kirche in Krankheitszeiten. Pestlöffel und Seelentrost*, in: mk online (18.3.2020). URL: bit.ly/3kxKABb.

durch ein „Pestfenster“ nach draußen gereicht wurde oder die Beichte am offenen Fenster erfolgte, um die Ansteckungsgefahr zu minimieren. Durch körperlichen Abstand versuchten die Seelsorger nach den damaligen Erkenntnissen ihr eigenes Ansteckungsrisiko möglichst gering zu halten (ähnlich wie es beim Coronavirus empfohlen wird[105] und man zur Kommunionspendung in manchen Diözesen eigene Kommunionzangen empfohlen hat[106]).

Abb. 9: Arzt mit Essig getränktem Schwamm vor Mund und Nase am Bett eines Pestkranken, der hochgelagert ist.

Auch wenn die Medizin früher Viren und Bakterien als Infektionsauslöser noch nicht kannte, wusste man schon, dass man bei bestimmten Krankheiten größeren Abstand voneinander halten sollte, um sich nicht anzustecken. Gleichwohl sollten natürlich gerade den gefährlich oder tödlich Erkrankten die Sakramente und insbesondere die Kommunion nicht vorenthalten werden. Gesicht und Hände wurden mit Essigwasser desinfiziert, dem man eine „pestizide“ Wirkung zuschrieb. Da bereits bekannt war, dass in Wohnräumen warme (und damit auch pestverdächtige) Luft nach oben steigt, wurden die Kranken hoch gelagert, damit sie die von Angehörigen und Pflegern eingeatmete Luft nicht infizieren konnten

105 Das Corona-Hygienekonzept z. B. des Erzbistum München-Freising sagt: Der Priester „reicht den Gläubigen unter Wahrung des für eine würdige Form der Kommunionspendung größtmöglichen Abstands zur/zum Kommunikantin/en und ohne direkten Kontakt die Heilige Kommunion ...“ (Erzbischöfliches Ordinariat München, *Infektionsschutzkonzept für katholische Gottesdienste im Erzbistum München und Freising* [in der Fassung vom 29.4.2020], 4. URL: bit.ly/3aRJNZi).

106 So z. B. in der Diözese Rottenburg-Stuttgart seit 9. Mai 2020 mit der Wiederaufnahme der öffentlichen Gottesdienste. Vgl. vom 30.4.2020 die „18. Mitteilung zur aktuellen Lage: Bischöfliche Anordnung für die Feier der Eucharistie, von Wort-Gottes-Feiern und anderen Gottesdiensten nach der Lockerung der aktuellen Beschränkungen“, 7. URL: bit.ly/37Pwgjf: „11. [...] Es kann eine geeignete Zange verwendet werden, wie sie z. B. zum Einlegen der Kommunion verwendet wird. Oft sind auch handelsübliche Zuckerzangen für diesen Zweck geeignet. [...]“. – Siehe zuletzt: *Bischöfliche Anordnungen für die Feier der Eucharistie, von Wort-Gottes-Feiern und anderen Gottesdiensten während der Corona-Pandemie – Konsolidierte Fassung der geltenden Regelungen für den Lockdown (Stand: 26. Januar 2021 [...])*, 5. URL: bit.ly/3qXnEIn: „8. In vielen Gemeinden hat sich die Kommunionspendung mit der Kommunionzange etabliert. Diese Form wird während der Pandemie auch weiterhin empfohlen [...]. 9. Eine weitere Möglichkeit der Kommunionspendung ist, dass der/die Kommunionspender/in die Heilige Kommunion mit einer Zange auf eine Serviette legt, die auf einem Tisch liegt [...].“

(s. Abb. 9).[107] Tommaso del Garbo († 1370)[108], ein berühmter Arzt aus Bologna, riet entgegen der damaligen Lehrmeinung, die Fenster der Krankenzimmer stets weit geöffnet zu halten, da frische Luft der Pest schade. Priester (und Notare) sollten den Todgeweihten niemals in der stickigen Luft des Krankenzimmers gegenübertreten.[109] Pragmatisch erschien folgender Rat an Priester, die den Sterbenden die Beichte abnehmen mussten: „Jedermann sollte aus dem Zimmer gehen, damit der Kranke nicht flüstern mußte, sondern laut reden konnte und der Beichtvater sich ihm nicht zu nähern brauchte. Hatte der Besucher das Krankenzimmer verlassen, sollte er Mund und Hände mit Essig und Wein reinigen."[110] Auch die Gottesdienste wurden der Situation angepasst, wobei der Klerus den Kontakt mit der Bevölkerung auf das Nötigste beschränkte. Der Kanoniker Johannes von Parma, der selbst die Seuche überlebte, erinnert sich 1349 über die Pest in Trient:

> „[V]iele beichteten, als sie noch gesund waren. Und Tag und Nacht wurden auf den Altären die Kommunion und das heilige [Kranken]öl ausgelegt. Kein Priester wollte nämlich mehr das Sakrament überbringen, außer denen, die auf eine Belohnung aus waren. [...] Alle Friedhöfe der Bevölkerung waren in so kurzer Zeit überbelegt, daß es angebracht schien, [auch] außerhalb des Kirchenbezirks Beerdigungen durchzuführen. Oft wurde in ein Grab fünf- oder sechsfach beerdigt [...]."[111]

Obwohl viele Geistliche vor der Pest flohen und bei wichtigen gottesdienstlichen Handlungen fehlten, kam die Mehrzahl gewissenhaft ihren seelsorglichen Verpflichtungen nach und spendete den Pestkranken die Sakramente.[112] Die hohe Sterberate bei Geistlichen sowie die Flucht von Priestern stellten die Kirche im 14. Jahrhundert vor starke Herausforderungen. Es gab daher in manchen stark betroffenen Gebieten Sonderregelungen für die Betreuung der Gemeinden in Pestzeiten, wobei der Einsatz von Personen erlaubt wurde, die nicht die notwendige Ausbildung genossen hatten. So sollen in Dülmen 1382 keine Geistlichen mehr am Leben gewesen sein, so dass der Bürgermeister gewisse gottesdienst-

107 Vgl. Bergdolt, *Der Schwarze Tod in Europa* (s. Anm. 81), 21. – Siehe auch Karl Sudhoff, *Pestschriften aus den ersten 150 Jahren nach der Epidemie des „schwarzen Todes" 1348. IV. Italienische des 14. Jahrhunderts*, in: Archiv für Geschichte der Medizin 5/4–5 (1911/12) 332–396, hier: 332–334; Bergdolt, *Die Pest 1348 in Italien* (s. Anm. 93), 155.

108 Er war auch Verfasser eines *Pestconsilium*, einer neuen Art von Fachliteratur, die ab 1348 in Europa aufkam (*Consilio di Tommaso del Garbo Fiorentino contro la Pestilentia*, in: Marsilio Ficino, *Contro alla peste*, Florenz 1576).

109 Vgl. Bergdolt, *Der Schwarze Tod in Europa* (s. Anm. 81), 26f.

110 Ebd. 27. – Siehe auch Sudhoff, *Pestschriften* (s. Anm. 107), 349f.

111 Zitiert nach: Bergdolt, *Die Pest 1348 in Italien* (s. Anm. 93), 105.

112 Vgl. Zaddach, *Die Folgen des Schwarzen Todes* (s. Anm. 81), 60–67; Bergdolt, *Der Schwarze Tod in Europa* (s. Anm. 81), 162–171.

liche Feiern leiten musste, die nicht einem Priester vorbehalten waren.[113] Auch die befristete Übertragung von Sondervollmachten von höheren Klerikern an niedrigere war kein Einzelfall, wie ein Bericht aus dem Jahr 1361 des Franziskaners Michele da Piazza in seiner „Historia Sicula" von der Ausbreitung der Pest auf Sizilien für 1347 belegt: Als nämlich die Pest in Catania auf das furchtbarste wütete, übergab der Patriarch [= Bischof Geraldus/Gerardus Odonis, seit 1342 Lateinischer Titularpatriarch von Antiochien mit Sitz in Catania] sämtlichen Priestern, auch den geringsten, alle Absolutionsvollmacht, die er selbst als Bischof und Patriarch besaß.[114] In England hat Ralph of Shrewsbury († 1363), Bischof von Bath und Wells, in einem auf seinem sicheren Landsitz Wiveliscombe unterzeichneten Rundbrief vom 10. Januar 1349 die Bevölkerung während der Pest gegebenenfalls zur Selbsthilfe aufgerufen, indem er Beichten gegenüber Laien gestattete.[115] Später wurde in eigenen Pestinstruktionen[116] das seelsorgliche Verhalten geregelt, wie z. B. 1680 für Salzburg:[117] hygienische Vorsichtsmaßnahmen,[118]

113 Vgl. Ute Weynand, *Neue Untersuchungen über Lepra- und Pesthäuser in Westfalen und Lippe. Versuch eines Katasters* [unveröff. Dissertation, Universität Bochum 1983], 20f.; Stefan Leenen, *Zweite Pandemie, Religion*, in: *Pest! Eine Spurensuche* (s. Anm. 82), 444 Anm. 3.

114 Vgl. Michele da Piazza, *Cronaca 1336–1361* (Fonti per la storia di Sicilia 3), hg. v. Antonino Giuffrida, Palermo 1980, 87. – Bergdolt, *Die Pest 1348 in Italien* (s. Anm. 93), 37f., bietet hier eine ungenaue dt. Übers. und falsche Seitenangaben der lat. Edition.

115 Vgl. „Mandatum Radulphi, episcopi Bath. et Wellen. de confessionibus tempore pestilentiae" in: David Wilkins (Hg.), *Concilia Magnae Britanniae et Hiberniae [...]*, tom. 2, London 1737, 745f. – Der Bischof schließt seinen Brief: „... sacramentum vero eucharistiae in absentia presbyteri poterit per diaconum ministrari. Si vero non sit presbyter, qui sacramentum unctionis extremae ministret, debet, sicut in iliis, fides sufficere sacramenti." (ebd., 746).

116 Vgl. Heinz Flamm, *Die ersten Infektions- oder Pest-Ordnungen in den österreichischen Erblanden, im Fürstlichen Erzstift Salzburg und im Innviertel im 16. Jahrhundert*, Wien 2008.

117 Diese von Fürsterzbischof Maximilian Gandolph von Kuenburg († 1687) veröffentlichte *Instructio practica, de officio parochorum aliorumque curatorum pro tempore pestis expositorum* (Salzburg 1680, 92 S.) enthält solche genauen Anleitungen zum Verhalten der Priester während der Pest. Das gesamte Werk wurde 1714 in Freising von Fürstbischof Johann Franz Eckher von Kapfing für das Bistum Freising nachgedruckt. – Vgl. im Folgenden die Inhaltsbeschreibung von Konrad Baumgartner, *Seelsorge in der Pestzeit*, in: Ostbairische Grenzmarken 19 (1977) 45–55, hier: 46–50.

118 Vermeidung des Kontaktes, großer Abstand zwischen den am Beichtstuhl Stehenden, Durchlüftung und Ausräucherung des Krankenzimmers beim Besuch des Seelsorgers u. a.

Taufe an Pestkranke ggf. auch durch Hebammen oder Eltern,[119] Kurzform der Beichte bzw. allgemeine Lossprechung,[120] Wegzehrung und Krankenkommunion in besonderer Form,[121] Krankensalbung auch mit Instrument erlaubt.[122]

Abb. 10: Der Hl. Karl Borromäus trägt das Kreuz während einer Pestprozession im Jahr 1576 in Mailand (Fresko 18. Jh.).

Der hl. Karl Borromäus († 1584) hatte bei der Pest im 16. Jahrhundert in Mailand die Zahl der Messfeiern sogar noch erhöht und öffentliche Prozessionen gegen die Pest durchgeführt, wobei die Zahl der Teilnehmer begrenzt war.[123] Borromäus selbst hatte in Mailand Pestkranken persönlich die Kommunion gereicht. Diejenigen, die kommunizieren wollten, stellten einen kleinen, mit einem weißen Tuch bedeckten Tisch vor die Tür ihres Hauses, damit die Priester stehen blieben, um die Kommunion zu spenden. Priester, die keinen „Pestlöffel" benutzten, hatte Borromäus angewiesen, nach der Kommunionspendung die beiden Finger über eine Kerzenflamme zu halten.[124]

119 S. 33–41: Der Priester konnte bei der Taufe aus einiger Entfernung zugegen sein und der taufenden Person Handlungsanweisungen geben.

120 S. 42–59: Die mit der Beichte in hohem Maße gegebene Ansteckungsgefahr legte eine besondere Beschränkung nahe, d. h. nicht notwendig war die inhaltliche Vollständigkeit, auch nicht bei schweren Sünden.

121 S. 60–76: Außerordentliche Spender der Krankenkommunion konnten in Pestzeiten auch Kleriker mit niederen Weihen und selbst Laien sein. Der gefährlichste Moment zur Ansteckung war die Mundkommunion des Kranken. Es wurden daher 5 außerordentliche Weisen der Kommunion für Pestzeiten angeraten: (1) Benutzung eines langstieligen Kommunionlöffels, (2) wenn der Mund sehr trocken war, konnte die Hostie auf einem größeren Löffel zusammen mit einem Schluck Wein oder Wasser gereicht werden, (3) die Hostie konnte in einen sauberen und schönen Becher, der mit Flüssigkeit gefüllt war, gelegt werden, der dann vom Kranken selbst genommen oder durch einen Helfer gereicht wurde, (4) die Hostie wurde in ein mit einem Messer eingeschnittenes Stück Brot gelegt und dem Kranken gereicht, (5) die Hostie wurde in Stück zerschnittenes Korporale oder weißes Papier gelegt und so gefaltet, dass sie wie in einer Röhre in den Mund des Kranken gleiten konnte.

122 S. 77–82: Im Notfall konnte Katechumenenöl oder Chrisam oder überhaupt geweihtes Öl benutzt werden. Zum Schutz vor einer möglichen Ansteckung sollte der Priester einen Stab am Ende mit Watte oder Leinen umwickeln und damit die Salbung vornehmen; das Hilfsgerät war zu verbrennen oder mit Weinessig abzuwaschen.

123 Er organisierte mehrere große Prozessionen – bei denen jedoch jede Pfarrei gesondert marschieren musste und ein Abstand von ca. 3 m zwischen den Personen eingehalten werden sollte. Vgl. Frederico A. Rossi di Marignano, *Carlo Borromeo. Un uomo, una vita, un secolo*, Mailand 2010, 287–315, bes. 294.

124 Vgl. ebd., 303f. – Siehe auch: *Vera narratione del successo della peste, che afflisse l'inclita città di Milano [...]*, Mailand 1578, 29r.

Für die Krankensalbung benutzte man in Epidemiezeiten oft auch ein Holz- oder Silberstäbchen (*virgula*),[125] an dessen Ende ein Baumwollkügelchen oder etwas Leinen befestigt war.[126] In einigen Ostkirchen bedient man sich heute auch eines Pinsels bei der Spendung der Krankensalbung.[127]

Martin Luther und die Pest

Auch Martin Luther behandelte mehrmals das Thema der Pest, die in mehreren Schüben über Wittenberg hinwegrollte (1527/28, 1535, 1538/39). Am ausführlichsten bezog er im August 1527 dazu Stellung in seiner vielgelesenen Schrift „Ob man vor dem Sterben fliehen möge“.[128] Im ersten Teil betonte er das Recht zum Fliehen, ggf. unter bestimmten Voraussetzungen.[129] Im zweiten Teil mahnte Luther eindringlich zu tätiger Fürsorge und Nächstenliebe und propagierte eher ein christlich geprägtes Durchhaltevermögen.[130] Anhangsweise gab er Ratschläge zur Seelsorge in Pestzeiten und empfahl regelmäßigen Kirchgang und Predigthören, alle acht oder 14 Tage Beichte und Abendmahl sowie die Hinterlegung eines Testaments.[131] Nach dem Kaplan sollte man rechtzeitig verlangen, also nicht erst „bis die seel auff der zungen sitzt, und sie nicht mehr reden konnen und wenig vernunfft mehr da ist.“[132] Der letzte Trost stünde jedoch nicht den zeitlebens Verstockten zu, die erst im letzten Moment danach verlangen, „gleich wie sie unter dem Bapstum gewonet sind, da niemand gefragt hat, ob sie gleuben odder das Euangelion wissen, sondern das Sacrament ynn den hals gestossen als ynn einen brodsack.“[133] In den Drucken folgen Hinweise für die Anlage von Friedhöfen außerhalb der Städte.[134]

125 Silberstäbchen bei der Krankensalbung durften ab dem 19. Jh. nur noch im Notfall gebraucht werden [„… excepta necessitatis causa“: Dekret Nr. 3051 der Ritenkongregation vom 9. Mai 1857 (*Decreta authentica Congregationis Sacrorum Rituum ex actis eiusdem collecta*, vol. 2, Rom 1898, 401)].

126 Siehe Benedictus PP XIV, *De Synodo Dioecesana*, vol. 2, Venedig 1767, 175 [lib. XIII, c. 15]. – Vgl. Franz Chr. Pittroff, *Beyträge zur praktischen Gottes Gelahrtheit […]*, Bd. 4, Prag ²1784, 442; Andreas Müller, *Anleitung zum geistlichen Geschäfts-Style und zur geistlichen Geschäfts-Verwaltung […]*, Bd. 2, Würzburg ⁵1835, 117.

127 Vgl. auch die Erlaubnis des Gebrauches eines Pinsels bei der Krankensalbung im Erzbistum Hamburg. Vgl. *Regelungen für öffentliche Gottesdienste und Veranstaltungen im Erzbistum Hamburg während der Corona-Pandemie* (Stand: 12.02.2021). URL: bit.ly/3bRqj6E: „45. Um bei der Krankensalbung Körperkontakt zu vermeiden, kann ein Pinsel verwendet werden, der anschließend desinfiziert werden muss.“ (S. 8).

128 *D. Martin Luthers Werke. Kritische Gesamtausgabe* (WA), Bd. 23, Weimar 1901, 323–386. – Siehe auch Heinrich Dormeier, *Die Flucht vor der Pest als religiöses Problem*, in: Klaus Schreiner (Hg.), *Laienfrömmigkeit im späten Mittelalter. Formen, Funktionen, politisch-soziale Zusammenhänge* (Schriften des Historischen Kollegs 20), München 1992, 331–397, hier: 372–377.

129 Vgl. WA 23, 338/339–350/351.

130 Vgl. ebd., 350/351–370/371.

131 Ebd., 370/371

132 Ebd., 372/373.

133 Ebd.

134 Vgl. ebd., 373, 375, 377.

Exkurs: Lutherische „Hygienekelche" („potir [h]igienic") in Siebenbürgen[135]

In der Lutherischen Kirche in Siebenbürgen kamen Anfang bis Mitte des 20. Jahrhunderts „Schnabelkelche" bzw. „Hygienekelche" mit silbernen (und ggf. vergoldeten) schnabelähnlichen Rosetten-Aufsätzen („Löffelkranz-Aufsätze") auf (so in Kronstadt, Schäßburg, Fogarasch, Mediasch und Heldsdorf),[136] die nach mündlicher und schriftlicher Auskunft bis vor der Corona-Pandemie in einigen wenigen Pfarreien Siebenbürgens sogar noch in Gebrauch gewesen sind (z. B. in Mediasch[137]). Fälschlicherweise wurden sie auch als „Pestkelche" bezeichnet[138] – sozusagen als lutherisches Pendant zu den „Pestlöffeln" (s. oben).

Abb. 11: „Hygienekelch" aus Schäßburg (Anfang 20. Jh.).

Abb. 12: Abendmahlskelch mit Rosette aus Mediasch (20. Jh. ?).

2. Zeiten der Verunsicherung – Folgen für die Gottesdienstkultur?

Ein Vergleich zwischen der (Lepra und) Pest des 14. Jahrhunderts und der Corona-Pandemie von 2020/21 liegt zwar nahe, ebenso im Bereich der Gottesdienstkultur, ist aber zugleich auch irreführend, denn bei allen Vergleichbarkeiten stechen die großen Unterschiede über die zeitliche Distanz von fast 700 Jahren hinweg ins

135 Sehr dankbar bin ich im Folgenden Frau HEIDRUN KÖNIG (Landeskirchliches Museum in Hermannstadt) für ihre ausführlichen Recherchen; außerdem Herrn Pfarrer GERHARD SERVATIUS-DEPNER (Mediasch). – Zur Pest in Hermannstadt siehe: ROBERT OFFNER, THOMAS SINDILARIU (Hg.), *Schwarzer Tod und Pestabwehr im frühneuzeitlichen Hermannstadt* (Quellen zur Geschichte der Stadt Hermannstadt 6), Hermannstadt – Bonn 2020.

136 Der Kelch in Fogarasch wurde 1912 gestiftet (lt. einer Inschrift), jener aus Heldsdorf 1947 gefertigt. Der Kelch aus Schäßburg stammt gemäß einer Punze aus Dänemark (Anfang 20. Jh.).

137 Vgl. E-Mail von Pfarrer GERHARD SERVATIUS-DEPNER (aus Mediasch) vom 16.2.2021. Das letzte Mal wurde in seiner Pfarrei ein Hygienekelch im März 2020 benutzt, seither Einwegplastikbecher.

138 Es finden sich keine Hinweise im klassischen Standardwerk von VICTOR ROTH, *Kunstdenkmäler aus den sächsischen Kirchen Siebenbürgens*, Bd. 1/1, Hermannstadt 1922.

Auge: Wir wissen mehr über das SARS-CoV-2-Virus – damals wusste man nichts über die die Lepra und Pest auslösenden Bakterien. Es gibt heutzutage bereits etliche zugelassene und wirksame Impfstoffe, die Intensivmedizin kann Schwerkranke effektiver behandeln und damit Leben retten, die Pharmaindustrie arbeitet an Medikamenten, die Gesundheitsbehörden sind mehr oder weniger gut miteinander verbunden, es gibt eine weltweite mediale Vernetzung in Echtzeit u.v.m.

Im Gegensatz zum 14. Jahrhundert, als etliche Bischöfe und Priester ihre seelsorglichen Pflichten alles andere als ernst nahmen und stattdessen flohen oder nur gegen Geld ihren Aufgaben nachkamen, hat sich die Kirche während der Covid-19-Pandemie auf allen Ebenen, besonders auch durch ihre unzähligen Ehrenamtlichen, sehr vorbildlich verhalten, selbst wenn hie und da Kritik am Schweigen der Bischöfe gegenüber staatlichen Reglementierungen und deren Folgen aufkam.[139]

*

Für die heutige Corona-Krise und künftige Pandemien ließen sich für die Gottesdienstkultur – bei aller gebotenen Zurückhaltung mit dem Vergleich der Situation im Mittelalter – vielleicht ein paar wenige Dinge in den Blick nehmen. Neben den digitalen Feierformen (Livestreams u. a.), die sich vorübergehend bewährt hatten und in einigen Bereichen fortgeführt werden könnten (für ältere Menschen und Kranke), sollten die analogen gottesdienstlichen Angebote wie Messfeiern, Beichten, Krankenkommunion, Krankensalbung und Wegzehrung soweit als möglich und auch medizinisch-epidemiologisch verantwortbar unbedingt weitergeführt werden – mit notwendigen, aber *nicht übertriebenen* Hygienemaßnahmen –, zum geistlichen Wohl der Gläubigen, besonders in dieser belastenden Krisenzeit.

Bei der Messfeier und anderen gottesdienstlichen Feiern sollten auch künftig gewisse hygienische Liturgiestandards beibehalten werden, denn neue Pandemien sind mit Sicherheit nicht auszuschließen und das gegenwärtige Corona-Virus mit seinen Mutationen wird trotz der Impfungen nicht mehr zu eradizieren sein. Einige Beispiele wären:

– das Weihwasser ist in den Becken häufiger auszutauschen und ggf. mit genügend viel Salz zu versetzen;[140]

139 Vgl. beispielsweise Katharina Geiger, *Heribert Prantl: Kirche wirkte in Pandemie kleinmütig und angepasst*, in: katholisch.de (6.1.2021). URL: bit.ly/3qImxly; Peter Frey, *Kirchen in der Corona-Pandemie. Tage der Demut*, in: Zeit Online (12.2.2021). URL: bit.ly/37QLAMv. – Bischof Stephan Ackermann hält dagegen: *Kirche in Pandemie auf „Tauchstation"? Ackermann widerspricht ZDF-Chef*, in: katholisch.de (19.2.2021). URL: bit.ly/3sFwVvD.

140 Vgl. Hans-Jürgen Feulner, *Krank durch Weihwasser? Leere Weihwasserbecken und allerlei Skurriles während der Corona-Pandemie*, in: Gottesdienst 54/14-15 (2020) 174f., und ausführlich dazu Ders., *Liturgie und Hygiene in Geschichte und Gegenwart* (s. Anm. 13), 46–53, 67f.

- für den sog. „Klingelbeutel" könnte man wieder solche benutzen, die an einer langen Stange befestigt sind, so dass ein Durchreichen überflüssig wird;[141]
- der Ersatz der Handreichung beim Friedensgruß durch freundliches Zunicken – zumindest in den saisonalen Zeiten der Erkältungskrankheiten;
- Priester sowie Kommunionhelfer/innen sollten zumindest vor der Kommunionspendung diskret ihre Hände desinfizieren;[142]
- besondere Vorsicht braucht es bei der Kelchkommunion – wenn sie überhaupt noch in der herkömmlichen Form mit dem gemeinsamen Kelch gespendet werden kann –, da weder der relativ geringe Alkoholgehalt noch die Vergoldung des Kelches ausreichend desinfizierend wirken;[143]
- bei der Mundkommunion ist unbedingt darauf zu achten, weder Zunge noch Lippen der Gläubigen zu berühren und ggf. die Finger zwischendurch in hochprozentigem Ethanol zu desinfizieren;
- die Krankensalbung vor allem bei Kranken in Spitälern könnte mit Hilfe eines „Instruments" (z. B. ein Metall- oder Holzstäbchen, an dessen Ende eine kleine Baumwollkugel befestigt ist, oder sogar ein Pinsel[144]) vollzogen werden (vgl. auch can. 1000 § 2 CIC/1983);[145]
- entsprechend dicke und reißfeste Folien sollten an den Beichtgittern in den Beichtstühlen angebracht oder Beichtgespräche in einem genügend großen Beichtzimmer angeboten werden;[146]
- der Einsatz von Luftreinigern mit Filtern in Kapellen bzw. kleineren Kirchen;

141 Das Aufstellen eines Körbchens für die Kollekte am Kircheneingang verstellt leider die Symbolik des Einsammelns der Spenden *während* der Gabenbereitung.

142 Auch die Kommunikanten können ihre Hände ggf. vor der Kommunion diskret an ihrem Platz desinfizieren (Handschuhe dürfen nicht getragen werden). – Handdesinfektionsmittel sollten mind. 62% Alkoholanteil besitzen, damit sie zumindest „begrenzt viruzid" sind. Vgl. dazu auch die Empfehlung vom Robert-Koch-Institut: Ingeborg Schwebke u.a., *Prüfung und Deklaration der Wirksamkeit von Desinfektionsmitteln gegen Viren zur Anwendung im human-medizinischen Bereich*, in: Bundesgesundheitsblatt 60 (2017) 353–363. URL: bit.ly/37QwozS.

143 Vgl. dazu ausführlich Hans-Jürgen Feulner, *Der Kelch zum Leben. Durch die Corona-Pandemie wird auch die Kelchkommunion in Frage gestellt*, in: Die Tagespost (9. April 2020) 14; Ders., *Liturgie und Hygiene in Geschichte und Gegenwart* (s. Anm. 13), 54–61, 69–71; Ders., *Gesundheitsgefahr aus dem gemeinsamen Kelch? Die Covid-19-Pandemie stellt insbesondere die Kelchkommunion in Frage. Wie sollte man damit umgehen?*, in: Gottesdienst 55/2 (2021) 13–15; Ders., *Nichts wird mehr so sein wie vorher? Zu Gottesdienstfeiern und liturgischer Hygiene während der ersten beiden Wellen von Covid-19 und was daraus folgen kann*, in: Ewald Volgger, Predrag Bukovec (Hg.), *Liturgie und Covid-19. Erfahrungen und Problematisierungen*, Regensburg 2021 [im Druck].

144 Siehe oben Anm. 127.

145 Vgl. Feulner, *Liturgie und Hygiene in Geschichte und Gegenwart* (s. Anm. 13), 69f. – Siehe auch den Beitrag von James Bradley, *Extreme Unction in Extreme Times. The Use of an Instrument in the Anointing of the Sick*, in: Feulner, Haslwanter, *Gottesdienst auf eigene Gefahr?* (s. Anm. 10), 589–599.

146 Vgl. Alice Küng, Raphael Rauch, *Sakramente in Zeiten der Corona: Die Versöhnung*, in: kath.ch (4.1.2021). URL: bit.ly/2MxoxyK.

– die Erstellung eigener unabhängiger wissenschaftlicher Expertisen für die kirchlichen Hygienemaßnahmen, von den Bischofskonferenzen beauftragt.[147]

Gottesdienstfeiern dürfen natürlich niemals zu einer gesundheitlichen Gefahr für die Mitfeiernden werden,[148] Besonnenheit und Verhältnismäßigkeit sind dabei angesagt. Das schließt natürlich ein, dass die notwendigen hygienischen Maßnahmen während der gottesdienstlichen Feiern liturgiewissenschaftlich, (liturgie-)theologisch und pastoralliturgisch reflektiert werden müssen. Nicht alles wird – oft natürlich erst im Rückblick, auch in die Seuchengeschichte – notwendig oder der Liturgie zuträglich gewesen sein. Die Zeit der Covid-19-Pandemie seit Februar/März 2020 war eine Zeit des Lernens, trotz der bekannten Parallelen im Mittelalter und in der frühen Neuzeit, wie heutzutage im liturgischen Kontext mit einer Pandemie umgegangen werden kann (oder eben auch nicht).

147 Die Kirchen und Religionsgemeinschaften hatten keine eigene wissenschaftliche Expertise zur Pandemie. Sie orientieren sich daher an denen der jeweiligen Regierungen, die auf Empfehlungen von Fachleuten oder wissenschaftlichen Institutionen (z. B. Robert Koch-Institut, Helmholtz-Gemeinschaft oder Leopoldina) beruhten. Es wäre daher zu überlegen, ob Bischofskonferenzen einzelner Länder oder Sprachgebiete bei ihren (gottesdienstlichen) Pandemiemaßnahmen (auch in der Zukunft) auf eigene komplementäre wissenschaftliche Expertisen, in Kooperation mit den zuständigen staatlichen Stellen, zurückgreifen sollten (wie z. B. in den USA mit den „COVID Guidelines“ des *Thomistic Institute*). Die Kirche muss auch *nach außen* hin (gegenüber Gesellschaft und Regierung) gesichert begründen können, weshalb ihre strengen Corona-Hygienemaßnahmen öffentliche Gottesdienste durchaus rechtfertigen können. – Vgl. auch Feulner, *Nichts wird mehr so sein wie vorher?* (s. Anm. 143).

148 Vgl. Hans-Jürgen Feulner, *„Die Teilnahme am Gottesdienst geschieht auf eigene Gefahr“. Anmerkungen zu Gottesdienstfeiern und liturgischer Hygiene während der Zeit von COVID-19*, in: Gottesdienst 54/12 (2020) 142f.

Abbildungsverzeichnis

Abb. 1: Ausschnitt aus dem Holzschnitt in Hans Folz, „Item ein fast köstlicher spruch von der pestilencz“, Nürnberg 1482, fol 1v. © Bayerische Staatsbibliothek MDZ (Rar. 185). URL: bit.ly/2MyqTxq.

Abb. 2: Codex Egberti (977–993), fol. 21v. Stadtbibliothek Trier (Ms. 24). © Lepra und Leprosorien in den Rheinlanden. URL: bit.ly/2ZGMd6T.

Abb. 3: Holzschnitt aus Hans v. Gersdorff, Feldtbůch der Wundartzney, Straßburg 21528, fol. xcv. © Bayerische Staatsbibliothek MDZ (Res/4 Chir. 29 b). URL: bit.ly/3soPjsA.

Abb. 4: Paris, Nationalbibliothek, Ms. Fr. 9140, fol. 151v. © BR Wissen, Geschichte der Apotheke. Von der Flohfalle zum Penicillin. URL: bit.ly/3dPrx4C.

Abb. 5: © Stadt Göppingen, Jüdisches Museum: Karte in „Die Ausbreitung der Pest“. URL: bit.ly/3szqWbG.

Abb. 6: © Herzog August Bibliothek Wolfenbüttel, Ratsbücherei Lüneburg (Theol. 2° 94, fol. 5v). URL: bit.ly/2Ova2vR.

Abb. 7: Illustration aus der Chronik des Gilles Li Muisis († 1353), fol. 16v. © Bibliothèque Royale de Belgique, Brüssel. URL: bit.ly/3aXw5nM.

Abb. 8: © Roland Götz (Pfarrverband Tegernsee–Egern–Kreuth). URL: bit.ly/2NJl3tD.

Abb. 9: Holzschnitt aus „Fasciculus medicinae“ des Ioannes de Ketham, Venedig 1500. © Early Printed Books Collection der Jagiellonian Library in Kraków (Krakau). URL: bit.ly/3b4vzER.

Abb. 10: Pfarr- u. Wallfahrtskirche Heilig Kreuz in Bergen (bei Neuburg a. d. Donau). © Manfred Veit, Ein Bischof, der sich um die Pestkranken kümmerte, in: Augsburger Allgemeine (4.11.2017). URL: bit.ly/2O2dldU.

Abb. 11: © Heidrun König, Hermannstadt/Rumänien (per E-Mail vom 22.2.2021).

Abb. 12: © Lutherische Kirchengemeinde Mediasch. URL: bit.ly/3bjWUTB.

Hanna Barbara Gerl-Falkovitz

„Eine diamantene Seele"
Paulus, oder: Der neue Mensch

Es ist wohl kein Zufall, daß in den letzten Jahrzehnten mehrere philosophische, darunter auch agnostische Reformulierungen von Paulus stattfanden. Er, der Jesus nicht als geschichtliche Person gekannt hatte, scheint als eine aus vollständiger Erschütterung kommende Existenz jenes Unerklärliche vorzustellen, das der postsäkularen und mehr noch postmodernen „Mehrfach-Identität" die starke Subjektivität des voraussetzunglos Neuen und des für immer zerbrochenen Alten vorlebt. Einige beispielhafte Stimmen solcher Auslegung seien hier versammelt.

1. Das Gesetz und das Christusereignis

Zuerst zu den historischen Zeugnissen. Paulus wird in der Apostelgeschichte in heftigen Umbrüchen gezeichnet, aber er skizziert sich selbst nicht weniger heftig in seinen Bedrängnissen in den Briefen an die Galater, die Korinther und die Römer.[1] Zwei gegensätzliche Ereignisse spannen sein Leben weit und fast zerreißend auf: seine innere Befriedigung bei der Hinrichtung des Stephanus („Saul aber hatte Gefallen an seiner Ermordung", so Apg 7,60 lakonisch). Stephanus, der junge, noch im Tod „leuchtende" Diakon, stirbt unter dem Steinhagel in durchbrechender Freude, in der Nähe zum „offenen Himmel" – was Saul mit Haß beantwortet. Es mag sein, daß dieses in wütende Verfolgung mündende Gefühl schon ein erstes „Getroffensein" anzeigt.

Das zweite Ereignis ist der Sturz auf der Straße vor Damaskus. Auch dort wollte er töten: nämlich in der jüdischen Gemeinde die neue „Sekte" suchen, denunzieren und dem Gericht zur Steinigung überstellen, einer langsamen und grausamen Tötungsart. „Und sie werden glauben, Gott damit einen Dienst zu erweisen", heißt es im Munde Jesu. Wie Mose, der einen Ägypter erschlug, ist auch Paulus ein Eiferer für Gott – in einem Eifer der unbarmherzigen, rechthaberischen Art. In diese Gewalttätigkeit erfolgt der Umsturz für immer: Die Macht eines Lichtes blendet ihn; eine Stimme wirft ihn um: „Ich bin Jesus, den du verfolgst." (Apg 9,

1 Vgl. Jens Schröter, *Paulus in der Apostelgeschichte*, in: IkaZ Communio 38, 2 (2009), 135–148; Thomas Söding, *„Ich lebe, aber nicht ich..." – Die theologische Physiognomie des Paulus*, in: ebd., 108–118. 2009 war von Papst Benedikt XVI. zum Paulus-Jahr ausgerufen worden.

1–9) Die Stimme verweist ihn an einen Mann, den er mit den anderen anzeigen und umbringen wollte – Ananias; Saul gehorcht blind, läßt sich führen, unterrichten, gewinnt das Sehen zurück, und in wenigen Tagen spricht er in der mißtrauischen Gemeinde von „Jesus, daß dieser der Sohn Gottes ist".

Der Eifer für Gott heißt nach dem Sturz anders; überhaupt ist danach alles anders. Paulus bleibt drei Jahre in der Stadt; solange braucht er, um sein Leben innerlich „herumzuwerfen". Im Laufe dieses Umdenkens (*metanoia*) wird der gelernte Pharisäer zum größten intellektuellen Ausleger des Christentums: Bisher war es von Fischern nur in der einfachen, bildreichen Sprache ihres Meisters verkündet worden. Das Umdenken wird gründlich, das Licht und die Stimme sind gleichsam eingebrannt. Aus dem Mann mit dem stolzen Königsnamen Shaul, was heißt der Große, wird in einer neuen, vielsagenden Selbstbezeichnung Paulus, der Kleine, der Erbärmliche, die „Mißgeburt". Das Schweigen dieser drei Jahre vibriert; man kann später in den Briefen die inneren Umwälzungen ahnen, die dort stattfanden. Denn obwohl Paulus Jesus nicht in seiner leibhaften Gestalt kennengelernt hatte, nur in der Vision oder genauer in der Erblindung und Audition vor Damaskus, tritt er dem Haupt der bisherigen Sendboten, Petrus, in Jerusalem gegenüber, legitimiert sich vor ihm und „widersteht" ihm sogar an entscheidender Stelle, als es um die Beschneidung der Nicht-Juden geht. Paulus, der glühende Verfechter der Lehre der Väter gegen die neue „Sekte", weiß mit untrüglicher Sicherheit, daß die Beschneidung nicht mehr notwendig ist. Damit wird die Lehre der Väter verlassen, um diese Lehre durch das Größere, Neue anders einzuholen. Und es gehört zur Größe des Petrus, daß er diesen „Spätgekommenen", den „Letzten" nach einer Weile des mißtrauischen Zögerns annimmt und sich seiner Einsicht beugt. Er beauftragt den früheren strengen Gesetzeslehrer ausdrücklich mit der Mission der Nicht-Juden, *gojim*, der bisher vom Heil ausgeschlossenen „Völker". Ob sich der Fischer und der Intellektuelle in Rom, der gemeinsamen Stätte ihrer Hinrichtung, nochmals trafen, ist nicht bezeugt; aber beide verlagern gegen Ende ihres Lebens zeichenhaft den Schwerpunkt nach Westen, wo die Lehre „des neuen Weges" wie ein Flugsamen landete und wo sie binnen kurzer Zeit aufging.

Was war es an Paulus, dem auch Petrus nicht widersprechen konnte, dem er sich an entscheidender Stelle beugte? Worin er das Antlitz des Herrn wiedererkannte? Es war die Einsicht in eine unvordenkliche Freiheit, die den „neuen Menschen" auszeichnet.

Wie kommt Paulus dazu, in der Spätantike, einer Zeit der Hierarchien, der Klassen- und Sklavengesellschaften, der römisch-unbesieglichen Weltherrschaft, der straffen jüdischen Gesetzesbindung, eine Sprache der Freiheit zu führen? Sie ist so umstürzend, daß sich noch die Französische Revolution der paulinischen

Worte „Freiheit, Gleichheit, Brüderlichkeit“ bedient und daß dieser Ruf bis zum heutigen Tage nachhallt, auch wenn viele seinen Ursprung nicht mehr wahrhaben (wollen).

Was wissen wir vom Menschen Paulus? Der Mann mit dem stolzen Königsnamen Shaul wurde wohl um das Jahr 8 n. Chr. in Tarsus in Kilikien, an der heutigen Südküste der Türkei, also in der jüdischen Diaspora geboren; er gehörte dem Stamm Benjamin an (Benjamin, der letzte Sohn Jakobs von Rachel, wurde auf den Feldern von Bethlehem geboren). Als römischer Bürger wurde er nicht wie Petrus gekreuzigt, sondern „privilegiert“ geköpft, um 62 n. Chr. vor den Toren Roms auf der Straße nach Ostia bei „Tre Fontane“. In der Nähe befand sich ein römischer Friedhof, wo sich heute S. Paolo fuori le mure über dem für 1700 Jahre lang versiegelten Sarkophag der Gebeine erhebt.

Die Diaspora-Herkunft des Paulus erklärt vielleicht den Zug zur „Übererfüllung“ des Gesetzes, von der er selbst im Römerbrief spricht. Shaul versuchte, dem Gesetz mit seinen vielfältigen, alles Tun durchdringenden Vorschriften gerecht zu werden (Röm 7, 7–11), wird aber dabei „des Bösen“ inne; offenbar geht es um eine starke Sinnlichkeit (7, 7–24) und, wobei sich das Vitale gefährlich ins Geistige wendet, zugleich um großen Ehrgeiz. „Diese Triebe müssen wohl etwas Dumpfes und Gewalttätiges an sich gehabt haben (...) Menschlich gesehen hätte eine solche Natur eine überlegene, zur Freiheit und zur fruchtbaren Verwendung der Triebkräfte helfende Führung gebraucht; eine Pädagogik des Vertrauens, der Großmut und geistigen Ausweitung. (...) So versucht er, durch Selbstbezwingung und Disziplin mit sich fertig zu werden. (...) Er kämpft wider das Böse, zwingt es nieder, muß aber erleben, daß es immer tückischer wird (...) und kommt so in immer ausweglosere Not. (...) Er zwingt und vergewaltigt sich für die unzähligen Vorschriften, die – bei ihm und Menschen seiner Art – aus dem Leben eine Fron und Unnatur machen. (...) So erhält für Paulus das Gesetz einen schweren, dunklen Charakter. Es ist mit dem ‚Zorne Gottes‘ beladen. Unter seinem Druck erwacht das Böse erst recht, und Paulus kommt aus dem angstvollen Zirkel nicht heraus. Die einzige Folgerung, die er zu ziehen weiß, ist die, noch härter gegen sich anzugehen; indem er das tut, wird die Verfangenheit nur um so tiefer.“[2]

Hinzu kommt, daß Shaul-Paulus wohl körperlich klein und unansehnlich war. Als er in der kleinasiatischen Stadt Lystra einen Lahmen heilte, wurde sein Begleiter Barnabas daraufhin, weil groß und schön, für Zeus gehalten, Paulus aber, weil klein, nur für den Götterboten Hermes (Apg 14, 11–13). Eine bedrängende körperliche Schwäche wird erwähnt (2 Kor 12, 1–10), über deren Natur nur bekannt ist,

---

2 Romano Guardini, *Die Christusgestalt der johanneischen und paulinischen Schriften*, Würzburg 1961, 45–54; hier: 48–50.

daß ein Engel ihn „schlage"; das Gefühl tiefen Ungenügens gegenüber der göttlichen Aufgabe bleibt beständig (1 Kor 4, 9–14); was geleistet wird, entsteht aus beschämender Schwäche, die Gott zur Stärke umwidme. Seinem überragenden Intellekt entspricht keineswegs eine starke Rednergabe. „In den Steinbrüchen von Syrakus predigte Paulus angeblich drei Tage lang. Man muß sich nicht den salbungsvollen Redner vorstellen, sondern einen am Fels sich festkrallenden, der ringt um die Gnade des Worts. ‚Auch wenn ich ein Idiot bin in der Rede (idiotes tou logou), bin ich's doch nicht in der Erkenntnis. Das ist euch ja allgemein bekannt.' (2 Kor 11,6) Überhaupt ahnt man nichts von der Wort-Gewalt des Stammlers und kennt nicht mehr die Erschütterung, die von stockender Rede in die Menge getragen wird."[3]

Erscheinung und Sprache des Paulus machen offenbar wenig Eindruck (2 Kor 10,10). Immer wieder muß er sich ausweisen – angesichts seiner Unansehnlichkeit – als (überforderter) Träger des göttlichen Willens (1 Kor, 2 Kor, Gal 1,6 – 2,14).

Aber für immer weiß er, was Freiheit ist, die „herrliche Freiheit" der Kinder Gottes: Lösung von Selbsthaß und Fremdhaß, ein unerhörtes, nie vorgestelltes Freisein mitten im Endlichen, Unzulänglichen, das bleibt. Vielleicht gerät er tiefer in eine immer empfundene Kleinheit, aber sie ist gleichgültig geworden gegenüber dem Ungeheuren, dem er nun in Armseligkeit dient und unter dessen Prägung er zur „diamantenen Seele"[4] wird.

2. Das Zeugnis des Blinden

Im weiteren Schritt zu einigen heutigen Auslegungen. Warum wird Shaul blind? Jacques Derrida hat dazu Nachdenkliches gesagt in den *Mémoires d'aveugle* von 1990, begleitend zu einer Ausstellung im Pariser Louvre.

Im Blinden erkennt Derrida das Urbild eines wahrhaft Sehenden, der sein Sehen nicht mehr durch Dinge verstellt. Sich anzusehen heißt ja zum Beispiel nicht, den Glaskörper des anderen Auges zu betrachten, er ist für das Erkennen völlig nachgeordnet: „Wenn ich jemanden anschaue, der sieht, dann verbirgt mir der lebendige Ausdruck seines Blicks gewissermaßen und in einem gewissen Grad den

3 Botho Strauss, *Lichter des Toren. Der Idiot und seine Zeit*, München 2013, 63.

4 Benedikt XVI., Generalaudienz vom 10. September 2008, Der hl. Paulus: Die paulinische Auffassung des Apostolats: „Man wundert sich daher nicht, wenn Chrysostomus von Paulus als »einer diamantenen Seele« spricht (Sermones Panegyrici in Solemnitates, 1,8) und dann fortfährt: »In derselben Weise, wie das Feuer durch weiteres Brennmaterial stärker wird (...), so gewann das Wort des Paulus alle jene für seine Sache, mit denen er in eine Beziehung trat, und jene, die ihn anfeindeten, wurden, sobald sie von seinen Reden ergriffen waren, zur Nahrung dieses geistlichen Feuers« (ebd. 7,11)."

Körper seines Auges.“[5] Doch wird dieses eigentliche, unsinnliche Wahrnehmen „über den Körper hinaus“ in der Regel nicht thematisiert: Da es sich an nichts Gegenständliches heftet, bleibt es sich selbst unkenntlich. Nur über den Weg der Blendung, des gewaltsamen Wegreißens vom Sichtbaren, kann es hervorgeholt werden: ins Gedächtnis. Es ist die Er-innerung, die im „Inneren“ (au dedans) des Blinden mühsam etwas freilegt. Gewaltsame Blendung geschieht in beiden biblischen Testamenten mehrfach durch Gott: bei Simson, Elymas, Paulus. „Die Blindheit, die einen zum Märtyrer, also zum Zeugnis (*témoignage*) macht, ist oft der Preis, den der zahlen muß, der endlich die Augen öffnen soll, die eigenen oder die eines anderen, um das natürliche Augenlicht wieder zu erlangen oder Zugang zu einem geistigen Licht zu gewinnen.“[6] Mit diesem aufgezwungenen „Nach-Innen-Sehen“ vollzieht der Blinde eine „Konversion“: „Jedesmal wenn eine göttliche Strafe auf die Sehkraft schlägt, um das Mysterium einer Erwählung zu bedeuten, wird der Blinde zum Zeugen des Glaubens.“[7] *Nichtsehen und bezeugen werden damit eins.* Derrida verweist auf ein unbezweifelbares Sehen, das sich geblendet vom blendenden Licht vollzieht – dem gegenüber das Sprechen immer zu spät kommt: „Im übrigen ist ein Zeuge (*témoin*), als solcher, immer blind. Das Zeugnis schiebt die Erzählung unter die Wahrnehmung. Man kann nicht gleichzeitig sehen, zeigen und sprechen, und das Interesse an der Bezeugung (*attestation*) wie auch am Testament (*testament*) beruht auf dieser Dissoziation.“[8] So verschlüsselt diese Aussage klingt, so klassisch läßt sie sich gegenlesen: Alles Beweisen (*apodeiknomai*) ruht auf dem Grund eines Weisens (*deiknomai*). „Der Gott in Delphi sagt nichts, er verbirgt nichts, er zeigt.“ (Heraklit)

Im Profanen, im versiegelten Binnenraum des Augenfälligen und des Alltags setzt sich eine Helligkeit durch, die nicht in eine Transzendenz führt, sondern tiefer: in eine Transparenz. Diese Helligkeit erzwingt Dunkelheit, Dunkelheit wird durchsichtig – aber nur dem „Blinden“, der der Faktizität der Dinge, ihrer immer abgenutzten, unreinen Empirie „versehentlich“ entrissen wird.

5 Jacques Derrida, *Aufzeichnungen eines Blinden*, München 1997, 106ff. Die Übersetzung wurde leicht korrigiert.
6 Ebd., 105.
7 Ebd., 110.
8 Ebd., 105.

3. Die Freiheit, neu zu werden

3.1 Neues Subjekt und neue Gemeinschaft

In der Neufassung der Freiheit durch Paulus ist zu beachten, daß er – in dieser Dichte erstmals – nicht die Freiheit eines Volkes oder einer Gruppe, sondern die Freiheit des Einzelnen entwirft. Man kann es die „Theorie des neuen Subjektes" nennen, das durch einen Bruch, eine Entleerung gegangen ist. „Subjekt sein heißt, sich erschüttern lassen können und der Erschütterung die Treue halten."[9] Freiheit stammt nämlich aus dem unvorhergesehenen *Ereignis*: Dem Einzelnen zeigt sich etwas, was seine bisherigen Eigenschaften aufhebt.

Die Begründung bei Paulus ist klarerweise religiös: „Ist also einer in Christus, dann ist er eine neue Schöpfung; das Alte ist vergangen; siehe, Neues ist geworden." (2 Kor 5,17) Hier gibt es kein Mitschleppen des Alten, auch nicht des Verbrochenen und Zerbrochenen, sondern Offenheit, Umgestaltung, Heiligung = Ganzwerden. Alain Badiou (*1937) liest Paulus allerdings als atheistischer Philosoph und hebt nicht auf dieses religiöse Neuwerden ab, sondern auf die kulturkritische Sprengung der alten Welt.[10]

Denn dieses Neue führt zu einem Universalismus: Von der Möglichkeit her können alle dazugehören.[11] Alle, die dasselbe Ereignis wahr-nehmen aufgrund des paulinischen Zeugnisses, werden Menschen „ohne Eigenschaften", ohne jene festgeschriebenen Prägungen der Herkunftskultur, die bisher alle besetzt hielten. Das Christus-Ereignis, so Badiou, vereinigt im Bekenntnis zu einem neuen Dasein, zu einer neuen christlichen Gemeinschaft: ohne bestimmte, vorausgesetzte Kultur, ohne vorher geforderte Werte, ohne aristokratisches, abgesondertes „Eigen- und Anderssein". Also ohne den Hochmut der (vermeintlich) überlegenen Kultur und der höheren Bildung (wie bei den Griechen), des ausgeklügelten Rechtssystems (wie bei den Römern), der Auserwähltheit im religiösen Sinn (wie bei den Juden). Paulus spricht sowohl gegen die jüdische Forderung von „Zeichen", soll heißen Beglaubigungen, als auch gegen die griechische Forderung von „Weisheit", soll heißen durch Denken erschließbare Wahrheit (1 Kor 1,22ff). Es gibt im Christus-Ereignis keine Voraussetzungen, außer: sich davon treffen zu lassen.

---

9 Alain Badiou, *Paulus. Die Begründung des Universalismus*, Zürich 2. A. 2009.

10 Vgl. zu den folgenden Paulus-Deutungen: Dominik Finkelde, *Politische Eschatologie nach Paulus. Badiou – Agamben – Žižek – Santner*, Wien 2007; Gregor Maria Hoff, *Die paulinische Inversion. Die dekonstruktiven Paulus-Lektüren Slavoy Žižeks und Giorgio Agambens*, in: IkaZ Communio 38, 2 (2009), 179–190.

11 Vgl. dazu Badiou, *Universalismus*, und: Giorgio Agamben, *Die Zeit die bleibt. Kommentar zum Römerbrief*, Frankfurt 2002.

Mehr noch: Alle Formen staatlicher oder sakraler Macht werden zweitrangig, sind in ihren Grundlagen ausgehebelt. Das betrifft die kosmisch-politische Ordnung, wie sie die alten Großreiche errichteten und wie sie das römische Reich in seiner weltumspannenden Wucht darstellt; das betrifft auch und sogar die Auserwählung Israels, die sich in der Thora ihren elitären Ausdruck geschaffen hat. Das Christus-Ereignis ist a-kosmisch, il-legal. Wer von der *klésis* getroffen ist, dem Ruf, der gehört in eine neue Polis, in ein neues Israel. Er gehört zur *ecclesia*, und dieses Herausgerufensein ist universal. Der Ruf spart niemanden aus. „Es gilt nicht mehr Jude noch Grieche, nicht Sklave noch Freier, nicht Mann noch Frau – einer seid ihr in Christus.“ (Gal 3,28; vgl. 3,13) Die Unterschiede dieser Welt, auf denen die Herrschaft der einen über die anderen ruht, gibt es immer noch, aber wie unwichtig sind sie geworden vor dem einen großen Ereignis, das Christus heißt.

So ist die Freiheit des Paulus zuerst eine Sprengung „dieser Welt“, eine Freiheit von:

- Freiheit vom römischen Reich (der Fortsetzung des alten „Babylon“) in seiner herrscherlichen und herrlichen Göttlichkeit, in der kaiserlichen Sakralität, der die Christen in Zukunft nicht mehr opfern werden; und das gilt auch für die Babylons des 20. Jahrhunderts (rot und braun) und die noch unbekannten Babylons des 21. Jahrhunderts;
- Freiheit vom jüdischen Gesetz, das die Auserwähltheit weniger Tausende festschreibt, aufgrund des Blutes;
- Freiheit von der spätantiken, hellenistischen Klassengesellschaft;
- also Freiheit von der Welt: von der Macht des Faktischen, dem Terror der Tatsachen.

Aber die Sprengung gelingt nur, weil es größere Freiheit gibt, eine:

- Freiheit zu einer gemeinsamen *ekklesia* ohne Nachweis der Abstammung, ohne eine bestimmte hochzivilisierte Rechtsform, sondern aus Freude und aus der Treue zum Gründungsereignis: Christus;
- Freiheit zu einem neuen Israel, zu dem auch Nicht-Israel, die Heiden, gehören können;
- Freiheit zu einer neuen Menschlichkeit, die Mannsein und Frausein in ihrer gegenweiligen Unterjochung, wie im Genesis-Fluch ausgesprochen, überholt;
- also Freiheit zum Ereignis Gottes: Gott selbst ist das Ereignis im Dasein. Der Ort des Sturzes vor Damaskus wird zur Urstelle der Freiheit.

3.2 Der Ausgestoßene: Urheber des neuen Rechts

Mit der Tetralogie *Homo sacer* von 1995 legte Giorgio Agamben (*1942), nach eigenem Bekunden Agnostiker, eine radikalisierte Kulturkritik vor.[12] Ausgangspunkt des Gedankens war ein merkwürdiger Satz des altrömischen Rechts, der die Rechtlosigkeit eines Missetäters dadurch unterstreicht, daß er vogelfrei von jedermann straflos getötet werden darf, aber nicht mehr geopfert werden kann. *Homo sacer* ist jener lebende Tote, rechtlos und würdelos schlechthin, der im Blick der römischen Religiosität für die Götter bereits „reserviert" ist und von jeder Zugehörigkeit, jeder Zwecksetzung im Menschlichen ausgeschlossen bleibt. Er ist Nicht-Mensch. Agamben versetzt ihn kulturkritisch in die modernen totalitären Regime: *homo sacer* ist der Prototyp der „Muselmänner" in den Konzentrationslagern, die – auch in ihren eigenen Augen – den Müll noch unterhalb der sonstigen Ausgestoßenen vorstellten. Aber strukturell nicht weit entfernt davon seien die heutigen Immigranten und Flüchtlinge *sans papiers*, auch sie gleichsam ohne Existenzrecht, für die selbst der demokratische und auf Menschenrechten beruhende Staat keine Integration leisten will.

Durch ihr bloßes Dasein überführen diese modernen *homines sacri*, die man straflos ignorieren darf, das Rechtssystem der Ungerechtigkeit. Trotz aller Absicherungen fallen solche Unpersonen durch das juristische und soziale Netz, da es keine Maschengröße für sie kennt. Insofern sind sie verstörender Index einer Ungerechtigkeit mitten im durchdifferenzierten, für alle Eventualitäten abgesicherten Kokon der Gesellschaft. *Summum ius summa iniuria.* Der Vogelfreie ist die offene, allerdings gut verhehlte Wunde im ansonsten allseitig immunen System.

Der Blick Agambens greift einen Ausgestoßenen heraus, mit dessen Ausstoßung ein neues Verhältnis zum Recht und der darauf gründenden Herrschaft begann. Denn jener Ausgestoßene schlechthin ist der Mann, an dem rückblickend das Gesetz seines Volkes zerbrach, wie es Paulus (Röm 10,4) formuliert: „Christus ist das Ende des Gesetzes."

Dieser bestürzende Satz gipfelt darin, daß der Eckstein, den die Bauleute verworfen haben (1 Kor 4,13), nicht allein das Ende des Gesetzes offenlegt, sondern selbst ein neues Gesetz aufgrund eines neuen Zeitverständnisses einleitet. Diese Konzeption arbeitet Agamben in einem philologisch genauen und mitreißenden Kommentar zum Römerbrief aus.[13] Die Aussparung zwischen Jesu Tod und seiner Wiederkehr wird messianisch gespannte Zeit, in der die Herrschaft dieser Welt nach außen hin zwar steht, für die Zukunft aber schon gefallen ist. Agamben liest Paulus als den ersten großen Theoretiker der unterhöhlten Zeit. Denn die verbleibende Zeit

12 Giorgio Agamben, *Homo sacer. Die souveräne Macht und das nackte Leben*, Frankfurt 2002.
13 Giorgio Agamben, *Die Zeit die bleibt. Kommentar zum Römerbrief*, Frankfurt 2006.

führt zu einem „als ob nicht“, *hos me* im griechischen Urtext. „Die Zeit ist kurz; damit fortan auch die, welche Frauen haben, so seien, als hätten sie keine, und die Weinenden, als weinten sie nicht, und die Fröhlichen, als freuten sie sich nicht, und die Kaufenden, als behielten sie nicht, und die die Welt benützen, als nützten sie sie nicht, denn die Gestalt dieser Welt vergeht.“ (1 Kor 7,29–31)

Die Herrschaft dieser Welt drückt sich im privaten Recht und Recht auf Privates aus, aber diese Privatheit wankt bereits. Paulus führt nach Agamben die Dynamik der messianischen Erwartung bis zu einer Enteignung fort: Anstelle von Eigentum (als Identitätsanzeige), von Einwurzelung ins Faktische unterläuft das Warten auf den Messias allen Besitz, alles „Anhaften“. Denn: Auch juristisch-faktisches Eigentum soll in der Form des „als ob nicht“ gelebt werden. Das bedeutet den Widerruf des „als ob“ Vaihingers[14] – das ein Nicht-Vorhandenes vorschützt. Bei Paulus aber, in der Exegese der Gestalt Jesu, werde „als ob nicht“ zur Signatur jenes Rufes, griechisch *klésis*, der von dem Verworfenen ausgeht und die Transzendierung des nur Faktischen einleitet. Die messianische Zeit zwischen „Jetzt“ und „Vollendung“ wird mit ihrem „als ob nicht“ zur Rettung der Ausgeschlossenen (1 Kor 1,27ff) vom Terror der Macht. Größere Freiheit als die bürgerliche, die römische, die politische erscheint: die Gerechtigkeit über allen Gesetzen.

Agamben stellt solche Freiheit in den Durchbruch von Gnade, *charis*; sie ist jene Unentgeltlichkeit gegenüber allen „obligaten Fesseln der Gegenleistung und des Befehls“[15], jener „Überschuß“, der keine Leistung, kein punktgenaues Einhalten eines Vertrages (des Bundes, der Thora) mehr voraussetzt, obwohl sie den Charakter des ursprünglichen Bundes keineswegs aufgibt. Vielmehr komme es zu einem Bund des Glaubens gegenüber einem Bund des Befehls, aber Glaube – an sich ein Rechtsbegriff![16] – wird mit Vertrauen und Hingabe profiliert, jedenfalls mit unerhörter Freiheit der Zuwendung und nicht mehr mit dem Druck des Sollens.

---

14 Hans Vaihinger, *Die Philosophie des Als Ob. System der theoretischen, praktischen und religiösen Fiktionen der Menschheit auf Grund eines idealistischen Positivismus,* Berlin 1911.

15 Agamben, *Zeit,* 133ff, in offenkundiger Anspielung auf Marcel Mauss' *Essai sur le don* von 1924, der in der dreifachen Struktur von Geben, Nehmen und Erwidern den Charakter der Verpflichtung betont. Mauss habe daher nicht die Gabe, sondern nur den Tausch beschrieben.

16 Ebd., 127–133. Im antiken Wortgebrauch betreffen *pistis* (griech.) und *emuna* (hebr.) ein reziprokes Rechtsverhältnis von Treue und Schutz. Etymologisch enthält auch „Glauben“ die Rechtssphäre: „sich angeloben“.

3.3 Messianisch gespannte Zeit: als ob nicht

Mit der Losung „als ob nicht" beruft sich Agamben auf eine Deutung des Paulus durch Heidegger[17] in der *Einleitung in die Phänomenologie der Religion*[18], einer frühen Freiburger Vorlesung vom Wintersemester 1920/21. Dort werde die grundsätzlich neue Sinnstiftung von Zeit freigelegt, die wenig später zu Heideggers eigenem Zeitverständnis überführe.

Geht man diesem Hinweis nach, so erweist er sich in der Tat als fruchtbar. Heidegger hofft in den Briefen an die Galater und Thessalonicher als den ältesten christlichen Textzeugnissen die noch „unverdeckte" Erfahrung des Christus-Ereignisses auszumachen – als Horizont eines wartenden Ausgespanntseins:

> „Von den Zeiten (chrónos) und Stunden (kairós), liebe Brüder, ist nicht not, euch zu schreiben; denn ihr selbst wisset gewiß, daß der Tag des Herrn wird kommen wie ein Dieb in der Nacht. (...) Ihr seid allzumal Kinder des Lichtes und Kinder des Tages; wir sind nicht von der Nacht noch von der Finsternis. So lasset uns nun nicht schlafen wie die anderen, sondern lasset uns wachen und nüchtern sein." (1 Thess 5, 1–6)

Die durchdringende Bedeutung dieser Verse läßt sich an Gedanken erläutern, die Heidegger später in *Sein und Zeit* entfaltet. Ausgehend von der Zeitlichkeit des Daseins wird Dasein bestimmt als „sich zu eigen sein", was allerdings den Tod dieses Daseins einschließt. Der Tod als Zukunft des Daseins sei freilich alltäglich verdeckt: durch welthafte Besorgnisse, durch ein gegenwärtiges Was dieser Sorge, in welches das Dasein verdeckend verfällt. Damit gewinne die Gegenwart Vorrang und Bestimmtheit als Zeit dieser Sorge, und ebenso als Ausflucht vor der Unbestimmtheit der Zukunft, die in bestimmte Wirklichkeit umgedeutet werde. Die Tödlichkeit des Daseins werde auf diese Weise gebannt und erträglich.

Dagegen setzt Paulus inhaltlich die „Wiederkunft des Herrn", die Heidegger freilich nur methodisch liest: nicht als das Wann dieser Wiederkunft, sondern als ihr Wie. Die Ankündigung „wie ein Dieb" zwinge das Dasein, sich in einem Ausgestrecktsein zu vollziehen, das heißt „im Licht", im „Wachen". Warten bezieht sich damit nicht auf ein Datum, sondern wird Modus des Daseins: alles zu tun im Präsens der Zukunft. Damit löse die Zukunft die Gegenwart aus der Verklammerung ins Hier und Jetzt. Eben dies wird – in der späteren Diktion von *Sein und Zeit* – zum Modus der Eigentlichkeit gegenüber einer dumpf-beruhigten Anwesenheit, welche das Künftige vertagt.

17 Ebd., 48f.
18 Martin Heidegger, Phänomenologie des religiösen Lebens (GA 60), Frankfurt 1995, 9–14.

Agamben erweist dieser Paulus-Deutung des frühen Heidegger seine Reverenz – um den Zeitraum von 80 Jahren verschoben. In diese Distanz wird eingespeist die Erfahrung der Konzentrationslager mit ihren leidenschaftslosen Maschinerien der leiblichen und seelischen Vernichtung, der riesenhaft anschwellenden Zahl von *homines sacri*.

In Paulus sieht Agamben den irritierenden Theoretiker eines *homo sacer*, der als Messias ein neues Verhältnis zur Zeit und zum *nomos* (im Sinn Carl Schmitts) einleitet. Vor allem deshalb, weil er den „Rest Israels“ radikalisiert: Dieser Rest ist wie Paulus selbst Abschaum, Gespött (1 Kor 4,13) vor aller Welt, aber damit zugleich Überführung ihrer Unwahrheit. Der eine Ausgestoßene, an dem sich der „Auswurf“ der Welt erkennt, avanciert zum Unterpfand der wahren Universalität: Sie entlarvt alle regionalen Kulturen elitärer Absonderung und ihre vom Recht gedeckten Hierarchien als Dünkel.

In Agambens Lesart wird der Impuls des Christentums als Umsturz im *Säkularen* beschrieben – aufgrund einer *transmundanen* Kraft. Sie läßt sich nicht mehr als Flucht in ein leeres Jenseits verhöhnen. Die „Hinterweltler“, in Nietzsches *Zarathustra* noch ein ganz anders verstandener Auswurf der Vernunft, halten in Agambens Deutung den drohenden Totalitarismus und Elitarismus ihrerseits bedroht durch subversive Überwindung. Der Advent der Gerechtigkeit negiert die faktische Macht. Daß dieser Advent der Gerechtigkeit für den Agnostiker Agamben mit der *Person* des Messias eingelöst werde, wird man ihm nicht unterstellen können. Aber in der *Struktur* der Negation des nomoshaften Terrors setzt das paulinische Christentum in seinen Augen eine wirksame Sprengkraft gegen politische Abschottungen aller Spielarten frei.

4. Selbstschwächung aus Liebe

Paulus führt eine weitere unauslotbare Überlegung ein, die den Tod Christi beleuchtet. Die Evangelien waren ja zur Zeit seiner Briefe noch nicht geschrieben; die Mitte dessen, was Paulus von Ananias in Damaskus erfuhr, bildete der Tod Jesu, dem die unerklärliche, alle Vorstellungen überragende Auferstehung folgte. Paulus reflektiert diesen ungeheuren Tod im Philipperhymnus (Phil 2, 6–8); er benutzt dazu das Wort *kenosis*, das mit „Entäußerung“ übersetzt wird – *kenon* heißt leer. Während die jüdische Theologie Gott als Vollkommenen kennt, ohne

Mangel, ohne Endlichkeit, ohne Tod, spricht Paulus von der Entäußerung Gottes, seinem Leerwerden. Dieser Gedanke wird Inhalt einer Reflexion des slowenischen Philosophen Slavoj Žižek[19], deren Ertrag hier nur angedeutet sei.

Fleischwerdung und Tod Jesu zeigen für ihn einen Gott, der kein Gott zu sein scheint. Wenn der platonische Eros nach oben jagt, in das Erhabene, das Unerreichbare, das Göttliche, dann jagt die von Paulus verstandene Liebe Gottes nach unten, in die Logik des Jämmerlichen und Lächerlichen. Dieses Lieben geschieht in der Gestalt der Schwächung: Die Liebe setzt sich aus, macht sich verwundbar, ist machtlos, verzichtet, sie bläht sich nicht auf, ist nicht eifersüchtig, rechthaberisch... (1 Kor 13). Tod und Liebe hängen aufs genaueste zusammen, so daß hier ein Gott das Sterben mit dem Menschen teilt, wie es nie ein antiker Gott getan hat – das wurde zur elementaren Schwäche des Gekreuzigten, zu einer Schwäche aus Liebe, zu einem „Sieg über das Siegen"[20].

Unvermutet gelingt damit ein Anschluß an das Zentralthema des Christentums: an die Christologie. Liest man sie nämlich ausdrücklich unter den Vorgaben von Nietzsches Dictum vom „Tod Gottes", so erscheint gerade in der Leidensfähigkeit Jesu, in seiner gott-menschlichen „Schwäche" – nicht in seiner Allmacht –, ja gerade in seinem Tode jene Theologie, die nach Žižek anschlußfähig wird für heutiges Philosophieren. Denn Paulus liefert keine geschichtsferne Metaphysik, kein griechisch-ontologisches Gottesbild, in dem Gott zum absoluten Sein entpersonalisiert und antlitzlos verflüchtigt ist. Die Inkarnation Jesu schließt vielmehr die Ekstasen und die Vergänglichkeit des Fleisches ein und eröffnet so ein Denken, das keineswegs den Exitus des Christentums voraussetzt, es vielmehr neu-ursprünglich begreifen läßt. Mit der paulinischen Kenose wird auch die Trinität zum Inhalt von Žižeks Philosophie; die Entäußerung Gottes ins Endliche bedeute eine aufgebrochene Bewegtheit im Göttlich-Einen selbst, das gerade nicht als in sich geschlossenes Unbewegt-Eines gedacht werden dürfe. „Wir sind nur dann eins mit Gott, wenn dieser nicht mehr eins ist mit sich selbst, sondern sich selbst aufgibt, den radikalen Abstand ‚verinnerlicht', der uns von ihm trennt. (...) dann, wenn ich den unendlichen Schmerz der Trennung von Gott erlebe, teile ich eine Erfahrung mit Gott selbst (Christus am Kreuz)."[21] So werde der starre Monotheismus zum lebendig-trinitarischen Monotheismus entfaltet: Einzig dieser läßt die Schöpfung als wirklich denken. Paulus gibt die theoretische Gewähr, daß Welt keine Emanation des Göttlichen, kein pantheistisches Anhängsel an Gott ist, sondern als Anderes zu ihm (aber auf ihn hin) gedacht werden kann.

19 Slavoj Žižek, *Die Puppe und der Zwerg. Das Christentum zwischen Perversion und Subversion*, Frankfurt 2003. Vgl. Gianni Vattimos Konzept des „schwachen Denkens", in: ders., Glauben – Philosophieren, Stuttgart 1997.
20 Titel des Paulus-Beitrags von Rolf Spinnler, in: Die Zeit Nr. 52, 17. Dezember 2008, 54f.
21 Žižek, *Die Puppe und der Zwerg*, 93; zit. nach Hoff (Anm. 10), 180.

4. Und das Thema „Frau" bei Paulus?

In solcher Sicht ist bisher ausgespart, daß Paulus in seiner spätantiken Einfärbung als „frauenfeindlich" gilt, was etwa unterlegt wird durch den Satz: „Die Frau schweige in der Gemeinde" (1 Kor 14,34).[22]

Gleich dazu: Wenn Paulus die Frauen zum Schweigen, zum Auflegen des Schleiers, zum Ablegen des Schmuckes auffordert, so greift er dabei zielgerichtet in eine griechisch-heidnisch gefärbte christliche Kultgemeinde ein, in der noch deutliche Reste eines dionysischen Ekstase-Gottesdienstes zu finden sind: das Berauschen der Männer, das Aufspringen, Entblößen der Haare und die „Zungenrede" der Frauen – wobei das Entblößen des Haares ein sexuelles Stimulans bedeutet. Wenn er dies im Blick auf die Nüchternheit des jüdisch-christlichen Gottesdienstes[23] tadelt für die noch halb-heidnische Gemeinde in Korinth, so läßt sich heute aus der Kenntnis griechisch-orgiastischer Kulte sagen, dies könne nicht im Sinne einer allgemeinen Verurteilung der Frau zum Schweigen tradiert werden. Paulus kennt und wirbt für eine Liturgie in der Ekstase der Klarheit, nicht in der Ekstase des Rausches und der Trance.

Erstmals der Schöpfungsbericht, viel später die Worte Jesu haben den Eigenstand, die aus sich selbst aufsteigende Würde des göttlichen Ebenbildes in Mann und Frau konzipiert.[24] Auf dem Boden solcher bereits wesentlich formulierter theologischer Einsichten erwächst das paulinische Verständnis von Person = Selbstand = Freiheit = Selbstbesitz. So kommt es tatsächlich zu einer Art irdisch-geschichtlichen Wunders im Christentum. Paulus hat es als erster formuliert; der bereits zitierte Satz mag übernutzt sein, ist aber in seinem revolutionären Gehalt beispiellos: „Es ist nicht Jude nicht Grieche, nicht Sklave nicht Freier, nicht Mann nicht Frau, alle seid Ihr eins in Christus" (Gal 3,28). Die handgreifliche Welt der Unterschiede aller zu allen tritt zurück. Von keiner der alten Philosophenschulen, auch nicht von der Stoa, sind solche Sätze auch nur annähernd ausgesprochen worden. Die in der gesamten Antike, auch bei Sokrates nie gehörte Botschaft des Paulus entfaltet ihre Reichweite bis zur Erklärung der Menschenrechte 1948. Sie enthält das Konzept der freien Person, unabhängig von Geschlecht, Bildung, Rang und Würden, Volk und Rasse, Können, Nichtkönnen. Dies hat das Christentum vom Start weg über die spätantiken Religionen hinauskatapultiert, hat es als

---

22 Vgl. Norbert Baumert, *Frau und Mann bei Paulus. Überwindung eines Mißverständnisses*, Würzburg 1992.

23 Vgl. Hanna-Barbara Gerl-Falkovitz, *„Esset das Lamm schnell ..." Zur Anti-Ekstase im christlichen Gottesdienst*, in: dies., Eros – Glück – Tod und andere Versuche im christlichen Denken, Gräfelfing 2. A. 2010, Kap. 2.

24 Vgl. Zum folgenden Hanna-Barbara Gerl-Falkovitz, Frau – Männin – Menschin. Zwischen Feminismus und Gender, Kevelaer [2]2016.

Sprengsatz in die Geschichte eingebaut: als Sprengsatz der vielerlei religiösen Vorbehalte, wer zu welchem Gott hinzutreten dürfe, wer überhaupt kultfähig, wer letztlich ein Mensch sei.

Zweifellos fanden sich Frauen in den früheren magisch-mythischen Kulturen wie in den späteren Vater-Kulturen „eingeräumt": als Fruchtbarkeitssymbol, als Gebärerin, als Sexualreiz, als Dienerin und gefügiger Besitz ... In manchen dieser Zuordnungen steckte unterschwellige Macht, in vielen, oft gleichzeitig, Zähmung und Brechung des Weiblichen. In keinem Lebensentwurf aber ging es, konnte es gehen um Freiheit. Wenn Griechenland von *eleutheria* redete, so meinte dies ausschließlich die Freiheit weniger Männer, die weder Sklave noch Weib noch Barbar waren. Nur ein solcher Mann war Mensch, der größere Rest war Nicht-Mensch. Wenn aber Paulus von Freiheit spricht, meint er die alle einschließende Freiheit. Erlösung heißt präzise die Lösung von der Macht der Ungleichheit.

Es waren die Frauen, die den Geruch vom Ende der Sklaverei, auch der religiösen Sklaverei schnell erfaßten. Was heißen soll, daß die Frau aus der gewohnten leiblichen Mitgift und dem daraus abgeleiteten Nutzen und der Übernutzung freigesetzt wurde: aus dem Nutzen als Sexualobjekt, als Gegenstand irritierender Faszination, als fruchtbare Gebärerin möglichst vieler Kinder, als magische Verwalterin lebendiger und tötender Kräfte des Unbewußten, als Dienerin und Unterworfen-Willenlose, als Kultsymbol ohne eigene Züge (wie in den Fruchtbarkeitsriten) – in jedem Fall als Wesen ohne eigene Individualität und Freiheit des Selbstseins. Zur Eigenständigkeit und Personalität der Christin gehörten weder mehr einfach das Mutterdasein noch der Triebbereich des Geschlechtes und seiner magisch-unbewußten Macht noch die bloße Arbeitsvernutzung, sondern jener „eigene Name", von dem die Apokalypse spricht und der paulinisch nicht weniger deutlich „die herrliche Freiheit der Kinder Gottes" (Röm 8,21) heißt.

Es scheint, daß das junge Christentum in den ersten Jahrhunderten einen ungeheuren Zulauf von Frauen hatte, weil es die Lebensform der unabhängigen Frau, als Jungfrau oder Witwe, entwickelte, sehr im Unterschied zu den vielerlei Rechtlosigkeiten der spätantiken Ehefrau, von den Sklavinnen ganz zu schweigen. Der bekannt mißgünstige Kritiker des Christentums Celsus schreibt im 2. Jahrhundert voll zeitüblicher Verachtung, dementsprechend spiele sich auch die christliche Predigt im Untergeschoß des sozialen Lebens ab: in den Frauenkemenaten, den Schusterwerkstätten und den Walkereien.[25] Der außergewöhnliche Zulauf unverheirateter Frauen führte bereits im 1. Jahrhundert dazu, daß die jungen Gemeinden offenbar zu wenig Geburten aufwiesen, weswegen (wohl von einem Paulusschüler) die Christinnen erneut darauf verpflichtet werden: „Die Frau wirkt

25 Celsus/Kelsos, *Wahres Wort*, übers. u. hg. v. Theodor Keim, ND Aalen 1969.

aber ihr Heil durch Kindergebären“ (1 Tim 2,15). Das heißt aber, gegengelesen, daß die Christinnen von Anfang an sich unter dem neuen Zeichen eigenständiger Personalität einfanden.

Diese Selbstverständlichkeit zieht sich durch die 2000jährige Geschichte kirchlichen Wachstums. Eine vorher undenkbare soziale Dynamik brachte eine christliche „Frauengeschichte“ hervor, die freilich keineswegs hinreichend im Bewußtsein gegenwärtig ist. Durch alle europäischen Jahrhunderte finden sich Frauen, die sich auf nichts als ihre Geistbegabung und Sendung berufen (so Caterina von Siena); besonders erwähnenswert sind die Klöster, denen reiche Lebensformen der selbständigen und gebildeten Frau entspringen. Gerade hier zeigt das Eindringen in die Geschichte weit mehr weibliche „Selbstverwirklichung“, als mit den Blickeinengungen seit dem 19. Jahrhundert wahrgenommen wurde.

Mittlerweile ist buchhalterisch aufgelistet, wie die christlichen Gesellschaften ihrerseits an der Unterordnung der Frau feilten, gedanklich wie praktisch. Die späte Aufrechnung solcher Tatsachen ereilt das christliche Bewußtsein heute massiv. So massiv, daß die Hauptwahrheit außer Blick gerät: Erst im jüdisch-christlichen Kulturraum vollzog sich die Menschwerdung der Frau (und die Menschwerdung des Mannes, was ein anderes ungeschriebenes Kapitel ist). Von Paulus lernt man, was Personalität heißt, vor und über aller Biologie, vor und über aller kulturgeschichtlichen Einebnung des göttlichen Entwurfes vom Menschen. Diese mühevolle, sich langsam ausformende Dynamik brauchte Jahrhunderte, bis sie sich aus der nur religiösen Sphäre auch in der Gesellschaft, der Politik, dem Recht, den Wissenschaften, dem Alltagsleben zu Wort meldete. Seit dem Spätmittelalter, verstärkt seit dem Ende des 18. Jahrhunderts wird in Europa die Frauenfrage auch gesellschaftlich wirksam: eine Frucht des jüdisch-christlichen Impulses gleicher Würde.

Diese Würde ist in Gott begründet, nicht mehr in einer Naturkraft oder einem Sippenzweck. Dieser mühsam gegen den Zeitgeist (und die einleuchtenden Funktionen) festgehaltene Gedanke läuft als Zündschnur durch die abendländische Geistesgeschichte mit, auch gegen sie selbst.

5. Paulus heute?

Wer Freiheit nur versteht als ein Weglaufen von, hat den Sturz vor Damaskus mißverstanden: als eine „Freiheit von nichts zu nichts“ (Christian Lehnert). Sich vom Bisherigen lösen kann nur, wer auf ein Ziel zuläuft: Im Ziel liegen Anziehung und Überwindung des Alten. Freiheit heißt heute wie seinerzeit bei Paulus: Freiheit zu, nicht von der Wahrheit. Noch genauer: Freiheit zu Christus.

In der gegenwärtigen „Wiederkehr der Religionen" kehren auch einige selbstgefällige Gottes- und Göttinnenbilder wieder. Am schmiegsamsten ist ein unpersönlicher Gott, ein Weltengrund, eine anonyme Lebenskraft, die sich technisch und käuflich zu (trans)humaner Potenz ausbauen läßt – angeblich. Paulus aber ging durch einen Sturz, durch Blindheit, durch Vernichtung; „neugeworden" wurde er mehrfach ausgepeitscht, eingekerkert, einmal gesteinigt, erlitt Schiffbruch, kam nur mit dem nackten Leben davon. Dennoch hätte er nie mehr sein Leben mit dem vorigen eingetauscht. Er hatte vollzogen, was der aufleuchtende Satz herausfordert: „Wo Einer in Christus ist, da ist neue Schöpfung. Das Alte ist vergangen, siehe, neu ist es geworden!" (2 Kor 5,17) Tatsächlich ein diamantener Satz.

Die Herausforderung lautet: Der Geist des Herrn ist spürbar in jedem, der die *klésis* hört, spürbar ingesamt in der *ekklesia*, in der Gruppe der Unangepaßten, der Gerufenen. Auch sie stehen in der Gefahr, in Babylon unterzugehen, die „humanen" und „vernünftigen" Forderungen Babylons sich zu eigen zu machen. Dann wird Freiheit gegen die Kirche und von der Kirche, am besten gegen ihr Haupt formuliert. Auch dabei glaubt man, heute wieder, Gott einen Dienst zu tun, indem man die Kirche in die Enge treibt (wie Saulus). Je mehr der Chor der Rechthaber(innen) gegen die Kirche anschwillt, desto aufmerksamer müßte man diese eigenwillige Freiheit von der Freiheit zu Christus unterscheiden (wie Paulus). Freisein für Christus heißt heute wie damals, den Eigenwillen zu stürzen und sich binden zu lassen für die Kirche, denn: „Ich bin es, den du verfolgst." Dabei kann es zu merkwürdigen und wunderbaren Umkehrungen kommen. Etwa dazu, daß Paulus von agnostischen Philosophen geschätzt wird. „... wie sehr heute die Faszination des Rebellen gerade von demjenigen ausgeht, der den Weg der Rechtgläubigkeit verteidigt."[26]

---

26 Botho Strauss, *Der Aufstand gegen die sekundäre Welt – Bemerkungen zu einer Ästhetik der Anwesenheit*, München 1999, 48.

Pater Marian Gruber

Wissenschaft und Theologie

Theologie als Wissenschaft will in erster Linie im Kontext von Offenbarung bzw. Schrift (Punkt 3 u. 4), Tradition (7) und Lehramt (Punkt 6) betrachtet werden. Sie nennen wir die regulae fidei und stellen den hermeneutischen Schlüssel dar. Gerade diese Dreiheit führt zu einem Trilemma, das aufgelöst werden muß. Die Theologie ist in sich ein unentscheidbares System[1], weshalb es eines Entscheidungsprinzips (Infallibilität des Lehramtes) bedarf. Innerhalb der Theologie will man das Trilemma oft mit dem hermeneutischen Zirkel auflösen, was aber ein Paradoxon generiert und Theologie ad absurdum führt. Weiterhin wird der Konnex von Theologie und Praxis (Punkt 9) beleuchtet und der systemtheoretische Aspekt der Gemeinschaft (Kirche – Punkt 8) analysiert.

1. Wissenschaftstheoretische These: Solange wir Wissenschaft bloß als Selbstzweck betrachten, dringen wir nicht zu ihrem Wesen vor. Gleiches gilt von der Theologie. Beides ist aufeinander hingeordnet: Theologie und Wissenschaft. Theologie ist der Ort, worin sich der entbergende Glanz dem Menschen entbirgt und ihr Wesen ausspricht. Die Theologie[2] führt zur Theo-logik[3]. Wissenschaft und Theologie sind wesenhafte Weisen, worin sich etwas darstellt.

Theologische Implikation: Nach der etymologischen Befundung ist Theologie nach Augustinus die Gotteslehre, doctrina de Deo, „de divinitate ratio sive sermo"[4]. Sie versteht sich als ein Wissen von Gott und den göttlichen Dingen, welche durch den Logos mitgeteilt und verläßlich angenommen werden kann. Die doctrina fidei ist nicht nur materiell, sondern auch formell göttlich. Technisch ist Theologie der wissenschaftliche Aufriß des ganzen von Gott sichtbar gemachten Grundrißes (Offenbarung) über Gott und seiner Gegebenheit, die in einer Epistemologie sichtbar gemacht werden will. Die Theologie als Wissenschaft findet einen Ausdruck in der Dogmatik, wenn sie gesetzliche Systematik und entsprechendes Denken abhandelt. Der spezifische Gegenstand der dogmatischen Theologie ist theoretisch, insofern sie „Gott" und seine Tätigkeit darstellt. Der unmittelbare Inhalt des formellen Dogmas bildet den Nukleus und das Fundament der dogmatischen Theologie und wird ergänzt durch die in der Kirche bewahrten und noch

1 Vgl. Unvollständigkeitsaxiom bei Gödel (Kurt Gödel, *Über formal unentscheidbare Sätze der Principia Mathematica und verwandter Systeme I.* In: *Monatshefte für Mathematik und Physik.* 38, 1931, S. 173–198, doi:10.1007/BF01700692.Zentralblatt MATH.).

2 Θεολογία meint bei Aristoteles die „göttliche Rede" selbst (Arist. Meterorolgica β1, Bonitz 353a 35.

3 Θεολογική meint das Verstehen des Göttlichen (Arist. *Metaphaysik* V 1026a 19.).

4 Augustinus, *De Civ. Dei* 1. 8.c.1.

latent vorhandenen göttlichen Wahrheiten. Dogmatik ist wissenschaftliche Veranschaulichung der von Gott bekundeten doctrina über Gott selbst und seiner Tätigkeit auf Basis des ekklesialen Dogmas.

2. Wissenschaftstheoretische These: Wenn wir nachsinnend denken, so hat sich Wissenschaft nirgendswo so entfaltet wie im abendländischen Raum. Ist wissenschaftliches Tun nur menschliches Gemächte? Das Wissenwollen des Menschen ist das eine, das andere ist, was durch die Wissenschaft hindurch waltet: *„Die Wissenschaft ist die Theorie des Wirklichen“*5.Der Satz „die Wissenschaft ist die Theorie des Wirklichen“[6] gilt a fortiori für die Wissenschaft des Mittelalters. „Von einer „Theorie des Wirklichen“ bleibt die mittelalterliche doctrina ebenso wesentlich berührt wie diese wiederum gegenüber der antiken επιτημση(erkennend-wissend).”[7]

Theologische Implikation: Theologie ist theoretische Darstellung der göttlichen Wirklichkeit. Sie läßt sich in drei Gebiete auffächern: Dogmatik (1) wäre die originäre und eigentliche Systematik innerhalb der doktrinen Theologie, die als theoretisch bzw. spekulativ betrachtet wird. Die historisch-exegetischen Fächer (2) behandeln die Offenbarung selbst und die betreffenden Texte, insofern sie theologisch in Beziehung stehen. Hierzu gehört vor allem die biblische Exegese mit ihren Hilfswissenschaften (Archäologie), die Geschichte und die Geschichte des Kults. Die praktischen-theologischen Disziplinen (3) bilden die in der Offenbarung enthaltenen oder aus ihr abgeleiteten Normen ab.

„Die theologische Erkenntnis hat ihren Namen von ihrer höchsten objektiven Wirklichkeit (summum ens bzw. ens realissimum), dem Worte (λόγος) Gottes, woraus sie schöpft als aus ihrem ersten und tiefsten Grund, worauf sie sich stützt als auf ihren letzten und höchsten *Beweggrund*, und zu welchem sie hinstrebt als zu ihrem Formalobjekt. Als Prinzip der Erkenntnis in uns wird das Wort Gottes (Offenbarung/relevatio) genannt.“[8] Das Prinzip der theologischen Erkenntnis ergibt sich aus der norma normans und Substanz des Offenbarungs-Wortes. Offenbarung ist entäußernde Äußerung der Wesenssubstanz eines verborgenen Innern nach außen. Die der Offenbarung zugrundeliegende Wirkung ist ein „Sprechen“ als ein äußeres Vehikel und der Inhalt ist das „Wort“. Offenbarung ist stricto sensu das Kundgeben eines Geistes an den anderen, wobei der Inhalt seiner eigenen Erkenntnis dem anderen zum Erkennen eröffnet wird. Theologisch spricht man von der Erkenntnis deshalb, wenn ein äußeres Kundgeben (also formell) sein

---

5 Martin Heidegger , *Vorträge und Aufsätze*, p.42. Pfullingen 1954.

6 Martin Heidegger , *Logik – Die Frage nach der Wahrheit*. Gesamtausgabe Band 21. II. Abteilung: Vorlesung 1923–1944. p. 1. Frankfurt 1976.

7 Martin Heidegger , *Logik – Die Frage nach der Wahrheit*. Gesamtausgabe Band 21. II. Abteilung: Vorlesung 1923–1944. p. 1. Frankfurt 1976.

8 Vgl. Matthias J. Scheeben, *Handbuch der katholischen Dogmatik*, 1. Buch, Theologische Erkenntnislehre, 5. Paderborn 1948.

inneres Wort und seine eigene Erkenntnis (der ewige Logos) unsere Erkenntnis bewegt. Die objektive Vorstellung des Inhaltes der göttlichen Erkenntnis durch das förmliche Wort übereinstimmt mit der inneren von Gott ausgehenden Erleuchtung des Hörenden. Die Hl. Schrift nennt es Offenbarung und Wort Gottes des Vaters in Divergenz zur äußeren Offenbarung und Rede des Sohnes. Die Offenbarung im engsten Sinne läßt uns Gott in seinem Wort erkennen (Anschauung) und Gott substituiert wesentlich in seinem identischen Wort. Es befähigt den Menschen intuitiv das göttliche Wesen zu erfassen. Die drei Formen des sich zu Erkennen gebenden Gottes (Offenbarung) zeigen sich in einer (1) relevatio naturae (natürliche Offenbarung) durch die Natur in ihren Formen bis hin zur Fokusierung auf die Person, dann in einer (2) relevatio gratiae (sich zeigend in der Gnade) und schlußendlich in der (3) relevatio gloriae, wo die göttliche Herrlichkeit wesenhaft zutage tritt. Alle drei Klassifizierungen sind ein Erkennen seiner Herrlichkeit, die im Subjekt eine erleuchtende Erkenntnis (lumen rationis) generiert und die Eben-bildlich-keit als λόγος σπερματικός repräsentiert.

3. Wissenschaftstheoretische These: Zur Hermeneutik, was in der These „die Wissenschaft ist die Theorie des Wirklichen“[9] gemeint ist, gehen wir an die Etymologie des Wortes. Wirklichkeit meint „Wirken“ im Sinne des „Tun“. „Das Wort gehört zum indogermanischen Stamm dhe; daher stammt auch das griechische θεσις: Setzung, Stellung, Lage. Aber dieses Tun ist nicht nur als menschliche Tätigkeit gemeint, vor allem nicht als Tätigkeit im Sinne der Aktion und des Agierens. Auch Wachstum, Walten der Natur φυσις ist ein Tun und zwar in dem genauen Sinne der θεσις. Erst in späterer Zeit gelangen die Titel φυσις und θεσις in einen Gegensatz, was wiederum nur deshalb möglich wird, weil ein Selbiges sie bestimmt. φυσις ist θεσις: von sich aus etwas vor- „legen“, es her- „stellen“, her- und vor- „bringen“, nämlich ins Anwesen.“[10]

Theologische Implikation: Die kanonischen Bücher sind authentisch-thetische Schriften, die die offenbarte-katholische Lehre vor-‚legen‘. Die aus der Natur des Göttlichen hervorgebrachten apostolischen Deposita sind historisch zuverlässig, fehlerlos und kirchlich kanonisiert. Sie sind naturhaft heilig und kanonisch vorge-legt, weil sie naturhaft aus Gott als geschriebenes Wort thetisch vor-‚liegen‘.[11] Die Schrift „stellt“ fest, daß die Schriftsteller durch Gott (*dixit Deus, dicit Spiritu S.*/Hebr.1,6) inspiriert und als Propheten, getrieben bzw. getragen (φερόμενοι) von

9 Martin Heidegger , *Vorträge und Aufsätze*, p.42. Pfullingen 1954.

10 Martin Heidegger , *Grundbegriffe der Metaphysik – Welt-Endlichkeit-Einsamkeit.* Gesamtausgabe Band 29/30. II. Abeilung: Vorlesung 1923–1944. p. 45ff. Frankfurt 1983

11 Vgl. Tridentinum: „ Qui veteris et novi testamenti libri integri, cum omnibus suis partibus.. pro sacris et canonicis habet, non ideo, quod sola humana industria concinatti, sua deinde auctoritate sint approbati; nec ideo dumtaxat, quod revelationem sinde errore contineant; se propterea, qoud Spiritu Sancto inspirante conscripti Deum haben auctorem, atque ut tales ipsi Ecclesiae traditi sunt”.

Hl. Geist sprechen: „Omnis enim prophetia Scripturae propria interpretatione non fit; non enim voluntate humana allata est aliquando prophetia, sed Spiritu sancto inspirati (ύπο πνεύματος φερόμενοι) locuti sunt sancti Dei homines" (2Petr 1,21). Die Väter stimmen allgemein überein, daß Gott der Urheber der Schrift ist, von ihm herge- „stellt" und begründet: „Deus prius per prophetas, deinde per se ipsum, postae per Apostolos locutus etiam scripturam, quae canonica nominatur" (Aug. De civ. Dei 11,3). Origines befundet, daß die Psalmen durch die Einwirkung des Hl. Geistes (έκ της του πνεύματος ενεργειας) geschrieben worden sind und ausge-legt werden. „Imperator coeli ... pro vita tua tibi suas epistolas misit stude ergo, et quotidie Creatoris tui verba meditare" (Der Herrscher des Himmels er-stellt einen Brief für dein Leben...meditiere täglich das Wort.), so Greg. M. (1 4, eo, 31. „ „Setzt" auf die Schriften, die wahre [Natur] des Hl. Geistes (τάς άληθεις ... πνεύματος του αγίου), schreibt Clem. Rom., Ad Cor. I. n.45. Die Väter „legen" uns die Abhängigkeit des Schriftstellers vom Hl. Geist vor und „legen" die Natur der absoluten Wahrheit bis in die Grammatik (γραμμης) des Wortes hinein fest: „Wir, die wir die vollkommene Wahrhaftigkeit des Heiligen Geistes bis auf die kleinsten Linien und Buchstaben ausdehnen (ημεις δέ οί καί μέχι της τυχούσης κεραίας καί γραμμης του πνεύματος την ακρίβειαν ελκοντες), räumen nicht ein und dürfen es nicht, daß auch die kleinsten Dinge von den Schriftstellern in sinnloser Weise behauptet seien" (Greg. Naz. Or. 2.n.105). Es ist gegen die Natur und Wirksamkeit der Inspiration, sie nicht auch auf die ganze Substanz und Natur des Inhaltes fest-zu- „legen", was auch das Historische implementiert. Die Schrift hat faktisch und physisch Gott zum auctor. Man nennt die göttliche Überwachung und Assistenz eine inspiratio concomitans[12], die eine unterstützende Ein-wirkung Gottes auf den Hagiographen ist. Formell und an sich besteht die Ein-wirkung auf den Schriftsteller, durch welche Gott diesen bewegt und befähigt, ihm als Werk-zeug in der schriftlichen Mitteilung seiner Gedanken zu dienen. Die thetischen Aussagen der Kirche sind nicht aus sich, d.h. kraft des physischen Ursprungs unfehlbar, während die Heilige Schrift, weil als Gottes Wort physisch von ihm ausgehend, unmittelbar dadurch unfehlbar ist, daß Gott in seiner eigenen thetischen Rede nicht irren noch lügen kann. Gott als die absolute Realität be-wirk-t und bewegt die geistige lebendige Tätig-keit der Person. Das Alte Testament als thetische Dar-stell-ung ist Grund-lage für das Neue Testament und beide setzen naturgemäß die beständigen und allgemeinen Quellen theologischer Erkenntnis; seine ursprünglich schon im Geiste Gottes intendierte allgemeine Bestimmung ist seit Christus zugleich mit der vollen Enthüllung und Ver-wirk-lichung seines thetisch-typischen Inhaltes effektiv universal geworden. Das Neue Testament setzt eine materiell reichere und formell ausgeführtere Dar-stell-ung der Glaubensthesen und

12 Christoph Dohmen, *Die Bibel und ihre Auslegung*, p. 24. München 1998.

Aspekte der Ethik dar. Die naturgemäß-göttliche Herkunft der Schrift stellt nicht nur den selbstverständlichen buchstäblichen Sinn (sensus literalis[13]) des Wortes, sondern auch den inspirierten, höheren geistigen Sinn (sensus spiritualis[14]) dar. Auf die Natur des wörtlich-historischen Literalsinnes setzend, ist er Wurzel für den typologischen (dogmatisch, theologischen), tropologischen (moralischen) und anagogischen (eschatologischen) Sinn:[15]

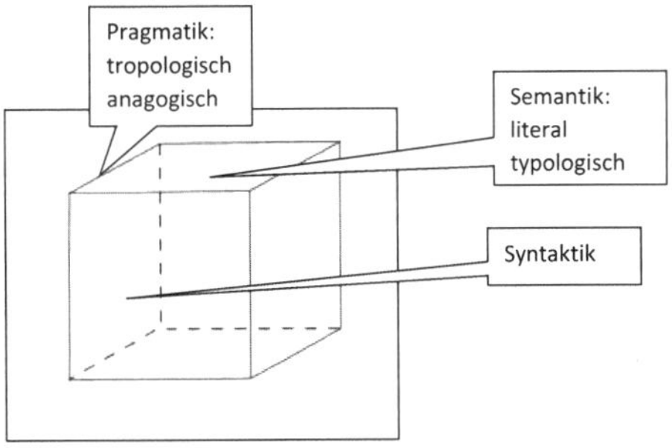

Der volle Literalsinn wirkt sich dort aus, wo er sensus propius[16] ist und der sensus figuralis[17], wo eine figürliche Dar-leg-ung be-leg-bar ist. Aus dem Literalsinn erwächst der mittelbare Sinn (sensus consequens[18]). Begründend auf den sensus spiritualis erkennt man den Antitypus, der den inneren Kern der Offenbarungs-these und damit seine Ziel-setz-ung sowie die Wahrheit freilegt. Die Natur der Schrift legt im höchsten Grade ein objektives Kunst-werk, ein Gemälde und ein Drama der göttlichen Weisheit vor. Die in den Literalsinn hinein ge-setzte Wahrheit kann nicht bloß willkürlich und als akkommodiert betrachtet werden. Die Akkommodation, darf den Literalsinn nicht zur bloßen Fiktion, das Bild in der Schrift nicht zum Maßstab einer konstruierten Vorstellung machen, sondern zum Ausdruck der Semantik und damit zum Vehikel der aus der φυσις entborgenen Wahrheit werden. Die Schrift als thetisch-schriftliche Urkunde ist eine naturhaftstete und permanente Quelle, nicht die einzige (wie bei den Protestanten), noch weniger eine vollkommene, nächste und allgemeine Regel des Glaubens. Die

13 Raymond E . Brown, *'The Literal Sense of Scripture'*, in : Brown, Raymond, Fitzmeyer, Joseph, and Murphy, Jerome (hrg.), *The Jerome Biblical Commentary*, p. 607.Englewood Cliffs 1968.

14 H. Schade, *Der Traum Adams – das große Geheimnis*, p. 462.in: A. Zimmermann (hrg), *Miscellania Mediavallia*, Band 11. Berlin 1977.

15 Vgl. den semiotischen Würfel in der Sprachphilosophie durch die Abbildung.

16 Thomas Wabel, *Die Hineinnahme der Sprachgrenzen*, p. 87. in: Die Grenzen der Sprache: Sprachimmanenz, Sprachtranszendenz, (Chr. Asmuth, F. Glauner, B. Mojsisch hrg.). Amsterdam 1984.

17 Hildegard L. C. Tristram, *The earlier insular Elegies*, p. 351.in: Celtic Linguistics (M. J. Ball...hrg.). Amsterdam 1990.

18 Edward Schillebeeckx, *The Collected Works of Edward Schillebeeckx*, Volume 2: Revelation and Theology, p. 132. London 2014.

Schrift ist eine materiell unvollständige Regel (1), weil sie nicht für alle Wahrheiten die Quelle sein kann. Sie ist keine formell vollkommene Regel (2), weil sie noch andere Regeln braucht wie Tradition und Lehramt. Das thetische Lehramt bringt in voller Reinheit und Gewißheit die Wahrheit einheitlich und allgemein (katholisch) zum Vorschein. Die Schrift ist eine entfernte Regel (regula remota[19]) und nicht eine nächste (regula proxima[20]), weil sie eine schlechthin allgemeine (eine zu allen Zeiten und jeden Orten anzuwendende) Regel sein müßte, was aber nur der Tradition zukommt. Bei den Protestanten wird die regula fidei (Tradition und Lehramt) durch ein subjektives, phantastisches und willkürliches „Prinzip" (gustus spiritualis[21]) ersetzt. Die beiden regulae fidei ergänzen die Schrift, die die„φυσις" schlechthin „setzt".

4. Wissenschaftstheoretische These: „Wirken" gehört zum indogermanischen Stamm „uerg", daher unser Wort «Werk» und das griechische εργον[22]. εργον ist ein voll-endendes Her-vorbringen ins Anwesen, was im Wesen anwest. „Diese von Aristoteles für das eigentliche Anwesen des Anwesenden geprägten Namen sind in dem, was sie sagen, durch einen Abgrund getrennt und von der späteren neuzeitlichen Bedeutung von ενεργεια im Sinne von «Energie» und εντελεχεια[23] verschieden. Im Sinne von «Entelechie»[24] ist sie ein Hervorbringen ins Unverborgene. Im Lateinischen wird „εργον" mit „operatio" übersetzt im Sinne der „actio" und zu „ενεργεια" wird „actus" gesagt. Das Wirkliche als „causa efficiens" im Sinne der Kausalität wird theologisch zurück geführt in die „causa prima"[25], das wir Gott nennen. Das Wirkliche als Tatsächliches steht im Gegensatz zum bloß Gemeinten und bloßem Schein. Das Wirkliche entbirgt sich als Gegen-stand. Der Gegenstand ist das lateinische „objectum" als die *Gegenständigkeit* des Wesentlichen.

Theologische Implikation: Die Schrift ist selbst von seinem originären Verursacher über das eingesetzte Lehrapostolat (Apostel) an die Amts- und Rechtsnachfolge (Kirche) als apostolisch-lehrhaftes Werk intendiert worden. Das alles begründet die Würde und Bestimmung der Schrift und sichert das Telos als eine wahrhaft öffentliches, gesetzlich maßgebendes für alle und zu allen Zeiten vollgültigen bestehendes und wirksam geltend zu machendes Werk. Die Reformation spricht zuweilen von der Bibel als einem apostolischen Depositum und verknüpft

19 R. A. Siebenrock, *Das Zeichen des Rabbi*, p. 301.in: Glaube in Gemeinschaft: Autorität und Rezeption in der Kirche (M. Knapp, Th. Söding hrg.). Freiburg 2014.

20 R. A. Siebenrock, „Gewalt ist kein Name Gottes!".,p. 350.in: *Urkatastrophe: Die Erfahrung des Krieges 1914–1918 im Spiegel zeitgenössischer Theologie* (J. Negel, K. Pinggéra hrg.). Freiburg 2014.

21 L. Wegener, „So werden doch viele Menschen dar inn betrogen". Die Irrtumsproblematik in spätmittelalterlichen Traktaten zur ` Unterscheidung der Geister´ (discretiio spirituum), Kap. 3.in: Irrtum – Error – Erreur (A.Speer, M. Mauriège hrg.). Berlin 2018.

22 Martin Heidegger , Wegmarken, p. 289.

23 Martin Heidegger , a. a. O. p. 280ff.

24 Martin Heidegger , a. a. O. p. 289.

25 Vgl. Thomas v. Aquin, *Summa theologica* I. 14. 13. ad 1.

es aber nicht sinnvoller Weise mit einem autoritativen Subjekt (Apostel). Für die Protestanten ist das Werk der Schrift kein thesaurus a Domino depositus, sondern bonum derelictum. Für die Katholiken ist das biblische Werk ein instrumentum publicum, das maßgebend von der regula fidei (Lehramt und Tradition) beglaubigt, sanktioniert und gehandhabt wird und nicht wie bei den Protestanten planlos, schutz- wie wehrlos der indifferenten Ganzheit ausgesetzt ist. Aufgrund des apostolischen Charakters der Schrift ist sie objekt-ive Quelle und Regel des allumfassenden (katholischen) Glaubens und wird gegen-ständlich als Kanon imperativ und defintiv gemacht. Die Objekt-ivierung durch die Apostel will die vollkommene Verständigung der Offenbarung und die Ver-tat-säch-lichung ihrer Kompetenz. Den Aposteln und deren Nachfolgern ist es überantwortet, (1) den göttlichen Zweck und die Dimension der Schrift als Kraft (ενεργεια) für die verpflichteten Glaubensregeln geltend zu machen, (2) die materiale Integrität und Authentizität zu aktualisieren, sie als Instrument zur Erkenntnis und sie zur Be-gründ-ung der zu verkündenden Wahrheit zu promulgieren und schließlich (3) eine verzweckte und verkehrte Interpretation zu verurteilen. Ziel der Verantwortung gegenüber der Schrift ist die Hinterlegung, seine Wahrheit zu ver-gegen-ständlichen als ein zu Gott gehöriges Gut, es treuhändisch gemäß dem Ursprung zu verwalten[26], seine Absichten zu wahren und als originär-wahre Schenkung zu hüten. Daraus folgend ergeben sich diese kirchlichen Konsequenzen: (1) Die göttliche Ur-kunde muß von allen Gliedern mit Gewißheit angenommen werden. (2) Die Kirche ist im Besitz eines innerlich-authentischen, materiell und formell identischen Textes, der effektiv und unfehlbar tradiert ist. (3) Die heilige Urkunde mit ihrem authentischen Text garantiert einen objektiven Ursprung, die den autoritativ-lehramtlichen Vertretern als instrumentum doctrinae et probationis[27] (Beweismittel) bindend und unfehlbar überlassen ist. Absolut wirksam und bindend ist die indirekte Regel der Erklärung (mündliche Überlieferung) nach ihrer *negativen* Seite hin, wo der wahre Sinn der Schrift nicht gesucht werden darf. Nicht absolut wirksam und bindend ist sie nach ihrer *positiven* Seite, aber bloß wesentlich fördernd, weil der Mangel an Erkenntnis nachteilig wäre. Die Bewahrung der Schrift liegt ausschließlich in der Hand des Lehramtes, ist aber zum Nutzen aller in der Kirche bestimmt. Die Schrift ist ausschließlich Eigentum der Kirche und ihrer Glieder, welche unmittelbar berechtigt sind, sie ordentlich zu gebrauchen. Absolut unberechtigt ist eine Geltendmachung der Schrift gegen die Kirche.

---

26 Vgl. „secundum successionem episcoporum, quibus apostoli ecclesiam, quae in unoque loco est, tradiderunt, pervenit usque ad nos custoditione sine fictione Scripturarum tractatio plenissia... et lectio sine falsatione et secundum Scripturas exposition legitima" (Iren. I.3.c.26).

27 Louis van Gaál, *M. J. Scheebens systematische Sicht*, p. 195. in: *Maria und das Alte Testament* (M. Hauke Hrg.). Regenburg 2015.

Das Tridentinum fordert auf, das ouevre der Vulgata als das fundamentum confessionis fidei anzunehmen. Die tridentinischen Dekrete[28] sind von deklatorischer und dogmatischer Bedeutung, bloß thetisch und nicht exklusiv zu verstehen und bekräftigen die Konformität mit dem Original. Die moralische und substantielle Konformität verlangt *negativ* und ganz unbedingt vom primären Inhalt der Heiligen Schrift (Glaubenslehre und Sittenlehre betreffend) keinen Widerspruch im Worte Gottes und wenn es widerspricht, nicht Wort Gottes (positiv unbrauchbar) ist. Sie fordert *positiv,* daß der Inhalt der Vulgata sich zumindest der Substanz nach sich mit dem Original decke. Aufgrund der formellen Authentizität der Vulgata ist gemäß des Tridentinums sie als öffentlicher Text bedeutend.

Aufgrund des fortlaufenden Lehrapostolates (apostolische Überlieferung) sind die Apostel und deren Nachfolger eine stete Quelle (Grund) des Glaubens neben der Offenbarungsurkunde. Die Schrift selbst hat nicht andeutungsweise hingewiesen, daß sie als die einzige Quelle fungieren wird. Es dürfte nicht nur diffus indiziert werden, sondern müßte auch (1) formell und positiv erkennbar gemacht worden sein, will aus einer Annahme und einem Postulat nichts folgen. So (2) verlangt der Apostel expressis verbis, den Inhalt seiner Briefe (Werk) festzuhalten.[29] Schließlich (3) steht seit ältester Zeit fest, daß die Regel des Glaubens auch auf die apostolische Predigt abzielt.[30] Nach katholischem Konzept ist das Medium (Schrift wie Träger der Überlieferung) nicht zufällig, nicht rein menschlich, sondern ein zielgerichtetes von Gott bestimmtes Vehikel um die Reinheit des symbolum fidei (Objekt) zu gewähren. Das mündliche Depositum der Apostel ist nach seiner Natur und nach dem ekklesialen Selbstverständnis eine autonome Quelle des Glaubens (causa efficens), da sie (a) auch die einzige sein hätte können und (b) das Traditum eine Regel für die Interpretation darstellt.[31] Das werkhafteschriftliche Depositum stellt eine relative Notwendigkeit dar, die übergeordnet ist. Der Eigenwert der heiligen Urkunde als Opus liegt darin, daß sich der Logos gewissermaßen versprachlicht und seine Wahrheit semantisch darstellt.

28 Vgl. „Item sacram scripturam iuxta eum sensum, quem tenuit et tenet sancta Mater Ecclesia, cuius es judicare deo vero senu et interpretation sacrarum scriptuarum, admitto; nec eam unquam, nisi iuxta unanimem consensum Patrum accipiam et interpretabor". (Symbolum Tridentinum)

29 „Itaque, fratres state et tenete traditiones, quas accepistis sive per sermonem sive epistolam nostram". (2 Thess 2, 15)

30 Vgl. „Acceptam hanc paedicationem ac fidem, uti ante diximus, ecclesia , tametsi per totum terrarum orbem sparsa, summo studio et cura, perinde atque unam domum incolens, conservat ac, velut animam unam atque unum idemque cor habens, his aeque fidem accommodat et miro consensus, quasi uno ore praedita, haec praedicat, docet, ac tradit. Quamquam enim dispares inter se mundi linquae sind, una tamen et eadem est taditionis vis ... Verum ut sol hic a Deo conditus, in universo mundo unus atque idem est, ita etiam veritatis praedicatio passim lucet, omnesque homines, qui ad veritatis agnitionem vernire cupiunt, illustrat."(Iren. I.1, c.10, n. 2)

31 Vgl. „Quid autem, si neque Apostoli quidem Scripturas reliquisset nobis, nonne oportebat ordinem sequi Traditionis quam traditerunt iis, quibus committebant Ecclesias? Cui ordinationi assentiunt multae gentes barbarorum, eorum, qui in Christum credunt sine charta et atramento, scriptam habentes per Spiritum in cordibus suis salutem, et veterem Traditionem diligenter custodientes." (Iren. I. 3. c. 4. n. 1)

Das Kongruenzverhältnis zwischen mündlichen und dem schriftlichen Depositum differieren wir finalursächlich in traditiones *constitutivae*[32], die die Schrift nicht aufweist und in *interpretativae*, die die Schrift birgt. Letzte unterteilen sich in *declarativae* (Absicht erklärt sich aus dem Text der Schrift) und *inhaesivae*[33] (andeutungsweise in Schrift ausgesprochen und läßt implikativ schließen). Die Interaktion von mündlichem und schriftlichem Depositum (Schrift) ist ersteres ein (1) authentischer und exegetisierter Kommentar zum letzteren und das Mündliche (2) eine selbständige, formell bestätigende und materiell ergänzende Actu-ierung, die aus dem gleichen Ur-Grund wie die Schrift entstammt.

Was die Apostel kraft ihrer Autorität vergegenständlicht überliefern, unterscheiden wir noch die *traditio divino-apostolica*[34] mit lehrhaften Inhalt und *traditio mere apostolica*[35], die von Aposteln getroffen Einrichtungen und Gesetze berühren.

5. Wissenschaftstheoretische These: Die Theologie als Wissenschaft ist Theorie des Wirklichen (ens realissimum), in der die Gegenständigkeit waltet. Theologie als Wirkliches ist in ihren Ursachen verfolgbar und objektiv übersehbar und in ihrer Gegenständigkeit sichergestellt. Theologie als Theorie des Wirklichen ist nichts Selbstverständliches. Sie ist kein menschliches Gemächte, doch bleibt sie geheimnisvoll. <Theologie> stellt jeweils einen geheimnisvollen Bezirk des Wirklichen als ihr Gegenstandsgebiet sicher[36].

Theologische Implikation: Den Gegenstand der Lehre betreffend, berührt Theologie die Philosophie, die Gott ebenso zum Gegenstand hat im Sinne einer theologia naturalis wie auch die theologia relevata, die sich mit der geoffenbarten Lehre beschäftigt. Die Theologie als wissenschaftlicher Gegenstand unterscheidet sich nicht notwendigerweise von der auch dem numinosen, geheimnisvollen Glauben zukommenden Vernunftseinsicht. Theologie kontrastiert sich durch die historische Methode, durch ein philosophisches Verfahren und einer theoretischen Systematik. In der Frühzeit spricht man von einem vorwissenschaftlichen Zugang, der etwas vom Geheimnis Gottes erahnen ließ. Die Theologie will mit methodischem Ernst das Gottesgeheimnis in seiner Gegenständlichkeit theoretisch festhalten. Theologie als erkenntnistheoretische Wissenschaft will das zu glaubende Geheimnis benennen (fides quaerens intellectum[37]). Eine theoretische Systematik lebt von der objektlichen Dualität von Wesens- und Tatsachenwahrheiten.

---

32 Vgl. „In eis, quae aperte in Scripturis posita sunt, inveniuntur illa omnia, quae continent fidem oreque vivendi, spem scilicet et caritatem“. (Aug. Doctr. christ. c. 9.n.14)

33 Vgl. „Theologia nostra de facto non est nisi de his, quae continentur in sacra scriptura, et his, quae possunt elici ex ipsis" (Bonav., Brevil. in prooem. u. I. 3. c.1)

34 Tridentinum spricht von „traditiones tam ad fidem quam ad mores pertinentes“.

35 Tridentinum spricht von „traditiones ad disciplinam publicam vel privatam ecclesiae pertinentes“.

36 Martin Heidegger , Vorträge u. Aufsätze, p. 53.

37 Bibliotheca Augustana: Anselm von Canterbury: *Proslogion*, Capitula I.

Theologie läßt sich als eine sytemähnliche Gesamtheit darstellen und erklärt den geheimnisvollen Konnex der Offenbarungsfakten. Das Vatikanum sagt: „Wenn die vom Glauben erleuchtete Vernunft eifrig, treu und maßvoll forscht, erlangt sie mit Gottes Gnade einige Einsicht in die Geheimnisse und zwar eine überaus fruchtbare, sowohl aus der Entsprechung (Analogie) zu dem was sie für natürliche Weise erkennt, als auch aus dem Zusammenhang der Geheimnisse untereinander."[38] Das natürliche Licht der Vernunft und das geheimnisvolle Licht der Gnade almagieren zu einem homogenen Ganzen. Erkenntnisprinzip der Theologie ist weder Ratio allein, noch der mystische Glaube (fides), sondern deren Einklang. Die Offenbarungswahrheiten in ihrem Geheimnis können nie in reine theoretisierende Rationalitäten transformiert werden. „Niemals wird jedoch sie (die vom Glauben erleuchtete Vernunft) die Wahrheiten des Glaubens völlig durchschauen können nach den Wahrheiten, die den ihr eigenen Erkenntnisgegenstand ausmachen. Denn die göttlichen Geheimnisse übersteigen ihrer Natur nach so den geschaffenen Verstand, daß sie trotz der Übergabe durch die Offenbarung und trotz der Annahme im Glauben doch durch den Schleier selbst bedeckt und gleichsam vom Dunkel umhüllt bleiben, ..."[39]

6. Wissenschaftstheoretische These: Wir analysieren weiter: Was meint „Theorie" in der Wissenschaft des Wirklichen? Der Begriff «Theorie» wurzelt im griechischen Verb θεωρειν. θεωρειν erwächst aus den Worten: θεα und οραω. θεα[40] meint Anblick, worin sich etwas entbirgt, wo Aristoteles dann ειδος im Sinne von Wesen (οὐσία) und Substanz verwendet. θεωρειν ist anschauend (οραω), worin das Wesen geschaut wird. βιος θεωρητικος ist bei den Griechen das Lebensethos auf das An-wesen-de zu schauen um zu den Göttern durchzublicken. Dem gegenübergestellt ist βιος θεωρητικος (Lebensform), wobei βιος θεωρητικος als Denken die genuinste Form des Tuns ist. Weiters kennzeichnet θεωρειν die αρχαι und αιτια des An-wesen-den, was im Lateinischen mit principium (Prinzip) und causa (Grund) übersetzt wird.

Theologische Implikation: Um dem Prinzip und dem Wesen der Offenbarung gerecht zu werden, muß sie in der Kirche bewahrt, bezeugt und allen Gliedern zur Erkenntnis, zur Anerkennung und Aneignung geltend gemacht werden. Der Gläubige muß gehorsam, einträchtig und gemeinschaftlich am Depositum festhalten und zu dessen Reinheit, Fülle und Kraft verpflichtet werden, damit die Regel des Glaubens das kirchliche Leben durchherrsche. Als aktuell bedeutend und effektiv gültiges Gesetz kann es nur existieren durch ein währendes Lehrapostolat, das autorisiert ist, den Glaubensgehorsam einzufordern. Die faktische Allgemeinheit

38 DH 1796.
39 Vat. II. DH 1796.
40 Vgl. Theater.

des einen Glaubens (im Sinne der Theorie ein ειδος) ist nicht das Glaubensgesetz selbst, noch dessen Prinzip, sondern Wirkung oder Zeichen desselben. Das einigende Prinzip, das den katholischen Glauben regelt, findet sich deutlich nur in der Lehrgestalt der Kirche vor und artikuliert sich damit primär und in letzter Kompetenz durch das Dienstamt des Papstes (im Sinne der αρχη). Die Besonderheit der katholischen Glaubensregel liegt darin, daß sie nicht durch Gesamtheit der Einzelnen (wie bei den Protestanten) begründet wird, sondern Prinzip der Einheit ist und konstituiert, was geglaubt werden soll.

Für die Orthopraxie des Gäubigen ist die *unfehlbare Gewißheit* über den apostolischen Charakter einer Kirchenlehre (1) nicht allgemein notwendig, weil das aufgrund der Mangelhaftigkeit nicht möglich ist. Es ist ausreichend, (2) dass die Tradition so fortgeschrieben wird, daß der Katholik am Depositum nicht zweifeln darf. (3) Wo kein richterlicher Spruch vorliegt, muss auf die Tradition des Vergangenen zurückgegangen werden. (4) Die durch die Kirche festgestellte Wahrheit hat praktisch-apologetischen Wert. (5) Der Häretiker soll sich an der historischen Tradition orientieren, die die katholischen Prinzipien vermitteln. Die Handlung, wodurch Gottes Wort als regula fidei catholicae errichtet wird, nennt man *propositio ecclesiae*[41]. Prinzipiell ist die propositio (1) ein Theorem, die betreffende Wahrheit anzunehmen und (2) die sich an die Gesamtheit der Gläubige richtet. Eine ältere Formulierung ist die praedicatio ecclestiastica, die eine autoritative Forderung des Glaubens bedeutet und die der Hl. Thomas durch „perfecte per ecclesiam manisfestata“ und „per ecclesiam determinata“[42] ausdrückt. Die Propositio fordert wesentlich einen Gehorsam und vollzieht sich in der Funktion des Lehr- bzw. Predigtamtes, das sich auch dann in praxi durch Gewohnheitsgesetze manifestiert. Das Gewohnheitsgesetz ist gebieterischer Akt, der den Willen des Souveräns deutlich macht. Die regulative-praktische Kraft der propositio erstreckt sich auf den Gehorsam um die Substanz des Glaubens zu verdeutlichen. Das principium „magisterium ordinarium“ ist von moralischer Gewißheit und stellt eine regulative Kraft dar, die Verwirklichung beansprucht. Das Dienstamt fühlt sich moralisch verpflichtet, den juristischen Gehorsam einzufordern. Diese exekutiven Maßnahmen verlangen nach einer pietas fidei, d.h. nach Respekt vor Gott und der von ihm bestellten Lehrautoritäten.

Das relativ selbständige, regulative Prinzip der kirchlichen Autorität sind regulae remotae und sind je nach ihrer charakteristischen Natur wesentlich verschieden: (1) Die Schrift empfängt keine unabhängige Autorisierung lehramtlicher Art,

---

41 Vgl. "Fide divina et catholica ea omnia credenda sunt, quae in verbo Dei scripto, vel tradito continentur ab ecclesia, sive solemni judicio, sive ordinario et universali magisterio, antquam divinitus tradita credenda proponuntur", Denzinger 1792.

42 Ep. ad Rom c. 14, l. 3.

sondern das Lehramt ist bloß äußernde Deklarierung der Richtigkeit ihrer Niederschrift, wie auch ihrer authentischen Exegese. Sie begründet eine unmittelbare divine, autonome vom kirchlichen Magisterium selbständige Regel, welche diesem selbst perenniter von Gott als Regel seiner Lehre präjudiziert wird und erst durch dieselbe zur effektiven Regel des Depositum wird. Die gegenwärtige Lehrautorität muß in Kontinuität früherer Lehräußerungen stehen. (2) Die früheren Dokumente der kirchlichen Tradition sind vollgültige Instrumente der Glaubensgesetze und sind von verschiedener Wertigkeit. Priorität haben die symbola fidei, dann folgen die Schriften der Väter, die durch Entlehnung in der kirchlichen Gesetzgebung eine praktische Bedeutung erlangen und schließlich die historischen Dokumente, die bloß die „kirchliche Regel" dokumentieren. (3) Auch gegenwärtig läßt sich auf Basis der logisch-vorrangigen Lehrautorität und deren kanonischen Promulgierungen im sensus omnium fidelium et doctorum eine relativ-selbständige, lebendige (βιος) Glaubensregel finden.

Die veritas catholica (allgemein, gültig und verbindlich), auch veritas canonica genannt, oder das dogma ecclesiasticum (unbezweifelbare, vorgeschriebene Lehre der Kirche) wird als Prinzip zur Annahme geltend gemacht. Wenn uns die Lehren als Gegenstand des göttlichen Glaubens vorgelegt sind, nennen wir sie veritas fidei catholicae (Glaubenswahrheiten) bzw. dogmata fidei oder dogmata divina (Glaubensvorschriften oder –lehren im Sinne der Lebensform), die bald theologisch finaliter, bald causaliter sind. Δόγμα[43] (von δοκειν – glauben, meinen) bedeutet im biblischen und kirchlichen Duktus kein subjektives Meinen[44], sondern Verordnung und Gesetz (κανόν[45]), was ein ex auctoritate festgesetzter Lehrsatz zum Unterschied zu einer Privatmeinung ist. Manchmal wird das exoterische[46] δόγμα dem esoterischen[47] κήρυγμα gegenübergestellt. Wo in der Kirche eine richterliche Wahrheit festgestellt wird, handelt es sich um ein iudicium dogmaticum. Was auch nicht streng kategorisch „Gottes Wort" ist, kann trotzdem später Imperativ durch die Kirche zum dogma materiale[48] bzw. zum dogma quoad nos[49] werden. In Bezug auf die Verpflichtung gegenüber dem Dogma besteht eine necessitas medii, die eine Notwendigkeit des göttlichen oder kirchlichen Gesetzes ist. Eine Lehre, die nicht peremtorisch von der Kirche beeinsprucht wird, steht nicht in der Beliebigkeit des bloßen Meinens des Einzelnen. Die Trennungslinie der freien Meinung kann in concreto nicht immer mathematisch gezogen werden und wird

43 Vgl. „Quae sapientia neque de se ipsa dubitare debet, neque de suis decretis, quae philosphi vocant dogmata, quorum nullum sine scelere prodi potest". (Cic. Acad. Quaest. 4, 9)
44 Vgl. Apg. 15, 25 und 28: εδοξε.
45 Vgl. Apg. 16, 4.
46 Eine äußere Lehre, die wissenschaftstheoretisch erforschbar und im Grunde für alle zugänglich ist.
47 Beruht nach griechischer Schule weniger auf Wissenschaftlichkeit.
48 Ist ein von Christus geoffenbartes dogma divinum.
49 S. Thom., In. ep.ad Rom. c. 14, 1. 3.

oft von den Theologen unhaltbar (improbabilis) ausgereizt. Neben den juristisch verpflichtenden Vorgaben gibt es moralisch bindende, deren Verletzung eine Mißachtung zum Ausdruck bringen. Verstöße gegen die Dogmen werden mit „haeresis" und „error"[50] zensuriert.

Das Befürworten einer häretischen Lehre ist blasphemisch-sündhaft, weil sie 1) *formell* sakral ist und eine Desavouierung seines „Wortes" bzw. eine Despektierlichkeit seiner Zivilisation darstellt. Sie widerspricht nicht exkulpierbar der 2) *materiellen* Heiligkeit (die Heiligkeit Gottes betreffend) und deren Wirksamkeit im Leben. Zensuren wurden bei Mißachtung der veritas catholica (Abwertung Erkenntnis-theologischer Regel) erteilt: wo a) haeresis (contradictoria zur Offenbarungswahrheit), b) wo error theologicus (gegenteilige Vernunftsfolgerung aus der Offenbarwahrheit), c) wo eine propositio falsa (Leugnung allgemein-gültiger Wahrheit) vorliegen. Bei den d) haeresis proxima (konträr zur Offenbarung), e) errori proxima (wenn das Gegenteil zur Offenbarungswahrheit moralisch feststeht) und e) temeraria[51] (leugnet die Wahrheit aus Verachtung der Autorität) wird weiteres durch „notae" zensuriert. Mißachtung der Kirche drückt sich durch propositio iniuriosa (rechtsverletzend) oder schonender durch propositio piarum aurium offensiva (Mangel an Pietät) aus, die sich wiederum auf Gott[52] bzw. auf die Kirche[53] beziehen. Zensuren in Hinblick auf schädliche Wirkung mißbilligen durch die propositio periculosa[54] (gefährlich) oder perniciosa (verderblich) negative Tendenzen. Die Zensur sententia in praxi perniciosa[55] findet ihre Anwendung gegen die Schismatiker[56]. Die Zensur „propositio male sonans"[57] verurteilt einen Satz, der einen Irrtum insinuiert, der verfänglich (capiosa) ist oder einen versteckten Irrtum (errorem sapiens) enthält.

Iudicia de fide bzw. de materia fidei ist eine kirchlich-richterliche Entscheidung, die definierend-differenzierend die christliche Lebensform klärt. *Definire* (οριζειν) als Definieren ist eine positive, den Irrtum abzugrenzende[58] Formulierung, die zu einer endgültigen Feststellung führt. *Iudicare* (richten) ist eine negative, nach einem sakrosankten Gesetz richtende, zensurierende Entscheidung. Ein

50 „Error" gibt es auch in der Programmiersprache des Computer, die einen Irrtum im System deklarieren.

51 übersetzt: verwegen. Es wird unterschieden zwischen temerarium positivum (verwegener Angriff) und temerarium negativum (leichtsinnige Behauptung).

52 blasphema, impia, divinae pietati derogans.

53 Praxi et usui ecclesiae vel disiciplinae ecclesiasticae derogans, jurisdictionis ecclesiae laesiva.

54 Unterscheiden sich in "non tuta in fide" bzw. fidei subersiva und „non tuta" und weiters „periculosa in moribus oder scandalosa".

55 Vgl. Jacque B. Bossuet, *Oeuvres complètes*, Band 2. p. 623. Paris 1856.

56 inducens in schisma, oder eversiva ordinis hierarchici, relaxativa discipline ecclesiaticae; gegenüber dem Staat: seditiosa, eversiva ordinis publici.

57 Vgl. Sokrates mainomenos oder die Dialogen des Diogenes von Sinope, (hrg. Hans-Peter Nowitzki), 3. Buch p. 201. Berlin 2008.

58 Definieren meint auch an die Grenze führend.

richterliches Votum[59] findet sich auch im decretum doctrinale, welches monitorischen Charakter hat, bis hin zu einer lehrrichterlichen Sentenz[60]. Der Zweck eines kanonischen Spruches will (1) die Klärung eines anscheinend berechtigten und begründeten Zweifels, (2) die Entfernung eines unerträglichen Zweifels und (3) die Prävention künftiger Zweifel, wo frühere Entscheidungen bestätigt (confirmare) bzw. erneuert (innovare) werden, unabhängig ob sie opportun[61] sind oder nicht. Urheber (causa) kanonischer Urteile können nur Träger der ecclesialen Lehrgewalt sein, die durch konsultative Voten untergeordneter Richter unterstützt werden. Als Souverän der judikativen Gewalt, basierend auf der absoluten Garantie der Wahrheit, steht der Papst wesentlich und prinzipiell über allen Einzelrichtern und Tribunalen[62]. In den ersten Jahrhunderten wurde ad hoc ein „concilium Apostolicae Sedis"[63] gebildet, die den Papst beraten haben und decretalia oder synodales definitiones erließen. Im Mittelalter entschied in der Regel „de consilio Fr. N. Cardinalium"[64] oder der Papst bediente sich „sacro approbante Concilio"[65]. In der Neuzeit bildeten sich Kongegrationen heraus. Bei den autoritativen Lehrbestimmungen haben wir einen Akt kanonischer Jurisdiktion vor uns, der causal die Beweise der zu feststellenden Wahrheit (cognitio causae) diskretionär und dekretorisch ausspricht. Die Relevanz einer dekretorischen Sentenz[66] braucht wesentlich die Darstellung der Gründe, damit die Gründe einer materialen Kritik zugängig gemacht werden können und deren Wirksamkeit gewährleistet ist und damit die Basis für eine innere Zustimmung bereitet wird. Die substantielle Besonderheit der rechtsprechenden cognito causae berühren (a) die Glaubenswahrheiten und bei juristisch perfekten Urteilen ein impliziertes, virtuelles bzw. habituelles Zeugnis. Theologische Wahrheiten (b) müssen natürlich nicht auf gegebene Zeugnisse der Kirche rekurriert werden. Kausal-genetisch werden die Gerichtsurteile durch Richter sorgsam und im Gewissen verpflichtet vorbereitet, aber durch das richterliche Amt legitimiert. Das Urteil kann mit einem präsumtiven Anspruch[67] auftreten und wenn es souverän[68] ist, verkörpert

59 Richter spricht oft in der Bekenntnisformel: "S. Synodus credit et confitetur" im Tridentinum oder „Ecclesia credit et confitetur" im Vatikanum.

60 Durch Anathem oder Exkommunikation.

61 Die Opportunität ist kein Kriterium für das Urteil und liegt in der Gewissensentscheidung des Richters oder wie der Apostel (2 Tim 4, 2) sagt:"Insta opportune, importune".

62 Vgl. Prooem. der Const. I. Vat.: „Nobiscum sedentibus et iudiantibus universi orbis episcopis". Auf Synoden können Bischöfe kollegial-richterlich als Tribunal, aber untergeordnet, auftreten.

63 Vgl. Johann Friedrich Ludwig Rothensee , *Der Primat des Papstes in allen christlichen Jahrhu*nderten, Band 1, p. 282. Mainz 1836.

64 Vgl. Paul Hinschius, *System des katholischen Kirchenrechts*, Band 1. p. 337. Berlin 1869.

65 Vgl. Bulla reformationis S. D. N. D. Leonis X. P. M. sacro approbante concilio edita.

66 Höhere Instanz gewährleistet ein perfektes Urteil.

67 Einen bloß präsumtiven, wenn es von untergeordneten Richtern (Bischof) ausgesprochen wird und das Urteil „putativ" und unter „salvo iudicio oder sub correctione Sedis Apostotolicae" dekrediert.

68 Ist ein unantastbares (peremptorium), unwidersprechliches (irrefragabile) Urteil, das unumstößlich u. nicht reformiert werden muß (iudicium irreformabile et irretractabile).

es ein „placitum" bzw. „iudicium coeleste"[69]. Lehrurteile bemühen sich um eine innere Zustimmung des Betroffenen und wirken vor allem im forum internum. Dem Urteil letzter Instanz (Papst) kommt wesentlich und notwendig Unfehlbarkeit zu, was zur suavis providentia[70] gehört, wo der Geist integrativ über die Kirche wacht, weil die absolute Rechtskraft wesentlich mit der Unfehlbarkeit verbunden ist. Daraus folgt aber nicht, dass jedes kirchliche Urteil per se eine effektive, volle und unbedingte Gültigkeit und Wirksamkeit hat und zur res iudicata mache.

Die Zustimmung zu einem untergeordneten Urteil durch die oberste Instanz ist eine akzessorische Potenzierung und affirmiert das Urteil zu einem endgültigen[71]. Die retractio (Rückgriff auf die höchste Entscheidungsgewalt) wurde oft aus praktischen Überlegungen zur Pflicht. Theoretisch gilt der kirchliche Richter als exekutives Organ und erst durch den consensus ecclesiae[72] werden richterliche Entscheidungen zu Urteilen.

Aufgrund seiner Position ist der Papst ein souveräner Regulator[73] endgültiger, irrefragabiler-richterlicher Beschlüsse und kontinuierlicher, infallibler Lehrer des Depositum[74]. Seine „ex cathedra" Entscheidungen gelten wesentlich als iudicia, constituta cathedrae bzw. Sedis apostolicae und sind normativ. Der „ex cathedra" Spruch beinhaltet *materialiter* die doctrina de fide et moribus und *formaliter* ist er intendierter-effektiver Ausspruch einer souverän-apostolischen Jurisdiktion bzw. ein magisterium omnium ecclesiarum und damit eine cathedra unitatis[75]. Das Prädikat der Infallibilität[76] ist in seiner Substanz nicht naturaliter sondern

---

69 Vgl. CHRISTIAN SCHÖTTGEN, *Horae hebraicae et talmudicae.*, p. 1223. Dresdae et Lipsiae MDCCXXXIII.

70 Vgl. Bischof GUIDO TERENNI, *Opuscula de magisterio inafallibili Romani Ponrtifis: in Opuscula et textus*, Series scholastica, Fasc. 2.: „Quod vero dicitur, quod summus pontifex, etsi ut est persona singularis posit in se errare, tamen propter communitatem fidelium et universitatem Ecclesiae, pro cuius fide rogavit, Dominus non permittet eum determinare aliquid contra fidem".

71 Vgl. AUG. *Serm. 131, al. 2 de verbis Apostoli:* „De hac causa duo concilia missa sunt ad Apostolicam Sedem: inde etiam rescripta venerunt; causa finite est; utinam aliquando et error finiatur".

72 Zu unterscheiden beim Papst: er handelt nicht in „consensus ecclesiae" sondern im „sensus ecclesiae".

73 Vgl. Jurisdiktionsprimat im I. Vat. *Pastor Aeternus*, Kap. 1.

74 Vgl. Infallibilität: I. Vat. *Pastor Aeternus*, Kap. 4: „Itaque Nos traditioni a fidei Christianae exordio perceptae fideliter inhaerendo, .. docemus et divinitus revelatum dogma esse definimus: Romanum Pontificem cum ex cathedra loquitur, id est, cum omnium Christianorum Pastoris et Doctoris munere fungens, pro suprema sua Apostolica auctoritate doctrinam de fide vel moribus ab universa Ecclesia tenendam definit, per assisteniam divinam, ipsi in beato Petro promissam, ea infallibilitate pollere, qua divines Redemptor Ecclesiam suam in definienda doctrina de fide vel moribus instructam esse voluit; ideoque eiusmodi Romani Pontificis definitones ex sese, non autem ex consensus Ecclesiae irreformabiles esse".

75 Vgl. Enzyklika *Quanta cura* vom 8. Dez. 1864: „In tanta igitur depravatarum opinionum perversitate, Nos Apostolici Nostri oficii probe memores, ac de sanctissima nostra religione, de sana doctrina et animarum salute Nobis divinitus comissa, ac de ipsius humanae societatis bono maxime soliciti, Apostolicam Nostram vocem iterum extollere existimavimus. Itaque omnes et singulas pravas opinions ac doctrinas singillatim hisce Litteris commemorates auctoritate Nostra Apostolica reprobamus, proscribimus atque damnamus, easque ab omnibus catholicae Ecclesiae filiis, veluti reprobatas, prosciptas atque damnatas omnino haberi et mandamus".

76 Unfehlbarkeit des Papstes liegt nicht in der Person als einer persönlichen Beschaffenheit (inerrantia personae), sondern in der ausdrücklichen Äußerungen des Lehramtes und als oberster Richter.

supernaturaliter[77] durch göttliche Assistenz (assistentia divina[78]) subsistiert. Die Unumstößlichkeit bzw. die Unwiderruflichkeit (irreformabiles ex sese) und die Unwidersprechlichkeit (irrefragabilitas) sind weitere wesenhaft-prädikative Attribute der Unfehlbarkeit, die in Form mit dem Amt der Person habituell und essentiell verbunden ist. Es ist damit gemeint, daß die Unfehlbarkeit der betreffenden, aktuellen Akte die Wirkung der habituellen Untrüglichkeit (infallibilitas) als kernhaftes Prinzip und Grund bestätigen. Das iudicium Pontificis und iudicium Sedis werden oft synonym (das handelnde Subjekt identisch) verwendet, in derselben Person hypostasiert und der Hl. Stuhl personifiziert. Die Ausdrucksformen der „ex cathedra" Entscheidungen sind (1) die Dogmatischen Konstitutionen, (2) die Enzykliken, die bestimmte Lehren vortragen, weiters (3) die Apostolischen Briefe, wenn sie theologische Zensuren erteilen und schließlich, wenn (4) Urteile von Partikularkonzilien und der römischen Kongregationen bestätigt werden.

7. Wissenschaftstheoretische These: Eine weitere Ableitung von θεα und οραω mit anderer Apostrophierung wären; θεα und ωρα. θεα ist die weibliche Form für „Gott". θεα steht bei Parmenides[79] für die absolute Vernunft (λογος) in der Verbindung mit αληθεια meint es die Unverborgenheit des Wesens, die wir mit Wahrheit übersetzen. ωρα findet sich im althochdeutschen „wara"[80] wahr wieder. Damit ist die Theorie das *„hütende Schauen der Wahrheit"*[81].

Theologische Implikation: Die kirchliche Tradition artikuliert sich (1) *materiell* nicht durch arbiträre Personen, Massen oder Gelehrte, sondern durch jene, die durch Christus (Λογος) der gestifteten Kirche angehören. (2) Formell ist es ein von Gott (θεος) begründetes und durch den Hl. Geist inspiriertes und gelenktes, stets organisches Gemeinwesen. Ihr Zeugnis ist nicht bloß menschlich, sondern des Hl. Geistes und das Zeugnis legitimiert sich durch das essentielle Amt in diesem mystisch-somatischen Gefüge im Hl. Geist, der die Unfehlbarkeit wahrt.

---

77 Theologisch ist interessant, daß die Unfehlbarkeit des Papstes aus der Unbeflecktheit der Braut Christi (die Kirche) erwächst. Vergleiche dazu Dekret des Gelasius „De recipiendis libris": „Quamvis iniversae per orbem catholicae diffusae ecclesiae unus thalamus Christ sit, sancta tamen Romana eclesia nullis synodicis constitutis caeteris ecclesiis praelata est, sed evangelica voce Domini et Salvatoris primatum obtinuit".

Da die Immaculata (Maria) Topos der Kirche ist, generiert ihre Unbeflecktheit die Unfehlbarkeit des Papstes.

78 Der göttliche Beistand hierbei ist keine direkte Offenbarung an den Papst, sondern will die Forschung befruchten und verhindert, daß irrige Erkenntnis in die Definition einfließt. Er intendiert zwar die Kirche und zielt auf sie ab, trifft aber direkt das Petrusamt durch die Zusage des Herrn an Petrus.

79 Vgl. Parmenides: Grundsatz DK 28 B 3 und das große Haupttextstück DK 28 B 7 und 8 griechischer Text nach H. Diels & W. Kranz, Berlin 1903 (28 B 1–19) / deutsch Hans Zimmermann 2000, 2007.

80 *Metzler Lexikon Kunstwissenschaft:* Wahrheit. pp 469–474.

81 Martin Heidegger , *Vorträge und Aufsätze*, p. 49.

Die Integrität, Kontinuität und Universalität der kirchlichen Tradition zeigt sich in der wesentlichen Unfehlbarkeit (Teilhabe an der ganzen Wahrheit, die Christus ist)[82] und der Indefektibilität, damit „... sich nicht durch allgemeine Verdunklung der wichtigsten Wahrheiten in Bezug auf die Religion, die die Grundlage des Glaubens und der Morallehre von Jesus Christus sind, ausbreiten“[83].

(1) Negativ darf die Kirche niemals etwas als apostolische Tradition deklarieren, was der wahren Tradition widerspricht und keine der ewig anvertrauten Wahrheiten darf vorsätzlich geleugnet bzw. förmlich gefälscht werden. (2) Positiv müssen die essentiellen und unerlässlichen Wahrheiten zumindest durch das Lehramt expressiv und laufend tradiert werden und für die überlassenen Wahrheiten plädieren. Das Depositum der Wahrheit muß *implicite* und *habitualiter* garantiert werden. Die Besonderheit wie eine Wahrheit die andere birgt, ist nicht nur wie sie in ihr enthalten ist, sondern wie auch aus derselben, durch Konklusion, geschlossen werden kann. Die kernhafte Wahrheit zieht man folgend in Erwägung: 1) die allgemeinere, die andere als partikuläre, 2) die prinzipienhafte, die andere als Wirkungen, 3) die komplexe, die andere als Voraussetzung bzw. Teile und 4) die praktische, welche andere theoretische inkludiert oder bedingt. Die gesicherte Wahrheit muss kernhaft zum Ausdruck gebracht werden, dokumentarisch verschriftlicht werden, damit daraus impliziert werden kann und der inspirierende Geist als „suggerens veritatem“ und inducens in veritatem“ zum Ausdruck kommt. Was im Laufe der Tradition latent geborgen ist, muß immer wieder gehoben werden.

Die (1) Integrität der Tradition ist wesentlich für alle Zeiten *absolut vollkommen* nur nach ihrer negativen Seite hin; nach ihrer positiven Seite aber nur *substaniell und relativ vollkommen*. (2) Die Kontinuität widerfährt *bedingt und absolut* keiner Unterbrechung in Bezug auf die Habitualität des Depositums (Glaubenswahrheit), läßt aber eine Suspension (partielle Störung bezüglich des Objektes und ein partikulärer Bruch des Subjektes betreffend) des Geltendmachens der Glaubenswahrheit zu. (3) Die Universalität der Tradition impliziert, daß unbedingt für jede Zeit, aber nicht an allen Orten, die Glaubenswahrheit niemals verfälscht oder geleugnet sein könnte. Die Universalität der aktuellen Tradition muß nicht vorhanden sein in der effektiven Universalität des Bekenntnisses, sondern nur in der Universalität der Lehre, die wiederum moralisch sein kann, die aufgrund der universalen Autorität des Hauptes, auch juristisch sein kann. Die drei Eigenschaften (Integrität, Kontinuität und Universalität) sind katholisch in Bezug a) ihres Objektes (das ganze Wahrheitsdepositum umfassend), b) ihrer Dauer (zu jedem Zeitpunkt das Depositum festhaltend) und c) des Mediums bzw. des Subjektes (durch die

82 Vgl. KKK § 889.
83 Pius VI., Enzyklika *Auctorem Fidei* (Denzinger 1501).

Kirche als Ganzes getragen). Katholizität[84] ist absolut gegeben, wenn die besagte Wahrheit nicht bloß *habituell* und *implizit*, sondern *aktuell* und *explizit* unwidersprochen, vorgetragen und in allen Teilkirchen bekräftigt wird. Die Katholizität[85] ist bloß *relativ*, aber eine *wesentlich Vollkommene*, wenn mehr oder minder auch eine temporäre Störung der Kontinuität und Universalität aufgetreten ist, ohne sie generell zu zerstören. Die *solidarische* Einheit zeigt sich durch die 1) *sekundäre* Wahrheit mit den *prinzipiellen* Kernwahrheiten, 2) durch Verkettung der Lehre der zurückliegenden Kirche mit der späteren und 3) Verwachsensein des Glaubens der untergeordneten Glieder mit der zentralen Instanz.[86] Vinzenz von Lerin verlangte in seinem Kanon[87] der Katholizität die „universitas", „antiquitas" und „consenio" bezüglich der fides explicata nicht kopulativ, sonder disbributiv, und die „antiquitas" nicht absolut, sondern relativ. (1) Die einzelnen Träger und Adressaten der Tradition sind nicht darauf beschränkt, bloß zu tradieren, was die Vorgänger überliefert haben. (2) Tradition realisiert sich in einer denkenden Kreativität. (3) Was latent bereits als Wahrheit vorhanden, wird in der Tradition gehoben und findet sich aktualisiert als Echo wieder. Wir unterscheiden zwei Erscheinungsformen der kirchlichen Überlieferung: a) in Hinsicht auf die *Form* des äußeren Aktes der Wahrheitskundgebung – ob es eine praktische oder doktrinäre, eine bekennende oder lehrende, bezeugende oder richterliche, eine mündliche oder schriftliche ist; b) hinsichtlich des *Organs*, von welchem die Kundgebung ausgeht. Die funktionalste Erscheinung der Tradition bietet das (1)„symbolum fidei" (auch Bekenntnisformel wie Katechismus) und (2) die Liturgie und der Lebenswandel nach dem Grundsatz „Legem credendi statuat lex supplicandi"[88].

Der „sensus fidelium" ist ein Zeichen und Beweis für die wahre Lehrtradition.[89] Das Zeugnis sämtlicher Bischöfe ist formell und virtuell per se und in se ein schlechthin katholisches, weil es Ursache und auch maßgebend für die Glaubenswahrheit ist. *Aktuell* präsentiert sich die habituelle Lehre des unfehlbaren Lehramtes und Repräsentant der katholischen Tradition im authentischen Urteil des Papstes (in ordentlicher Form und Bischöfe in außerordentlicher). „In cathedra unitatis, posuit Deus doctrinam veritatis"[90] ist die Formulierung, die seit ältesten

---

84 Hier erweist sich die Katholizität der Wahrheit als effektiv, extensiv, explizierte bzw. materielle und äußerlich.

85 Hier ist eine virtuelle, prinzipielle und implizierte, bzw. formell und innerkirchliche.

86 Vgl. dazu dem Merksatz: fides minorum veritatum in der fides maiorum veritatum, die fides posterorum in der fides maiorum antecessorum, die fides minorum membrorum ecclesiae in der fides maiorum membrorum ecclesiae.

87 *„In ipsa item catholica ecclesia magnopere curandum est, ut id teneamus, quod ubique, quod semper, quod ab omnibus creditum est. Hoc est et enim vere proprieque catholicum; quod ipsa vis nominis ratioque declarat, quae omnia fere universaliter comprehendit."* Commonitorum (II.3).

88 Prosper von Aquitanien, auct. ep. 8. Der gleiche Grundsatz wird auch ausgedrückt durch: Lex orandi – lex credendi.

89 Vgl. „ab omnium fidelium ore pendeamus, quia in omnem fidelem Spritus Sanctus spirat". (Paulinus von Nola Ep.4)

90 Augustinus, Ep. 105, ad Donatist. c. 16.

Zeiten das ordentliche Magisterium aufrechthielt. Neben dem unfehlbaren Lehramt gibt es sekundäre Hauptkonduktoren und Vermittler, die zwar nicht autoritativ und juristisch, aber tatsächlich und moralisch ein wahres Zeugnis von der Tradition geben und entschieden die göttliche Wahrheit vortragen. Diese Väter und Lehrer repräsentieren in all ihrer Übereinstimmung (adaequtio veritatis) ein „charisma Spiritus Sancti , quod acceperunt ad docendum“[91] oder die „gratia Spiritus Sancti, per quem edocti sunt inter se consentiunt.“ [92]

8. Wissenschaftstheoretische These: Die Lateiner transfigurieren θεωρια in contemplatio. „Contemplari heißt auch: etwas in einen Abschnitt einteilen und darin umzäunen und sammeln. Templum ist in radice das griechische τεμνειν[93], das einer ganz anderen Erfahrung entspringt als das des θεωρειν. τεμνειν heißt: schneiden, abteilen. Das Unzerschneidbare, das Unteilbare ist das ατμητον, ατομον, Atom.“[94] Contemplatio[95] beinhaltet auch die Wurzel „templum“, was einen heiligen Bezirk bedeutet. Templum wird im Griechischen mit ἅγιον bzw. ἱερόν transskripiert. Damit fließt durch „heiliges“ bzw. „priesterliches“ das Metaphysische ins „Theoretische“ ein.

Versuch einer systemtheoretischen Implikaton im ekklesialen Bereich:

Die hierarchische (ἱερόν) Verfaßtheit[96] der Kirche umgrenzt den Lehrauftrag, die pastorale (legislative, exekutive, judikative) Sorge und das priesterliche Amt (ίρευς). Es entspricht wesenhaft dem dreifachen Amt Christi als Prophet, Hirte und dem ewigen Hohepriester. Nach biblischem Verständnis übertrug Christus den Aposteln, das Evangelium zu verkünden (Mt 28, 19), stattete sie mit Vollmacht aus (Lk 10,6), verlieh ihnen priesterliche Funktion (Mt 28,19), übertrug Ämter (Apg. 15, 28f) und gab den Gläubigen Vorgaben und Gesetze (1 Kor 5). In der Urkirche sind die Presbyter, die „επίσκοποι“ genannt werden, und „διακονοι“ (Apg 8,5), die ihre Ämter hierarchisch ausüben, nachweisbar. Denen gegenüber stehen die χαρισματικοι (Charismatiker), die nicht zur Hierarchie gezählt werden, von denen Paulus die Unterordnung forderte (1 Kor 14). Die Bischöfe repräsentieren die Apostel, die die Hierarchie darstellen.[97] Die hierarchische

91 Theodoret, tom IV, p.33.

92 Leontius Byz. Bei Gallandi XII 632.

93 Karl Ernst Georges: *Ausführliches lateinisch-deutsches Handwörterbuch.* Band 2. Hannover 1918 (Nachdruck Darmstadt 1998), Sp. 3049.

94 Martin Heidegger , *Vorträge und Aufsätze*, p. 49.

95 Vgl. Ernout-Meillet, *Dictionnaire etymologique de la langue latine* 1951, p. 1202: contemplari dictum est a templo, i. e. loco qui ab omni *parte aspici*, vel ex quo omnis *pars videri* potest, quem antiqui templum nominabant).

96 Pius VI. verwirft die gallikanische These: „Si quis dixerit, in Ecclesia catholica non esse hierarchiam divina ordinatione institutam.“ (DH 1776) Pius XII. wendet sich in der „Mystici Corporis“ gegen die Unterscheidung von Rechts- und Liebeskirche.

97 Vgl. Konzil von Trient (DH 1767) oder II. Vatikanum: „episcopi, qui positi a Spiritu Sancto in Apostolorum locum successerunt“ (DH 3061).

Struktur resultiert notwendig aus der Indefektibilität der Kirche[98]. Sie besagt die wesentliche Unvergänglichkeit der Lehre und ihrer hierarchischen Verfassung. Christus setzt die Kirche auf Felsengrund (Mt 7,24), einem petrinisch-hierarchischen Prinzip, den Aposteln als hierarchische Personifizierung versichert er seinen Beistand (Mt 28,20). Bischöfe agieren im hierarchischen Tun als Apostel, die Leitungsvollmacht haben. „Wie Christus die Apostel, die er sich von der Welt ausgewählt hatte, sandte, so wie er selbst vom Vater gesandt worden war , so wollte er, daß in seiner Kirche bis an das Ende der Welt Hirten und Lehrer sind"[99], so das Vaticanum. Klemens von Rom berichtet von einer hierarchischen Struktur: „In den Ländern und Städten predigten sie und setzten Bischöfe und Diakonen ein." (Kor 42, 4). Ignatius von Antiochien setzt in Kenntnis: „Keiner soll ohne Bischof etwas tun. Wo der Bischof sich zeigt, da sei das Volk, wo Christus ist, ist die Kirche ... Wer den Bischof ehrt, wird von Gott geehrt ..."[100]

Die innere Ursache kirchlicher Indefektibilität findet sich in Christus selbst (1 Kor 3,11), der das heilige Fundament, der der hierarchische Ursprung ist und dem Hl. Geist[101], der der Kirche als heiliger Bezirk das Wesens- und Lebensprinzip des Heiligen entbirgt. Die stringente Theorie der Logik der Indefektibilität impliziert die Infallibilität. Die Unfehlbarkeit ist nach dem Theorem die Unmöglichkeit des Irrtums. Sie liegt aktiv in der „infallibilitas in docendo" (Lehramt) und passiv in der „infallibilitas in credendo" (Gläubige, die nicht getäuscht bzw. nicht in den Irrtum geführt werden), die zueinander in einem Ursache-Wirkungs-Verhältnis stehen. Die Reformatoren verwarfen mit der Unfehlbarkeit auch die Legitimität einer Hierarchie. Die epistemo-theoretischen Reflexionen der Väter führen dazu, daß die Kirche die von Aposteln tradierte Wahrheit unteilbar und unverfälscht hütet. Irenäus führt gegen die Gnosis an: „Wo die Kirche ist, da ist auch der Geist Gottes, wo der Geist Gottes ist, da ist Kirche, der Geist aber ist Wahrheit".[102] Die Kirche ist Tempel der Wahrheit[103] und das apostolische Erbe in permanenter Weitergabe wird der episkopalen Hierarchie überlassen. Aus erkenntnis-theoretischer Sicht ist formell die Unfehlbarkeit der primäre Gegenstand, der sekundäre die aus der Offenbarungslehre implizierte Konklusion. Systemtheoretisch folgt daraus (1) die theologische Schlußfolgerung aus der Vernunfts- und Offenbarungwahrheit, (2) die historischen Fakten, auf denen die facta dogmatica ruhen und schließlich (3) Vernunftswahrheiten, die die Offenbarungswahrheiten zusammenführen.

98 LUMEN GENTIUM, 12, 1. Modernisten insinuieren eine substantielle Entwicklung der Lehre und Verfassung der Kirche, die antihierarchisch ist.

99 DH 3050ff.

100 Smyrrn. 8, 1–2 bzw. 9,1.

101 Vgl. TH. AQUIN, S. th. 1 II 106, 4.

102 IRENÄUS, Adv. Haer. II, 24, 1.

103 Vgl. IRENÄUS, Adv. Haer. II. 24. 2.

Die Ecclesia[104] als ein sammelndes Herausgerufensein unterscheidet eine formelle und materiale Sichtbarkeit. *Material* wird die Kirche durch ihre Glieder sichtbar, formell ist die Sichtbarkeit die erkenntnistheoretische Hermeneutik der Kirche. Die Kirche hat ein „sichtbares Opfer", ein „sichtbares und äußeres Priestertum"[105] (ίρευς) und Petrus als „sichtbares Fundament" [106] wird zu einem unteilbaren, hierarchischen Theorem. Ekklesia verbindet ein sammelndes Band, das die Sichtbarkeit der Kirche konstituiert: das unteilbare depositum fidei, dieselben Gnadenmittel und dieselbe Hierarchie. Die Negierung der Hierarchie muß logischerweise zur Lehre einer unsichtbaren Kirche[107] führen. Der biblische Nachweis der Sichtbarkeit der Kirche resultiert aus der sakralen, metaphysischen Sendung der Hierarchie. Die Väter vermitteln, daß die eine, heilige, katholische Kirche, sich in einer unteilbaren Erkennbarkeit[108] deutlich und von einem häretischen[109] Kollegium theoretisch-analytisch unterscheidbar macht. „Der letzte Grund der Sichtbarkeit der Kirche liegt in der Menschwerdung des göttlichen Wortes".[110]

Die Einheit der Kirche ist nicht bloß numerisch, sondern eine innere, substantielle und eine Einige im Sinnes des ατμητον (Ungeteiltsein). Die Ekklesia als Gesammelte ist einzig und einig im Sinn des Glaubens und der Gemeinschaft (in fidei et communionis unitate)[111], weil der Stifter selbst diese Einheit wollte durch das einigende Prinzip der Hierarchie. Die Einheit ist eine Einheit des Glaubens (symbolum fidei), die offen ist für quaestiones disputatae. Die Einheit ist ein hierarchische, die den Einzelnen unter dem centrum unitatis (Papst) sammelt und eine liturgische, die die Teilnahme am selben Kult will.[112] Diese Einheit ist eine wesentliche, die im hohenpriesterlichen Gebet (Mt 28, 19f) manifestiert wird. Paulus verwendet die Metapher des Hauses (1 Tim 3,15) als Ausdruck des „Tempels" kontemplativen Sammelns und eines menschlichen Leibes (Röm 12, 4f), wo er vor Spaltung und Häresie warnt. Cyprian verfaßt das erste Werk über die Einheit aus gegebenem Anlaß, wo er den bedeutungschweren Satz „Extra ecclesiam non est salus"[113] ausspricht und die Einheit „durch das Band der miteinander aufs engste zusammenhängenden Bischöfe"[114] beschwört.

---

104 ἐκκλησία meint die „Herausgerufenen" und in der Antike die Volksversammlung.
105 DH 1764.
106 DH 3050ff.
107 *Mystici Corporis* Leos XIII. weist darauf hin, daß die christliche Gemeinschaft nicht „nur eine Pneumatische ist". (ERSTER TEIL. DIE KIRCHE UND DER MYSTISCHE LEIB CHRISTI)
108 Vgl. Augustinus, *Contra Cresconium* II 36,45: „Die Kirche steht klar und sichtbar vor allen Menschen da; denn sie ist die Stadt auf dem Berge, die nicht verborgen sein kann".
109 In der Häresie zeigt sich das abteilend-Trennende eines Schisma.
110 Johann Adam Möhler, *Die Einheit in der Kirche oder das Prinzip des Katholizismus,* § 36. Köln 1957.
111 Vgl. DH 3050ff.
112 Vgl. DH 2885.
113 Cyprian von Karthago: *Epistolae – 73. Brief – 21. Kapitel.* In: *Bibliothek der Kirchenväter.* Universität Freiburg, 258.
114 Ep. 66, 8.

Die Kirche bekennt im Credo die „...sanctam (ἅγιον) Ecclesiam". Wir dürfen unterscheiden zwischen einer *persönlichen* Heiligkeit, die in der Loslösung von der Sünde und in der surnaturellen Beziehung mit Gott und einer *objektiven*, die die Heiligung des Menschen[115] bewirken. Christus als das Lebensprinzip heiligt die Kirche in ihrem Ursprung. Der Geist führt sie zum Zwecke der Heiligung durch die Mittel der Kirche wie die Sakramente, Liturgie und die hierarchischen Einrichtungen (Eph 5, 25) der Kirche. Die Apologeten[116] der Frühzeit weisen besonders auf das sittenhafte Wandeln ihrer Anhänger hin. Die Kirche der Heiligen schließt nicht eine Kirche der Sünder[117] aus.

9. Wissenschaftstheoretische These: Wir dürfen noch vita contemplativa von der vita activa differenzieren. Im Mittelalter bezeichnet man damit das klösterlich-kontemplative im Gegensatz zum weltlich-tätigen Leben. Theorie ist das kontemplative Betrachten der Wirklichkeit. Betrachtung impliziert auch die religiös-meditative Versenkung. Theorie ist damit auch die betrachtende Schau des Wesens der Wirklichkeit im Sinne einer metaphysischen Erkenntnis. Die Theologie als Wissenschaft ist in diesem Sinn zutiefst «theoretisch». Wahre Theorie urteilt nicht über die Wirklichkeit, um sie zu modifizieren, sondern führt die Theorie an die Realität heran. Theorie ist „zweckfrei".

Theologische Implikation: Theologie als eine theoretische und wissenschaftliche Reflexion des Göttlichen ist eine Selbstaussage zur Verwirklichung ihres Lebens. Sie ist Wissenschaft von entbergender Selbstkundgabe wie auch die Wissenschaft unseres Heils. Als Erkenntnisform ist sie theoretisch, in ihrer Verwirklichung und Heilsdimension ist sie praktisch. Beides lässt sich nicht voneinander trennen und ist funktionell aufeinander hingeordnet. Beide umfassen und bedingen einander wie zwei Dimensionen im Raum der Theologie. Wie die Theorie so impliziert die Theologie Kontemplatives und Aktives. Die Differenzierung von praktischer und theoretischer Theologie meint weniger die Aufteilung von praktischem und theoretischem Fächerkanon, vielmehr hat jede Disziplin einen aktiven und kontemplativen Moment. Die Theologie des Mittelalters hat stets Theorie und Praxis verbunden und war in ihrer Aktivität höchst kontemplativ. Die Erkenntnis Gottes, die auf der absoluten Wahrheit in Person ruht, drängt nach Umsetzung und Verwirklichung im Leben. Das Wissen um die Offenbarungswahrheit ist die conditio qua non für die praktische Relevanz der Theologie und der vita activa. Deshalb kommt der theoretischen Funktion der Theologie nach Thomas Priorität zu. Es wäre verfehlt, von einer „orthodoxen" Theologie abzuweichen, die

115 Vgl. LUMEN GENTIUM, 39–42, die die Heiligkeit aller Glieder lehrt.
116 Vgl. JUSTIN, *Apol.* I 14–17.
117 Vgl. Das Gleichnis vom Unkraut unter dem Weizen (Mt 13, 24–30) oder die Scheidung der Guten von Bösen beim letzten Gericht.

kontemplative Wahrheit sucht, in eine „orthopraxische", die von einer „Häresie der Tat" geleitet ist und dem Relativismus Tor und Tür öffnet. Die Selbsthermeneutik der Offenbarung und ihrer kontemplativ theologischen Kraft kann nicht durch eine pragmatische Verzweckung relativiert werden. Die Dynamik der Offenbarung ist selbst gestaltende Geltung für die vita activa. Die Dichotomie der Theologie wäre vernachläßigt, wenn die Theologie als Theorie von der kontemplativen Indentierung des Kerygmas getrennt werden würde. Es wäre fatal, wenn eine sich verselbständigende, theorisierende Theologie entstünde, die sich vom spirituell-kontemplativen Glaubensleben entfremdet und sich ihrer Grundlage, der geoffenbarten Wahrheit, entzieht. Leo XIII[118] kritisiert einen religiösen Aktivismus (vita activa), wo eine permissive Praxis die Theologie subjektivistisch verzweckt. Die aktiv-praktische Funktion der Theologie liegt in der dualen Form der Glaubensäußerung (sensus fidelium) und im Glaubenskerygma. Das Kerygma wirkt zurück auf den Glaubenssinn der Gläubigen. Theologie will nicht steril-theorisierend und bloß informativ sein, sondern soll auch in eine kontemplative Lebensgestaltung einfließen. Wenn dieser Zugang eher für die spirituelle Theologie zutrifft, so gilt es für die Theologie allgemein, weil sie existentiell (vita activa) gestaltend sein will. Theologie muß zukünftig wesentlich mystisch sein oder sie wird nicht sein. Theologie in ihrer Kontemplation will die „Äußerung" des trinitarischen Geheimnisses nach außen im konkreten, gestaltenden Vollzug des Lebens. Sie partizipiert an der Kenntnis Gottes selbst und ist als Weisheit Norm für andere Disziplinen. Als spekulative Theologie versenkt sie sich meditierend in größte Geheimnisse (Trinität) und weiß subjektive Lehren und Mythen zu unterscheiden. Ihre Aufgabe liegt weniger in einem „anathema sit" als viel mehr in Antworten auf die Fragen der Zeit. Wie der Logos Vorrang hat vor dem Ethos, so bestimmt die Theologie die Praxis des Lebens. Es wäre zu szientistisch die ganze Theologie auf historisch-kritische, experimentelle, analytische und rein theoretische Aspekte zu reduzieren. Wir müssen die Aussagen eines Glaubens (eher kontemplativ) von jenen der Theologie unterscheiden, die aufgrund ihrer Schulen divergent und eher irritierend als erhellend sind. Wenn aktive Gläubigkeit und kontemplative Theologie ineinander verschränkt sind, so ist wahre Theologie nicht ohne Gläubigkeit und umgekehrt denkbar. Es wird immer wieder der Vorwurf virulent, daß eine zu theoretisierende und rationalistische Theologie das religiöse Leben gefährde. Die menschliche Hybris könnte das Bemühen um eine wahre Theologie bedrohen, sich im wissenschaftlichen Spiel der Theorien versteigen und so das Evangelium um seine Kraft bringen. Schlussendlich könnten auch vereinfachende Theorien die Komplexität des erhabensten Objektes simplifizieren. Wie jedes theoretische Erkennen eine praktische Dimension hat, so ist das

118 Vgl. *Acta Apostolicae* 1937, 304/5.

theologische Wissen ein Wissen für das Leben. Gregor der Große sagt: „Es ist gar keine Wissenschaft, wenn sie keinen Wert für die Frömmigkeit hat ... und ganz wertlos ist eine Frömmigkeit, welche der Unterscheidungsfähigkeit der Wissenschaft entbehrt."[119] Papst Pius XI. meint weiters: „Die Wissenschaft, und zwar insbesondere die Heilige Wissenschaft ... erleuchtet die Frömmigkeit. Es ist diese Wissenschaft eine heilige ... durch ihr Ziel, durch ihr Mittel und durch den Gegenstand ... Andererseits befruchtet ... die Wissenschaft die Frömmigkeit."[120]

„Da nämlich die Theologie nur aus dem Glauben heraus möglich ist, der Glaube aber Lebensgemeinschaft mit Christus bedeutet, so ist die Theologie eine Teilnahme an der Verherrlichung, die Christus dem Vater dargebracht hat (Joh 17, 1. 4). Sie gewinnt den Charakter des Gebetes, in welchem der Theologe in Gemeinschaft mit dem menschgewordenen Logos den Vater dadurch preist (Eph 1, 2), daß er sich ihm im Glaubensgehorsam hingibt und der Aufhellung der Offenbarung sein Leben widmet. Der Theologe vollzieht diese lobpreisende Funktion naturgemäß nicht in einer ständig bewußten, formellen Weise, sondern allein schon durch seine theologische Forschung, welcher der Charakter der Verherrlichung Gottes innewohnt."[121]

---

119 Migne, *Patres Latinei* 75, 547.
120 *Enchiridion Clericorum* 1938 781.
121 Michael Schmaus, *Kathol. Dogmatik*, 1. Band. p. 64. München 1960.

Wolfgang Klausnitzer

Der Untergang des christlichen Abendlandes?

Anmerkungen zu einer Debatte um das Verhältnis von Christentum und Europa

Der Titel erinnert natürlich an die ursprünglich zweibändige Schrift „Der Untergang des Abendlandes" – ohne Fragezeichen – von Oswald Spengler.[1] Er beschreibt dort acht verschiedene, gegeneinander abgeschlossene und nicht ineinander übersetzbare Kulturkreise (die ägyptische, indische, babylonische, chinesische, antike, d.h. griechisch-römische, arabische, abendländische Kultur und die Kultur der Mayavölker Zentralamerikas), jede mit einer Lebensdauer von rund 1000 Jahren, bevor diese dann jeweils – ausgelaugt, versteinert und nicht mehr schöpferisch – allenfalls als von der Technik beherrschte Zivilisationen für eine begrenzte Zeit weiterhin fortbestehen. Da er den Anfang der abendländischen Kultur auf die Zeit Karls des Großen datierte, war diese für ihn im 19. Jahrhundert (etwa mit der deutschen Klassik in der Literatur oder der Philosophie des Deutschen Idealismus) an ihr Ende gekommen. Thomas Mann hat als kulturtheoretisch interessierter Literat diese Sicht der Menschheitsgeschichte vehement kritisiert.[2] In dem Roman „Joseph und seine Brüder" zeigt er unter Bezugnahme auf Einsichten der Ägyptologie seiner Zeit und den Bibel-Babel-Streit, wie die großen Geschichten Ägyptens und Mesopotamiens (z. B. das Gilgamesch-Epos mit den Erzählungen eines Sündenfalls und einer Sintflut, die Geschichte vom Turmbau zu Babel oder die monotheistische Reflexion eines Pharaos Echnaton im 14. Jahrhundert v. Chr.) ganz oder teilweise aufgenommen wurden in die Texte des AT und damit auch des Christentums und der auf ihm gründenden abendländischen Kultur. Es gab wohl zu allen Zeiten eine gegenseitige Beeinflussung großer Kulturkreise und Religionen. Der Gedanke einer individuellen Auferstehung des Menschen z. B., der erst in den Spätschriften des AT auftaucht, stammt wohl aus altiranischen Traditionen, die ihrerseits – nach derzeitigem Kenntnisstand – von jüdischen Überlegungen befruchtet wurden. Die etwas unvermittelt anmutende Zahl von 1000 Jahren Lebensdauer geht wohl zurück auf Vorstellungen der jüdisch-christlichen Apokalyptik. Im letzten Buch des NT, der „Offenbarung des Johannes"

---

1 Bd. 1: Weimar 1918; Bd. 2: München 1920; Taschenbuchausgabe in einem Bd.: Oswald Spengler, *Der Untergang des Abendlandes. Umrisse einer Morphologie der Weltgeschichte, Nachwort v. Detlef Felken* (dtv 30073), München (1972) [17]2006; dazu: Willehad Paul Eckert, *Art. Spengler, Oswald Arnold Gottfried*, in: LThK[3] 9, 832; grundsätzlich, aber zu polemisch und wissenschaftlich nicht immer überzeugend: Michel Onfray, *Niedergang. Aufstieg und Fall der abendländischen Kultur – von Jesus bis Bin Laden*, München 2017.

2 Thomas Mann, *Über die Lehre Spenglers (1924)*, in: ders., Gesammelte Werke in 12 Bden., Frankfurt 1960, Bd. 10: Reden und Aufsätze 2, 172–180.

(Offb 20, 1–6), ist die Rede von einem 1000jährigen „Reich Christi", das vor dem endgültigen Weltgericht Gestalt annehmen werde. Im 12. Jahrhundert hat der italienische Zisterzienserabt Joachim von Fiore (ca. 1135–1202) drei Weltperioden unterschieden, die 42 Generationen (also etwas mehr als 1000 Jahre) von Abraham bis Jesus Christus (Mt 1, 1–17) als Zeit des Vaters, die folgenden 42 Generationen als Zeit des Sohnes und der Kirche (bis etwa Anfang des 2. Jahrtausends) und schließlich die dritten und letzten 42 Generationen bis zum Weltende als Zeit des Geistes (und der Mönche, d.h. der arm gewordenen Kirche). Man kann allerdings fragen, ob es wissenschaftlich redlich ist, solche Gesetzmäßigkeiten in der Geschichte, die dann natürlich auch den Charakter von Prognosen haben, herauszuarbeiten. Die bisherigen Versuche zumal in der Geschichtsphilosophie mahnen eher zur Vorsicht. Georg Wilhelm Friedrich Hegel hat in seiner Philosophie eine fortschreitende religiös-philosophische Höherentwicklung der Menschheit feststellen wollen, von den Naturreligionen zu den sinnenhaften Religionen der Griechen und Römer und der Religion der Transzendenz im Judentum, die dann ihre Synthese findet im Christentum als der Einheit von Gott und Mensch.[3] Weil diese Einheit für Hegel das Wesen der Religion beschreibt, ist für ihn das Christentum die absolute, d. h. die letzte und alle vorausgehenden zusammenfassende, Religion. Die Höchstform des Christentums wiederum ist für ihn der Protestantismus, weil er die Würde und die subjektive Freiheit des Individuums am deutlichsten hervorhebe, so dass dann der geschichtlich notwendige Umschlag des Denkens zur Aufhebung der Religion in der Philosophie führe.[4] Der Islam, der chronologisch nicht so ganz in dieses Fortschrittsthema passt, weil er die Einheit von Gott und Mensch gerade ablehnt, war für Hegel ein bedauerlicher (aber aufgrund der für ihn kulturellen Bedeutungslosigkeit des Islam zu vernachlässigender) Rückfall in der Geistesgeschichte ohne Relevanz für seine Theorie.[5] Natürlich hat Hegel auch Martin Luther missverstanden, für den die Freiheit des Menschen gerade keine subjektive Willensfreiheit, sondern eine an Gott gebundene Freiheit war, wie die Auseinandersetzung des Reformators mit Erasmus von Rotterdam belegt. Der bisher letzte geschichtswirksame Versuch, eine gleichsam wissenschaftlich untermauerte Formel der Weltgeschichte (einschließlich der Prognose eines geschichtlich notwendigen Sieges des Kommunismus) vorzulegen, den Karl Marx ausgearbeitet hat, ist bekanntermaßen empirisch gescheitert.[6] Die Geschichtswissenschaft kann unter Umständen erklären, warum eine

3 Georg Wilhelm Friedrich Hegel, *Vorlesungen über die Philosophie der Religion II* (Werke 17) (stw 617), Frankfurt 1986.

4 Georg Wilhelm Friedrich Hegel, *Vorlesungen über die Geschichte der Philosophie* (Werke 20) (stw 620), Frankfurt 1986, 49–58.61f.

5 Hegel, *Vorlesungen über die Philosophie der Religion II*, 434.

6 Wolfgang Klausnitzer – Bernd Elmar Koziel, *Atheismus – in neuer Gestalt?* (Forum Fundamentaltheologie 1), Frankfurt 2012, 82–97, 96f.

bestimmte Institution sich entwickelt oder ein Geschichtsfaktum sich so ereignet hat, aber die bisherigen Versuche, daraus eine Gesetzmäßigkeit abzuleiten und damit zu einer Prognose zu gelangen, sind allesamt nicht sehr überzeugend.

Zunächst sind aber einige Begriffe zu klären, die in der Diskussion nicht immer deutlich unterschieden werden, nämlich christliche Werte, Europa, Abendland und der „Westen".

1. Christliche Werte

Grundlegend sind die christlichen Normen. Dazu gehören etwa der jüdische Dekalog oder das jüdisch-christliche Grundgebot der Gottes- und Nächstenliebe (Mt 22,37.39f). Diese Normen verpflichten alle christlich Glaubenden. Im Gebot der Nächstenliebe schließt das auch die Feindesliebe ein. Das führt zu dem christlichen Paradox, dass das Christentum auch dem Menschen eine Würde zuspricht und sogar eine Zuwendung zu ihm fordert, der diese Würde anderen Menschen oder unter Umständen sogar sich selber abspricht. Der Philosoph Karl Jaspers hat in einem anderen Zusammenhang zwar darauf hingewiesen, dass die Toleranz den Intoleranten gegenüber letztlich darauf hinauslaufe, die Toleranz zu zerstören.[7] Aber eine Haltung der Intoleranz gegenüber den Intoleranten zerstört sie nicht weniger. Im Christentum gilt das Gebot der Nächsten- und Feindesliebe uneingeschränkt.

Davon zu unterscheiden sind christliche Werte. Diskutiert wird, was darunter zu verstehen ist und in welcher Zahl sie inhaltlich zusammengestellt werden können. Als Beispiele werden manchmal genannt der Wert der Familie, die Gewaltentrennung von Staat und Kirche oder die Rolle der Vernunft in der Religion. Da muss man im Einzelfall und auch geschichtlich sehr genau hinsehen. Jedenfalls ist nicht zu bestreiten, dass in den genannten Beispielen erhebliche Differenzen innerhalb einzelner Kirchen oder auch zwischen den Kirchen selbst bestehen. Auch haben sich diese Werte inhaltlich und durch die christlichen Jahrhunderte durchaus manchmal sogar sehr wesentlich verändert. Die Ausweitung des Begriffs Familie z. B. auf viele Formen gesellschaftlichen Zusammenlebens ist in der christlichen Diskussion in Deutschland durchaus umstritten und im Weltmaßstab christlich nicht konsensfähig.

---

7 Karl Popper, *Die offene Gesellschaft und ihre Feinde I. Der Zauber Platons*, übers. Paul Feyerabend, Bern 1957, 256, Anm. 4.

Nach dem klassischen katholischen Verständnis, auf das etwa Johannes Paul II. in der Enzyklika „Fides et Ratio" (1998) und Benedikt XVI. (Joseph Ratzinger) als Theologe, Kardinal und Papst in verschiedenen Stellungnahmen immer wieder hingewiesen haben, genügt es nicht, in der Feststellung der Geltung und inhaltlichen Bedeutung von christlichen Normen und Werten nur auf biblische und theologische Argumentationszusammenhänge zu verweisen.[8] Eine ganz entscheidende Rolle spielt auch die Vernunft, d. h. etwa der Bezug auf sozialphilosophische oder überhaupt sozialwissenschaftliche Einsichten. Immer wieder haben sich in jüngerer Zeit Vertreter und Vertreterinnen evangelischer und katholischer Kirchenleitungen und Theologen und Theologinnen der beiden Kirchen in aktuellen Themen des gesellschaftlich-politischen Diskurses wie zur Sterbehilfe, zum Militäreinsatz im Ausland oder zur Bewertung einer Migrationspolitik mit einem hohen moralischen Anspruch zu Wort gemeldet und unter Berufung auf „christliche Werte" ein entsprechendes Verhalten der Politik gefordert. Auffällig war auf jeden Fall, dass diesem Engagement immer wieder ein gewisses integralistisches Motiv zugrundelag, das sich von der Zwei-Reiche-Lehre Luthers und seiner Schüler her nicht unbedingt aufdrängt und eher in eine katholische Tradition gehört. In seiner Kirchenkritik hat der evangelische Theologe Friedrich Wilhelm Graf als eine der sieben Untugenden der Kirchen in Deutschland den Moralismus (etwa in der „billigen Trivialmoral" mancher Weihnachtspredigten) angeprangert.[9] Wie auch immer man die Argumentation Grafs beurteilen mag, so scheint doch der Einwand berechtigt, dass das Christentum missverstanden wird, wenn es sich als maßgeblicher „moral player" einer Gesellschaft geriert. Zum einen ist im Sinne der „Basileia"-Botschaft Jesu moralisches Handeln nicht als menschliche Vorbedingung für eine göttliche Reaktion notwendig oder zu fordern, sondern ein solches ergibt sich aus der Erfahrung der Rechtfertigung des Sünders durch Gottes Handeln in Jesus Christus als Konsequenz. Zum anderen wird die Reduktion des Christentums auf Ethik, wie sie in der (deutschen und englischen) Aufklärung und teilweise in der Liberalen Theologie geschieht, ebenfalls in der Botschaft Jesu (zumal in der Bergpredigt) durch radikale Forderungen aufgehoben, die eine „bürgerliche" Alltagsethik als obsolet erscheinen lassen. Mit der Konzentration auf Moral und Ethik wird die Eigenart zumindest des Christentums verfehlt. Max Weber[10] beschreibt in seinen Studien zur Wirtschaftsethik der Weltreligionen den sogenannten „Liebesakosmismus", d.h. eine radikale „weltlose" Hingabe an das Ethos der Brüderlichkeit (bzw. Schwesterlichkeit) ohne Rücksicht auf die Eigenlogik politischen oder wirtschaftlichen Lebens, als „Übersteigerung der Brüderlichkeit zu jener den Liebesakosmismus des Mystikers ganz rein darstellenden,

8 Joseph Ratzinger, *Zur Lage von Glaube und Theologie heute*, in: IKaZ 25 (1996) 359–372.
9 Friedrich Wilhelm Graf, *Kirchendämmerung. Wie die Kirchen unser Vertrauen verspielen*, München 2011.
10 Max Weber, *Gesammelte Aufsätze zur Religionssoziologie*, Bd. 1 (1920), Tübingen 1988, 546.

nach dem Menschen, dem und für welchen sie sich opfert, überhaupt nicht mehr fragenden, an ihm im letzten Grunde kaum noch interessierten „Güte", die ein für alle Mal das Hemd gibt, wo der Mantel gefordert wird, an jeden, der ihr zufällig in den Weg kommt, und nur, weil er ihr in den Weg kommt: – eine eigentümliche Weltflucht in eine Gestalt objektloser Hingabe an jeden Beliebigen, nicht um des Menschen, sondern rein um der Hingabe als solcher, mit Baudelaires Worten: um der ‚heiligen Prostitution der Seele' willen". Die Berufung auf die pauschal moralische Höherwertigkeit der eigenen Position wirkt gerade im christlichen Kontext (angesichts der christlichen Grundüberzeugung der erbsündlichen Kontaminierung jeden menschlichen Handelns) eher selbstgerecht und verschließt sich der Möglichkeit, dass andere aus nicht weniger moralischen und sogar geistgeleiteten Motiven zu einem ganz anderen politischen Denkergebnis kommen. Hans Joas hat das so ausgedrückt[11]: „Wichtiger als eine ausdrückliche oder stillschweigende Akzeptanz der Rolle als Moralagentur wäre es, wenn in den Kirchen ein anderer, brüderlicher oder geschwisterlicher Umgang auch und gerade mit den unvermeidbaren Differenzen in den politischen Einschätzungen herrschen würde." Er führt abschließend das Wort des Epheserbriefes an, der der Paulusschule zugerechnet wird (Eph 4,2): „Seid geduldig und ertragt einander in Liebe."

Christliche Werte im Sinne der Definition von Annemarie Pieper („Wert ist das Resultat einer evaluierenden Beurteilung von Personen, Handlungen und Gegenständen"[12]) hängen sehr von den jeweiligen Personen und ihren je spezifischen Interessen, den Zeitumständen und der jeweiligen kulturellen Geprägtheit ab. Helmut Meißner hat zu den „Europäischen Werten" vier Listen vorgelegt, die gemeinsame Schnittmengen haben, aber sich durchaus unterscheiden.[13] Er nennt den Wertekatalog aus dem europäischen Verfassungsvertrag vom 29. Oktober 2004 („Achtung der Menschenwürde, Freiheit, Demokratie, Gleichheit, Rechtsstaatlichkeit und die Wahrung der Menschenrechte einschließlich der Rechte der Personen, die Minderheiten angehören") und Auflistungen von Joseph Kardinal Ratzinger (überlieferte europäische Werte: „Gewaltentrennung von Staat und Kirche, Rationalität/Vernunft, Bürgerwille, Freiheit, Gleichheit, Solidarität, Grundsätze der Demokratie und Rechtsstaatlichkeit"; zu stärkende europäische Werte: „[monogame] Ehe und Familie, Ehrfurcht vor dem, was dem anderen heilig ist, und Ehrfurcht vor dem Heiligen überhaupt, Gewissensmoral im Gehorsam gegenüber der Wahrheit [als Alternative zur Autoritätsmoral], Korrelationalität von Vernunft und Glaube"), Bassam Tibi („säkulare Demokratie, Menschenrechte,

11 Hans Joas, *Kirche als Moralagentur?*, München 2016, 90.

12 Annemarie Pieper, Art. *Wert. I. Philosophisch*, in: LThK[3] 10, 1105–1107, 1105.

13 Helmut Meissner, *Griechische Wurzeln des europäischen Wertekanons*, in: Günter Buchstab im Auftrag der Konrad-Adenauer-Stiftung (Hg.), *Die kulturelle Eigenart Europas*, Freiburg 2010, 17–42, 20–24 (mit Literaturangaben).

Primat der Vernunft gegenüber jeder Religion, Trennung von Religion und Politik, Toleranz") und Richard Schröder (den Zusammenhang von „Freiheit, Wahrheit, Vernunft und Verantwortung"). Wenn man nur auf Werte blickt und sie sucht, die in einer exklusiven Bedeutung als christlich gelten können, wird das Ergebnis sehr dürftig aussehen. Durch den wesenskonstitutiven Bezug des Christentums auf das Judentum als Religion, das wiederum in einem Dialog- und Abhängigkeitsverhältnis zu den Großkulturen in Ägypten und Mesopotamien stand, aber auch durch die bewusste Bezugnahme des frühen Christentums auf die große vorchristliche Philosophie Europas (im Sinne der „logoi spermatikoi" des Irenaeus von Lyon) lassen sich für viele christliche Prinzipien und Werte Vorläufer und Parallelen in vor- und außerchristlichen Kulturen und Religionen finden. Der Kommentar von Paul Billerbeck zum NT aus Talmud und Midrasch[14] zeigt diese Wechselwirkung zwischen Judentum und Christentum deutlich. Das wesentlich „Christliche" liegt vielleicht nicht in Einzelbestimmungen, sondern in einem bestimmten Vorzeichen und in einer spezifischen Synthese einzelner Vorschriften und Gebote, die – als einzelne – unter Umständen auch außerchristlich anzutreffen sind.

2. Europa

Der (geographische und kulturgeschichtliche) Begriff Europa hat sich geschichtlich (und hier zumal in Abgrenzung zu Afrika und Asien) herausgebildet.[15] Die Geographie allein gibt hier noch keine befriedigende Antwort. „Mit der Türkei und Rußland ragen Staaten, deren Hauptmasse in Asien liegt, in Europa hinein."[16] Wenn man in England von Europa spricht, verstehen die Zuhörer darunter in der Regel den europäischen Kontinent unter Ausschluß von Großbritannien. Friedrich Heer hat „Europa" als das „nachgriechische Westeuropa zwischen Konstantin und Hitler" beschrieben, d. h. ohne das „Randeuropa im Osten", ohne Rußland und ohne den „mächtigen eurafrikanischen Unterbau" (gemeint ist das südliche Spanien, Malta, Süditalien und Sizilien), aber auch ohne England.[17] Trotzdem verbinden sich mit dem Begriff Europa konkrete (geschichtlich gewachsene) Wertvorstellungen, die es erlauben, diesen Kontinent (oder Halbkontinent) als Einheit (mit Einschluß von Großbritannien) zu sehen.

---

14 Hermann L. Strack – Paul Billerbeck, *Kommentar zum neuen Testament aus Talmud und Midrasch*, 6 Bde., München 1922–1928 (und weitere Auflagen) (Bd. 1–4), fortgeführt 1956. 1961 (Bd. 5 – 6).

15 Joseph Roth beschreibt in seinem Roman *„Die Flucht ohne Ende. Ein Bericht"* ([dtv 1408], München 1984, 109) recht amüsant eine Diskussion in einer Abendgesellschaft über eine Definition der europäischen Kultur.

16 Hans Maier, Art. *Europa*, in: LThK³ 3, 994–1000, 994. Vgl. diesen Artikel auch für das Folgende!

17 Sigurd Paul Scheichl (Hg.), Friedrich Heer, *Europäische Geistesgeschichte* (Ausgewählte Werke in Einzelbänden 3), (Stuttgart 1953) Wien 2004, 8.

Der Name Europa entstammt der griechischen Mythologie. Die Geschichte beginnt in Phönizien und endet in Kreta. Herodot überliefert die (vielleicht auf die vorgriechische Zeit zurückgehende) Sage, dass die phönikische Fürstentochter Europa (wörtlich: die „mit den weiten Augen" oder „mit breitem Gesicht"), Tochter oder Schwester des mythischen Herrschers Phoinix, von Zeus in der Gestalt eines Stiers aus ihrer Heimat nach Kreta entführt worden sei. Über den spanischen Theologen Isidor von Sevilla (560–633) ist die Erzählung dann im 7. Jahrhundert in die Schulbücher des Mittelalters aufgenommen worden. Manche führen den Namen „Europa" auf das mesopotamische Wort „erebu" (eintreten), d. h. im Westen, wo die Sonne ins Meer tritt, zurück, im Unterschied zu „asu", Asien, sich erheben, d. h. im Osten, wo die Sonne aufgeht – im Sinne von „occidens" (Okzident) und „oriens" (Orient). Mit der Erzählung Herodots verbinden sich schon vorchristlich geographische Vorstellungen. Auf ionischen Karten des 6. Jahrhunderts v. Chr. erscheinen Asien und Europa (jeweils als Inseln gekennzeichnet) sowie Afrika als die drei Teile der „oikoumene", der bewohnten Welt. Christlich wird das seit dem 7. Jahrhundert dann mit biblischen Bezügen auf die drei Noachsöhne (Gen 9f) ausgelegt: Ham erhält Afrika, Sem Asien und Jafet Europa. „Die geographische Abgrenzung Europas nach Osten und Süden hin war immer unscharf. Räumlich ist Europa eine Halbinsel Asiens, geomorphologisch ist es eng mit Afrika verbunden. Eigenständigkeit gewinnt Europa dadurch, dass es größtenteils der gemäßigten Klimazone angehört und eine starke Gliederung seiner Küsten aufweist..."[18] „Eine Fülle von Völkern und Staaten wohnt hier auf engem Raum zusammen. Kleinräumigkeit ist ein typisches Merkmal des europäischen Lebens."[19] Das Bewusstsein einer eigenständigen „europäischen" Mentalität entsteht vor allem in den vorchristlichen griechischen „poleis" (einschließlich der griechischen Siedlungen in Süditalien, Sizilien und sogar Kleinasien) seit dem 5./4. Jahrhundert v. Chr. „Orient" und „Okzident" werden als zwei gegensätzliche Weltentwürfe verstanden. Als Alexander der Große nach der Zerstörung des Perserreiches ein eigenes hellenistisches Großreich gründet und die Insignien des Großkönigs übernimmt, wird das von seinen Kampfgefährten als Verrat griechisch-europäischer Ideale an das Weltbild des Ostens interpretiert.[20] Die Übernahme der Herrschaft eines Einzelnen seit Cäsar im Imperium Romanum und im römischen Kaisertum seit Augustus haben viele Zeitgenossen Cäsars und römisch-griechische Autoren der Folgezeit als Kapitulation vor der orientalischen Herrscherideologie verstanden.

18 Maier, *Europa*, 994.

19 Ebd.

20 Zur Gegenüberstellung von „griechischer Freiheit" und „orientalischem Depotismus": Anuschka Albertz, *Exemplarisches Hellenentum. Die Rezeptionsgeschichte der Schlacht an den Thermopylen von der Antike bis zur Gegenwart*, München 2006, 242f; Christian Meier, *Kultur um der Freiheit willen. Griechische Anfänge – Anfänge Europas?*, München 2009, 7–60.

In gewisser Weise, abgesehen von dem Spezialfall des Imperium Romanum, das allerdings in der Zeit seiner Blüte nie ein exklusiv europäisches politisches Projekt war, ist es in der Geschichte zu keiner Zeit gelungen, durch äußere Eroberungszüge, durch innere Hegemonialbildungen oder in den Weltkriegen und den Totalitarismen des 20. Jahrhunderts ein zentral ausgerichtetes europäisches Gebilde zu schaffen. England hat in der Geschichte nie versucht, ein von ihm beherrschtes europäisches Hegemonialreich zu errichten, sondern sein Bestreben war stets darauf gerichtet, ein ebensolches zu verhindern. Auch das Heilige Römische Reich deutscher Nation war kein europäischer Zentralstaat, sondern allenfalls eine lockere Föderation vor allem mitteleuropäischer Staaten. Zu Europa gehörte immer eine Vielfalt politischer Systeme, d.h. neben Großreichen und seit dem 19. Jahrhundert Nationalstaaten auch die Existenz kleiner Länder, von Stadtstaaten und föderativen Gebilden wie z. B. der Schweiz. „Alles Kolossale und Uniforme ist eindeutig uneuropäisch, und das ist das Geheimnis aller Verfeinerung und aller Eigenart europäischer Zivilisation.“[21] Ein geschichtliches Beispiel ist der sogenannte (in Münster und Osnabrück beratene) Westfälische Friede zum Ende des Dreißigjährigen Krieges (1618–1648). Er bestand in einem Verhandlungsmarathon souveräner, gleichberechtigter Staaten (von Weltreichen wie Spanien und Frankreich bis hin zu winzigen Stadtstaaten wie den „freien“ Reichsstädten) und in einem Ausgleich der Interessen etwa in der Anerkennung der religiösen Rechte der konkurrierenden Kriegsgegner. Für den 1929 geborenen jüdischen Emigranten George Steiner[22] ist Europa das Europa der Cafés, der „Orte der Begegnung und des Komplotts, der intellektuellen Debatte und des Geschwätzes“. Europa ist auch eine literarische Geschichte, zu der große Bildungsromane[23] wie „Don Quichote“ von Miguel de Cervantes Saavedra, Marcel Prousts „Auf der Suche nach der verlorenen Zeit“, Thomas Manns „Buddenbrooks“ oder „Ulysses“ von James Joyce ebenso gehören wie die Dramen von William Shakespeare oder Goethes „Faust“. Aber Europa – das ist für Steiner auch die Furcht vor der alles abschließenden Antwort des Denkens, die Furcht vor dem „Schlusskapitel“, vor dem berühmten „Sonnenuntergang“ Hegels. Die Berufung auf „europäische“ Werte, die man in diesem Zusammenhang gerne unternimmt,

---

21 Oskar Halecki, *Europa. Grenzen und Gliederung seiner Geschichte*, Darmstadt 1957, 6.

22 George Steiner, *The Idea of Europe. Introductory Essay by Rob Riemen*, New York 2015. Es handelt sich um eine Vorlesung von 2003.

23 Zu dieser Tradition: Hugo Friedrich, *Drei Klassiker des französischen Romans. Stendhal – Balzac – Flaubert*, Frankfurt [7]1973; Jürgen Jacobs, *Wilhelm Meister und seine Brüder. Untersuchungen zum deutschen Bildungsroman*, München 1972; Gerhart Mayer, *Der deutsche Bildungsroman. Von der Aufklärung bis zur Gegenwart*, Stuttgart 1992.

ist allerdings nicht ganz unproblematisch.[24] Werte wechseln und ändern sich. Das zeigt exemplarisch die gesellschaftliche Debatte um die Genderfrage (einschließlich des Themas der Homosexualität). Einen gewissen literarischen Niederschlag dieser Vision Europas findet man noch in der Trilogie „Der Herr der Ringe“ von Tolkien: Die Vielfalt der Kulturen in „Mittelerde“ wird bedroht von den Horden östlicher Kollektive.

Nach dem Ende des Imperium Romanum und den Wirren der Völkerwanderung realisiert sich eine erste Konzentration Europas im Frankenreich und hier besonders in der Zeit Karls des Großen, dessen Statue in Paris vor der Kathedrale Notre Dame steht und der im Aachener Dom beigesetzt ist.[25] Es beginnt eine Christianisierung im Osten und im Norden und eine Re-Christianisierung im Westen, konkret in Spanien bis zum Abschluss der „reconquista“ am Ende des 15. Jahrhunderts. Eine zweite Konzentration geschieht im Hochmittelalter. Drei Faktoren spielen eine Rolle: Zum einen ein labiles, immer wieder von Frankreich, England und Spanien, aber auch von den Stadtstaaten Italiens oder dem Städtebund der Hanse in Frage gestelltes politisches Einheitszentrum im Kaisertum des Heiligen Römischen Reiches deutscher Nation, dann das Christentum mit dem Einheitsamt des Papstes und schließlich die Entstehung der Universitäten. Ein Kanoniker aus Köln schreibt im 13. Jahrhundert von den drei Säulen des christlichen Europa, dem „imperium“, dem „sacerdotium“, und dem „studium“. In einer ähnlichen Sicht hat Bundespräsident Theodor Heuss von drei Hügeln gesprochen, die die kulturelle Landschaft Europas prägen, dem Kapitol Roms (als Sinnbild der rechtlich-politischen Herrschaft), Golgota in Jerusalem (als Symbol des Christentums) und der Akropolis Athens (als Inbegriff griechischer Kultur und Philosophie).[26] Die Paradoxie einer solchen (von manchen politischen Interessen geleiteten) Rede liegt darin, dass „Athen“ und das in einer solchen Bestimmung gemeinte „Rom“ vorchristlich sind und „Jerusalem“ gar nicht in Europa liegt. Man kann eine solche Beschreibung Europas kritisch sehen, wenn man

24 Andreas Urs Sommer, *Werte. Warum man sie braucht, obwohl es sie nicht gibt*, Stuttgart 2016. Der Essay beginnt mit einem Zitat von Niklas Luhmann, *Die Gesellschaft der Gesellschaft*, Bd. 1, Frankfurt 1997, 342: „Werte sind also nichts anderes als eine hochmobile Gesichtspunktmenge. Sie gleichen nicht, wie einst die Ideen, den Fixsternen, sondern eher Ballons, deren Hüllen man aufbewahrt, um sie bei Gelegenheit aufzublasen, besonders bei Festlichkeiten.“ Das Resümee von Sommer (174) ist dann vorhersehbar: „Werte sind Fiktionen. Das heißt nicht, dass es sie überhaupt nicht gibt, wohl aber, dass es sie nicht gibt ohne Menschen, die sie erschaffen. Gesellschaften wiederum gieren nach Fiktionen – je mehr Aufklärung, desto stärker wächst das Fiktions- und Fiktionalisierungsbedürfnis.“

25 Karl der Große wird schon an der Schwelle vom 8. zum 9. Jahrhundert im Epos „Karolus Magnus et Leo papa“ als „rex, pater Europ(a)e (König, Vater Europas)“ bezeichnet: Joseph Brockmann (Hg.) mit Beiträgen v. Helmut Beumann, Franz Brunhölzl, Wilhelm Winkelmann, *Karolus Magnus et Leo papa. Ein Paderborner Epos vom Jahre 799* (SQWFG 8), Paderborn 1966, 94f (= Z. 504).

26 Zumindest Tertullian hat einer solchen Synthese allerdings schon sehr früh widersprochen: Was hat Athen mit Jerusalem zu tun? Vgl. auch Leo Schestow, *Athen und Jerusalem. Versuch einer religiösen Philosophie*, Berlin 1937; Winfried Schröder, *Athen und Jerusalem. Die philosophische Kritik am Christentum in Antike und Neuzeit* (Quaestiones. Themen und Gestalten der Philosophie 16), Stuttgart-Bad Cannstatt [2]2013.

die einzelnen Orte isoliert. Athen steht sicher vorchristlich für die Entdeckung der Dramen, der Tragödien und Komödien, für die Epenliteratur, für Geschichtsschreibung (Herodot, Thukydides), für Medizin (Hippokrates, Asklepios, Galen), für Mathematik und Wissenschaft (Thales, Pythagoras), Kunst und Architektur, aber auch für Religionskritik (Xenophon, Demokrit) und die Philosophie (Sokrates, Platon, Aristoteles, aber auch Epikur und die Stoa), deren Einflüsse in der Geschichte Europas immer wieder (nicht nur in Renaissance und Klassizismus) prägend geworden sind. Das vorchristliche Rom ist durch die Rhetorik seiner großen Politiker (Cicero) und damit auch die Sprache (die in vielen europäischen Völkern fortlebt), durch die Pflege der Rechtswissenschaft und durch das Ideal der Republik für die europäische Kultur entscheidend geworden. Viele Elemente christlicher Anthropologie (der Mensch als Ebenbild Gottes) sind nicht in Europa entwickelt worden, sondern verdanken sich dem Erbe „Jerusalems". Allerdings hat die Synthese dieser drei Einflüsse im Europa der christlichen Jahrhunderte doch zu einer spezifischen Form des Christentums geführt (etwa in der Bewertung der Theologie als wissenschaftlicher Glaubensreflexion im notwendigen Bezug auf Philosophie und Wissenschaft, in einem bestimmten Verhältnis von Gesellschaft und Religion, auch in einer Interpretation ethnischer Universalisierung der Christusbotschaft – trotz des Zeitalters der europäischen Kolonialisierung), die dazu berechtigt, von einem christlichen Europa zu sprechen. In der Regensburger Vorlesung (2006) hat das Benedikt XVI. im Blick auf die frühe Begegnung in der Patristik zwischen dem biblischen Glauben und dem griechischen philosophischen Fragen so ausgedrückt[27]: „Wenn man diese Begegnung sieht, ist es nicht verwunderlich, dass das Christentum trotz seines Ursprungs und wichtiger Erfahrungen im Orient schließlich seine geschichtlich entscheidende Prägung in Europa gefunden hat. Wir können auch umgekehrt sagen: Diese Begegnung, zu der dann noch das Erbe Roms hinzutritt, hat Europa geschaffen und bleibt die Grundlage dessen, was man mit Recht Europa nennen kann."

Eine große Rolle für das christliche Selbstverständnis und die Selbstwahrnehmung Europas spielen das Papsttum, das sich seit dem 11. Jahrhundert in der Gregorianischen Reform nicht ohne Widerspruch gegen mögliche innerkirchliche Konkurrenten wie die Bischöfe oder das Konzil durchsetzt und im Investiturstreit mit Kaisern oder anderen weltlichen Herrschern einen Kampf um die Führung im Corpus Christianum ausficht, und das Mönchtum, etwa in der benediktinischen Reform von Cluny (zur Blütezeit war der Abt von Cluny zuständig für – die Angaben schwanken hier – zwischen 300 bis zu 1000 in ganz Europa) oder im Reformorden der Zisterzienser und seit dem 13. Jahrhundert in den Bettelorden

27 Benedikt XVI., *Glaube und Vernunft. Die Regensburger Vorlesung. Vollständige Ausgabe. Kommentiert v. Gesine Schwan, Adel Theodor Khoury, Karl Kardinal Lehmann*, Freiburg 2006, 22.

der Franziskaner und Dominikaner, deren Kennzeichen es war, dass sie zentral von einem sogenannten Generaloberen geleitet wurden und in ganz Europa nach den gleichen Regeln wirkten.[28]

Dieses nicht spannungsfreie, aber doch erstaunlich widerstandsfähige europäische Einheitsgefühl zerbrach zunächst kirchlich in der Reformationszeit, dann aber auch politisch mit der kolonialen Expansion europäischer Staaten in Amerika, Afrika und Asien, die neue konkurrierende Weltreiche entstehen ließ und zu verschiedenen Versuchen führte, in Europa eine nationale Hegemonie zu errichten. Das Ergebnis waren dann mit der Entstehung der Nationalstaaten im 19. Jahrhundert die beiden von Europa ausgehenden Weltkriege, nach deren Ende (und dem damit zusammenhängenden Zusammenbruch der Kolonialreiche) Europa wieder auf sich allein gestellt war. Es gab allerdings schon vorher einen gleichsam letzten europäischen Versuch, eine gemeinsame europäische Identität herzustellen: Das war die im 17. Jahrhundert in England entstehende „Aufklärung", die bis zum Beginn des 19. Jahrhunderts (Tod Immanuel Kants im Jahr 1804) auch in Frankreich und Deutschland lebendig war.[29] Sie war eine Folge der Konfessionskriege in diesen Ländern. Ausschließlich mit der Hilfe der Vernunft wollten die europäischen Aufklärer die Regeln des menschlichen Zusammenlebens und (so in England und Deutschland, in Frankreich dagegen war die Aufklärung antiklerikal und vielfach atheistisch) der rechten Gottesverehrung finden. Aus den Impulsen der Aufklärung, zuweilen verstärkt durch die Entdeckungen der Natur- und Geisteswissenschaften im 19. Jahrhundert, entwickelte sich ein europäisches Sendungsbewusstsein zu einem Bildungsauftrag an vielen außereuropäischen Völkern – in England unterstützt von einer imperialen publizistischen Propaganda: Rudyard Kipling: „the white man's burden" – und die Erwartung der allmählichen Humanisierung und Ethisierung der Menschheit durch den Fortschritt europäischen Denkens in der Sicht der Religion, der Vernunft und der Wissenschaften. Diese optimistische Erwartung erstarb in den Schützengräben des Ersten Weltkrieges.

3. Abendland

Der damit zusammenhängende Gedanke des „Abendlandes" spielt dann eine große Rolle in der deutschsprachigen Literatur der Reformationszeit (analog zu Luthers Übersetzung von Mt 2,1 mit „Morgenland" erscheint das Wort „Abendland"

28 Wolfgang Klausnitzer, *Der Primat des Bischofs von Rom. Entwicklung – Dogma – ökumenische Zukunft*, Freiburg 2004, 194–254.

29 Wolfgang Klausnitzer, *Christliche Offenbarungslehre. Lehrbuch der Fundamentaltheologie für Studierende, Religionslehrer und Religionslehrerinnen*, Heiligenkreuz 2016, 339–356.

zum ersten Mal im 16. Jahrhundert), in der Romantik im 19. Jahrhundert und bei katholischen Autoren und Politikern im Deutschland der Nachkriegszeit.[30] Von Anfang an hat er eine Spitze gegen das östliche Christentum der orthodoxen Kirchen (konkret Rußlands und auf dem Balkan, der seit dem 16. Jahrhundert von den muslimischen Osmanen beherrscht war). Für die christlichen Polen war ihr Land das „antevallum Christianitatis", der Wallgraben der Christenheit gegen die orthodoxen Russen. Für die christlichen Ungarn endete das Abendland an ihrer südöstlichen Landesgrenze – gegenüber den Völkern des Balkan. Zum Abendland gehörte im Nachkriegsdeutschland entschieden nicht Rußland. Das Abendland ist in kulturgeschichtlicher Sichtweise also der Teil Europas, der vom lateinischen Christentum geprägt ist (unter Einschluss ostmitteleuropäischer Staaten wie Polen, Tschechien, Slowakei, Ungarn, aber unter Ausschluß byzantinisch-orthodox bestimmter Länder wie Rumänien, Bulgarien, Griechenland und vor allem Rußland). Historisch gehören zu diesem Begriff eine bestimmte Räumlichkeit, ein bestimmter Wertekatalog und vor allem die (lateinisch-christliche) Religion. Heutige Formeln wie „christliches Abendland" sind in dieser Sicht eine Tautologie.

4. „Westen"

Vom „Abendland" muss man den „Westen" unterscheiden. Der „Westen" ist ein geistiger Cluster aus politischer Gewaltenteilung, Menschenrechten, Rechtsstaatlichkeit, einem parlamentarischen Regierungssystem, aber auch aus kulturellen Normen oder kapitalistischen Wirtschaftsformen, manchmal sogar bestimmten philosophischen Systemen, zu denen auch der systematische Atheismus gehört, der zumindest als legitime Denkmöglichkeit gedacht wird. Diese Vorstellungen sind allesamt historisch in Europa oder in von europäischen Kolonisten geprägten Ländern wie Nordamerika oder Australien entstanden, manchmal als Reflex ursprünglich christlicher Werte, zuweilen auch im Kontrast zum Christentum. Kennzeichnend für diese Vorstellungswelt ist ein Doppeltes: Zum einen spielen in ihr Religionen durchaus eine Rolle, aber sie sind nicht dominierend. Das gilt zumal vom Christentum. Zum anderen gehört zu diesem Begriff die Annahme, dass im Prinzip jede Region der Erde sich diese politischen Werte oder Wirtschaftsformen aneignen kann – und zwar durch einen Prozess, der üblicherweise als Verwestlichung, manchmal auch als Modernisierung bezeichnet wird.

30 Harald Dickershof, Art. *Abendland. I. Begriffgeschichte*, in: LThK[3] 1, 22f; Wolfgang Kluxen, Art. *Abendland. II. Aktuelle Diskussion*, in: ebd., 23f.

Der „Westen" ist also eine zunächst durchaus räumliche, aber prinzipiell universalisierbare Kategorie, so dass man von einem möglichen westlichen Lebensstil in allen Ländern der Erde sprechen kann.

4.1 Die Genese des Christentums

Das Christentum ist weder seinem Ursprung nach noch im Blick auf seine heutige Ausbreitung eine europäische Religion. Die Gleichsetzung von Christentum und Europa ist aus zwei Gründen problematisch. Zum einen darf um seines Selbstverständnisses willen das Christentum nicht an eine bestimmte Kultur oder Gesellschaftstradition gebunden werden. Zum anderen kann Europa nicht exklusiv mit jener Menschheit gleichgesetzt werden, für die der matthäische Missionsbefehl (Mt 28,19) gilt. Trotzdem besteht natürlich ein Zusammenhang von Christentum und Europa.[31] Im NT ist zum ersten Mal (implizit) von Europa in der Apg (16,9f) die Rede, als sich Paulus aufgrund einer Traumvision entschließt, nach Makedonien zu reisen, um dort zu missionieren. Die ersten Jünger und Jüngerinnen Jesu (bis einschließlich Paulus) entstammen ausschließlich dem Judentum, das ebenfalls in der Genese keine europäische Religion ist. Ein rechtes Verständnis der Bildworte (Gleichnisse) Jesu, aber auch seiner Handlungen ist ohne eine gewisse Kenntnis dieses damaligen Judentums nicht möglich. Allerdings, so stellt es die heutige Forschung dar, ist das Modell einer zeitlichen Abfolge von Judentum und Christentum (im Sinne des Diktums „Die Juden sind für uns Christen die älteren Brüder und Schwestern") wohl nicht zu halten. Das traditionelle Judentum, wie es sich in der hebräischen Bibel darstellt und das seine zentrierende Spitze im Tempelkult in Jerusalem fand, zerbricht mit der Zerstörung des zweiten Tempels (70 n. Chr.) im jüdisch-römischen Krieg und spätestens mit dem Bar-Kochba-Aufstand (132–135), in dessen Folge es Juden für Jahrhunderte verboten war, in Jerusalem zu wohnen. Als Konsequenz des Jesusgeschehens entstanden ursprünglich *zwei* jüdische Religionsformen, die *beide*, je auf ihre Weise, jüdische Reformbewegungen waren.[32] Die eine Richtung bildete ohne Bezug auf Jesus Christus in einer neuen geistig-religiösen Selbstdefinition ohne den bis dahin konstitutiven Tempelkult und unter Rückgriff auf vor allem pharisäische Glaubenstraditionen die Wurzel der heutigen jüdischen Religion (die eine

31 Halecki, *Europa*, 10: „Aber lange bevor die anderen Kontinente zum ersten Mal die Verkündigung des Evangeliums hörten und nachdem der Nahe Osten einschließlich des Heiligen Landes für Europa verloren war, hatte das Christentum die europäische Zivilisation so tief durchdrungen, dass es zusammen mit dem griechisch-römischen Erbe, das es erhalten half, den europäischen Geist endgültig formte. Wie und wann auch immer dieser Geist die christliche Lehre abzulehnen schien, er verblieb doch mehr als *naturaliter Christianus*: der spezifisch christlichen Kultur blieb er, selbst unbewusst, treu. Während es früher oder später ein Christentum außerhalb Europas geben musste, konnte es niemals ein echtes Europa außerhalb des Christentums geben. Und von Europa aus trat die Kirche zu ihrer weltweiten Mission an."

32 Klaus Koch, *Der doppelte Ausgang des Alten Testaments in Judentum und Christentum*, in: JBTh 6 (1991) 215–242.

gewisse religionsphilosophische Systematik erst später im Werk von Rabbi Mose ben Maimon bzw. Maimonides, 1138–1204, erhält), indem sie den traditionellen Geboten der Tora in ihrer schriftlichen Gestalt im Pentateuch eine Sammlung zunächst mündlich überlieferter neuer Auslegungen (Mishna und Talmud) – die sogenannte mündliche Tora – hinzufügte. Die zweite zunächst ebenfalls jüdische Religionsform, deren prominentester Theoretiker in der Frühzeit der ehemalige Pharisäer Paulus war, griff zurück auf Einsichten des späten Prophetentums – in der universalen Perspektive der Abrahamsverheißung von Gen 15 ohne das Bundeszeichen Beschneidung (im Unterschied zum Abrahamsbund in Gen 17) – und postulierte deshalb (am Anfang nicht ohne Widerspruch besonders aus der judenchristlichen Gruppe um den „Herrenbruder" Jakobus: Gal 2,12f) als neuen Heilsplan Gottes ein andersartiges Gottesvolk aus Juden *und* Heiden (Röm 9,24–26; vgl. Eph 2, 14–16), das dann – so stellt es Apg 11,26 dar – im syrischen Antiochia (vermutlich von Außenstehenden) den Namen „Christen" erhielt. Nicht ohne Grund lag der ursprüngliche Schwerpunkt dieser Gruppe besonders in Galiläa (dem hauptsächlichen Wirkungsort Jesu), das damals eine jüdisch-hellenistische Bevölkerung hatte, und in den angrenzenden Gebieten der jüdischen Diaspora in Syrien.

In der Frühzeit wird das Christentum in drei großen Kulturräumen heimisch, deren Ausgestaltungen des christlichen Glaubens sehr spezifisch verlaufen.[33] Im griechisch-hellenistischen Kulturraum (mit dem damaligen geistigen Zentrum Alexandria) wird mit Hilfe der griechischen (neu-) platonischen Philosophie durch die großen patristischen Autoren, die fast alle aus dem Osten kamen, das Christusgeschehen beschrieben. Christus ist der „Paidagogos" (Clemens von Alexandria), der durch Belehrung zur rechten Gnosis führt. Im syrischen Kulturkreis (mit dem Zentrum Antiochia, von dem aus eine christliche Mission bis nach Indien und noch im 12. Jahrhundert bis nach China erfolgte) liegt der Akzent vor allem im bekennenden Lobpreis der Liturgie, als Vergegenwärtigung der Anwesenheit Gottes. Der lateinisch-westliche Kulturkreis, zuerst in Nordafrika, erst sehr viel später dann von Rom ausgehend in den nicht von Byzanz geprägten Ländern Europas, hat in seinem Glaubensvollzug von Anfang an einen charakteristischen Zug zu Anthropologie und Ethik. Kennzeichnend für die frühe westliche Theologie (Tertullian, Cyprian, Augustinus, allesamt Nordafrikaner) ist die Frage nach dem richtigen Verhalten des Menschen angesichts der Erfahrung des Wirkens Gottes. Spätestens seit Thomas von Aquin wird dann in der westlichen

33 Wilhelm Geerlings, *Apologetik und Fundamentaltheologie in der Väterzeit*, in: Walter Kern, Hermann Josef Pottmeyer, Max Seckler (Hg.), *Handbuch der Fundamentaltheologie*. Bd. 4: *Traktat Theologische Erkenntnislehre mit Schlussteil Reflexion auf Fundamentaltheologie*, Tübingen ²2000, 217–230, 228f.

Theologie der Einfluss des Aristoteles dominierend.[34] Das heutige Christentum ist immer noch von drei großen Spaltungen geprägt, den „vorchalkedonensischen" oder „altorientalischen" Kirchen (seit dem Konzil von Chalkedon 451) in Ägypten, Syrien, Äthiopien, Armenien und Indien, dem Bruch zwischen Ost und West (seit 1054, 1204 oder 1453) und dem Zerfall der westlichen Christenheit im Zeitalter der Reformation (Katholiken, Lutheraner, Reformierte, Anglikaner, Freikirchen und im 20. Jahrhundert Pfingstkirchen usw.).

Kirchenpolitisch sind heute in Europa zwei Modelle lebendig. Die orthodoxen Kirchen sind immer noch in vielfacher Weise von der Prägung bestimmt, die das Christentum in der oströmischen Kaiserstadt Konstantinopel bzw. Byzanz erhielt, zumal in dem Zusammenhang von Nation/Volk auf der einen Seite und Kirche auf der anderen („autokephale Kirchen", „kanonisches Territorium") und dem Identitätsmodell der Verhältnisbestimmung von Kirche und Staat (im Extremfall des „Cäsaropapismus"). Im lateinischen Westen bildet sich ein Dualismus zweier „Gewalten" (einer kirchlichen und einer weltlich-staatlichen) heraus. Das beginnt schon mit Augustinus („De civitate Dei") und seiner Unterscheidung von „civitas Dei" und „civitas terrena", wird dann rechtlich kodifiziert im Wormser Konkordat von 1122 (wo Kaiser und Papst gleichberechtigt agieren und auf gegenseitige Vereinnahmung verzichten: der Staat regelt seine Angelegenheiten, die Kirche die ihren; in „gemischten Zonen" gibt es Zusammenarbeit), wird noch einmal aufgegriffen in der Zwei-Reiche-Lehre Luthers und seiner Nachfolger und wird dann (nach der Aufklärung und im Liberalismus des 19. Jahrhunderts: „eine freie Kirche in einem freien Staat") die politische Regel. Es gab zwar immer wieder Versuche, diesen Gewaltendualismus in die eine oder andere Richtung aufzuheben, etwa in der Papsttheorie eines Gregor VII. („Dictatus papae" 1075) oder eines Bonifaz VIII. („Unam sanctam" 1302) oder in einem Staatskirchentum im Sinne eines Joseph II. in Österreich (im 18. Jahrhundert) – heute noch in Spuren lebendig in der anglikanischen Church of England als „established Church" –, aber das Differenzmodell von Kirche und Staat war das geschichtlich erfolgreiche Modell.

---

34 Zu einer neuen Debatte: Sylvain Gouguenheim, *Aristoteles auf dem Mont Saint-Michel. Die griechischen Wurzeln des christlichen Abendlandes, aus dem Französischen v. Jochen Grube, mit einem Kommentar v. Martin Kintzinger und Daniel König*, Darmstadt 2011. Die Monographie ist umstritten (vgl. die Kommentare v. Daniel G. König und Martin Kintzinger: ebd., 229–257), weil Gouguenheim einerseits die Rolle der arabisch-islamischen Kultur für die Vermittlung antik-griechischen Wissens in das Europa des Hochmittelalters minimiert (und hier allenfalls die griechisch-syrisch-arabische Übersetzungsarbeit orientalischer Christen gelten lässt) (ebd., 59–82), andererseits die arabisch-islamische Welt – wegen der von ihm behaupteten Unvereinbarkeit von Islam und griechischer Philosophie (ebd., 130) – nur „unter Vorbehalt als Erbin der hellenischen Gedankenwelt" betrachtet (ebd., 66). Die eigentliche Leistung in der Bewahrung des antik-griechischen Erbes (und hier zumal des Aristoteles) – und damit die Suche nach freiem Denken und Rationalität – ist für Gouguenheim fast ausschließlich syrischen und später lateinischen Christen zuzuschreiben.

Durch die Entdeckung Amerikas und Australiens und die Kolonialisierung großer Teile Afrikas und Asiens im 18. und 19. Jahrhundert verbreitete sich das westliche (europäische) Christentum – auch in der Gestalt seiner Spaltungen – weltweit. Der dadurch entstandene Eurozentrismus vieler christlicher Kirchenfamilien wurde erst nach dem Ende des 2. Weltkrieges als Problem erkannt. Man spricht heute von einer „Internationalisierung" des Christentums nach 1945 mit der Gründung des Ökumenischen Rates der Kirchen 1948 und der Bildung internationaler Kirchenfamilien wie dem Lutherischen Weltbund, der Gemeinschaft reformierter Kirchen oder der Anglican Communion. Das Vaticanum II ist das erste Konzil des zweiten Jahrtausends, an dem nicht fast ausschließlich Europäer teilnahmen. An den acht Konzilien des ersten Jahrtausends waren die Westeuropäer entweder überhaupt nicht beteiligt oder sie waren dort nur als kleine Minderheit vertreten.

4.2 Überlegungen zu einem „christlichen" Europa

Wenn man von einem „christlichen" Europa spricht, sollte man auch dazu sagen, was man damit meint.[35] Die christliche Grundierung der politischen Gründergeneration Europas nach dem Zweiten Weltkrieg, wie sie etwa in den Schriften von Jacques Maritain (der Robert Schuman beeinflusst hatte), Romano Guardini, Werner Bergengruen oder Reinhold Schneider zu Tage tritt, ist in der neueren Diskussion eher in den Hintergrund getreten. Die Mitglieder des Europäischen Verfassungskonvents konnten sich weder auf einen Gottesbezug noch auf einen ausdrücklichen Verweis auf das christliche Erbe in der Präambel des Entwurfs für die Verfassung der Europäischen Union von 2003 einigen. Im Schlussentwurf folgte auf einen Passus, in dem die Werte des Humanismus erwähnt wurden, ein Hinweis auf die kulturellen, religiösen und humanistischen Überlieferungen Europas. Allerdings ist ja das Projekt einer europäischen Verfassung zumindest vorläufig an den Referenden Frankreichs und der Niederlande gescheitert. Eine von einer verklärten Sicht des Mittelalters inspirierte Vision eines christlichen Staatenverbundes, gar unter der Leitung des Papstes, wie sie die Ultramontanisten des 19. Jahrhunderts (Joseph de Maistre) und manche Romantiker[36] erträumten, ist nicht realistisch. Auch die Einheit von Nation und Kirche, wie sie die orthodoxe Theologie vorsieht, ist allenfalls noch (für einige Zeit) in Russland und in den Ländern des Balkans eine Option, obwohl die russisch-orthodoxe Theologie und auch eine bestimmte öffentliche Meinung in Russland heute hier eine Zukunftsalternative zum sogenannten westlichen Säkularismus und Pluralismus

35 Ein Einstieg: Günter Buchstab und Rudolf Uertz im Auftrag der Konrad-Adenauer-Stiftung (Hg.), *Was eint Europa? Christentum und kulturelle Identität*, Freiburg 2008.

36 Vgl. Novalis (Friedrich von Hardenberg) (1772–1801), *Die Christenheit oder Europa. Ein Fragment* (1799), in: Ludwig Tieck und Friedrich Schlegel (Hg.), Novalis, Schriften, Berlin [4]1826, 187–208. Hintergrund: Herbert Uerlings, *Novalis (Friedrich von Hardenberg)* (Reclam Universal-Bibliothek 17612), Stuttgart 1998.

konstruieren wollen.[37] In den meisten Ländern Europas hat inzwischen eine mehr oder minder große Trennung von Kirche und Staat stattgefunden, wenn auch vereinzelte Stimmen in Frankreich (zumal im Blick auf den Islam) die dort praktizierte radikale Trennung von Kirche und Staat im sogenannten Laizismus wieder problematisieren.

Die Beschreibung eines „christlichen" Europas, so sehr sie eine bestimmte Geschichte (einschließlich einer Geschichte der christlichen Mission inner- wie außereuropäisch) wiedergibt, ist vom Anspruch des Christentums her kritisch zu sehen. Das Christentum versteht sich universal als Sammlungsbewegung in und aus allen Völkern und Kulturen.[38] Auch politisch kann man vielleicht die Frage stellen, ob das Projekt Europa sich nicht verengt, wenn es nur Europa in den Blick nimmt. Die beiden in der Aufklärung entstandenen Friedensprojekte des Abbé Charles-Irénée Castel de Saint-Pierre, *Projet pour rendre la paix perpétuelle en Europe* (publiziert in unterschiedlichen Versionen seit 1712)[39], und von Immanuel Kant, *Zum ewigen Frieden* (1795; 2. erweiterte Aufl. 1796)[40], streben zum einen nicht bloß einen zeitlich befristeten Friedensvertrag (im Sinne einer „pax mala", wie sie Augustinus als Vorstufe eines endgültigen Friedens konzipiert), sondern einen Friedensbund zur Beendigung aller Kriege an, beziehen aber auch – Kant hier deutlicher als sein Vorgänger – andere Gesellschaftsformen außerhalb von Europa ein.

Schon demographisch wird der europäische Anteil etwa in der Katholischen Kirche immer mehr abnehmen. Europa ist ein Kontinent, in dem sich das Christentum im Augenblick immer mehr reduziert. Ein Exempel ist Deutschland: 1990, im Jahr der deutschen Wiedervereinigung, hatte die Katholische Kirche 28,5 Millionen Mitglieder, die evangelische 29,4 Millionen. 2015 gab es noch 23,8 Millionen Katholiken und 22,3 Millionen Protestanten. Durch den demographischen Wandel und die Austritte haben beiden Kirchen innerhalb einer Generation zwölf Millionen Mitglieder verloren. Das Glaubenswissen nimmt ab; ein guter Teil der Christen glaubt nicht mehr an einen persönlichen Gott, dafür

37 Mit der Selbstbezeichnung „Drittes Rom" für Moskau (seit der osmanischen Eroberung Konstantinopels 1453) erklärt sich die russisch-orthodoxe Kirche „nicht nur der ostchristlichen, sondern auch der abendländischen Kultur zugehörig", in deren Traditionslinie sie sich stellt. (Konstantin Kostjuk, *Der Begriff des Politischen in der russisch-orthodoxen Tradition. Zum Verhältnis von Kirche, Staat und Gesellschaft in Rußland* [Politik- und Kommunikationswissenschaftliche Veröffentlichungen der Görres-Gesellschaft 24], Paderborn 2005, 60).

38 Gal 3,28: „Es gibt nicht mehr Juden und Griechen, nicht Sklaven und Freie, nicht Mann und Frau; denn ihr alle seid ‚einer' in Christus Jesus."

39 Charles-Irénée Castel de Saint-Pierre, *Projet pour rendre la paix perpétuelle en Europe*, 2 Bde., Utrecht 1713. Hintergrund: Olaf Asbach, Art. *Saint-Pierre, Charles-Irénée Castel de*, in: Friedrich Wilhelm Bautz (Hg.), fortgeführt v. Traugott Bautz, *Biographisch-Bibliographisches Kirchenlexikon*, Bd. 32, Ergänzungen 19, Nordhausen 2011, 1185–1217.

40 Immanuel Kant, *Zum ewigen Frieden und Auszügen aus der Rechtslehre. Kommentar v. Oliver Eberl und Peter Niesen* (Suhrkamp Studienbibliothek 14), (Frankfurt 2011) Berlin 2014. Vgl. den Kommentarband: Otfried Höffe (Hg.), Immanuel Kant, *Zum ewigen Frieden* (Klassiker Auslegen 1), Berlin [3]2011.

aber an die Reinkarnation und nicht viele können alle oder einen Großteil der zehn Gebote benennen. Der Sonntagsgottesdienstbesuch in Deutschland hat von Ende der 1950er Jahre (katholisch: ca. 55%; evangelisch: rund 15%) bis zur Gegenwart (katholisch: etwa 15%; evangelisch: ca. 3%) abgenommen. Der Osten Deutschlands ist inzwischen nach Tschechien die am stärksten säkularisierte Region Europas. Weltweit dagegen wächst die Katholische Kirche wegen der rasanten Steigerung der Mitgliedszahlen in Afrika und Asien. Das demographische Bild ist ja nicht unbekannt: Wenn man die Welt als ein Dorf mit 100 Einwohnern darstellt, gibt es in ihm gegenwärtig 16 Afrikaner, 60 Asiaten, 5 Nordamerikaner, 8 Lateinamerikaner, 10 Europäer und 1 Ozeanier. Im Jahr 2050 (bei einer – absolut gesehen – erheblichen Zunahme der Weltbevölkerung von 2018 7,62 Milliarden auf dann 9,8 Milliarden) wäre das Dorf auf 131 Menschen angewachsen und es leben in ihm 34 Afrikaner, 70 Asiaten, 6 Nordamerikaner, 10 Lateinamerikaner, immer noch 10 Europäer und vielleicht 1 Ozeanier, wenn der Klimawandel diese Region nicht überflutet. Schon heute leben 40 % der Katholiken in Lateinamerika; nur rund 20 % in Europa. Die Länder Europas, die oft säkularisiert sind, nehmen in der Bevölkerungszahl ab[41]; die Länder Afrikas und Asiens (ein Spezialfall sind China und Japan), die religiös sind, wachsen in ihren Bevölkerungen. Manche Theologen sprechen deshalb von einer „Enteuropäisierung" und „Internationalisierung" der Katholischen Kirche.

4.3 Prognose

Weltreligionen, die tausende von Jahren bestanden haben, verschwinden nicht einfach über Nacht.[42] Allerdings können sie in bestimmten Regionen unbedeutend werden. Das Christentum ist heute in seinen antiken Kerngebieten Kleinasien, Naher Osten und Nordafrika (abgesehen von einigen manchmal nicht unbedeutenden Minderheiten wie z. B. den Kopten in Ägypten) kaum noch vertreten. Das könnte in den nächsten Jahrzehnten auch in bestimmten Regionen (z. B. in manchen Stadtvierteln im Ruhrgebiet, im Norden Englands oder in den französischen Banlieues um Paris) – zugunsten des Islams – der Fall sein. In Deutschland werden in der Generation bis 2050 die christlichen Kirchen immer noch die wichtigsten Träger der Zivilgesellschaft sein, selbst wenn die Austrittsrate konstant bleibt und die Zahl der Konfessionslosen (die ja nicht notwendig automatisch Atheisten sind) sich der Hälfte der Bevölkerung nähert. Aber es gibt ja auch eine

41 In einer Rede vor dem Europäischen Parlament hat Papst Franziskus Europa mit einer altgewordenen und unfruchtbaren Großmutter (in einem durchaus mehrdeutigen Sinn) verglichen. Vgl. Papst Franziskus, *Mein Traum von Europa*, in: Björn Siller (Hg.), *Mein Traum von Europa. Die Rede des Papstes zum Karlspreis und Dokumentation der Laudationen*, Freiburg 2016, 11–25, 12f.

42 Als Prognose für das 21. Jahrhundert: Monica Duffy Toft – Daniel Philpott – Timothy Samuel Shah, *God's Century. Resurgent Religion and Global Politics*, New York 2011.

christliche Migration nach Deutschland, aus Polen, Spanien, Kroatien usw. Selbst wenn in den nächsten zehn Jahren jedes Jahr eine halbe Million Muslime dauerhaft nach Deutschland käme, umfasste der muslimische Bevölkerungsanteil nach Ablauf dieser Zeit erst rund zehn Prozent.

Wie geht es weiter? Ob eine Prognose wahr ist, erkennt man wie bei einer prophetischen Aussage erst dann, wenn das Ereignis tatsächlich eingetreten ist. 2009 hat der amerikanische Autor John L. Allen trotzdem eine geschichtliche Voraussage gewagt.[43] Ich möchte zwei Punkte herausgreifen:

> Der erste Trend ist die demographische Entwicklung vor allem in Afrika. Im Augenblick zählt der Kontinent rund 1,2 Milliarden Einwohner. 2050 werden es 2,4 Milliarden und 2100 wohl 4,8 Milliarden Menschen sein, die dann von einer prognostizierten Weltbevölkerung von ca. 11–12 Milliarden Menschen ca. 40 % darstellen. Die Katholikenzahl in Afrika wächst jeden Tag (durch Taufen und Konversionen) um etwa 23.000 Menschen – zusätzlich. Das Bigard Memoral Seminary in Nigeria ist gegenwärtig mit ca. 1.100 Alumnen weltweit das größte katholische Priesterseminar. Innerhalb von 20 Jahren (von 1985 bis 2005) hat sich die Katholikenzahl in Südkorea verdoppelt (auf jetzt 11% der Bevölkerung). 2000 gab es in den Philippinen mehr katholische Taufen als in Frankreich, Spanien, Portugal und Polen zusammen. Im Augenblick leben in Asien mehr Katholiken (ca. 380 Millionen) als Buddhisten (ca. 375 Millionen). Die Katholische Kirche der Zukunft wird ihren Anteil an der Weltbevölkerung (augenblicklich ca. 15%) halten, aber sie wird afrikanischer und asiatischer und weniger europäisch sein. Die afrikanischen und asiatischen katholischen Kirchen sind in politischen Fragen gewöhnlich eher sozial-revolutionär und in ethisch-religiösen Fragen eher traditionell-konservativ ausgerichtet.
>
> Die großen religiösen Rivalen der katholischen Kirche weltweit sind nicht der Atheismus oder der Säkularismus, auch nicht die sogenannten Kirchen der Reformation, mit denen im Augenblick ein ökumenischer „modus vivendi" besteht, sondern ein selbstbewusst auftretender Islam, die erstarkende orthodoxe Kirchengemeinschaft (wie in der Gestalt der russisch-orthodoxen Kirche) und die sogenannten Pfingstkirchen in Lateinamerika, Afrika und Asien, die einen großen Zulauf haben. Diese drei religiösen Strömungen stimmen darin überein, dass sie den westlich-europäisch-nordamerikanischen Kirchen in ethischen Fragen (wie der Abtreibung, der Euthanasie, der Homosexualität und der Genderproblematik) eine Kapitulation vor einem säkularen Zeitgeist und innerchristlich einen Verrat an der Botschaft des Evangeliums vorwerfen. Die anglikanische Kirche zerbricht im Augenblick in diesen Streitpunkten in

43 John L. Allen, *The Future Church. How Ten Trends are Revolutionizing the Catholic Church*, New York 2009.

> die Kirchen des Nordens und die Kirchen des Südens. Daraus folgert Allen, dass die Katholische Kirche der Zukunft weltweit evangelikaler, „bibeltreuer" und konservativer sein wird.

Allerdings ist die Besessenheit von großen Zahlen und die Suche nach Missionserfolgen und Zuwachs in der Bibel eher ein Zeichen für mangelndes Gottvertrauen. Gott wird in der Bibel vor allem dort als Gott erkannt, wo Menschengruppen aufgrund ihrer kleinen Zahl gar nicht in die Versuchung kommen, zu meinen, sie hätten durch ihr eigenes Tun irgendetwas erreicht. Langfristige Prognosen wie sie Thilo Sarrazin versucht, der mit mathematischen Tabellen zeigen will, dass in Deutschland bald weniger Deutsche leben als Ausländer[44], oder wie Michel Onfrays These, dass im Blick auf die Geburtenrate muslimischer Einwanderer in Frankreich dieses Land bald mehrheitlich muslimisch werde[45], sind, wie die Geschichte ähnlicher Alarmrufe zeigt, von so vielen Faktoren abhängig, dass sie wissenschaftlichen Ansprüchen kaum genügen. Die gesellschaftliche Kleinteiligkeit und die kulturelle Vielfalt Europas werden einen allgemeinen Religionsaustausch (der Islam anstelle des Christentums) verhindern. Aber vielleicht besteht auch eine Chance für das Christentum in unserer Region. Laut dem Religionsmonitor der Bertelsmann-Stiftung von 2009 haben 20% der Katholiken in Deutschland einen Migrationshintergrund oder fremdländische Wurzeln. Unter Umständen werden durch die Erfahrung und das Erleben einer lebendigen (manche Feuilletonisten sprechen von einer „heißen" im Unterschied zu einer „kalten" oder gesellschaftlich domestizierten) Religion (wie der Islam) manche religiös „unmusikalisch"-gewordenen Zeitgenossen in Deutschland dazu herausgefordert, sich mit dem Phänomen Religion in ihrem eigenen Leben auseinanderzusetzen. In diesem Wettstreit der Religionen (im Sinne von Lessings „Ringparabel") – auch und gerade mit dem Islam – muss sich das Christentum wahrlich nicht verstecken. Die „Ringparabel" behauptet ja, dass der „Vater" zu dem „rechten" Ring zwei völlig gleichaussehende andere Ringe herstellen habe lassen, so dass nun in dieser Weltzeit nicht „erfindlich" sei, welcher der wahre Ring sei.[46] Es gibt also objektiv *einen* wahren Ring. Aber ihn festzustellen, gelingt nur durch den Praxistest und eschatologisch am Ende der Geschichte. Welche Rolle in dieser Auseinandersetzung Europa spielen wird – als Katalysator, als Kampffeld, als privilegierter Ort der Debatte, als Laboratorium einer anzustrebenden Toleranz, als Ort der Neubesinnung auf ein christliches Abendland (das aber dann die Orthodoxie einschließen sollte) oder wie auch immer –, wird sich zeigen.

---

44 Thilo Sarrazin, *Wunschdenken. Europa, Währung, Bildung, Einwanderung – warum Politik so häufig scheitert*, München 2016.

45 Onfray, *Niedergang*, passim.

46 Gotthold Ephraim Lessing, *Nathan der Weise*, in: Herbert G. Göpfert (Hg.), *Werke*, Bd. 2, München 1971, 205–347, 276–280.

Rupert Stadler

Seelsorge in einer säkularisierten Welt

1. Säkularität: Die große Chance modernen Christseins

Michael Herbst[1] sagte einmal: „Starte mit ‚Kirche', und Du verlierst die Mission. Starte mit der ‚Mission', und Du gewinnst Deine Kirche – und wahrscheinlich noch mehr."[2] Ein Wort aus der evangelischen Welt, das auch Papst Benedikt XVI. gesagt hat. Wofür sollen wir die Menschen gewinnen? Nicht für die Institution, sondern für den Glauben, für das Zeugnis des Glaubens an Jesus Christus. Vermutlich ist jedem die Geschichte vom Schiffbau bekannt. Wenn jemand ein Schiff bauen will, was muss er da tun? Dort heißt es: Wenn du mit einigen Leuten ein Schiff bauen willst, beginne nicht mit der Organisation der Materialien, sondern begeistere deine Mitarbeiter mit der Sehnsucht nach dem Meer. Ist diese Sehnsucht da, dann erledigen sich viele notwendige Vorbereitungen wie von alleine. Es wird genug Mitarbeiter geben, genug Materialien, genug Zeit.

Erinnern wir uns hier vielleicht auch an das Wort Jesu: „Sucht aber zuerst sein Reich und seine Gerechtigkeit; dann wird euch alles andere dazugegeben." (Mt 6,33). Und weiter heißt es: „Sorgt euch also nicht um morgen; denn der morgige Tag wird für sich selber sorgen. Jeder Tag hat genug an seiner eigenen Plage." (Mt 6,34). Man könnte noch viele Beispiele anfügen, wie zum Beispiel Pater Karl und sein Team, wie er die Hochschule ausgebaut und errichtet hat, diesen modernen Campus, in dem wir heute leben und studieren dürfen. Oft ist es ja so, dass jemand, wenn er einen neue Aufgabe übernimmt – als Diakon oder als Kaplan nach der Priesterweihe oder in einer Pfarre als Pastoralassistent(in), als Religionslehrer – es so ist, wie wenn ein Schiff gebaut werden müsste und man noch nicht weiß, wie man es anfangen soll. Mit der Sehnsucht kann man vieles erreichen! Mit der Liebe zum Reich Gottes und seiner Gerechtigkeit aber erreichen wir noch mehr denn „[...] dann wird euch alles andere dazugegeben." (Mt 6,33).

Ein anderes Beispiel ist das Mission Manifest von 2018. Dort heißt es in der Präambel: *„Nach menschlichem Ermessen wird die Kirche in Deutschland, Österreich und der Schweiz in wenigen Jahren kaum mehr eine gesellschaftlich wahrnehmbare Rolle spielen. Das ist weniger schade um die Kirche als schlimm für die Menschen,*

1 *1955; deutscher evangelischer Theologe; Professor für praktische Theologie in Greifswald.

2 Matthias Sellmann, *Säkularität: Die große Chance modernen Christseins*, in: Joachim Söder/Hubertus Schönemann (Hg.), *Wohin ist Gott? Gott erfahren im säkularen Zeitalter*, Freiburg–Basel–Wien 2013, 64–85, hier: 64.

die Gott verlieren oder Jesus nie kennenlernen. Wir sind katholische Christen in Österreich, Deutschland und der Schweiz, die unter der »Erosion des Glaubens«, von der Papst Franziskus spricht, leiden. Wir wissen: Unsere Heimatländer sind Missionsländer geworden. Wir sind bereit für Mission. Wir wünschen, dass unsere Länder zu Jesus finden. Wir laden alle ein, die sich verbindlich mit uns hineinbegeben wollen in eine Welle des Gebets. Wir möchten diejenigen zusammenführen, die den Mut zu ungewöhnlichen Schritten haben. »Das Gebot der Stunde«, sagt auch Papst Franziskus, »ist die pastorale Neuausrichtung, also dafür zu sorgen, dass die Strukturen der Kirche alle missionarischer werden, dass die gewöhnliche Seelsorge in all ihren Bereichen expansiver und offener ist, dass sie die in der Seelsorge Tätigen in eine ständige Haltung des ›Aufbruchs‹ versetzt und so die positive Antwort all derer begünstigt, denen Jesus seine Freundschaft anbietet«. Viele Bischöfe sind diesem Aufruf gefolgt und haben ihn sogar noch verstärkt."[3]

Eine kurze Begebenheit, die auch am Anfang dieses Mission Manifest beschrieben ist, klingt fast wie ein Himmelfahrtskommando: „Als im Sommer 2011 der Kölner Weihbischof Rainer Maria Woelki vorn Vatikan zum neuen Bischof der deutschen Hauptstadt Berlin ernannt wurde, wurde es im deutschen Katholizismus sportlich. Die den neuen Bischof beglückwünschenden kirchlichen Grußadressen hatten eine sehr bestimmte Färbung. Dies sei eine besondere Herausforderung, sagte etwa der Vorsitzende der Deutschen Bischofskonferenz, Robert Zollitzsch, denn es sei schwer, in einem so säkularisierten Umfeld den Glauben zu vermitteln. In der Hauptstadt könne man ja gar nicht anders, als in der Welt zu stehen. Woelki selber äußerte, in der Metropole Berlin gelte es, nüchtern wahrzunehmen, dass die Kirche schrumpfen und die Säkularisierung wachsen würde. Man müsse umso deutlicher in Ethik und Politik die Maßstäbe des Glaubens vertreten. Insgesamt hatte man, jetzt aber zugespitzt, den Eindruck, dass die Katholiken einen Bruder wie einen Fallschirmspringer in ein Himmelfahrtskommando entsenden: Berlin, die säkulare Metropole. Feindliches Gelände. Dunkle Zeiten. Bewährung geht hier vor Entfaltung."[4]

„Dieses Schema ist nicht unbekannt vor allem, was die Stadt Berlin betrifft [könnte aber vermutlich auch auf viele andere Gebiete in Europa zutreffen]: Schon Ende der 1920er Jahre ist es der in den Berliner Arbeiterviertel wirkende Großstadtpfarrer Paul Piechowski, der angesichts urbaner Säkularität resümiert: ‚Tragisch vollendet sich das Schicksal der Kirche [...]. Ein Grab nach dem anderen wird ihrem Dasein ein Ende geschaufelt. Enger und enger wird ihr Atem. Todesluft

---

3 Bernhard Meuser/Johannes Hartl/Karl Wallner (Hg.), *Mission Manifest. Die Thesen für das Comeback der Kirche*, Freiburg–Basel–Wien 2018, 9, [Kursivsetzung im Original].

4 Sellmann, *Säkularität: Die große Chance modernen Christseins*, 64.

weht aus ihrem Körper. Sterbende Kirche ...'[5]"[6] – ist das wirklich so? „Säkularität, das ist die Sterbende Kirche, das ist die trudelnde Moral, das ist die Nacht der Kultur. Wir leben auf der schiefen Ebene und halten uns nur mühsam."[7]

Im Mission Manifest heißt es aber auch: „Die Kirche muss senden oder die Kirche wird enden."[8], man kann sich damit eben abfinden, dass die Kirche zu Ende geht oder man kann sehr entschlossen gegensteuern. So gibt es heute schon viele religiöse Gemeinschaften, Bewegungen und Gemeinden in Deutschland, Österreich und der Schweiz, die dies tun. Genau diese haben sich in dieser gemeinsamen Vision *Mission hier bei uns* – unter Freunden und Nachbarn, in unserem Alltag – zusammengeschlossen.

Was das nun genau heißt, warum es die vielleicht letzte Chance für das Überleben des Christentums ist und wie es wirklich auch funktionieren kann, das zeigen die vielen Autoren in diesem Buch. Dieses Buch ist ein Buch zum Nachdenken aber genau so ein Buch zum Mitmachen. Wir sind alle eingeladen dieses Buch aus der Bibliothek sich auszuborgen und durchzulesen – falls man es noch nicht gelesen hat!

2. Säkularität als ekklesiologische Chance

Es ist eine Chance für die Kirche. Es eröffnet sich in so einer Welt auch eine neue Perspektive auf die Selbstverortung einer Kirche inmitten einer Pluralen und säkularisierten Gesellschaft. Vielleicht ist es besser, nicht mehr vom Mangel, sonder von den Chancen zu sprechen. Der Bochumer Pastoraltheologe Matthias Sellmann fügt an: „Systemtheoretisch ist Säkularität deshalb eine große Chance der Kirchen, weil sie sie weg von der Emergenzebene ‚Organisation' auf die der „Gesellschaft" verweist und damit neu die externe Funktion (theologisch: die Mission) von Kirche einspielt."[9]

---

5 Paul Piechowski: Proletarischer Glaube. Die religiöse Gedankenwelt der organisierten deutschen Arbeiterschaft nach sozialistischen und kommunistischen Selbstzeugnissen, Berlin: Furche 1927 (5. Auflage 1928), 8. Zitiert bei Antonius Liedhegener: Religion und Kirchen vor den Herausforderungen der Urbanisierung in Deutschland im 19. Und frühen 20. Jahrhundert. Forschungsstand und Forschungsperspektiven, in: Werner Freitag (Hrsg.): Die Pfarre in der Stadt. Siedlungskern – Bürgerkirche – Urbanes Zentrum, Köln: Böhlau 2011, 175–210, hier: 176, [Fußnote aus dem Zitat 1:1 übernommen].

6 Sellmann, *Säkularität: Die große Chance modernen Christseins*, 65.

7 Ebd.

8 Meuser/Hartl/Wallner (Hg.), *Mission Manifest*, 10, [Übersetzt aus dem Englischen: „The church will send or the church will end"].

9 Sellmann, *Säkularität: Die große Chance modernen Christseins*, 79.

2.1 Vaticanum I (1869–1870, Papst Pius IX)

Mit der französischen Revolution und der europäischen Aufklärung des 19. und 20. Jh. beginnt ein zum Teil sehr aggressiver Emanzipationsprozess von der Kirche, der in vielen Ländern zu modernen pluralistischen und säkularisierten Gesellschaftsordnungen führt. In der Reaktion darauf setzt sich in der katholischen Kirche auf Dauer weniger die in kreativer Weise die neuzeitlichen Entwicklungen aufgreifende Ekklesiologie der Romantik (z. B. Johann Michael Seiler oder Möhler) mit ihrem pneumatologisch-inkarnatorischen Inneres und Äußeres der Kirche organisch vermittelten Ansatz durch, als vielmehr die im Geist der Restauration entwickelte in den Dogmen des Vaticanum I kulminierte Erkenntnis der Neuscholastik.

Es geht um die *Societas perfecta*. In dieser Absoluten Souveränität des unfehlbaren Papstes wird die *Societas perfecta* betrachtet, die von Gott mit allen notwendigen Heilsmitteln ausgestattet ist. Genau in dieser Zeit bemerken wir aber eine massive Distanzierung von der neuzeitlichen Kultur. Das entspricht genau einer starken innerkirchlichen Differenzierung zwischen Klerus und Laien, wobei der Gehorsam gegenüber der Hierarchie als einheits- und identitätsstiftend gesichert wird. Gestützt auf diese Sozialform der konfessionellen Milieus konnte diese Ekklesiologie mit einer zu allen Seiten vornehmlich die Aufgabe zu in kontroverstheologischer Zuspitzung der konfessionellen Unterschiede diese scharf herauszuarbeiten und durch die Negation des anderen die eigene Glaubensgemeinschaft als die wahre Kirche Jesu Christi zu legitimieren.

Denken wir in diesem Zusammenhang an die reformatorische Theologie, auf die Grundintention der Rechtfertigung und der Ablehnung der hierarchischen Gestalt der Kirche unter Robert Bellarmin. All dies verschärft natürlich dieses abgelehnte Kirchenverständnis.

2.2 Vaticanum II (1962–1965; Papst Johannes XXIII. & Paul VI.)

Vorbereitet wurde dieses Konzil, von dem wir auch oft sagen, dass es ein pastorales Konzil ist, durch verschiedenste kirchliche Aufbruchsbewegungen. Wir kennen die ökumenischen, die liturgischen, die biblischen Bewegungen, aber auch die Jugendbewegung war daran beteiligt, aber auch die Rückbesinnung auf biblische und patristische Wurzeln spielte eine große Rolle in der Vorbereitung des Vaticanums II. Erinnern wir uns hier besonders an Henri de Lubac, Yves Congar, Romano Guardini, Hans Urs von Balthasar, Karl Rahner.

Kommen wir noch einmal auf das Wort vom protestantischen Pastor Michael Herbst zurück: „Starte mit Kirche und du verlierst die Mission. Starte mit Mission und du gewinnst deine Kirche und wahrscheinlich noch mehr." Das Zweite Vatikanische Konzil hat uns in dieser Weise auch gut gezeigt, dass der pastorale wie der dogmatische Ansatz über die Kirche hilfreich sind um in einer Welt des Wandels und der Umgestaltung Fundamente zu finden, die der Kirche helfen auch im Heute den richtigen Weg zu gehen. Erst mit dem Vaticanum II wird diese institutionell fixierte Selbstdefinition, das die Kirche einfach dort besteht, wo der Papst – der Vicarius Christi – ist, der sie eint und sichtbar macht, geöffnet in eine Welt in der die Kirche sichtbar wird, weil in einer Säkularität einer funktional differenzierten Gesellschaft auch verlangt ist, dass man die eigene Identität behält, aber auch offen ist für vieles was sich in den Chancen bietet, um der Kirche die Wege durch diese Zeit zu weisen. Das Ziel des Christseins ist nicht nur die Bildung von Kirche, sondern (auch) die Entwicklung zum Christsein.

2.3 Herausforderungen der Ekklesiologie in der Gegenwart

In der Zeit des Zweiten Vatikanischen Konzils hat es einen bedeutenden Modernisierungsschub in den westlichen Gesellschaften gegeben. Es kam zu einer Entwicklung, die von einer eurozentrierten Westkirche wegführte zu einer polyzentrierten Weltkirche. Wichtig auf diesem Weg ist die verbindliche Verkündigung.

Wie lassen sich die verbindliche Verkündigung der Glaubenstradition und das neuzeitliche Bewusstsein – die Fragen nach Subjektivität, nach Freiheit, nach Pluralität – so vermitteln, das die Kirche sich als gemeinsamer Lebensraum des Glaubens, sowohl für den einzelnen Gläubigen, wie auch aus den einzelnen bestehend, für die Gemeinschaft erweisen kann. Hier geht es um die Identität und Integrität des eines Glaubens. Lesen wir dazu auch *Lumen gentium* No. 8, wo es um das Selbstverständnis der Kirche geht. In diesem Selbstverständnis der Kirche ist auch der ökumenische Einheitsprozess zu finden.

Ein Gedanke der im Zweiten Vatikanischen Konzil durch viele Konzilsväter immer wieder aufgetaucht ist, ist die *Communio ecclesiarum*. Im Konzil ging es vielfach auch um Theologie und Praxis des kirchlichen Amtes. Darum auch die Dekrete über die Priesterausbildung (*Optatam totius*), über das priesterliche Leben (*Presbyterorum ordinis*) und das Dekret über das Laienapostolat (*Apostolicam actuositatem*). Hier finden wir die Fragen die das Zweite Vatikanum – und vor allem auch die Zeit danach – immer wieder aufwirft.

3. Perspektiven für eine Erfahrung der Wirklichkeit Gottes

Blicken wir hier auf ein Wort von Papst em. Benedikt XVI. Bei der Errichtung des Päpstlichen Rates zur Neuevangelisierung schreibt er in dem Apostolischen Schreiben *Ubicumque et semper*: „Um das Wort des Evangeliums auf fruchtbare Weise zu verkündigen, braucht es zuallererst eine tiefgehende Gotteserfahrung." Der Gotteserfahrung kommt in der gegenwärtigen Wirklichkeit, der postmodernen, postsäkularen Welt, eine entscheidende Bedeutung zu. Gehen wir nach dieser Grunderkenntnis einen Schritt weiter und benennen wir einige Perspektiven:

„Spätestens seit den sechziger Jahren des vergangenen Jahrhunderts können wir in Deutschland von einer massiven Umwälzung des gesellschaftlichen Lebens sprechen. Gewachsene Milieus lösen sich mehr und mehr auf; über Jahrhunderte hinweg geprägte Selbstverständlichkeiten verschwinden. Einen allgemein anerkannten Ersatz gibt es nicht. Eine wachsende Arbeitsteilung ist ebenso zu konstatieren wie eine ‚*Segmentierung der Lebensbereiche*'[10]. Das hat zur Folge, ‚*dass der einzelne [Mensch] eine Fülle von Rollen zu übernehmen hat und ständig [diese,] seine Rollen wechseln muss*'[11] Zudem ist die Gesellschaft in wachsendem Maß ‚*durch eine Pluralität der Werte bestimmt.*' Mit diesem Begriff wird ‚*der Zustand eines gesellschaftlichen Zusammenlebens*' beschrieben, ‚*in dem nicht alle Momente dieses Systems faktisch nach einem einheitlichen Plan und von einem einzigen Punkt innerhalb dieses Systems gesteuert werden. Pluralismus entsteht [...] im Fehlen einer letzten, allen übergeordneten und alles durchwaltenden ideologischen und funktionalen Steuerung sämtlicher Vorgänge dieses Systems, die im System selbst ihren Platz hätte*'[12]

[...]

Sinnerfahrung, Sinnorientierung ist immer weniger möglich durch Zugehörigkeit.[13]

Nur weil man einem bestimmten Milieu zugehöre, findet man dadurch nicht die endgültige Orientierung. „Dazu noch einmal Peter L. Berger: ‚*Wie auf anderen Gebieten des menschlichen Lebens beobachten wir [auch] hier eine Wandlung von Religion als Schicksal zu Religion als Wahl*'[14] Wenn meine Mitmenschen nicht an derselben Weltanschauung festhalten und sie nicht bestätigen, dann brechen

10 Karl Rahner, Grundzüge der Gegenwartssituation, HBPTh II,1, Freiburg 1966, S. 188–221, S. 208. [Fußnote aus dem Zitat 1:1 übernommen; Kursivsetzung im Original].

11 Ebd., 209, [Fußnote aus dem Zitat 1:1 übernommen; Kursivsetzung im Original].

12 Ebd., S. 210, [Fußnote aus dem Zitat 1:1 übernommen; Kursivsetzung im Original].

13 Robert Zollitsch, *Gott erfahren in einer säkularen Welt*, in: Joachim Söder/Hubertus Schönemann (Hg.), *Wohin ist Gott? Gott erfahren im säkularen Zeitalter*, Freiburg–Basel–Wien 2013, 250–281, hier: 253–254.

14 .Ders., Sinnsuche in einer Zeit der Globalisierung, in: Stimmen der Zeit 12/2000, S. 809, [Fußnote aus dem Zitat 1:1 übernommen; Kursivsetzung im Original; Ders. bezieht sich auf die davor liegende Fußnote im Zitat und müsste mit Berger, Peter L. ersetzt werden].

Selbstverständlichkeiten weg. Dann muss die eigene Überzeugung gewählt werden und bedarf einer sie tragenden Begründung. Wir erfahren heute mehr denn je, dass Gott uns in Freiheit gesetzt hat und uns Entscheidung abverlangt."[15]

Immer mehr Menschen erleben – v. a. medial vermittelt – immer mehr Menschen auf Sinn-Suche. Philosophen, Denker, religiöse Menschen bringen uns durch ihre Identität auf einen bestimmten Weg der Sinn-Suche. Der Philosoph Peter Sloterdijk veröffentlichte erst vor kurzem ein Buch mit dem Titel *Den Himmel zum Sprechen bringen*. Er wirft dort die Frage auf, wofür der Mensch einen Gott braucht und wie er sich diesen vorstellt. Den Himmel zum Sprechen zu bringen, so meint er, sind die großen religiösen Texte als eine mitreißende Erzählung. Dieses Buch kann ein Beispiel dafür sein, dass es viele Sinn-Suchende Menschen gibt, zu denen auch der Autor gehört. Wir müssen aber in der Betrachtung dieser Literatur fragen, welche Konsequenzen es hat. Was ergibt sich auch dieser Literatur? Haben die gesellschaftlichen Milieus ihre Bindungskraft eingebüßt und misstraut man nun zunehmend dem Denken als Denken, dann kommt dem persönlichen Erleben, der persönlichen Erfahrung eine Dimension der Vergewisserung und eine ganz neue Bedeutung zu.

In einem Aufsatz (*Theologie und Heiligkeit*) von 1948 hat Hans Urs von Balthasar bereits vor mehr als sieben Jahrzehnten auf die Frage: Wie reagieren Glaube, Theologie und Kirche auf all diese Entwicklungen? bezug genommen. Diese Entwicklungen sind ja heute nicht gestoppt, ganz im Gegenteil, sie bringen auch heute noch neues Material hervor. Diese Dimension des persönlichen Erlebens und Erfahrens sind als Zugang zu einer Erfahrung der Wirklichkeit Gottes für uns grundlegend.

„Die deutsche Sprache unterscheidet zwischen Erlebnis und Erfahrung. Erlebnisse ‚haben' wir und Erfahrungen ‚machen' wir. Wichtig für uns ist es also, unsere Erlebnisse so zu buchstabieren, dass wir sie als Erfahrung lesen können. Das mag zunächst etwas fremd klingen, wird aber sofort einleuchtend: Vieles erleben wir ganz unmittelbar. Eine Fülle von Gefühlen und Emotionen widerfahren uns und sind uns somit schlicht gegeben. Zur Erfahrung werden sie uns aber nur dann, wenn wir sie annehmen, uns ihnen stellen, sie einordnen und bewusst mit ihnen umgehen – und dann auch mitteilen.

[...]

An dem, was in mir zur Erfahrung heran reift, kann ich mitwirken und mitarbeiten, indem ich bestimmte Deutehorizonte in mich aufnehme und sie sich in mir entfalten lasse. [...] Das ist Aufgabe und Ziel der geistlichen Begleitung. Der

15 Zollitsch, *Gott erfahren in einer säkularen Welt*, 255.

geistliche Begleiter führt nicht die Gotteserfahrung herbei – das wäre geradezu anmaßend. Er hilft – gleich einem Spurenleser – dem anderen, die Spuren Gottes im eigenen Leben zu entdecken.

Ja, es ist sogar möglich, dass etwa ein schwieriges Erlebnis der Vergangenheit, wenn ich es jetzt unter einer neuen Hinsicht betrachte und deute, zu einer neuen, vielleicht versöhnenden Erfahrung heranreift. Von Menschen, die Exerzitien intensiv begleiten, höre ich das immer wieder: Es gibt Versöhnung auch mit den schlimmsten Erlebnissen der Vergangenheit. Die Möglichkeit, dass aus Erlebnissen aus weit zurückliegender Vergangenheit ganz neue, nun vom Glauben geprägte, Erfahrungen heranreifen, diese Möglichkeit ist nie zu Ende, sondern immer gegeben.

Wichtig scheint mir allerdings der Hinweis, dass eine Überfülle von Erlebnissen wirkliche Erfahrungen geradezu verhindern kann. Wer alles und jedes erleben will, dem bleibt mitunter eine wirkliche Erfahrung verwehrt, weil sie nicht reifen kann, nicht in der Tiefe des Herzens Wurzeln schlägt.

[...]

Ja, vielleicht ist gerade das Staunen-Können sogar eine entscheidende Grundhaltung für uns, die wir anderen helfen wollen, Gott zu erfahren: Erinnern wir uns an Geschichte vom Hauptmann von Kapharnaum. Nein, Jesus solle gar nicht erst persönlich kommen, es genüge ein Wort von ihm und der Knecht werde wieder gesund, so heißt es. Wir kennen die Reaktion Jesu auf dieses Verhalten: Er staunte über den Glauben dieses Mannes. [...] Das staunenswerte Wunder ist doch am Knecht des Hauptmanns geschehen, aber Jesus ‚wundert' sich über den Hauptmann, er bestaunt, ‚bewundert' dessen Glauben. [...] Jesus konnte über Menschen staunen [...]. Jesus, der Sohn Gottes, war einer, der staunen konnte und so andere das Staunen lehrte. Staunen, ein wichtiger Schlüssel für die Tür zur Wirklichkeit, die hinter dem Materiellen liegt.

[...]

Gerade in einer technisierten Welt gilt es, neu die Schönheiten der Natur zu entdecken, das Wunder des Lebens zu bestaunen. Aber auch die Fähigkeit zur Stille, zum Schweigen, zum Hören gehört dazu."[16]

Interessanterweise habe ich jetzt in der Zeit der Corona-Krise und des Lockdowns immer wieder gehört, dass viele Menschen neu erfahren haben, was es heißt zumindest einen Balkon zur Wohnung dazu zu haben oder sogar ein

16 Zollitsch, *Gott erfahren in einer säkularen Welt*, 259–261.

kleines Häuschen mit Garten, damit man ein wenig nach draußen gehen kann. Manche haben auch wieder entdeckt, dass die Arbeit im Garten etwas ist, dass den Menschen wunderbar aufbauen und ihm Kraft und Sinn geben kann.

Vielleicht ist es auch dieses persönlich Erlebte, welches ich hier beschrieben habe – ich denke hier besonders an die Ordensleute, die diese Fähigkeit zur Stille, zum Schweigen und Hören haben – nicht nur stundenweise, sondern jahreweise – um es immer wieder aufs Neue zu entdecken. Nur daraus können wir aus Erlebten auch Erfahrenes machen. Wir spüren hier vielleicht ein Potential für die Perspektiven kirchlichen Lebens und kirchlicher Pastoral und kirchlicher Pädagogik.

3.1 Ist Säkularität der Normalfall?

„Das Schema: Sage mir, wie du lebst, und ich Christ, ich zeige dir, dass Du Dein Leben nicht tief genug wahrgenommen und deshalb nichts von der Wirklichkeit Gott erspürt hast. Dieses, wenn wir ehrlich sind, oft unter uns wirksame Schema, es hat nicht getragen. Es scheint eine geradezu in sich runde Säkularität zu geben, angesichts der es nicht gelingt, so etwas wie einen ‚Mehrwert des Glaubens' einfachhin plausibel zu machen. Nicht zu glauben, scheint für Viele tatsächlich ‚normal' sein zu können.

Vielleicht müssen wir uns die Frage stellen, warum uns das so unruhig macht, herausfordert und auch ärgert. Glaube ist, theologisch gesehen, immer Gnade und unverfügbar. Glaube gibt uns nicht einfach eine Welterklärungsformel an die Hand und als Glaubende sind wir aus uns selbst heraus keine ‚Besser-Wisser'. Es gibt in den Dingen des Glaubens keinen Automatismus. Gottes Nähe und Liebe zu spüren, ist nicht immer einfach. Auf beeindruckend offene Weise berichtet davon der Romano-Guardini-Preisträger, der tschechische Priester und Philosoph Professor Tomáš Halík. In seinem lesenswerten Buch ‚Geduld mit Gott' schreibt er: ‚*Das Schweigen Gottes und die beklemmende Gottesferne bedrängen auch mich. Mit Atheisten kann ich die Wahrnehmung der Abwesenheit Gottes in der Welt nachvollziehen. Ich erachte ihre Deutung dieses Gefühls jedoch für übereilt – nämlich für einen Ausdruck von Ungeduld. Ich bin aber überzeugt, dass zum Reifen im Glauben auch gehört, Augenblicke – manchmal sogar lange Zeitabschnitte – durchzustehen, in denen Gott weit entfernt zu sein scheint, verborgen bleibt. [...] Glaube und Hoffnung sind Ausdruck unserer Geduld in eben solchen Stunden – wie auch die Liebe: Liebe ohne Geduld ist keine echte Liebe. Das gilt für die irdische Liebe wie auch für die Liebe zu Gott.*'[17]

17 Tomáš Halík , Geduld mit Gott. Die Geschichte von Zachäus heute, Freiburg 2010, S. 10–11, [Fußnote aus dem Zitat 1:1 übernommen; Kursivsetzung im Original].

Als Christen lassen wir uns ein auf einen Gott, der – auch wenn er uns nahe ist – ein Geheimnis bleibt, der immer größer ist, als wir uns ihn denken und vorstellen. Gerade deshalb ist er der Gott, der immer neu überrascht, beschenkt und uns herausfordert. Und der uns neue Horizonte eröffnet.

[...]

Vielleicht müssen wir lernen, dass das leise Zeugnis gelebten Glaubens oft das wirklich Angemessene ist. Brauchen wir in manchen Situationen, um es in ein Bild zu bringen, nicht einen Charles de Foucauld, der es wagt, in der Wüste der säkularen Welt in aller bescheidenen christlichen Eindeutigkeit einfach mitzuleben. [...] Der Mut zur Eindeutigkeit, verbunden mit einem ‚hörenden Herzen' – darauf scheint es anzukommen.

[...]

Vielleicht müssen wir auch auf die Erfahrungen der ‚Kleinen Brüder' und der im Stillen wirkenden Mitglieder unserer Säkularinstitute sehr gut hören? Vielleicht entdecken wir auf diese Weise ganz neu die missionarische Kraft bedingungsloser Liebe.

[...]

Ja, Liebe ist die Dimension, in der *‚jenseits der Gottesfinsternis die Transzendenz in dieser Welt aufscheinen kann*'[18]."[19]

3.2 Christozentrische Erfahrungskultur

Was ist unter einer christozentischen Erfahrungskultur zu verstehen? „[...] in der großen Breite der Pastoral und des seelsorgerlichen Handelns [sind wir] gut beraten, darauf zu setzen, dass Menschen ‚erfahrungskompetenter' werden. Es ist gut und hilfreich, all das zu stützen und zu stärken, was dazu beiträgt, dass Menschen unsere Deuteangebote für ihr Erleben wahrnehmen und annehmen können."[20]

Die christozentrische Erfahrungskultur kann hier für die Aufgabe der Gemeinschaft der Kirche sehr viel einbringen. Wir können vier Perspektiven christozentrischer Erfahrungskultur betrachten:

18 Vgl. die Laudatio für Charles Taylor durch Ludwig Siep anlässlich der Verleihung des Josef-Pieper-Preises im Jahr 2004, [Fußnote aus dem Zitat 1:1 übernommen; Kursivsetzung im Original].
19 Zollitsch, *Gott erfahren in einer säkularen Welt* 265–267.
20 Ebd., 268.

Zum ersten die Kultur der Kontemplation: „[...] nicht wenige erfahrene Pädagogen sind der Überzeugung, dass die früheste Form religiöser Erziehung diejenige ist, die die Fähigkeit unterstützt, schlicht und einfach über die Phänomene des Lebens staunen zu können. Auf dem Katholikentag [...] waren im Geistlichen Zentrum all jene Veranstaltungen übervoll, in denen Kontemplation das Thema war, [...]. Vielleicht braucht es in unseren Gemeinden so etwas wie eine neue Elementarisierung der Vollzüge, eine kontemplativere und kommunikativere Pastoral. Leider denken die meisten engagierten Katholiken beim Wort ‚sitzen' heute eher an eine ‚Sitzung' – nicht zu Unrecht sprechen wir vom ‚Sitzungskatholizismus' – als an das schweigende, kontemplative und betende Verweilen vor Gott. Wo wird ganz konkret [...], das ‚hörende Herz', von dem Papst Benedikt [...] gesprochen hat, wirklich in der Breite eingeübt? Es stimmt wirklich: Der Glaube kommt vom Hören. Und das so ‚Gehörte' will zum ansteckenden und ermutigenden Zeugnis für den Nächsten werden.

Ohne eine kontemplative und an der eigenen Erfahrung Anteil gebende Kultur in der Breite ist das kaum möglich. Wir müssen alles dafür tun, dass es für die Menschen unserer Tage Orte und Räume und Zentren gibt, an denen ein erfahrungsträchtiger Glaube greifbar ist und bezeugt wird. Wir müssen, [...], unsere Pastoral so strukturieren und planen, dass wir Zeit haben, um zu schweigen, um zu beten, um das Evangelium zu hören und eine Sprachkultur zu pflegen und zu fördern, die suchenden, fragenden und auch trauernden Menschen wirklich eine Hilfe ist. So kann sie wachsen, die Fähigkeit, Gott zu erfahren, gerade in einer säkularen Welt. Um es einmal überdeutlich zu formulieren: Ich will nicht, dass spirituell suchende Menschen deswegen in ein buddhistisches Zentrum gehen müssen, weil es in unseren Gemeinden keine Orte und Zeiten gibt, an denen das kontemplative Schweigen eingeübt wird. Es ist ein Versagen unserer Pastoral, wenn suchende Menschen deswegen bei uns keine Heimat finden, weil wir keine Kultur der Kontemplation, des Schweigens pflegen und entfalten. Weil sie bei uns keinen Menschen begegnen, in deren Glauben sie mitglauben können und deren Glauben auch sie trägt."[21]

Mir hat dieses Wort von Pater Norbert Stiegler, meinem Vorgänger in der Pastoraltheologie, immer sehr gut gefallen: Die kontemplative Pastoral. Wenn Seelsorge nicht kontemplativ ist, hat sie wenig Fundament. Hören wir doch auf die Kirchenväter: „Die Kirchenväter sagen, dass Beten entscheidend darin besteht:

21 Zollitsch, *Gott erfahren in einer säkularen Welt*, 268–269.

Sehnsucht werden nach Gott hin. Dieses Wort nimmt unser Heiliger Vater, Papst Benedikt auf, wenn er formuliert: ‚*Maria ist gleichsam die offene Schule der Sehnsucht, in der das Leben Gebet und das Gebet Leben wird.*‘[22].“[23]

Eine besonders intensive Zeit für kontemplative Zeit könnte zum Beispiel der Advent oder die Fastenzeit sein. Aber nicht, dass wir noch mehr Veranstaltungen machen, sondern viel eher einen „Verzicht auf Sitzungen, mit gemeinsamen Orten des Rückzugs und einer Kultivierung der Stille und des Anteil Gebens und damit des ‚hörenden Herzens‘“[24]. Wer das in seinem Herzen hat, wird auch darüber sprechen.

Eine zweite Perspektive für christozentrische Erfahrungskultur ist die Liturgie als der Raum der Gotteserfahrung: „Die orthodoxe Kirche in Russland und in den anderen ehemals kommunistischen Staaten Osteuropas hat überlebt durch die Liturgie. Das Zweite Vatikanische Konzil hat unsere römische Liturgie erneuert, und vertiefte Zugänge und eine grandiose Möglichkeit der aktiven Teilnahme und Mitfeier geschenkt. Nun gilt es, diese Wege auch zu gehen und uns ansprechen und einbeziehen zu lassen. Dazu laden uns die Mitte und das Geheimnis unseres anwesenden Herrn ein. Was ich feiere, prägt mein Leben. Wir haben in unserer katholischen Kirche all die Formen, die in die Tiefe führen und zur Erfahrung Gottes werden können. Das Hören und Verweilen in Stille, das Niederknien und Anbeten, das gemeinsame Beten und Singen. Wir haben die stillen und kleinen Formen des Gottesdienstes und die großen Gottesdienste – wie bei Weltjugendtagen, Katholikentagen und Wallfahrten, die uns die große tragende Gemeinschaft des Glaubens erleben lassen.“[25]

In *Sacrosanctum concilium* No. 10 und in *Lumen gentium* No. 11 heißt es ja, die Teilnahme am eucharistischen Opfer ist „Quelle und Höhepunkt“ christlichen Lebens. Ich habe hier einen guten Ansatz gefunden, dies zu unterstreichen aber auch mitzudenken: „Aber von Höhepunkt zu Höhepunkt, von Gipfel zu Gipfel kann man nicht springen, da gilt es, die Täler zu durchwandern. Und wer nur an der Quelle verweilt, kann seinen Weg nicht gehen. Darum brauchen wir auch die einfachen und kleinen liturgischen Formen [...]: von der Stille bis zur Meditation, von der Anbetung bis zum Gebet des Rosenkranzes, vom persönlichen Besuch in der Kirche bis zum Anzünden der Kerzen. Die liturgische Feier vermag uns auch emotional anzusprechen. Sie schenkt uns Freude an Gott und öffnet das Herz für ihn. Die Liturgie ist der zentrale Ort, an dem Erlebnisse zu Erfahrungen

22 Josef Ratzinger, Maria – Kirche im Ursprung, Herder 1980, S. 11, [Fußnote aus dem Zitat 1:1 übernommen; Kursivsetzung im Original].
23 Zollitsch, *Gott erfahren in einer säkularen Welt*, 268–269.
24 Zollitsch, *Gott erfahren in einer säkularen Welt*, 268–269.
25 Ebd., 269–270.

heranreifen können. Hier braucht es beides in guter [...] Entsprechung: Eine große Treue zur Überlieferung der Kirche und eine kulturelle Kreativität, die einen lebendigen Zugang zur in ihr bezeugten Wirklichkeit unterstützt."[26]

Ein dritter Punkt christozentrischer Erfahrungskultur ist der Umgang mit Leid und Finsternis: „Ein eindrückliches Beispiel dafür, wie aus einem Widerfahrnis, einem Erlebnis, eine ganz spezifische Erfahrung werden kann, ist das Erleben von Krankheit und Leid. Hier ist die Deutekraft, der Deutehorizont des Glaubens besonders gefordert. Wenn es einem Menschen möglich wird, sein Leid und seine Fragen noch einmal hineinzunehmen in das Beten und Klagen, dann kann sich Vieles verwandeln. In der Mitte der Kirche findet sich [...] einer, der ganz buchstäblich Gott nach dem ‚Warum' fragt: ‚*Mein Gott, mein Gott, warum hast Du mich verlassen?*' (Mt~27,46) Es sind diese Worte, die auf ganz eigene Weise Ohnmacht und Vertrauen miteinander verbinden. Was für eine Erfahrung wird dem Menschen möglich, der so sein Erleben von Krankheit und Endlichkeit ins Wort zu bringen vermag! Es ist die Situation, in der wir uns schutzlos der Unbegreiflichkeit Gottes überantworten können, jener Unbegreiflichkeit, die eben auch zu Gottes Wesen gehört. Und wir werden letztlich auch so manche Frage aushalten müssen, bis wir Gott selbst in der Ewigkeit schauen. Oder um es mit den beeindruckenden Worten Tomáš Halík zu sagen: ‚*Glaube, Hoffnung und Liebe sind drei Aspekte unserer Geduld mit Gott; sie sind drei Möglichkeiten, mit der Erfahrung der Verborgenheit Gottes umzugehen. Sie stellen ein wahrlich langes Unterwegssein dar. [...] und manchmal müssen wir recht tief in den Abgrund, in das Tal der Schatten hinabsteigen, um den Pfad wieder zu finden. Würde er nicht hierdurch führen, so wäre es kein Weg zu Gott – Gott wohnt nicht an der Oberfläche.*'[27]

[...]

Eine ausgesprochen erfreuliche Entwicklung der letzten Jahre ist die Verbreitung von ‚Exerzitien im Alltag', von Glaubenskursen: etwa ‚Wegen erwachsenen Glaubens'. Dort geschieht der Blick hinter die Oberfläche, indem in begleitenden Gesprächen die Sprachkompetenz glaubender Menschen gestärkt wird, die deutende Verknüpfung mit dem eigenen Erleben.

[...]

Je mehr der Suchende im Zeugnis Glaubender von Christus hört, kann in ihm selbst eine Sehnsucht wach werden, auch er möge von Christus ‚ergriffen' werden (vgl. Phil 3,12). Wenn ein nicht [...] gläubiger Mensch durch das Zeugnis eines Christen eine Ahnung davon bekommt, was Christus im Leben von Christen

26 Zollitsch, *Gott erfahren in einer säkularen Welt*, 269–270.
27 Tomáš Halík, Geduld mit Gott, S. 11, [Fußnote aus dem Zitat 1:1 übernommen; Kursivsetzung im Original].

bewegt, will er Christus möglicherweise auch ‚erkennen' (vgl. Phil 3,8). Dies ist kein Automatismus, der abläuft. Sondern der suchende und fragende Mensch beginnt zu ahnen, dass Christus, dass Gott, eine Realität in seinem Leben werden könnte oder noch mehr wird."[28]

„Gott ist jemand" so hat Madeleine Delbrêl eine Antwort gefunden auf einem lange währendem Suchprozess. „Gott ist jemand." sagt sie nicht am Anfang. „Die gerade zwanzig-jährige Französin Madeleine Delbrêl (1904—1964) erlebt in ihrer Bekehrung eine solche Revolution. Ihre Eltern sind religiös gleichgültig. Madeleine wird zwar als Kind getauft und noch als Zwölfjährige durch Priester auf die Erstkommunion vorbereitet. Nach dem Umzug der Familie nach Paris gerät sie unter den entgegengesetzten Einfluss. ‚*Mit fünfzehn*', so schreibt sie selbst, ‚*war ich strikt atheistisch und fand die Welt täglich absurder.*' Mit siebzehn verfasst sie einen Text, der ihre innere Situation beschreibt: ‚*Gott ist tot Es lebe der Tod.*' Darin beschreibt sie die Sinnlosigkeit jeden Tuns, wenn am Ende von allem doch nur der Tod wartet. Nichts gibt mehr Sinn, selbst das Verliebt-sein und die Liebe bleiben angesichts des Todes ohne Aussicht auf Dauer. Dennoch wird sie mit neunzehn von der Liebe zu einem jungen Mann ergriffen. Doch diese Liebe endet jäh, als sich ihr Geliebter ohne vorherige Anzeichen für ein klösterliches Leben entscheidet.

Diese Erlebnisse übersteigen ihre bisherigen Denkmuster und Gefühle: Ihr geliebter Freund lässt sie sitzen, um diesem ‚toten' Gott als Ordensmann zu dienen. Später erwähnt einer ihrer christlichen Freunde in einer lautstarken Auseinandersetzung ein Wort von Teresa von Avila: ‚*Jeden Tag fünf Minuten still an Gott zu denken.*' in diesem Wort trifft er sie. Madeleine Delbrêl versucht zu beten. ‚*Vom ersten Mal an betete ich kniend.*' So findet sie zum Glauben, ‚*dass Gott mich gefunden hat, dass er die lebendige Wahrheit ist, die man lieben kann, wie man eine Person liebt*'[29]. Für sie wird Gott von einem ‚niemand' zu einem ‚jemand'.

Ein weiteres Beispiel: Edith Stein[30] verliert im ersten Weltkrieg ihren philosophischen Mentor Adolf Reinach. Der Tod ihres Mentors erschüttert sie ‚bis ins Mark'. Edith Stein spricht von ihrem ‚*völlig gebrochenen Selbstbewusstsein*'. Dazu kommt, dass ausgerechnet sie beauftragt wird, seinen Nachlass zu ordnen. Sie fürchtet sich vor der Begegnung mit Reinachs junger Witwe. Selbst verzweifelt vermutet sie, eine ebenso durch Zweifel erschütterte Frau anzutreffen. Doch Frau Reinach

28 Zollitsch, *Gott erfahren in einer säkularen Welt*, 270–272.

29 Madeleine Delbrêl, Auftrag der Christen in einer Welt ohne Gott, Einsiedeln 2000, S. 192, [Fußnote aus dem Zitat 1:1 übernommen; Kursivsetzung im Original].

30 Andreas Müller/Maria Amata Never, Edith Stein. Das Leben einer ungewöhnlichen Frau. Biographie, Zürich-Düsseldorf 1998, [Fußnote aus dem Zitat 1:1 übernommen].

war gefasst und schöpfte aus ihrem Glauben Mut und Kraft. Das Erlebnis dieser Kraft des Glaubens war für Edith Stein *‚der Augenblick, in dem mein Unglaube zusammenbrach‘*[31].

Christus begegnet Menschen durch Menschen. Es sind Menschen, die anderen etwas von Christus erzählen und sie so einladen, ihren Glaubensweg mitzugehen. Wir können die Kurzformel nutzen: *‚Der Engel des Herrn brachte Maria die Botschaft, und sie empfing vom Heiligen Geist.‘* Der Bote ist unersetzlich. Er ist der erste Verkünder. Er macht das ‚Angebot der Frohbotschaft‘ und bezeugt diese Botschaft.[32]

[...]

Es geht bei dieser Art des Glaubenszeugnisses durch einen Christen nicht darum, den geschichtlichen Christus in Erinnerung zu rufen, sondern den im Leben dieses Christen gegenwärtigen Christus ins Wort zu bringen, [...]. Das Kerygma entspringt dem inneren Christus des Zeugen.

[...]

Papst Johannes Paul II. schreibt in der Enzyklika Redemptoris missio: *‚In der komplexen Wirklichkeit der Mission spielt die erstmalige Verkündigung eine zentrale und unersetzbare Rolle, weil sie die Einführung ist in das Geheimnis der Liebe Gottes, die zu einer engen persönlichen Beziehung zu Christus ruft und den Weg der Bekehrung öffnet. [...] Die Verkündigung hat Christus, den Gekreuzigten, Gestorbenen und Auferstandenen zum Gegenstand: [...] in ihm schenkt Gott das ‚neue Leben‘*[33]“[34]

Erstverkündigung oder auch kerygmatische Katechese nennt das allgemeine Direktorium für die Katechetik diesen Einstiegsvorgang im Gesamt der Katechese. „Menschliche Verkündigung, die ins Ohr trifft, öffnet für die göttliche Kundgabe, die ins Herz trifft.“[35]

31 Elisabeth Kawa, Edith Stein. „Die vom Kreuz gesegnete“, Berlin 1953, S. 22, [Fußnote aus dem Zitat 1:1 übernommen; Kursivsetzung im Original].

32 Kongregation für den Klerus, Allgemeines Direktorium für die Katechese (Verlautbarungen des Apostolischen Stuhl 130), hg. v. Sekretariat der Deutschen Bischofskonferenz, Bonn 1997, 44 , Nr. 61, 62, [Fußnote aus dem Zitat 1:1 übernommen; Kursivsetzung im Original].

33 Johannes Paul II., Enzyklika Redemptoris missio (RM). Über die fortdauernde Gültigkeit des missionarischen Auftrages, in: Verlautbarungen des Apostolischen Stuhles Nr. 100, hg. v. Sekretariat der Deutschen Bischofskonferenz, Bonn 1990, Nr. 44. [Fußnote aus dem Zitat 1:1 übernommen; Kursivsetzung im Original].

34 Zollitsch, *Gott erfahren in einer säkularen Welt*, 272–274.

35 Ebd., 274.

Somit sind wir beim vierten Punkt christozentrischer Erfahrungskultur angelangt: Die Unterscheidung der Geister: „Besonders die Tradition des Ignatius von Loyola hat hier sehr, sehr Vieles zugänglich gemacht und erschlossen. Geistliche Gemeinschaften bezeugen uns, welche Kraft von solchen Entscheidungsprozessen ausgeht."[36]

Papst Franziskus ist geprägt von dieser ignatianischen Tradition von der Unterscheidung der Geister. „Jene Achtsamkeit" sagt er einmal „mit der man das Große und das Kleine aufgreift, abwägt um in der Wirklichkeit die Zeichen des Herrn zu erkennen und in seiner Spur zu gehen."

„Gott hat den Menschen erschaffen und ihn mit Freiheit ausgestattet, ja ihn in die Freiheit entlassen. Aber er hat sich vom Menschen, von der Schöpfung und vom Geschehen in der Welt nicht abgewandt. Er ist in der Menschwerdung seines Sohnes neu in diese Welt und ihre Geschichte eingetreten. Gott handelt und wirkt in ihr. Wir leben in der Spannung von Transzendenz und Immanenz. Der über der Welt stehende transzendente Gott ist zugleich der nahe und stets handelnde Gott. So mahnt uns denn Jesus, die Zeichen der Zeit zu erkennen (Lk 12,54); und das Zweite Vatikanische Konzil verlangt, sie im Licht des Evangeliums zu deuten (GS 6). So sind wir denn auch eingeladen, in der ‚Spurensuche' nach dem Wirken Gottes in unserem Alltag zu fragen und so den Pilgerweg des Glaubens an der Hand Gottes zu gehen."[37]

Abschließend noch ein Wort des Jesuitenpaters Alfred Delp: „Der in Mannheim geborene Jesuitenpater Alfred Delp, der im Widerstand gegen den Nationalsozialismus sein Leben lassen musste, schrieb kurz vor seiner Ermordung: Die Welt ist voll von Gott. ‚*Aus allen Poren der Dinge quillt er gleichsam uns entgegen. Wir aber sind oft blind. Wir bleiben in den schönen und in den bösen Stunden hängen und erleben sie nicht durch bis an den Brunnenpunkt, an dem sie aus Gott herausströmen. Das gilt für alles Schöne und auch für das Elend. In allem will Gott Begegnung feiern.*'[38] Mitten in einer Umgebung von Hass, Gewalt und staatlichem Terror in der Kriegszeit behält er sich diese Gewissheit bis in den Tod: Die Welt ist voll von Gott. Und so sagt uns Alfred Delp, dass es die Kunst und der Auftrag ist, aus diesen Einsichten und Gnaden dauerndes Bewusstsein und dauernde Haltung zu machen. Denn: Ich erfahre Gott in dem Maß, in dem ich mich auf ihn einlasse, sensibel werde für seine Spuren im Alltag und meinen Weg im Bund mit ihm gehe – in der festen Überzeugung: ‚Wo Gott ist, da ist Zukunft'."[39]

36 Ebd., 275.
37 Zollitsch, *Gott erfahren in einer säkularen Welt*, 275.
38 Alfred Delp, Gesammelte Schriften (hg. V. Roman Bleistein), Band IV: Aus dem Gefängnis, Frankfurt 1984, S. 26. [Fußnote aus dem Zitat 1:1 übernommen; Kursivsetzung im Original].
39 Zollitsch, *Gott erfahren in einer säkularen Welt*, 276–277.

3.3 Grundhaltungen, die sich in der Praxis der Seelsorge bewähren

Ich denke hier auch an die kirchlichen Grundvollzüge, um sie einzuüben, um sie zu trainieren. „Oft, sehr oft wird, wenn es um das Thema der Gotteserfahrung geht, der bekannte Satz von Karl Rahner zitiert: ‚*Der Fromme von morgen wird ein Mystiker sein, einer, der etwas erfahren hat, oder er wir nicht mehr sein.*‘[40] Das ist in der Tat ein prophetischer Satz. Doch seine Ausführungen, die er 1966 bereits niedergeschrieben hat, sind weitaus komplexer und in sich differenzierter, als der eine Satz vermuten lässt. Rahner hat nämlich bereits damals dem Rechnung getragen, das die Erfahrung, von der er spricht, nicht ein bloßes Erlebnis oder ein einfaches Widerfahrnis ist, im Gegenteil!

Darf ich ihnen eine weitaus weniger bekannte Passage zu Gehör bringen, eine, die viele so nicht erwarten würden? ‚*Auch die Frömmigkeit von morgen*‘, so fährt Rahner, seinen prophetischen Satz vertiefend, fort, ‚*ist dem Geist wahrer christlicher Frömmigkeit nur* (man beachte dieses ‚nur‘!) *getreu und gehorsam, wenn sie den Mut zum Geplanten, Geübten, Geformten, zur ‚Übung‘, sagen wir kurz: zum Institutionellen hat und sich nicht in eine gestaltlose Gesinnung auflöst.*‘[41]“[42]

Wie oft ist es halt so, dass ein Satz zitiert wird, der im ersten Augenblick wunderbar klingt, aber wenn man den Gesamtzusammenhang herstellt, ist es durchaus von Bedeutung, was noch zusätzlich gesagt wird!

„Benedikt von Nursia hat das Kloster, das er als ein Beispiel fürs Kirche-Sein versteht, als ‚Officina‘, als Werkstatt beschrieben und spricht auch von einer großen Zahl von Werkzeugen. Auch wenn die Vision des großen Gebäudes, das entstehen soll, das Entscheidende ist, so braucht es doch auch die Fähigkeit, die handwerklichen Dinge zu vollbringen. Und das haben wir vielleicht ein wenig vergessen. An uns liegt es, dass unsere Kirche mehr und mehr Ort ist, wo man schlicht und einfach in der Gemeinschaft des Glaubens das gelingende Leben einüben kann, anspruchsvoll und so bodenständig wie nur eben möglich.“[43]

Damit die Gemeinschaft unseres Glaubens wirksam wird, ist das Lernen in der Gemeinschaft des Glaubens notwendig. „Und wenn Sie mich fragen, warum ich Christ bin, so lautet die erste schlichte Antwort: Weil meine Eltern gläubige Menschen waren und mich in ihrem Glauben mitgenommen haben. Ich durfte an ihrem Glauben teilhaben, mich in ihm festmachen, in ihrem Glauben

40 Karl Rahner: *Frömmigkeit heute und morgen*, in: Geist und Leben 39 (1966), S. 326–342, S. 335, [Fußnote aus dem Zitat 1:1 übernommen; Kursivsetzung im Original].

41 Ebd. S. 330, [Fußnote aus dem Zitat 1:1 übernommen; Kursivsetzung im Original; Ebd. bedeutet hier: Karl Rahner: *Frömmigkeit heute und morgen*, in: Geist und Leben 39 (1966), S. 326–342].

42 Zollitsch, *Gott erfahren in einer säkularen Welt*, 278.

43 Ebd.

mitglauben. Durch die Eltern lässt Gott die Kinder seine Liebe erfahren sie dürfen an seiner Sorge für die Kinder teilhaben und so Gottes Liebe erfahrbar machen [...]. Wir alle leben voneinander. Wir gehen den Weg des Glaubens gemeinsam und dürfen einander [...] im Glauben [...] Wegbegleiter sein. Das gilt über die Familie hinaus für die Kirche. Nicht umsonst sprach Papst Benedikt bei seinem letzten Deutschlandbesuch in Freiburg gleich zweimal von den ,kleinen Gemeinschaften' in der Kirche, in denen wir gegenseitig den Glauben entzünden, ihn untereinander teilen, im Glauben des Anderen mitglauben, von der Erfahrung des Anderen lernen und uns anregen lassen.

Was uns durch unsere Eltern, durch Priester, Erzieher, Freunde und Wegbegleiter im Glauben geschenkt wurde, erinnert uns daran, dass wir als Christen nicht allein, sondern in der Gemeinschaft des Glaubens stehen. Der Hebräerbrief spricht von der ,*Wolke der Zeugen*' (Hebr 12,1), die uns auf unserem Weg geschenkt sind und uns begleiten. Wie imponierend, anregend, hilfreich und ermutigend ist ihr Beispiel und Vorbild! Zugleich sind sie uns als Fürsprecher und Begleiter in der Communio Sanctorum, in der Gemeinschaft des Heiligen, gegeben.

Als Mutter der Kirche und Mutter der Glaubenden ist die Gottesmutter Maria uns nicht nur Vorbild, zu dem wir aufschauen und an dem wir uns orientieren. Sie ist für uns zugleich Mutter und Wegbegleiterin. [...] Wenn wir in Liebe mit ihr verbunden, [...] unseren Pilgerweg gehen, dürfen wir teilhaben an ihrem Glauben, in ihrer Hoffnung, an ihrer Liebe. [...] Der Glaubende weiß: Ich stehe nicht allein, die Gemeinschaft reicht über diese Welt hinaus." [44]

44 Zollitsch, *Gott erfahren in einer säkularen Welt*, 279.

Pater Edmund Waldstein

Robert Spaemann and Wolfgang Waldstein as Critics of the 'Brain Death' concept.[1]

Introduction: Common and Proper Conceptions

Two of the most prominent critics of the identification of "brain death" with the death of the human being in the German speaking world in recent years are the late philosopher Robert Spaemann and the jurist Wolfgang Waldstein. While their ways of approaching the problem are as distinct as philosophy is from jurisprudence, nevertheless at a deep level their approaches have something in common. This commonality underlies not only their approach to brain death, but their whole approach to reality. It comes from a deep respect for and attention to the *common* conceptions shared by all human beings; the immediate result of our natural contact with reality; the natural knowledge that arises from our openness to the real; the principles of thought that are expressed in common speech. It is the understanding that we all share of such things as one and many, motion and rest, life and death.

In a famous fragment the pre-Socratic philosopher Heraclitus points to the connection between reason and commonality: "Therefore one must follow what is the Common (*toi xynoi*). But although the *Logos* is common (*xynou*) the many live as if they had a private mind (*phronesin*)."[2] One way of understanding what Heraclitus is talking about is that speech, *Logos,* implies a natural understanding of the real world, an understanding that is common to us, just as the world of waking life is common, as opposed to the private world of dreams. This natural understanding is very certain, but it is confused and indistinct. Therefore, Aristotle, who in this respect is a follower of Heraclitus, teaches that the natural way of learning is to move from common and confused notions to distinct and proper ones.[3] The distinct and proper conceptions are clearer, but they are less certain, because they are less immediately tied to reality. They are *technical* conceptions.

---

1 This paper was first presented at the conference "'Brain Death' A Medicolegal Construct: Scientific & Philosophical Evidence" John Paul II Academy for Human Life and the Family (JAHLF), Rome, May 20th-21st, 2019. My thanks to Prof. Josef Seifert for the invitation.

2 Heraclitus, DK 2; trans. in: Eva Brann, *The Logos of Heraclitus,* Philadelphia, 2011, 22.

3 Cf. Aristotle, *Physics,* 184a.

Technical conceptions are of course very necessary to clarify what is contained in common conceptions. Properly used, the function of technical conceptions is to draw out and make distinct what is contained in an indistinct way in our contact with reality. And also to point us in the direction of what one might call "proper experience" – more exact observations of the details of things. But there is a great danger that technical conceptions, or conclusions drawn from them, will replace or contradict the contact with reality that we have in our common conceptions. For example, the philosopher Parmenides in reflecting on a technical conception of "being" came to the conclusion that plurality and motion must be illusions. Being is one and undivided. But this contradicts the common conceptions of the reality of motion and plurality that arise from our contact with the real world. Parmenides is therefore in error, because he does not "follow the common."

To take another example, modern natural science tends to proceed from technical conceptions of measurable quantities and relations between quantities. This method has been very helpful in finding things out about the world, and in correcting errors that have arisen from the difficulties of observation. In other words, in correcting what one might call "common misconceptions." But often it has led to philosophical errors, when thinkers have taken those technical conceptions as if they were the primary reality, and used them to contradict our common conceptions. They have then contradicted those truths which are most certain to us, as though they too might be crude misconceptions. Thus, many modern thinkers from de La Mettrie[4] on have denied that there is any real distinction between living things and non-living things, seeing life as a mere illusion, arising from the movement of inanimate particles. In 1937 the Cambridge biochemist Norman Pirie published an essay entitled "The Meaninglessness of the Terms Life and Living."[5] In his critique of Pirie and others, the philosopher Charles De Koninck pointed out that they are using what is less certain (namely the apparently small difference between in organic and organic processes at the smallest levels) to deny something much more certain: our common conception of the difference between life and death. De Koninck quotes a passage from King Lear's famous "Howl, howl, howl" speech to manifest the certitude that he means.[6] I quote the same passage at somewhat greater length:

4 JULIEN OFFRAY DE LA METTRIE, *Machine Man and Other Writings*, trans. and ed. Ann Thomson Cambridge, 1996.

5 N. W. PIRIE, "The Meaninglessness of the Terms Life and Living," in: J. Needham and D.E. Green (eds.), *Perspectives in Biochemistry*, Cambridge, 1937, 11–22; cf. CHARLES DE KONINCK, *The Hollow Universe*, Québec, 1964, 79. Pirie's basic suggestion—that life is reducible to non-living parts acting mechanically—is still current today. Cf. PAUL NURSE, *What is Life?* Oxford, 2020.

6 DE KONINCK, *The Hollow Universe*, 114.

She's gone for ever!
I know when one is dead, and when one lives;
She's dead as earth. Lend me a looking-glass;
If that her breath will mist or stain the stone,
Why, then she lives.[7]

In this passage we see the proper relation of common conceptions to technical conceptions. King Lear knows, by the common conceptions that he shares with all men, that there is a difference between life and death—that one who is dead is "gone," no longer here, a body reduced to inanimate matter. But he also knows that there can be times when it is necessary to use technical means to determine whether a particular case belongs to the common concept or not. He hopes against hope that he might be deceived in this case by inadequate observation, and calls for a mirror to have a technical confirmation that Cordelia is indeed dead. This is how technical conceptions ought to serve common conceptions. The expert ought to be able to tell Lear whether Cordelia is dead or not, where "dead" means the common conception of death: "dead as earth." The wrong way to apply conceptions would be if the expert were a de La Mettrie who would say to Lear: 'You fool. There is actually no difference between living and non-living, between Cordelia alive, and Cordelia dead.'

Let me bring up one more example of a development of technical conceptions that contradicts our common conceptions. One of the dominant schools of jurisprudence in modern times has been *legal positivism*. This arguing from proper conceptions of natural being and of obligation, holds that an *ought* cannot follow from an *is*. That is, it denies the reality of natural right and natural law. As Wolfgang Waldstein puts it, this denial is "purely theoretical in nature and completely ignore[s] the reality of natural law," a reality that belongs to our common conceptions, and has been applied in the actual legal tradition of the West for millennia.[8]

I now turn directly to the issue of brain death, first in Spaeman and then in Waldstein. I will consider Spaemann at somewhat greater length, because Waldstein in a way presupposes Spaemann's philosophical argument in the juridical arguments that he makes.

7 Shakespeare, *King Lear*, Act 5, Scene 3.
8 Wolfgang Waldstein, *Written in the Heart: Natural Law as the Foundation of Human Society*, trans. Rebecca Parker and Michael Waldstein, Brooklyn, forthcoming.

I. Robert Spaemann: Philosophical Realism and the Definition of Death

Spaemann's most important contribution to the debate about brain death is a paper delivered in at a meeting of the Pontifical Academy of Sciences in Rome in February 2005, and published the next year.[9] In that paper Spaemann's considers the question of death in the light of the philosophical concepts of *being* and *unity*. He explains his approach as follows:

> Death and life are not primarily objects of science. Our primary access to the phenomenon of life is self-awareness and the perception of other humans and other living beings. Life is the being of the living. *Vivere viventibus est esse*, says Aristotle. For a living being, not to live means ceasing to exist. Being, however, is never an object of natural science. It is in fact the *primum notum* of reason and as such secondarily an object of metaphysical reflection. Because life is the being of the living, then life cannot be defined. According to the classical adage *ens et unum convertuntur* ['being' and 'one' are convertible], it holds true for every living organism that it is alive precisely as long as it possesses internal unity.[10]

I will try to unpack the claims he is making in this text a little bit. By saying that death and life are not primarily objects of "science" he means that these are what I have called "common conceptions." They belong to the common experience of living and encountering other living things that we share with all men. They do not originate as technical concepts derived from processes of measurement. Life is not a measurable aspect of a thing: it is the very being of a thing. "For a living being, not to live means ceasing to exist." When Lear says "She's gone for ever!" he means that this dead body no-longer *is* Cordelia. Not that Cordelia has lost some quality (life), but rather that she is simply no longer here. Now, we know that a part of her would keep on living (her immortal soul), but as a composite being, made up of body and soul, she has ceased to exist.

Since modern natural science limits itself to the consideration of metrical *aspects* of reality, life is not directly an object of such science. "Life cannot be defined," Spaemann says. Here it is necessary to distinguish between two kinds of definition: a) the Socratic definition as *logos* expressing the 'what it was to be' of given reality, and b) the definitions of metrical science which tend to be 'operational' definitions – that is, instructions on how to measure some aspect of reality. According to the

9 Robert Spaemann, "Is Brain Death the Death of a Human Person?" in: Roberto de Mattei (ed.), *Finis Vitae: Is Brain Death Still Life?*, Soveria Mannelli, 2006, 251–263.
10 Ibid. 251.

first kind of definition life can indeed be defined. Thus, in the Aristotelian tradition, a living being is defined as "a substance which of its own nature is capable of moving itself," and life is defined as the first actuality of such a being. That is a definition that expresses *what* life is. The quiddity of life, as we say. And Spaemann himself gives such a definition: "The unity of the living organism is constituted by *an anti-entropic process of integration.*"[11]

But according to the second kind of definition, *operational* definitions, the soul cannot be directly defined. These definitions indicate how to measure some quantity. Take, for example, Einstein's famous definition of time in special relativity: "The 'time' of an event is that which is given simultaneously with the event by a stationary clock located at the place of the event, this clock being synchronous, ... for all time determinations, with a specified stationary clock."[12] This definition allows Einstein to find a measurement number which he can plug into any equation in which time occurs. Time is of course a quantitative aspect of motion, and so it is appropriate to define such measures. But such a definition cannot tell us *what* time *is*. Part of what makes Einstein such a puzzling writer is that he seems to treat this technical measuring construct as though it were the *quod erat esse* of the time of our common experience. But this is to let a less certain technical concept *supplant* the common concept of which we are all certain. Numerous paradoxes follow, as readers of Einstein know.

Strictly speaking, there can never be such an operational definition of life, because life is not some measurable quantity inhering in living things, but their very being. Being here is taken in its strict sense to mean substance, *ousia*. In a secondary sense, measurable quantities are beings (entities), but they are beings *in* a subject—they are accidents. Substance is *what is*. Accidents are *in* what is. So quantity is *how much* a substance is, quality is *how* a substance is, and so on. The substance is the subject in which accidents inhere. In his profound and seminal solution of the problem of being and becoming in the first book of the *Physics,* Aristotle shows that natural substances are composed of two principles. Since, contrary to Parmenides, natural substances come to be and pass away, they must have one principle which acts as a subject of such change. But since, contrary to Heraclitus, natural things do actually exist, and are not mere flux, they must have a principle that determines them and makes them *be*. Aristotle calls these principles matter and form. If a substance really exists it is composed of *prime matter* pure potential, and *substantial form* a form that makes it to be what it is.

11 Ibid. 251.

12 Albert Einstein, "On the Electrodynamics of Moving Bodies," trans. George Barker Jeffery and Wilfrid Perrett, in: *The Principle of Relativity: A Collection of Original Memoirs on the Special and General Theory of Relativity*, London, 1923, 35–65, at 40.

The substantial form of a living thing is called the *soul,* in the sense of the principle of life, because to make a living thing *be* what it *is* is to make it alive. Since being and unity are convertible (since a thing *is* insofar as it is one) Spaemann can conclude: "it holds true for every living organism that it is alive precisely as long as it possesses internal unity."[13] This is a truth that follows directly from our common conceptions. If I reflect on myself, I see that for me to exist is for me to be *one* substance. If someone hits my foot, it is *me* whom he hits. It is *I* who grow, when I grow, who eats when I eat, who sees when I see, and it is I who thinks when I think. It is not one thing that grows, another that eats, a third that sees, and a fourth that thinks. In a true natural substance there is therefore only one substantial form. Lower forms, the forms of various chemical elements, etc., can only be *virtually* present in the natural substance.[14] This truth seems to be so closely tied to our common conceptions of our own being that it is amazing that it has ever been denied. Nevertheless, there have been philosophers who denied it. The Persian philosopher Avicenna, for example, held that a man would have a one form by which he was corporeal, another by which he was living, and so on. And Avicenna was followed by many scholastic philosophers in the Middle Ages. St. Thomas Aquinas, however, showed the error of this opinion, proving that in a natural substance there is only one substantial form, and that particularly in man it is the single rational soul that makes a man to be a rational animal, an animal, a living thing, a substance, and a being. Astonishingly this teaching was condemned by the bishop of Paris in 1277 (proof that bishops can teach error in the exercise of their ordinary magisterium). This decision of the bishop of Paris was, however, solemnly reversed first at the Council of Vienne and then again at the Fifth Council of the Lateran under Pope Leo X, where it was defined that the intellectual soul of man is the substantial form of his body, making him to be simply speaking. (Proof that, in the long run, the universal magisterium of the Church corrects errors previously taught by the ordinary magisterium).[15]

The substantial form of a natural being is one, also in the sense that it is indivisible. That is, it is present in all the parts of a natural being by its essence. This is particularly true in living things, which are the best known to us: "Such a form belongs to all the organized parts taken as a whole, and therefore it informs the whole body in an undivided manner."[16] Nevertheless, the soul, the form of a living substance, is not necessarily present with all its powers in every part of the body: "It is not

13 Spaemann, "Is Brain Death the Death of a Human Person?" 251.

14 Cf. Michael Hector Storck, "Brother Wolf or Robo-Dog? Are Animals Just Computers?," in: Thomas Storck (ed.), *The Glory of the Cosmos A Catholic Approach to the Natural World,* Bridgeport, 2020, 19–33.

15 See: Henri Grenier, *Thomistic Philosophy,* vol. 2: *Philosophy of Nature,* trans. J.P.E. O'Hanley Charlottetown, 1950, §§ 242, 468.

16 Grenier, *Philosophy of Nature,* § 333.

wholly in every part of the body according to the totality of its power, i.e., with all its faculties, because its power of sight is in the eye, of hearing in the ear, and similarly its other powers are in determinate organs."[17] That is, the whole soul as form of the body is in both the eyes and the ears, but the sensitive soul's power of hearing is only in the ear, and its power of seeing only in the eye. The intellectual power or faculty of reason, however, and the faculty of will that flows from it, are not tied to any specific organ, since they can attain to the universal, whereas a bodily organ can only attain to particular things. In this sense they are "separate" from matter, and continue to exist even after bodily death. Nevertheless, they are faculties of the soul that informs the whole body. In the exercise of these functions human beings make use of the interior senses, which are tied to the brain. For example, when thinking about a universal reason reflects on particular phantasms in the memory or imagination, and abstracts the universal from them. But reason cannot be identified with imagination or memory.

"What remains to be asked is merely whether what was defined [brain death] in this way is really what all human beings have been used to call 'death,'" Spaemann writes.[18] In other words: Is brain death an attempt at indirectly establishing whether death has taken place by the careful observation of signs? Or is it rather the *supplanting* of our common conception of death by a technical conception that is really something else? Spaemann claims it is the later. A first indication of which he sees in the *interest* of the 1968 Harvard Commission, which formulated the brain death definition. The Commission was not primarily interested in determining more precisely when someone is dead, where dead is the common conception ("dead as earth"), rather its interest was in removing the legal and moral barriers to removing still functioning vital organs. This ulterior motive does not of course prove that brain death is not death as commonly conceived. But it does lay a burden of proof on those who would claim that it is.

Spaemann finds a second reason for thinking that brain-death is not a good way of determining death by examining the arguments of its proponents. He divides them into two groups. One group argues that the brain has an integrating function in the body, causing it to be a whole. Spaemann gives two reasons for rejecting this position. The first is that it contradicts common experience:

> First of all, it contradicts all appearances, i.e., normal human perception... German intensive care physician Peschke reports that, according to his investigations, nurses in transplantation units are prepared neither to donate their own organs nor to receive donated organs. What they see on a daily basis makes

17 GRENIER, *Philosophy of Nature*, § 473.
18 SPAEMANN, "Is Brain Death the Death of a Human Person?" 253.

> it impossible for them to become part of this practice themselves. One of these nurses writes: 'When you stand right there, and an arm comes up and touches your body or reaches around your body—this is terrifying.' And the fact that the allegedly dead person is usually given anesthesia, so that the arm stays down, does not contribute to putting less trust in one's own senses. Does one anesthetize corpses? This is merely a suppression of vegetative responses, the argument goes. Yet a body capable of vegetative responses requiring complicated coordination of muscle activity is obviously not in that state of disintegration which would entitle us to say that it is not alive, i.e., that it does not exist anymore.[19]

Spaemann compares this use of a technical conception to deny the common conception immediately rooted in common experience to the Cartesian denial of pain in animals in the 18th century:

> Something quite similar happened once before, in the seventeenth century, when Cartesian science denied what anyone can see, namely, that animals are able to feel pain. These scientists conducted the most horrible experiments on animals and claimed that expressions of pain, obvious to anyone, were merely mechanical reactions.[20]

In the 17th century, as now, the technical concept of the lack of pain in animals was used to overcome moral barriers to doing what the experts wanted to do. Since life is the substantial form of a living thing, as long as that living thing continues to exist and be unified, as some brain-dead patients undoubtedly are, they have life.

The second reason that Spaemann gives for rejecting the arguments of those who hold that the brain has an integrating role in the body is the research of Dr. Alan Shewman, which I will not elaborate here.

The other group of brain death proponents whom Spaemann considers are those who distinguish between the life of the human organism and the life of the person:

> According to this group, the term 'human life' should only be used as long as mental processes of a specifically human nature can be discerned. When the organic basis of such processes ceases to exist, the human being is no longer a person, hence his or her organism is at the disposal of other persons to use for their purposes. Consequently, a total loss of all brain functions is not even

19 Ibid. 256–257
20 Ibid. 252.

> required at all. Sufficient is the failure of those brain areas that constitute the 'hardware' for these mental acts. People in a persistent vegetative state are thus considered dead as persons.[21]

From this group Spaemann considers especially Edward J. Furton, editor of the National *Catholic Bioethics Quarterly*. Furton attempts an argument on Thomistic philosophical grounds to show that brain-death is the death of the person. His arguments had the exact opposite of their intended effect on Spaemann: "Furton's primarily philosophical arguments in favor of 'brain death' convinced me *more than anything else* of the opposite of his position."[22] Spaemann summarizes Furton's position as follows:

> For [Furton], a personal soul exists only as long as an individual is capable of specifically personal acts. For Furton, then, the reality of the human soul is not found in allowing man to exist as a living being; the soul is not the forma corporis but the form of the brain and only indirectly the form of the body. 'The soul is . . . what enlivens a material organ, namely the brain, and from there enlivens the rest of the human body.' ... Furton identifies that which Thomas calls *intellectus* with factual intellectual consciousness. He does not conclude from the obvious continued existence of a living human organism that the personal soul, which is the form of the human body, is still alive, but contrariwise: if a human being is no longer capable of intellectual acts, the soul has left him and he is, as a person, dead. The fact that the organism as a whole is obviously still living does not play any role. Without actual brain function, the human organism is nothing other than a severed organ, which also still shows expression of life.[23]

To this Spaemann opposes the account of the soul as substantial form that we have already seen. The soul is the *first actuality* of a living thing. In scholastic terminology first *actuality* is something between mere potentiality and the fullest actuality. For example, a child who has never learned to play the piano is a *potential* piano player, because the child is the sort of being that could take piano lessons. This is mere potentiality. A child who is actually playing the piano has "second actuality" he is actually exercising the power of playing piano. But a child who has taken piano lessons, but is not currently playing the piano, has what is called the "first actuality" of piano player, an already actualized potential that is not being exercised at the moment. Even if the child does not currently have access to a piano, and *cannot* therefore exercise this first actuality at the time, nevertheless,

21 Ibid. 255–256.
22 Ibid.
23 Ibid. 262.

the actuality remains. Similarly, when a human being is impeded from exercising rational life, because the use of the interior senses has been impeded by brain injury, they have not necessarily lost the first actuality of rational life. Of course, there needs to be a certain disposition in the body enabling the soul to inform it. If a vital organ like the brain is entirely destroyed, the soul cannot continue for much longer to integrate the body. But, brain death is not the complete destruction of the brain. As Spaemann puts it:

> It is unjustified to equate the irreversible loss of all brain functions with 'brain death', i.e. with the end of the existence of the brain. Likewise, we do not equate the cessation of heartbeat with the destruction of the heart. We know today that in some cases this loss of function is reversible. But it is only reversible because the heart precisely does not cease to exist when it ceases to function. And only because the cessation of breathing was not equated with the 'death of the lung', it became possible to utilize mechanical ventilators which restarted those functions.[24]

It is therefore erroneous to identify the cessation of measurable brain function with the death of the human organism. Spaemann therefore concludes, rightly, that as long as a human organism continues its *anti-entropic process of integration*, the human person is alive.

II. Wolfgang Waldstein: Juridical Realism and the Definition of Death

I now turn to Wolfgang Waldstein's juridical objections to brain-death. Waldstein's objections can be stated more briefly than Spaemann's, since they rest in large part on the sort of philosophical objection that Spaemann elaborates. In speech given at the same meeting of the Pontifical Academy of Sciences as Spaemann's, Waldstein begins by noting that jurisprudence rests on a knowledge of natural law, a law which is not made by human power, but is part of the created order:

> As far back as we have sources concerning legal problems we find the clear awareness of the fact that man finds himself in a legal order not produced by man himself, but being part of the creation of the world.[25]

He gives various examples of the awareness of this natural law throughout history, often involving resistance to tyrants, who wished to ignore it. One of the most impressive examples, however, is a fictional one taken from Sophocles's *Antigone*.

24 Ibid. 257.
25 Wolfgang Waldstein, "A Law of Life, Legality vs. Morality," in: de Mattei (ed.), *Finis Vitae*, 265–274.

The force of the example is that Sophocles and his audience must have been able to understand the awareness of natural law that Antigone demonstrates. After having buried her brother, contrary to the law of the king, Antigone is asked how she dared to violate the law. She replies:

> Yes, for it was not Zeus who made this proclamation, nor was it. Justice [...], nor did I think your proclamation strong enough to have the power to overrule, mortal as they were, the unwritten and unfailing ordinances of the gods. For these have life, not simply today and yesterday, but for ever, and no one knows how long ago they were revealed. For this I did not intend to pay the penalty among the gods for fear of any man's pride.[26]

He also quotes a passage from Cicero, written against the sceptics of his times:

> True law is right reason [*ratio*] in agreement with nature; it is of universal application, unchanging and everlasting; ... It is a sin to try to alter this law, nor is it allowable to attempt to repeal any part of it, and it is impossible to abolish it entirely. We cannot be freed from its obligations by senate or people, and we need not look outside ourselves for an expounder or interpreter of it. And there will not be different laws at Rome and Athens, or different laws now and in the future, but one eternal and unchangeable law will be valid for all nations and all times, and there will be one master and ruler, that is, God [the Latin text says here *deus* in the singular], over us all, for he is the author of this law, its promulgator and its enforcing judge. Whoever is disobedient [to him] is fleeing from himself and denying his human nature, and by reason of this very fact he will suffer the worst penalties, even if he escapes what is commonly considered punishment.[27]

This natural legal order, in which we find ourselves, belongs to our common experience. It imposes demands that are based on the nature of reality itself. In a book on the natural law, Waldstein writes of how the roman jurists applied this natural law in actual legal proceedings:

> The Roman jurists, quite matter-of-factly, recognized natural law to be an inherent normative order for mankind, recognizable through reason and, thus, applied it in concrete decisions. With this work, the Roman jurists developed a concrete knowledge regarding the practice of natural law, thereby making it a historic reality.[28]

---

26 Sophocles, *Antigone*, cited in: Waldstein, "A Law of Life," 265.
27 Cicero, *De re publica*, cited in: Waldstein, "A Law of Life," 266.
28 Waldstein, *Written in the Heart*.

Jurisprudence, as the Romans understood it, and as it was further developed in the middle ages, was concerned with understanding both the reality of the natural law itself, and the reality of particular cases, to which natural law was applied.

In the case of brain death, the natural law in question is the absolute negative precept against the taking of innocent life.[29] In order to be applied correctly, one has to determine when someone is really dead. Since such an important principle is at stake, it is necessary to have a great degree of certainty in a particular case. Jurisprudence is here called to a docility to reality; it cannot simply decide *ad hoc* what is to count as life and what as death.

Waldstein notes, however, that another kind of jurisprudence current today uses totally different presuppositions from classical jurisprudence. This is the positivist school, ultimately founded on the philosophy of the Enlightenment. Waldstein sees the influence of juridical positivism on the adoption of the brain death criterion by the Harvard Commission. For legal positivism, rights are human creations, and are therefore subject to human reinterpretation. If the law provides a right not to be killed for living persons, the amplitude of this right can be changed, by re-defining who is a living person. Waldstein points out the similarity of the argumentation here to that of the German positivist jurist Karl Binding, who used his juridical positivism to argue for euthanizing "life unworthy of living." Binding's infamous 1920 book on this subject was used by the National Socialists as the juridical basis for their euthanasia program. This *reductio ad Hitlerum* shows the horrors to which legal positivism can lead. For Waldstein, the removal of a brain dead patient's heart for transplantation is precisely such a horror. It is the murder of a person:

> In the legal science it is accepted that "the complete and irreversible cessation of all brain activity" marks the beginning of the irreversible dying process. A dying person, however, is not yet dead. I believe that no one would argue that a brain dead person is in such a way dead that this person could be buried right away. Why not? Can one be more dead than dead in order to be ready for being buried? In legal science it is therefore argued that the death of a person can not be attested until both criteria, "the complete and irreversible cessation of all brain activity" and the "cardio-respiratory signs occur. The dying person is not yet a dead person. Therefore, when for instance "a beating heart [...] is stopped by the surgeon just prior to excision", that is without any doubt an act of killing a dying person. On this jurists generally agree.[30]

29 Waldstein, "A Law of Life," 267–268.
30 Ibid. 270.

Conclusion

In different, but complementary ways, Spaemann and Waldstein show us that attention to the common reality that we all experience, and from which we form our most basic conceptions shows us that a great injustice is done when brain dead patients have their organs removed for transplantation. Innocent human beings are being killed, on the basis of the misuse of technical conceptions of reality. May this injustice soon come to an end.

Pater Karl Wallner

Exemplarisches Laientum

Zur Theologie des Laien-Standes nach Hans Urs von Balthasar

1. Vom Sinn der Verschiedenheit in der Kirche

1.1 Am Anfang steht der berufende Gott

Wenn es einen deutschsprachigen Theologen gibt, der seine Zeit als „Stunde der Laien" gedeutet hat, dann ist es Hans Urs von Balthasar. Freilich auf eine sehr spezifische Weise, nämlich im Kontext eines göttlichen Auftrages, eine Laiengemeinschaft in der Welt zu gründen. Das Laienthema behandelt Balthasar, von dem Benedikt XVI. gesagt hatte, dass er „der gebildetste Mensch des 20. Jahrhunderts" gewesen sei[1], äußerst differenziert: Balthasar ist der einzige Theologe unserer Zeit, der eine umfangreiche Systematik der „christlichen Stände" geschrieben hat[2]. In dem 427 Seiten starken Buch „Christlicher Stand" von 1977 beschreibt er das Auseinander und Zueinander der „Stände": Priesterstand, Ordensstand und Laienstand und argumentiert: „daß der Laienstand in der Welt sich (theologisch) zum Priester- und Rätestand nicht wie ein drittes Spezifiziertes verhält, sondern wie das Allgemeine zu dem durch differenzierende Merkmale Besonderen. So gibt es denn auch keine besondere Weihe zum Laienstand, wie es eine solche zum Priestertum oder zum Ordensstand gibt: die Weihe des Laien ist die des Christen überhaupt, die Taufe, die ... aber allen Christen, auch den Priestern und Menschen im Rätestand gemeinsam ist."[3]

Der „Weltstand" bzw. „Laienstand in der Welt" scheidet sich nach Balthasar in den „Ehestand" und in einen „Laienstand in der Welt", der auf einen spezifischen Ruf Gottes antwortet und nach den evangelischen Räten lebt, sodass wir vier große Stände finden: Priesterstand, Ordensstand, Laienstand in der Ehe und Laienstand nach den evangelischen Räten mitten in der Welt.

---

1 Vgl. Manfred Lochbrunner, *Hans Urs von Balthasar (1905–1988). Die Biographie eines Jahrhunderttheologen*, Würzburg 2019; Michael Schulz, *Hans Urs von Balthasar begegnen*, Augsburg 2002; Elio Guerriero, *Hans Urs von Balthasar. Eine Monographie*, Einsiedeln 1993; Thomas Krenski, *Hans Urs von Balthasar. Das Gottesdrama*, Mainz 1995; Anton Strukelj, *Leben aus der Fülle des Glaubens. Theologie der christlichen Stände bei Hans Urs von Balthasar*, Graz-Wien-Köln 2002.

2 Hans Urs von Balthasar, *Christlicher Stand*, Einsiedeln 1977, 2. Auflage 1981, 427 Seiten.

3 *Christlicher Stand*, 266.

1.2 Gegenüber- und Anders-Sein in der Kirche hat Sinn

Wir müssen zunächst mit Balthasar auf das Grundsätzliche reflektieren: Warum es überhaupt eine Verschiedenheit der Lebensformen, der „Stände", in der Kirche gibt und ob dies einen höheren, göttlichen Sinn hat. Die Differenzierungen, das Anderssein und Gegenübersein in der Kirche sind beständige Themen, die das Werk Balthasars durchziehen. Die Kirche ist für ihn nicht nur in soziologischer Perspektive, sondern auch theologisch gesehen ein bunter Mix von „Ungleichheiten". In ihr sind nicht alle gleich: es gibt die drei Weihestufen Bischof, Priester, Diakon, es gibt die Ordensfrauen und Ordensmänner, und überhaupt das „gottgeweihte Leben" in buntesten Schattierungen, und dann die Laien, von denen auch viele Aufgaben und Dienste erfüllen. Und innerhalb des Laientums gibt es die Laien im Stand der Ehe, aber auch Laien, die bewusst ein eheloses gottgeweihtes Leben führen. Faktum ist, dass der Organismus der Kirche ein prickelndes Sammelsurium von „Unterschiedlichkeiten" und „Differenzen" ist, was nach Balthasar keineswegs als ein „Produktfehler" angesehen werden darf, der dann folglich durch Nivellierungen der Verschiedenheiten bekämpft werden muss. Dass die Richtung, in die Balthasar denkt, durch theologisch gedeckt ist, zeigt schon die Aussage des 2. Vatikanischen Konzils über die Dogmatische Konstitution „Lumen Gentium" über das Weihepriestertum: Dieses unterscheidet sich *„essentia non gradu tantum"* (Lumen Gentium 10), also wesentlich und nicht bloß graduell, vom Laientum.

Balthasar beantwortet die Frage nach dem Sinn der Verschiedenheit, indem er deren Ursprung hervorhebt: Die Differenzierungen innerhalb der Kirche entspringen Gottes souveräner Wahl und Berufung. Gott selbst ist es somit, der in der Kirche das Gegenüber, das Verschiedensein, ja das Anderssein wirkt, indem er ruft, und zwar in „besondere" Lebensformen. Um es vorweg zu nehmen: Auch das Laientum ist eine Form des Berufenseins und deshalb eine eigene Lebensform! Berufung bedeutet für Balthasar immer ein unmittelbares Tun Gottes, ein souveränes Tun Gottes. Nicht jeder „Beruf" in der Kirche ist für ihn schon „Berufung". Göttliche Berufung ist keine gleichmäßige Lautsprecherbeschallung einer amorphen Masse, sondern Ruf an den Einzelnen, und damit in das Besondere, in die Verschiedenheit. Gottes Berufung scheidet und unterscheidet. Und eben deshalb müssen die Unterschiede innerhalb der kirchlichen Lebensformen einen substantiell positiven Sinn für das Sein der Kirche haben. Göttliche Berufung schafft Besonderheit, Eigentümlichkeit und Verschiedenheit.

Als junger Germanistikstudent mit einem Faible für den deutschen Idealismus hat Balthasar seine eigene Berufung zum Priestertum „wie einen Blitzschlag“[4] erlebt. Im Jahr 1927 während eines Waldspaziergangs im Schwarzwald. Diese existentielle Erfahrung hat ihm eine theologische Grundeinsicht geschenkt, die er später durch den befreundeten reformierten Theologen Karl Barth bestätigt fand: Christentum ist Einbruch Gottes in die Welt, senkrecht von oben. Für Barth wie für Balthasar ist der Mensch ein Gottsuchender. Religion entsteht, weil der Mensch nach Gott sucht. In der jüdisch-christlichen Offenbarung ereignet sich eine geradezu gegenteilige Bewegung: Hier sucht Gott nach dem Menschen. Balthasar ist dieses selbstaktive Zugehen Gottes auf den Menschen an dutzenden Stellen der Bibel verbürgt: wo Moses, Samuel, Jesaja, Jeremia, Amos usw. erschrickt und erschaudert, wo selbst die neutestamentliche Offenbarung mit dem Erschrecken Mariens anhebt[5]. „Berufung“ durch Gott ist daher für Balthasar kein nebensächliches Thema aus dem Bereich der Spiritualität, sondern das „dogmatischste“ Thema schlechthin: Hier geht es um das innerste Sein Gottes.

Balthasar hat sich für den Begriff „Christlicher Stand“ als Titel für sein Buch über die Unterschiedlichkeit der Lebensformen entschieden. Schon zur Zeit der Veröffentlichung, vor 43 Jahren, klang der Begriff „Stand“ veraltet und man hat Balthasar auch geraten, einen zeitgemäßeren Titel zu wählen, etwa „Kirchliche Lebensformen“[6]. Doch er hielt an dem Ausdruck „Stand“ fest, denn ein Mensch kann sich zwar eine „Lebensform“ wählen, aber ein Christ erhält seinen „Stand“ von Gott: Er wird durch Gott in eine Lebensform hineingestellt, und dort steht er dann. Balthasar versteht „Stand“ vom lateinischen „status“ her, als gnadenhafter, gottgeschenkter „Zustand“. Jedem „Stand“ – als Laie, Gottgeweihter, Priester usw. – liegt eine souveräne „Wahl“ und ein „Ruf“ Gottes zugrunde. Schon jeder Getaufter ist ein „Gerufener“, denn er tritt ja durch die Taufe in die neue Seinsform des „Christus-Standes“ ein. Er ist – paulinisch gesprochen – „in Christus“. Er ist – mit Balthasar – „Sohn im Sohn“ bzw. „Tochter im Sohn“ und hat seinen „trinitarischen Ort“ im Sohn. Er ist in Christus und damit eins im Gegenüber zum Heiligen Geist.

---

4 Hans Urs von Balthasar, Brief in: Elio Guerriero, *Hans Urs von Balthasar. Eine Monographie*, Einsiedeln 1993, 400.

5 Hans Urs von Balthasar, *Christlich meditieren*, Freiburg-Basel-Wien 1984, 7f.

6 Vgl. Manfred Scheuer, *Die evangelischen Räte. Strukturprinzip systematischer Theologie bei H. U. von Balthasar, K. Rahner, J. B. Metz und in der Theologie der Befreiung*, Würzburg 1990.

1.3 Gottes Scheidungen der Stände innerhalb der Kirche

Durch die Berufung zur Taufe entsteht eine erste grundsätzliche Scheidung: die zwischen Kirche und Welt. Und danach setzen innerhalb dieser Kirche und des grundlegenden „Christus-Standes" sofort weitere Berufungen ein, die wiederum zu Scheidungen führen. Bei diesen Scheidungen geht Balthasar von der biblischen Vorgabe aus: Zuerst ruft Jesus in die Jüngerschaft, in den sogenannten „Räte-Stand". Das ist die Lebensform nach den evangelischen Räten Armut, Gehorsam und Keuschheit, wie sie sich in den Formen gottgeweihten Lebens, also in Orden oder Säkularinstituten, ausdrückt. Diese besondere Berufung bewirkt eine horizontale Scheidung in der Kirche: in den „Welt-Stand" und den spezifischen „Räte-Stand". Erst danach ereignet sich eine zweite, vertikale Scheidung: in den „Laien-Stand" und den „Priester-Stand". Für Balthasar ist die Berufung zum „Räte-Stand" fundamentaler, weil auch Christus zeitlich zuerst Jüngerinnen und Jünger in die besondere Nachfolge gerufen hat; erst in einem zweiten Schritt setzt er das Priestertum ein[7]. Balthasar hat mit einer Grafik auszudrücken versucht, wie sich die gegeneinander geschiedenen Stände gegenüberstehen[8]:

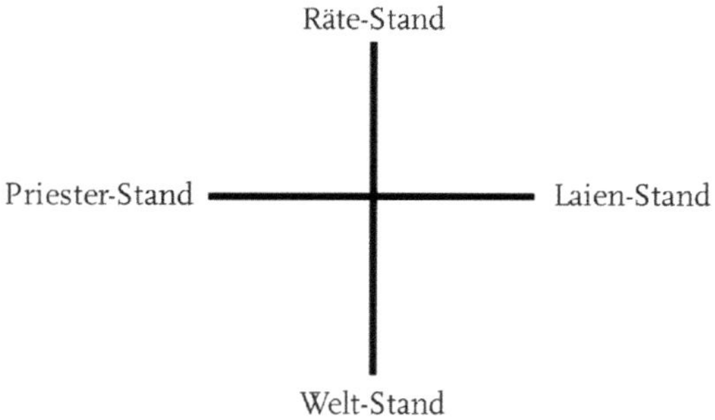

Immer wieder zitiert Balthasar Mk 3,13, wo es von Jesus heißt: „Er rief zu sich, die er wollte!" (Mk 3,13)[9] Und ebenso souverän schickt Jesus Menschen weg, die ihm nachfolgen wollen, er aber nicht erwählt und nicht beruft. In der heutigen „political correctness", die vieles tut, um nur ja jeden Anschein der Besonderheit zu vermeiden, mag eine Aussage wie das nachfolgende Balthasar-Zitat provokant klingen: „Der Ruf zum Stand der Erwählung ist ein qualifizierter, besonderer,

7 Balthasar ist hier wohl „interessensgeleitet", da er selbst von seiner Berufung überzeugt ist, mit Adrienne von Speyr eine Lebensform der evangelischen Räte „in der Welt" gründen zu sollen. Vgl. Hans Urs von Balthasar, *Der Laie und der Ordensstand*, Einsiedeln, 2. Auflage, 1949 (1948); Ders., *Das Wagnis der Säkularinstitute*, in: IkaZ Communio 10 (1981) 238–245.

8 *Christlicher Stand* 208.

9 Johannesgemeinschaft (Hg.), *Gottbereites Leben. Der Laie und der Rätestand. Nachfolge Christi in der heutigen Zeit*, Einsiedeln-Freiburg 1993, 9–13.

differenzierter Ruf, dem kein in gleicher Weise ebenso qualifizierter Ruf zum Weltstand gegenübersteht; vielmehr kennzeichnet sich dieser dem Erwählungsstand gegenüber durch ein Nichtgerufensein in diesem qualifizierten Sinne."[10]

Gott ruft einzelne heraus in die besondere Jüngerschaft des Räte-Standes. Sekundär ist dann Berufung zum Priestertum und die damit einsetzende Scheidung zwischen Laien-Stand und Priester-Stand. Die Tatsache, dass *„der Rätestand vor dem Priesterstand da ist,* und die Jünger vom ersten zum zweiten geführt werden"[11], besagt für Balthasar auch, dass eine Berufung in ein hierarchisches sakramentales Amt nie ohne die Inspiration des Räte-Standes auskommen kann. Eine Berufung zum Priestertum ist – wegen der essentiellen Scheidung vom Laientum (Lumen Gentium 10) – etwas Einschneidendes. Aber der Sinn dieser Unterscheidung von Priester und Laien besteht für Balthasar keinesfalls in einer Über- oder Vorordnung des sakramentalen Priestertums. Schon Jahrzehnte bevor Papst Franziskus den Begriff des „Klerikalismus" zu geißeln begonnen hat, hat dies Balthasar getan. Mit großer Heftigkeit und ohne jede Nivellierung des Unterschiedes: Balthasar sagt: Ja, es gibt wirklich einen selbständigen Laien-Stand in der Kirche[12], und ebenso einen Priester-Stand. Und letzterer ist dem Laienstand in sakramentaler Dienstpflicht zugeordnet, ja fast möchte man sagen: untergeordnet.

Balthasar hat die Fragestellung nach der Sinnhaftigkeit von Differenzen als junger Student in den Schriften neuplatonischer Kirchenväter und deutscher Idealisten übernommen. Wie verhält sich das Eine zum Vielen, das Absolute zum Relativen, Gott zur Welt ... Hegel hatte die Differenz in der Form der Antithese zum philosophischen Systemprinzip erhoben: Ohne Antithese gelangt die These nicht zur Synthese. Balthasar findet im Blick im Mysterium der Dreifaltigkeit (von dem auch Hegel gelernt hatte) das Positive von Differenz. Ja, das „Gegenüber" hat in der Dynamik des göttlichen Lebens eine höchste Sinnhaftigkeit: In der Trinität ist das stete Anders-Sein von Vater und Sohn höchst positiv, weil es die Voraussetzung für die stete Einigung im Heiligen Geist ist. Gott ist permanente Differenz und deshalb permanente Einheit als Einigung. Das Konzil von Florenz 1439 deutet das göttliche Wesen sogar als eine „Opposition von Beziehungen" aus, deren Zweck die Liebe ist. Denn das Verschiedensein, nicht das Anderssein sind der letzte Sinn, sondern die Einigung. Nur Verschiedenes kann sich einigen.

Um es pointiert zu sagen: Gott ist nicht deshalb „die Liebe", weil sich die Andersheit der Personen nivelliert, sondern weil sich die je-anderen Personen eben aufgrund ihres Verschiedenseins einigen können. Darum ist Gott „Einheit als

10 *Christlicher Stand* 116.
11 *Christlicher Stand* 203
12 Hans Urs von Balthasar, *Gibt es Laien in der Kirche?* In: IkaZ Communio 8 (1979) 99.

Füreinander". Wenn der souverän rufende Gott durch seine unterschiedlichen Formen des Wählens und Rufens eine in sich differenzierte Kirche schafft, so kann dies nur den Sinn haben, dass er die Fruchtbarkeit, die in der Dynamik seines eigenen dreifaltigen Wesens ist, in seiner Kirche abspiegeln möchte. Der Sinn der Stände-Differenzen ist eine Dynamik des stets neuen Zueinanders, Miteinanders und Füreinanders. Der Sinn der Unterschiede in den Berufungen ist Dienst und – modern gesprochen – Aufgabenteilung! Was auch der paulinischen Leib-Christi-Theologie entspricht. Natürlich ist dieses Gegenüber innerhalb der Kirche fehleranfällig, wenn die Austarierungen des Zueinanders und Füreinanders sich vereinseitigen. Es gibt den Standesdünkel von Gottgeweihten, es gibt den präpotenten Klerikalismus von Priestern und es gibt mittlerweile auch schon einen zelebrierten „Laiokratismus" von kirchlichen Funktionären. Aber das alles sollte nicht den Blick auf das Positive verstellen, dass Gott in seine Kirche legen wolle: Er ist es, der sie durch individuelle Wahl und spezifische Berufung in einer prickelnden Unterschiedlichkeit von Ständen, Lebensformen und Diensten konstituiert; in einem dynamischen Mit-, Zu-, Auf- und Ineinander. Damit sich in dieser Kirche etwas von der Dynamik ereignen kann, die Gottes Wesen als Liebe selbst ausmacht: Einigung als Füreinander.

1.4 Das Laienthema bei Balthasar

Für Balthasar ist der Laien-Stand ein wirklicher Stand in der Kirche, eine von Christus gesetzte und gewollte Lebensform. Und trotz dieser Wertschätzung dürfen wir uns bei Balthasar keine schnellen Antworten auf die Fragen erwarten, die heute oft mit dem Thema „Laientum" verbunden sind, weil diese zumeist auf die praktischen Aspekte beschränkt sind: auf die Funktionalität der Laien, ihr Mitwirken an Liturgie und Sakramentenspendung oder an der Gemeindeleitung. Man findet bei Balthasar zum Beispiel kein explizites Theologisieren über Taufe und Firmung, ober über das Thema, das uns heute so angelegen ist: die „Laien" in kirchlicher Verantwortung und Anstellung, zur Aufrechterhaltung der Pastoral. Peter Henrici, Neffe Balthasars, Theologe und Bischof, meint dazu übrigens in seiner Analyse des „Weltauftrages des Christen"[13] bei Balthasar: „Die Kirche in der Schweiz... leidet gegenwärtig an wachsender, um nicht zu sagen galoppierender Klerikalisierung. Dies nicht trotz, sondern wegen des Priestermangels. An die Stelle der fehlenden Priester treten Scharen von Laienklerikern und -klerikerinnen und eine Unzahl von ebenso klerikalen Gremien, Arbeitsstellen und

13 Peter Henrici, *Der Weltauftrag des Christen*, in: Vermittlung als Auftrag. Symposion zum 90. Geburtstag von Hans Urs von Balthasar, Einsiedeln 1995, 125–148.

Institutionen. Ich verstehe unter ‚klerikal' jedes Wirken in der Kirche und für die Kirche, das zur Lebensstellung, zum Stand wird, also nicht sosehr aus göttlicher Berufung, ‚vocation', denn als Beruf, als ‚profession', ja als Job gelebt wird."[14]

Peter Henrici stellt dieser „Klerikalisierung" der Laien, die aus pastoraler Zweckmäßigkeit zur Aufrechterhaltung kirchlicher Arbeitsfelder die heutige kirchliche Debatte sosehr beherrscht, das entgegen, was Balthasar als seinen ureigensten „Auftrag" betrachtet, eben ein Laientum, das gottbereit und im Rätestand in der Welt lebt und so zum transformierenden Sauerteig der Gesellschaft wird[15].

Auch wenn Balthasar wie kein anderer über den Weltstand des Christen, also den Laienstand, theologisiert hat, so findet sich keine explizite Reflexion auf den Begriff „Laie", wie etwa bei Bischof Rudolf Voderholzer. Vielmehr verwendet Balthasar das Wort „Laie" im landläufigen Sinn, wenn er etwa eines seiner polemischen Büchlein, in denen er sich mit dem nachkonziliaren Modernismus auseinandergesetzt hat, einfach „Kleine Fibel für verunsicherte Laien" nennt. „Laien" sind hier genau das, was die nichttheologische Alltagssprache darunter versteht: einfache Kirchenchristen, die kein subtiles Theologiestudium absolviert haben, die aber nun in Gefahr stehen, von tüftligen Experten und Theologen, die das Ganze aus dem Auge verloren haben, in die Irre geführt zu werden. Er möchte „den Verunsicherten trotz ihrem guten Gespür ein kleines ABC-Buch in die Hand" drücken, damit sie etwas haben, das „sie ihren Verführern vorzeigen können", damit sie nicht „im blähenden Halbwissen stecken" bleiben[16].

Ebenso unbefangen ist Balthasar in der Verwendung des Wortes „laikal", wenn er im 1. Teil des 2. Bandes der „Theologischen Ästhetik zunächst sechs „Klerikale Stile" interpretiert, mit der die Herrlichkeitsgestalt der göttlichen Offenbarung geschaut wird. Über den 2. Teil des 2. Bandes setzt er dann den Titel „Laikale Stile". Während er in den „Klerikalen Stilen" Irenäus, Augustinus, Dionysius Areopagita, Anselm und Bonaventura interpretiert, sind es im 2. Teil die sechs „Laien" Dante, Johannes vom Kreuz, Pascal, Hamann, Solowjew, Hopkins und Charles Péguy. Wie weitherzig hier der Begriff „laikal" angewendet wird, wird schon darin evident, dass er begründungslos auch Johannes vom Kreuz in den „Laikalen Stilen" abhandelt. Juan de La Cruz war Priester.

Das Thema „Laie" war für Balthasar immer zentraler als das Thema des Priestertums. Nachweislich publiziert er über das Weihepriestertum und damit verbundene Fragestellungen erst nach der Bischofssynode 1971, wo er als Berater

14 Ebd., 125.

15 Walter Gut, *Verantwortung in Staat und Gesellschaft*, in: Vermittlung als Auftrag. Symposion zum 90. Geburtstag von Hans Urs von Balthasar, Einsiedeln 1995, 27–50.

16 Hans Urs von Balthasar, *Kleine Fibel für verunsicherte Laien*, Einsiedeln, 2. Auflage, 1978, 8.

zugezogen war und die er folglich auch kommentiert[17]. Von da an erscheinen eine Reihe von Aufsätzen und Schriften, in denen er heftig den Zölibat und die von Paul VI. bekräftigte Ablehnung der Ordination von Frauen verteidigt. An seiner Einordnung des Priestertums „hinter" dem Räte-Stand ändert dies nichts. In „Christlicher Stand", das 1977 erscheint, bewertet er die Scheidung von Priester-Stand und Laien-Stand als sekundär, denn diese erfolgt nachrangig hinter der fundamentalen Scheidung von Welt-Stand und Räte-Stand.

Das Verhältnis von Weihepriestertum und Laientum steht jedenfalls nicht im Fokus des Interesses, vielmehr interessiert der „Laie" Balthasar dort am meisten, wo er im Gegenüber zum geprägten Ordensstand ist, bzw. dort wo der „Laie" in der Welt die evangelischen Räte lebt. Also: der Laie, der in der Welt und für die Welt eine besondere Sendung erhält. Balthasar fokussiert sozusagen auf den „exemplarischen Laien", der in der Welt und für die Welt seine besondere Laienberufung lebt. Als Beweis für diese Interessenslage möge das programmatische Büchlein von 1948 über „Der Laie und der Ordensstand" gelten, ebenso 1971 „In Gottes Einsatz leben", das er der Laien-Bewegung „Communione e liberazione" widmet. Ansonsten ist die Thematisierung des Laientums weit und breit über sein Werk verstreut, wie es dem Stil Balthasars entspricht[18].

2. Balthasars Fokussierung auf den Laien-Stand

2.1 Eine biographische Verortung

Bestimmte Themen kann man aus Balthasars umfangreichen Werk gleichsam unter Absehung der zeitgeschichtlichen Umstände destillieren. Er hat ja in seinen 83 Lebensjahren ein schier unüberschaubares Oeuvre aus 85 selbständige Bänden, 100 Übersetzungen, und 500 Aufsätzen verfasst. Er kommentiert alle Facetten der Theologie und der Geistesgeschichte Europas, was sein Schaffen ebenso gigantisch wie unübersichtlich erscheinen lässt[19]. Beachtenswert ist die methodische

---

17 Bischofssynode 1971. Das Priesteramt. *Eingeleitet von Joseph Kardinal Höffner. Mit einem kurzen Kommentar von Hans Urs von Balthasar,* Einsiedeln 1972.

18 Hans Urs von Balthasar, *Der Laie und der Ordensstand,* Einsiedeln, 2. Auflage, 1949 (1948); Ders., *Wer ist ein Christ?,* Einsiedeln 1965; Ders., *In Gottes Einsatz leben,* Einsiedeln 1971, 2. Auflage 1972; Ders., *Das Wagnis der Säkularinstitute,* in: IkaZ Communio 10 (1981) 238–245; Ders., *Die grossen Ordensregeln,* Einsiedeln 1980, 7. Auflage 1994; Ders., *Die Armut Christi,* in: IkaZ Communio 15 (1986) 385–387; Ders., *Jesus nachfolgen – arm, ehelos, gehorsam,* Freiburg i. Brsg. 1982 (Antwort des Glaubens 27); Ders., *Nachfolge Jesu Christi – mitten in dieser Welt,* Freising 1971; Ders., *Unser Auftrag. Bericht und Entwurf,* Einsiedeln 1984, 2. Auflage 2004.

19 Rechtzeitig zum 100. Geburtstag 2005 erschien die Bibliographie: Hans Urs von Balthasar, *Bibliographie 1925–2005, neu bearbeitet und ergänzt von Cornelia Capol und Claudia Müller,* Einsiedeln-Freiburg 2005.

Verschiedenheit seiner Schriften und seine stilistische Leichtigkeit, die auch daher rührt, dass Balthasar nie einen akademischen Lehrstuhl innehatte, der ihn zur systematischen Methodologie verpflichtet hätte.

Schon zu seinen Lebzeiten sah sich Balthasar daher selbst veranlasst, „Lagepläne" zu seinen Schriften herauszugeben. Solche Themen, die gleichsam die Matrix aller seiner theologischen Schriften bilden, sind etwa die trinitarischen Hervorgänge und Prozesse, darunter die Kenose des Sohnes, seine Eucharistisierung, die im ewigen Gezeugtwerden anhebt. Balthasar ist der Theologe der trinitarischen Göttlichkeit Gottes. Trinität ist gleichsam das Fluidum – und die Struktur[20] – des Theologisierens selbst. Als ewige Dreifaltigkeit ist Gott in sich eine Bewegung der Liebe, die sich auf die Welt hin öffnet und in einem theodramatischen Prozess als Herrlichkeit erscheint und dem Menschen einleuchtet.

All diese Themen schöpft Balthasar „zeitlos" aus. Aber das Thema des Laientums muss biographisch verortet werden, wenn man Balthasar gerecht werden will. 1975 gesteht er in einem seiner Werksdurchblicke, „daß [Zitat] Schriftstellerei im Haushalt meines Lebens ein Nebenprodukt... bleibt und immer bleiben wird. Im Zentrum steht ein ganz anderes Interesse: die Arbeit an der Erneuerung der Kirche durch die Bildung neuer Gemeinschaften, die das radikale christliche Leben nach den evangelischen Räten Jesu verbinden mit der Existenz mitten in der Welt ... Hinter dieser Arbeit hat alles Spielen mit der Feder zurückzustehen; müßte dieses Spiel einmal wegen der Dringlichkeit der genannten Arbeit aufhören, so schiene mir nichts verloren, eher vieles gewonnen zu sein."[21]

Der Theologe Balthasar sieht sich selbst vor allem als geistlicher Begleiter und Führer katholischer Laien, ja der Gründer eines Säkularinstitutes. In der Propagierung einer Laienspiritualität im Geiste des Ignatius, geprägt von der trinitarischen Theozentrik des Johannesevangeliums sowie in der Gründung einer Laiengemeinschaft – darin und nur darin – sieht Balthasar den „Auftrag" seines Lebens[22]. Deshalb ist ein Blick auf seine Biographie sinnvoll.

2.2 Balthasar vor 1940: Die Berufung

Hans Urs von Balthasar stammte aus Luzerner Bürgeradel und lebte von 1905 bis 1988; die meiste Zeit davon, ab 1940, in Basel, also an der Schnittstelle zwischen dem deutschen, französischen und romanischen Kulturraum. Er stirbt überraschend zwei Tage vor seiner offiziellen Kreierung zum Kardinal, die Papst

20 Karl J. Wallner, *Ein trinitarisches Strukturprinzip in der Trilogie Hans Urs von Balthasars?*, in: Theologie und Philosophie 71 (1996) 532–546.

21 In: Hans Urs von Balthasar, *Mein Werk – Durchblicke*, Einsiedeln-Freiburg 1990, 76.

22 Vgl. ebd., 35 und 47.

Johannes Paul II. wohl auf Vorschlag von Kardinal Joseph Ratzinger an dem 83-jährigen hätte vornehmen wollen. Nach dem Gymnasium in Feldkirch bei den Jesuiten studierte er Germanistik und ein wenig Sanskrit, unter anderem auch in Wien. Mit 23 Jahren promovierte er mit einem grundlegenden 3-bändigen Werk über den Deutschen Idealismus: „Die Apokalypse der deutschen Seele". Ein theologisches Doktorat hat er nie erworben. Als zutiefst musischer Mensch begeisterte er sich vor allem für Mozart, der auch die Brücke zu dem reformierten Theologen Karl Barth darstellt. Barth wäre um ein Haar bei Balthasar in die katholische Kirche konvertiert[23], wie übrigens viele Intellektuelle in seiner Zeit als feingeistiger Studentenseelsorger in Basel. Balthasar war zeit seines Lebens musik-, theater- und literaturbegeistert, eine sensible Künstlernatur. Mit keiner Faser hat er an das Priestertum gedacht, und das Erlebnis seiner Berufung ist für das nachfolgende theozentrische Gepräge seiner Theologie wohl ebenso maßgeblich wie das Turmerlebnis für Martin Luther:

Die Berufung zum Priestertum trifft ihn, wie schon eingangs erwähnt, 1927 während ignatianischer Exerzitien auf einem Waldspaziergang im Schwarzwald „wie ein Blitzschlag". Er ist 24 Jahre alt und fühlt sich „von oben" gewählt, und zwar doppelt: zum Priestertum und in den Jesuitenorden, in den er 1929 eintritt. Von den Jesuiten gibt es das Sprichwort: *„Jesuita non cantat"!* Für die literarisch-musische Künstlerseele stellt das Jesuitendasein von Anfang an eine Herausforderung dar. Erste Probleme treten während des Studiums auf: Er schmachtet „in der Wüste der Neuscholastik"[24] in Pullach bei München; in La Fourviere über Lyon liest er während der Vorlesungen mit zugestopften Ohren Augustinus, Origenes, Gregor von Nyssa, Maximus Confessor. Durch Henri de Lubac begegnet er der frischen Theologie der Väter, der „Nouvelle Théologie" und entwickelt die hungrige „Mentalität eines Literaturkritikers"[25], mit der er dann – als Schnell- und Vielleser – ein Leben lang an andere Theologien und Denkgestalten herangehen wird. 1936 empfängt er die Priesterweihe.

1940 wird zum Schicksalsjahr, als der Orden Balthasar als Studentenseelsorger nach Basel versetzt. Er ist damals schon berühmt, hat er doch zu den genannten Kirchenvätern zahlreiche Bücher veröffentlicht, die Meisterwerke der Interpretation sind. Eine Professur an die Gregoriana hat er abgelehnt. Balthasar war – ich möchte es so ungeschützt formulieren – immer elitär, es ging ihm immer um Eliten abseits von Masse und Mainstream. Während Europa im Krieg versinkt, wird Balthasars Wohnung in der Schweizer Geborgenheit Treffpunkt der katholischen

---

23 Thomas Krenski, *Hans Urs von Balthasar. Das Gottesdrama*, Mainz 1995,161.

24 Hans Urs von Balthasar, *Rechenschaft 1965. Mit einer Bibliographie der Veröffentlichungen Hans Urs von Balthasars zusammengestellt von Bertha Widmer*, Einsiedeln o. J. [1965], 34.

25 Giovanni Marchesi, *La Christologia de Hans Urs von Balthasar. La figura di Gesù Christo espressione visibile di Dio*, Roma 1977, 402.

Intellektuellen Europas: Hugo Rahner, Erich Przywara, Romano Guardini, Henri de Lubac, Reinhold Schneider, Paul Claudel usw. Mit dem reformierten Theologen Karl Barth trifft er sich täglich, sie spielen vierhändig Mozarts Don Giovanni, auswendig. Beide, Barth und Balthasar, werden gigantische Werke im Zeichen theologischer Symphonik schaffen. Was hat das mit dem Laienthema zu tun? Der Baseler Balthasar ist permanenter geistlicher Begleiter, Exerzitienleiter und Studentenseelsorger, der im Faktischen eine enorme spirituelle Breitenwirkung in der intellektuellen Szene der damaligen Schweiz entfalten wird.

2.3 Balthasar ab 1940: Adrienne von Speyr und die Gründungen

Das Schicksal, das Balthasar 1940 in Basel ereilte, trägt den Namen einer Frau. Freilich sehr anders als dies in Biographien von Priestern, die durch Frauenbekanntschaften aus der Bahn geworfen wurden, der Fall ist. Nicht tragisch, aber höchst dramatisch, denn die beiden werden sich als mystische Einheit, als Doppelgestalt à la Franz von Sales und Franziska von Chantal, oder besser Clemens von Brentano und Anna Katharina Emmerick verstehen. Adrienne Kaegi, geborene Speyr ist eine verheiratete Ärztin, die zu Allerheiligen 1940 bei Balthasar konvertiert. Bis zu ihrem Tod 1967 wird Balthasar geistlicher Begleiter dieser Visionärin sein, ihre Schauungen protokollieren und ihre mystischen Passionserfahrungen und Stigmatisationen miterleben.

In dieser Zeit erfolgen drei konkrete „laikale" Gründungen, alle in Verbindung mit Adrienne: Erstens ruft Balthasar 1941 die Studentische Schulungsgemeinschaft (SG) ins Leben, heute besteht sie als akademische Arbeitsgemeinschaft (AAG) fort, die sich jährlich in einem Adventeinkehrtag in Einsiedeln findet. Zugelassen waren anfangs nur Laien, keine Priester, Ordensleute und Seminaristen.

Zweitens gründet Balthasar 1947 mit seinem Freund Josef Fraefel[26] den Johannesverlag. Der vorrangige Zweck besteht darin, in die Welt hinein zu wirken, um das, was Adrienne empfangen und geschaut hatte, fruchtbar zu machen. Zwischen 1941 und 1955 hat sie Balthasar immerhin 60 Bände diktiert, ohne jedes Studium der Theologie[27]. Im direkten Auftrag von Adrienne, den Balthasar schon 1943 erhalten hatte, erfolgt die Gründung der Internationalen katholischen Zeitschrift Communio, freilich gelingt dies erst 1973[28]. Auch hier ging es nicht um eine fachtheologische Zeitschrift, sondern um ein christliches Hineinwirken in

26 Zu Joseph Fraefel siehe Manfred Lochbrunner, *Balthasariana. Studien und Untersuchungen*, Münster 2015, 133f.

27 Hans Urs von Balthasar, *Einleitung*, in: *Adrienne von Speyr und ihre kirchliche Sendung. Akten des römischen Symposions 27.-298. September 1983*, hg. von Hans Urs von Balthasar / Georges Chantraine / Angelo Scola, Einsiedeln 1986, 12–16, hier: 14.

28 *Unser Auftrag*, 79.

die weltliche Laienwelt. Da Balthasar immer jede Form von Breitenwirkung der „Propaganda“ und „Demagogie“ verdächtigte, hat der Johannesverlag, der sich heute im Besitz der Johannesgemeinschaft befindet, bis heute kein professionelles Marketing entwickelt, das der Qualität seiner Publikationen entspräche.

Und drittens empfängt Adrienne den Auftrag, mit Balthasar eine neue religiöse Laiengemeinschaft zu gründen. Der weibliche Zweig entsteht 1945. Der Jesuitengeneral verweigert jedoch Balthasar die Zustimmung, sich ausschließlich und ganz der neuen Gemeinschaft zu widmen. Nach schwerem Ringen tritt Balthasar daher 1950 aus der Gesellschaft Jesu aus.

Alle diese Gründungen hatten ein Ziel: ein Hinaustragen ignatianisch-johanneischer Spiritualität über die Bastionen der damaligen Institution Kirche hinaus, in die Welt, in die Laienwelt, freilich: in die sich damals rasch säkularisierende Laienwelt. Er war vom selben Eros beseelt, wie Johannes XXIII. und die Väter des Konzils, auf die Welt zuzugehen: *„omnes homines alloqui intendit“*, wie es die Pastoralkonstitution Gaudium et Spes ausdrücken wird.

Als „Ex-Jesuit“ verliert Balthasar ab 1950 zwar buchstäblich den Boden unter den Füßen. So wird er etwa nicht – obwohl er mindestens so berühmt ist wie die großen Franzosen Congar und Lubac oder die Deutschen Rahner und Ratzinger – als Berater zum 2. Vatikanischen Konzil (1962–1965) zugezogen. Doch hatte er gerade als eine Art theologisch-priesterlicher Privatier auch die Zeit, „daneben“ ein ungeheures theologisches Oeuvre zu schaffen. Zwischen 1961 und 1987 veröffentlicht Balthasar seine berühmte Trilogie: „Herrlichkeit, Theodramatik und Theologik, eine Art Synthese nicht nur der christlichen Theologie, sondern der Geistes- und Kulturgeschichte des Abendlandes. Die Neuscholastik wird damals von verschiedensten Moden weggefegt, die klassische Systematik hatte ausgedient und wird durch eine neue Systematik des Hinterfragens und Problematisierens ersetzt. Der so starke Nachkriegskatholizismus flutet sich in blassen Wässerchen aus.

Ganz unberührt bleibt Balthasar von der Wucht des nachkonziliaren Chaos natürlich nicht, im Gegenteil: Der Umbruch der Theologie und des kirchlichen Lebens provoziert ihn zu einigen scharfen „Klarstellungen“, über deren paulinische Polemik man noch heute staunen muss. Vor dem Konzil als Progressiver verschrien, gilt Balthasar nach dem Konzil – wie so viele andere auch – als hoffnungslos rückständig. Seinen Ruf als Konservativer besiegelt er vor allem durch sein Büchlein „Cordula oder der Ernstfall“, das den großen Rahner ankratzt. Ein Schock, denn die beiden waren vorher befreundet und hatten auf dem Patscherkofel über Innsbruck das Inhaltsverzeichnis für eine neue, heilsgeschichtliche Dogmatik („Mysterium Salutis“) ausgearbeitet. Die Majestätsbeleidigung haben die Rahnerianer Balthasar nie verziehen! Im Kampf gegen die Theorie des „Anonymen Christentums“ ging es Balthasar aber um etwas Entscheidendes in der Frage „Wer ist Christ“, das auch eminent mit dem Weltauftrag des Laien zu tun hat.

Peter Henrici schreibt: Balthasar „hatte sich seit zwanzig Jahren dafür eingesetzt, dass die Mitte der Kirche dort zu suchen sei, wo man zumeist ihre Peripherie sah: in ihrem Einsatz für die Welt. Nun musste er sehen, das die Öffnung zur Welt missverstanden wurde als Anpassung an die Welt, Haschen nach Zeitgemäßheit“[29].

Doch auch auf der „konservativen“ Seite macht sich Balthasar keine Freunde: Da gibt er grollende Bemerkungen zum Opus Dei[30] von sich. Die traditionalistischen Lefebvristen lehnt er kategorisch ab. Balthasar war in keine Richtung je diplomatisch, so findet er auch grimmige Worte über „Privatoffenbarungen“, die „voller Drohungen für die Zukunft“ seien und „genau einzuhaltende Sühnewerke“ fordern[31]. Vieles ist aber bloß Emotion, denn am Ende seines Lebens wird er sich mit dem Opus Dei aussöhnen und sich als Fan der charismatischen „Privatoffenbarungen“ von Medjugorje outen. Freilich: Sein von Origenes inspiriertes apodiktisches Eintreten für die *umfassende Hoffnung auf die Rettung aller,* also eine Art Hoffnung auf eine leere Hölle, hat ihn in konservativen Kreisen nachhaltig zum modernistischen Häretiker gestempelt.

Die kirchliche Rehabilitation geschieht kraftvoll 1988, als ihn Johannes Paul II. zum Kardinal erhebt, freilich stirbt er zwei Tage vor der Kreierung überraschend an seinem Schreibtisch. Seine Inkompatibilität und Inkommensurabilität mit dem kirchlichen und theologischen Tagesgeschäft der Nachkonzilszeit führt dazu, dass auch die Rezeption seiner Theologie nur schleppend erfolgt. Erst in den 1980er Jahren gibt es erste Doktorarbeiten über ihn. Und erst in den Nullerjahren entsteht eine Art Balthasarbegeisterung, vor allem in den USA und im frankophonen Bereich. Leider wird die gerade anfahrende Wirkungsgeschichte Balthasars dann 2005 wieder gestoppt oder verlangsamt, und das ausgerechnet durch einen seiner besten Freunde und größten Verehrer. Joseph Ratzinger wurde 2005 – im Jahr des 100. Geburtstags Balthasars – zum Papst gewählt. Die Folge war, dass sich zahllose Diplomanden und Doktoranden, die gerade dabei waren Balthasar zu entdecken, nun dem Werk des neuen Papstes zuwandten, das ebenso katholisch und symphonisch, aber weit strukturierter und weit logisierbarer und folglich dozierbarer ist als das Werk Balthasars. Der Theologenpapst hat dafür quasi „Busse“ getan, indem er nach seinem Rücktritt 2013 Werbung für Balthasar

---

29 Peter Henrici, *Hans Urs von Balthasar. Aspekte seiner Sendung,* Einsiedeln-Freiburg 2008, 50.
30 Hans Urs von Balthasar, *Friedliche Fragen an das Opus Dei,* in: Der christliche Sonntag 16 (1964), Nr. 15, 117f.
31 Hans Urs von Balthasar, *Kleine Fibel für verunsicherte Laien,* Einsiedeln, 2. Auflage, 1978, 89.

gemacht hat: Als die Medien nach seiner Emeritierung wissen wollten, was der Papa emeritus in seiner Pension denn nun so mache, war die Antwort seines Sekretärs Georg Gänswein: „Er liest Balthasar."

3. Exemplarisches Laientum

3.1 Ein Laientum im Räte-Stand: Die Johannesgemeinschaft

Balthasar hatte während seiner Studien in Lyon die Überzeugung gewonnen, dass die Kirche sich, ohne ihre Identität zu verlieren, öffnen müsse, wenn sie ihren Auftrag wahrnehmen wolle, den Völkern das Evangelium zu predigen. Eine Frucht dieser Überlegungen wird 1952 sein revolutionäres Büchlein „Die Schleifung der Bastionen" sein, wo er eine zur Welt hin offene Kirche postuliert und sich in der vorkonziliaren Kirche den Ruf als Progressiver erwirbt. Wie aber könnte das Programm einer auf die Welt zugehenden und in der Welt wirkenden Kirche konkret werden? Durch ein wahres Laientum, weder gebunden an die sakramentale Weihe noch an eine klosterähnliche Lebensweise, also nicht bloß ein Laientum, sondern ein „Weltlaientum": Lebend in der Welt, – aber dennoch verankert in den evangelischen Räten Armut, Ehelosigkeit und Gehorsam.

Durch Adrienne von Speyr wird diese Idee nun zum „Auftrag"[32]. Adrienne von Speyr ging es um „Menschen, die ganz der Kirche dienen, und zwar nicht als Ordensfrauen, sondern [als] Menschen, die draußen im Leben stehen, ihren Beruf ausüben, die in ihrem Beruf tüchtig sind und dabei ihr Leben im Licht der täglichen Meditation des Evangeliums sehen."[33]

Es gibt für Balthasar somit nicht bloß drei Stände: Priesterstand, Ordensstand und laikaler Weltstand, sondern es gibt ein laikales Christsein in der Welt im Rätestand, also nicht bloß einen gottbereiten, sondern einen gottgeweihten Weltstand, dessen Sinn Balthasar als eine Art exemplarisches, ja „typologisches Laientum" versteht:

---

32 Hans Urs von Balthasar, *Das Wagnis der Säkularinstitute,* in: IkaZ Communio 10 (1981) 238–245. Vgl. dazu Thomas Krenski, Hans Urs von Balthasar. Das Gottesdrama, Mainz 1995, 94–100.

33 Maximilian Greiner, *Die Johannesgemeinschaft. Ein Gespräch mit Cornelia Capol und Martha Gisi,* in: Karl Lehmann / Walter Kasper (Hg.), Hans Urs von Balthasar. Gestalt und Werk, Köln 1989, 133–151, hier: 136.

„Er ist wie die Potenzierung einer Grundzahl, in der alle sind, wie das Ernstnehmen einer Forderung, die an alle ergeht, wie die Aufrichtung eines Vorbildes, das alle nachbilden sollten, wie die Ausprägung eines Typus, an dem alle teilnehmen sollten."[34]

Am 8. Dezember 1944 findet eine erste Unterredung zwischen Adrienne von Speyr, Hans Urs von Balthasar und drei Interessentinnen statt. Am 5. August des darauf folgenden Jahres hält Balthasar die Gründungsexerzitien. Man wählt den Namen „Johannesgemeinschaft"[35] und bezieht ein Haus in Basel, das der Pfarrer von St. Clara zur Verfügung stellte. Die Oberin der Gemeinschaft war Adrienne von Speyr selbst. Nach Cornelia Capol nannte Adrienne, die in ihren zwei Ehen selbst kinderlos geblieben war, die Johannesgemeinschaft „mein Kind"[36]. Balthasar fungiert als geistlicher Begleiter. Die Mitglieder gingen ihrer Berufsausbildung nach und arbeiteten hernach in säkularen Berufen, wie dem der Architektin, der Ärztin und Studienrätin. Sie nahmen an von Balthasar organisierten Vorträgen Romano Guardinis, Reinhold Schneiders, Gertrud von Le Forts und Henri de Lubacs teil.

Am 2. Februar 1947 erließ Pius XII. die Apostolische Konstitution „Provida mater ecclesia", durch die sogenannte „Säkularinstitute" zugelassen werden. Balthasar wird dadurch heftig überrascht. Man muss bedenken: Die Gründung der Johannesgemeinschaft hatte ihm sein Jesuitensein gekostet. So ist es nicht verwunderlich, dass er in der überraschenden päpstlichen Zulassung, die er weder angestrebt noch erhofft hatte, Bestätigung der übernatürlichen Sendung Adriennes sah. 1948 kommentiert er „Provida Mater" durch sein Büchlein „Der Laie und der

34 *Christlicher Stand*, 207. Vgl. Hans Urs von Balthasar, *Sponsa Verbi*. Skizzen zur Theologie II, Einsiedeln, 3. Auflage, 1971 (1961) 434–469, 450: „Der Christ im Rätestand kann seinen Standort in der Welt wählen, unter den Christen des Weltstandes und unter den Menschen außerhalb der Kirche. Christus selber hat es getan, als Arbeiter so gut wie als Lehrer und Wundertäter. Paulus hat es andeutungsweise getan, wenn er, auf seine standeseigene ‚Armut' verzichtend, sein Leben als Zeltweber verdiente – und das nicht nur ‚zum Schein'... Statt mit seinen Brüdern im Ordenshaus zu leben, weilt dieser Christ in einer Art freiwilliger ‚Verbannung' in der Welt. Aber für ihn ist die Welt nicht außerhalb Christus, sie gehört voll dem auferstandenen Herrn, sie hat ihren Ort in ihm, sie bewegt sich in ihrem Werden, ihrem Sterben und Auferstehen zu ihm hin."

35 Die balthasar-adriennsche „Johannesgemeinschaft" darf nicht mit der „Communauté Saint Jean" verwechselt werden, die 1975 in Frankreich durch den Dominikanerpater Marie-Dominique Philippe, nach Beratschlagung mit der Mystikerin Marthe Robin, gegründet worden ist. Der Gründungsort war das Zisterzienserkloster Lerins bei Cannes. Diese „Sankt Johannesgemeinschaft" wurde 1987 kirchlich anerkannt und hat seit 1994 den Status einer Kongregation diözesanen Rechtes; die Brüder und Schwestern tragen einen grauen Habit. In Österreich sind sie in Marchegg ansässig.

36 Maximilian Greiner, *Die Johannesgemeinschaft. Ein Gespräch mit Cornelia Capol und Martha Gisi*, in: Karl Lehmann / Walter Kasper (Hg.), *Hans Urs von Balthasar. Gestalt und Werk*, Köln 1989, 133–151, hier: 136.

Ordensstand" (Einsiedeln 1948) und erregt damit öffentliches Aufsehen, denn er ist der erste, der eine „Theologie der Säkularinstitute"[37] entwirft. Einer der Kernsätze dieser Theologie lautete:

„Der Christ im Weltlichen Institut ist ein Christ in der Welt unter andern Christen und Nicht-Christen in der Welt. Er unterscheidet sich von ihnen nur dadurch, dass er seine ganze Existenz, Leib und Seele, Christus geschenkt hat und von ihm durch die Vermittlung der Kirche den Platz seines Einsatzes für das Reich Gottes in der Welt zugewiesen erhält. Dass er diesen Platz wirklich und nicht bloß zum Schein besetzt hält, ist Nachfolge der Inkarnation."[38]

Balthasar setzte sich vehement dafür ein, dass die Mitglieder der Johannesgemeinschaft sich tatsächlich säkular verhielten, „auf ein direktes (statistisch erfassbares) Apostolat verzichten" und eine Art stille Anwesenheit des Evangeliums „in einer entchristlichten Welt"[39] verkörperten. Es gibt also nicht nur keine äußere Erkennbarkeit etwa durch Ordensgewand oder Abzeichen, sondern auch kein organisiertes Apostolat! Zur Programmatik der Johannesgemeinschaft gehört das johanneische „Verschwinden können in die Kirche hinein." Konkret bedeutet das: weder in der Kirche eine hierarchische, also petrinische Position einzunehmen, noch im Alltag besonders aufzufallen. Martha Gisi, ein Gründungsmitglied der Johannesgemeinschaft, sagt in einem Interview: Es soll „etwas von dem uns vermittelten Geist, von der uns geschenkten Gnade ... durch die [bloße] Anwesenheit eines Mitglieds seiner Umgebung vermittelt werden, ohne dass dies jemandem, auch der Betreffenden nicht, bewusst wird."[40]

Die Euphorie Balthasars über die kirchliche Zulassung von laikalen, aber gottgeweihten Weltgemeinschaften erklärt sich auch daher, dass diese seine und Adriennes Idee den Versuchen der französischen „Arbeiterpriester" sehr nahekamen: Priester, die unerkannt in den Betrieben ihrer Arbeit nachgehen und ohne ein explizites Apostolat als Arbeiter unter Arbeitern leben wollten. Diese waren aber von Pius XII. verboten worden[41], während hingegen gerade er es war, der die gottgeweihten Laiengemeinschaften in der Welt bestätigt und anerkannt hatte.

---

37 Dazu: Hans Urs von Balthasar, *Sponsa Verbi*. Skizzen zur Theologie II, Einsiedeln, 3. Auflage, 1971 (1961) 434–469 (ursprünglich: *Zur Theologie der Säkularinstitute*, in: Geist und Leben 29 [1956]). Und: *Wesen und Tragweite der Säkularinstitute*, in: Civitas 11 (1956) 196–210; *Das Wagnis der Säkularinstitute*, in: IkaZ 10 (1981) 238–245. Außerdem die von Balthasar im Johannes Verlag herausgegebene Sammlung „Der neue Weg. Schriftenreihe für die Weltgemeinschaften".

38 Hans Urs von Balthasar, *Sponsa Verbi*. Skizzen zur Theologie II, Einsiedeln, 3. Auflage, 1971 (1961), 23.

39 Hans Urs von Balthasar, *Wer ist ein Christ?*, Einsiedeln, 3. Auflage, 1966 (1965), 123.

40 Maximilian Greiner, *Die Johannesgemeinschaft. Ein Gespräch mit Cornelia Capol und Martha Gisi*, in: Karl Lehmann / Walter Kasper (Hg.), Hans Urs von Balthasar. Gestalt und Werk, Köln 1989, 133–151, hier: 143.

41 Hans Urs von Balthasar, *Sponsa Verbi*. Skizzen zur Theologie II, Einsiedeln, 3. Auflage, 1971 (1961), 432.

Balthasars Grundidee bestand ja darin, dass sich die Erneuerung der Kirche nicht hinter ihren Bastionen vollzieht, sondern an der Peripherie, durch ihr Hinausgehen: „in der Naivität, mit der heute Arbeiterpriester zu den Allerärmsten gehen, gewiss nicht, um mit ihnen Augustinus oder Johannes a Sancto Thoma vorzulesen."[42] Die Idee der Arbeiterpriester faszinierte ihn, sie war es wohl, die ihn zur Idee der Johannesgemeinschaft inspirierte[43].

Balthasar war nicht nur kein Systematiker, er war auch kein Organisator; er konnte und wollte es auch nicht sein. So zeichnen sich alle seine Gründungen, wie Peter Henrici urteilt, durch „Organisationslosigkeit"[44] aus. Die Regeln der Johannesgemeinschaft sind eher theologische Reflexionen als konkrete Parameter geistlichen und kommunitären Lebens. Adrienne wollte gar keine Regeln, von ihr stammt das Wort: „Wenn man irgendwo den Heiligen Geist vertreiben will, dann muss man als erstes Regeln schaffen."[45] So wird die Regellosigkeit gleichsam als Regel festgeschrieben, und zwar durchaus programmatisch: Denn das Prinzip des Institutes sollte darin bestehen, dass es im „Zwischen" und „Außerhalb" des sonstigen kirchlichen Institutionellen beheimatet sein soll: Die Mitglieder des Institutes sind Laien, sie sind weder Priester noch Ordensleute, sie sind aber auch nicht bloß „Weltchristen", da sie gewählt, gottbereit und gottgeweiht sind. Balthasar beschreibt dies so:

„Er sieht die wohnlichen Innenräume der Familien und oft auch der Klöster und der Pfarrhäuser, und es kommt ihm vor, als stünde er außerhalb, zwischen Stuhl und Bank, einsam, von keinem wirklich aufgenommen. In diesem sehr fühlbaren, sehr empfindlichen ‚Außerhalb' steht er genau auf dem Weg der Nachfolge Christi und gewinnt auch in einer ganz besonderen Weise Anteil an der Lebensform der Kontemplativen; die ‚Gottes-Wüste', die diese erleben, wird ihm in der ‚Welt-Wüste' fühlbar."[46]

Daher setzt sich Balthasar auch in äußerst scharfer Weise von Gemeinschaften ab, die ein laikales Weltchristentum propagieren, dabei aber organisiert und strategisch vorgingen. Balthasar unterstellt ihnen, dass sie propagandistisch tätig seien, um Machtpositionen in Gesellschaft und Kirche zu erkämpfen. Aufgrund seiner

---

42 Hans Urs von Balthasar, *Schleifung der Bastionen.* Von der Kirche in dieser Zeit, Einsiedeln, 4. Auflage, 1954 (1952), 15.

43 Dazu: Hans Urs von Balthasar, *Sponsa Verbi.* Skizzen zur Theologie II, Einsiedeln, 3. Auflage, 1971 (1961), 432: „Man wecke die Laien, so viel und so laut man will, aber man wecke ebenso sehr und noch mehr den Klerus zu seiner unabdingbaren Aufgabe nicht im Hinterland, sondern an der Front. Das Anliegen der Arbeiterpriester war das rechte: nicht die Laien allein, der Klerus muss sich in der Exposition bewähren. Die Lösungen mochten verfrüht und zum Teil verfehlt sein; das Anliegen bleibt so frisch und dringlich wie je."

44 Peter Henrici, *Hans Urs von Balthasar. Aspekte seiner Sendung*, Einsiedeln-Freiburg 2008, 39.

45 Zitiert von Martha Gisi in: Maximilian Greiner, *Die Johannesgemeinschaft. Ein Gespräch mit Cornelia Capol und Martha Gisi*, in: Karl Lehmann / Walter Kasper (Hg.), Hans Urs von Balthasar. Gestalt und Werk, Köln 1989, 133–151, hier: 144.

46 Hans Urs von Balthasar, *Sponsa Verbi.* Skizzen zur Theologie II, Einsiedeln, 3. Auflage, 1971 (1961), 464.

offen zur Schau getragenen Aversion gegen Organisation und Institutionalität, aber auch von seinen Vorurteilen gegenüber Marketing und Öffentlichkeitsarbeit ist es konsequent, dass er mit besonderer Aversion auf das erfolgreiche „Opus Dei" reagiert[47], das zur selben Zeit beginnt, sich in Mitteleuropa auszubreiten. Man muss dazu auch wahrnehmen, dass Balthasar dort besonders wütend, ja angriffig wird, wo eine Position der seinen sehr ähnlich ist. Dem Opus Dei war er ja in früheren Jahren durchaus positiv gegenübergestanden. Noch 1954 dient es ihm als Beispiel für das, was er selber unter einer Weltgemeinschaft verstehen wollte[48]. Seit spätestens 1965 jedoch bescheinigt Balthasar dem Opus Dei, dass es mit seinen rigorosen Weisungen, wie sie sich in dem Büchlein „Der Weg" von Josemaria Escriva de Balaguer finden, nichts anderes als eine „Pfadfinderspiritualität" verbreite. Und an einer Stelle spricht er – freilich ohne explizite Nennung – sogar von „moderner christlicher ‚Freimaurerei'"[49] Er meint das Opus Dei, wenn er schreibt: „Andere Gemeinschaften, die mit allen Mitteln nach weltlich-kulturellen Machtpositionen streben, um dadurch angeblich der Kirche zu helfen, schaden ihr bloß und machen sich und die Kirche nicht zu Unrecht verhasst."[50] Und in den nachfolgenden Jahren wird Balthasar dem Opus Dei immer wieder „Integralismus" vorwerfen[51]. Freilich: Am Ende seines Lebens hat Balthasar wieder gute Worte über das Opus Dei gefunden. Seine uneingeschränkten Sympathien galten aber Luigi Giussani und der von ihm ins Leben gerufenen und theologisch-spirituell betreuten Bewegung „Communione e liberazione", der er auch sein Büchlein „In Gottes Einsatz leben" von 1971 gewidmet hat.

Die Johannesgemeinschaft war Balthasar über die Maßen wichtig, sodass er ihretwegen alle verlockenden Angebote ausschlug, wie etwa verschiedene Berufungen auf universitäre Lehrstühle! Immer wieder erklärte er, dass die Leitung und der

---

47 Hans Urs von Balthasar, *Erste Anfragen in: Friedliche Fragen an das Opus Dei*, in: Der christliche Sonntag 16 (1964), 117–119.

48 Hans Urs von Balthasar, *Schleifung der Bastionen*. Von der Kirche in dieser Zeit, Einsiedeln, 4. Auflage, 1954 (1952), 30.

49 Hans Urs von Balthasar, *Wer ist ein Christ?*, Einsiedeln, 3. Auflage, 1966 (1965), 111.

50 Hans Urs von Balthasar, *Wer ist ein Christ?*, Einsiedeln, 3. Auflage, 1966 (1965), 123.

51 Hans Urs von Balthasar, Art. *Integralismus*, in: Wort und Wahrheit 18 (1963) 737–744; Ders., *Integralismus heute*, in: Diakonia 19 (1988) 221–229.

Aufbau der Johannesgemeinschaft seine eigentlichen Aufgaben seien. Sogar seine schriftstellerische Tätigkeit müsse hinter der Sorge für die Johannesgemeinschaft zurückstehen[52].

3.2 Inspirationen durch Adrienne von Speyr

Balthasar hat sein Schaffen mit dem von Adrienne von Speyr in eins gesehen[53]. Er unterscheidet seine Werke in „vor" und „nach" dem Jahr 1940, in dem seine Beziehung zu Adrienne ihren Anfang nahmen[54]. Er versteht sein gesamtes Werk als eine *zweite Hälfte* des adrienneschen Werkes[55]. Diese Selbsteinschätzung ist maßgeblich an der schleppenden akademischen Rezeption Balthasars schuld, denn nur selten wird der behauptete Einfluss einer Ärztin, die stigmatisiert war, und eine Fülle von Schauungen zu Protokoll gegeben hat, als notwendige spirituelle Ergänzung zur akademischen Theologie gutgeheißen[56]. Durch Adrienne hat Balthasars theologisches Werk die Prägung erhalten, dass man es „sowohl studieren als auch betend meditieren kann"[57]. Unter dem Zwei-Einen-Werk, das er mit Adrienne vollbracht hat, versteht er nicht nur seine Bücher, sondern vor allem das Säkularinstitut der Johannesgemeinschaft.

Joseph Ratzinger hat die „Doppelsendung"[58], das Zueinander des Theologen und der Mystikerin, als überaus positive charismatische Inspiration verstanden, der die Theologie Balthasars der trockenen Rationalität entreißt und ihr einen

52 Hans Urs von Balthasar, *Mein Werk – Durchblicke*, Einsiedeln-Freiburg 1990, 76: „Das zweite Vorauszusetzende ist die schlichte Wiederholung des vor zehn Jahren abgelegten Geständnisses: dass Schriftstellerei im Haushalt meines Lebens *faute de mieux* bleibt und immer bleiben wird. Im Zentrum steht ein ganz anderes Interesse: die Arbeit an der Erneuerung der Kirche durch die Bildung neuer Gemeinschaften, die das radikale christliche Leben nach den evangelischen Räten Jesu verbinden mit der Existenz mitten in der Welt: im weltlichen Berufsleben oder im priesterlichen Amt, das lebendige Gemeinden zu beleben vermag. Hinter dieser Arbeit hat alles Spielen mit der Feder zurückzustehen; müsste dieses Spiel einmal wegen der Dringlichkeit der genannten Arbeit aufhören, so schiene mir nichts verloren, eher vieles gewonnen zu sein. Im Grunde ist das für einen im Dienst der ‚Sache Jesu' Stehenden, die konkret ‚die Kirche' heißt, selbstverständlich."

53 Dazu: Hans Urs von Balthasar, *Erster Blick auf Adrienne von Speyr*, Einsiedeln 1968, 4. Auflage: Einsiedeln-Trier 1989. Krenski resümiert: „Eine eher inhaltliche Synopse steht noch aus." Dazu: Thomas Krenski, *Suggestion oder Transposition. Zur Problematik einer „theologischen Transposition" der „experimentellen Dogmatik" Adrienne von Speyrs*, in: Walter Kasper (Hrsg.), *Logik der Liebe und Herrlichkeit Gottes. Hans Urs von Balthasar im Gespräch*, Ostfildern 2006, 258–285.

54 Hans Urs von Balthasar, *Unser Auftrag. Bericht und Entwurf*, Einsiedeln 1984; 2. Auflage 2004, 30. 81, 165; Hans Urs von Balthasar, *Prüfet alles – das Gute behaltet*, Ostfildern 1986, 70f.

55 Hans Urs von Balthasar, *Rechenschaft 1965*, 35. Vgl. Ders, *Theodramatik. Das Endspiel, Bd. 4:* Einsiedeln 1983, 11.

56 Eine kritische Position vertritt z. B. Peter Lüning. Er folgert, es handle sich „um die Problematik einer kriteriologischen Grundlegung der Legitimität theologischer Aussagen und ihrer Grenzen", gesteht von Speyrs Werk allerdings zu, „*theologisches* Gedankengut in spiritueller Sprachgewandung zu vermitteln": Peter Lüning, *Der Mensch im Angesicht des Gekreuzigten. Untersuchungen zum Kreuzesverständnis von Erich Przywara, Karl Rahner, Jon Sobrino und Hans Urs von Baltasar*, Aschendorff 2007, 264.

57 Werner Löser, *Rezension zu: H. U. v. Balthasar, Herrlichkeit 3/2/2*, in: ThPh 46 (1971) 119–122, hier: 121; Barbara Albrecht, *Eine Theologie des Katholischen. Einführung in das Werk Adrienne von Speyrs*, Bd. 1: *Durchblick in Texten*, Einsiedeln 1972, 30–35.

58 Georg Bätzing, *Die Eucharistie als Opfer der Kirche. Nach Hans Urs von Balthasar*, Einsiedeln 1986, 117.

prophetischen Impuls verleiht[59]. Hier hat auch das berühmt gewordene Diktum Balthasars von der „knienden Theologie“[60] seinen Ort, das Joseph Ratzinger überaus geschätzt hat. Ratzinger hat es bei der Ansprache beim Begräbnis Balthasars zitiert[61] und es als Papst bei seinem Besuch in Heiligenkreuz der nach ihm benannten Hochschule programmatisch aufgetragen[62]. Wir sind hier in der Mitte des Verständnisses katholischer Theologie.

Erst seit der Begegnung mit Adrienne 1940 interessieren Balthasar die Themen der christlichen Existenz, die er als Exerzitienleiter schon zuvor spirituell ausgefaltet hatte, auch theologisch. Erst jetzt beginnt er über den Ordensstand, die Stände insgesamt, den Weltauftrag der Christen usw. zu reflektieren. Das Jahr 1940 stellt nachweislich eine Zäsur in der thematischen Fokussierung dar. Ich greife zwei Themen des christlichen Existenzvollzuges, also der Weltexistenz des Christen heraus: Die Wahl und die Sendung.

Das Thema der „Wahl“ durch Gott übernimmt Balthasar von Ignatius von Loyola. Ignatius ist ebenso prägend für Balthasar wie Adrienne von Speyr[63], besonders sein Exerzitienbuch, das Balthasar als Grundlage für hunderte Exerzitienkurse genommen hat[64]. Jeder Aufnahme in die Johannesgemeinschaft müssen ignatianische Exerzitien vorausgehen, da die Grundlage christlichen Lebens die „Wahl der Wahl durch Gott“ ist, ein Grundthema des Exerzitienbüchleins. Felix Genn nennt Balthasars Theologie eine „Theologie aus dem Geist der Exerzitien“[65]. In der Regel werden die Exerzitien entweder asketisch oder mystisch gedeutet.

59 „Hans Urs von Balthasar ist undenkbar ohne Adrienne von Speyr. Ich glaube, man könnte bei allen wirklich großen theologischen Gestalten zeigen, dass neu theologische Aufbrüche nur dann ermöglicht werden, wenn zuerst ein prophetischer Durchbruch da ist. So lange man nur rational weiterarbeitet kommt nichts wesentlich Neues. Es wird vielleicht immer genauer systematisiert, es werden immer subtilere Fragen erfunden, aber die eigentlichen Durchbrüche, in denen dann wieder große Theologie neu entsteht, kommen nicht einfach aus dem rationalen Geschäft der Theologie, sondern aus einem charismatischen, prophetischen Anspruch heraus. Insofern – glaube ich – gehören Prophetie und Theologie eng zusammen. Die Theologie als wissenschaftliche Theologie im strengen Sinn ist nicht prophetisch, aber sie wird nur wirklich lebendige Theologie, wenn sie von einem prophetischen Impuls angeschoben und erleuchtet ist.“ Joseph Ratzinger, *Das Problem der christlichen Prophetie. Niels Christian Hvidt im Gespräch mit Joseph Kardinal Ratzinger*, in: IkaZ Communio 27 (1999), 177–183, hier: 183.

60 Vgl. Hans Urs von Balthasar, *Theologie und Heiligkeit*, Aufsatz von 1948 in: Verbum Caro. Schriften zur Theologie I, Einsiedeln 1960, 195-224.224. Vgl. Jutta Konda, *Das Verhältnis von Theologie und Heiligkeit im Werk Hans Urs von Balthasars*, Köln 1990.

61 Joseph Ratzinger, *Ein Mann der Kirche in der Welt*, in: Karl Lehmann / Walter Kasper (Hg.), *Hans Urs von Balthasar. Gestalt und Werk*, Köln 1989, 349–354, hier: 350.

62 Ansprache von Papst Benedikt XVI. am 9. September 2007 in Heiligenkreuz.

63 Michael Schulz, *Hans Urs von Balthasar begegnen*, Augsburg 2002, 24–39 und 48–65.

64 So erscheint bereits 1948 sein Aufsatz „Exerzitien und Theologie“. Vgl. Hans Urs von Balthasar, *Exerzitien und Theologie*, in: Orientierung 12 (1948) 229–232. Vgl. dazu: Werner Löser, *Hans Urs von Balthasar und seine ignatianischen und patristischen Quellen*, in: GuL 79 (2006), 194–203.

65 Vgl. Felix Genn, *Eine Theologie aus dem Geist der Exerzitien*, in: IkaZ Communio 34 (2005), 186–201. Vgl. Werner Löser, *Hans Urs von Balthasar und Ignatius von Loyola*, in: Walter Kasper (Hrsg.), Logik der Liebe und Herrlichkeit Gottes. Hans Urs von Balthasar im Gespräch, Ostfildern 2006, 94–110; Ders., *Die Ignatianischen Exerzitien im Werk Hans Urs von Balthasars*, in: Karl Lehmann und Walter Kasper (Hg.) *Hans Urs von Balthasar. Gestalt und Werk*, Köln 1989, 152–174.

Balthasar fügt eine dritte Interpretation hinzu: die dramatische[66]! „Die zusammenfassende Formel für das, was in Balthasars dramatischer Exerzitieninterpretation im Zentrum steht, heißt: *Gottes Wahl wählen.*"[67] Das Geschöpf, durch die Haltung der Indifferenz vorbereitet[68], wird frei in die Lage versetzt, sich der Wahl Gottes anzuvertrauen. „Wahl Gottes" ist als Genitivus subjectivus zu verstehen: Es ist Gott der wählt! „Der wählende Gott und der Gottes Wahl annehmende Mensch: Hier tritt das Grundgefüge der Wirklichkeit hervor."[69]

Durch die geistlichen Übungen sollen zwei Wirklichkeiten zusammengeführt werden, die Wirklichkeit des frei wählenden Gottes und die Wirklichkeit des frei antwortenden Menschen. Balthasar hat in seinem Kommentar zu den Evangelischen Räten immer wieder die Stelle aus dem Markusevangelium betont: dass der Herr tatsächlich nur die zu sich ruft, „die er wollte" (Mk 3,13). Und er erwählt gerade das „Törichte" und „Schwache" in der Welt, ja „das, was nichts ist" (1 Kor 1,27f), um sich so in seiner unfassbaren Weisheit zu verherrlichen. Die Ablehnung des Gewähltwerdens ist für Balthasar Sünde[70].

Aus der Wahl, dem Berufenwerden, resultiert ein zweites, das Balthasar mit Adrienne entfaltet: Die Sendung. Denn jeder Christ wird gewählt, um eine Sendung zu empfangen. In den frühen Jahren hat Balthasar den Begriff „Sendung" bevorzugt, in den späteren Jahren „Auftrag". 1950 etwa nennt er seine Biographie über Therese von Lisieux „Geschichte einer Sendung". 1984 hingegen gibt er die Gründungsgeschichte und den theologischen Entwurf einer Art Statuten der Johannesgemeinschaft unter dem Titel „Unser Auftrag"[71] heraus. Der Begriff „Auftrag" impliziert stärker die Notwendigkeit des Gehorsams.

Nach Balthasar hat schon der natürliche Mensch einen Auftrag, einen – von Gott dem Schöpfer gestellten – „sachlichen Weltauftrag – in Familie, Staat, Gesellschaft", der gleichsam in der Natur der Sache liegt. Schon diese natürliche Sendung erfordert vom Menschen „einen Akt freier, verantworteter Identifikation mit seinem Auftrag", einen „Akt der Dienstwilligkeit, der eine Absage an den Egoismus einschließt."[72]

---

66 Werner Löser, *Hans Urs von Balthasar und seine ignatianischen und patristischen Quellen*, in: GuL 79 (2006) 194–203, hier: 197–199.

67 Ebd., 199 (Kursiv im Text).

68 Hans Urs von Balthasar, *Exerzitien und Theologie*, in: Orientierung 12 (1948) 229–232, hier: 231: „Indifferenz ist der Grundakt der Kreatur."

69 Werner Löser, *Hans Urs von Balthasar und seine ignatianischen und patristischen Quellen*, in: GuL 79 (2006) 194–203, hier: 197–199, hier: 199.

70 Manfred Scheuer, *Die evangelischen Räte. Strukturprinzip systematischer Theologie bei H. U. von Balthasar, K. Rahner, J. B. Metz und in der Theologie der Befreiung*, Würzburg 1990, 126.

71 Hans Urs von Balthasar, *Unser Auftrag. Bericht und Entwurf*, Einsiedeln 1984; 2. Auflage 2004.

72 Hans Urs von Balthasar, *Wer ist ein Christ?*, Einsiedeln, 3. Auflage, 1966 (1965), 115.

Beim Christen kommt hinzu, dass er Ja sagt zu Gott und daraus „seine Sendung zu den Menschen erhält". Es gibt für den Christen keinen Anlass, seine Hingabe als Christ an seine Aufgaben und seine Hingabe als Glied der Menschheit „in Gegensatz zu stellen."[73] Für den Christen kommt es im Weltdienst zu einer Radikalisierung, einer Aufsteigerung in seinem Einsatz für die Welt, da er aus der Selbst-Enteignung Gottes an die Welt, aus der Selbstenteignung Christ für die Menschen seine eigene Selbst-Enteignung für die Brüder und Schwestern leben kann und muss[74]. Von Christus her empfängt der Christ in seinem Weltdienst den Auftrag und die Kraft zur radikalen Selbstenteignung. Balthasar: „Der Christ hat die Expropriation immer tiefer zu lernen."[75]

3.3 Klerikalisierung?

Es besteht kein Zweifel, dass Balthasar mit Adrienne in der damaligen Zeit, vor allem aber in ihren Gründungen, „die Stunde der Laien" gekommen gesehen hatten. Peter Henrici vermerkt[76], dass wir ab 1940 einen Balthasar finden, der die Kirche auf die Welt zutreiben möchte, der ihre Bastionen, die sie im Zugehen auf die Welt hindern, schleifen möchte. Adrienne empfängt den Auftrag, mit Balthasar eine besondere typologische Form des Laientums zu entwickeln, das äußerlich ununterschieden von anderen gottbereit und gottgeweiht – nach den Evangelischen Räten – in der Welt lebt.

Die Johannesgemeinschaft war ursprünglich nur für Laien gedacht, also für gottbereite Menschen im Rätestand, nicht für Priester. Schon in die Schulungsgemeinschaft sollten anfangs nach dem Wunsch Balthasars weder Priester noch Theologiestudenten aufgenommen werden[77]. Doch führen verschiedene Entwicklungen rasch dazu, dass bei Balthasar der Wunsch nach einem priesterlichen Zweig entsteht:

Zum einen finden aus dem Studentenkreis und durch die Exerzitienkurse Balthasars viele zum Priestertum. Zugleich schlägt ihm eine gewisse Verehrung aus dem Kreis junger Theologen entgegen, Doktoranden besuchen ihn in Basel oder stehen in Korrespondenz mit ihm. 1968 kann er ein Ferienhaus in der Nähe von Basel in Rigi-Kaltbad erwerben, wo sich die „Rigianer" – junge Jesuiten, Seminaristen, Theologiestudenten institutionalisiert mit ihm treffen. Es gibt von vielen Seiten den praktischen Wunsch, die Mitgliedschaft in der Johannesgemeinschaft

73 *Wer ist ein Christ*, 116.
74 *Wer ist ein Christ*, 119.
75 *Wer ist ein Christ*, 125
76 Peter Henrici, *Der Weltauftrag des Christen*, in: Vermittlung als Auftrag. Symposion zum 90. Geburtstag von Hans Urs von Balthasar, Einsiedeln 1995, 125–148, hier: 145
77 Peter Henrici, *Hans Urs von Balthasar. Aspekte seiner Sendung*, Einsiedeln-Freiburg 2008, 40.

auch Priestern zu öffnen. Freilich stellen sich dem, kanonische Schwierigkeiten entgegen, da ein Säkularinstitut nun einmal dadurch definiert ist, dass es ein Institut von Laien ist.

Zum anderen finden wir beim späteren Balthasar die Entdeckung des Petrinischen, des Amtes, des Hierarchischen, des Priesterlichen. 1974 erschien auf dem Höhepunkt der durch „Humanae Vitae" ausgelösten Welle der Illoyalität gegenüber Paul VI. sein Buch „Der antirömische Affekt. Wie lässt sich das Papsttum in die Gesamtkirche integrieren. Schon zuvor hatte Adrienne ihm gegenüber Enttäuschungen über den Gehorsamsbruch in der Kirche, konkret aber auch über viele Priester geäußert[78]. Viele gaben ihr Priestertum auf. Balthasar reagiert mit einer Fülle von apologetischen Artikeln über Priestertum, Eucharistie und Zölibat[79].

Es hat den Anschein, als würde Balthasar erst durch die nachkonziliare Krisensituation die Besonderheit des Priestertums wahrnehmen und reflektieren. Aus Sorge für die Priester lässt sich auch der ungeheure Eifer erklären, den Balthasar nun entwickelt, um einen priesterlichen Zweig der Johannesgemeinschaft zu etablieren. Er bereiste damals viele Priesterseminare, um für seine Idee Werbung zu machen.

Erst 1983 kommt die kirchenrechtliche Anerkennung: Weltgemeinschaften können auch Priester aufnehmen. Der Priestergemeinschaft traten ausnahmslos junge Priester bei, die im Kreis gleichgesinnter Mitbrüder Heimat und Orientierung suchten. Balthasar gab der neugegründeten Gemeinschaft das Vermächtnis des Aufbruchs mit, für den er zeit seines Lebens kämpfte. Die Johannesgemeinschaft sollte für Priester kein Fluchtort einer Gemeinschaft sein, durch die man der Ausgesetztheit in der Welt entkommen mochte.[80] Das „Auf zur Welt" blieb immer programmatisch. Diesem Programm und nur diesem sollte der priesterliche Zweig der Johannesgemeinschaft dienen.

---

78 Hans Urs von Balthasar, *Unser Auftrag. Bericht und Entwurf*, Einsiedeln 1984; 2. Auflage 2004, 94f.

79 Balthasar zitiert diese selbst in „Unser Auftrag" 95, Fußnote 27 anhand seiner Biographie 1925–1980: C 24: „Personne et Fonction"; B 87: „Über das priesterliche Amt"; B207: „Amtspriestertum und Gottesvolk"; B210: „Der Priester im Neuen Testament"; B 230 „Der Priester in der Kirche"; B 232: „Zur Priesterfrage an die Bischofssynode 1971"; b 239: „Amt und Existenz"; B 246: „Zölibatäre Existenz heute"; B 321: „Über priesterliche Spiritualität"; B 331: „Maria und das Priesteramt"; in: A 29 „Sponsa Verbi": „Priesterliche Existenz"; in: A 27 „Pneuma und Institution": „Priestertum des neuen Bundes"; in: A 51: „Klarstellungen": „Der Priester, den ich suche".

80 Hans Urs von Balthasar, *Unser Auftrag. Bericht und Entwurf*, Einsiedeln 1984; 2. Auflage 2004, 133, Anm. 2: „Es gibt nachweisbare Fälle, in denen Einzelne aus Kleinmut sich in geschlossene Gemeinschaften flüchten, in denen sie sich vor dem Ausgesetztsein geborgen fühlen."

1984 veröffentlicht Balthasar – in Vorbereitung auf ein von Papst Johannes Paul II. angeregtes Symposium über die Sendung und Theologie Adrienne von Speyrs – den Entwurf eines Regelwerkes, in dem er die Johannesgemeinschaft als dreigliedriges Säkularinstitut vorstellt: mit einem weiblichen, männlichen und priesterlichen Zweig[81].

Peter Henrici stellt die Frage, ob Balthasar, der sosehr ein gewähltes, gottbereites und gottgeweihtes Laientum in der Welt thematisiert und theologisiert hat, am Ende seines Lebens doch noch „klerikal" geworden sei. Er widerspricht dem vehement und schreibt: Balthasar hat sich persönlich „trotz seines Priestertums ... nie ‚klerikal' gegeben, ja man hat den Eindruck, dass er sich eigentlich stets als ‚Laie' fühlte. Er konnte sich mit dem Klerikergewand nie recht anfreunden, mit der Kardinalsrobe schon gar nicht."[82] „Vor allem aber hat Balthasar das kirchliche Amt selbst nie klerikal verstanden. Es steht unter den gleichen theologischen Gestaltprinzipien, die ... für den Laienstand" gelten: „Es nimmt teil an der ‚Vergeblichkeit' des christlichen Welteinsatzes; seine Aufgabe ist, zu verschwinden', wie die Kirche mehr in der Welt ‚verschwindet'."[83]

4. Bleibende Inspirationen für das Verständnis von Laientum

Bleibend gültig bleibt von der Sicht christlicher Laienexistenz in der Kirche die Betonung der Wahl durch Gott – jeder Christ ist von Gott gewählt! Und der Begriff der Sendung, der Mission. Wenn das Konzil von der Kirche sagt, dass sie ihrem Wesen nach „missionarisch ist", so gilt das Wesentliche auch von jedem einzelnen ihrer Glieder.

Von Balthasar können wir auch lernen, dass es notwendig ist, Neues zu wagen. Heute gibt es weltweit ca. 200 kirchlich anerkannte Säkularinstitute mit über 400.000 Mitgliedern. In einer Zeit, wo die Lebenskonzepte immer individueller

81 Balthasar hat aufgrund dieser Veröffentlichung viel Unverständnis seitens der etablierten Theologenzunft erfahren. Das verunsicherte ihn nicht. Schließlich wurde sein Kurs ja auch in den Canones 573–746 des 1983 promulgierten Codex Iuris Canonici bestätigt. Vgl. Vgl. Rudolf Weigand, *Die Säkularinstitute*, in: Joseph Listl / Hubert Müller / Heribert Schmitz, *Handbuch des katholischen Kirchenrechts*, Regensburg 1983, 511–519. Balthasar dazu: „Weltgemeinschaften für Laien wie für Priester haben durch das neue Kirchenrecht eine juristisch und darin auch theologisch neue Stellung im Gefüge der Kirche erhalten. Sie sind eine der beiden Formen des Rätestandes. (...) Die Weltgemeinschaften, in denen die geweihten Laien bleiben und die Priester durch ihre ausdrückliche Verpflichtung zu den evangelischen Räten nicht zu Ordenspriestern werden, sind somit auf die gleiche theologische Ebene gestellt wie die Ordensleute." (*Unser Auftrag*, 108–109).

82 Peter Henrici, *Der Weltauftrag des Christen*, in: Vermittlung als Auftrag. Symposion zum 90. Geburtstag von Hans Urs von Balthasar, Einsiedeln 1995, 125–148, hier: 145.

83 Ebd., 146

und bunter werden, ist es gut, dass es diese Weise der Christusnachfolge für Laien in den „Gemeinschaften geweihten Lebens“[84] gibt. Balthasar und Adrienne waren hier 1945 Pioniere.

Auffällig ist aber die Diskrepanz zwischen der Größe des „Auftrags“, wie Adrienne von Speyr und Balthasar ihn für das gottbereite Laientum im Welteinsatz empfunden haben, und der faktisch geringen Wirkung, die im konkreten Fall der Johannesgemeinschaft daraus hervorgegangen ist. Heute wirken zwar Mitglieder aller drei Zweige in verschiedenen Ländern Europas und in Amerika, ihre Zahl ist aber gering. Die kenotische Grundidee wird strikt eingehalten: die Laien-Mitglieder sind dem „Weltstand“ verpflichtet und wirken vorwiegend in weltlichen Berufen und sind nur in Ausnahmefällen in der strukturellen pfarrlichen Pastoral aktiv. Einige Mitglieder des priesterlichen Zweiges sind Bischöfe geworden, etwa Angelo Scuola, der 2013 nicht zum Papst gewählt wurde, und Felix Genn von Münster.

Cornelia Capol führt aus, dass Balthasar den Auftrag gegeben, Mitgliederzahlen, Namen und dergleichen nicht preiszugeben, nicht einmal gegenüber dem Vatikan für die Statistik des römischen Jahrbuches. Es widerspräche dem Wesen solcher Institute, eine quantifizierbare Institution innerhalb einer Institution zu werden. Ja, Balthasar hatte sogar gewünscht, dass sie in keinem Lexikon aufgeführt werden[85].

Die quantitative Bedeutungslosigkeit ist erstaunlich. Balthasar hatte anderes erwartet! Er schreibt 1952, sieben Jahre nach der Gründung der Johannesgemeinschaft und vier Jahre nach „Provida Mater“, in „Schleifung der Bastionen“: „Heute schlägt in der Kirche ohne Zweifel die Stunde der Laien ... Heute reckt sich ein schlafender Riese; ungeahnte Kräfte, bisher brachliegend, ungestaut wie Wasserkräfte, von Urenergien trächtig, beginnen sich zu regen... in den Laienorden von heute und in tausend vereinzelten Unternehmungen zeigt sich, dass der Anruf gehört worden ist und daß der Laie anfängt, seine eigene Verantwortung zu übernehmen.“[86]

---

84 Die Mitglieder leben unter normalen soziokulturellen Alltagsbedingungen bezüglich Beruf, Wohnung, Sozialkontakten, Freizeit und ehrenamtlichem Engagement. Sie sind somit auch nicht – wie dies bei vielen Ordensgemeinschaften der Fall ist – von steuerlichen oder arbeitsrechtlichen Begünstigungen betroffen. Sie sind in ihrer Kleidung nicht erkennbar. Sie leben also „mitten“ in der Welt, im „saeculum“. In exemplarischer Weise verdichtet sich in dieser gottbereiten Lebensform die Tatsache, dass alle Glieder der Kirche, wie das 5. Kapitel von LUMEN GENTIUM theologisch ausführt, zur Heiligkeit berufen sind. Heiligkeit – also der Wille zur maximalen Christusförmigkeit dank seiner Gnade – also nicht ein Spezialfall des christlichen Lebens, die an die Weihe oder den Ordensstand gebunden ist. Diese Lebensform wurde von Papst Johannes Paul II. in seinem postsynodalen Schreiben „VITA CONSECRATA“ über das gottgeweihte Leben von 1996 bestätigt.

85 Maximilian Greiner, *Die Johannesgemeinschaft. Ein Gespräch mit Cornelia Capol und Martha Gisi*, in: Karl Lehmann / Walter Kasper (Hg.), Hans Urs von Balthasar. Gestalt und Werk, Köln 1989, 133–151, hier: 147.

86 Hans Urs von Balthasar, *Schleifung der Bastionen*. Von der Kirche in dieser Zeit, Einsiedeln, 4. Auflage, 1954 (1952), 26f.

Aus heutiger Sicht hat sich diese Erwartung nicht erfüllt. Aus damaliger Sicht freilich ist die euphorische Freude darüber dass über die Verfasstheit der bisherigen Orden neue Formen des Laientums im Weltstand möglich sind, verständlich.

Die Johannesgemeinschaft fristet deshalb auch gleichsam ein „esoterisches" Dasein abseits des Internet, es gibt keine Homepage. Man kann den Mitgliedern keinen Vorwurf machen, denn sie sind „ad verbum" ihren Gründern, Adrienne und Balthasar, treu. Die Frage bleibt: Warum hat der Himmel einen solchen Aufwand getrieben, ein solches Durcheinanderwürfeln von hochtalentierten Existenzen bei einem so minimalen „Impact" auf die heutige kirchliche Wirklichkeit?

Ist ein kenotisches Hineinsterben in die Welt, wie es die Grundidee der Johannesgemeinschaft ist, wirklich der Auftrag Jesu, wenn daraus ein wirkliches „Verschwinden" erfolgt. Meint Jesus mit dem kenotischen Absterben wirklich die Selbstannihilation? Wie soll etwas, das sich – sogar vor der kirchlichen Öffentlichkeit – versteckt, hundertfache Frucht bringen? Wird hier die „Wahl" in eine Lebensform nicht so elitär verstanden, als dürfe der Mensch keine zeitgemäßen Maßnahmen setzen – außer Exerzitienvorträge – um andere dafür zu begeistern? Oder anders gefragt: Kann eine Saat wachsen, wenn sie nicht begossen wird?! Balthasar war ohne Zweifel elitär, und daher auch immer schnell geneigt, „Bewerbung" und „Marketing" als „Demagogie" und „Propaganda" abzutun. Man muss nüchtern sagen, dass diese Programmatik der Entwicklung der Johannesgemeinschaft nicht zuträglich war.

Andere Formen des gottbereiten Laientums mit säkularer Wirkungsrichtung sind offensichtlich erfolgreicher: Das Opus Dei, die Schönstattbewegung mit ihrem bunten Gemisch an gestalteter Christusnachfolge; aber die Gemeinschaft der Seligpreisungen mit ihrem Zusammensein unterschiedlicher Stände. Zu der bunten Bewegung Communione e liberazione des Luigi Giussani fühlte sich Balthasar im Alter verständlicherweise hingezogen. Und heute entstehen neue Modi der Christusnachfolge, wo auch Ehepaare eine Sendung in die Welt, ja in die konkrete Mission erhalten, wie etwa beim Neokatechumenat.

Balthasars Theologie der Stände, sein Insistieren auf dem Welteinsatz der Laien, seine Betonung von Wahl und Sendung bleiben wertvolle Inspirationen. Von einer Nivellierung der Verschiedenheit von Priester-Stand, Räte-Stand und Laien-Stand erwartet Balthasar keine Erneuerung der Kirche, sondern von der jeweiligen Annahme der spezifischen Berufung. Was den Laien-Stand betrifft, so braucht es hier Inspiration durch ein exemplarisch gelebtes Laientum in der Welt, radikalisiert durch die Nachfolge in den evangelischen Räten. Für den Laien-Stand, ob exemplarisch oder allgemein, gilt dasselbe, was Balthasar immer als die Grundlage der christlichen Existenz berufen hat: Es liegt in der Freiheit Gottes, wen er wählt und wen er sendet, – und – wie sich an der Johannesgemeinschaft zeigt: es liegt auch im verfügten Willen Christi, in welchem Ausmaß er sichtbare Fruchtbarkeit verleiht.

Lebenslauf von Abt Maximilian Heim

Heinrich Josef Heim wurde am 14. April 1961 in Kronach, Bayern, als letztes der fünf Kinder von Georg und Anna Heim (geb. Backer) geboren. Nach seinem Abitur am Markgraf-Georg-Friedrich-Gymnasium in Kulmbach studierte er ab 1981 katholische Theologie an der Universität Augsburg und besuchte das dortige Priesterseminar. 1982 inskribierte er an der Hochschule Heiligenkreuz und wurde von Abt Franz Gaumannmüller als Kandidat des Zisterzienserstiftes Heiligenkreuz aufgenommen. Am 14. August 1983 kleidete ihn der neu gewählte Abt Gerhard Hradil mit drei weiteren Kandidaten ein und gab ihm den Namen Maximilian. 1987 beendete er das Studium der Fachtheologie an der Hochschule Heiligenkreuz mit Auszeichnung und wurde an der Universität Wien zum Magister theologiae spondiert. Im gleichen Jahr legte er am 15. August seine Feierliche Profess ab und wurde tags darauf in Heiligenkreuz zum Diakon geweiht. Schon im September übernahm er noch als Diakon die Kaplanstelle von P. Christian Feurstein im Neukloster/Wiener Neustadt, mit der auch der Religionsunterricht an der Volksschule im Ungarviertel verbunden war. Am 30. April 1988 wurde er zusammen mit P. Karl Wallner von Erzbischof Hans-Hermann Groer in Heiligenkreuz zum Priester geweiht und wirkte als Neupriester weiterhin bis August 1988 in der Pfarre Neukloster unter dem Prior und Pfarrer P. Johannes Vrbecky.

Am 20. August 1988 entsandte Abt Gerhard Hradil ihn zusammen mit P. Beda Zilch, P. Christian Feurstein und P. Severin Fochler zur Klosterneugründung ins Ruhrbistum. Dies war die Erfüllung eines lang gehegten Wunsches des ersten Bischofs von Essen, Franz Kardinal Hengsbach, in Bochum-Stiepel, dem einzigen Marienwallfahrtsort seiner Diözese, ein neues Kloster zu errichten. Dort wirkte P. Maximilian als Kaplan der Kirchengemeinde St. Marien und Kantor des Klosters und war ferner mitverantwortlich für den Aufbau eines geistlichen Zentrums. So entstand unter anderem 1996 die bis heute bestehende akademische Vortragsreihe „Auditorium Kloster Stiepel“. Kurz vorher hatte P. Maximilian ein Doktoratsstudium bei Univ.-Prof. Dr. Hermann Josef Pottmeyer am Lehrstuhl für Fundamentaltheologie an der Ruhruniversität Bochum begonnen.

Überraschend wurde er im Herbst 1996 von Abt Gerhard Hradil für die Aufgaben des Novizenmeisters und Kantors nach Heiligenkreuz zurückberufen und musste deshalb sein Promotionsstudium unterbrechen. Als Novizenmeister und Juniorenmagister war er nun im Mutterkloster verantwortlich für die Ausbildung des eigenen Ordensnachwuchses und der Studenten aus anderen Klöstern, die im Stift wohnten. Im März 1999 wurde P. Maximilian 37-jährig vom neu gewählten Abt Gregor Henckel-Donnersmarck zum Prior des Stiftes Heiligenkreuz bestellt. In dieser Zeit konnte er das Doktoratsstudium wiederaufnehmen, das er 2002 an der Karl-Franzens-Universität Graz bei Univ.-Prof. Dr. Bernhard Körner mit der Dissertation über die ekklesiologischen Grundlinien von Joseph Ratzinger unter dem Anspruch von *Lumen gentium* abschloss. Nach seiner Promotion im Jahr 2003 zum Doctor theologiae, lehrte er bis zu seiner Wahl zum Abt von Heiligenkreuz Fundamentaltheologie und Dogmatik an der Hochschule Heiligenkreuz. Im Jahr 2004 verlieh ihm Christoph Kardinal Schönborn den Kardinal-Innitzer-Förderungspreis und seine Heimatstadt Kronach ehrte ihn mit dem Johann-Kaspar-Zeuß-Preis.

Schon im September 2004 wurde P. Maximilian in der Nachfolge von P. Christian Feurstein Prior des Klosters Stiepel. Seine Lehrtätigkeit in Heiligenkreuz setzte er in Blockvorlesungen fort und leitete außerdem das „Auditorium Kloster Stiepel". 2009 wurde er in den Neuen Schülerkreis Joseph Ratzinger/Papst Benedikt XVI. berufen und im Oktober 2010 wurde er durch Erzbischof Reinhard Marx in Dresden in den Ritterorden vom Heiligen Grab zu Jerusalem investiert. In seiner Amtszeit in Stiepel konnte der Chorraum der dortigen Pfarr-, Wallfahrts- und Klosterkirche ausgebaut werden, nach einem Entwurf des Künstlers Wilfried Statt, der als Kandidat in Heiligenkreuz eingetreten war und den Ordensnamen Raphael erhielt. Finanziert wurde dieser Ausbau durch die Mithilfe des Stifterehepaars Werner und Anneliese Deschauer, des Fördervereins des Klosters Stiepel wie auch weiterer Spender.

Am 10. Februar 2011 wurde P. Maximilian unter dem Vorsitz von Abtpräses Wolfgang Wiedermann zum 68. Abt von Heiligenkreuz gewählt. Als Abt ist er zugleich Magnus Cancellarius der Philosophisch-Theologischen Hochschule Benedikt XVI. Heiligenkreuz, Ordinarius des Überdiözesanen Priesterseminars Leopoldinum und nicht zuletzt Pater Immediatus der Zisterzienserinnenabtei Marienkron. Am 19. April 2011 wurde ihm konkordatsgemäß die österreichische Staatsbürgerschaft verliehen, bei gleichzeitigem Verzicht auf seine bisherige deutsche Staatsangehörigkeit. Am 25. April 2011 spendete ihm der Generalabt des Zisterzienserordens, Dom Mauro-Giuseppe Lepori, in einem von Christoph Kardinal Schönborn geleiteten Pontifikalamt die Abtweihe. Sein Wahlspruch *Cor ad cor loquitur* (Das Herz spricht zum Herzen) stammt vom heiligen John Henry Kardinal Newman.

Überraschend erhielt er am 30. Juni 2011 zusammen mit dem italienischen Patristiker Manlio Simonetti und dem spanischen Dogmatiker Oligario Gonzáles den erstmals vergebenen „Premio Joseph Ratzinger" für sein Werk „Joseph Ratzinger – Kirchliche Existenz und existentielle Theologie". In diesem Preis sah er zugleich den Auftrag, wissenschaftlicher Theologie und gelebter Spiritualität weiterhin einen lebendigen Ort in Heiligenkreuz zu geben und nahm dies zum Anlass, den Ausbau der Hochschule und des Überdiözesanen Priesterseminars Leopoldinum zusammen mit dem Rektor der Hochschule, P. Karl Wallner, mit

Hilfe vieler Spender voranzutreiben. Außerdem wurde Abt Maximilian 2011 auch Mitglied des Kuratoriums „Institut-Papst-Benedikt XVI." und arbeitete bei der Herausgabe der Gesammelten Schriften Joseph Ratzingers (insbesondere JRGS 8.1, 8.2, 12) mit.

Im Oktober 2015 berief das Generalkapitel des Zisterzienserordens Abt Maximilian in den Rat des Generalabtes und am 26. Mai 2016 wählten ihn die Mitglieder des Kongregationskapitels zum Abtpräses der Österreichischen Zisterzienserkongregation. Im Jahr 2017 wurde Abt Maximilian zusätzlich zum Administrator des Stiftes Rein (auf ein Jahr) gewählt, um dort, nach dem Heimgang von Abt Christian Feurstein († 12. März 2017), unter anderem die dortige Abtwahl vorzubereiten.

Im März 2017 wurde Abt Maximilian durch Bürgermeister Franz Winter und den Gemeinderat die Ehrenbürgerschaft von Heiligenkreuz verliehen. Abt Maximilian ist es stets ein Anliegen, die Seelsorge und das Miteinander in den anvertrauten Pfarrgemeinden zu fördern. In der Schnelllebigkeit unserer Zeit, in der sich gesellschaftlich und kirchlich große Veränderungen abzeichnen, ist es dem Stift wichtig, für die Menschen ein verlässlicher Partner zu sein, der Stabilität und Kontinuität vermittelt. Dies gilt auch für die stiftlichen Betriebe, die die wirtschaftliche Grundlage sind für alle sozialen und apostolischen Aufgaben des Stiftes.

In Dankbarkeit für das stete Wachstum der Gemeinschaft seit mehr als 40 Jahren, konnte genau 30 Jahre nach der Gründung des Klosters Stiepel, im alten Zisterzienserland Brandenburg auf Wunsch des Görlitzer Diözesanbischofs Wolfgang Ipolt am 2. September 2018 ein neues Priorat in Neuzelle errichtet werden.

Die von Abt Gregor initiierte Gründung einer zisterziensischen Gemeinschaft in Sri Lanka erfuhr am Hochfest der Ordensväter Robert, Alberich und Stephan, dem 26. Jänner 2019 mit der Weihe des von Heiligenkreuz finanzierten Klosters ein zukunftsweisendes Zeichen. Malcolm Kardinal Ranjith dankte Abt Maximilian und Abt Gregor mit der ganzen Gemeinschaft von Heiligenkreuz herzlich für dieses hoffnungsvolle missionarische Engagement.

Hierin wird sichtbar, wie wichtig für Abt Maximilian die Kontinuität in der Leitung des Klosters ist gemäß dem paulinischen Grundsatz: „Ich habe gepflanzt, Apollos hat begossen, Gott aber ließ wachsen. So ist weder der etwas, der pflanzt, noch der, der begießt, sondern nur Gott, der wachsen lässt." (1 Kor 3,5–6) Oder wie es der Hauptökonom des Stiftes Heiligenkreuz P. Markus Rauchegger immer wieder ausdrückt: „Wenn ihr alles getan habt, was euch befohlen wurde, sollt ihr sagen: Wir sind unnütze Knechte; wir haben nur unsere Schuldigkeit getan." (Lk 17,10)

Publikationen von Abt Maximilian Heim

Stand vom 23. Februar 2021

Monographien

Der latreutische Aspekt im Gesamtwerk Dietrich von Hildebrands. Diplomarbeit für den Mag. theol., Heiligenkreuz 1987, 92 Seiten.

Joseph Ratzinger – Kirchliche Existenz und existentielle Theologie. Ekklesiologische Grundlinien unter dem Anspruch von Lumen gentium. Erstausgabe Frankfurt am Main 2004. 2. korrigierte u. ergänzte Auflage mit einem Geleitwort von Joseph Kardinal Ratzinger, ebd. 2005, 521 Seiten; 3. ergänzte Auflage, ebd. 2014. (engl. Joseph Ratzinger – Life in the Church and Living Theology. Fundamentals of Ecclesiology with Reference to Lumen Gentium. With a Foreword by Joseph Cardinal Ratzinger. Translated by Michael J. Miller, San Francisco 2007, 614 Seiten)

Zisterzienserkloster Bochum-Stiepel. Kloster- und Kirchenführer, Bochum 2008, 44 Seiten.

Auf Fels gebaut. Freude an Kirche und Glaube, Heiligenkreuz 2014, 258 Seiten.

Herausgebertätigkeit

Stiepeler Kloster-Nachrichten, Monatliche Hauszeitschrift der Stiepeler Zisterzienser, KN (Hrsg. seit 2004).

Auditorium Kloster Stiepel. Mit Beiträgen von K. Berger, B. Grom, M. Kehl, H. Niederschlag, K. J. Wallner, J. Wiemeyer u. a., Bd. 9, Bochum 2004.

Auditorium Kloster Stiepel. Mit Beiträgen von W. Beinert, H.-B. Gerl-Falkovitz, G. Greshake, W. Knoch, R. Prockschi, M. Schlosser u.a., Bd. 10, Bochum 2005.

Auditorium Kloster Stiepel. Mit Beiträgen von B. Grom, M. Kehl, H.-J. Pottmeyer, P. Schallenberg, M. Sievernich, J. Werbick u.a., Bd. 11, Bochum 2006.

Tu es pastor ovium. Eine Nachlese zum Besuch von Papst Benedikt XVI. am 9. September 2007 im Stift Heiligenkreuz (Schriftenreihe des Instituts für Dogmatik und Fundamentaltheologie an der Phil.-Theol. Hochschule Benedikt XVI. Heiligenkreuz, Bd. 1), Heiligenkreuz 2009. 2. Auflage, ebd. 2011.

Auf der Suche nach dem, was gilt und trägt, Band 1 der Schriftenreihe des Auditoriums Kloster Stiepel, Heiligenkreuz 2010.

Als Glaubende sehen und verstehen, Band 2 der Schriftenreihe des Auditoriums Kloster Stiepel, Heiligenkreuz 2012.

Zur Mitte der Theologie im Werk von Joseph Ratzinger/Benedikt XVI., Ratzinger-Studien, Bd. 6, Maximilian Heim/Justinus C. Pech, Regensburg 2013.

Hommage an Papst Benedikt XVI. – Aufsätze und Essays, Maximilian Heim/Wolfgang Buchmüller (Hrsg.), Heiligenkreuz 2018.

Mitarbeit in der Reihe: Joseph Ratzinger, Gesammelte Schriften

Joseph (Benedikt XVI.) Ratzinger, Kirche – Zeichen unter den Völkern Schriften zur Ekklesiologie und Ökumene, Band 8/1, Freiburg i. Br. 2010.

Joseph (Benedikt XVI.) Ratzinger, Kirche - Zeichen unter den Völkern, Schriften zur Ekklesiologie und Ökumene, Band 8/2, Freiburg i. Br. 2010.

Joseph (Benedikt XVI.) Ratzinger, Künder des Wortes und Diener eurer Freude. Theologie und Spiritualität des Weihesakramentes. Band 12, Freiburg i. Br. 2010.

Aufsätze

Stifterrequien – fossiles Relikt oder lebendige Verpflichtung? In: Sancta Crux 48 (1987), Nr. 105, 43–53.

Eine Geschichte zieht Kreise. In: Zisterzienserkloster Bochum-Stiepel (Hrsg.), Die Zisterzienser und ihr Kloster am Marien-Wallfahrtsort Bochum-Stiepel, Bochum 1990, 4f.

Streiflichter zur Geschichte der Abtei Heiligenkreuz. In: Zisterzienserkloster Bochum-Stiepel (Hrsg.), Die Zisterzienser und ihr Kloster am Marien-Wallfahrtsort Bochum-Stiepel, Bochum 1990, 6.

Heiligenkreuz und seine Aufgaben heute. In: Zisterzienserkloster Bochum-Stiepel (Hrsg.), Die Zisterzienser und ihr Kloster am Marien-Wallfahrtsort Bochum-Stiepel, Bochum 1990, 7.

Der Heilige Benedikt, Vorbild nicht nur für Mönche. In: Zisterzienserkloster Bochum-Stiepel (Hrsg.), Ein Kloster für das Ruhrgebiet, Bochum 1998, 8f.

Über 900 Jahre Zisterzienser. In: Zisterzienserkloster Bochum-Stiepel (Hrsg.), Ein Kloster für das Ruhrgebiet, Bochum 1998, 10f.

Die Jubiläumsausstellung „900 Jahre Zisterzienser – Cistercium Mater Nostra". In: Sancta Crux 60 (1999), Nr. 116, 32–35.

Abt Gerhard 70 Jahre. 28. Oktober und 15. November 1998. In: Sancta Crux 60 (1999), Nr. 116, 118f.

Kardinal König zu Besuch in Heiligenkreuz. Begegnung mit einem Zeitzeugen der Kirche des 20. Jahrhunderts. In: Sancta Crux 61 (2000), Nr. 117, 40–44.

Edith Stein. Die Dynamik der Suche nach Wahrheit führt zur Dynamik der Suche nach Gott. In: K.J. Wallner (Hrsg.), Denken und Glauben. Perspektiven zu „Fides et Ratio", mit Beiträgen von Hanna-Barbara Gerl-Falkovitz u. a., Heiligenkreuz 2000, 268–287.

Zum Gedenken an † Mutter Hildegardis. In: Sancta Crux 62 (2001), Nr. 118, 89f.

In memoriam † P. Thomas Weingartshofer OCist. In: Sancta Crux 62 (2001), Nr. 118, 107f.

Singen und Musizieren vom Himmel „abgelauscht". In: Sancta Crux 63 (2002), Nr. 119, 10–12.

Nur Tinte oder substantielle Erkenntnis? Zur ekklesiologischen Diskussion um den Begriff der Subsistenz. In: K. J. Wallner (Hrsg.), Auditorium Spiritus Sancti. Festschrift zum 200-Jahr-Jubiläum der Philosophisch-Theologischen Hochschule Heiligenkreuz, Langwaden 2004, 241-278.

Zum 150-Jahr-Jubiläum der feierlichen Verkündigung des Dogmas von der Unbefleckten Empfängnis Mariens (8. Dezember 2004). In: KN 13 (2004), Nr. 135, 4–6.

Kloster Stiepel – ein geistliches Zentrum im Ruhrbistum. In: Kath. Kirchengemeinde St. Marien (Hrsg.), Festschrift 50 Jahre Pfarrgemeinde St. Marien-Wallfahrtskirche Bochum-Stiepel 1955-2005, Bochum 2005, 109–129.

Leitlinien des Pontifikates von Papst Benedikt XVI. In: Rundbrief, Deutsche Assoziation des Souveränen Malteser Ritterordens 3 (2005), Nr. 4, 1f.

Voller Erfolg. Auditorium Kloster-Stiepel: In 10 Jahren 40.000 Zuhörer bei 200 Vorträgen. In: RuhrWort 47 (2005) Nr. 29; ebenso in: KN 14 (2005), Nr. 138, 20f.

Papst Benedikt XVI. – Leben und Werk. Grundlinien seiner Lehre über die Kirche. In: M. H. Heim (Hrsg.), Auditorium Kloster Stiepel, Bd. 10, Bochum 2005, 173–181.

Kloster Stiepel - ein geistliches Zentrum im Ruhrbistum. In: Kath. Kirchengemeinde St. Marien (Hrsg.), Festschrift 50 Jahre Pfarrgemeinde St. Marien-Wallfahrtskirche Bochum-Stiepel 1955-2005, Bochum 2005, 109–129.

Junges Kloster im fast 1000-jährigen Stiepel. In: Image Herbede 1 (2005), Nr. 12, 14f.

„Ich nenne euch nicht mehr Knechte, sondern Freunde“ – Eine persönliche Betrachtung zur Berufung als Priester. In: KN 14 (2005), Nr. 136, 3–6.

„Vergessene“ Würdigung? Zum 65. Geburtstag von Prof. Dr. Klaus Berger am 24. November 2005. In: KN 15 (2006), Nr. 1, 17.

„Gott ist die Liebe“. Zur Enzyklika Deus caritas est. In: KN 15 (2006), Nr. 3, 1f.

Ein Blick hinter die Stiepeler Klostermauern. In: KN 15 (2006), Nr. 4, 3–5.

Schweißtuch der Veronika – Legende? In: KN 15 (2006), Nr. 3, 1f.

Vorrang hat stets die Liebe zu Christus. Worauf es im Haus des Herrn wirklich ankommt – Der Kirchenbegriff des Heiligen Vaters im Lichte der Benediktusregel. In: Die Tagespost (15.04.2006).

25 Jahre: Patrone in Krone. In: KN 15 (2006), Nr. 5, 1f.

Krise als Chance zur Neuorientierung, Weltgebetstag für geistliche Berufe. In: Die Tagespost (06.05.2006).

Heiligenkreuzer Altarkreuz im Blick. Ein Jahresthema leuchtet auf. In: KN 15 (2006), Nr. 11/12, 1f.

„Voll der Gnade“ – Durch Gottes Gnade bin ich, was ich bin. In: M. H. Heim (Hrsg.), Auditorium Kloster Stiepel, Bd. 11, Bochum 2006, 181–185.

Stiepel im Jahr 2008 im Licht dreier Gründungsjubiläen. In: Sancta Crux 67 (2006), Nr. 123, 44–59.

Das göttliche Officium als Einstimmen in die Worte des Heiligen Geistes. In: S. Wester, K. J. Wallner, M. Krutzler (Hrsg.), Die Mystik des Gregorianischen Chorals. Beiträge des Studientages 2005 an der Philosophisch-Theologischen Hochschule Heiligenkreuz, Aachen 2007, 85–106.

Geistliche Begleitung als Novizenmeister. In: R. Prokschi, M. Schlosser (Hrsg.), Vater, sag mir ein Wort. Geistliche Begleitung in den Traditionen von Ost und West, Würzburg 2007, 176–194.

Kloster Stiepel im Jahr 2008 im Lichte dreier Gründungsjubiläen. 1008 – Gründung einer Eigenkirche durch Gräfin Imma in Stiepel, 1958 – Gründung des Ruhrbistums Essen, 1988 – Gründung des Zisterzienserklosters Stiepel. In: H. Schoppmeyer, D. Thier (Hrsg.), Märkisches Jahrbuch für Geschichte, Bd. 107, Dortmund 2007, 78–90.

Chorumbau in Stiepel. In: Sancta Crux 68 (2007), Nr. 120, 51–55.

Kath. Wallfahrtskirche St. Marien am Zisterzienserkloster Stiepel. In: Stadt Bochum (Hrsg.), Orte der Einkehr und des Gebets. Historische Sakralbauten, Bochum 2007, o.S.

Papstbesuch war Highlight auch für das Kloster Stiepel. 1000 km zu Fuß nach Heiligenkreuz im Wienerwald. In: KN 16 (2007), Nr. 10, 2f.

2008 – Unter dem „Stern der Hoffnung". In: KN 17 (2008), Nr. 1, 1–4.

Eucharistische Anbetung. In: KN 17 (2008), Nr. 3, 2.

(mit B. Hannöver) Die Tochtergründung von Heiligenkreuz im Ruhrgebiet. Das Priorat Stiepel in Bochum. In: K. J. Wallner (Hrsg.), Im Zeichen des Kreuzes. Die Zisterzienser auf dem Weg in das 21. Jahrhundert, 2., stark erweiterte Auflage, Heiligenkreuz 2008, 220–228.

Lex Orandi – Lex Credendi – Wie gebetet, so geglaubt. In: G. Mihlig, A. Pytlik (Hrsg.), Mit Maria – auf Christus schauen! Festschrift für Papst Benedikt XVI., Graz 2008, 182–194.

Bergmann – Mönch – Priester, Pater Alban Ernst Bunse O.Cist. zum fünften Todestag. In: KN 17 (2008), Nr. 11/12, 15f.

Leben im Aufbruch. In: KN 18 (2009), Nr. 1, 1–3.

Herzlichen Dank, Bischof Felix! In: KN 18 (2009), Nr. 2, 1–3.

Im Schatten des Kreuzes. In: KN 18 (2009), Nr. 4, 1f.

Joseph Ratzinger/Papst Benedikt als Theologe. In: M. H. Heim (Hrsg.), Tu es pastor ovium. Eine Nachlese zum Besuch von Papst Benedikt XVI. am 9. September 2007 im Stift Heiligenkreuz, Heiligenkreuz 2009, 62–82.

In der Spur des Glaubens – Hl. Ludgerus 809-2009. In: KN 18 (2009), Nr. 5, 1f.

Blaue Linie Nr. 21 der Stadt Bochum, St. Marien Wallfahrtskirche – Zisterzienserkloster Stiepel. In: KN 18 (2009), Nr. 5, 10f.

Ora et labora – ein wirtschaftspsychologisches Erfolgsrezept? In: B. Klauk (Hrsg.), Psychologie zwischen Glauben und Wissen(schaft), Lengerich 2009, 112–126.

„Ein Herz und eine Seele" – Pfingstliche Gedanken zu Helfta. In: KN 18 (2009), Nr. 6, 1–3.

„Freude und Hoffnung, Trauer und Angst". In: KN 18 (2009), Nr. 9/10, 2f.

Zum Gedenken an † P. Ansgar Armin Schepers OCist. In: Sancta Crux 70 (2009), Nr. 126, 214–216.

Kloster Stiepel - Spirituelle Kulturtankstelle. In: KN 18 (2009) Nr. 11/12, 1–5.

Mitte von Kult und Kultur. Bewegende Ereignisse. In: KN 19 (2010), Nr. 2, 1--3.

Ehrfurcht. Ausdruck wahren Menschseins. In: KN 19 (2010) Nr. 3, 1–3.

500. Marienlob in Stiepel. Doppeljubiläum am Pfingstsonntag. In: KN 19 (2010), Nr. 5, 1f.

Der Leib und die Liturgie. In: M. H. Heim (Hrsg.), Auf der Suche nach dem, was gilt und trägt, Band 1 der Schriftenreihe des Auditoriums Kloster Stiepel, Heiligenkreuz 2010, 95-116.

Ein außergewöhnliches Weihnachtsgeschenk. Werner Franzen fertigte Bronzeskulptur für Heiligenkreuz und Stiepel. In: KN 20 (2011) Nr. 1, 1f.

Kreuz verbindet Ost und West, Nord und Süd. Dank an Werner Deschauer zum 75. Geburtstag. In: KN 20 (2011) Nr. 1, 3f.

Ekklesiologische Linien in den Bonaventura-Studien Joseph Ratzingers. In: M. Schlosser, F.-X. Heibl (Hrsg.), Gegenwart der Offenbarung. Zu den Bonaventura-Forschungen Joseph Ratzingers, Ratzinger-Studien Bd. 2, Regensburg 2011, 104–115.

Konziliare Streiflichter auf die Theologie Joseph Ratzingers/Papst Benedikts XVI. In: Institut Papst Benedikt XVI., Mitteilungen Institut Papst Benedikt XVI Jahrgang 4/2011, Regensburg 2011, 50–58.

Die Theologie Joseph Ratzingers/Papst Benedikt XVI. In: Christian Herker für den Bund der Eichsfelder Vereine e.V. in der Fremde, Tu es Petrus. Eine Nachlese zum Besuch von Papst Benedikt XVI. am 23. September 2011 in Eichsfeld. 2012, 34–63.

Offenbarung als lebendiges Wort Gottes – Wort des lebendigen Gottes. Verflechtung von Wort und Zeuge und Glaubensregel. In: Michaela C. Hastetter, Iona Moga, Christoph Ohly (Hrsg.), Symphonie des Wortes, Beiträge zur

Offenbarungskonstitution „Dei Verbum" im katholisch-orthodoxen Dialog, Festgabe des Neuen Schülerkreises zum 85. Geburtstag von Joseph Ratzinger/Papst Benedikt XVI., St. Ottilien 2012, 15–30.

„Dann weitet sich das Herz" – Benediktinische Anmerkungen zu Benedikt XVI. In: Michaela Christine Hastetter, Helmut Hoping (Hrsg.), Ein hörendes Herz. Hinführung zur Theologie und Spiritualität von Joseph Ratzinger/Papst Benedikt XVI, Ratzinger-Studien Bd. 5, Regensburg 2012, 161–170.

Der Platz der Theologie in der universitas scientiarum. In: Georg Ratzinger/Roger Zörb (Hrsg.), Zum 85. Geburtstag Festschrift für den Heiligen Vater Papst Benedikt XVI., Rohrbach b. Weimar 16. April 2012 127–138.

Die Bronzeskulptur von Werner Franzen – Ein Verbindungszeichen zwischen Altenberg, Stiepel und Heiligenkreuz. M. H. Heim (Hrsg.), Als Glaubende sehen und verstehen, Band 2 der Schriftenreihe des Auditoriums Kloster Stiepel, Heiligenkreuz 2012, 233f.

Ein fast vergessenes Prinzip der Kirche – Kirche verdankt sich dem aus der Seitenwunde Christi geflossenen Blut des Herrn – Anmerkung zur Aktualität von „Lumen gentium". In: Die Tagespost (31.12.2011), Nr. 145/Nr. 52 ASZ, 19f.

Presslufthammer und Choral. In: Miteinander – Welt und geistliche Berufungen 12/2011, 6f.

Apokalyptik im Stift Heiligenkreuz – Kann man den Exitus feiern? In: Pfarrblatt Dompfarrei St. Stephan – Weihnachten 2011, 66. Jahrgang, Nr. 3, 10f.

Miejsce Teologii Wśród nauk uniwersyteckich/Der Platz der Theologie in der Universitas Scientiarum. In: Helena Czakowskiej ks. Mariusza Kucięskiego, Dialog Kultur, Cywilizacji I Religii, Bydgoszcz 2012, 31–46

Zur Mitte der Theologie im Werk von Joseph Ratzinger/Benedikt XVI., Ratzinger-Studien, Bd. 6, Regensburg 2013, 8–9, 165–194.

Die Eucharistie in der Theologie Joseph Ratzingers. Das Schicksal der Kirche hängt von der Liturgie ab, von der rechten Weise, Gott zu verherrlichen. In: Die Tagespost (29.12.2013), Nr. 156/Nr. 52 ASZ, 25.

Ich glaube... an die heilige katholische Kirche, die Gemeinschaft der Heiligen – Interpretatio. In: CREDO, Im Licht des Glaubens unterwegs, Radio Maria Österreich, Wien 2012, 122–125.

Rezeption und Hermeneutik des Zweiten Vatikanischen Konzils. Streiflichter auf die Theologie Joseph Ratzingers. In: Maximilian Heim/Justinus Pech, Zur Mitte der Theologie im Werk von Joseph Ratzinger/Benedikt XVI., Ratzinger-Studien, Bd. 6, Regensburg 2013, 8–9, 165–194.

Monastische Theologie und Kontemplation – Gotteserkenntnis und Glaube als Antwort auf die Sinnkrise im 21. Jahrhundert. In: Jürgen Henkel/Nikolaus Wyrwoll, Askese versus Konsumgesellschaft. Aktualität und Spiritualität von Mönchtum und Ordensleben im 21. Jahrhundert, Bonn – Hermannstadt 2013, 148–160.

Der Prophet der Moderne, Weltgebetstag für geistliche Berufe. Entweltlichung Teil I: Papst Benedikt XVI. oder der Unverstandene – Das Gegenteil von konservativ ist nicht progressiv, sondern missionarisch. In: Die Tagespost (28.12.2013).

Macht und Charisma. Anmerkung zur ekklesiologischen Dialektik des Charismas der Demut im Petrusdienst Benedikts XVI. In: Markus Knapp/Thomas Söding, Glaube in Gemeinschaft. Autorität und Rezeption in der Kirche, Freiburg i. Br. 2014, 307–322.

In der Einheit wirkt der Eine. Macht und Ohnmacht des Petrusamtes am Beispiel von Papst Benedikt XVI. In: Michaela C. Hastetter/Christoph Ohly (Hrsg.), Dienst und Einheit. Reflexionen zum petrinischen Amt in ökumenischer Perspektive. Festschrift für Stephan Horn zum 80. Geburtstag, EOS Verlag Sankt Ottilien, 2014, 38–64.

Teologia Monastica e Contemplazione. Conoscenza di Dio e fede come risposta alla crisi di senso nel XXI secolo. In: Abbazia di Praglia, Benedetto XVI. Nulla anteporre a Christo, Liberia Editrice Vaticana 2013, Edizioni Scritti Monastici 2014, 319–337.

Segnung des Grundsteins der Hochschule bei der letzten Privataudienz von Papst Benedikt XVI. Der Namensgeber unserer Hochschule empfing Abt Maximilian am 27. Februar 2013 im Vatikan. In: Sancta Crux 74 (2014), Nr. 130, 41f.

Verwaltungsdirektor a.D. Werner Richter zum Professor ernannt. In: Sancta Crux 74 (2014), Nr. 130, 46f.

Nachruf auf Pater Raynald Heffenmeyer OCist. In: Sancta Crux 74 (2014), Nr. 130, 60–62.

„Durch die Gnade Gottes bin ich, was ich bin!“ Predigt zum Silbernen Priesterjubiläum von Pater Roman. In: Sancta Crux 74 (2014), Nr. 130, 204–206.

„Armut“ im Sinne der evangelischen Räte, In. martinus – Kirchenzeitung der Diözese Eisenstadt. In: Burgenländisches Jahrbuch 2015, 43–45.

Die Kirche und ihre Sendung In: Institut Papst Benedikt XVI. (Hrsg.), Benedikt XVI. – Diener Gottes und der Menschen – Zum 10. Jahrestag seiner Papstwahl, Schnell&Steiner, Regensburg 2015, 135–139.

Auf Italienisch: Benedetto XVI. Servo di Dio e degli uomini. Volume edito per il X anniversario dell'elezione a pontefice, Libreria Editrice Vaticana 2015.

Identität des geweihten Priesters. Zeuge der Auferstehung und Diener der Freude. In: George Augustin und Markus Schulze (Hrsg.), Freude an Gott. Auf dem Weg zu einem lebendigen Glauben. Festschrift für Kurt Kardinal Koch zum 65. Geburtstag, Freiburg i. Br. 2015, Erster Teilband, 203–222. Nochmals veröffentlicht in: Anton Lässer (Hrsg.), Diener des Heils. Festschrift zum 40-Jahr-Jubiläum des Priesterseminars Rudolphinum / Leopoldinum in Heiligenkreuz 1975–2015, Heiligenkreuz 2015, 173–188.

Der Theologe als cooperator veritatis, Dankesrede am 30. Juni 2011. In: Ratzinger-Studien Bd. 7, Regensburg 2015, 33–37.

Offenbarung als lebendiges Wort Gottes – Wort des lebendigen Gottes. Verflechtung von Wort und Zeuge und Glaubensregel. In: Ratzinger-Studien Bd. 7, Regensburg 2015, 88–106.

Zisterziensische Spiritualität als eine Kraftquelle für die Neuevangelisierung. In: George Augustin, Markus Graulich (Hrsg.), Gelingendes Leben. Wege von Ordenschristen heute, Stuttgart 2015, 260–280.

„Conversatio nostra in caelis est" – Unsere Heimat ist im Himmel. In: Beate Beckmann-Zöller, René Kaufmann (Hrsg.), Heimat und Fremde. Präsenz im Entzug, Dresden 2015, 165–180.

Heute monastisch leben. In: Symposion „Wind of Change" in Klosterneuburg, 14. März 2015.

Ökumene im Zeichen des Kreuzes. In: Die Tagespost, Kirche aktuell, Nr. 37, 30. März 2016, 8.

Gott wirkt in der Stille. In: Siehe Deine Mutter!, Radio Maria Österreich (Hrsg.), Wien 2016, 24.

Papst verleiht Silvesterorden an Anneliese und Werner Deschauer. In: Sancta Crux 76 (2015), Nr. 132, 50–53.

Predigt zum 40-jährigen Priesterjubiläum von Pater Subprior Bernhard Vošicky OCist in Heiligenkreuz. In: Sancta Crux 76 (2015), Nr. 132, 158–161

Interview mit Abt Maximilian zum Jahr der Orden. In: Sancta Crux 76 (2015), Nr. 132, 156–157.

„Conversatio nostra in caelis est" – Unsere Heimat ist im Himmel. In: Ambo, Jahrbuch der Hochschule Heiligenkreuz 2016, Europa eine Seele geben, Wolfgang Buchmüller/Hanna–Barbara Gerl-Falkovitz (Hrsg.), Be&Be-Verlag, Heiligenkreuz 2016, 68–83.

Der Anspruch des II. Vatikanischen Konzils im Blick auf den Ritterorden vom Heiligen Grab zu Jerusalem. In: Das Ritterideal. von Bernhard von Clairvaux bis in die Gegenwart, Karl Lengheimer (Hrsg.), Be&Be-Verlag, Heiligenkreuz 2016, 37–52.

„Zieh deine Schuhe aus! Denn der Ort, wo du stehst, ist heiliger Boden" (Apg 7,33). Selbstsäkularisierung – Entweltlichung – Heiligung. In: Cooperatores Veritatis. Scritti in onore del Papa emerito Benedetto XVI per il 90° compleanno, a cura di Pierluca Azzaro e Federico Lombardi (Hrsg.), Libreria Editrice Vaticana, 2017, 319–362.

Die inkarnatorische Frömmigkeit der Zisterzienser und die Anbetung. In: Ambo, Jahrbuch der Hochschule Heiligenkreuz 2017, Gebet, Wolfgang Buchmüller/Hanna-Barbara Gerl-Falkovitz (Hrsg.), Be&Be-Verlag, Heiligenkreuz 2017, 242–259.

„Zieh deine Schuhe aus! Denn der Ort, wo du stehst, ist heiliger Boden" (Apg 7,33). Selbstsäkularisierung – Entweltlichung – Heiligung. In: Hommage an Papst Benedikt XVI. – Aufsätze und Essays, Maximilian Heim/Wolfgang Buchmüller (Hrsg.), Heiligenkreuz, 2018, 79–110.

„Dein Wille geschehe". In: Verwurzelt und geborgen. Wo meine Seele Heimat findet, St. Benno 2018, 41.

Nachruf auf Univ.-Prof. Dr. Heinrich Schneider (*10. August 1929 in Brandenburg/Havel, +1. April 2018 in Perchtoldsdorf). In: Ambo, Jahrbuch der Hochschule Heiligenkreuz 2018, Romano Guardini und der christliche Humanismus, Wolfgang Buchmüller/Hanna-Barbara Gerl-Falkovitz (Hrsg.), Heiligenkreuz 2018, 540–543.

Ökumene und Mönchtum. In: „Ut unum sint". Zur Theologie der Einheit bei Joseph Ratzinger/Benedikt XVI., Ratzinger-Studien, Bd. 13, Regensburg 2018.

Zugänge zu Priesterberufungen. Am Beispiel der Zisterzienserabtei Heiligenkreuz. In: Priester sein heute. Leben – Berufung – Sendung, George Augustin (Hrsg.), Ostfildern 2019, 94–118.

Die Theologie des Leibes – eine prophetische Theologie. In: Amor. Der Leib und seine Sprache. Jahrbuch der Theologie des Leibes 2019, Corbin Gams (Hrsg.), Heiligenkreuz 2019, 22–26.

„Wir haben hier keine bleibende Stadt, sondern die zukünftige suchen wir." Monastische Impulse aus der Begegnung mit Erik Peterson und Joseph Ratzinger/Benedikt XVI. In: Ambo, Jahrbuch der Hochschule Heiligenkreuz 2019, Esoterik versus Erlösung, Wolfgang Buchmüller/Hanna-Barbara Gerl-Falkovitz (Hrsg.), Heiligenkreuz 2019, 330–351.

Die Wiederbesiedelung von Neuzelle im Kontext der Neuevangelisierung. In: Auf Christus getauft. Glauben leben und verkünden im 21. Jahrhundert, Barbara Stühlmeyer (Hrsg.), Kevelaer 2019, 233-245.

„Dem Gottesdienst soll nichts vorgezogen werden" (RB 43,3). Monastische Übersetzung des Primats Gottes ins alltägliche Leben. In: 50 Jahre Liturgiewissenschaft und Sakramententheologie an der Universität Wien. Rückblick – Einblick – Ausblick, Hans-Jürgen Feulner/Daniel Seper (Hrsg.), Wien 2020, 133–141.

Zugänge zu Priesterberufungen. Am Beispiel der Zisterzienserabtei Heiligenkreuz. In: Aktuelle Herausforderungen des kirchlichen Weiheamts, Christoph Ohly/Sven Leo Conrad/Rainer Hangler (Hrsg.), Ratzinger-Studien, Bd. 19, Regensburg 2020, 28–48.

Quadragesima: Der Weg durch die Wüste. In: Hochschule Heiligenkreuz. Das Magazin, Heiligenkreuz August 2020, 6–8.

„Ich heilige mich für sie, damit auch sie in der Wahrheit geheiligt sind" (Joh 17,19). Zum Opfer- und Anbetungscharakter der Eucharistie. In: Eucharistie: verstehen – leben – feiern. Festschrift für Kurt Kardinal Koch, George Augustin (Hrsg.), Ostfildern 2020, 90–105.

Demnächst:

„Reformunfähig, inhuman und antiaufklärerisch." Entgegnung auf eine klischeehafte Perspektive.

Ich suche Jesus – mein Klassiker. Ein Wegbereiter zum geistlichen Leben. In: Sancta Crux 81 (2020).

„Du hättest keine Macht über mich, wenn es dir nicht von oben gegeben wäre". (Joh 19,11) Macht und Ohnmacht im innerkirchlichen Konflikt um Vollmacht. In: Vallendar 2020.

Predigten und Ansprachen

„Du hast mir Raum geschaffen, als mir Angst war“ (Psalm 4). In: B. Kowalski (Hrsg.), Sammle meine Tränen in einem Krug. Predigten und Meditationen zu Psalmen für Begräbnisfeiern, Stuttgart 2000, 14–17.

Die Dreifaltigkeitssäule von Giovanni Giuliani in der Auslegung auf das Amt des Abtes. Namenstagsgratulation für Herrn Abt Gregor im Heiligen Jahr 2000. In: Sancta Crux 61 (2000), Nr. 117, 9–12.

25 Jahre Collegium Rudolphinum. Festvortrag anlässlich des 25-Jahr-Jubiläums des interdiözesanen Studienseminars. In: Sancta Crux 61 (2000), Nr. 117, 56–66.

Pater Subprior Alberich Strommer ist 75! Gratulationsansprache zum 75. Geburtstag von Prof. P. Dr. Alberich Strommer am 14. November 2000. In: Sancta Crux 61 (2000), Nr. 117, 67–70.

Predigt zum 60. Geburtstag von P. Prior Beda Zilch. In: Sancta Crux 62 (2001), Nr. 118, 52–57.

Festpredigt zum 70. Priesterjubiläum von P. Senior Cornelius Steffek. In: Sancta Crux 62 (2001), Nr. 118, 64–68.

Gründonnerstag. Hingabe bis zum Tod. In: B. Krautter, F.-J. Ortkemper (Hrsg.) Gottes Volk, Freut euch und feiert ein Fest. Predigten zu den Hochfesten des Kirchenjahres, Stuttgart 2001, 70–72.

Ostermontag. Von der Trauer zum Glauben. In: B. Krautter, F.-J. Ortkemper (Hrsg.) Gottes Volk, Freut euch und feiert ein Fest. Predigten zu den Hochfesten des Kirchenjahres, Stuttgart 2001, 96–98.

Allerheiligen. Heilig sein hier und heute. In: B. Krautter, F.-J. Ortkemper (Hrsg.) Gottes Volk, Freut euch und feiert ein Fest. Predigten zu den Hochfesten des Kirchenjahres, Stuttgart 2001, 148–150.

Wiedereröffnung der Kreuzkirche am Hochfest des hl. Leopold. In: Sancta Crux 64 (2003), Nr. 120, 57–60.

Gratulationsansprache anlässlich der Feier des 60. Geburtstags von Abt Gregor und des 75. Geburtstages von Altabt Gerhard am 3. September 2003. In: Sancta Crux 64 (2003), Nr. 120, 36–41.

40-jähriges Priesterjubiläum von P. Gottfried Eder O.Cist. Festpredigt in der Stiftskirche in Heiligenkreuz. In: Sancta Crux 64 (2003), Nr. 120, 81–83.

„Mein Herz ist voll Freude über den Herrn“. Predigt beim Requiem für P. Alban Bunse O.Cist. In: KN 13 (2004), Nr. 134, 11–15.

Eucharistisches Jahr. Oktober 2004 bis Oktober 2005. In: KN 13 (2004), Nr. 135, 3–4.

„Ich nenne euch nicht mehr Knechte, sondern Freunde“. Eine persönliche Betrachtung zur Berufung als Priester. In: KN 14 (2005), Nr. 136, 3–6.

Predigt bei der Gedenkmesse für Papst Johannes Paul II. In: KN 14 (2005), Nr. 137, 18–21.

Festvortrag zum 100-Jahr-Jubiläum des SkF Bochum am 22. Oktober 2005 im Hörsaalzentrum des St.-Josef-Hospitals. In: KN 15 (2006), Nr. 1, 30–34.

Primizpredigt für P. Rupert Fetsch O.Cist. in Günzlhofen. In: KN 15 (2006), Nr. 1, 12–16.

2 Highlights in Stiepel, 10 Jahre Auditorium-Kloster-Stiepel: Ehrung der Initiatoren – 200. Monatswallfahrt. In: KN 15 (2006), Nr. 2, 20–26.

2. Sonntag im Advent, Baruch 5,1–9. In: N. Roth, B. Rudolph, G. Sahm (Hrsg.), Auf dem Weg der dritten europäischen ökumenischen Versammlung 2006/2007. Predigten zum Advent, Langenhagen 2006, 26–28.

Wiedergefundene geistliche Vaterschaft in vaterloser Gesellschaft. Papst Benedikts Einladung zur Erneuerung durch Wahrheit und Liebe. In: Verband der Katholiken in Wirtschaft und Verwaltung Diözesanverband Essen e.V., KKV-Fastenaktion in Essen, Essen 2007, 25–41.

Vorausschauend – „Unter Deinen Schutz und Schirm“ – Essen: Ort marianischer Frömmigkeit. Fastenpredigt im Dom zu Essen. In: KN 16 (2007), Nr. 4, 7–9.

Primizpredigt für P. Charbel Schubert O.Cist. in Schillingsfürst (Erzdiözese Bamberg). In: KN 16 (2007), Nr. 11/12, 13–15.

Zum 150. Jahrestag der Marienerscheinung in Lourdes am 11. Februar 2008. Festpredigt am 8.12.2007 in Werl. In: KN 17 (2008), Nr. 1, 9f.

Predigt zu Lk 17, 5–10. Vesper am 19.1.2008 in der evangelischen Stiepeler Dorfkirche – Ökumenische Bibelwoche. In: KN 17 (2008), Nr. 3, 7f.

Zelo zelatus sum. Priesterliche Besinnung anlässlich einer Primiz. In: Gottgeweiht 21 (2008), Nr. 4, 75–79.

Feierliche Profess und Mönchsweihe. In: KN 17 (2008), Nr. 9, 1–4.

Predigt beim Requiem für Peter Stockhausen. In: KN 17 (2008), Nr. 11/12, 13f.

Pauluspredigt in der ev. Stiepeler Dorfkirche. Ökumenische Bibelwoche 2009. In: KN 18 (2009), Nr. 3, 2f.

5. Sonntag in der Osterzeit. Im Netzwerk der Liebe. In: B. Krautter, F.-J. Ortkemper (Hrsg.) Gottes Volk, Lesejahr B4/2009, Stuttgart 2009, 83–93.

Predigt beim Requiem für P. Ansgar Schepers O.Cist. In: KN 18 (2009), Nr. 9/10, 5.

Dankesrede anlässlich der Verleihung des „Ratzinger-Preises" am 30. Juni 2011 in der Sala Clementina, Der Theologe als Cooperator Veritatis. In: Sancta Crux 72 (2012), Nr. 128, 70–74.

Der Theologe als Cooperator Veritatis, Dankesrede vor dem Heiligen Vater Papst Benedikt XVI. anlässlich der Verleihung des „Premio Ratzinger" im Vatikan am 30. Juni 2011. In: M. H. Heim (Hrsg.), Als Glaubende sehen und verstehen, Band 2 der Schriftenreihe des Auditoriums Kloster Stiepel, Heiligenkreuz 2012, 13–21.

Festpredigt zum 40-jährigen Priesterjubiläum und zum 70. Geburtstag von GR Pater Beda Zilch, Gründungsprior von Stiepel, am 11. Juli 2011. In: M. H. Heim (Hrsg.), Als Glaubende sehen und verstehen, Band 2 der Schriftenreihe des Auditoriums Kloster Stiepel, Heiligenkreuz 2012, 227–232.

Festpredigt zum „Lustrum papale" am 9. September 2012. In: Sancta Crux 73 (2014), Nr. 129, 29–34.

Vortrag: Konziliare Streiflichter auf die Theologie Joseph Ratzingers – Benedikt XVI. am 22. Oktober 2011 in Raas. In: Josef Gelmi, „Meine Mutter stammte aus dem Tirolischen" Die Verleihung der Ehrenbürgerschaft der Gemeinde Natz-Schabs an Papst Benedikt XVI., Brixen 2012, 207–224.

Vortrag: Neuaufbruch im Blick auf Christus. Ordensleben im Licht des II. Vatikanischen Konzils. In: Bischöfliches Generalvikariat Münster, Hauptabteilung Generalvikar, Ordenstag 2012. „Neuaufbruch im Blick auf Christus. Ordensleben im Licht des II. Vatikanischen Konzils". Samstag, 29. September 2012 in der Überwasserkirche Münster, 4–28.

Vortrag: „Gott einen Ort sichern" (Madeleine Delbrêl). Die fundamentale christliche Berufung heute? In: Eduard Prenga und Stefan Ulz (Hrsg.), Gott ver(w)orten. Festschrift für Bernhard Körner, Echter Verlag GmbH, Würzburg 2014, 149–171.

Predigt zum 400. Geburtstag von Abt Mauritius Knauer. Gehalten am 22. September 2013 in Weismain, dem Geburtsort des Langheimer Abtes. In: Sancta Crux 74 (2014), Nr. 130, 207–210.

Wohne ich bei Gott? Predigt zur Einweihung des neuen Konventgebäudes in Marienkron am 29. März 2014. In: Sancta Crux 74 (2014), Nr. 130, 231–234.

Heitere Gelassenheit. In: Deutsche Ordenskonferenz, Aus der Stille leben. Ermutigende Impulse von Ordensleuten zum Kirchenjahr, St. Benno Verlag GmbH, Leipzig 2014, 144f.

Vortrag: Advent – die dreifache Ankunft Gottes, Geistlicher Abend im Zisterzienserkloster Bochum Stiepel am 1.12.2014.

Vortrag: Heute monastisch leben. In: Symposion „Wind of Change“ in Klosterneuburg, 14. März 2015

Vortrag: Dies Theologicus in Eichstätt, „Die Konzilsdokumente Dignitatis humanæ, Nostra aetatæ und Unitatis redintegratio als hermeneutischer Schlüssel zum Verständnis des Konzils”, 25. Juni 2015.

Vortrag: Heute monastisch leben. In: „Wind of Change – Orden am Beginn des dritten Jahrtausends“, Theologie im Dialog, Hrsg. Andreas Redtenbacher, Joachim Schmiedl, Herder, 2016, 95

Festpredigt: In: Festschrift 350 Jahre Gymnasium in Wiener Neustadt (Bundesgymnasium Babenbergerring), Jubiläumsvesper, Jänner 2017, 31.

Predigt anlässlich der Pfarreinführung von P. Elias Blaschek OCist am 2.10.2016. In: Zisterzienser Kloster Stiepel, Klosternachrichten Dezember 2016/Januar 2017, 2f.

Beitrag: Gedanken von Abt Dr. Maximilian Heim, Heiligenkreuz, anlässlich der Wiederbesiedelung des ehemaligen Zisterzienserklosterns Neuzelle. In: Zisterzienser Kloster Stiepel, Klosternachrichten Februar/März 2017, 2f.

Predigt anlässlich der Monatswallfahrt am 11. Februar 2017. In: Zisterzienser Kloster Stiepel, Klosternachrichten April/Mai 2017, 4f.

Würdigung von Prof. Dr. Alfred E. Hierold. In: Ambo, Jahrbuch der Hochschule Heiligenkreuz 2017, Gebet, Wolfgang Buchmüller/Hanna-Barbara Gerl-Falkovitz (Hrsg.), Be&Be-Verlag, Heiligenkreuz 2017, 440–444.

Zum Heimgang von Abt Christian Feurstein OCist. In: Sancta Crux 77 (2016), Nr. 133, 44–47.

Zum 75. Geburtstag von Prof. Dr. Alfred E. Hierold. Ansprache zur akademischen Feier in der Universität Bamberg. In: Sancta Crux 77 (2016), Nr. 133, 50–54.

Zum Heimgang von Abt Christian Feurstein OCist. In: Sancta Crux 78 (2017), Nr. 134, 50–53.

Predigt zum Requiem mit Beisetzung von Abt Christian Feurstein OCist am 23. März 2017 im Stift Heiligenkreuz. In: Sancta Crux 78 (2017), Nr. 134, 59–63.

Erinnerungen an Abt Christian Feurstein OCist. In: Sancta Crux 78 (2017), Nr. 134, 64–69.

Ansprache zum Begräbnis von Josef Samek. In: Sancta Crux 78 (2017), Nr. 134, 81–84.

Predigt zum Zisterziensertrag im Stift Heiligenkreuz, Pfingstdienstag 2017. In: Sancta Crux 78 (2017), Nr. 134, 140–144.

Predigt anlässlich des 100. Geburtstags von † Prof. Max Baumann am 20. November 1017. In: Max-Baumann-Festtage in Kronach. Dokumentarischer Rückblick auf die Veranstaltung zum 100. Geburtstag Max Baumanns (1917-1999), Adelheid Geck (Hrsg.), Abenberg 2018, 68–71.

Predigt in der Dankandacht zur Prioratsgründung in Neuzelle: In: Sancta Crux 79 (2018), Nr. 135, 52–53.

Nachruf auf P. Beda Zilch OCist. In: Sancta Crux 79 (2018), Nr. 135, 81–83.

Predigt zum Requiem für Pater Beda Zilch OCist am 27. Oktober 2018 im Stift Heiligenkreuz. In: Sancta Crux 79 (2018), Nr. 135, 84–87.

Predigt zum 90. Geburtstag von Abt em. Gerhard Hradil am 28. Oktober 2018. In: Sancta Crux 79 (2018), Nr. 135, 88–90.

Predigt anlässlich des Requiems für den verstorbenen P. Beda Zilch OCist am 27. Oktober 2018 in Stift Heiligenkreuz. In: Zisterzienser Kloster Stiepel, Klosternachrichten Dezember 2018/Januar 2019, 2f.

Predigt anlässlich der Monatswallfahrt am 11. März 2019. In: Zisterzienser Kloster Stiepel, Klosternachrichten April/Mai 2019, 2f.

Festansprache anlässlich des 600. Konzertes der Reihe „Marienlob" am 10. Februar 2019. In: Zisterzienser Kloster Stiepel, Klosternachrichten April/Mai 2019, 10f.

Ansprache von Abt Maximilian Heim, Stift Heiligenkreuz am 26. Januar 2019, nach dem Pontifikalamt zur Weihe des Klosters in Sri Lanka. In: Sancta Crux 80 (2019), Nr. 136, 54–55.

Nachruf auf Familiarin und Ehrensenatorin Anneliese Deschauer. In: Sancta Crux 80 (2019), Nr. 136, 244–246.

Predigt beim Requiem für Frau Anneliese Deschauer in Stiepel am 8. Februar 2020. In: Sancta Crux 80 (2019), Nr. 136, 244–246.

Laudatio zur Verleihung des Augustin-Bea-Preises an Klaus Berger (1940-2020). Preisrede. In: Ambo, Jahrbuch der Hochschule Heiligenkreuz 2020, Das Gute, Wahre und Schöne. Zur Aktualität der Lehre von den Transzendentalien, Christoph Böhr/Wolfgang Buchmüller (Hrsg.), 5. Jahrgang, 481–487.

Ansprache: Beerdigung von Prof. Dr. Klaus Berger am 26. Juni 2020 auf dem Bergfriedhof in Heidelberg. In: Ambo, Jahrbuch der Hochschule Heiligenkreuz 2020, Das Gute, Wahre und Schöne. Zur Aktualität der Lehre von den Transzendentalien, Christoph Böhr/Wolfgang Buchmüller (Hrsg.), 5. Jahrgang, 488–492.

Laudatio zur Verleihung des Augustin-Bea-Preises am 6. Dezember 2019. Lebenszeugnis von Klaus Berger (1940-2020). In: Kirche heute. Aufbruch der Kirche in eine neue Zeit, Nr. 12/Dezember 2020, Altötting, 21–23.

„Wir schaffen das" – ein hohles Wort. In: Klare Worte. Predigten bei der Montagsmesse an der Hochschule Heiligenkreuz, Heiligenkreuz 2020, 9–15.

Ein Mensch der Barmherzigkeit werden. In: Klare Worte. Predigten bei der Montagsmesse an der Hochschule Heiligenkreuz, Heiligenkreuz 2020, 16–24.

Brannte uns nicht das Herz in der Brust? In: Klare Worte. Predigten bei der Montagsmesse an der Hochschule Heiligenkreuz, Heiligenkreuz 2020, 25–32.

Vor- oder Grußworte

Geleitwort zum 10. Band „Auditorium Kloster Stiepel". In: M. H. Heim (Hrsg.), Auditorium Kloster Stiepel, Bd. 10, Bochum 2005, III.

Geleitwort zum 11. Band „Auditorium Kloster Stiepel". In: M. H. Heim (Hrsg.), Auditorium Kloster Stiepel, Bd. 11, Bochum 2006, o.S.

Grußwort zur Abschiedsvorlesung von Prof. W. Knoch an der Ruhr-Universität am 27. Juni 2008. In: KN 17 (2008), Nr. 7/8, 13.

Vorwort des Herausgebers. In: M. H. Heim (Hrsg.), Tu es pastor ovium. Eine Nachlese zum Besuch von Papst Benedikt XVI. am 9. September 2007 im Stift Heiligenkreuz, Heiligenkreuz 2009, 8–10.

Grußwort zum Priesterjubiläum von Prälat Prof. Dr. Wendelin Knoch: In: KN 18 (2009), Nr. 9/10, 15.

Vorwort: In: M. van den Hövel, Das wahre Antlitz Jesu Christi, Das Grabtuch von Turin und das Schleiertuch von Manoppello, Heiligenkreuz 2010, 3.

Geleitwort zum 1. Band der neuen Reihe „Auditorium Kloster Stiepel“. In: M. H. Heim (Hrsg.), Auf der Suche nach dem, was gilt und trägt, Band 1 der Schriftenreihe des Auditoriums Kloster Stiepel, Heiligenkreuz 2010, 9f.

Vorwort: In: Martin Patzek, Evangelium im Bild, Zeichnungen von Theodor de Poel. Meditationen von Martin Patzek, Hattingen 2011, 3.

Geleitwort: In: Bernhard Kirchgessner, Deus Meus, Amor Meus, Mein Gott, Meine Liebe, Florilegien aus den Hohelied-Predigten des Bernhard von Clairvaux (1090/91 – 1153), 7–8.

Geleitwort zum 2. Band der Reihe „Auditorium Kloster Stiepel“. In: M. H. Heim (Hrsg.), Als Glaubende sehen und verstehen, Band 2 der Schriftenreihe des Auditoriums Kloster Stiepel, Heiligenkreuz 2012, 9–11.

Vorwort mit Zeugnis: In: Petra Lorleberg, Glaubenswege: Mein Weg ins Ordensleben, Wilhering 2013,6–15.

Vorwort: In: Wolfgang Buchmüller, Pater Alban Bunse. Ein Zeuge für die Freiheit des Gewissens, Heiligenkreuz 2014, 7–11.

Vorwort: In: Sancta Crux 74 (2014), Nr. 130, 9–12.

Vorwort: In: Maria Raphaela Hölscher, Das Naturrecht bei Joseph Ratzinger/ Papst Benedikt XVI. Die Bedeutung des Naturrechts in Geschichte und Gegenwart, Be&Be Verlag, 2014, 8–11.

Vorwort: In: Pater Alcuinus Schachenmayr O.Cist, Analecta Cisterciensia, Vorwort zum Tagungsband „Das monastische Gewand“, Heiligenkreuz im 2014, 3–4.

Vorwort: In: Sancta Crux 75 (2014), Nr. 130, 9–12.

Vorwort: In: Eine tragende Säule des Glaubens. 100 Jahre Wallfahrtskirche St. Marien und 25 Jahre Zisterzienserkloster Stiepel, Bochum-Stiepel 2015, 10–13.

Grußwort: In: Gerhard Wasshuber, Blumen einst und jetzt. Klosterbibliothek Heiligenkreuz – Biosphärenpark Wienerwald, Salzburg 2015, 7.

Grußwort: In: Philatelistenverein St. Gabriel, Mitgliedsheft Mai 2015, 7.

Grußwort zu „40 Jahre Überdiözesanes Priesterseminar Leopoldinum“, in: Anton Lässer (Hrsg.), Diener des Heils. Festschrift zum 40-Jahr-Jubiläum des Priesterseminars Rudolphinum / Leopoldinum in Heiligenkreuz 1975–2015, Heiligenkreuz 2015, 13–14.

Geleitwort: In: Festschrift 350 Jahre Gymnasium in Wiener Neustadt (Bundesgymnasium Babenbergerring), Jänner 2017, 7

Vorwort: In: Sancta Crux 76 (2015), Nr. 132, 7–9.

Vorwort: In: Die Hochschule Heiligenkreuz. Stellt sich vor, Karl Wallner (Hrsg.), Heiligenkreuz 2016, 1.

Vorwort: In: Die erste Ausgabe des Jahrbuches Ambo. In: Ambo, Jahrbuch der Hochschule Heiligenkreuz 2016, Europa eine Seele geben, Wolfgang Buchmüller/ Hanna-Barbara Gerl-Falkovitz (Hrsg.), Be&Be-Verlag, Heiligenkreuz 2016, 68–83.

Vorwort. In: Sancta Crux 77 (2016), Nr. 133, 7–8.

Vorwort: In: Winden am See 1217–2017. Geschichte der Pfarre, Hrsg. Franz Hillinger, Gerlinde Schmid, 2017, V.

Vorwort: In: 800 Jahre Winden am See. 1217–2017, Hrsg. Gemeinde Winden am See, Gerlinde Schmid, 2017, III.

Grußwort in der Ortschronik „800 Jahre Mönchhof", 2017

Geleitwort in: „Christus tragen" Erwin Huber, 2017, 4.

Vorwort: In: Einmal werd ich Sonne sein, Susanne Moser-Zweymüller, Be&Be 2017, 6.

Vorwort: In: Sancta Crux 78 (2017), Nr. 134, 7–10.

Grußwort: In: „Management braucht die göttlichen Tugenden" (Autoren: Abt Maximilian Heim und P. Markus Rauchegger). In: Buch der Begegnungen zum 80. Geburtstag von Sr. Consolata Maderbacher, Graz 2017, 107.

Vorwort: In: Hommage an Papst Benedikt XVI. – Aufsätze und Essays, Maximilian Heim/Wolfgang Buchmüller (Hrsg.), Heiligenkreuz, 2018, 19–23.

Vorwort: In: Ambo, Jahrbuch der Hochschule Heiligenkreuz 2018, Romano Guardini und der christliche Humanismus, Wolfgang Buchmüller/Hanna-Barbara Gerl-Falkovitz (Hrsg.), Be&Be-Verlag, Heiligenkreuz 2018, 11–14.

Vorwort: In: Sancta Crux 79 (2018), Nr. 135, 9–12.

Vorwort: In: Keramik Kloster Kirche, Bonifatius B. Allroggen O.Cist. Werkpredigt. 1959–2019, Seiligenthal 2019, 6–7.

Vorwort: In: Der Spediteur Gottes – Ein Leben zwischen Welt und Kloster, Gregor Ulrich Henckel Donnersmarck, Wien 2019, 7f.

Vorwort: In: Ambo, Jahrbuch der Hochschule Heiligenkreuz 2019, Esoterik versus Erlösung, Wolfgang Buchmüller/Hanna-Barbara Gerl-Falkovitz (Hrsg.), Be&Be-Verlag, Heiligenkreuz 2019, 11–13.

Vorwort: In: Sancta Crux 80 (2019), Nr. 136, 9–10.

Demnächst:

Vorwort: In: Heiligenkreuz im Wienerwald mit seinen alten Gebäuden und Denkmälern, Fluren und Siedlungen, Werner Richter, Heiligenkreuz 2021.

Hörfunksendungen

Sendungen auf „Radio Horeb" (öfters als einmal pro Monat im Jahr 2005) in den Reihen „Spiritualität" oder „Credo"; siehe: Radio Horeb CD-Dienst, D-87501 Immenstadt.

Sendung auf „Radio Horeb" in der Reihe „Spiritualität" am 16.12.2012 „Freut euch am Herrn zu jeder Zeit! Noch einmal sage ich: Freut euch! Denn der Herr ist nahe." (Phil 4,4.5); siehe: Radio Horeb CD-Dienst, D-87501 Immenstadt.

Sendung auf „Radio Maria" in der Reihe „Katechismus" am 27.02.2013 „Die Theologie von Papst Benedikt XVI", siehe: Radio Maria Österreich, Wien.

Sendung auf „Radio Maria" in der Reihe „RM Campus" am 12.04.2013 „Maria als Miterlöserin", Mariologischer Kongress 2013, siehe: Radio Maria Österreich, Wien.

Sendung auf „Radio Maria" in der Reihe „Spiritualität" am 16.04.2013 „Die Eucharistie in der Theologie Josef Ratzingers"; siehe: Radio Maria Österreich, Wien.

Sendung auf „Radio Maria" in der Reihe „RM Campus" am 03.05.2013 „Lumen gentium – Die Dogmatische Konstitution des II. Vaticanums über die Kirche"; siehe: Radio Maria Österreich, Wien.

Sendung auf „Radio Maria" in der Reihe „Spiritualität" am 11.07.2013 „Glaubenserneuerung im Geist des Hl. Benedikt"; siehe: Radio Maria Österreich, Wien.

Sendung auf „Radio Maria" in der Reihe „RM Campus" am 01.08.2013 „Lumen gentium – Die Dogmatische Konstitution des II. Vaticanums über die Kirche"; siehe: Radio Maria Österreich, Wien.

Sendung auf „Radio Maria" in der Reihe „Das Beste aus 15 Jahren RM" am 23.02.2014 „Die Kirche, Braut Christi", siehe: Radio Maria Österreich, Wien.

Sendung auf „Radio Maria" in der Reihe „Spiritualität" am 07.04.2014 „Priester – Gesalbte des Herrn"; siehe: Radio Maria Österreich, Wien.

Sendung auf „Radio Maria“ in der Reihe „Spiritualität“ am 09.04.2014 „Mit Jesus in der Wüste“; siehe: Radio Maria Österreich, Wien.

Sendung auf „Radio Maria“ in der Reihe „RM Campus“ am 02.05.2014 „Die Eucharistische Anbetung“, siehe: Radio Maria Österreich, Wien.

Sendung auf „Radio Maria“ in der Reihe „Spiritualität“ am 02.11.2014 „‚Reich an Barmherzigkeit‘ (Eph 2,4)? Allerseelen“; siehe: Radio Maria Österreich, Wien.

Sendung auf „Radio Maria“ in der Reihe „Spiritualität“ am 18.02.2015 „Erröte, du stolze Asche, vor einem Gott, der sich erniedrigt“; siehe: Radio Maria Österreich, Wien.

Sendung auf „Radio Maria“ in der Reihe „Wort des Lebens“ am 02.11.2015 „‚Reich an Barmherzigkeit‘ (Eph 2,4)? Allerseelen“; siehe: Radio Maria Österreich, Wien.

Sendung auf „Radio Maria“ in der Reihe „ABC der Heiligen“ am 05.03.2016 Werke der Barmherzigkeit: „Die Sünder zurechtweisen“, siehe: Radio Maria Österreich, Wien.

Sendung auf „Radio Maria“ in der Reihe „ABC der Heiligen“ am 09.03.2016 Werke der Barmherzigkeit: „Die Sünder zurechtweisen“, siehe: Radio Maria Österreich, Wien.

Sendung auf „Radio Horeb“ in der Reihe „Spiritualität“ am 15.2.2017 „Heute monastisch leben“, siehe: Radio Horeb CD-Dienst, D-87501 Immenstadt. (CD-Nr.: 235623)

Sendung auf „Radio Maria“ in der Reihe „Fünf Brote & Zwei Fische“ am 17.03.2017 Nachruf auf Altabt Christian Feurstein, siehe: Radio Maria Österreich, Wien.

Sendung auf „Radio Horeb“ in der Reihe „Spiritualität“ am 20.3.2017 „Der hl. Josef – geführt vom Hl. Geist“, siehe: Radio Horeb CD-Dienst, D-87501 Immenstadt. (CD-Nr: 237612)

Sendung auf „Radio Maria“ in der Reihe „Fatimafeier“ am 13.05.2017 Hl. Messe, Stift Heiligenkreuz, siehe: Radio Maria Österreich, Wien.

Sendung auf „Radio Maria“ in der Reihe „Hl. Messen“ am 14.05.2017 „100-Jahr-Jubiläum von Fatima“, Predigt; siehe: Radio Maria Österreich, Wien.

Sendung auf „Radio Maria“ in der Reihe „Fünf Brote & Zwei Fische“ am 11.08.2017 Interview zur Lourdes-Grotte in Heiligenkreuz, siehe: Radio Maria Österreich, Wien.

Sendung auf „Radio Maria“ in der Reihe „RM Fundus“ am 15.08.2017 „Maria als Miterlöserin“, Mariologischer Kongress, 2013, siehe: Radio Maria Österreich, Wien.

Sendung auf „Radio Maria“ in der Reihe „Hl. Messe“ am 30.08.2017 aus Aigen im Mühlkreis, OÖ; im Rahmen der Theologischen Sommerakademie, siehe: Radio Maria Österreich, Wien.

Sendung auf „Radio Maria“ in der Reihe „Sommerakademie Aigen“ am 30.08.2017, „Fatima? Die Erscheinungen der Engel „, siehe: Radio Maria Österreich, Wien.

Sendung auf „Radio Horeb“ in der Reihe „Spiritualität“ am 13.09.2017 „Fatima – ein prophetischer Aufruf“ siehe: Radio Horeb CD-Dienst, D-87501 Immenstadt. (CD-Nr: 248921)

Sendung auf „Radio Horeb“ in der Reihe „Spiritualität“ am 26.12.2017 „Krippe und Kreuz – aus gleichem Holz“ siehe: Radio Horeb CD-Dienst, D-87501 Immenstadt. (CD-Nr: 255150)

Sendung auf „Radio Maria“ in der Reihe „Fünf Brote & Zwei Fische“ am 09.02.2018, „mit der Predigt von Abtprimas Maximilian Heim Ocist bei den Einkehrtagen in Heiligenkreuz und einem Rückblick auf den Tag der Berufung in Radio Maria“, siehe: Radio Maria Österreich, Wien.

Sendung auf „Radio Maria“ in der Reihe „Tagung“ am 16.03.2018, „Eröffnung und Begrüßung“, siehe: Radio Maria Österreich, Wien.

Sendung auf „Radio Maria“ in der Reihe „Lebensbilder“ am 15.04.2018, „Zugänge zur Priesterberufung am Beispiel von Heiligenkreuz“, siehe: Radio Maria Österreich, Wien.

Sendung auf „Radio Horeb“ in der Reihe „Spiritualität“ am 24.05.2018, „Eucharistie und Opfercharakter – worüber man nicht spricht“ siehe: Radio Horeb CD-Dienst, D-87501 Immenstadt. (CD-Nr: 264393)

Sendung auf „Radio Maria“ in der Reihe „Lebensbilder“ am 22.07.2018, „Maria, Mutter der Kirche. Ein provokanter Titel“, siehe: Radio Maria Österreich, Wien.

Sendung auf „Radio Horeb“ in der Reihe „Spiritualität“ am 26.09.2018 „Klostergründung in Neuzelle nach 200-jähriger Unterbrechung“. siehe: Radio Horeb CD-Dienst, D-87501 Immenstadt. (CD-Nr: 276035)

Sendung auf „Radio Maria“ in der Reihe „ABC der Heiligen“ am 15.12.2019, „Der sel. Janosch Brenner? Ungarns Märtyrer der Eucharistie“, siehe: Radio Maria Österreich, Wien.

Sendung auf „Radio Maria“ in der Reihe „Lebensbilder“ am 06.01.2019, „Wir sind gekommen, um IHN anzubeten (Mt 2,2)“, siehe: Radio Maria Österreich, Wien.

Sendung auf „Radio Horeb“ in der Reihe „Hl. Messe“ am 12.05.2019 „Primizpredigt für P. Isaak Maria Käfferlein OCist.

Sendung auf „Radio Horeb“ in der Reihe „Spiritualität“ am 08.07.2019 „Der Opfer- und Anbetungscharakter der Eucharistie“. siehe: Radio Horeb CD-Dienst, D-87501 Immenstadt. (CD-Nr: 290323)

Sendung auf „Radio Horeb“ in der Reihe „Spiritualität“ am 29.08.2019, „Johannes der Täufer und das christliche Martyrium“. siehe: Radio Horeb CD-Dienst, D-87501 Immenstadt. (CD-Nr: 292041)

Sendung auf „Radio Maria“ in der Reihe „Wort des Lebens“ am 13.09.2019, „Predigt bei der Maria Namen Feier in der Kirche am Hof, Wien 1“, siehe: Radio Maria Österreich, Wien.

Sendung auf „Radio Horeb“ in der Reihe „Spiritualität“ am 14.09.2019 „Im Zeichen des Kreuzes“. siehe: Radio Horeb CD-Dienst, D-87501 Immenstadt. (CD-Nr: 290323)

Sendung auf „Radio Maria“ in der Reihe „Wort des Lebens“ am 03.10.2019, „Predigt beim Schutzengelfest in Wilhering, OÖ“, siehe: Radio Maria Österreich, Wien.

Sendung auf „Radio Horeb“ in der Reihe „Spiritualität“ am 03.12.2019 „Zugänge zu Priesterberufungen. Am Beispiel der Zisterzienserabtei Heiligenkreuz.“ siehe: Radio Horeb CD-Dienst, D-87501 Immenstadt.

Sendung auf „Radio Maria“ in der Reihe „Lebensbilder“ am 15.12.2019, „Leuchtender Stern im Dunkel der Nacht. Maria, Zeichen der Hoffnung und des Trostes“, siehe: Radio Maria Österreich, Wien.

Sendung auf „Radio Maria“ in der Reihe „Missions- & Einkehrtage“ am 25.01.2020, „Impuls 3: „Tut, was Er euch sagt! Mission leben mit Maria“, siehe: Radio Maria Österreich, Wien.

Sendung auf „Radio Maria“ in der Reihe „Missions- & Einkehrtage“ am 25.01.2020, „Gebet und Marienweihe an der Lourdesgrotte“, siehe: Radio Maria Österreich, Wien.

Sendung auf „Radio Maria“ in der Reihe „Lebensbilder“ am 16.02.2020, „‚Ich heilige mich für sie, damit auch sie in der Wahrheit geheiligt sind.‘ (Joh 17,19) Zum Opfer- und Anbetungscharakter der Eucharistie“, siehe: Radio Maria Österreich, Wien.

Sendung auf „Radio Maria“ in der Reihe „Radioexerzitien“ am 19.03.2020, „Vortrag 6“, siehe: Radio Maria Österreich, Wien.

Sendung auf „Radio Maria“ in der Reihe „Fatima-Tag mit der Weltfamilie von Radio Maria“ am 13.05.2020, „Tut, was Er euch sagt! Mission leben mit Maria“, siehe: Radio Maria Österreich, Wien.

Sendung auf „Radio Maria“ in der Reihe „Wort des Lebens“ am 19.05.2020, „Predigt von Abt Maximilian Heim bei der Gedenkmesse zum 100. Geburtstag von Papst Johannes Paul II.“, siehe: Radio Maria Österreich, Wien.

Sendung auf „Radio Maria“ in der Reihe „Vertiefungskurs des Glaubens“ am 23.05.2020, „Die vier marianischen Dogmen (1): ‚Geboren aus Maria. Die Gottesmutterschaft Mariens“, siehe: Radio Maria Österreich, Wien.

Sendung auf „Radio Horeb“ in der Reihe „Spiritualität“ am 01.06.2020 „Maria, Mutter der Kirche“. siehe: Radio Horeb CD-Dienst, D-87501 Immenstadt.

Sendung auf „Radio Maria“ in der Reihe „Fünf Brote & Zwei Fische“ am 12.06.2020, „Nachruf auf Prof. Dr. Klaus Berger“, siehe: Radio Maria Österreich, Wien.

Sendung auf „Radio Maria“ in der Reihe „Lebensbilder“ am 12.07.2020 „Benedikt, Patron Europas und Vater des abendländischen Mönchtums“, siehe: Radio Maria Österreich, Wien.

Sendung auf „Radio Maria“ in der Reihe „Katechismus“ am 27.08.2020 „Spektralfarben der Theologie: Ursprung und Wesen der Kirche (1)“, siehe: Radio Maria Österreich, Wien.

Sendung auf „Radio Horeb“ in der Reihe „Spiritualität“ am 31.08.2020 „Engel Gottes, mein Beschützer“. siehe: Radio Horeb CD-Dienst, D-87501 Immenstadt. (CD-Nr: 316917)

Sendung auf „Radio Maria“ in der Reihe „Lebensbilder“ am 04.10.2020 „Der hl. Johannes Paul II., Missionar der Neuevangelisierung“, siehe: Radio Maria Österreich, Wien.

Sendung auf „Radio Horeb“ in der Reihe „Spiritualität“ am 02.11.2020 „Lassen wir unsere Verstorbenen nicht allein!“ siehe: Radio Horeb CD-Dienst, D-87501 Immenstadt.

Sendung auf „Radio Maria“ in der Reihe „Vertiefungskurs des Glaubens“ am 09.01.2021 „Vater Unser“ siehe: Radio Maria Österreich, Wien.

Sendung auf „Radio Horeb“ in der Reihe „Spiritualität“ am 02.02.2021 „Darstellung des Herrn - Tag des geweihten Lebens“ siehe: Radio Horeb CD-Dienst, D-87501 Immenstadt.

Auditorium Stiepel am 09.02.2021 „Du hättest keine Macht über mich, wenn es dir nicht von oben gegeben wäre“. (Joh 19,11) Macht und Ohnmacht im innerkirchlichen Konflikt um Vollmacht. in: https://www.youtube.com/watch?v=JmkiSGkmkHQ

Sendung auf „Radio Maria“ in der Reihe „Vertiefungskurs des Glaubens“ am 13.02.2021 „Das Stundengebet – ein Fenster zum Himmel“, siehe: Radio Maria Österreich, Wien.

Sendung auf „Radio Maria – Schweiz“ in der Reihe „Die Theologie und das Werk von Joseph Ratzinger/Papst Benedikt XVI.“ am 02.03.2021 „Joseph Ratzinger/Papst Benedikt als Theologe“ siehe: Radio Maria, Schweiz.

Verschiedenes

Stiepeler Mariengebet. In: Stiepeler Mariengebet, Heinrich Jansen/Debbie Haemmerich (Hrsg.), Oberhausen 2010.

Gedrucktes Interview: Presslufthammer und Choral. In: miteinander – Welt und geistliche Berufung 12/2011, 6f.

Gedrucktes Interview: Im Blick auf Christus. In: Tiroler Sonntag. 5. April 2012, 12.

Gedrucktes Interview: Benedikt XVI. war ein Papst der Innovation. In: Missiothek. Das Praxisheft für Schule und Pfarre, Ausgabe I/2013, 10f.

Gedrucktes Interview: Das Kreuz nicht evakuieren! In: Der Sonntag. 8.9.2013, 11.

Gedrucktes Interview: In: Marlene Schruf, Kronprinz Rudolf und die Darstellung seines Todes in ausgewählten österreichischen Printmedien (Bachelorarbeit), 31f.

Interview: In: Gabriele Höfling, katholisch.de, „Den Glauben nicht verbürgerlichen“, 31.08.2015.

Gedrucktes Interview: In: Nürnberger Zeitung, „Aus Kirche und Gesellschaft“, Der Zisterzienserabt und das Senfkorn, 23. Dezember 2016, S. 22

Gedrucktes Interview: In: Zisterzienser Kloster Stiepel, Klosternachrichten Februar/März 2017, „Warum das Stift Heiligenkreuz keine Nachwuchsprobleme hat“, 6, (erschienen am 23.12.2016 in der „Nürnberger Zeitung“).

Interview mit Abt Maximilian zum Jahr der Orden. In: Sancta Crux 77 (2016), Nr. 133, 125–129.

Gedrucktes Interview: In: Der Sonntag. Die Zeitung der Erzdiözese Wien, Nr. 15/16.4.2017, „Dem Gottesdienst nichts vorziehen“. Zum 90. Geburtstag von Papst Benedikt XVI. am 16. April, 8f.

„Dein Wille geschehe“. In: Verwurzelt und geborgen. Wo meine Seele Heimat findet, Leipzig 2018, 41f.

„Mit innerer Geduld und mit langem Atem denken und leben“ Interview: In: Die Mönche kommen... Neuzelle. Wiederbesiedelung eines Klosters. Rocco Thiede, Leipzig 2018, 116–120.

Fragen und Antworten. Stimmen aus der Pressekonferenz am 02.09.2018 in Neuzelle. In: Sancta Crux 79 (2018), Nr. 135, 55–62.

Interview: In: grandios. Freiheit, Nr. 4/2019, 68.

Interview: Zur Theologie Joseph Ratzingers. Interview mit Abtpräses Dr. Maximilian Heim OCist in der Zeitschrift *Famille Chrétienne*, In: Ambo, Jahrbuch der Hochschule Heiligenkreuz 2020, Das Gute, Wahre und Schöne. Zur Aktualität der Lehre von den Transzendentalien, Christoph Böhr/Wolfgang Buchmüller (Hrsg.), 5. Jahrgang, 472–480.

Kurzinterview mit Abt Dr. Maximilian Heim OCist mit „Andere Zeiten e.V. – Initiativen zum Kirchenjahr“ zum Fest der Kreuzerhöhung am 14. September 2020.

Eintragung ins Gästebuch des Klosters Maria Stella Maris in Sri Lanka anlässlich der Klosterweihe am 26. Jänner 2019. In: Sancta Crux 80 (2019), Nr. 136, 54–55.

NÖN-Äbtekolumne in den Jahren

2012 (KW 6, 12, 18, 24, 30, 36, 42, 48),

2013 (KW 3, 9, 15, 21, 27, 33, 39),

2014 (KW 2, 9, 16, 23, 30, 44, 52),

2015 (KW 6, 13, 20, 27, 34, 41, 48),

2016 (KW 2, 9, 17, 23, 30, 38, 45, 52),

2017 (KW 7, 15, 23, 31, 39, 48),

2018 (KW 4, 12, 20, 28, 36, 44, 52),

2019 (KW 8, 16, 32, 40, 49),

2020 (KW 4, 14, 28, 34, 44),

2021 (KW 2,12, fortlaufend)

Autorenverzeichnis

BENEDIKT XVI., emeritierter Papst.

CHRISTOPH BÖHR, Dr. phil., ao. Professor am Institut für Philosophie der Phil.-Theol. Hochschule Benedikt XVI. Heiligenkreuz.

WOLFGANG BUCHMÜLLER OCIST, Prof., Dr. theol. habil., Mag. phil., Rektor der Phil.-Theol. Hochschule Benedikt XVI. Heiligenkreuz, Vorstand des Instituts für Spirituelle Theologie und Religionswissenschaft, Professor für Spirituelle Theologie und Ordensgeschichte.

JOHANNES PAUL CHAVANNE OCIST, Doz., Dr. theol., Dozent für Liturgiewissenschaft an der Phil.-Theol. Hochschule Benedikt XVI. Heiligenkreuz, Generalsekretär der Hochschule.

HANS-JÜRGEN FEULNER OSGM SMOCSG, Univ.-Prof., Dr. Lic.theol., Professor für Liturgiewissenschaft und Sakramententheologie an der Universität Wien.

HANNA-BARBARA GERL-FALKOVITZ, Dr. phil., habil., em. Univ.-Prof. für Religionsphilosophie und vergleichende Religionswissenschaft an der Technischen Universität Dresden, Vorstand des Europäischen Instituts für Philosophie und Religion (EUPHRat) an der Phil.-Theol. Hochschule Benedikt XVI. Heiligenkreuz.

MARIAN GRUBER OCIST, Prof., Dr. phil., Dr. theol., Vizerektor der Phil.-Theol. Hochschule Benedikt XVI. Heiligenkreuz, Vorstandsmitglied der Gesellschaft für Christliche Gesellschaftslehre und Politik in Wien; Professor für Logik und Erkenntnistheorie an der Phil.-Theol. Hochschule Benedikt XVI. Heiligenkreuz und Vorstand des Institutes für Philosophie.

BRUNO HANNÖVER OCIST, Doz., Dr. theol., Dozent für Kirchengeschichte an der Phil.-Theol. Hochschule Benedikt XVI. Heiligenkreuz.

MICHAELA CHRISTINE HASTETTER, Univ.-Apl. Prof., Dr. habil., Professorin für Pastoraltheologie und Religionspädagogik am Internationalen Theologischen Institut (ITI) in Trumau/Österreich, Gastprofessorin an der Phil.-Theol. Hochschule Benedikt XVI. Heiligenkreuz, Außerplanmäßige Professorin an der Albert-Ludwigs-Universität Freiburg und Programmleiterin am St. Ephräm Wissenschaftlichen Zentrum für Orient&Okzident-Studien (STEP), Wien.

GREGOR HENCKEL-DONNERSMARCK, Dipl.-Kfm., Mag. theol., em. Abt des Stiftes Heiligenkreuz.

GERHARD HRADIL OCIST, em. Abt des Stiftes Heiligenkreuz.

WOLFGANG KLAUSNITZER, em. Univ.-Prof. in Würzburg, Dr. theol. habil., Mag. phil. fac. theol., Professor für Fundamentaltheologie, Vorstand des Instituts für Dogmatik und Fundamentaltheologie an der Phil.-Theol. Hochschule Benedikt XVI. Heiligenkreuz.

KURT KOCH, Dr. theol., Kardinal, em. Univ.-Prof. für Dogmatik, Ethik, Liturgiewissenschaft und Ökumenische Theologie an der Universität Luzern, Präsident des Päpstlichen Rates zur Förderung der Einheit der Christen, u. a. Mitglied der Kongregation für die Glaubenslehre und des Päpstlichen Rates für den interreligiösen Dialog.

MARTIN LEITNER, Mag. theol., Direktor des Überdiözesanen Priesterseminars Leopoldinum Heiligenkreuz.

MAURO-GIUSEPPE LEPORI OCIST, Dr. theol., Generalabt des Zisterzienserordens.

EUGENIUS LERSCH OCIST, Mag. art., Student der Katholischen Theologie und Studentische Hilfskraft am Institut für Spirituelle Theologie und Religionswissenschaft an der Phil.-Theol. Hochschule Benedikt XVI. Heiligenkreuz.

PIUS MAURER OCIST, Dr. theol., Lic., Abt des Zisterzienserstiftes Lilienfeld.

JOHANNA MIKL-LEITNER, Mag.a, Landeshauptfrau von Niederösterreich.

PAULUS NÜSS OCIST, Mag. theol., Vizedirektor des Überdiözesanen Priesterseminars Leopoldinum Heiligenkreuz.

CHRISTOPH SCHÖNBORN OP, Univ.-Prof., Dr. theol., Kardinal, em. Univ.-Prof., Erzbischof von Wien.

MEINRAD TOMANN OCIST, Dr. theol., Prior des Zisterzienserstiftes Heiligenkreuz.

RUPERT STADLER, Doz., Dr. theol., Kanonikus Msgr., Studiendekan und provisorischer Leiter des Institutes für Pastoraltheologie an der Phil.-Theol. Hochschule Benedikt XVI. Heiligenkreuz.

EDMUND WALDSTEIN OCIST, Doz., Dr. theol., Dozent für Moraltheologie, an der Phil.-Theol. Hochschule Benedikt XVI. Heiligenkreuz, Vorstandsmitglied der Johannes-Messner-Gesellschaft.

KARL WALLNER OCIST, Prof., Dr. theol., Professor für Dogmatik und Sakramententheologie und Mitglied des Institutes für Dogmatik und Fundamentaltheologie an der Phil.-Theol. Hochschule Benedikt XVI. Heiligenkreuz, Nationaldirektor der Päpstlichen Missionswerke in Österreich.

Michael Weiss OCist, Mag. theol., Prior im Priorat Neukloster in Wiener Neustadt.

Simeon Wester OCist, Mag. theol., Dipl. Musiklehrer, Prior im Priorat Neuzelle.

Franz Winter, Bürgermeister der Gemeinde Heiligenkreuz.

Maurus Zerb OCist, Prior im Priorat Stiepel.